漳州年鉴

YEARBOOK OF ZHANGZHOU

中共漳州市委　漳州市人民政府　主办
中共漳州市委党史和地方志研究室　编

2019

方志出版社
Publishing House of Local Records

图书在版编目（CIP）数据

漳州年鉴. 2019 / 中共漳州市委党史和地方志研究室编. -- 北京 ：方志出版社，2019.10
ISBN 978-7-5144-3949-6

Ⅰ. ①漳… Ⅱ. ①中… Ⅲ. ①漳州－2019－年鉴
Ⅳ. ①Z525.73

中国版本图书馆CIP数据核字（2019）第298812号

漳州年鉴（2019）

编　　者：中共漳州市委党史和地方志研究室
责任编辑：王　娜

出 版 者：方志出版社
地址　北京市朝阳区潘家园东里9号（国家方志馆4层）
邮编　100021
网址　http://www.fzph.org
发　　行：方志出版社图书经销中心
电话（010）67110500
经　　销：各地新华书店
印　　刷：福州报业鸿升印刷有限责任公司

开　　本：889×1194　　1/16
印　　张：30.5
字　　数：780千字
版　　次：2019年10月第1版　2019年10月第1次印刷
印　　数：0001～1000册

ISBN 978-7-5144-3949-6　　定价：280.00元

《漳州年鉴》编纂委员会

顾　　问　邵玉龙　刘　远

主任委员　张琳光　吴卫红

副主任委员　康元泰

委　　员　余　溪　沈茂欣　马桂秋　李扬真
刘跃光　沈龙石　陈群霞　刘南辉
蔡兴州　郭福泉　黄江辉　周俊雄
庄文海　苏斌钢　陈　彪　沈永祥
李辉煌　陈　华　周伟辉　傅佳学
曾建新　李志勇　林　菁　许鹃君
李耀华　郑寿明　杨亚文　曾一石
蔡春枝

《漳州年鉴》编辑部

主　　编　康元泰

副 主 编　曾一石　蔡春枝

执行主编　郑美华

编　　辑　陈坤山　江细珍　王文潮　陈振煌
林　绿　张慧华　林　倩　蔡钰臻
杨　静　张永忠　徐耀雄　简定安
黄大林　许初鸣

编辑说明

一、《漳州年鉴》是由中共漳州市委、漳州市人民政府主办，漳州市地方志编纂委员会承编的大型综合性工具书。

二、《漳州年鉴（2019）》以马克思列宁主义、毛泽东思想、邓小平理论、“三个代表”重要思想、科学发展观、习近平新时代中国特色社会主义思想为指导，坚持辨证唯物主义和历史唯物主义的立场、观点和方法，力求全面、客观地记载2018年漳州市政治、经济、社会、文化发展等方面的基本情况，反映各行各业新成就、新事物、新经验、新问题、新趋势。

三、《漳州年鉴（2019）》采用类目体结构，分30个类目。类目之间力求均衡，重点、特点突出，归类合理。特载类选载2018年的重要文章。人物类选录当年逝世的著名人物，受国家级表彰、社会影响较大或多次受省部级表彰的突出人物，先进集体、先进个人名单，当年评审确认的正高级专业技术人员名单。

四、《漳州年鉴（2019）》采用规范的语体文记述，力求言简意赅、通俗流畅。计量单位以法定计量单位为准。反映全市及各县（市、区）基本情况的数据以统计局公布的为准，统计范围以外的数据，由各部门提供。

五、《漳州年鉴（2019）》卷首、随文插图照片资料除署名摄影作者，其他均为各单位提供。封面摄影林良益，封底及内文的栏目背景图片徐耀雄摄影。

六、《漳州年鉴（2019）》由市直各委、办、局和各开发区管委会、各县（市、区）人民政府及有关单位参加编写，所提供资料由编写单位领导审定。

七、本年鉴由于内容广泛，疏漏和错误之处在所难免，敬请广大读者批评指正。

审图号：闽S〔2020〕9号

数字漳州

行政区域面积	12888 平方公里
耕地面积	179.03 千公顷
市区建成区面积	67.00 平方公里
陆地海岸线	715 公里
户籍人口	520.80 万人
常住人口	514.00 万人

森林覆盖率	64.83%
生产总值	3947.63 亿元
地方一般公共预算收入	218.75 亿元
港口吞吐量	4948.06 万吨
公路通车里程	12555 公里
高速公路里程	595 公里

资料来源《漳州统计年鉴（2019）》

2018年9月9日，省委常委、省纪委书记、省监委主任刘学新（左一）到华安县新圩镇调研

（杨特团 摄）

2018年12月12日，省委常委、省政法委书记王洪祥（右二）到漳州市扫黑办调研（市政法委 供图）

2018年3月7日，副省长杨贤金（第二排左一）到闽南师范大学考察调研，听取学校教师教育特色项目介绍
（陈露明 摄）

2018年2月16日，副省长、省公安厅党委书记田湘利（右一）到龙海浯屿边防派出所检查指导工作
（漳州边防支队 供图）

2018年11月18日，副省长李德金（左三）出席第十届海峡两岸现代农业博览会·第二十届海峡两岸花卉博览会开幕式，并参观各展区 （市农业农村局 供图）

2018年5月8日，省政协副主席薛卫民（前排右三）到漳州调研“深化国家生态文明实验区建设”

（市政协办公室 供图）

2018年8月20日，省政协副主席刘献祥（前排左三）莅漳州调研“一带一路视野下的海洋文化产业发展”

（市政协办公室 供图）

2018年11月27日，省人大常委会副主任、市委书记檀云坤（前排左二），市长刘远（前排右一）一行到闽南师范大学调研，参观新闻传播学院省级虚拟仿真实验教学中心

（康哲力 摄）

2018 年 4 月 19 日，市人大常委会主任陈汉夫（前排右二）深入华安县华丰镇良埔村调研整村推进扶贫开发工作 （方铭志 摄）

2018 年 12 月 20 日，市政协主席张祯锦（左一）到市中级人民法院调研 （市政协办公室 供图）

璀璨江滨　（林良益 摄）

生态之城　（林良益 摄）

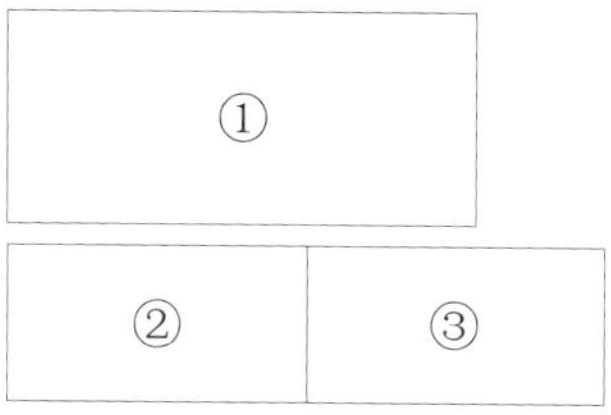

① 龙文区碧湖生态公园夜景远眺（吴飞龙 摄）
② 芗城区南江滨彩虹桥（高茂山 摄）
③ 龙文区闽南水乡（王 盈 摄）

芗城区华侨新村西姑池畔　（林良益 摄）

芗城区南湖生态公园南星桥夜影　（易跃超 摄）

芗城区西院湖　（林丽娜 摄）

龙海市埭美村端午划龙舟 （王海燕 摄）

龙海市田头村 （徐耀雄 摄）

芗城区浦南镇双溪村 （林丽娜 摄）

南靖县土楼人家 （徐耀雄 摄）

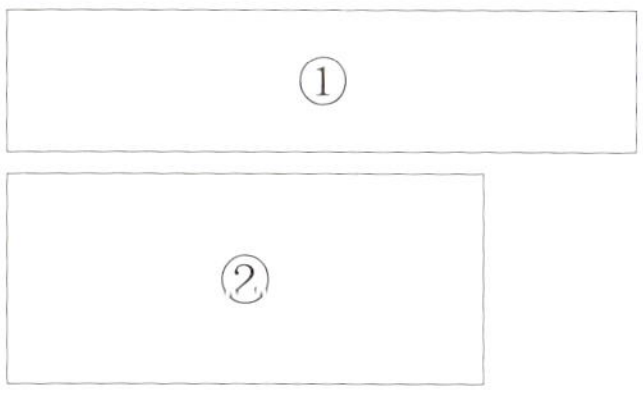

① 水仙花海四季剪影　　（陈惠芊 摄）
② 云霄县和平乡棪树村枇杷园　　（戴园笙 摄）

2018年5月29日，大通互惠集团与全球顶级铸造装备供应商意大利IMF集团共建“绿色智能高端阀门生产线”项目举行签约仪式

（长泰县政府办 供图）

2018年11月18日，第十届海峡两岸现代农业博览会·第二十届海峡两岸花卉博览会举行开幕式

（市政协办公室 供图）

漳州市社会福利中心
（城投集团 供图）

芗城南坑中心幼儿园
（林良益 摄）

2018年7月11日，芗剧《谷文昌》参加全国基层院团戏曲会演
（市文旅局 供图）

2018 年 4 月 23 日，省中华职教社主任郭振家（左排左一）一行 5 人来漳调研职业教育服务精准扶贫工作情况
（周丽洁 摄）

2018 年 11 月 23 日，卫生职业教育与产业对话（助产教育专场）暨第五届全国助产专业骨干教师师资培训会在漳州卫生职业学院举行
（市卫生职业技术学院 供图）

2018年1月6日，市委市政府举行全市党政领导综治（平安建设）、责任书签订（下达）仪式，市领导出席会议（市政法委 供图）

2018年12月3日，漳州市精准扶贫“三千工程”企业与学生见面会在漳州职业技术学院召开（胡志超 摄）

2018年3月30日，漳州市"清明祭英烈"主题活动于芗城区实验小学启动　　（蔡雨农 摄）

2018年10月12日，市关工委联合芗城区关工委等单位，在中山公园举办举行"奋进新时代，同圆中国梦"暨漳州市第六届"尊老爱亲、老少同乐"文艺汇演（市关工委 供图）

2018年11月24日，漳州卫生职业学院为第五届南靖土楼国际马拉松赛提供赛事服务

（市卫生职业学院 供图）

2018年10月24日，漳州市侨联接待美国华人妇女联合会永远荣誉会长黄惠珍（右五）参议团一行
（市侨联 供图）

2018年10月14日，漳州市金联会领导与金门县县长陈福海（左二）、桃园市金门同乡会理事长洪成美（右二）合影
（市金联 供图）

2018 年 5 月，援外项目 –"一带一路"沿线国家茶叶国际贸易与产业化发展官员研修班在漳州科技职业学院举办

（漳州科技职业学院 供图）

2018 年 8 月 10 日，闽台红十字大学生人道之旅夏令营成功举办

（市红十字会 供图）

2018 年 6 月 8 日，第十届海峡论坛期间，参加省台联"同名村心连心"活动的台湾蓝氏宗亲回乡祭祖

（市台联 供图）

目录

特载

大事记

漳州市概况

中国共产党漳州市委员会

漳州市人民代表大会

漳州市人民政府

政协漳州市委员会

中共漳州市纪委·漳州市监委

民主党派

人民团体·社会团体

法治

军事

工业与国有经济管理

国内贸易

对外、对港澳台经济贸易与合作

外事侨务·港澳台事务

口岸与海防管理

城乡建设

交通运输·邮电

金 融

财政·税务

经济管理

科技 教育

文化 旅游 新闻

卫生·体育

社会生活

开发区

县（市、区）概况

人物·荣誉

索 引

contents

Features

Chronicle of Events

Overview of Zhangzhou City

Zhangzhou Municipal Committee of the CPC

The People' s Congress of Zhangzhou City

The People' s Government of Zhangzhou City

The CPPCC of Zhangzhou Municipal Committee

Zhangzhou Municipal Discipline Inspection Committee of the CPC

Democratic Parties

Mass Organizations and Social Organizations

Rule by Law

Military Affairs

Rural Work and Agricultural Economy

Industry and State-owned Properties Management and Operation

Domestic Trade

Economy and Trade Concerning Foreign, Hong Kong, Macao and Taiwan

Overseas Chinese Affairs, Hong Kong, Macao and Taiwan Affairs

Harbor and Coastal Defense Management

Urban and Rural Construction

Transportation, Posts and Telecommunications

Finance

Persons and Honors

Index

政府工作报告（节选）

——2019 年 1 月 8 日在漳州市第十六届人民代表大会第三次会议上

漳州市人民政府市长　刘　远

各位代表：

现在，我代表漳州市人民政府，向大会报告政府工作，请予审议，并请市政协委员提出意见。

一、2018 年工作回顾

2018 年是全面贯彻落实党的十九大精神的开局之年，是改革开放 40 周年。以习近平同志为核心的党中央总揽“四个伟大”，领航新时代新征程，带领全党和全国各族人民朝着全面建成小康社会的宏伟目标砥砺前行，推动改革开放和现代化建设取得新的重大成就。在以习近平同志为核心的党中央坚强领导下，在省委、省政府和市委正确领导下，我们认真学习贯彻习近平新时代中国特色社会主义思想和党的十九大精神，坚决落实习近平总书记重要指示批示精神，不断强化维护核心的政治自觉和干事创业的行动自觉，按照省委十届六次七次全会、市委十一届七次八次全会的部署和省委于伟国书记对漳州提出的“当好新福建建设先锋”的指示要求，落实“六稳”工作要求，坚持以供给侧结构性改革为主线，坚持高质量发展落实赶超，实施乡村振兴战略，开展“三抓三比、十项竞赛”，坚决打好三大攻坚战，富美新漳州建设取得新成效。

2018 年，全市完成地区生产总值 3947.63 亿元，增长 8.7%；一般公共预算总收入 352.06 亿元，增长 8.1%，地方一般公共预算收入 218.75 亿元，增长 7.2%；规模工业增加值 1531.6 亿元，增长 9.2%；固定资产投资 2604.39 亿元，增长 11.4%；外贸出口 533.85 亿元，增长 4.2%；实际利用外资 45.7 亿元；社会消费品零售总额 1111.6 亿元，增长 13.1%；居民消费价格总水平上涨 1.7%；城镇居民人均可支配收入 35997 元，增长 7.9%；农村居民人均可支配收入 18186 元，增长 9.1%；城镇登记失业率 2.5%；人口自然增长率 8.5‰。年度节能减排降碳任务全面完成。主要工作和成效是：

（一）聚力高质量赶超，经济增长稳中向好。凝聚全市上下的共识和力量，全力加快高质量发展落实赶超步伐，经济运行平稳健康，GDP 增幅保持全省前列。坚持每季度分主题、分区域开展现场推进会，深化“五个一批”项目攻坚，实施“十百千支撑工程”和民间投资“百大千亿工程”，推动各地抓项目、扩投资、促赶超。落实“五个一批”项目 2400 个，新开工亿元以上项目 418 个、建成或部分建成 150 个，签约“三维”项目 382 个、总投资1321.48亿元。把加大工业投资作为主抓手，2018年工业投资完成880.51亿元，增长10.4%，占全市固定资产投资33.8%，金龙汽车、三宝耐腐蚀热轧卷板、福欣节镍不锈钢等项目落地开工，云霄抽水蓄能电站项目正式启动。全力以赴抓好腾龙翔鹭整改修复，PTA稳定生产，PX即将恢复生产，古雷炼化一体化一期等重大项目加快建设；古雷石化基地安全检查站建成投用，成为国内首个封关运行的石化专业园区。持续加大基础设施投入，厦漳同城大道、沿海大通道、厦蓉高速改扩建工程、九龙岭隧道等建成通车。

（二）发力供给侧改革，产业发展提质增效。坚持一业一策抓产业培育，出台促进民营企业发展、扶持做大做强服务业、旅游业、食品产业、钟表产业等系列政策，设立食品产业发展基金，用好"五项基金"，持续推动产业结构优化、质量提升。及时解决企业生产要素难题，补办企业不动产权证209本，减税降费72亿元。新增（新上）规模工业企业110家、服务业企业22家，新增科技小巨人33家、高新技术企业40家、境外上市企业2家，技改投资增长25%，第三产业比重同比提高0.8个百分点。获得"中国钟表名城"殊荣。更加有效引才聚才，人才政策红利进一步释放，新增省市引进高层次人才175人，比增316.7%。实施全域旅游三年行动计划，接待游客人数、旅游总收入分别增长20.9%和33.7%。建筑业完成产值617.62亿元，再创新高，3家建筑企业晋升总承包一级资质。全面实施乡村振兴战略，深化"345"示范工程，推进农业"两区"建设，全国畜禽养殖废弃物资源化利用现场会在漳州召开，农业绿色发展做法在全国推广；九大优势特色产业有八个全产业链产值超百亿元，新增设施农业2.4万亩，农村承包地确权登记颁证工作基本完成。

（三）打好三大攻坚战，发展短板加快补齐。把打赢脱贫攻坚战作为重大政治责任，落实"六个精准"和"两不愁、三保障"要求，实施"养鸡生蛋"工程，实现剩余2146名建档立卡贫困人口、17个贫困村全部脱贫摘帽，完成当年新增28户贫困无房户、665户危房户房屋修建，3个重点贫困县农村低保标准提高到每人每年6960元；"三千"工程资助对象覆盖全市所有贫困生，在全省率先实现科技特派员行政村全覆盖；诏安被评为"2018年度中国十佳脱贫攻坚与精准扶贫示范县市"。打好污染防治攻坚战，深化"三铁治污、提升三质"，中央和省环保、土地、海洋等督察反馈问题及时有效整改，河湖长制全面落实，"三质"水平持续提升；完成植树造林15.73万亩。防范化解金融风险攻坚战取得明显效果，全市不良贷款率2.06%，比2018年初下降1.13个百分点，政府债务余额严控在核定限额内，金融风险总体可控。

（四）深化"生态＋"模式，城市颜值持续提升。坚持以"生态+"引领城市美丽转型，又好又快推进"五湖四海"项目，南山文化生态园、西院湖生态园、侨村"城市会客厅"等建成开放，西湖生态园基础设施配套全面开工，"生态＋"成为百姓点赞、各界认可的漳州新名片。开展规划区范围1986平方公里"一张图"编制，取得阶段性成果。城市功能配套日趋完善，新增停车泊位4550个，中心城区第二水源、第二气源开工建设，中部生活垃圾焚烧发电厂建成投用。入选全国城市黑臭水体治理示范城市。着力开展农村人居环境整治、铁路沿线环境整治、"两违"综合治理百日会战，新增美丽乡村121个，新建乡镇污水处理设施23个，新建改造城乡公厕246座，拆违面积938.4万平方米。新（改）建农村公路260公里，200人以上自然村（贫困村）全部通硬化路。

（五）构建开放型经济，营商环境更加优化。以纪念改革开放40周年为契机，巩固开放型经济新体制综合试点试验工作成果，稳步做好机构改革，新组建的市直部门在2018年底全部挂牌成立。"生态+"等6项经验做法入选改革开放40周年"福建影响力"案例。实施提升营商环境行动计划，启动"漳州通"APP建设，企业开办时限压缩到5天以内，全市92.7%的审批服务事项实现"一趟不用跑”和“最多跑一趟”，率先在全国实施审批服务“智能秒批”新模式。加快落实证照分离、“多证合一”等商事制度改革，跨境贸易便利化水平显著提升。主动融入闽西南协同发展区建设，19个重大协作项目有序推进。对外开放持续扩大，出台促进漳台交流合作58条措施，新批台资项目82个，合同利用台资6.8亿美元；成功举办两岸企业家峰会古雷石化产业合作发展论坛、第五届海峡（漳州）茶会、第十届农博会·第二十届花博会；组团参加进博会、厦洽会、数字峰会等活动，举办首届中国食品名城（漳州）食品交易会，开展5场“漳州味·世界行”活动，积极推进与港澳经贸合作。有效应对中美贸易摩擦影响，外贸市场保持平稳。

（六）倾力普惠性民生，社会事业全面进步。积极回应代表、委员对民生事业的关切，持续加大“四难一差”补短板力度，25项为民办实事项目全部完成。坚持教育优先发展，教学质量持续提升，新建公办幼儿园83所，开工建设市职教园区、漳州一中新高中部，新增幼儿园学位22410个、中小学学位30521个。加大医疗卫生事业投入，公立医院和基层医疗机构综合改革效果显现，位于高新区的市医院新总院开工建设，新增医疗床位1200张、养老床位3426张、卫技人员2235名，实现公办村卫生所标准化建设全覆盖。成为全国第三批居家和社区养老服务改革试点市。新建保障性安居工程10084套、“安得广”惠民安居工程3378套。文化体育事业蓬勃发展，文艺精品创作再获佳绩，芗剧现代戏《谷文昌》代表福建晋京展演；《漳州海洋与渔业文化丛书》获得国家海洋优秀科技图书奖；参加第十六届省运会和第十届老健会取得好成绩。深入开展扫黑除恶专项斗争和维稳“六大专项行动”，扎实抓好中央扫黑除恶专项斗争督导组反馈问题整改，社会保持安定稳定。严格落实安全生产责任，扎实推进重点行业领域专项整治，安全生产形势平稳向好，事故总量明显下降。认真组织第四次全国经济普查，顺利完成第三次全国农业普查。妇女儿童、青少年、残疾人、外事侨务、民族宗教、档案、社会科学、地方志、防汛防台、防震减灾、红十字会、援藏援疆援宁等工作取得新进步。

（七）坚持新思想引领，自身建设有效加强。牢固树立“四个意识”，坚定“四个自信”，坚决做到“两个维护”，全面兴起“大学习”热潮，推动习近平新时代中国特色社会主义思想在漳州落地生根。坚持党的全面领导，认真落实省委“八个坚定不移”要求，坚决抓好习近平总书记重要指示批示精神贯彻落实情况“回头看”、中央和省巡视反馈问题整改。严格执行中央八项规定及其实施细则和省市实施办法，坚决反对“四风”，大力弘扬“马上就办、真抓实干”，加快建设法治政府、廉洁政府。市本级“三公”经费支出下降10.5%。顺利完成村级组织换届选举。认真执行人大决定决议，自觉接受人大、政协和社会监督，办理人大代表建议152件、政协委员提案322件，办结率100%。各民主党派参政议政、民主监督富有成效。政务“五公开”持续推进，行政监督、审计监督继续加强，党风廉政建设和反腐败工作有力有效。

成绩来之不易，这是习近平新时代中国特色社会主义思想生动实践的结果，是党中央、国务院和省委、省政府、市委坚强领导的结果，是全市人民团结奋斗和各方面大力支持的结果。在此，我代表漳州市人民政府，向全市人民，向人大代表、政协委员、各民主党派、工商联、各人民团体、离退休老同志和各界人士，向驻漳省部属单位、驻漳部队、武警官兵，企业界人士和来漳创业务工人员，向关心支持漳州发展的港澳台同胞、海外乡亲和国际友人，表示衷心的感谢！

前进的道路从不会一帆风顺。我们也清醒认识到发展中的困难和工作中存在的问题，主要是：经济下行压力有所加大，部分企业生产经营困难增多，新动能对高质量发展支撑不够强劲；生态环境保护压力较大；教育、医疗补短板力度推进不大，还不能满足社会需求；政府职能转变不到位，营商环境离市场主体期待还有差距。面对新时代、新要求，我们必须直面差距、敢于担当，采取切实有效的措施加以解决。

农业绿色发展 漳州成为样板

在平和，琯溪蜜柚走向全国，走向世界，“一粒蜜柚”全产业链产值超百亿……近年来，漳州市围绕打造“生态＋”高效外向型试验示范区的发展定位，总结推广适宜南方特点的农业绿色发展模式，全力推进国家农业可持续发展试验示范区与农业绿色发展试点先行区建设，目前成效显著。

下一步，推动绿色农业发展上，漳州将加强政策扶持，出台农业绿色发展扶持政策，争取地方立法。加快推动以绿色生态为导向的农业补贴政策改革，统筹相关财政资金，建立以绿色发展为导向的政策支持体系。同时，2018—2020年，将完成农业绿色发展项目投资414亿元。

典范推进蜜柚绿色发展

在平和，以“一粒蜜柚”为产业链，小到村庄，大到整个县城，已走出了一条非比寻常的绿色农业发展之路，“一粒蜜柚”全产业链产值超百亿元。

霞寨镇高寨村距平和县城15公里，全村345户，1315人，蜜柚种植面积5000多亩、年产值5000万元。村庄位于柚海之中，宛若西藏布达拉宫，故享有柚海“布达拉宫”之称。2014年以来，该镇结合富美乡村建设拓展“现代农业＋乡村旅游”农旅融合新业态，先后投资1500万元打造“柚海人家·富美高寨”，被确定为“中国乡村旅游模范村”“福建省乡村旅游特色村”“漳州市十大美丽乡村”。累计接待游客100余万人次，带动村民增收350余万元，村财收入由3.5万元增长到28万元。2017年高寨村农民人均可支配收入23450元，高出全县平均水平7303元。

而这正是高寨村走蜜柚绿色发展之路的成果。高寨村全村推广使用太阳能吸虫灯、黏虫板等绿色防控措施；推广测土配方施肥、商品有机肥示范，减少化肥施用量。从2014年起，累计实施有机肥1万吨以上，改善提高土壤有机质，提升蜜柚品质。同时，推行果园留草覆盖：园区不使用化学除草剂，果园常年留草覆盖，保肥保水，改良土壤理性结构、提升土壤地力、提高水果品质。此外，还实施农业废弃物资源化利用，推广高挂微喷水肥一体化技术。建立农业生态环保果园，降低成本，提高效益。

放眼整个平和县，到处都是蜜柚，这么多年来，不仅实现了量的提升，更实现了质的飞跃。漳州市紧紧抓住机遇，着力把平和县打造成为“世界柚乡·中国柚都”。如今，平和蜜柚在种植规模、产量、产值方面都实现飞跃性发展，分别从1996年13.6万亩、51633吨、1.6亿元提高到2017年70.7万亩、150.7万吨、50亿元，蜜柚延伸产业产值超过100亿元。

而这一切成果与平和推进的绿色农业发展措施是分不开的。此外，平和还转变发展理念，推行“生态＋”可持续发展模式，实施漳州市乡村振兴345示范工程等。促进三产融合，打造“柚海人家”，形成“现代农业＋乡村旅游”的新业态模式，促进农旅融合发展，高寨村就是一个典型的示范做法坚持绿色高效外向发展推进农业产业可持续发展。

建立“五位一体”特色现代农业发展模式

多年来，漳州坚持绿色高效外向发展，推进农业产业可持续发展。

首先，漳州建立以现代农业产业园、三产融合、品质品牌、新型经营主体、科技支撑等“五位一体”的特色现代农业发展模式。以建设国家现代农业示范区为引领，加快建设一批核心示范园、省市级农民创业园、台湾农民创业园、现代渔业产业园等各级农业园区71个，面积220万亩，园区年产值400多亿元。漳州全市农业九大特色产业产值占农业总产值的90%以上，有5个产业全产业链产值超百亿元。其中，平和琯溪蜜柚创下了种植面积、产量、出口量等六个全国第一，“一粒蜜柚”全产业链产值超百亿。

漳州还在全国率先建立海峡两岸农业合作实验区，以每年举办的海峡两岸农博会、花博会为主要平台，扩大对台对外合作交流。农业累计利用台资19.3亿美元，居全国设区市首位。漳州全市规模食品工业产值1735亿元，占全省25%；出口农产品货值45亿美元，占全省50%。

同时，漳州还把农业绿色发展作为实施乡村振兴战略的重要内容，开展“千村整治、百村示范”美丽乡村建设工程和百村富美乡村创建、百村环境整治行动，漳州总结提升的“规划引领、整治先行、突出特色、产业带动”模式成为全国美丽乡村标准化建设典范。漳州还开展农村人居环境整治三年行动，实施农村“厕所革命”、农村垃圾治理行动、农村污水治理行动、农房整治行动、村容村貌提升行动等“一革命四行动”，生活垃圾处理率达95%，生活污水处理率达90%。

今年拟投6.7亿元支持农业绿色发展项目

此外，漳州市政府出台《漳州市国家农业可持续发展试验示范区发展规划》和《建设方案》，通过国家评审以来，又陆续出台《工作方案》和《实施意见》。强化政策资金扶持，健全农业绿色发展的引导政策和生态保护负面清单，建立以绿色生态为导向的农业补贴机制，今年漳州市财政预算安排资金6.7亿元支持农业绿色发展项目。

漳州还建立绿色金融联席会议制度，加大绿色信贷支持；开展项目竞赛推动，把农业绿色发展项目列入市委市政府“三抓三比、十项竞赛”的重要内容，以竞赛的形式推进示范项目建设。

全面实施化肥农药减量化畜禽养殖废弃物资源化利用

同时，漳州还坚持利用与保护并举，通过全面实施化肥农药减量化、畜禽养殖废弃物资源化利用等措施，推进资源环境可持续发展。

据统计，漳州已实施测土配方施肥255万亩，示范推广有机肥156万亩，推广果园留草覆盖栽培技术33万亩，应用水肥一体化技术50万亩，2017年化肥施用量减少2.7万吨（减少6.71%）。全市推广生物防治6万亩，实施病虫害绿色防控433万亩次，开展农作物病虫害专业化统防统治107万亩次，农药使用量减少96吨（减少5%）。

在全面推进畜禽养殖废弃物资源化利用方面，漳州坚持“源头减量化、过程可控化、利用资源化、发展市场化”的路径，全市推进畜养殖废弃物资源化利用。全市畜禽养殖规模化率达86%以上，其中生猪达97%以上。规模养殖场粪污处理设施配套率达85%以上，大型规模养殖场达100%。全国率先建立病死畜禽第三方工厂化集中无害化处理运行机制，经第三方处理的病死猪占总数的90%以上，其他按传统处理模式或养殖户自行无害化处理，全市无害化处理率达100%。

同时，漳州还总结推广能源生态、异位发酵床零排、综合利用、集中处理等模式，全市畜禽养殖废弃物资源化综合利用达95%。大力发展生态循环农业，全面推动秸秆资源化利用，促进秸秆还田和秸秆肥料化、饲料化、基料化利用。如漳州台商投资区同发食品、南靖金明食品把畜粪和秸杆基料化工厂化生产双孢蘑菇；平和巴威、根动力公司把废弃柚果发酵后与矿物质、畜禽粪便混合成土壤改良剂、有机肥；诏安泉盈、东山莹峰推广封闭式循环水产养殖，实现零排放。此外，还加快推广使用加厚地膜和可降解农膜，研究制定《农用地膜回收利用管理办法》等，提升再利用水平。

未来3年拟投资414亿元还将出台扶持政策

为推进漳州绿色农业发展，下一步，漳州将加强政策扶持，出台农业绿色发展扶持政策。加快推动以绿色生态为导向的农业补贴政策改革，统筹相关财政资金，建立以绿色发展为导向的政策支持体系。

同时，强化项目建设，2018—2020年，漳州将完成农业绿色发展项目投资414亿元。今年，漳州已实施123个项目完成投资100亿元。

此外，漳州坚持打造“一县一模式”，扩大示范推广范围，不断总结提升发展模式和技术集成。健全项目竞赛、绩效考核、科技支撑和舆论宣传等工作机制，完善生态资源补偿机制和生态保护转移支付制度，推进农村各项改革，为农业绿色发展提供要素保障。

（2018年11月23日《人民网》《台海网》《海峡导报》，记者林晓琪、吴佳慧）

谷文昌：扎根东山岛 造林治风沙

——弘扬民族精神、奋斗精神

在福建省东山县，每逢清明、春节敬祖，当地百姓总是“先祭谷公，后祭祖宗”。这位东山县几代人念念不忘的“谷公”，就是东山县委原书记谷文昌。

谷文昌生于1915年，河南林县（今林州市）人。1944年加入中国共产党，1950年5月随军渡海解放东山岛，先后在这里担任城关区委书记、县委组织部长、县长、县委书记。

上世纪50年代的东山，是“沙滩无草光溜溜，风沙无情田屋休”的荒凉沙岛。一年6级以上大风多达150多天，全岛森林覆盖率仅为0.12%，新中国成立前被风沙掩埋了11个村庄。当地农民一年到头缺吃缺烧，不少人只得端着破碗讨饭。面对肆虐的风沙，面对生活贫困的群众，谷文昌立下铮铮誓言：“不治服风沙，就让风沙把我埋掉！”

为了找到适宜沿海种植的树种，东山县委组成了由领导干部、林业技术员、老农三结合的实验小组，谷文昌任组长。他们在飞沙滩上“旬旬种树”，定时观察气候、湿度、风向、风力对新种木麻黄回青、成活的影响，终于总结出种植木麻黄的技术要点。每逢雨天，各级干部率领群众在百里海滩上摆开造林战场，几年下来，177条每条宽50至100米、总长达194公里的林带，覆盖了东山大地，战胜了危害东山人民的风沙。

如今的东山，天蓝、海碧、沙白、林绿，不毛之地已变成郁郁葱葱的生态旅游海岛。谷文昌当年描绘的愿景，“举首不见石头山，下看不见飞沙滩，上路不被太阳晒，树林里面找村庄”已变成现实；“国家级生态县”的美誉，也成为东山人的骄傲。

带领百姓植树造林82000多亩，谷文昌为改变东山千百年来恶性循环的生态环境做出了贡献。而在东山人的心目中，谷文昌留下的更宝贵的财富，是他树立起的“始终把百姓放在心上，一切从人民的需要出发”的榜样。

“谷书记经常骑着自行车下乡，随身带着一把锄头、一个手电筒和水壶，白天和群众一起劳动，晚上开座谈会，吃的是厚叶菜和地瓜梗熬的粥，睡的是地铺。”曾任东山县委通讯员的朱财茂回忆，“正是这种以上率下，带出了东山当时的好政风。”

谷文昌要求身边的干部坚持群众路线，发扬优良作风，到农村工作时，不当东转西看的“风水先生”；说话办事一是一、二是二，不能弄虚作假；吃饭住宿不搞特殊……谷文昌还要求干部，“把政治、技术、业务结合起来，孜孜不倦地学习。管农业的，要懂农业、会干农活，管盐业的要会制盐坎、晒盐……”

一年到头，谷文昌大部分时间在基层。在田头，他与农民席地而坐谈生产；在村舍，他与农民一道卷着土烟拉家常。他常年深入田间，挽起袖筒植树，卷起裤脚犁田，拿起钢钎打石头，群众盼什么，他就带领群众干什么。

谷文昌为官恪守两条原则：只要对百姓有利的事，哪怕排除万难也要做到；凡是对党的威信有害的事，哪怕再小也不能做。“不带私心搞革命，一心一意为人民”，谷文昌将这两句话写在了笔记本上，践行了一辈子。

半个多世纪过去了，这位人民的好县委书记仍然活在人们心中。在东山岛，老百姓亲切地把木麻黄称作“谷树”，在他们眼里，谷文昌就是一棵扎根于东山岛的木麻黄，一棵根植于百姓心里的木麻黄。

（2018年12月3日《人民日报》，记者何璐）

大事记

·大事记·

【1月】

1日，市委书记檀云坤、市长刘远带领市直有关部门负责人到芗城区现场推进“芗江水岸、龙江观竹”生态项目。

同日，市长刘远带领市直有关部门负责人到古雷开发区现场办公，代表市委檀云坤书记向一线建设者致以节日的问候，并召开腾龙翔鹭整改修复专题协调会，协调解决项目建设中遇到的困难和问题。

2日上午，市十六届人大常委会举行第八次会议，审议通过市人大常委会关于十六届人大代表变动情况和增补的代表资格审查报告。市十六届人民代表大会实有代表412名。

同日，市委书记檀云坤带领市直有关部门负责人调研小梅溪花海、龙江南路景观花带、上美湖、人民广场花海建设。

3日，市委书记檀云坤、市长刘远、市政协主席张祯锦带领市直有关部门单位负责人，到南靖县就市区第二饮用水源项目建设开展现场办公。

4日，市委召开县委书记抓基层党建工作述职评议会。

5日，市十三届政协二次会议在漳州宾馆隆重开幕。

6日，市十六届人大二次会议在芗城隆重开幕。

同日，市委、市政府举行2018年全市党政领导综治（平安建设）、脱贫攻坚、计划生育目标责任书签订（下达）仪式。

商务部副部长钱克明带领调研组一行到漳州，就市构建开放型经济新体制综合试点试验工作推进情况开展调研。省商务厅副厅长黄德智参加调研，市委书记檀云坤、副市长吴卫红等领导分别陪同调研。

7日，市十三届政协二次会议胜利闭幕。会议补选市第十三届政协委员会副主席、常务委员，陈跃鸿、何伟燕当选为副主席，陈秀菊、陈惠贞、韩少华、谢文英当选为常务委员。

8日，市十六届人大二次会议闭幕。会议通过7个决议决定。檀云坤在闭幕式上讲话。林叶萍当选市监察委员会首任主任，罗雄当选市中级人民法院院长。选举产生市省十三届人民代表大会代表。

9日，漳州市监察委员会正式挂牌成立，成为全省首个挂牌成立的市级监察委员会。市监察委员会成立后，市纪委、市监委合署办公，实行一套工作机构、两个机关名称。全市监察对象增至8万多人，约是改革前2.3万人的3.5倍，实现对所有行使公权力的公职人员监察全覆盖。

10日，十一届市委第四轮巡察工作动员部署会召开。经市委批准，本轮巡察安排3个巡察组，分两批巡察6个市直单位，首批将从10日开始，对市旅游发展委员会、市商务局、市教育局党组开展常规巡察。

10—11日，市委书记檀云坤

先后到平和、南靖、芗城、长泰、漳浦、龙海等地调研“三农”工作。

12日，市委书记檀云坤、市长刘远分别到龙海市、芗城区检查2017年度落实全面从严治党主体责任情况。

同日下午，2018年全市安全生产工作暨第一季度防范重特大生产安全事故视频会召开。贯彻落实全省有关会议特别是省委常委、副省长周联清的工作部署以及市委书记檀云坤的指示要求，通报上年全市安全生产工作情况，安排部署全年工作。市长刘远出席会议并讲话。

13—14日，省委常委、组织部长胡昌升到漳州市调研基层党建工作。

14日，市委书记檀云坤深入省级扶贫开发工作重点县云霄、诏安，调研脱贫攻坚工作，看望慰问困难群众。

15日，市委书记檀云坤带领市直有关部门负责人调研南山桥、南山水岸建设。

同日，市长刘远到挂钩联系的扶贫开发工作重点村——平和县国强乡凤山村看望慰问困难户。

16日，市委书记檀云坤主持召开市委常委会会议，学习贯彻《中国共产党党务公开条例（试行）》，研究贯彻意见。

同日，市委书记檀云坤主持召开市委常委会会议。会议学习传达省委于伟国书记关于监察体制改革工作批示精神；省委常委、组织部长胡昌升来漳调研精神；全省社会治安综合治理表彰大会精神全省宣传思想文化系统专题会议精神。会议研究了《漳州市进一步贯彻落实中央八项规定精神实施办法》。听取了《“健康漳州2030”行动规划》情况汇报。讨论并原则通过《关于稳步推进农村集体产权制度改革的实施意见》《漳州市环保机构监测监察执法垂直管理制度改革工作方案》。

市委、市政府在漳州宾馆召开会议，向老干部通报2017年市委、市政府主要工作情况及2018年工作思路，并致以诚挚的问候和真诚的祝福。

市委书记檀云坤主持召开2017年度市委常委班子民主生活会向老干部征求意见座谈会，认真征求老干部对市委常委班子及其成员的意见和建议。

市政府举行中华人民共和国宪法宣誓仪式，市长刘远监誓。

17日，市长刘远带队到古雷开发区现场办公。先后主持召开2018年腾龙翔鹭整改修复协调领导小组第一次会议和古雷炼化一体化项目专题会，传达省委常委、组织部长胡昌升到古雷调研的讲话精神，听取腾龙翔鹭和炼化一体化项目进展情况汇报，协调解决具体问题，推动项目加快建设。

18日，漳州军分区召开党委六届三十二次全体（扩大）会议。市委书记檀云坤出席会议并讲话。

同日，市委书记檀云坤、市长刘远到长泰县调研企业发展。

永宝养生文化村项目签约活动在漳州台商投资区举行，市领导檀云坤、刘远、张祯锦、张琳光以及有关方面负责人参加活动。

18日3时20分，随着最后一段主桥钢箱梁在市区江滨路上吊装完毕，漳州首座“飘带”人行天桥完成了主桥合龙，一条彩色的“飘带”跨越江滨路，北接漳州古城，南连南山桥，串起古厝景致、水岸风光。

19日，市委常委班子召开2017年度民主生活会。会议由市委书记檀云坤主持。省委第一督导组人员到会指导。

同日，市政府党组召开2017年度民主生活会。市政府党组书记、市长刘远主持会议。市委督导组有关人员到会指导。

市委书记檀云坤参加芗城区委常委班子民主生活会。

23日，市委书记檀云坤主持召开市委常委会会议。传达学习十九届中央纪委二次全会、省纪委十届三次全会精神，听取中心城区“安得广”惠民安居工程进展情况汇报。

25日，省十三届人大一次会议漳州代表团在代表团驻地举行全体会议。

26日，省委书记于伟国到省十三届人大一次会议漳州代表团参加审议，深入听取代表的意见建议。

31日，省十三届人大一次会

议举行第三次全体会议，漳州市委书记檀云坤当选省人大常委会副主任。

【2月】

2日，市委召开常委（扩大）会议，传达贯彻省十三届人大一次会议、省政协十二届一次会议精神。

同日，省人大常委会副主任、市委书记檀云坤主持召开2017年度市委领导班子成员述责述廉会。

3日，省人大常委会副主任、市委书记檀云坤到市区钟法路“飘带”人行天桥、南山桥廊桥、南山水岸、南湖、梅溪花海、人民广场花海“月牙湾”等地调研。

6日，由中国国家博物馆主办的“匠心传承——徐竹初、徐强父子木偶艺术展”在北京中国国家博物馆开幕。

同日，省人大常委会副主任、市委书记檀云坤走访慰问市区部分困难企业、困难职工、困难群众。

市召开2017年度市直单位党组（党委）书记抓机关党建述职评议会议。

8日，省人大常委会副主任、市委书记檀云坤主持召开市委常委会会议。会议研究漳州市《关于实施乡村振兴战略的实施意见》。传达中央、省委政法工作会议和全国、全省扫黑除恶专项斗争电视电话会议，全省组织部长会议和全省人才工作联席会议和全省统战部长会议精神。并研究了《市属国有企业投融资监督管理办法》和2018年度市属重点国有企业投融资计划。

同日，省人大常委会副主任、市委书记檀云坤，市长刘远、市政协主席张祯锦率团走访慰问驻闽某集团军、驻漳某部、工化某部和漳州军分区。

23日，市委市政府召开深化“三抓三比、十项竞赛”（抓招商比项目投资、抓生态比城乡环境、抓作风比营商环境，开展工业园区建设竞赛、创新转型项目竞赛、现代服务业项目竞赛、特色现代农业项目竞赛、重点民生项目竞赛、生态与水系项目竞赛、特色小镇项目竞赛、精准脱贫攻坚竞赛、交通先行工程竞赛、公共配套项目竞赛）、当好“四个先锋”（当机制活的先锋、当产业优的先锋、当百姓富的先锋、当生态美的先锋）动员电视电话会议。

同日，省人大常委会副主任、市委书记檀云坤到市区钟法路“飘带”人行天桥、南山桥廊桥、旧中山桥、南山水岸、侨村等地调研。

26日，省人大常委会副主任、市委书记檀云坤带领市直有关部门负责人，调研南山桥、南山水岸二期、南山路等项目建设。

同日，市政府党组书记、市长刘远主持召开市政府党组（扩大）会议，组织学习《习近平谈治国理政》第二卷，研究部署市政府系统贯彻意见。

市长刘远到古雷开发区现场办公，并检查企业节后复工情况。

27日，省人大常委会副主任、市委书记檀云坤主持召开市委常委会会议。传达全省宣传部长会议精神，听取了“三抓三比、十项竞赛”2017年考评情况和2018年工作方案汇报，全市2017年度“平安单位”考评情况汇报。

28日，芗城区人民法院党组成员、巷口法庭庭长黄志丽获评“全国三八红旗手标兵”称号。

是月，根据省统计局公布数据，2017年，漳州经济运行保持稳中有进的增长态势，地区生产总值突破3500亿元，达到3563.48亿元，位居全省第四位，增幅达9.1%，连续四年位居全省第一，成为2008年以来全省首个GDP增速获得“四连冠”的设区市。

【3月】

2日，市委召开常委会会议。省人大常委会副主任、市委书记檀云坤主持会议。会议学习贯彻《习近平谈治国理政》第二卷，听取市人大常委会、市政府、市政协、市法院、市检察院党组工作汇报，及市委巡察工作有关情况汇报。

同日，第四批全国岗位学雷锋标兵名单公布，漳浦湖西畲族乡后溪村卫生所乡村医生陈伟琳成功入选。此次中宣部共评选出

50名岗位学雷锋标兵，全省有2人入选，陈伟琳是漳州唯一入选人选。

6日，市委召开常委会会议，省人大常委会副主任、市委书记檀云坤主持。会议集体学习人民日报《习近平同志在福建宁德工作时反腐倡廉的生动实践》。

同日，省人大常委会副主任、市委书记檀云坤到古雷就腾龙翔鹭整改修复项目开展现场办公，全面动员部署“古雷大会战，决胜60天”，加快推进腾龙翔鹭整改修复进程，确保古雷石化项目早日恢复生产。

7日，以“弘扬苏区精神·不忘初心使命”为主题的纪念平和暴动90周年大会在平和县举行。

15日，以安察卡·诗文良博士为团长的泰国经贸文化旅游参访团一行61人到漳州交流访问。省人大常委会副主任、市委书记檀云坤会见了参访团一行。

22日，市委召开全面深化改革领导小组第七次会议。会议由省人大常委会副主任、市委书记、市委全面深化改革领导小组组长檀云坤主持。会议传达学习贯彻中央和省委全面深化改革工作有关会议精神，回顾总结2017年市改革工作，研究部署今年改革任务。会议还听取了各专项工作小组汇报，审议了《市委全面深化改革领导小组2018年工作要点》《市委全面深化改革领导小组工作规则》《市委全面深化改革领导小组专项小组工作规则》《市委全面深化改革专项工作小组联络员会议制度》《市委全面深化改革领导小组办公室工作细则》等文件。

26日，省人大常委会副主任、市委书记檀云坤，市长刘远调研市区部分生态项目建设。

28日，省人大常委会副主任、市委书记檀云坤带队，到古雷开发区开展“三抓三比、十项竞赛”现场推进活动。

同日，福建省首个“妇女儿童安全发展实践基地”、首个“乡村振兴战略法学研究基地”在漳州市平和县成立。

31日，闽港行业青年交流（漳州）活动拉开帷幕，首批23名香港一线青年司机对漳州开启为期五天的参观访问。

【4月】

1日，是中国环境保护税征收首日。芗城区地税局为漳州三宝集团股份有限公司开出全市首张环境保护税税票，标志着环境保护税法在漳州顺利实施。

同日，省人大常委会副主任、市委书记檀云坤到芗城区调研侨村、武庙片区，游泳水上运动中心和龙宝花园西侧、江滨路北侧片区，西院湖二期等项目的改造提升和建设，强调项目建设要提速提效，审批服务要更简更优，进一步加快工程进度和环境整治提升，着力打造生态宜居环境。

2日，市委召开常委会会议。会议由省人大常委会副主任、市委书记檀云坤主持。会议传达贯彻于伟国书记在福州市检查全面从严治党主体责任落实情况时的讲话精神，听取关于落实省委2017年度全面从严治党主体责任检查移交问题清单和问责建议的整改任务与分解方案汇报，听取了市委常委班子2017年度民主生活会查摆问题整改方案汇报，传达了全国信访局长会议和全省信访工作会议精神，传达了中央和省委对台工作会议精神。

3日，省人大常委会副主任、市委书记檀云坤带队到漳浦县调研春季生产及特色现代农业推进工作。

同日，省人大常委会副主任、市委书记檀云坤会见了第45次回漳集训的中国女排。

南靖县人民法院土楼人民法庭“土楼与法同行”志愿者服务队，被评为“全国最佳志愿服务组织”，是全国法院唯一获得此项殊荣的志愿服务组织。

4日，市委理论学习中心组举行扩大学习会。省委党校法学部邢亮教授应邀到会，作“弘扬宪法精神 推进宪法实施——宪法修正案学习体会”专题辅导报告。檀云坤、刘远、陈汉夫、张祯锦等市委理论学习中心组成员参加了学习会。市委常委、宣传部长刘伟泽主持学习会。

同日，市长刘远主持召开市政府专题会议，贯彻落实全国国土绿化、森林防火和防汛抗旱工作电视电话会议精神，以及省委省政府主要领导对安全生产工作的批示要求，对市清明小长假期间的安全生产工作进行安排部署。

11日，国家人才项目资本对接活动开幕式暨加快漳州海洋经济发展主题论坛举行。省人大常委会副主任、市委书记檀云坤，省委组织部常务副部长杨国豪、人社部留学人员和专家服务中心副主任李璟出席开幕式并致辞，市长刘远主持开幕式。

15日，省人大常委会副主任、市委书记檀云坤带队到漳州台商投资区调研，强调要加快龙江电商物流园区等重点项目建设，加快打造百亿电商物流产业集群，进一步优化产业结构，推动产业转型升级。

同日，昌都市市长陈军率领西藏自治区昌都市援藏汇报考察团，在省经信委副主任陈传芳的陪同下到漳州市考察。昌都市领导周青松、梅方权、丹拥拉姆、赵明，漳州市领导刘远、王文刚参加考察。

16日，市行政服务中心国家工商总局商标局漳州商标受理窗口发放第一批商标注册证，是福建省5个商标受理窗口受理核发的第一批证书。全天，窗口共发放了2本商标注册证。

17日，漳州高新区物联网示范园正式开园。园区采用合作共建模式，引进成熟的物联网企业德诺迈斯科技有限公司作为运营单位。示范园位于龙海颜厝镇下庄村，规划占地2.27公顷，计划投资6亿元。

16—18日，省人大常委会副主任、市委书记檀云坤，市长刘远带队深入平和、诏安、云霄等省级扶贫开发工作重点县开展“三抓三比、十项竞赛”脱贫攻坚现场推进活动。

19日，全市创建第六届全国文明城市动员会召开。

同日，市长刘远带队到古雷开发区，就腾龙翔鹭项目整改修复开展现场办公。

20日，市委召开常委会会议。省人大常委会副主任、市委书记檀云坤主持。会议传达学习贯彻习近平总书记在中央全面深化改革委员会第一次会议、听取2017年省级党委和政府脱贫攻坚工作成效考核情况汇报、中央财经委员会第一次会议、博鳌亚洲论坛开幕式和庆祝海南建省办经济特区30周年大会上的重要讲话精神。

同日，市委召开常委会会议。省人大常委会副主任、市委书记檀云坤主持。会议传达学习了省委《关于把党的政治建设摆在首位落深落细落实全面从严治党主体责任的意见》文件的主要精神，听取了市打好脱贫攻坚战有关情况汇报，听取了市打好污染防治攻坚战有关情况汇报，传达了省委常委、省纪委书记、省监委主任刘学新来漳调研和在市级纪委监委机关干部专题培训班开班式暨全省基层纪检组织建设工作交流会上的讲话精神，传达了省委常委周联清来漳调研指示精神，传达了全省村级组织换届选举工作视频会议精神，还研究了其他事项。

23日，市政府党组书记、市长刘远主持召开市政府党组（扩大）会议，传达学习贯彻习近平总书记在中央全面深化改革委员会第一次会议、听取2017年省级党委和政府脱贫攻坚工作成效考核情况汇报、中央财经委员会第一次会议、博鳌亚洲论坛开幕式和庆祝海南建省办经济特区三十周年大会上的重要讲话精神，传达学习贯彻省委《关于把党的政治建设摆在首位落深落细落实全面从严治党主体责任的意见》文件精神，布置落实市委《关于落实省委全面从严治党主体责任检查移交问题清单和问题建议的整改任务与分解方案》。

24日，国家文物局局长刘玉珠到漳州调研文物工作。

26日，漳州籍华侨抗日女英雄李林殉国78周年纪念活动之际，位于龙海双第华侨农场福建鹭凯生态农庄的李林事迹陈列馆建成开馆和李林塑像落成。

27日，漳州49名职工受表彰为福建省劳动模范和先进工作者。

28日，南靖县万利达科技有限公司被授予“全国五一劳动奖状”，漳州片仔癀药业股份有限公司片仔癀车间制剂组被中华全国总工会命名为“工人先锋号”。

同日，市委、市政府在漳州宾馆举行庆祝“五一”国际劳动节暨劳动模范表彰大会。

【5月】

1日，省人大常委会副主任、市委书记檀云坤调研市区侨村、南山文化园等生态项目建设，看望慰问节日坚守岗位的建设者。

3日，省人大常委会副主任、市委书记、市总河长檀云坤，市长、市总河长刘远带队到龙文区开展河湖长制工作现场推进活动。

同日，檀云坤、刘远等市领导召开会议，专门听取西湖生态园景观工程规划设计方案汇报，并就进一步优化规划设计进行专题研究。

省人大常委会副主任、市委书记檀云坤，市长刘远会见了台湾花莲县县长傅崐萁一行。

4日，市委召开常委会会议。会议由省人大常委会副主任、市委书记檀云坤主持。会议传达学习贯彻习近平在全国网络安全和信息化工作会议上的重要讲话和致首届数字中国建设峰会的贺信精神；传达学习贯彻习近平总书记对中国游客在朝鲜发生重大交通事故作出的重要指示精神。

4日，市委常委会会议召开，省人大常委会副主任、市委书记檀云坤主持。会议听取了市开展安全生产巡查工作的情况汇报；传达了十届省委第四轮巡视工作动员部署会和设区市巡察办主任座谈会主要精神；研究了《中共漳州市委关于把党的政治建设摆在首位落深落细落实全面从严治党主体责任的实施意见（讨论稿）》《中共漳州市委关于建立健全党委系统法律顾问制度的实施意见》《中共漳州市委法律顾问工作规则（试行）》《关于做好2018年村级组织换届选举工作的通知》《漳州市党政领导生态环境保护目标责任书考核办法》等文件讨论稿。

同日，省人大常委会副主任、市委书记檀云坤，市长刘远带队深入市区、漳浦古雷进行宣讲，强调要推动习近平新时代中国特色社会主义思想在漳州大地落地生根。

6日，省人大常委会副主任、市委书记檀云坤到龙文区调研九十九湾湖湘桥湖段建设情况，看望慰问奋战在一线的基层干部群众

7日，市政府党组书记、市长刘远主持召开市政府党组（扩大）会议，传达学习贯彻习近平总书记在全国网络安全和信息化工作会议上的重要讲话和致首届数字中国建设峰会的贺信精神，传达学习贯彻习近平总书记对中国游客在朝鲜发生重大交通事故作出的重要指示精神以及中办国办印发的《地方党政领导干部安全生产责任制规定》、省政府安办印发的《关于深刻吸取莆田“5·4”事故教训立即开展安全生产大检查的紧急通知》，贯彻落实市委常委会和檀云坤书记的部署要求。

9日，片仔癀在由国家市场监督管理总局指导，经济日报社、中国国际贸易促进委员会、中国品牌建设促进会主办，《中国品牌》杂志社、中国经济网承办的“2018中国品牌价值评价信息发布暨第二届中国品牌发展论坛”发布会上以品牌价值249.03亿元，高居《2018年中华老字号价值品牌榜》第二位，同比上升1位。

10日，省委书记于伟国带领省委省政府检查组到漳州开展工作检查。

14日，陈训生、黄志雄、陈素贤、黄耀鸿等4个家庭获得全国“最美家庭”的荣誉称号，程学勤、陈加霖、谢鹏志、陈伟琳等4个家庭获得“全国五好家庭”荣誉称号。

14—15日，全省人大人事代表工作座谈会在漳浦召开。省人大常委会副主任潘征出席会议并讲话，各设区市人大常委会和平潭综合实验区人大工委分管领导出席会议。

15日，市委常委会会议暨市委理论学习中心组学习会召开。会议由省人大常委会副主任、市委书记檀云坤主持。传达学习习近平总书记在中共中央政治局第五次集体学习时和在纪念马克思诞辰200周年大会上的重要讲话精神、学习《中共中央办公厅关于加强调查研究提高调查研究实效的通知》精神以及省委常委会会议精神；传达学习习近

平总书记在第十九届中央国家安全委员会第一次会议上的重要讲话精神。

同日，片仔癀股票成功被纳入 MSCI 指数体系，是全省唯一入选的医药类上市公司。

15—16 日，漳州市举行领导干部学习贯彻习近平新时代中国特色社会主义思想和党的十九大精神专题研讨班。

16 日，“漳州—连云港干线”和“漳州—汕头公共支线”两条集装箱航线正式开通。

16—17 日，省人大常委会副主任、市委书记檀云坤，市长刘远、市人大常委会主任陈汉夫、市政协主席张祯锦带队深入常山、东山、漳浦、南靖、华安等地，继续开展“三抓三比、十项竞赛”重点项目现场推进活动。

18 日，红军进漳纪念馆重新开馆，每周二至周日所有展厅免费对外开放。

同日，漳江湾特大桥 A2 标项目成功合龙。

19 日，漳州有 8 位企业“掌门人”荣登第十七届福建省优秀企业家榜榜单。分别是：福建龙溪轴承（集团）股份有限公司董事长曾凡沛、福建傲农生物科技集团股份有限公司董事长吴有林、漳州市东方智能仪表有限公司董事长黄志刚、中国绿宝集团董事长郑松辉、福建恒盛建筑集团有限公司董事长游海山、福建片仔癀化妆品有限公司董事长林进生、福建半月山温泉酒店有限公司董事长连文和、绿新（福建）食品有限公司副董事长郭东旭。

同日，国家生态环境部漳州督查组在市召开督查座谈会，将继续就市饮用水水源地环境保护专项行动资料、饮用水水源保护区“划、立、治”情况、问题整治进度等进行专项督查。

25 日，市委召开常委会会议。省人大常委会副主任、市委书记檀云坤主持。会议传达学习贯彻习近平总书记和李克强总理、韩正副总理在全国生态环境保护大会上的重要讲话精神，深入学习贯彻习近平生态文明思想。

27 日，国家话剧院原创话剧《谷文昌》在谷文昌精神发源地——东山县上演。

同日，“漳州旅投”杯第三届国际山地自行车邀请赛在龙文区郭坑镇拉开序幕。

29 日，市政府党组书记、市长刘远主持召开市政府党组（扩大）会议，传达学习贯彻习近平总书记在中共中央政治局第五次集体学习时和在纪念马克思诞辰 200 周年大会上、在全国生态环境保护大会上、在十九届中央国家安全委员会第一次会议上、在中央审计委员会第一次会议上的重要讲话精神，传达学习贯彻《中共中央办公厅关于加强调查研究提高调查研究实效的通知》、省委省政府工作检查总结会和市委常委会（扩大）会议精神。

同月，漳州木偶头雕刻、漳浦剪纸技艺入选文化和旅游部、工业和信息化部联合发布的第一批国家传统工艺振兴目录。

漳州九龙江高峰谷项目成功入选国家林业和草原局产业办公室公布的第一批全国林业产业投资基金项目库，成为市唯一入选项目。

【6 月】

1 日，檀云坤、刘远等市领导召开会议，专题研究桥南美食家规划设计提升方案。

4 日，由中国国家话剧院制作演出的话剧《谷文昌》在漳州市人民剧场举行了专场演出。

5 日，省人大常委会副主任、市委书记檀云坤主持召开市委常委会会议。传达贯彻中央巡视工作《规划》、全省基层党建工作重点任务推进会、全省“千企帮千村”工作会议精神。

6 日，漳州片仔癀药业股份有限公司党委书记、董事长刘建顺荣获“2017—2018 年度全国优秀企业家”称号。

7 日，省人大常委会副主任、市委书记檀云坤带队到九龙岭隧道项目工地现场办公，要求保安全保质量保进度，确保九龙岭隧道十月通车。

8 日，第十届海峡论坛 • 第五届海峡（漳州）茶会在东南花都开幕。本届茶会以“品牌茶，行丝路”为主题，为期 3 天。

9 日，省委常委、宣传部长梁建勇到漳州林语堂文化园调研。

同日，云霄抽水蓄能电站项目启动建设。省人大常委会副主任、市委书记檀云坤，市长刘远来到项目建设现场，与中核集团公司总经理助理李晓明一起实地调研，推进项目加快建设。该项目位于云霄县火田镇，由中核集团与国电集团共同出资组建的中核国电漳州能源有限公司负责运营，规划建设6台30万千瓦可逆式水轮发电机组，总装机容量180万千瓦，总投资100亿元，项目建成后，将配合核电运行，承担福建电网的调峰、填谷等任务。

11日，第十届海峡论坛·第八届海峡两岸（福建云霄）开漳圣王文化节在云霄县将军山公园举行。

12日，市长刘远带队到龙文区、长泰县，调研全市钟表产业发展。

14日，漳州市黄道周文化学术研讨会系列活动在东山县开幕。

15日，省人大常委会副主任、市委书记檀云坤，市长刘远到龙江南路调研绿化景观建设。

18日，第十六届中国·海峡项目成果交易会在福州市举行。漳州馆以“创新驱动高质发展”为主题参加此会交易会。展会期间，漳州共对接项目635个、总投资163.92亿元，征集技术需求159个。

19日，2018全国地市报社长总编辑新闻摄影高峰论坛在长泰连氏大酒店举行。

21日，省人大常委会副主任、市委书记檀云坤，市长刘远带队到古雷开发区开展现场办公，强调要切实把安全质量摆在第一位，做好整改修复收尾工作。

同日，省人大常委会副主任、市委书记檀云坤主持召开市委常委会会议，传达贯彻6月20日省委常委会会议精神和全国全省贯彻落实《地方党政领导干部安全生产责任制规定》电视电话会议精神；召开市委常委会会议暨市深化监察体制改革试点工作小组会议，传达贯彻上级有关会议精神，听取市监委工作情况汇报。

22日，市长刘远带队到南靖县靖城镇的市职教园区和西湖生态园的漳州一中高中部项目建设工地开展教育民生重大项目现场办公。

同日，市委理论学习中心组举行扩大学习会。邀请福建师范大学郑又贤教授作“习近平新时代中国特色社会主义思想概述”专题辅导报告。

24日，漳州首届国际旅游新闻摄影周在漳州文庙开幕。

同日，2018年福建省高考成绩公布。漳州实验中学黄翰摘得理科全省第一名，总分708分；漳州实验中学石智超获全省理科第二名，总分704分。

26日，第十届海峡论坛·第二十七届海峡两岸（福建东山）关帝文化旅游节在东山县开幕。

同日，经平和县国强乡党委正式批复，副厅级退休干部赖文达任新建村党支部书记。退休“厅官”当“村官”，在全省村级组织换届选举中尚属首例。

25—26日，由中央网信办网络新闻信息传播局主办、福建省委网信办承办的“新时代·新平台·新机遇”——“一带一路”大型网络主题活动走进漳州，40余家全国主流网络媒体组成的大型采访团在漳州开展为期2天的采访活动。

28日，省人大常委会副主任、市委书记檀云坤，市人大常委会主任陈汉夫带队到东山县调研谷文昌干部学院建设工作，强调要整合资源完善服务配套，把谷文昌干部学院打造成党员干部教育培训品牌基地。

【7月】

1日，省人大常委会副主任、市委书记檀云坤随机检查调研城区内河整治情况。

同日，市出台《漳州市关于加快电子商务与快递物流协同发展六条措施》，从六大方面入手，扶持和奖励18个重点项目。

2日，省人大常委会副主任、市委书记檀云坤深入诏安县、东山县，调研重点龙头企业猛狮科技、旗滨玻璃发展情况。

3日，省人大常委会副主任、市委书记檀云坤主持召开市委常委会会议。学习新华社通讯《习近平同志推动厦门经济特区建设发展的探索与实践》，传达学习贯彻习近平总书记在中央外事工作会议、中央外事工作委员会第一次会议上的重要讲话精神。

同日，省人大常委会副主任、市委书记檀云坤主持召开市委常委会会议。传达学习贯彻全省生态环境保护大会和国家生态文明试验区建设推进会精神 ，传达学习贯彻全省网络安全和信息化工作会议和数字福建建设推进会精神。

4日，省人大常委会副主任、市委书记檀云坤带队调研中心城区夜景工程完善提升情况。

5日，全市生态环境保护大会召开。会上提出要确保到2020年，全市生态环境质量持续改善，主要污染物排放总量大幅减少，城乡环境更加宜居。到2035年，生态环境质量根本好转，绿色发展方式和生活方式基本形成，生态环境治理体系和治理能力现代化基本实现，建成富美新漳州。

同日，南靖县举办“创业天下·筑梦南靖”首届靖商发展大会亿元以上项目集中开工奠基活动。

7日，省人大常委会副主任、市委书记檀云坤带队调研市区部分生态项目建设，研究确定在南山水岸二期、“桥南美食家”等项目的基础上，打造南江滨花海景观、桥南“乐乐足”项目，架设“飘带”天桥连接佰翔酒店与南山水岸二期等事项。

6—8日，“纪念福建土楼成功申报世界文化遗产十周年”南靖县全域生态旅游暨首届靖商发展大会在南靖县举行。

11—12日，芗剧《谷文昌》作为福建省唯一展演剧目，晋京参加由中宣部、文化和旅游部主办的“2018年全国基层院团戏曲展演”。

12日，省人大常委会副主任、市委书记、市总河长檀云坤到南靖、平和县调研检查水环境整治工作，督促“三合一”问题（中央环保督察反馈问题、省级环保督察反馈问题和党政领导生态环境保护目标责任书考核通报问题）整改落实。

16—18日，省人大常委会副主任、市委书记檀云坤，市长刘远，市委副书记、政法委书记阮开森分三路到11个县（市、区）、5个开发区（投资区）开展“三大攻坚战、半年回头看”暨重点项目工作检查。

20日，漳州各县（市、区）新税务机构统一挂牌成立，这标志着全市各县（市、区）原国税局、原地税局完成合并。

同日，华顿经济研究院（原上海经济发展研究所）发布2018年中国百强城市排行榜，漳州排在全国第83位。

27日，市委召开常委会会议。传达贯彻省委部署落实中央巡视组反馈意见整改工作的会议精神。并研究决定成立市委巡视整改工作领导小组及其办公室。

28日，东山县谷文昌干部学院一期工程（综合教学楼）建筑主体全部完工。

29日，省人大常委会副主任、市委书记檀云坤到芗城区调研推进“芗江水岸、龙江观竹”项目建设。

30日，市委召开习近平新时代中国特色社会主义思想学习汇报会。

同月，漳州市正式颁布《漳州市乡村振兴“345”示范工程实施方案》。系全省各设区市中首份关于实施乡村振兴战略示范工程的专项政策。

市政府办发出《关于进一步加快服务业提升发展十二条措施的通知》，通过对工业企业、建筑业、商贸业、交通运输业、快递业、批零住餐业、房产业、制造业、物流业、互联网等现代服务行业的奖励和补助，进一步提升全市服务业的发展水平，挖掘服务业增长潜力，进而促进第三产业结构优化、比重提升。

漳州市被农业部确定为“2018年农村集体产权制度改革试点单位”。

漳州市正式发布《关于调整和完善市基本医疗保险政策有关问题的通知》，从八大方面的11条细则入手，调整和完善漳州市基本医疗保险政策，进一步提高群众满意度和获得感。

平和县现代农业产业园入选“2018年国家现代农业产业园创建名单”，系全省唯一上榜的产业园。

漳州木偶头雕刻、漳浦剪纸技艺入选由文化和旅游部、工业和信息化部联合发布的第一批国家传统工艺振兴目录。

《漳州市人民政府法规草案和政府规章制定程序规定》正式颁布，并于2018年10月1日起正式施行。

上半年，漳州市全面落实科技特派员制度。截至7月底，已选派1399名（其中市级312名）科技特派员，挂钩服务1629个行政村，组建乡镇科技特派员工作站121个，在全省率先实现科技特派员行政村全覆盖和乡镇科技特派员工作站全覆盖。

【8月】

1日，市委召开常委会议暨市委巡视整改工作领导小组第二次会议。传达贯彻省委关于落实中央巡视组反馈意见的整改任务与分解方案《通知》精神，强调把巡视整改工作落实到位。

同日，省人大常委会副主任、市委书记檀云坤，市长刘远带队调研全市扫黑除恶专项斗争工作。

1—4日，市长刘远率领市招商小分队赴珠三角地区开展招商、对接洽谈合作项目。

4日，省委常委、统战部长、省海联会会长雷春美在漳州会见福建省澳区政协委员联谊会2018青少年薪火相传寻根团一行100余人并出席结营式。

6日，漳州动车站交通组织提升改造工程正式启动，工程将于2018年12月底前完成。

7日，省人大常委会副主任、市委书记檀云坤，市长刘远到古雷开发区调研，强调要严而又严、细之又细地推进整改修复收尾各项工作。

8日，市委召开常委会暨市委巡视整改工作领导小组第三次会议，研究《关于落实〈中央第一巡视组关于巡视福建省的反馈意见〉的整改任务与分解方案》，部署下一阶段巡视整改工作。

同日，市委召开常委会会议，传达全省组织工作会议和抓党建促脱贫攻坚工作现场推进会精神，听取2018年全市意识形态工作情况汇报。

13日，漳州市召开全市组织工作会议、全市人才工作推进会暨2018年市委人才工作领导小组第二次会议。

同日，市委、市政府召开专题会议。研究部署古雷腾龙翔鹭整改修复恢复生产安全监管工作。

17日，市长刘远带队前往挂钩少数民族乡——漳浦县赤岭畲族乡调研，要抓住关键创出特色，加快少数民族乡村振兴。

19日，2018年全国学生定向锦标赛开幕式在龙文举行。

20日，省人大常委会副主任、市委书记檀云坤，市长刘远到古雷开发区现场办公，全力做好整改修复收尾、恢复生产准备各项工作。

21日，省人大常委会副主任、市委书记檀云坤主持召开市委常委会会议暨市委巡视整改工作领导小组第四次会议。会议进行了专题民主生活会，会前集中学习习近平总书记关于巡视工作的一组重要论述；传达省委常委会研究推进全省进一步弘扬“马上就办、真抓实干”优良传统作风的有关精神；研究《关于落实〈中央第一巡视组关于巡视福建省的反馈意见〉的整改任务与分解方案》的细化措施、《落实〈中央第一巡视组关于对福建省委巡视工作开展专项检查的情况报告〉的整改任务与分解方案》《落实〈中央第一巡视组关于巡视检查福建省委落实意识形态工作责任制情况的报告〉的整改任务与分解方案》；传达学习全省意识形态工作责任制专项巡视整改推进会精神；还研究了九龙云巴工程规划、2017年度“三抓三比、十项竞赛”活动记三等功表彰、2017年度纳税大户评选等事项。

23日，市长刘远带队调研市属重点国有企业运营情况。

24日，第十三届全国大学生“恩智浦”杯智能汽车竞赛全国总决赛在厦门大学嘉庚学院举行。

27日，市委常委班子召开落实中央巡视组巡视整改意见专题民主生活会。

31日，省委常委、厦门市委书记裴金佳带领省、厦门市相关挂钩帮扶协作单位到所挂钩帮扶的诏安县，就脱贫攻坚帮扶工作进行调研。

同月，漳州市视瑞特光电科技股份有限公司、科晖专用汽车制造有限公司等29家企业入选省经信委公布2018年度工业和信息化高成长企业名单。

全市41个项目入选2018年福建省级技术创新重点项目公布，总额约2.44亿元。

【9月】

1日，实施《港澳台居民居住证申领发放办法》首日，全市143个受理点共受理港澳台居民居住证300人。（其中香港32人、澳门2人、台湾266人）。

2日，中央扫黑除恶第4督导组第4下沉小组进驻漳浦县。

3日，中央扫黑除恶第4督导组第4下沉小组进驻芗城区开展专项督导。市委副书记、政法委书记阮开森参加活动。

同日，市委召开常委会会议，传达学习贯彻习近平总书记在推进“一带一路”建设工作5周年座谈会、在中央全面依法治国委员会第一次会议和全国宣传思想工作会议上的重要讲话精神。

市政府党组会议暨巡视整改工作小组会议召开。会议传达学习省政府党组《落实省委部署巡视整改有关任务细化措施的通知》文件精神，专题研究中央第一巡视组向福建反馈问题整改工作。

4日，中央扫黑除恶第4督导组第4下沉小组在漳召开会议，听取漳州市扫黑除恶专项斗争情况汇报。中央扫黑除恶第4督导组副组长甘霖出席会议并讲话，省人大常委会副主任、市委书记檀云坤汇报漳州扫黑除恶专项斗争工作情况。市长刘远主持会议。

5日，中央扫黑除恶第4督导组第4下沉小组，深入龙海市开展督导。省人大常委会副主任、市委书记檀云坤一同参加。

6日，漳州首座地下停车楼——龙文区联丰停车楼工程动工。

8日，第二十届中国国际投资贸易洽谈会在厦门国际会展中心开幕。市领导檀云坤、刘远等参加开幕活动。漳州市在投洽会上落实签约合同项目 39个，总投资30.6 亿美元。

同日，省人大常委会副主任、市委书记檀云坤在厦门会见了台湾工业总会理事长、台塑企业集团总裁王文渊一行。

8—9日，2018古雷石化产业国际投资合作系列对接活动在厦门举行。120余位行业专家、17家世界500强、16家全球化工50强企业代表到会参加。

9—10日，省委常委、省纪委书记、省监委主任刘学新深入华安、南靖、平和等县，检查学习贯彻习近平新时代中国特色社会主义思想和党的十九大精神，落实十九届中央纪委二次全会和省区市纪检监察工作座谈会部署情况。

10日，漳州市庆祝2018年教师节大会在漳州宾馆召开。

11日，市委召开常委会会议。传达学习贯彻习近平总书记关于加强生态环境保护工作的重要指示精神和在全国教育大会上的重要讲话精神，以及福建省庆祝2018年教师节暨优秀教师表彰大会精神；传达学习省委书记于伟国在参观省国家安全展览时的讲话精神和省委常委、省纪委书记、省监委主任刘学新到漳州调研的讲话精神；听取中央扫黑除恶专项斗争第四督导组在漳督导情况及漳州市扫黑除恶相关问题整改方案汇报；研究《关于促进漳台经济社会文化交流合作的实施意见（送审稿）》。

同日，市委召开全面深化改革领导小组第八次会议。传达学习贯彻中央全面深化改革委员会第三次会议和省委全面深化改革领导小组第二十二次会议精神。

12日，省人大常委会副主任、市委书记檀云坤到东山县与基层干部群众一起学习习近平新时代中国特色社会主义思想。

12—13日，全省“精准脱贫作风建设”研讨会在云霄召开。

13日，省人大常委会副主任、市委书记檀云坤到古雷开发区调研整改修复收尾和恢复试生产准备工作。

同日，市长刘远在漳州海关会见厦门海关关长杨振庆一行并看望了海关服务窗口工作人员。

全市抓党建促脱贫攻坚工作现场推进会在平和县大溪镇召开。

14日，省人大常委会副主任、市委书记檀云坤，市长刘远带队到中心城区“五湖四海”部分项目开展现场办公。

17日，九龙岭隧道全线贯通，路面施工全面展开。

18日，省人大常委会副主任、市委书记檀云坤，市政协主席张祯锦带队就推进南江滨路、厦漳同城大道等重大交通项目进行现场办公。

19日，漳州长江支队历史研究会在芗江酒店举行“庆祝长江支队进漳69周年纪念大会暨《长江支队在漳州》一书发行仪式”。

20日，中国民主同盟漳州市委员会举行成立60周年座谈会并开展系列纪念活动。

25—26日，广西梧州市市长李杰云带领梧州市考察团到漳州考察。

26日，省人大常委会副主任、市委书记檀云坤为市管干部“深入学习贯彻习近平新时代中国特色社会主义思想”第一期专题研讨班学员作报告。市管干部专题研讨班分为两期，每期为期3天。

同日，市委召开常委会会议。会议传达学习贯彻习近平总书记在中共中央政治局第八次集体学习时的重要讲话精神和对“大棚房”问题的重要指示精神。学习《党政领导干部选拔任用工作条例》。传达学习省扫黑除恶专项斗争领导小组有关文件精神。

27日，漳州军分区召开宣布新任政治委员命令大会。省军区司令员王滨宣读中央军委国防动员部命令和省军区党内任命通知：李宣良任漳州军分区政治委员，中共漳州军分区委员会委员、常委、书记。

同日，漳州市举行新修订《中国共产党纪律处分条例》宣讲会。省纪委副书记、省监委副主任薛云官到会作专题辅导报告。

28日，宁夏回族自治区吴忠市市长喜清江率代表团到漳州片仔癀公司进行考察。

29日，市委召开常委会（扩大）会议，传达学习贯彻省委十届六次全会精神。

同日，漳州市召开扫黑除恶治乱整改工作务虚会。

厦蓉高速公路漳州段正式通车。

同月，全市全面完成村级组织换届选举任务。

漳州市出台《关于加快发展工业互联网和工业数字经济的实施意见》。

龙海市上榜2018年度福建省县域经济实力“十佳”县（市），云霄县、诏安县、南靖县、长泰县上榜2018年度福建省县域经济发展“十佳”县（市）。

福建龙溪轴承（集团）股份有限公司获评为国家制造业单项冠军企业，片仔癀、科华、正兴等10家企业获评为福建省制造业单项冠军企业（产品）。

【10月】

1日，市长刘远到南靖县、龙文区等地，察看高速公路建设和运行情况。

2日，漳州市排球协会成立大会在漳州宾馆举行。国家体育总局排管中心原主任徐利、省排球协会主席徐正国、中国女排原主教练陈忠和、原中国女排主要成员赵蕊蕊、张萍、张娜、李娟、周苏红、王一梅、宋妮娜、刘亚男等参加活动。

7—10日，市长刘远参加由省委书记、省人大常委会主任于伟国率领的福建代表团赴香港特别行政区、澳门特别行政区访问。

8—10日，市领导分五路到各地开展“重点项目现场看、从严治党往下看、村级换届回头看”工作检查。

8—10日，台湾海基会原董事长、海贸会会长江丙坤到漳州参观访问，已第五次回到祖籍地漳州。

9日，省人大常委会副主任、市委书记檀云坤到龙文区调研上美湖等项目建设。

同日，第十四届平和蜜柚节·首届海峡两岸（福建平和）阳明心学峰会在平和县小溪镇阳明公园举行开幕仪式。

12日，全市推进“五个一批”项目攻坚会暨“重点项目现场看、从严治党往下看、村级换届回头看”工作检查总结会召开。省人大常委会副主任、市委书记檀云坤在会上讲话，市长刘远主持会议。

同日，新疆乌鲁木齐漳州商会成立大会暨新疆木垒产业援疆（扶贫）招商会在乌鲁木齐举行。

13日，海峡两岸（漳州）林语堂文化研讨会暨福建省中国现代文学研究会2018年年会在漳州开幕。

14日，宁夏回族自治区党委常委、固原市委书记张柱带领宁夏固原市党政代表团来漳考察。

15日，在第十四届中国茶业经济年会上，平和县获评“2018全国茶业百强县”。

15—16日，省人大常委会副主任、市委书记檀云坤，市长刘远、市人大常委会主任陈汉夫、市政协主席张祯锦走访慰问市部分百岁老人、高龄老人。

16日，市委召开常委会会议。会议决定于10月18日召开市委第十届七次全会。研究《漳州市弘扬“马上就办、真抓实干”优良传统作风的实施办法（试行）》《漳州市深化“五个一批”推进项目攻坚实施方案》《漳州市农村人居环境整治三年行动实施方案》《漳州市关于加强和完善城乡社区治理的实施意见》等文件。会议听取第十届农博会·第二十届花博会筹备工作情况汇报。

16—17日，中石化副总经理凌逸群，省人大常委会副主任、市委书记檀云坤，市长刘远到古雷开展现场办公。

17—18日，中国关工委常务副主任闵振环及省关工委领导一行莅临漳州开展调研座谈。省人大常委会副主任、市委书记檀云坤，市委常委、组织部长沈金水看望调研组一行，并进行交谈。

18日，中共漳州市委第十一届七次全会在漳州宾馆召开。全会审议通过了《中共漳州市委关于坚持高质量发展落实赶超 当好新福建建设先锋的意见》和《中国共产党漳州市第十一届委员会第七次全体会议决议》。

19日，全市“三大攻坚战”工作推进会召开。

25日，全市第三季度经济形势分析会暨坚持高质量发展落实赶超工作督查会召开。

同日，市委召开常委会会议。传达学习贯彻全国扫黑除恶专项斗争推进会议和中央扫黑除恶第4督导组督导福建省情况反馈会议精神。

同日，全市扫黑除恶专项斗争工作推进视频会召开。省人大常委会副主任、市委书记檀云坤在会上作讲话，市长刘远主持会议。

26日，省人大常委会副主任、市委书记檀云坤到长泰县调研。

29日，省委常委、政法委书记王洪祥带队到漳州开展政法综治工作调研。

同日，省人大常委会副主任、市委书记檀云坤，市长刘远、市人大常委会主任陈汉夫、市政协主席张祯锦等市领导，带领市直有关部门负责人到市医院新院区现场办公。

省人大常委会副主任、市委书记檀云坤，市长刘远带队到古雷开发区调研。

市长刘远带队就推进与招商局集团新一轮战略合作开展调研。

省人大常委会副主任、市委书记檀云坤深入省级扶贫开发工作重点县云霄、诏安、平和，调研脱贫攻坚工作。

30日，市长刘远主持召开腾龙翔鹭整改修复协调小组会议、古雷炼化一体化项目建设工作协调小组会议。

同日，全市宣传思想工作会议在漳州宾馆召开。省人大常委会副主任、市委书记檀云坤强调发表重要讲话。

31日，市长刘远带队到挂钩联系的扶贫开发工作重点村——平和县国强乡凤山村，向基层干部群众宣讲习近平新时代中国特色社会主义思想，调研脱贫攻坚工作。

同月，漳州市正式出台《关于促进漳台经济社会文化交流合作的实施意见》，提出了58条具体实施细则。

漳州市印发《关于培育扶持新增新上规模工业企业的通知》。

角美镇、港尾镇、靖城镇入选“2018年度全国综合实力千强镇”，排名分别为第51位、138位、866位。

【11月】

1日，漳州市人民政府、凯盛科技集团、诏安县人民政府战略合作框架协议签约仪式在漳州宾馆举行。

同日，黄志丽当选中华全国妇女联合会第十二届执行委员会委员。

2日，全省县级融媒体中心建设推进会在漳州举行。省委常委、秘书长、宣传部长梁建勇出席会议并讲话，省人大常委会副主任、市委书记檀云坤到会致辞。

同日，召开全市扫黑除恶专项推进会。省人大常委副主任、市委书记檀云坤、市长刘远出席会议并讲话。

3日，省人大常委会副主任、市委书记檀云坤深入平和县调研脱贫攻坚和乡村振兴工作。

6日，省人大常委会副主任、市委书记檀云坤到华安县、南靖县调研农村特色产业发展和乡村振兴工程推进情况。

8日，市委召开常委会会议。会议传达学习全省东西部扶贫协作督导调度会精神、全省实施乡村振兴战略现场推进会精神、全省宣传思想工作会议、外宣工作推进会议、县级融媒体中心建设推进会、促进文化产业高质量发展座谈会和建设新时代文明实践中心试点工作电视电话会议精神；学习《福建省党政领导干部安全生产责任制实施细则》，研究漳州市安全生产工作及《实施办法》；听取关于贯彻落实《中共漳州市人大常委会党组关于进一步加强县乡人大建设的若干意见》调研检查情况报告；研究《漳州市提升营商环境行动计划》《漳州市践行“马上就办”提升营商环境工作实施方案》《关于开展质量提升行动加快建设质量强市的实施意见》等文件。

同日，市委召开常委会会议。传达学习贯彻习近平总书记在中央财经委员会第三次会议上的重要讲话精神、习近平总书记同中华全国总工会新一届领导班子成员集体谈话时的重要讲话精神、习近平总书记对脱贫攻坚工作的重要指示精神。

9日，漳州市市召开东西部扶贫协作工作推进会。

13日，市委召开常委会会议。会议传达学习贯彻习近平总书记在中央政治局常委会会议听取十九届中央第一轮巡视情况汇报时的重要讲话精神、十九届中央第二轮巡视工作动员部署会精神、中央巡视工作领导小组署名文章和省委巡视工作领导小组有关通知精神以及十届省委第五轮巡视工作动员部署会等会议精神；传达学习贯彻习近平总书记重要指示精神和全国党委秘书长会议及全省党委秘书长、办公厅（室）主任会议精神；研究《关于促进民营企业加快发展的若干措施》。

14日，省人大常委会副主任、市委书记檀云坤，市长刘远带队检查第十届农博会·第二十届花博会筹备工作。

15至16日，四川团、台湾团部分全国人大代表到漳州视察调研生态检察、涉台检察工作，并召开视察福建检察工作反馈座谈会。

16日，省人大常委会副主任、市委书记檀云坤到古雷开发区调研。

17日，副省长李德金到漳州，就农业绿色发展、农垦农场改革等工作开展现场办公。

同日，第十二届中国蘑菇节暨第九届世界食用菌生物学和产品大会联合产业展览在漳州万达嘉华酒店开幕。

同日，省、市重点民生工程——国道324线漳州九龙岭段公路工程实现主线试通车。

18日，第十届海峡两岸现代农业博览会·第二十届海峡两岸花卉博览会在东南花都隆重开幕。同天举行项目现场签约仪式，参加现场签约仪式的项目共有40个，总投资236亿元，其中工业项目27个，服务业项目11个；外企项目16个，民企项目16个，央（国）企项目8个。

同日，漳州市第二届海峡两岸人才与项目对接会在花博园开幕。

19日，漳州市第九次归侨侨眷代表大会在漳州宾馆召开。省人大常委会副主任、市委书记檀云坤，中国侨联副主席、福建省侨联主席陈式海出席开幕式并致辞。

20日，全市脱贫攻坚推进会召开。省人大常委会副主任、市委书记檀云坤出席会议并讲话。

23日，全国畜禽养殖废弃物资源化利用现场会在漳州召开，中共中央政治局委员、国务院副总理胡春华出席会议并讲话。会前，胡春华还到漳浦县实地了解畜禽养殖废弃物资源化利用和农村垃圾、污水处理等农村人居环境整治工作进展情况。省委书记于伟国、省长唐登杰分别陪同调研或参加会议。

同日，农业农村部发展规划司司长魏百刚在漳州主持召开农业绿色发展座谈会。

27日，省人大常委会副主任、市委书记檀云坤，市长刘远到闽南师大调研。

同日，漳州招商局经济技术开发区第一次党代会闭幕。全会选举产生第一届开发区党委书记、副书记，丁勇、赵卫朋分别当选为开发区党委书记、副书记。

28日，市委召开常委会会议。会议传达学习习近平总书记在同全国妇联新一届领导班子成员集体谈话时的重要讲话精神；“枫桥经验”纪念大会精神；全国畜禽养殖废弃物资源化利用现场会、全国农业绿色发展座谈会精神；省委有关通知和省委办公厅有关文件精神；省人大常委会深入学习贯彻习近平总书记关于坚持和完善人民代表大会制度的重要思想交流会精神。

同日，市委常委会议传达学习省委于伟国书记来漳调研指示精神、全省城市基层党建工作推进会精神、全省互联网企业党建工作现场推进会暨省互联网企业党建工作联席会议精神、全省党校行政学院校院长会议精神；听取在全市开展向陈少华同志学习活动有关情况汇报；听取市十六届人大三次会议、市政协十三届三次会议筹备工作汇报，研究《中国共产党漳州市委员会工作规则》《关于进一步加强和改进市委常委会调查研究工作的实施办法》。

同日，市长、市污染防治攻坚战指挥部指挥长刘远带队深入芗城、龙文、漳浦等地调研打好污染防治攻坚战工作。

29日，省人大常委会副主任、市委书记檀云坤到东山县调研乡村振兴和民营经济发展。

同日，省人大常委会副主任、市委书记檀云坤，市长刘远带队到古雷开发区调研。

30日，全市宣传思想工作会议召开。省人大常委会副主任、市委书记檀云坤出席会议并讲话。

同日，漳州被授予“中国钟表名城”称号，中瑞钟表设计制造文化交流论坛同期在漳州宾馆举行。

是月，漳州入选工信部赛迪研究院公布的“2018年中国城市产业竞争力百强城市”榜单，位列第56名。

是月下旬，省委书记于伟国深入南靖、芗城等地，走访民营企业，考察乡村振兴。

【12月】

3日，省人大常委会副主任、市委书记檀云坤主持召开市委常委会会议，传达学习贯彻全省市县机构改革推进暨培训会精神。

4日，市十六届人大常委会第十五次会议就市中级人民法院行政审判工作情况进行专题询问。这是市人大常委会首次对市中级人民法院工作进行专题询问。

同日，龙文区人民法院法官陈少华荣膺2018年度全国10大年度法治人物。

4—5日，中国共产党漳州军分区第七次代表大会召开，省人大常委会副主任、市委书记、漳州军分区党委第一书记檀云坤出席会议并讲话。大会选举产生漳州军分区第七届党的委员会和新一届纪律检查委员会。

4—5日，水利部发展研究中心党组书记段红东带队到漳州开展全面推行河湖长制总结试评估。

12月6日，市长刘远带队调研粮食安全工作，强调要按照习近平总书记“确保国家粮食安全，把中国人的饭碗牢牢端在自己手中”的重要指示精神，严格落实粮食安全责任制，坚持一手抓粮食生产，一手抓储备销售，确保粮食供应充足、价格稳定，真正让饭碗端得稳、百姓吃得好。

7日，闽南师范大学庆祝建校60周年文艺晚会在该校西区田径场举行。

8日，第十二届中国特色社会主义论坛暨闽南师范大学建校60周年庆祝大会在闽南师大举行。省政协原主席梁绮萍，全国台联原会长、全国台湾研究会副会长汪毅夫，省委常委周联清，省人大常委会副主任、市委书记檀云坤，副省长杨贤金，中国国民党前代理主席林政则等出席大会。

8—9 日，副省长杨贤金带领省直有关部门负责人到漳州市调研指导基层医疗卫生服务及公办幼儿园建设。

10 日，省高级人民法院和中共漳州市委联合在漳州召开学习陈少华先进事迹座谈会。省委常委、政法委书记王洪祥，省人大常委会副主任、市委书记檀云坤，省法院党组书记、院长吴偕林出席会议并讲话。市长刘远主持座谈会。

10—12 日，省委常委、政法委书记王洪祥率省政法相关部门有关负责任人到漳州市调研政法综治工作。

13 日，漳州市——中卫市对口帮扶协作座谈会在漳州宾馆召开。深入学习贯彻习近平总书记扶贫开发重要战略思想和关于东西部扶贫协作的重要讲话精神，落实中央和两省区党委、政府的决策部署和闽宁互学互助对口扶贫协作第二十二次联席会议精神，共商扶贫协作大计。省人大常委会副主任、市委书记檀云坤、中卫市委书记何健出席会议并讲话。市长刘远主持会议。

同日，漳州市党外知识分子联谊会第一次会员代表大会暨成立大会召开。

14 日上午，全市机构改革工作会议召开。省人大常委会副主任、市委书记檀云坤在会上强调，要以习近平新时代中国特色社会主义思想为指导，深入学习贯彻习近平总书记关于深化党和国家机构改革的重要论述，全面贯彻落实中央和省委的决策部署，确保全市机构改革各项任务圆满完成，为坚持高质量发展落实赶超、加快富美新漳州建设提供强有力的体制机制保障。市长刘远主持会议。

同日下午，省人大常委会副主任、市委书记檀云坤主持召开市委常委会会议。传达学习贯彻习近平总书记在中共中央政治局第十次集体学习时的重要讲话精神·传达学习贯彻中央纪委有关文件精神

省人大常委会副主任、市委书记、市委全面深化改革委员会主任檀云坤主持召开市委全面深化改革委员会第一次会议，传达学习贯彻习近平总书记在中央全面深化改革委员会第四、五次会议上的重要讲话精神和省委全面深化改革委员会第一次会议精神。市长、市委全面深化改革委员会副主任刘远，市委全面深化改革委员会委员出席会议。

15 日，在北京举行的“2018 第十三届中国全面小康论坛”颁奖盛典会上，诏安县荣获“2018 年度中国十佳脱贫攻坚与精准扶贫示范县市”称号。

18—19 日，市长刘远带领市直有关部门负责人，就市政府工作和 2019 年《政府工作报告》，分别向市人大常委会、市政协和党外人士征求意见建议。

19 日，市长刘远到挂钩的市级富美乡村创建村——长泰县岩溪镇高濑村调研，强调要深入贯彻落实好习近平总书记关于实施乡村振兴战略的重要指示精神和 2018 年中央一号文件精神，切实按照中央、省委省政府和市委檀书记的部署要求，突出规划引领，坚持真抓实干，全力加快乡村振兴。

20 日，市委理论学习中心组举行扩大学习会。原省安监局原副巡视员、国务院安委会法律专家林学侬应邀到会，作“落实安全生产监管责任营造良好稳定的安全生产环境”专题辅导报告。

20 日，副省长郑新聪带领省直有关部门负责人，到漳州调研工业企业。省工信厅副厅长陈建业，副市长陈水树陪同调研。

21 日，省人大常委会副主任、市委书记檀云坤主持召开市委常委会会议。听取市人大常委会、市政府、市政协党组和市纪委监委以及市法院、市检察院党组工作汇报 传达学习深化全省巡察工作专题会精神，听取市委巡察工作情况汇报 听取全市意识形态工作情况汇报。

25 日，漳州市工会第十八次代表大会在漳州宾馆召开。省人大常委会副主任、市委书记檀云坤，省总工会党组书记、副主席丁文清出席大会开幕式并致辞，市领导刘远、陈汉夫、张祯锦、张琳光，来自全市各条战线的劳动模范、职工群众和老工会工作

者代表等参加大会。

同日，省人大常委会副主任、市委书记檀云坤，市长刘远带队到古雷开发区调研，强调要深入贯彻落实于伟国书记、唐登杰省长和中石化戴厚良董事长“坚持把安全放在首位，确保安全、万无一失”的指示精神，确保腾龙翔鹭项目整改修复和开车试生产工作取得全胜。

26日，市十六届人大常委会第十六次会议召开，正式任命16个政府部门局长（主任）。

27日，龙海市角美镇、漳浦县绥安镇入选 “中国乡镇综合竞争力百强”榜单。

28日，十一届漳州市委第八次全会在漳州宾馆召开。全会认真学习贯彻习近平总书记在庆祝改革开放40周年大会上的重要讲话和省委十届七次全会精神。

同日，省人大常委会副主任、市委书记檀云坤主持召开市委常委会会议暨市深化监察体制改革试点工作小组会议。传达学习习近平总书记在中央政治局第十一次集体学习时重要讲话精神；召开市委常委会会议，传达贯彻省委十届七次全会、省委经济工作会议和全省宣传思想工作守正创新研讨班精神。

同日，省人大常委会副主任、市委书记檀云坤，市长刘远到芗城区调研西院湖建设。

29日，市委经济工作会议召开。省人大常委会副主任、市委书记檀云坤主持会议并讲话。学习贯彻落实中央和省委经济工作会议精神，总结今年经济工作，分析当前经济形势，部署明年经济工作。市委副书记、市长刘远对做好明年经济工作进行具体安排。

30日，2018中国食品名城（漳州）食品交易会在海峡两岸农产品物流城开馆。

同日，2018中国·漳州国际雕塑艺术展在南山文化生态园开展。

是月，市委办公室、市政府办公室印发《漳州市市级机构改革实施方案》，明确了全市市级党政机构改革的总体要求、机构设置等内容，确定共设置市级党政机构49个，其中党委机构15个、政府工作部门34个。同时，方案明确要统筹推进市人大、政协和群团组织、事业单位等其他市级各项改革任务。机构改革涉改单位全部挂牌完毕。

漳州市林语堂纪念馆入选福建省对台交流基地，海峡两岸影视制作（漳州）基地入选台湾青年体验式交流中心。

福建首家民营通用直升机场落户长泰连氏大酒店。

“龙溪猎鼠”护芗城志愿服务项目、“找碴 我最行”安全生产志愿服务项目入围中宣部、中央文明办等部门组织开展的2018年宣传推选学雷锋志愿服务“四个100”先进典型的“最佳志愿服务项目”，漳州市芗城区新桥街道华港社区入围“最美志愿服务社区”。

漳州市委实施乡村振兴战略领导小组正式对外发布《关于加快实施乡村振兴战略十二条措施的通知》，从产业发展、生态环境、基础设施、乡风文明、公共服务、乡村治理等方面着手，提出12条举措加快美丽、文明、善治、殷实乡村建设。

责任编辑：王文潮

漳州市概况

·基本情况·

【面积 人口】

2018年，漳州市土地面积1.29万平方公里，漳州户籍人口521.15万人，人口出生率17.71‰，自然增长率13.29‰，常住人口514万人。

【民族】

漳州是少数民族散杂居地区，2018年，全市有48个少数民族成份，有3个民族乡、33个民族村、3个畲族作业区，少数民族人口7.57万人，占全市总人口的1.57%。漳州是南方畲族和福建畲族重要祖居地及台湾畲族的重要祖籍地，全市畲族人口5.03万人，居全省第二位。漳州也是大陆高山族人口最多最聚居的地区，全市有高山族124户387人，高山族聚居村9个。2018年度全市3个民族乡农村经济总收入16.41亿元，比增7.5%，财政总收入1.64 亿元，比增16.9%，民族乡农民人均可支配收入17975元，比增10.6%，与全市农民人均可支配收入18186元只相差211元。其中隆教乡、湖西乡、赤岭乡农民人均纯收入分别是19000元、17700元、17225元，均比全省民族乡农民人均纯收入16729.86元高。

（陈映卿）

【行政区划】

2018年漳州市行政区划情况表

表1

县（市、区）名称	乡、村单位数（个）						乡级行政单位名称	
	乡、镇、街道				社区、居委会、村		镇人民政府及街道办事处	乡人民政府
		镇人民政府	街道办事处	乡人民政府	社区、居委会	村民居委会		
总　计	122	87	12	23	381	1610		
芗城区	10	4	6		93	82	东铺头、南坑、西桥、新桥、巷口、通北办事处；天宝、浦南、石亭、芝山	
龙文区	6	1	5		64	12	蓝田、朝阳、东岳、步文、碧湖办事处；郭坑镇	
龙海市	14	11	1	2	46	239	石码办事处；海澄、角美、白水、程溪、浮宫、港尾、紫泥、榜山、东园、九湖、颜厝	隆教（畲）、东泗

续表

县（市、区）名称	乡、村单位数（个）						乡级行政单位名称	
	乡、镇、街道				社区、居委会、村		镇人民政府及街道办事处	乡人民政府
		镇人民政府	街道办事处	乡人民政府	社区、居委会	村民居委会		
#漳州开发区					5			
#台商投资区					12	31		
云霄县	9	6		3	39	162	云陵、陈岱、莆美、列屿、东厦、火田	下河、马铺、和平
#常山开发区					2	4		
漳浦县	21	17		4	45	265	绥安、佛昙、旧镇、赤湖、杜浔、官浔、霞美、前亭、深土、长桥、盘陀、六鳌、古雷、马坪、石榴、沙西、大南坂	南浦、赤土、湖西（畲）、赤岭（畲）
#古雷开发区					17	13		
诏安县	15	10		5	16	217	南诏、四都、官陂、梅岭、霞葛、桥东、秀篆、深桥、太平、西潭	白洋、红星、金星、建设、梅州
长泰县	5	4		1	13	58	武安、岩溪、枋洋、陈巷	坂里
东山县	7	7			16	61	西埔、铜陵、陈城、杏陈、樟塘、康美、前楼	
南靖县	11	11			18	183	山城、靖城、船场、龙山、和溪、奎洋、南坑、金山、丰田、梅林、书洋	
平和县	15	10		5	22	240	小溪、九峰、山格、南胜、文峰、霞寨、芦溪、大溪、坂仔、安厚	长乐、秀峰、崎岭、国强、五寨
华安县	9	6		3	9	91	华丰、高安、新圩、沙建、仙都、丰山	湖林、高车、马坑

【经济社会概况】

2018年，漳州市地区生产总值3947.63亿元，比上年增长8.7%。其中第一产业增加值438.58亿元，比上年增长4.4%；第二产业增加值1887.22亿元，比上年增长8.7%；工业增加值1577.89亿元，比上年增长9%；第三产业增加值1621.83亿元，比上年增长9.7%。人均地区生产总值77102元，比上年增长7.7%。一般公共预算总收入352.06亿元，比上年增长8.1%；地方一般公共预算收入218.75亿元，比上年增长7.2%。规模以上工业增加值1531.6亿元，比上年增长9.2%；农林牧渔业总产值801.87亿元，比上年增长4.5%。固定资产投资2604.39亿元，比上年增长11.4%；社会消费品零售总额1111.60亿元，比上年增长 13.1%；外贸出口 533.80 亿元，比上年增长 4.2%；实际利用外资 45.70 亿元，完成年任务数 112.7%；城镇居民人均可支配收入 35997 元，比上年增长 7.9%；农村居民人均可支配收入 18186 元，比上年增长 9.1%。

（谢王辉）

·水资源·

【降水量】

2018 年，全市平均降水量为 1338.3 毫米，折合水量为 171.94 亿立方米，比上年少 1.4%，比多年平均值少 19.1%，属偏枯水年份。行政分区中，年降水量最大的是常山开发区，为 1547 毫米；最小的是东山县，为 865 毫米。与多年平均值比，各县（市、区）偏少 9.4—28.6%。

2018 年行政分区年降水量表

表 2

分区名称	芗城	龙文	龙海	漳浦	云霄	东山	诏安	平和
年降水量（毫米）	1384	1315	1266	1207	1397	865	1426	1378
折合水量（亿立方米）	3.64	1.63	13.84	24.04	13.10	2.24	18.16	31.89
与上年比较（±%）	7.8	8.6	14.5	9.0	-8.3	-19.9	-4.7	-4.4
与多年平均比较（±%）	-12.3	-10.8	-13.4	-20.2	-17.1	-28.6	-14.3	-24.7
分区名称	南靖	长泰	华安	台商投资区	漳州开发区	常山开发区	古雷开发区	全市
年降水量（毫米）	1404	1366	1429	971	1021	1547	1185	1338.3
折合水量（亿立方米）	27.39	12.30	18.24	1.58	0.57	1.78	1.54	171.94
与上年比较（±%）	-8.5	-2.0	0.5	2.4	6.0	-0.5	10.3	1.4
与多年平均比较（±%）	-21.8	-17.4	-14.4	-28.0	-21.8	-9.4	-16.1	-19.1

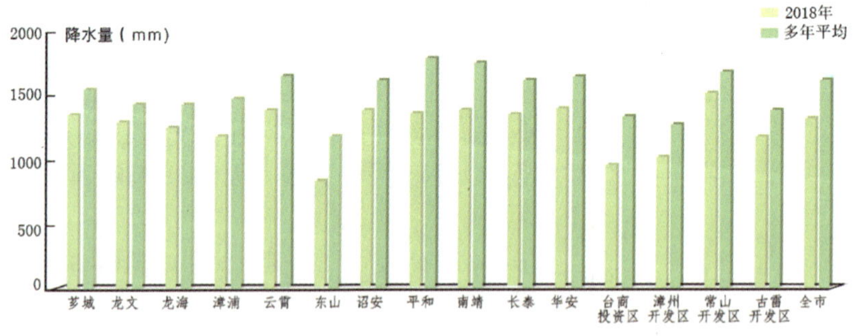

图 1　2018 年行政分区年降水量与多年平均值比较图

全市主要江河中，北溪（境内）、西溪（境内）、南溪、鹿溪、漳江、东溪、梅潭河年降水量分别为 1386 毫米、1398 毫米、1432 毫米、1294 毫米、1435 毫米、1421 毫米、1290 毫米，与多年平均值相比，偏少 8.5—24.0%。

2018 年主要江河（境内）降水量与多年平均值比较表

表 3

流域名称	北溪	西溪	南溪	鹿溪	漳江	东溪	梅潭河
年降水量（毫米）	1386	1398	1432	1294	1435	1421	1290
多年平均降水量（毫米）	1666	1769	1565	1601	1729	1676	1698
与多年平均比较（%）	-21.5	-16.8	-21.0	-19.2	-17.0	-15.2	-24.0

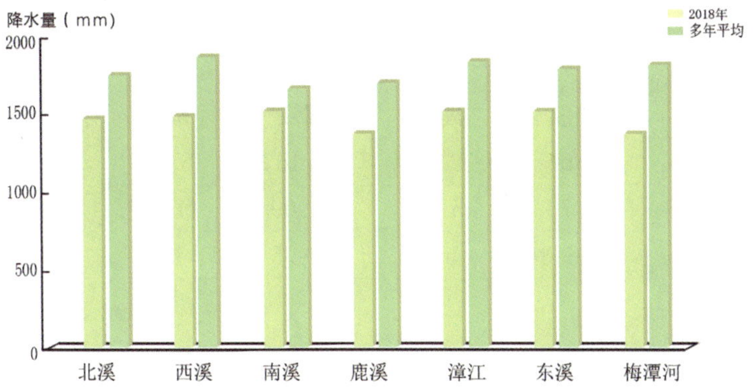

图 2　2018 年主要江河（境内）降水量与多年平均值比较图

2018 年全市气温正常，降水量偏少，降水时空分布不均匀。从全市降水量等值线图看：年降水量大于 1800 毫米的高值区主要分布在乌山山脉的东南麓；年降水量小于 1000 毫米的低值区主要分布在漳浦县的东部沿海及东山县。全市最大点降水量为云霄县白水礤 2086 毫米，最小点降水量为东山县西埔 780 毫米。

用主要江河代表站的华安、平和、长桥、旧镇、上河、诏安、崎岭站的实测月降水量分析，我市降水年内分配不均，各代表站汛期降水量占全年降水量的比值在 66—77% 之间，最大连续 4 个月降水量占全年降水量的比值在 37—57% 之间。

【地表水资源量】

2018 年全市境内地表水资源量为 64.28 亿立方米，折合径流深为 500.3 毫米，比上年少 32.7%，比多年平均值少 24、9%。与多年平均值相比，各县（市、区）偏少 8.7—54.8%。行政分区中，平和县的地表水资源量最多，为 11.93 亿立方米，占全市境内地表水资源量的 18.6%；漳州开发区最少，为 0.16 亿立方米，仅占全市境内地表水资源量的 0.2%。

2018 年行政分区地表水资源量与多年平均值比较表

表 4

分区名称	芗城	龙文	龙海	漳浦	云霄	东山	诏安	平和
地表水资源量（亿立方米）	1.38	0.57	4.63	7.93	5.57	0.45	7.61	11.93
多年平均（亿立方米）	2.39	1.00	8.47	16.21	9.41	1.35	12.50	26.66
与多年平均比较（%）	-42.3	-43.0	-45.3	-51.1	-40.8	-66.7	-39.1	-55.3
分区名称	南靖	长泰	华安	台商投资区	漳州开发区	常山开发区	古雷开发区	全市
地表水资源量（亿立方米）	10.52	4.57	7.26	0.38	0.16	0.84	0.48	64.28
多年平均（亿立方米）	21.87	8.86	12.78	1.08	0.34	1.19	0.94	125.05
与多年平均比较（%）	-51.9	-48.4	-43.2	-64.8	-52.9	-29.4	-48.9	-48.6

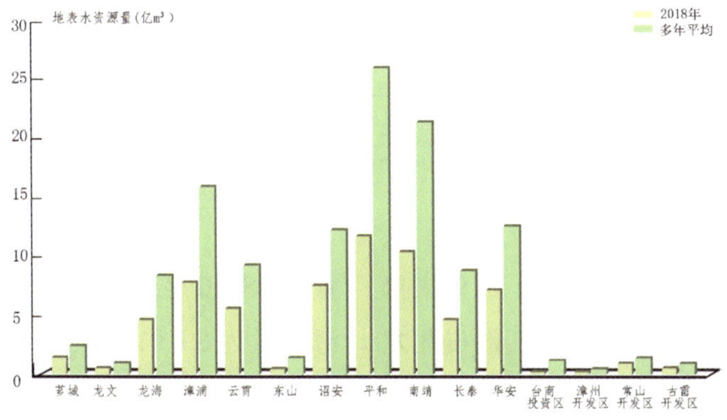

图 3　2018 年行政分区地表水资源量与多年平均值比较图

【水资源总量】

2018 年全市主要江河北溪、西溪、南溪、鹿溪、漳江、东溪、梅潭河的地表水资源量分别为 17.06 亿立方米，19.70 亿立方米、3.64 亿立方米、2.9 亿立方米、6.16 亿立方米、6.59 亿立方米、3.76 亿立方米。全市主要江河的地表水资源量比多年平均值少 36.8—58.2%。

2018 年主要江河（境内）地表水资源量与多年平均值比较表

表 5

流域名称	北溪	西溪	南溪	鹿溪	漳江	东溪	梅潭河
地表水资源量（亿立方米）	17.06	19.70	3.64	2.90	6.16	6.59	3.76
多年平均（亿立方米）	31.83	41.61	5.76	5.95	11.09	11.31	9.00
与多年平均比较（%）	-46.4	-52.7	-36.8	-51.3	-44.5	-41.7	-58.2

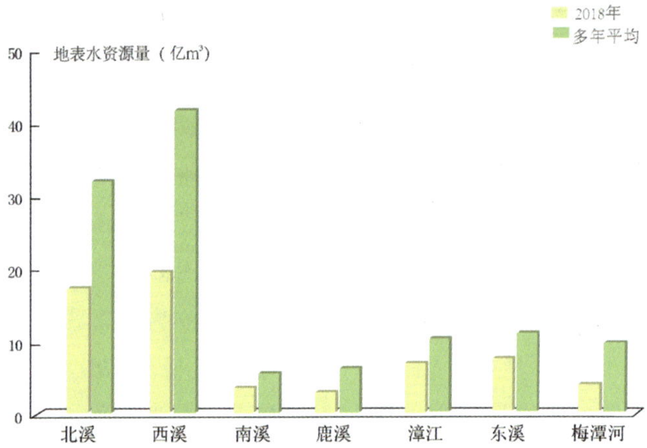

图 4　2018 年主要河流（境内）地表水资源量与多年平均值比较图

【境内水资源总量】

2018 年全市境内水资源总量 64.73 亿立方米。其中：地表水资源量 64.28 亿立方米，地下水资源量 22.14 亿立方米。地下水和地表水不重复计算量 0.45 亿立方米。全市平均产水系数 0.38，平均产水模数为 50.4 万立方米/平方公里。

2018 年行政分区水资源总量表

表 6

分区名称	芗城	龙文	龙海	漳浦	云霄	东山	诏安	平和
地表水资源量（亿立方米）	1.38	0.57	4.63	7.93	5.57	0.45	7.61	11.93
地下水资源量（亿立方米）	0.40	0.18	1.56	3.22	1.59	0.24	2.24	4.26
地下水与地表水不重复量（亿立方米）	0.09	0.05	0.06	0.07	0.05	0.04	0.03	0.00
水资源总量（亿立方米）	1.47	0.62	4.69	8.00	5.62	0.49	7.64	11.93
分区名称	南靖	长泰	华安	台商投资区	漳州开发区	常山开发区	古雷开发区	全市
地表水资源量（亿立方米）	10.52	4.57	7.26	0.38	0.16	0.84	0.48	64.28
地下水资源量（亿立方米）	3.69	1.62	2.40	0.21	0.08	0.24	0.21	22.14
地下水与地表水不重复量（亿立方米）	0.00	0.00	0.00	0.02	0.01	0.01	0.02	0.45
水资源总量（亿立方米）	10.52	4.57	7.26	0.40	0.17	0.85	0.50	64.73

【出入境水资源量】

2018 年，漳州市入境地表水资源量为 39.76 亿立方米，比上年少 24.95 亿立方米。入境水量大部分来自龙岩市，小部分来自泉州市，均流入九龙江，占九龙江水资源量的 48.5%。

2018 年，从漳州市流出的水量为 98.10 亿立方米。其中，入海水量为 89.91 亿立方米，境外引水量为 4.17 亿立方米（厦门引水），梅潭河流入广东省的出境水量为4.02亿立方米。

【大中型水库蓄水动态】

全市共有水库529座，总库容12.50亿立方米。其中，大型水库2座，中型水库22座。大中型水库2018年末的蓄水总量3.12亿立方米，比上年末蓄水总量多0.47亿立方米。其中，大型水库2018年末蓄水总量1.42亿立方米，比上年末多0.52亿立方米；中型水库2018年末蓄水总量1.70亿立方米，比上年末少0.05亿立方米。

【主要江河水质】

2018年全市主要江河总体水质状况同2017年相比基本持平。通过对境内九龙江北溪、九龙江西溪、九龙江南溪、闽南诸小河（东溪、漳江、鹿溪）及梅潭河73个断面的水质监测，评价河长1277.9公里。水质符合和优于III类水的河长1103.3公里，占评价河长的86.3%；污染（IV、V类和劣V类）河长174.6千米，占13.7%，与2017年相比增加3.0%。水体主要超标项目为氨氮、溶解氧、高锰酸盐指数、五日生化需氧量、总磷、硝酸盐氮和锰。

·气象·

【概况】

2018年，漳州平均气温偏高，与常年相比偏高0.9℃；年日照略偏多，与常年相比偏多142.5小时；年降水略偏少，与常年相比偏少274.7毫米。台风影响时间正常，影响个数为4个，台风影响程度偏弱。主要气象灾害为干旱、暴雨和台风等。以暴雨和台风为典型的灾害性天气导致全市受灾，造成一定的经济财产损失，并给农业、渔业、水利和电力等行业带来不同程度的负面影响。全年气候条件总体较好，影响程度一般。综合评价：2018年漳州市气候属较好年景。

降　水　年降水量966.7—1647.5毫米，其中平和、华安县和市区等在1500毫米以上，最多为市区1647.5毫米；东部沿海一带较少，最少为东山县966.7毫米。

与常年相比，全市年降水量市区和华安县正常，平和、诏安县和龙海市等偏少，其他各县（市、区）年降水量属显著偏少。全市年降水量距平百分率在-25.5%（云霄）—2.5%（市区）之间。

全市年平均降水量1350.6毫米，比上年偏少2.9%。

气　温　年平均气温21.6—23.1℃，呈以市区、云霄县为高中心，向沿海和西北山区逐渐降低的趋势，其中市区23.1℃为最高，华安县21.6℃为最低。

与常年相比，诏安县年平均气温属正常，平和、漳浦县属偏高，东山县属显著偏高，其他各县（市、区）属异常偏高。

全市各地年极端最低气温-0.9—5.8℃，全市极端最低气温均出现在2月6日。2018年全市极端最低气温低于上年（上年全市极端最低气温于12月21日出现在华安县，为2.4℃）。

年极端最高气温35.6—39.2℃，主要集中出现在5月26—27日和7月31日的高温过程中，其中日极端最高气温全市最高值为39.2℃，出现在龙海市（7月31日），2018年全市极端最高气温低于上年。

全市年平均气温22.4℃，与上年持平。

日　照　各地年日照时数1768.8—2484.4小时，东部和南部沿海县市多，西部和北部少。其中市区、云霄、龙海、诏安和东山等5个县（市、区）在2000小时以上，东山县最多，达2484.4小时，华安县最少，仅1768.8小时。

与常年相比，东山年日照时数属异常偏多，市区、平和与诏安属偏多，其他各县（市）年日照时数属正常。

全市年平均日照时数2030.5小时，比2017年偏多44.7小时。

2018年漳州市各县（市、区）气候环境情况表

表7

	年平均气温（℃）	年极端最高气温（℃）	年极端最低气温（℃）	年平均相对湿度（%）	全年日照时数（小时）	全年降水量（毫米）
漳州市	23.1	38.2	2.9	71.0	2010.5	1647.5
芗城区	23.1	38.2	2.9	71.0	2010.5	1647.5
龙文区	23.1	38.2	2.9	71.0	2010.5	1647.5
龙海市	22.8	39.2	2.2	74.0	2103.4	1316.8
云霄县	23	37.8	3.3	78.0	2038.5	1363.9
漳浦县	21.9	37	1	79.0	1968.9	1224.9
诏安县	22.2	37	1.7	79.0	2194.4	1292.9
长泰县	22.7	38.2	1.8	74.0	1929.6	1252.5
东山县	22.1	35.6	5.8	79.0	2484.4	966.7
南靖县	22.3	38.5	0.8	79.0	1914.6	1339.4
平和县	22.1	38.5	1	77.0	1891.5	1542.1
华安县	21.6	38.4	-0.9	78.0	1768.8	1559.7

【气象灾害】

低温霜冻　2018年全市共受6次较明显冷空气天气过程影响，冷空气影响程度总体偏弱。

受强冷空气影响，2月2—8日全市出现低温霜冻天气。2月6日全市出现过程极端最低气温，西北部县出现霜冻和结冰。全市有103个自动站最低气温≤4℃，其中38个自动站≤0℃，以南靖县南坑镇高港茶园-4.6℃为最低。

2018年国家级气象观测站测到的极端最低气温分别为：华安-0.9℃，南靖0.8℃，平和1.0℃，漳浦1.0℃，诏安1.7℃，长泰1.8℃，龙海2.2℃，市区2.9℃，云霄3.3℃，东山5.8℃。

干旱　2018年1月1日—8月19日，全市平均降水量746.1毫米，偏少4成。各县（市、区）降水量在550.5（东山）—907.4（华安）毫米之间，主要降水量主要集中在漳州市北部和市区附近。与常年同期相比，全市降水均属异常偏少。

由于持续少雨，气象干旱发展。依据MCI气象干旱综合指数监测结果显示，至8月19日，气象干旱达到过程最强，长泰、漳浦、东山县和南靖县等达到气象特旱，平和县达到气象重旱，市区、龙海市和诏安县达到气象中旱，华安县气象轻旱。

高温　2018年全市日最高气温≥35℃的日数从1天（东山）—62天（南靖）。平和县极端最高气温出现在5月18日和7月31日，南靖、漳浦和云霄县等出现在5月26日，华安县出现在5月27日，诏安县出现在5月27日和7月31日，长泰县、市区、龙海市和东山县等出现在7月31日。2018年国家气象观测站测到的极端最高气温分别为：龙海39.2℃，平和38.5℃，南靖38.5℃，华安38.4℃，市区38.2℃，长泰38.2℃，云霄37.8℃，诏安37.0℃，漳浦37.0℃，东山35.6℃。

暴雨　全年共出现12场暴雨，其中全市性暴雨（≥6个站）3场，发生在1月7—8日、8月29—31日、9月7—8日；部分性暴雨（≥3个站，＜6个站）4场，发生在5月7—9日、6月22—23日、8月23—24日、11月2日；局部性暴雨（≤2个站）5场。全市日极端最强降水为云霄的161.6毫米（8月29日）。

受副热带高压边缘西南暖湿气流影响，6月22—23日，全市出现了暴雨到大暴雨天气过程，

以短时强降水为主，局地伴有强雷电、6—7 级短时大风。统计 6 月 21 日 20 时—24 日 08 时累积雨量，共有 125 个雨量站超过 50 毫米，其中 32 个雨量站超过 100 毫米，以云霄县东厦镇红树林 170.8 毫米为最大。

受热带辐合带的影响，8 月 26—31 日，全市出现了持续性暴雨天气过程。统计 8 月 26 日 08 时—31 日 08 时累积雨量，共有 195 个雨量站超过 50 毫米，其中 152 个雨量站超过 100 毫米，12 个雨量站超过 250 毫米，以云霄县常山华侨开发区观竹小学 334.3 毫米为最大。

受台风“玛莉亚”“山竹”“玉兔”和第 13 号热带低压的影响，漳州市出现了大范围强降水天气。

台　风　2018 年对全市有影响的台风及热带低压共 4 个，与常年相比属正常，无登陆台风，台风影响程度总体偏弱，分别是 1808 号台风“玛莉亚”(强台风级)、1813 号热带低压、1822 号台风“山竹”（超强台风级）、1826 号台风“玉兔”（超强台风级）。

1、1808 号台风“玛莉亚”

台风概况　2018 年第 8 号台风“玛莉亚”于 7 月 4 日 20 时在关岛附近洋面生成，11 日 9 时 10 分在福州连江沿海登陆，登陆时中心附近最大风力 14 级（42 米 / 秒，强台风级），中心最低气压 960 百帕。台风“玛莉亚”强度强、移速快，为 1949 年以来 7 月首登福建最强的台风。

影响情况　受台风“玛莉亚”环流影响，7 月 11 日白天到 12 日早晨全市出现了中到大雨，部分乡镇暴雨到大暴雨的天气。统计 11 日 06 时—12 日 06 时累积雨量，全市有 11 个自动站雨量超过 50 毫米，其中有 3 个自动站超过 100 毫米，以华安县新圩镇的 107.4 毫米为最大。有 84 个自动站极大风速达到 6 级（≥ 10.8 米 / 秒），其中以平和县站 19.9 米 / 秒(8 级)为最大。

2、1822 号台风“山竹”

台风概况　2018 年第 22 号台风“山竹”9 月 7 日 20 时在西北太平洋洋面上生成，16 日 17 时前后在广东省台山海晏镇登陆，登陆时中心附近最大风力有 14 级，中心最低气压 955 百帕。17 日 20 时停编。

影响情况　受台风“山竹”外围环流影响，17 日白天到 18 日早晨全市出现了中到大雨，部分乡镇暴雨的天气。统计 15 日 20 时—18 日 20 时累积雨量，全市有 32 个自动站雨量超过 50 毫米，其中有 8 个自动站超过 100 毫米，以平和县九峰的 174.6 毫米为最大。全市有 54 个自动站极大风速达到 8 级(≥ 17.2 米 / 秒)，沿海以东山县陈城镇澳角村 35.5 米 / 秒（12 级）为最大，内陆以平和的 23.3 米 / 秒(9 级)为最大，高海拔山区以平和县九峰镇大芹山 32.4 米 / 秒（11 级）为最大。

3、1826 号台风“玉兔”

台风概况　2018 年第 26 号台风“玉兔”10 月 22 日 08 时在西北太平洋洋面上生成，30 日 4 时 40 分前后在菲律宾吕宋岛东北部沿海登陆，登陆时中心附近最大风力有 15 级（48 米 / 秒），11 月 3 日 08 时停编。

影响情况　受台风“玉兔”环流影响，1 日白天到 2 日全市出现了大雨到暴雨，局部大暴雨的天气。统计 10 月 31 日 20 时—11 月 3 日 20 时累积雨量，全市有 123 个自动站雨量超过 50 毫米，其中有 3 个自动站超过 100 毫米，以平和县黄井的 114.5 毫米为最大。全市沿海及附近海域阵风达 9—10 级，以东山县陈城镇澳角村大帽山的 28.3 米 / 秒（10 级）为最大。

【气象防灾减灾】

2018 年，根据气象条件在全市范围内实施人工增雨作业，截止 8 月 19 日共实施人工增雨作业 71 场，发射为箭弹 40 发，燃烧烟条 62 条。8 月 20 日，全市实施人工增雨作业 13 场，发射为箭弹 10 发，燃烧烟条 20 条。在人工增雨作业下，全市部分地区出现了中到大雨，局部暴雨，缓解了全市的旱情。

· 防震减灾 ·

【概　况】

据福建数字遥测地震台网测

定，2018 年，漳州市及其沿海地区共发生 ML ≥ 1.0 级地震 42 次，地震主要分布在漳州市北部及近海地区（如图 1、表 1）。其中 1.9 ≥ ML ≥ 1.0 地震 32 次，ML ≥ 2.0 地震 10 次，显著地震为 12 月 16 日发生在南靖县北部地区的 2.7 级地震。

漳州地区 2018 年 ML ≥ 2.0 级地震目录一览表

表 8

发震日期	发震时间	北　纬	东　经	震级	参考震中
02—14	04:33	24°　34′	117°　43′	2.0	龙海市北部地区
04—08	20:34	23°　45′	117°　24′	2.0	东山县北部地区
04—08	21:31	23°　45′	117°　23′	2.4	东山县北部地区
04—08	13:36	23°　45′	117°　23′	2.2	东山县北部地区
04—28	04:19	24°　57′	117°　21′	2.4	南靖县北部地区
05—10	14:55	23°　39′	117°　14′	2.6	诏安县近海地区
05—10	21:35	23°　39′	117°　14′	2.2	诏安县近海地区
09—30	04:08	24°　12′	117°　33′	2.1	漳浦县北部地区
09—30	06:43	24°　12′	117°　33′	2.6	漳浦县北部地区
12—16	22:50	24°　48′	117°　14′	2.7	南靖县北部地区

【应对台湾海峡 6.2 级地震】

据中国地震局台网测定，北京时间 2018 年 11 月 26 日 7 时 57 分，在台湾海峡（北纬 23.28 度，东经 118.6 度）发生 6.2 级地震，震源深度 20 公里，震中距离漳州最近海岸线约 109 公里，全市震感明显。至 12 月 1 日 8 时整，中国地震局台网共记录 3.0 级及以上余震 9 次，其中，4.0 到 4.9 级地震 2 次，3.0 到 3.9 级地震 7 次，最大余震 4.5 级。省委书记于伟国、省政府省长唐登杰分别来电询问漳州市情况。市委领导立即要求尽快做好震情分析研断、灾情核查和应急处置，确保人民群众生命财产安全。市政府市长刘远、副市长兰万安第一时间赶到市抗震救灾指挥部，了解全市震情，部署指挥防震救

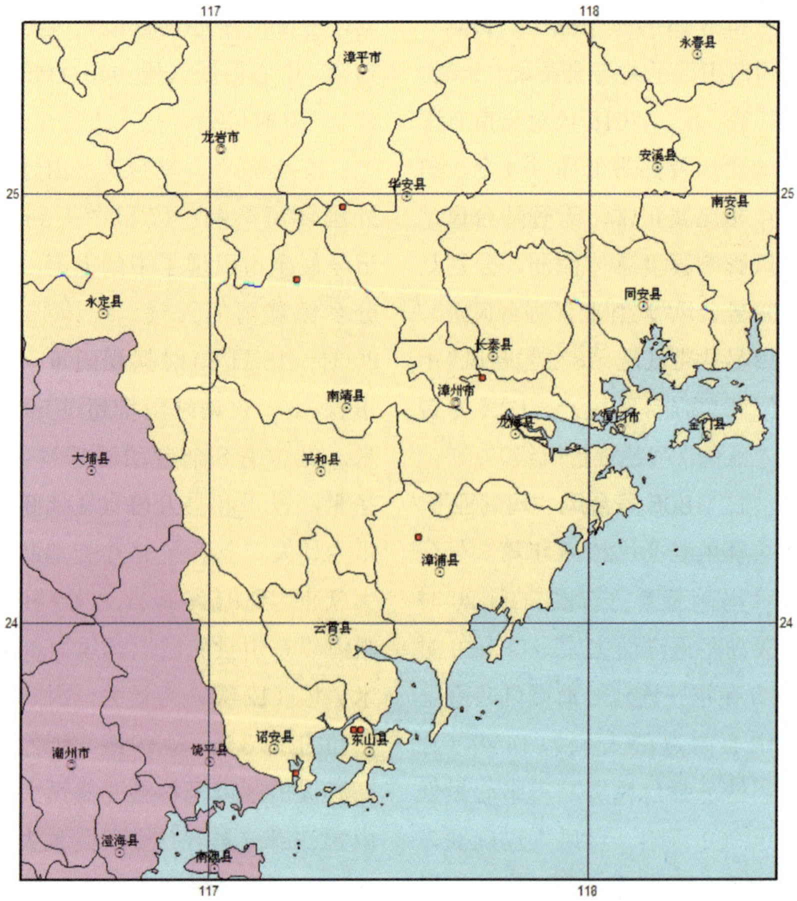

图 5　漳州市 2018 年度地震震中分布图

灾工作。市地震局立即根据地震应急预案启动局四级应急响应，采取多项措施有序应对：启动市地震应急指挥中心，与各县（市、区）互联互通，有效应对；及时编写《震情灾情通告》上报市委、市政府，共编发震情、灾情通告12期，为全部市应急指挥提供参考依据；并与省地震局进行震情研判，特别是后续可能发生余震的分析研判；通过漳州电视台、广播电台、《闽南日报》、网站、微信公众号等新闻媒体发布客观准确的震情信息，正确引导社会舆论、维护社会安定稳定；召开全市地震系统视频会议，通报灾情震情，部署开展灾情收集，重点是对各类建筑物、海上渔船、水库堤坝、道路交通设施、水电气管网、学校、医院、在建重点项目、古雷PX等危化企业进行全面排查检查，防止次生灾害的发生；加强24小时值班值守，应急期间由局领导带班，发现重要情况及时上报；及时答复民众来电咨询，加强舆情掌控，防止造谣、传谣及其他失实信息出现。

【地震预警信息发布终端建设】

制定印发《漳州市地震预警信息发布终端建设实施方案》，明确要求地震、教育、财政等部门和授权服务商按照职责分工，落实责任举措，分年度分解2018—2020年三年共2540个建设点的任务，推进地震预警终端建设。各县（市、区）立足当地实际，统筹规划，安排资金，分步实施，推进地震预警信息接收终端建设。实施过程跟踪，开展地震预警信息终端建设培训，多次开展调查摸底，汇总各地每月建设进度，按时间节点向省地震局报送。全年共完成1250个地震预警信息接收终端点建设，超额64%完成年度计划762个点的建设任务。

【震情跟踪研判】

制定2018年度震情跟踪方案，落实地震会商制度；加强对监测台网的管理和运行维护，确保每天各类监测数据有效不间断报送，对华安县水氡观测点仪器进行标定检查，密切跟踪资料变化；参加全省年中、年度地震活动趋势会商，研判闽台地区下年度地震趋势；做好粤东—闽南联防工作，参加在厦门举办的粤东—闽南联防协作区地震趋势会商，与厦门市、汕头市、揭阳市、潮州市、汕尾市等地市一起分析研究粤闽交界地震活动和前兆资料，共同提出地震趋势意见；快速应对2月6日台湾花莲县附近海域6.5级地震和11月26日海峡南部6.2级地震，及时向市委、市政府提交震情通告，加强资料跟踪，做好震情研判，维护社会稳定。

【建设工程监管】

6月21—22日，市地震局组织开展第五代区划图实施情况专项检查行动。检查自2016年6月1日第五代《中国地震动参数区划图》（GB18306—2015）实施以来，位于龙海市（港尾、

2018年11月7日至8日，漳州市地震局到革命老区南靖县科岭村开展地震现场工作队应急通讯拉练暨“不忘初心，牢记使命，重走红军路“主题党日活动　　（漳州市地震局 供图）

隆教）、漳浦县（佛昙、赤湖、前亭）的8度设防区的学校、商品房等新建工程项目抗震设防要求的落实情况；重点检查漳浦县佛昙镇第二中心幼儿园、赤湖镇后湖小学、前亭镇庄厝小学，龙海市隆教乡第二中心幼儿园等部门的教学楼4栋、面积12000平方米，漳浦佛昙“联创城市广场”项目、龙海隆教乡“白塘湾国际旅游度假城”项目、漳州开发区“富山•滨海明珠”项目、“招商•兰溪谷”项目等房地产企业开发的商品房48栋，面积约70万平方米。对检查结果进行通报，建议相关主管部门加强抗震设防要求监管。同时，做好新建、改建、扩建工程的联审、联勘、“一次性告知”服务工作。参加厦漳同城云巴（有轨电车）线站位方案、漳州西客站人防工程异地建设审查、福建北电南送新增通道输变电工程路径走向意见等6个新建工程的联审、联勘及“一次性告知”服务工作。

【地震应急指挥中心】

市地震监测信息数字化集成系统共投入220万元，2018年5月竣工并投入使用。该项目内容包括数字视频会议系统、大屏幕显示系统、智能控制系统、音响系统等，通过行业内网整合各类监测数据及信息，实现观测资料实时反馈及可视化管理，有效提升全市地震监测能力和科技应用水平，实现了与国家、省和县（市、区）地震应急指挥中心的互连互通，解决与基层应急指挥最后“一公里”问题，提升地震应急救援处置能力。升级后的市地震应急指挥中心的规模和功能居全省前列。

【地震应急避难场所建设】

根据国务院《国家综合防灾减灾规划（2016—2020）》和《福建省人民政府办公厅关于“十三五”期间加强市县防震减灾工作的意见》要求，漳州市按照每个乡镇至少建设1处符合国家标准的地震应急避难场所要求，全市共需建设地震应急避难场所87处。按照市领导三年分批完成任务的要求，各级政府、各部门主动作为，发挥部门职能作用，各县（市、区）地震办加大力度推进地震应急避难场所建设工作，提供技术指导服务，会同相关部门做好沟通协调和相关保障工作，及时掌握建设进度，督促避难场所挂牌，做好信息汇总，按照国家相关标准适时组织验收工作。截止2018年底，全市“十三五”期间已建成103处地震避难场所，总面积约70万平方米，容纳约50万人避难。其中2016年完成8处，2017年完成50处，2018年完成45处，提前超额完成16处完成地震应急避难场所的建设任务。

【防震减灾法贯彻落实检查】

2018年8月2日—3日，省人大常委会副主任吴洪芹带领检查组到漳州开展防震减灾法贯彻落实情况执法检查。市人大常委会主任陈汉夫、副主任李珊珊陪同检查调研，副市长兰万安出席

2018年8月3日上午，省人大执法检查组到武警漳州支队实地检查地震应急救援队伍建设及装备情况（漳州市地震局 供图）

汇报会并作汇报。检查组一行先后前往武警漳州支队、市地震台、榕御小区、龙师附小等地，详细了解漳州市落实防震减灾责任、防震减灾科普教育、地震安全示范社区、地震应急救援队伍、地震监测台网建设等情况，并召开座谈会，听取漳州市政府及地震局、教育局、住建局等相关部门情况汇报。检查组充分肯定漳州市防震减灾工作所取得的成效，各级领导高度重视防震减灾工作，认真落实防震减灾法的法定要求，特别是在完善体制机制、监测预警、震灾防御、应急救援及宣传教育等方面面得到有效实施与落实，有力促进防震减灾事业持续健康发展。

2018 年 5 月 25 日，市地震局、卫计委联合在东山县成功举办地震应急医学救援演练（漳州市地震局 供图）

【地震应急救援演练】

强化地震应急预案体系建设，将地震应急预案建设落实到学校、医院、社区、企业等基层单位。截止 2018 年底，全市各级政府、单位已修订地震应急预案 5000 多个，实现各级政府三分之二以上抗震救灾指挥部成员单位完成地震应急预案的修订。加强地震应急救援队伍建设，投入 36 万元用于保障地震应急救援队伍设备维护和训练等。5 月 25 日，在东山县举行“健康使命－2018”漳州市地震灾害现场紧急医学救援暨灾后卫生应急处置演练。模拟某县发生 6.0 级地震，造成数十人死亡、近千人受伤，应急队伍进行紧急集结、物资装载、机动行进、野外展开和野外生存、现场医疗救援等科目演练。10 月 26 日，举办地震应急志愿者培训。各县（市、区），开发区（投资区）地震部门负责人和 40 余名地震应急志愿者骨干参加培训。邀请了漳州市红十字会应急救护师资、副主任医师杨元勋就应急救援知识和技能进行授课，提高志愿者的地震应急救援知识水平和自救互救基本技能。11 月 7 日，组织地震现场工作队到南靖县科岭开展应急通讯拉练，模拟震后固话和手机通讯网络中断，迅速启用北斗定位导航仪、卫星电话和无线电设备，开展应急通讯工作。使用北斗定位导航仪发送应急信息，并用背负式无线电台与漳州市地震局值班室、诏安县地震办、华安县地震办无线电基站互通，实现无线电远距离跨区域多方通讯，提升队伍的综合应急救援水平和协同配合能力。

【地震灾害防御宣传】

2018 年，漳州市政府下发专门通知，对全市第七个防震减灾宣传月活动进行部署。宣传月期间，共开展集中宣传 200 多场次，举办地震知识专题讲座 400 多场次，组织举行紧急避震、疏散演练 1000 多场次，分发各种科普宣传材料 20 多万份。充分利用《闽南日报》、“漳州微震”微信公众号、漳州人民广播电台、广电有线电视等平台开展宣传，共在《闽南日报》刊登报道 56 篇，通过广播电台、有线电视宣传 45 期，受众人数约 300 万人，扩大公众对防震减灾知识的知晓率。积极开展“平安中国”防灾科普文化影视季活动，全市共播放影视作品 20 场次，受众 2 万多人次。组织学校师生参加全省防震减灾知识大赛和科普讲解大赛，编印《漳州市防震减灾科普讲座教义选编》一书，作为学术交流工具书。

（林文同　方宏芳）

·国土资源管理·

【概　况】

2018年，漳州市在完成全市13个单位县级土地利用总体规划和120个乡镇土地利用总体规划审批的基础上，落实市、县、乡三级土地利用总体规划数据库上报核查和备案工作。推进土地开发，做好土地出让，强化土地批后监管，建立健全市本级土地利用动态巡查制度。落实“一趟不用跑和最多跑一趟”办事清单，形成“一次性办结机制”。《漳州市规划管理一体化协同平台》荣获2018年中国地理信息产业优秀工程银奖和全国优秀城乡规划设计奖三等奖。

【土地利用管理】

开展《漳州市“十三五”国土资源开发专项利用规划》执行情况中期评估。完成全市上年度建设用地总量控制和强度目标实施情况评估工作，推进建设用地总量控制和减量化管理。全市获批农转用和土地征收用地160个批次，面积1114.01公顷。完成福厦客专项目71.27公顷用地、漳武线永定至南靖高速公路南靖段350.47公顷用地组件报批等。计划处置1999年至2016年批而未供土地面积792.2公顷，完成处置批而未供面积1086.53公顷。全市全年办理供地手续663宗，面积2852.67公顷。

【规范土地交易】

2018年，合计拟开发用地32宗329.07公顷，拨付前期开发成本380911.35万元。推进芗城西湖生态园片区征迁、下碑安置房建设、朝阳片区、长福片区、龙文区“安得广”、福建（漳州）农产品物流配送中心、瑞京片区二期、通源片区等片区征迁工作。完成龙文安得广、长福片区安置、华埔片区等4宗26.23公顷。委托长福安置地01、02地块、瑞京02地块、03地块、北仓片区用地、闽南水乡03地块等6宗用地现状及地形管线修测。完成长福安置地、瑞京03地块、西湖安置地、化学品厂宿舍地块、闽南水乡03地块、华埔现代产业园、漳州市卫生职业学校等11宗地用地范围线制图。完成批办件及推进征迁工作相关函件42份，形成成本结算审核办法，成立成本结算审核小组。全市采取“限地价、竞房价”等方式出让经营性用地113宗309.13公顷，出让金1992597万元，为城建项目建设提供资金支撑；其中市区出让经营性用地15宗、面积76.73公顷，收取土地出让金955900万元，无偿配送建筑面积11677平方米。对2009年至2016年期间市本级出让的57宗经营性用地、面积260.67公顷进行全面巡查。对全市2016至2017年度期间签订的601宗《国有建设用地使用权出让合同》的合同履约情况进行检查。开展欠缴土地出让金清缴工作，共追缴土地出让金2632万元。

【规范耕地保护】

制定《漳州市2018年度政府耕地保护责任目标考核细则》，将耕地和永久基本农田保护、高标准农田建设、土地卫片执法、例行督察等列入考评内容。为规范项目管理，编制《关于进一步加强土地整理项目验收工作的通知》《关于加强土地整理项目稽查工作意见》《土地整理项目田间道路砼路面验收标准》等。全市共完成补充耕地688.33公顷，占年度任务数126%；完成高标准农田建设1.92万公顷，占年度任务数103.5%；完成旧村复垦项目验收84公顷。

【土地执法监察】

2018年，开展“大棚房”问题专项清理整治工作，成立“大棚房”问题专项清理整治行动工作领导小组，全市共排查设施农业大棚14.69万个、0.628万公顷，发现问题56宗，违规总占地面积22.24公顷，其中占用耕地17.54公顷。完成整改面积17.54公顷，其中完善建设用地

3 宗，面积 5.22 公顷，恢复农业生产功能面积 12.32 公顷。土地卫片执法检查，上年度新增建设用地总面积 1153.09 公顷，占用耕地 391.33 公顷，其中违法用地总面积 275.87 公顷，占用耕地 83.91 公顷。立案查处的有 1710 宗，非立案查处 99 宗，移交其它部门处理 574 宗，履职到位率 100%。配合全市“两违”（违法用地、违法建设）综合治理工作，共处置“两违”面积 714.1 万平方米，拆除违法面积 659.2 万平方米，腾出土地面积 721.9 万平方米。

【矿产监督管理】

全市核发 2000 国家坐标采矿许可证，全市清理出需核发持证矿山 67 个，指导县级单位做好材料准备及矿政综合系统的操作，及时帮助协调解决核发工作过程中遇到的问题，完成核发采矿许可证 62 份，在全省率先完成 2000 国家坐标系的核发工作。开展矿山动态监管工作，指导各县（市、区）级国土资源管理部门聘请专业技术队伍，运用先进设备技术和手段定期指导与监管矿山开采，每半年向县（市、区）级国土资源部门递交图纸，通过技术队伍引导企业规范开采与治理，为县（市、区）国土资源部门的监管提供技术和业务支撑。强化采矿权出让与管理，拍卖出让采矿权 2 宗，新立采矿权 3 个，延续 3 个，变更 2 个。全市持证矿山 67 个，过期保留 45 个，历年累计关闭 262 个。共征收采矿权出让收益 1149.63 万元。

【绿色矿山建设】

2018 年印发《漳州市绿色矿山建设工作方案》，明确到 2020 年树立 5 个以上具示范作用的绿色矿山，推进东山县绿色矿业发展示范区建设，实施 1 个绿色勘查示范项目，其中明确漳浦县台玻漳州硅砂有限公司和东山县漳州旗滨玻璃有限公司首批绿色矿山示范企业，现已完成方案编制。推进矿山生态环境恢复治理，全市 53 家持证矿山按要求开展矿山复绿工作，对关闭的矿山启动矿山生态环境治理恢复方案进行治理，治理后按有关要求组织验收。至此，省厅下达漳州市新增矿山恢复治理面积 70 公顷，完成投资额 1458 万元，治理面积 70 公顷；基本完成新增矿山恢复治理任务。

【地籍测绘管理】

2018 年，全市按时序进度要求完成农村地籍调查任务，开展调查 1234 个行政村，已完成调查 1133 个。同时，推进第三次全国国土调查工作和芗城区先行调查工作，完成芗城区全区所有场、镇、街道的村级权属界线落图，重新采集 15270 个图斑界线，提取 6321 个自主图斑，完成全部图班核实和 8002 个图班举证。截至 12 月底，全市已完成农垦国有土地权籍调查面积 3.85 万公顷，占总面积 100.01%，其中已依法确认给非农垦单位土地面积 0.27 万公顷；已确权登记发证 3.52 万公顷。“数字漳州地理空间框架建设”项目获得 2018 年福建省测绘科技进步一等奖，这是漳州市历年来在科技创新领域获得的最高奖项。市规划区—中心城区 697 平方公里基础测绘完成竣工验收。完成中心城区 1 ∶ 500 航摄正射影像图生产，完成中心城区 1 ∶ 2000 地形图测制生产，建设了 697 平方公里 1 ∶ 2000 基础地理信息数据库。完成“漳州城市地图集”初步编制工作。“漳州市现代测绘基准体系 2018 年版建设”项目和“数字漳州地理空间框架升级维护”项目完成招投标并开始运作。

【不动产权登记】

2018 年，全市不动产登记审批流程精简为受理、审核、登簿发证三个环节。登记时间缩减至 1—5 个工作日，省厅国土资源管理监测评价系统显示，漳州不动产登记发证平均用时 1.7 天，在全省排名第二名；不动产登记发证网上申请比例 44.21%，在全省排名第四名。截止 2018 年底，全市共受理、颁发不动产权证 138665 本、不动产登记证明 112952 份。

【地质灾害防治】

2018 年，全市重新调查确定

地质灾害隐患点380处、高陡边坡1926处，落实防灾责任人300多人、监测人400多人，设立警示牌380个。侧重对地质灾害点的巡查排查，严格地质灾害防治24小时值班制度，建立抢险应急队伍，落实群测群防，连续10年汛期地灾“零伤亡”。市、县级开展地质灾害防灾培训13场次，参加人员达2000多人。在“4•22”地球日、“5•12”防灾减灾日向群众和学生普及地质灾害防治和防灾减灾基本知识，努力提高全民防灾能力。

【优化服务】

全面落实“一趟不用跑和最多跑一趟”办事清单，形成“一次性办结机制”，实现即来即办、全程网办和快递送达三种办理方式，全年快递送达审批决定66件。清理前置审批事项10项，清理中介服务事项12项，清理各种证明7项。同时，压缩投资建设项目审批时限，建设项目用地预审由原承诺时限7个工作日压缩至5个工作日办结；国有土地使用权协议出让审核保留承诺时限5个工作日办结；国有土地使用权划拨出让审核由原承诺时限10个工作日压缩至7个工作日办结；建设用地批准书核发由原承诺时限7个工作日压缩至5个工作日办结。投资建设项目审批实行“绿色通道”“跟踪服务”，将重点项目和民生工程列入优先保障对象。

【解决遗留办证问题】

全年处理解决市区房地产项目不动产权登记历史遗留问题，已解决可办证6430套，其中住宅5761套。加快推动补办不动产权证，及时办理抵押融资，降低实体经济成本，主动为企业排忧解难。截至2018年12月底，各县（市、区）已办结334宗，补办后用于抵押融资的企业共96家，帮助企业新增融资金额197554.25万元。

（卢骞　方欣　贾峰）

•环境保护•

【概　述】

2018年，漳州市水环境质量总体保持良好，基本符合市环境功能区划要求。九龙江流域、漳江、诏安东溪等主要流域Ⅰ—Ⅲ类水质达标率91.67%，消除完成10条劣Ⅴ类小流域水质，市、县两级饮用水源水质达标率均为100%。市区环境空气质量符合国家二级空气质量标准，空气质量综合指数3.90，空气质量状况为良；全年环境空气达到或优于二级的天数330天。AQI首要污染物统计，按大小顺序排序依次为臭氧、细颗粒物、可吸入颗粒物、二氧化氮、一氧化碳、二氧化硫，影响全市大气环境质量的主要污染因子为：臭氧、可吸入颗粒物和二氧化氮。

全年以“绿水青山就是金山银山”的绿色发展理念，践行“生态+”发展模式，共实施污染治理项目57个，计划投资5.95亿元，累计完成投资9.88亿元，占计划投资166.05%，超时序进度66.05个百分点。否定不符合全市规划和产业政策的高能耗、高环境污染项目9个，完成118家企业初始排污权核定，为重大项目腾出环境资源容量，推动漳州市经济结构转型升级筑牢环境基础。

【流域治理】

制定并实施《漳州市污染防治攻坚战工作方案》《漳州市水、大气、土壤污染防治2018年度工作计划》，推进流域水环境保护工作，把流域水质达标纳入各地党政领导生态环保目标责任制考核范围，以考核目标倒逼责任落实。2018年，两江两溪（九龙江流域、漳江流域和鹿溪流域、东溪流域）主要流域水质均达到考核要求。印发《2018年度小流域综合整治实施方案》，开展工程项目建设，持续深化小流域综合整治，全年计划投资2.07亿元，完成投资3.05亿元，超额完成年度计划投资，并消除完成10条劣Ⅴ类（污染程度超过Ⅴ类的水）小流域水质。在九龙江流域共投放各类滤食性鱼类约266万尾，有效维护九龙江流域生态平衡，净化流域水质。

【污染防治】

制定实施《漳州市打赢蓝天保卫战三年行动计划实施方案》，开展建筑扬尘、移动源污染、工业源污染治理，不断推进大气污染综合治理。其中，市区及周边区域74台10蒸吨及以下的燃煤锅完成炉整治；全面完成全市55家重点VOCs（挥发性有机物）企业整治；完成875家“散乱污”企业整治，基本完成157家市区及周边区域家具行业规范整治；强化轻微污染天气应对，及时修订《漳州市轻微污染天气应对处置措施（第二版）》，2018年全市共启动轻微污染天气预警58次，初步形成保障市区空气质量的联防联控机制。2018年11月完成农用地土壤污染状况详查工作。

【环境监管】

按照新《中华人民共和国环境保护法》及其四个配套办法，开展“清水蓝天”环保专项行动、环境执法大练兵活动、环保大检查、“百日攻坚”及“大干八九月，确保市区及周边地区空气质量提升专项整治”等执法行动。2018年，全市共立案查处企业653起，罚款金额2700.98万元，查封扣押199起，移送行政拘留39件，移送刑事犯罪24件，按日计罚6件，按日记罚金额20.79万元，实施限产停产40件。查处环境违法案件数量较上年同期大幅上升，案件种类也较齐全。以化解中央环保督察转办的信访件为抓手，积极回应群众诉求，开展环境信访突出问题专项行动，解决一批废水、废气污染等群众反映强烈的突出问题。全年办结12369环保投诉件1358件、按时办结率100%，办理群众环境问题来信115件、办结率100%。

【行政审批】

全年推进行政审批制度改革，落实简政放权，为企业提供优质高效服务。2018年，全市完成环评审批849件、核发排污许可证8件、核发辐射安全许可证27件、核发危险废物经营许可证1件。重新梳理行政审批和服务事项目录清单并经市审改办审核公布。经梳理，保留行政许可事项6大项14小项，公共服务事项1项，取消限制进口类废物审核转报、排污费减免审批等2项其他行政权力。

（郭龙发）

责任编辑：林　倩

·市、县（市、区）委及市委所属机构党组织正副职领导名单·

【市委书记、副书记、常委名单】

市委书记　檀云坤

市委副书记刘　远　阮开森

市委常委　檀云坤　刘　远

阮开森　林叶萍（女）

沈金水　张琳光

吴文团　黄水木

刘伟泽　张慧德

张世永

【市委所属机构及市属副处级以上事业单位正副职领导名单】

市委秘书长　张琳光

市委副秘书长 余　溪　刘　晖

欧阳元成 林晓强

市委办公室主任　余　溪

市委办公室副主任　杨荣武

蔡文忠　张文彬

肖招鸿　卢炳全

市委督查室主任　郭明星

市委改革办公室主任　张琳光

市委改革办公室副主任　林晓强

翁耀琪　方志活

市委组织部部长　沈金水

市委组织部副部长

欧阳晓红（女）

黄志坚　刘跃光

郭丹川

市委宣传部部长　刘伟泽

市委宣传部副部长　陈燕松

陈惠贞（女）林立辉

沈龙石　陈敏杰（女）

市委统战部部长　黄水木

市委统战部常务副部长　沈诏坤

市委统战部副部长　林　青

陈群霞（女）龚军成

市委政法委书记　阮开森

市委政法委副书记　黄华安

刘南辉　陈青树

市委保密委办公室主任

游淑容（女）

市委机要局局长　林碧叶（女）

市直机关工委书记 沈金水

市直机关工委常务副书记

戴学平

市直机关工委副书记　李恒超

戴金全

市委机构编制委员会办公室主任

卢　峰

市委机构编制委员会办公室

副主任　林炳清　肖永红

叶雪娟（女）

市委党史和地方志研究室主任

康元泰

市委党史和地方志研究室副主任

曾一石　蔡春枝

市委网络办公室主任

陈敏杰（女）

市委网络办公室副主任　赖小强

张东洲

市委军民融合办公室主任

张慧德

市委军民融合办公室常务副主任

方建平

市委军民融合办公室副主任

张国海　许杰武

市委台港澳办公室主任

林秀珍（女）

市委台港澳办公室副主任

曹保峰　方龙辉

郭颖峰

市委老干部局局长　黄志坚

市委老干部局副局长　郑漳州
赵作泉
林美香（女）
市委文明办主任　林立辉
市委文明办副主任　杨亚文
毕新新　刘述冲
池　毅
市委党校校长　沈金水
市委党校常务副校长　沈志雄
市委党校副校长　张民胜
黄邦辉　沈惠平
市中级人民法院党组书记
罗　雄
市中级人民法院党组副书记
陈志福
市人民检察院党组书记　黄秀强
市人民检察院党组副书记
张镇国
市公安局党委书记　黄华安
市公安局党委副书记　黄跃欣
李仲坚
市政府办党组书记　戴福康
市政府办党组副书记　李亚树
市司法局党组书记　林　方
市国资委党委书记　庄文海
市教育局党组书记　黄江辉
市教育局党组副书记　郭漳陵
林育东
市退役军人事务局党组书记
林俊雄
市行政服务中心党组书记
黄银寿
市自然资源局党组书记　何金才
市自然资源局党组副书记
陈　华　张其扬
市生态环境局党组书记　李志勇
市应急管理局党组书记　蓝良木
市应急管理局党组副书记
张文力
市政府外事办公室党组书记
何少华
市林业局党组书记　姚珠成
市农业农村局党组书记、市委农办主任　郭福泉
市委农办副主任　林可登
叶明东　胡大义
苏明河
市水利局党组书记　吴　敏
市海洋与渔业局党组书记
刘亚良
市工业和信息化局党组书记
苏斌钢
市市场监督管理局党组书记
陈木海
市市场监督管理局党组副书记
朱东风
市供销合作社党组书记　欧阳圣
市交通运输局党组书记　傅佳学
市交通运输局党组副书记
黄进安
市邮政管理局党组书记　黄正琦
市公路局党委书记　林长河
市发改委党组书记　苏孝道
市人力资源和社会保障局党组书记
李辉煌
市财政局党组书记　沈永祥
市审计局党组书记　曾妙玲（女）
市统计局党组书记　李香英（女）
市民族与宗教事务局党组书记
蒲少城
市民政局党组书记　陈　彪
市商务局党组书记　曾建新
中国国际贸促会漳州支会党组书记
邱亚明
市住房和城乡建设局党组书记
蔡兴州
市住房和城乡建设局党组副书记
赵　丰
市城市管理局党组书记　吴志民
市科学技术局党组书记　周俊雄
市地震局党组书记　周伟辉
市体育局党组书记　周志聪
市文化和旅游局党组书记
于晓岩
市卫生健康委员会党组书记
许鹃君（女）
市疾病预防控制中心党委书记
洪照宽
市医院党委副书记　蔡铭智
郭永林　刘丽霞（女）
市中医院党委书记　陈鲁峰
市医疗保障局党组书记　林兆波
市医疗保障局党组副书记
高文叶（女）
市接待办公室主任　卢炳全
市接待办公室副主任
洪佩瑄（女）
市档案局局长、市档案馆馆长
肖招鸿
市档案馆副馆长　蔡春山
闽南日报社党组书记、社长
陈惠贞（女）
闽南日报社副党组副书记、总编辑
叶明义
市委教工委书记　黄江辉
市委教工委副书记　郭漳陵
林育东
漳州职业技术学院党委书记
曾建成
漳州职业技术学院党委副书记
康溪顺

李秀玲（女）
漳州卫生职业学院党委书记
林　忠
漳州卫生职业学院党委副书记
沈国星
漳州城市职业学院党委书记
洪亚勇
漳州城市职业学院党委副书记
刘惠河　朱镇生
福建广播电视大学漳州分校党委书记　李　然
福建广播电视大学漳州分校党委副书记　林之枫（女）
漳州第一中学党委书记　方跃飞
漳州工业学校党总支书记
王小峰
漳州财贸学校党总支书记
李金德
漳州高级技工学校党总支书记
詹百灵
漳州招商局经济开发区党委书记
丁　勇
漳州招商局经济开发区党委副书记
赵卫朋
常山华侨经济开发区党委书记
蓝武汉
常山华侨经济开发区党委副书记
施爱武　何金水
古雷港经济开发区党工委书记
吴文团
古雷港经济开发区党工委副书记
卢　力　戴平忠
詹　伟
漳州台商投资区党工委书记
蔡丽芬（女）
漳州台商投资区党工委副书记
蔡总平　陈艺章
赵　丰　戴以礼
张廷能
漳州高新技术产业开发区党工委书记　陈跃鸿
漳州高新技术产业开发区党工委副书记　李亚容　林继峰
杨怀生　蔡志斌

【驻漳中央、省属机关企事业单位党组织正副职领导名单】

市税务局党委书记　蔡纪平
市税务局党委副书记　王　彬
中国财产保险公司漳州分公司党委书记　许捷宏
中国人寿保险公司漳州分公司党委书记　陈纪葵
漳州边检站政委　温　亮
漳州边检站副政委　郑　飞
国网漳州供电公司党委书记
赖国书
国网漳州供电公司党委副书记
洪卫东
中国电信漳州分公司党委书记
张文福
中国联通漳州分公司党委书记
王启文
中国联通漳州分公司党委副书记
林永坚
中国邮政集团漳州分公司党委书记
周文俊
市气象局党组书记　童以长
中国银行业监管会漳州监管分局党委书记　黄　俊
中国人民银行漳州中心支行党委书记　林宏山
中国农业发展银行漳州分行党委书记　郑　辉　戴志勇
中国银行漳州分行党委书记
卢小平　李宜玲（女）
中国工商银行漳州分行党委书记
王黎强
中国建设银行漳州分行党委书记
林斯勇
中国农业银行漳州分行党委书记
吴　辉
中国农业银行漳州分行党委副书记
何学斌
福建兴业银行漳州分行党委书记
陈志伟
闽南师范大学党委书记　吴彬镪
闽南师范大学党委副书记
李顺兴　钟发亮
肖庆伟

【县（市、区）委书记、副书记、常委名单】

中共芗城区委书记　侯为东
中共芗城区委副书记　吴洪池
朱永鑫
中共芗城区委常委　侯为东
吴洪池　朱永鑫
张哲青
刘建英（女）
吴学恒　石振棋
沈洪坤　王国辉
郭炎河　李向东
夏小锋
李昭君（女）
中共龙文区委书记　欧龙光
中共龙文区委副书记　胡栋良
李华胜
中共龙文区委常委　欧龙光
胡栋良　李华胜
黄泽奇　林百荣

汪清桦（女）
赖晓勤　赖耿生
周绍斌　黄松珠（女）
魏　磊
中共龙海市委书记　郑隆松
中共龙海市委副书记　何才成
王劲东
中共龙海市委常委　郑隆松
何才成　王劲东
蔡三蛇　蔡国荣
陈爱棋　陈群伟
许伟宏
刘蓓晖（女）
张碧兰（女）
林香娣（女）
蔡祖宝
中共漳浦县委书记　戴平忠
中共漳浦县委副书记　黄庆华
简洪坤
中共漳浦县委常委　戴平忠
黄庆华　简洪坤
黄海明　戴文利
沈顺来　黄国峰
林苏洪　林志辉
韩晓东
中共云霄县委书记　王金狮
中共云霄县委副书记　张明东
何　霭
中共云霄县委常委　王金狮
张明东　何　霭
蔡向东　胡纯岗
方伟仪
林意纯（女）
林仁振　方毅强
黄伟强　张建纲
吴义添　林志伟
中共诏安县委书记　何德发
中共诏安县委副书记　洪泰伟
实希铭
中共诏安县委常委　何德发
洪泰伟　实希铭
郭阿其　沈一彬
陈　斌　沈义东
蓝文华　孙洪强
罗云生
曾小玲（女）
孙　睿　张宸珲
方晓冬　张海鹏
胡进辉
中共东山县委书记　陈云水
中共东山县委副书记
朱　真（女）
洪维椿
中共东山县委常委　陈云水
朱　真（女）
洪维椿
蔡力颛（女）
李　斌　刘汉池
郑凤义　朱文挺
王文生　沈义勇
欧阳宁
中共平和县委书记　郭德志
中共平和县委副书记　吴丁顺
李瑞林
中共平和县委常委　郭德志
吴丁顺　李瑞林
林德志　陈恩平
蔡绿璇（女）
黄榕城　欧阳劲松
叶胜发
谢笑英（女）
郭毅置　郭颖峰
胡增军　张国华
颜有清
中共南靖县委书记　黄劲武
中共南靖县委副书记　钟　科
黄添木
中共南靖县委常委　黄劲武
钟　科　黄添木
詹文华　黄庆云
黄镇平　何艳水
吴子毅　林文生
李　琳（女）
蔡志斌　何东平
周　广
中共长泰县委书记　方木荣
中共长泰县委副书记　陈力予
郭永忠
中共长泰县委常委　方木荣
陈力予　郭永忠
王文智　张海涛
赖武平　沈龙兴
杨尚庞　刘丰泰
叶水山　许育云
中共华安县委书记　朱百里
中共华安县委副书记　陈东海
吴晶晶（女）
中共华安县委常委　朱百里
陈东海
吴晶晶（女）
叶景林　曾阿生
林炎山　叶文辉
肖扬权　陈　志
戴建敏

·市委工作综述·

【概　况】

2018 年，漳州市委深入学习

贯彻习近平新时代中国特色社会主义思想和中共十九大精神，贯彻落实中央和省委、省政府决策部署，坚持稳中求进工作总基调，以供给侧结构性改革为主线，紧扣坚持高质量发展落实赶超战略目标，持续深化“三抓三比、十项竞赛”（抓招商比项目投资、抓生态比城乡环境、抓作风比营商环境；开展工业园区建设、创新新型项目、现代服务业项目、特色现代农业项目、重点民生项目、生态与水系项目、特色小镇项目、精准脱贫攻坚、交通先行工程、公共配套项目计十项竞赛），抓牢抓实增长点，奋力赶超做贡献，一二三产业齐发力，重中之重抓古雷石化项目，坚决打好“三大攻坚战”（防范化解重大风险、精准脱贫、污染防治），加快富美新漳州建设，经济社会呈现“发展态势稳、民生保障稳、社会治安稳、风险防控稳”的良好态势。全市地区生产总值3947.63亿元，比上年增长8.7%；固定资产投资2604.39亿元，比上年增长11.4%；规模工业增加值1531.6亿元，比上年增长9.2%；一般公共预算总收入352.06亿元，比上年增长8.1%；地方一般公共预算收入218.75亿元，比上年增长7.2%；城镇居民人均可支配收入35997元，比上年增长7.9%；农村居民人均可支配收入18186元，比上年增长9.1%。12项主要经济指标中，有7项指标增幅高于全省平均水平，其中农林牧渔业增加值、规模工业增加值和社会消费品零售总额计3项指标增幅均位居全省第一，GDP增幅位居全省第二。

【高质量发展落实项目】

重点区域建设 2018年，继续举全市之力推进古雷开发建设，古雷福海创芳烃项目整改修复基本完成，稳步推进PTA、PX恢复生产，全面展开古雷炼化一体化百万吨乙烯建设，“中怡化工”“奇美ABS”等产业链项目开工建设，码头罐区、区域引水、公共管廊、事故应急池、固废处置场、封关检查站等一批公用工程陆续投建投用，古雷成为国内首个封关运行的石化专业园区。主动融入闽西南协同发展区建设，加快建设厦漳同城化先行示范区，规划建设同城化产业园，加快推进19个闽西南协作项目、16个厦漳同城化投资工程包项目，厦漳同城大道建成通车，福厦漳高铁（漳州段）、厦门地铁6号线漳州段、“九龙云巴”等重大项目建设取得实质性进展，福建首家民营通用直升机场落户长泰。做大做强做美中心城区，大力发展楼宇经济、总部经济、现代商贸等高端服务业，推进“多规合一”试点工作，加快建设西湖生态园、三宝产业园、闽南水乡、南江滨路、圆山大道等，进一步增强中心城区集聚和辐射带动效应。

重点产业发展 出台促进工业经济稳定增长、民营企业发展、扶持食品产业和钟表产业等政策措施，深入实施产业龙头改造升级计划、新兴产业倍增计划和新一轮企业技改行动计划，“4＋4”（石油化工、特殊钢铁、装备制造、食品工业“四大”主导产业和电子信息、新材料、新能源、生物与新医药“四大”战略性新兴产业）实现增加值1163.6亿元，比上年增长10%；新增（新上）规模工业企业110家、国家级高新技术企业40家、“科技小巨人”企业33家、境外上市企业2家，获得“中国钟表名城”殊荣。出台加快现代服务业发展提升十二条措施，启动实施全域旅游三年行动计划，培育形成9个省级服务业集聚示范区，第三产业增加值1621.83亿元，比上年增长9.7%，增幅位居全省第一。全面推进农业建设，以实施乡村振兴战略“345”（创建长泰、东山、南靖3个示范县，40个示范乡镇场，500个示范村）示范工程为抓手，扎实推进特色现代农业“六百工程”（力争到2022年，全市培育100个省级以上农业产业化龙头企业、建成100个农产品产地初加工中心、建设100个优质农产品标准化示范基地、新增“三品一标”农产品100个、培育“一村一品”特色产业示范村100个、建设100个对台农业合作示范基地），九大优势特色产业有8个全产业链产值超百亿元，新增设施农业1600公顷，新增、续展“三品一标”（无公害农产品、绿色食品、有机农产品，农产品地理标志）产品66个，农业绿色发展做法、畜禽养殖废弃物资源化利用“四模式”在全国推广。

重点项目投资　坚持工作抓重点、重点抓项目、项目抓竞赛，每季度分主题分区域开展现场推进活动，推动各地抓项目、扩投资。全力推进“五个一批”（谋划一批项目、签约一批项目、开工一批项目、投产一批项目、增资一批项目）项目攻坚，新增“五个一批”项目2400个，总投资11297亿元。出台《关于激发民间投资活力十二条措施》，实施民间投资“百大千亿工程”，民间投资比上年增长22.6%。强化“一把手”抓招商，累计组织外出招商217场次，签约“三维”（中央直属企业、民营企业、外资企业投资项目的简称）合同项目382个，总投资1321.48亿元。推动重点项目建设提速提效，561个市级在建重点项目完成投资1495.1亿元，新开工亿元以上项目418个，建成或部分建成150个，沿海大通道、厦蓉高速改扩建工程、九龙岭隧道等建成通车，“福欣节镍不锈钢”、“三宝耐腐蚀热轧卷板”、“金龙汽车”、“正新橡胶”三期、泰禾国际医院等重大项目落地建设，云霄抽水蓄能电站项目正式启动。

【改革开放】

重要领域和关键环节改革　2018年，稳步做好机构改革，新组建的49个市直部门在年底全部挂牌成立。实施提升营商环境行动计划，深化改革，率先在全国实施审批自助“秒批”新模式，全市92.7%以上的审批服务事项实现“一趟不用跑”和“最多跑一趟”。加快落实“证照分离”“多证合一”等商事制度改革，企业开办时限压缩到5天以内。新型城镇化综合试点、居家和社区养老服务改革、台资企业资本项目管理便利化、紧密型医共体、农村集体产权制度改革等改革试点成效明显，形成一批漳州经验、漳州模式。“生态＋”等6项经验做法入选改革开放40周年“福建影响力”案例。

漳台经济社会融合发展　出台58条惠台措施，加强台湾农民创业园、闽台精密机械产业园等涉台园区建设，新批台资项目82个，合同利用台资6.8亿美元。开展“台商台胞服务年”活动，实施服务台胞台资企业18条具体措施，率先在全国实行台籍被告人近亲属会见制度。加强漳州台湾联络交流，成功举办两岸企业家峰会古雷石化产业合作发展论坛、第十届农博会·第二十届花博会、第五届海峡（漳州）茶会等大型活动，新增台湾青年就业创业基地3家、实习实训基地2家，全年共接待来漳州的台胞8.2万人次。

“海丝”核心区建设　出台扩大对外开放、利用外资八条措施，全市新设立外资项目120个，合同外资77.1亿元，实际利用外资45.7亿元。应对国际贸易形势变化，出台促进外贸稳增长九条措施、提升跨境贸易便利化方案等政策措施，举办首届中国食品名城（漳州）食品交易会，组团参加进口博览会、厦门洽谈会、数字峰会、广州交易会、深圳高交会等活动，开展5场“漳州味·世界行”活动，拓展多元化国际市场，全市出口货值533.9亿元，比上年增长4.2%。

【生态宜居建设】

探索“生态＋”模式　以中心城区“五湖四海”（“五湖”：碧湖、西湖、西院湖、九十九湾湖、南湖；“四海”：荔枝海、香蕉海、水仙花海、四季花海）示范项目建设为抓手，把产业加进去、效益做出来，把文化加进去、旅游带起来，把服务加进去、品质提上来，让城市更宜业、宜游、宜居，促进生态效益、经济效益、社会效益的统一。全市共实施“五湖四海”等“生态＋”项目371个，累计完成投资723.4亿元，南山文化生态园、“芗江水岸·龙江观竹”、侨村“会客厅”、梅溪花海、人民广场花海二期、“双百”（在九龙江西溪、北溪河道四岸种植大树和开花乔木，形成百花齐放、百树成荫的沿江景观）绿化工程二期、西院湖二期等项目建成开放。

污染防治攻坚战　落实生态

保护“党政同责”“一岗双责”，坚持主官主抓，推行网格化管理，中央环保督察、省督察、土地例行督察反馈问题及时有效整改。打好蓝天保卫战，全市大气优良天数比例平均为94.8%，市区大气优良天数比例为92.1%。狠抓水污染防治，市、县级饮用水源水质达标率均保持100%，主要流域Ⅰ—Ⅲ类水质达标率为91.67%，11条劣Ⅴ类小流域断面全部达到销号（备案）条件，市区基本消除黑臭水体，漳州市入选全国黑臭水体治理示范城市。有序推进农用地、重点行业工业企业用地污染状况详查工作，在全省率先完成危险废物存量清理任务。

宜居环境建设　深入实施农村建设“双百”（百村富美农村创建、百村环境整治）行动，新增121个美丽乡村，书洋镇塔下村等3个村入选全国第四批美丽宜居村庄。深化“两违”（违法占地、违法建设）综合治理，全市共拆违面积938.4万平方米。新建乡镇污水处理设施23个，新建改造城乡公厕246座，新（改）建农村公路260公里，完成农村危房改造7667户，铁路沿线环境综合整治取得阶段性成效。

【社会和谐稳定】

精准脱贫攻坚　深入实施脱贫攻坚三年行动计划，实现剩余2146人建档立卡贫困人口、17个贫困村全部脱贫摘帽，诏安县荣获“2018年度中国十佳脱贫攻坚与精准扶贫示范县市”称号。推进“三千工程”（面向漳州市招收建档立卡贫困户学生和贫困地区（指云霄县、诏安县、平和县3个省级扶贫开发重点县）学生1000人，到市属高职院校就学；征集重点企业、好企业岗位1000个，引导学生与企业签订就业合同，实现招生即就业；筹集资金1000万元，专项用于资助贫困学生入学职业院校和就业），市属5所高职院校共招收贫困学生1091人，征集就业岗位3641个，减免学费407.44万元。实施“养鸡生蛋”（运用财政和金融的杠杆，整合分散的扶贫资金，交由专业公司运作，投向有效益的项目，投资回报、股权分红作为政策兜底资金和贫困村经营性收入，破解无力脱贫群众的兜底和财政的稳定来源问题）工程，扶贫长效机制创新项目整合扶贫资金1.15亿元，累计带动增收1275万元。

补齐民生社会事业短板　围绕解决上学难、看病难、养老难、出行难，公共配套差等“四难一差”问题，加快实施“十大惠民特色工程包”，25项市委市政府为民办实事项目全部完成，新建公办幼儿园83所，新增幼儿园学位22410个、中小学学位30521个，新增医疗床位1200张、卫技人员2235人，新增养老床位3426张，新增城市公共停车位4550个，新建改造城市道路186公里，完成市区23个老旧小区改造，市职教园区、漳州一中新高中部、市医院总部等项目开工建设，漳州市被列入全国第三批居家和社区养老服务改革试点市。新建“安得广”惠民安居工程3378套，新开工棚户区改造10084套、完成改造9070套。

维护社会安定稳定　全面实施“七五”普法，深化平安漳州建设，持续开展维稳“六大专项行动”（坚决打击暴力犯罪、坚决打击“黄赌毒、盗抢骗”、坚决打击网路造谣传谣、坚决依法化解信访积案、坚决整治交通安全隐患、坚决铲除消防安全隐患），群众安全感满意率达98.3%，年度综治考评蝉联全省优秀，信访工作在全省设区市考评中荣获第一名。纵深推进扫黑除恶专项斗争，打击质效得到中央扫黑除恶第四督导组肯定，深挖彻查“保护伞”工作走在全省前列。开展安全生产大检查，加大重点行业领域风险管控，深化“食品安全放心市”创建，启动道路交通安全综合整治三年提升工程，全市生产安全事故起数和死亡人数实现明显“双下降”。坚决守住不发生系统性区域金融风险底线，控新化旧，分类施策，2018年不良贷款率从年初的3.19%下降到年底的2.06%。

【党建工作】

学习和宣讲宣传　2018年，中共漳州市委把学习宣传贯彻习近平新时代中国特色社会主义思想作为首要政治任务，制定下发《关于在全市进一步兴起习近平新时代中国特色社会主义思想“大学习”热潮的通知》，引导全市广大干部群众全面学、系统学、长期学、深入学，推动学习宣传贯彻新思想往深里走、往实里走、往心里走。结合推进“两学一做”（学党章党规、学系列讲话，做合格党员）学习教育常态化制度化，把新思想作为贯穿中心组学习的主题主线，市委理论学习中心组开展集体学习25次，示范带动各级党委（党组）理论学习中心组学习2000多场次，召开37场新思想学习汇报会。强化领导干部轮训培训，分层次组织党外人士、学校师生、企业员工等群体学习培训，增进各个群体对新思想的认知认同。

加强宣讲宣传，市委常委率先垂范，带头深入基层一线，用“土话”“白话”宣讲新思想，带动各级领导干部下基层宣讲近1000场。率先在全省实现乡村讲师团各县（市、区）全覆盖，全市成立宣讲队（团）637支，开展近4000场宣讲活动，推进新思想进企业、进农村、进机关、进校园、进社区、进军营、进网站。创新开辟“四大新讲堂”（新干部讲堂、新社会讲堂、新网络讲堂、新文化讲堂）讲好“新思想”，该做法入选中宣部《2018年宣传思想文化工作案例选编》，为全省唯一入选地市级案例。召开市委十一届七次、八次全会、市委常委（扩大）会等会议，研究部署贯彻落实举措。制定实施《关于坚持高质量发展落实赶超、当好新福建建设先锋的意见》，明确漳州市坚持高质量发展落实赶超的总体任务、主要目标、重大举措和重点支撑。把学习宣传贯彻新思想纳入党建工作、意识形态工作责任制，纳入领导班子、领导干部目标考核，强化监督检查，推动新思想在漳州形成生动实践、取得丰硕成果。

党的政治建设 增强“四个意识”（政治意识、大局意识、核心意识、看齐意识），坚定“四个自信”（中国特色社会主义道路自信、理论自信、制度自信、文化自信），坚决维护习近平总书记的核心地位，坚决维护党中央权威和集中统一领导，做到政治上铁心、信念上坚定、行动上紧跟。严守党的政治纪律和政治规矩，坚决贯彻落实党中央和省委、省政府各项决策部署，坚决抓好习近平总书记重要指示批示精神贯彻落实情况“回头看”、中央和省委巡视反馈问题整改。严格执行新形势下党内政治生活若干准则，贯彻执行民主集中制各项制度，完善市委常委会、市委全委会议事规则和决策程序，不断提高班子的政治能力和执政水平。

干部和人才队伍建设 牢固树立正确用人导向，严把德才标准，突出政治把关。深入推行“1234”（一线考察干部，双向选择干部，三维立体评价，四种方法并用）工作法，选派干部143人到欠发达地区、重点区域、重要工作等急难险重一线挂职锻炼，在实践中锤炼干部作风、提升工作能力。贯彻中办《关于进一步激励广大干部新时代新担当新作为的意见》，出台关心关爱基层干部18条措施，激发干部干事创业精气神。做好人才工作，举办国家人才项目资本对接活动，新增省市引进高层次人才175人，比上年增长316.7%，在全省率先实现省级院士专家工作站县县全覆盖、科技特派员行政村全覆盖和乡镇科技特派员工作站全覆盖。

基层基础工作 完成村级组织换届选举工作，选出一批有本事、有情怀、有根基、有年头“四有”村主干。出台实施《关于扶持发展壮大村级集体经济的若干意见》，消除“空壳村”240个和“薄弱村”301个，全面解决漳州市138个村无村级组织活动场所问题。坚持示范引领，深化非公有制企业和社会组织“三抓三评创六好”（在非公有制企业和社会组织中实施“抓重点，强保障；抓难点，扩覆盖；抓亮点，树品牌”，完善“以党组织评星促晋级、以党员评分促管理、以党建之友评优保双赢”机制，争创“发展好、文化好、管理好、班子好、党员好、评价好”目标）党建机制，创新打造城市基层党建综合体，持续开展国有企业党政领导“双向进入、交叉任职”，推进党支部标准化、规范化建设，加强各领域基层党建工作。

开展正风肃纪反腐工作　深化纪检监察体制改革，市县两级监委在全省率先组建挂牌，完成对全市121个乡镇（街道）和13个特殊区域派出监察机构全覆盖；一体推进市县巡察，已巡察党组织505个，占总数的45.6%。持续查纠“四风”（形式主义、官僚主义、享乐主义、奢靡之风），深化专项治理，查处违反中央“八项规定”精神问题286起431人，查处形式主义、官僚主义问题97起212人，查处扶贫领域腐败和作风问题223起368人、民生领域不正之风和腐败问题232起392人、涉黑涉恶腐败及充当“保护伞”问题51起71人，移风易俗违规违纪问题21起24人。坚持把纪律和监督挺在前面，运用“四种形态”（党内关系要正常化，批评和自我批评要经常开展，让咬耳扯袖、红脸出汗成为常态；党纪轻处分和组织处理要成为大多数；对严重违纪的重处分、作出重大职责调整应当是少数；严重违纪涉嫌违法立案审查的只能是极少数）处理党员干部5785人次，其中第一种、第二种形态分别占77.9%和16.7%，管住大多数，严惩极少数。有力惩治腐败，全市共立案1315件，其中处级干部案件27件，科级干部案件200件，追回外逃人员4人。

·重点课题调研·

【概　况】

2018年，漳州市委政研室深入学习贯彻中办《关于加强调查研究提高调查研究实效的通知》精神，按照省委和市委一系列重大决策部署，围绕中心工作，服务发展大局，紧贴经济社会发展的热点难点问题，深入开展调查研究，形成一批质量较高的调研成果。其中《漳州市推进“生态＋”实践与思考》《漳州发展全域生态旅游的实践与思考》《深化拓展产学研，促进产业转型升级》等调研报告被省委政研室《调研文稿》刊发。

【漳州“生态＋”研究】

围绕率先建成国家生态文明试验区目标和“田园都市、生态之城”发展定位，组织开展“漳州市推进‘生态＋’的实践与思考”专题调研，从产业、文化、旅游、服务多方面总结经验做法，并从加强生态保护、延展“生态＋”效益、强化机制保障等提出工作举措，探索推动生态环境“高颜值”和经济发展“高素质”协同并进，走出一条可持续的绿色发展道路。

【发展落实赶超研究】

组织开展“抓牢抓实增长点、奋力赶超当先锋”专题调研，提出抓牢抓实重点区域、重点产业、乡村振兴、项目投资、“生态＋”、民生事业等增长点，当好奋力赶超的先锋。

组织开展“关于推进工业园区高质量发展的问题研究”专题调研，深入了解漳州市工业园区发展情况，研究探讨推进工业园区高质量发展的思路和举措。组织开展“加快古雷开发建设、凸显增长极作用”专题调研，围绕古雷石化基地如何为福建赶超目标做贡献和引领高质量发展，对古雷石化基地规划建设情况进行研究，提出加快打造世界级古雷石化基地的发展举措。

【补齐民生社会事业短板研究】

组织开展“破解市区‘出行难’问题”专题调研，对各类出行方式进行分析，对照道路交通存在的问题，从城市建设发展和交通疏导等角度出发，分析解决“出行难”主要策略。组织开展“破解我市‘入园难’和‘上学难’问题”专题调研，提出大力扶持普惠园发展、加快教育补短板项目建设、破解机构编制瓶颈、深化教师职称制度改革等对策建议。组织开展“提升基层医疗卫生服务能力”专题调研，紧扣人民群众在医疗卫生及健康方面的需求，从基础设施建设、医疗人才培养、收入分配机制、一体化管理、医共体建设、政策宣传教育等方面，提出增强基层医疗卫生服务能力的对策与建议。针对漳州市“养老难”问题，组织开展“打造全国知名‘颐养之城’”专题研究，通过对漳州市生态资源禀赋及发展环境的梳理，提出发展漳州“生态＋现代养老服务业”的架构与建议。

【实施乡村振兴战略研究】

按照“产业兴旺、生态宜居、乡风文明、治理有效、生活富裕”的总要求，对漳州市各县（市、区）乡村振兴工作进行走访调研，并从产业振兴、人才振兴、生态振兴、文化振兴、组织振兴五个方面，提出建设高质量现代特色农业体系、多渠道汇聚乡村各类人才、树立文明乡风、落实‘生态＋’理念、提升乡村治理能力的对策措施。

【对台交流合作研究】

组织开展“拓展对台基层交流、助推漳州乡村振兴”专题调研，提出借鉴台湾经验，彰显对台优势，突出先行示范，深化漳台合作，拓展基层交流新空间，推动漳台基层交流与乡村振兴协同发展的目标、举措。组织“漳台产业融合发展现状问题方向路径”专题调研，通过分析漳州台湾产业发展现状及问题，提出漳州台湾产业融合发展方向，实现取长补短、错位发展、择优融合，提升漳州产业竞争力。

【营商环境研究】

委托毕马威企业咨询（中国）有限公司，参照世界银行营商环境评价体系对全市营商环境开展第三方评估，总结漳州市营商环境工作方面的好经验、好做法，从对标一流、改革创新、聚焦需求等方面，提出漳州市营造法治化、国际化、便利化的营商环境的工作思路。

【政法工作智能化建设研究】

深入分析漳州市政法工作智能化建设的基本情况和问题、短板，按照大融合、大共享、大应用、大服务的思路，从加强统筹规划、突出实际应用、搭建协同平台、打造智能矩阵、强化要素保障五个方面提出对策建议，在更高层次上推进新时代漳州政法工作创新发展。

【党建工作研究】

组织开展“监察职能向基层延伸的路径”专题调研，结合漳州市的探索实践，总结分析基层监督的主要做法、存在困难，对如何推进监察职能向基层延伸进行研究。组织开展“新时代提高党的建设和组织工作质量”专题调研，并从政治建设、理念思维、重点难点、方式方法、体制机制、干部队伍等方面提出对策建议。组织开展“加快媒体融合发展”专题调研，提出优化顶层设计、提升舆论影响力、加速平台化运作、开展市场化运营等对策建议。组织开展“新时代统一战线工作创新”专题调研，提出“政治合格、岗位合格、形象合格”的目标要求和工作举措，为市委做好新时代党建工作提供决策参考。

（卢建兴）

·市直机关工委工作·

【概　况】

2018年，市直机关新发展党员165人，市直机关工委下辖市直67个机关党委（直属党委）、20个基层党委，34个党总支、945个党支部，有党员1.7万多人。

收缴党费490万元，52个机关党组织换届，为老党员、生活困难党员发放慰问金50万元。

【政治建设】

召开市直机关党的政治建设推进会，学习贯彻习近平总书记关于加强中央和国家机关党的政治建设重要指示精神，以及省、市委主要领导批示要求，研究部署市直机关党的政治建设任务和措施，多措并举加强机关政治文化建设，开展公益宣传自查自纠，精心打造机关政治文化园地。鼓励广大党员干部担当作为、干事创业。持续加大意识形态工作在机关党建工作责任考核中的权重比例，健全和完善市直机关意识形态网络舆情直报制度。配合市委党建办组织开展“以政治建设为统领，全面推进新时代党的建设工作”专题调研活动，不断提升广大机关党员干部的政治素养、党性修养和思想境界。

打造精细化管理模式，增强基层党组织的政治功能。强化监督，联合市委组织部开展发展党员工作和民主生活会调研。结合推进城市基层党建工作，全面推行“一主题、两清单、三机制”（主题党日活动；资源清单、责任清单；进点服务机制、双向互动机制、联席会议机制）共建模式，丰富党内政治生活的内容和质量。

【思想建设】

组织市直机关开展“大学习、大宣讲”。联合市委组织部、市委党校组织开展“学习贯彻习近平新时代中国特色社会主义思想”厅处级党员领导干部专题研讨班、机关党务干部培训班。选派党务业务骨干深入市直各机关党委集中宣讲，举办培训班3类33个班次、宣讲近百场次，配发《习近平新时代中国特色社会主义思想三十讲》《新时代面对面》等教材2万多册，参训党员干部近万人。组织开展网上万人学习答题活动、社会主义核心价值观微电影征集活动。

以党支部为学习主体，充分运用党组中心组学习、主题党日、组织生活会等日常载体，开展学习“四有”（心中有党，心中有民，心中有责，心中有戒）书记谷文昌、法律进机关等活动。2018年，市直机关召开党员大会、支委会、党小组会1.1万多次，领导上党课1350多场，各类主题培训、辅导、讲座近千场。

开展市直机关“党建品牌建设年”活动，组织召开现场推进会，宣传推介市委政法委“机关党建网格责任化新模式”、市司法局“党建+司法”、市食药监局“共创城市基层党建”、市烟草局“金叶映党旗”、市残联“党建进社区”等典型示范，激发机关基层党组织争先创优的工作热情。

2018年5月24日，市直机关工委举办推广市委政法委党建网格化工作经验现场会　　（市直机关工委 供图）

组织机关各级党组织开展机关党建理论研究活动，确定“关于习近平新时代中国特色社会主义思想研究”等19个课题调研科目，市直机关共报送调研文章69篇，形成一批针对性和实用性较强的调研成果，机关党建理论研究水平持续提升。继续用好传统平台，2018年编印《漳州机关党建》简报7期，在漳州机关党建网刊发信息1000多条，在《闽南日报》集中宣传报道机关党建6项专题工作，全方位、多层次地展示市直机关党建工作新成效。拓展宣传渠道，建立市直机关党建微信工作群，推动市直各机关党委建立微信公众号，使机关党建宣传工作时效性更强，宣传面更广，影响力更大。

【组织建设】

规范支部建设　严格按照《中国共产党支部工作条例（试行）》要求，持续推进“五有八健全”（“五有”：有一个凝心聚力的党组织领导班子，有一套较为严密的党组织工作程序，有一个务实管用的创先争优工作机制，有一间合乎规范要求的党员活动室，有一套比较完备的党组织工作档案。“八健全”：健全目标管理制度，健全学习教育制度，健全组织生活制度，健全党内监督制度，健全发展党员制度，健全主题活动制度，健全联系群众制度，健全民主评议制度）机关党组织规范化建设，推进市直机关基层党支部开展达标创星活动，建立关停并转和非公有制企业等软弱涣散党组织销号机制，对基本组织、基本队伍、基本活动、基本作用、基本制度、基本保障、创新表彰七个方面设置23项考核指标，为基层党支部提供制度依据，明确工作标准。

加强队伍建设　推动党务干部队伍年轻化，对机关党委书记、副书记、专职副书记候选人进行任前谈话和审核把关19人次，专职副书记49岁以下年龄层比例保持在50%。

完善日常考评制度　做好市直机关机构改革相关工作，出台《关于进一步加强机构改革单位机关党的工作的意见》，引导机关党员干部在机构改革过程中坚持正确的政治方向。构建以市直机关工委宏观领导、分类指导、总体规划、考核评价为主，党组（党委）具体领导、组织落实、协同发力、直接负责的机关党建工作领导体制和工作机制。

强化年终督查考核　按照市委、市纪委的部署要求，对市直机关63个党组（党委）进行重点检查和组织整改“回头看”；对市直机关67个党组（党委）、1026个基层党组织全面开展述职评议，强化责任传导，推动全面从严管党治党“两个责任”落实。

【党纪党规教育】

2018年，市直机关工委开展推动廉政教育全覆盖专题活动，举办法学家专场报告会，深化党纪法规教育，强化广大党员干部廉政意识和法纪意识。继续推进“学习廖俊波”“弘扬谷文昌精神”“廉政文化进机关”等主题学习活动，适时通报处理违纪党员的典型案例。并突出家风道德教育，推进“树清廉家风·创最美家庭”主题活动，使市直机关清廉家风建设与党的建设共建共促共进。

实施《推进党风廉政建设责任清单管理落实工作方案》，完善季度滚报制度；开展市直机关综合整治自查自纠，依法依规做好案件审理工作，检查有关单位落实党员受处分执行情况。2018年，市直纪工委共接收各纪检组移送案件36件，审理结案35件，处分违纪违法党员35人。

【服务发展和文明创建】

持续开展市直机关党建引领发展“双十佳案例”评选活动，引导市直单位在服务发展一线发现亮点，凝练党建特色品牌，推动机关党建工作与业务工作。2018年，市直机关工委有37项好经验好举措受到表彰推广，选送的《漳州市行政服务中心——建设项目审批“多评一表、多图一审”》案例荣获“推进机制活、建设新福建”全省机关体制机制创新优秀案例一等奖。

做好省级文明单位（2015—2017年度）复审工作；开展市级文明单位评选工作，推荐市级文明单位112家；组织评选表彰市直机关文明单位61家。

（崔　炜）

·组织工作·

【党员队伍素质建设】

坚持将学习中共十九大精神、学习习近平总书记系列重要讲话精神作为一项政治任务，作为“两学一做”（学党章党规，学系列讲话，做合格党员）学习教育常态化制度化重要内容，抓好学习宣传贯彻，学懂、弄通、做实。省人大常委会副主任、漳州市委书记檀云坤，市长刘远带头深入基层宣讲中共十九大精神，带动其他市级领导干部到各县（市、区）、开发区（投资区）和脱贫攻坚、产业发展等项目建设一线开展学习宣讲80多场次。深入开展习近平新时代中国特色社会主义思想和中共十九大精神学习培训，举办28期专题研讨班，覆盖全市1307名处级干部及240名乡镇（街道）党政正职干部，各县（市、区）、开发区（投资区）、市直单位先后对10790名科级领导干部开展轮训。注重领导干部能力提升培训，举办生态环保、全域旅游、开放型经济、乡村振兴、精准扶贫等方面专题培训50期，选派18名县（市、区）党政主要领导、40名乡镇党政正职干部、216名县处级领导干部到浙江大学、清华大学、复旦大学、省委党校、福建行政学院参加各类专题培训班。全年共调训干部9058人次，其中，厅级干部204人次，处级干部5828人次，正科级干部1013人次，其他各类干部2013人次。研究制定《中共漳州市委组织部关于在“党员e家”组织开展十九大精神专题学习活动的通知》，推动全市各级党组织和广大党员，用好“党员e家”网络平台，自主安排学习。结合不同党员群体的实际情况，采取差异性、分众化的具体措施，对少数村、社区老党员特殊党员，由各基层党组织结合实际采取灵活有效的形式组织学习，推动学习全覆盖。

【领导班子和干部队伍建设】

围绕市级党委工作机关、政府工作部门、巡察机构和市属重点国有企业领导班子干部队伍，根据换届工作需要，做好市侨联、市总工会、市妇联、市科协等5个群团单位新一届领导班子配备工作。重视干部培养锻炼，先后选派13名干部赴西藏、新疆、宁夏开展对口帮扶工作，选派第三批17名处级干部赴欠发达乡镇挂职，选派42名干部到古雷开发区、台商投资区协助工作，选派53名年轻科级干部开展交流挂职，选派18名干部到市竞赛办、创城办协助中心工作，进一步丰富干部阅历，提升干部工作能力。从严实施领导干部日常监督，严格执行领导干部个人有关事项报告制度，按10%比例和分级分类原则，随机抽取132名领导干部开展查核工作，对拟提拔使用的7批55名干部进行重点查核。严格落实领导干部个人有关事项报告“凡提必核”（讨论决定前，对拟提拔或进一步使用人选的干部档案必审；个人有关事项报告必核，纪检监察机关意见必听，线索具体的信访举报必查，坚决防止“带病提拔”）制度，对市法院、检察院拟择优选升考察对象7批129名，团中央、团省委换届候选人人选2批3人次进行重点查核。开展“带病提拔”倒查和反映选人用人问题的核查工作，落实领导干部经济责任审计制度，落实组织人事部门对领导干部进行提醒、函询和诫勉的实施细则，加强对干部监督。

【提振干部精气神】

制定出台《关于进一步激励广大干部新时代新担当新作为的实施办法》，提出强化政治引领、坚持选人标准、健全考核机制、加强关心关爱等具体措施，优化基层干部工作环境和成长条件，提振干部干事创业精气神。出台关心关爱基层干部18条措施等政策，制定《漳州市市级基层干部关心关爱专项资金管理试行办法》，设立专项资金，每年从市级留存党费和财政划拨500万元帮扶生活困难的基层党员干部。强化思想引导，坚持岗位变动、遇重大挫折、受到上级表彰奖励或批评处分、思想反常或情绪低落、与同事闹不团结以及主动约谈的干部必谈，市县两级组织先后与761名干部进行谈心谈话。漳州市综合施策激励干部“新时代新担当新作为”经验做法在2018年10月15日中央组织部《组工信息》（第93期）刊发，并得到省人大常委会副主任、时任漳州市委书记檀云坤批示。

【优化引才聚才环境】

加强党对人才工作统一领导，主动争取将人才工作纳入市委、市政府“三抓三比、十项竞赛”的考评内容，营造人才工作比学赶超、竞相发展的浓厚氛围。强化活动引才，成功举办国家“千人计划”“万人计划”人才项目资本对接活动，共促成人才项目预对接和现场对接90项，达成初步合作意向62项，已签约项目总数达33项，并聘请103名专家为“漳州产业发展顾问”。举办漳州市第二届海峡两岸人才与项目对接会，达成人才合作项目26个，现场集中签约项目15个。中高级人才现场对接洽谈

563人次，达成就业意向447名。举行福建省“师带徒”引凤还巢计划暨“才聚柚都”乡村振兴人才项目平和专场对接会，6家企业现场与专家签订意向合作协议。推进院士专家工作站建设，2018年，全市新增省级院士专家工作站8家，连续3年新增数位居全省第一位，累计建立院士专家工作站39家，并在全省率先实现省级院士专家工作站县县全覆盖。深化拓展漳州台湾人才交流，成功举办海峡两岸（漳州）青年交流周、第八届海峡两岸（福建云霄）开漳圣王文化节等活动，吸引台湾5000多名人才及青年参与其中。推进科技特派员工作，选派1399名（其中市级312名）科技特派员挂钩服务1629个行政村，组建乡镇科技特派员工作站121个，在全省率先实现科技特派员行政村全覆盖和乡镇科技特派员工作站全覆盖。深入开展“人才服务质量提升年活动”，实施建立一个高层次人才服务网、发放一张高层次人才服务卡、建设一批人才驿站、推出一批优秀人才政策联络员、新建一批人才公寓，激发人才创新创造力。《漳州市探索人才优先发展“五创新”》调研文章被《福建改革情况》采用，并得到省人大常委会副主任、时任漳州市委书记檀云坤的批示。

【党员教育管理工作】

做好退役军人党员组织关系转接工作，指导各级党组织排查和妥善处理退役军人“口袋”党员，进一步规范和优化退役军人党员组织关系转接流程，确保每一名退役军人党员组织关系得到落实。做好党员涉嫌违纪违法信息通报和及时处理工作，严明党的纪律，严格党员日常管理。深入推进党支部主题党日活动，持续强化“主题党日＋”活动，把开展“三会一课”（定期召开支部党员大会、支部委员会、党小组会，按时上好党课）、组织生活会和民主评议党员等组织生活纳入主题党日重要内容，推动支部主题党日开展、长期坚持。创新党务工作者培训模式，采取集中培训、“一对一”培训、交叉培训等方式，提升发展党员等党务工作业务水平。开展党员信息采集工作，开设“漳州采集”微信群、qq群进行线上交流，实行线上线下同步开展培训指导。继续执行“漳州市发展党员工作全程纪实办法”，“一表统揽”全程纪实，对每个环节实时实事记载，及时解决基层党务工作者业务不熟、程序不清、时间节点难掌握等问题，推动党员材料及时交接和归档。稳妥推进失联党员管理处置，健全完善防止党员失联工作机制。

【基层组织建设】

2018年，继续落实基层党建工作责任，深入开展基层党建工作千分制绩效考评，激发各级党委抓党建、议党建的责任感和主动性。完成村级组织换届选举工作，9月底，全市完成1627个村、320个社区党组织和村（居）委会的换届选举工作，并及时部署开展“村级换届回头看”活动。大力扶持发展村级集体经济，出台《关于扶持发展壮大村级集体经济的若干意见》，布置开展“破壳、消薄、领跑”三大行动，设立专项扶持资金1.72亿元，消除“空壳村”240个、“薄弱村”227个，确定“示范村”500个。人民网总网头条，推出纪念改革开放40周年福建实践的开篇之作《福建漳州：集体经济旺起来，农民增收乐起来》。注重全域发展全面提升，继续深化“三抓三评创六好”（即抓非公有制企业和社会组织党建工作重点、难点、亮点，全面推行党组织评星、党员评分、“党建之友”评优制度，推动全市非公有制企业和社会组织党组织达到发展好、文化好、管理好、班子好、党员好、评价好的“六好”目标要求），党建机制，评定第二批市级非公有制企业和社会组织党建示范点30个、党建标兵50名、第一批市级非公有制企业和社会组织“党建之友”37个。巩固、提升园区党群活动服务中心定位和作用，培育“一定三建”（即积分定等、星级创建、网格联建、区域共建）非公有制党建工作等56个党建工作品牌，《非公有制企业党的组织和工作覆盖问题研究》获省委组织部重点课题调研一等奖。创新打造城市基层党建综合体，实现“隔阂式”转向“融合式”（即打破行政隶属关系壁垒，破除各自为政隔阂，建立共驻共建领导体制）、“封闭式”转向“开放式”（即打破以往各自抓、各自管的封闭格局，建立开放性的互联互动纽带）、“辅助型”转向“引领型”（即跳出党建自我循环、党建作用边缘化等误区，注重整合各种资源，充分发挥党组织在城市工作的引领创新作用），漳州市4个城市基层党建案例入围全国城市基层党建典型案例评选活动案例展示。推进党建工作纳入国有企业公司章程，推进企业党政领导“双向进入、交叉任职”，市管国有企业有80%党委委员通过法定程序进入董事会、监事会、经理层，党委书记和董事长由一人担任的达100%。完善中小学校党建工作管理体制，实现党的组织和工作全覆盖，新选拔任用的校长、书记均由一人担任。

（曾玮玮）

2018年1月10日，市委常委、宣传部部长刘伟泽（右二），副市长、公安局局长黄华安（右三）参加全国第32个“110”宣传日活动

（市公安局　供图）

·宣传思想工作·

【思想教育工作】

学习教育　2018年，市委宣传部深入开展习近平新时代中国特色社会主义思想“大学习”活动，组织市委理论学习中心组集中学习21次（含专题研讨10次），示范带动各级中心组学习2000多场次，开展专题研讨700多场、举办党课近1000场，协调召开学习汇报会37场，不断拓展学习的广度和深度。做好《习近平谈治国理政》第一卷、第二卷以及《习近平新时代中国特色社会主义思想三十讲》等学习宣传工作，推动学习教育不断深化。

理论宣讲　率先在全省实现各县（市、区）乡村讲师团全覆盖，累计培养乡村讲师792名，开展宣讲活动559场次，受教育群众8.6万名，东山、长泰入选福建省乡村讲师团试点县。依托“土楼红妹子”宣讲队等906支各类宣讲小分队，开展近3200场百姓宣讲活动，受教育群众36万人次，有力推动习近平新时代中国特色社会主义思想和中共十九大精神深入基层。漳州市《“四大新讲堂”讲好“新思想”》（新干部讲堂、新社会讲堂、新网络讲堂、新文化讲堂）入选中宣部《2018年宣传思想文化工作案例选编》，为全省唯一入选的地市级案例。

课题调研　聚焦主题主线、服务中心工作，推出课题研究成果61项。加大报刊网络微信理论宣传阵地以及“话说漳州”平台建设，在《闽南日报·理论与实践》专版、《漳州社科论坛》刊发一批重点文章，帮助干部群众学懂弄通习近平新时代中国特色社会主义思想。推进社科宣传普及，“福建土楼德育教育基地”（南靖）获第四批省社会科学普及基地称号。编印《社科规划课题成果汇编》《芝山讲坛集萃》

文集等，为学习贯彻习近平新时代中国特色社会主义思想提供资料。

【壮大主流舆论】

宣传主题活动　2018年，市委宣传部继续办好“在习近平新时代中国特色社会主义思想指引下——新时代 新作为 新篇章”专题专栏，组织开展“新时代的奋斗者”“我学新思想”等大型主题采访活动。组织全市主要媒体开设“壮阔东方潮 奋进新时代——庆祝改革开放40年”等专题专栏，开展“漳州记忆·影像见证40年”“改革开放40周年城市礼赞”等活动，讲好改革开放的漳州故事。精心做好“三抓三比、十项竞赛”“当好‘四个先锋’”“生态+”“扫黑除恶专项斗争”等重点主题宣传，组织2018“形象中国·全国百家媒体聚焦花样漳州”（第二季）全域旅游新闻摄影采访等活动，《福建降教乡：发展惠民才是“真担当”》《漳州“大吉他”——“飘带天桥”航拍照》等一批报道登上中央级、省级主流媒体的首页、头条、头版，取得良好宣传效果。

引导社会舆论　建立健全新闻协商通气、重点新闻报道季报、重要政务舆论预案、新闻发言人等制度，制定出台加强党的新闻舆论工作、突发事件敏感舆情处置、舆论监督报道等一系列文件，召开新闻发布会26场、新闻协商通气会13次，科学妥善处置敏感舆情事件，维护社会安定稳定。漳州市着力推动新闻发布制度化规范化的“第一声音”工程，得到省委领导批示。

媒体融合发展创新　持续推进“报、台、网、端”立体化传播体系建设，推进闽南日报社融媒体系统工程第三期项目“闽南日报社大数据中心”建设，《闽南日报》先后入驻新华社“现场云”、“今日头条号”、“人民号”。漳州电视台融媒体厨房雏形初显，在全省率先发起成立“全漳州融媒体联盟”，推出“漳视新闻”APP。推进漳州人民广播电台融媒体直播中心和云平台建设，连续第五年荣获中央人民广播电台新闻报道优秀供稿奖。漳州新闻网整合多种新闻资源，延伸新闻触角，形成媒体矩阵。大胆探索县级融媒体中心建设新路子，取得阶段性成效。截至2018年9月30日，全市11个县（市、区）成立融媒体中心，在全省率先实现100%对外挂牌。其中，南靖入选全国、省级联系点，漳浦、东山入选省级联系点。推进县级融媒体中心建设的经验做法得到中宣部、省委领导的肯定。

【意识形态工作】

履行主体责任　健全市委宣传部定期向常委会报告情况和常委会定期研究意识形态工作机制，2018年8月8日、12月21日，市委常委会会议两次专题听取全市意识形态工作情况。把意识形态工作纳入市委工作要点、党建工作责任制、理论学习中心组学习计划以及民主生活会，履行全面从严治党主体责任，并列入市县巡察的专项内容，推动工作制度化、常态化。意识形态工作责任制专项巡视整改工作取得阶段性成效。召开全市意识形态工作责任制专题会，通报意识形态领域情况。出台意识形态工作责任制考核办法，组织开展半年督查考评和年终数据采集。在全省意识形态工作责任制落实情况绩效考评中，漳州市连续三年保持全省第一序列的佳绩。

做好阵地管控　落实“一会一报”（各单位组织报告会、研讨会、讲座、讲坛、论坛等，须由各单位向主管部门申报并报当地党委宣传部备案审批后方可举行）制，抓好中心组、报告会研讨会、高校课堂等的政治把关，强化管理理论进基层示范点、社科普及示范基地、爱国主义教育基地、公共领域宣传载体等各类宣传文化阵地，深入开展“扫黄打非”专项行动，大大压缩非法和错误言论、出版物的传播空间，维护意识形态安全。南靖县丰田镇入选“扫黄打非”国家级示范点。

网络空间治理　在全省首家出台实施《党委（党组）网络意识形态工作责任制实施细则》，加快推进网络综合治理，强化属地管理责任，严格落实“两个所有”（所有从事新闻信息服务、具有媒体属性和舆论功能的传播平台都要被纳入依法管理范围；所有新闻信息服务和相关业务从业人员都要实行准入管理，不允许搞两个标准、形成“两个舆论场”），深入开展“清朗”专项行动，依法约谈一批违法违规负面典型。持续提升网络舆情“发现力”“处置力”，实现“零重大网络舆情事故”和“零网络安全事故”的“双零”目标，使党的思想旗帜始终在网络空间高高飘扬。

【凝聚向上向善力量】

弘扬核心价值　持续深化中国特色社会主义和“中国梦”宣传教育，将“红船精神”、漳州“五种精神”（红军革命精神、谷文昌精神、龙江大局精神、“110”服务精神、女排拼搏精神）的学习宣传融入培育和践行社会主义核心价值观的主题活动，加大对谷文昌、黄志丽、陈少华等典型人物的学习宣传力度。常态化刊播“讲文明树新风”“图说我们的价值观”等公益广告，实行高密度覆盖。持续打响“我们的节日”活动品牌，管好用好各级各类公共领域宣传载体，并依托“五湖四海”等一批“生态+”先行示范工程，使社会主义核心价值观随处可见、抬头可读、驻足可学。

深入道德实践　组织开展“道德模范”“身边好人”“最美人物”等先进典型推荐树立和宣传教育活动，涌现出“CCTV2018年度十大法治人物”陈少华、全省“学雷锋志愿服务”先进典型平和县爱心助学志愿者协会和龙文区文化馆朱丽娟、全省“最美农民”洪百中、“中国好人”“福建好人”肖招鸿、刘亚水以及第五届漳州市道德模范陈加霖等典型。加强爱国主义教育基地动态管理，组织开展“新时代好少年”等六项学习宣传活动。深入开展学雷锋志愿服务活动、成效显著，云霄县关爱孤儿守护成长项目（童心彩虹桥）、南靖县人民法院土楼人民法庭“土楼与法同行”志愿服务队入选全国学雷锋志愿服务“四个100”（100个最美志愿者、100个最佳志愿服务组织、100个最佳志愿服务项目、100个最美志愿服务社区）先进典型。长泰县被列入全省7个新时代文明实践中心建设试点县之一。

文明创建成果　持续推进第六届全国文明城市创建，巩固提升“文明共建”“全域创建”经验做法，省级文明县城和县级以上文明校园创建实现“全覆盖”。截至2018年年底，全市共有23个单位、14个村镇、1所学校荣膺全国文明称号，210个单位、78个村镇、11户家庭、56所学校荣获省级文明称号，129个窗口被认定为五星级服务窗口，2家省级家风家训乡贤文化馆示范点落户漳州。持续深化移风易俗“六大行动”（核心价值观融入行动、破除社会陋习专项行动、殡葬改革民生行动、乡风评议促进行动、文化讲堂建设行动、美丽乡村创建行动），组织开展“三下乡”（文化下乡、科技下乡、医疗下乡）活动千余场，培育文明乡风、良好家风、淳朴民风。

【加快建设文化强市】

文艺精品力作　深入实施文艺精品创作工程，推出文学作品《漳州作家丛书》《新编古今故事》、长篇小说《闽南井冈山》《传奇红三团》、电视连续剧剧本《漳州战役》《我的父亲谷文昌》、电影《县委书记谷文昌》等一批代表性作品，为京剧《大闹天宫》到漳州拍摄提供服务保障。芗剧现代戏《谷文昌》晋京参加2018年新年戏曲晚会，并入选2018年度“全国舞台艺术重点创作剧目”和“国家舞台艺术精品创作工程重点扶持项目”。精心举办黄道周文化学术研讨会、海峡两岸（漳州）林语堂文化研讨会暨福建现代文学研究会等大型学术研讨活动，建成漳州古城林语堂、许地山、杨骚文学馆，林语堂文化园“林语堂台北故居”落成开放，打响林语堂文化、芗剧与木偶戏艺术、红色文化、黄道周文化、漳州文学共五大文化品牌。

发扬优秀传统文化　持续推进中华优秀传统文化传承发展工程，深入实施“记得住乡愁历史文化名城名镇名村、街区保护”计划，完成一批保护性修缮工程。加快“海上丝绸之路”申遗工作，

图为芗剧现代戏《谷文昌》演出的剧照　（林忠 摄）

南胜窑和东溪窑本体保护方案获国家文物局批复，并正式启动保护工程建设。深入实施乡土习俗传承和传统节日振兴计划，常态化开展“非遗圩日”系列展示活动，市布袋木偶传承保护中心成为中国与东盟戏剧合作交流机制成员单位，漳州木偶头雕刻、漳浦剪纸技艺入选首批国家传统工艺振兴目录，3名入选第五批国家级非物质文化遗产代表性项目代表性传承人名单，推动优秀传统文化在守正创新中不断发展。

提升文化服务效能　2018年，深入实施重点文化惠民工程，将460个基层综合性文化基层服务中心和11个书店建设列入为民办实事“文化事业补短板”项目，全市基本实现广播电视“村村通”、农村广播“村村响”、“有线广播应急预警系统”市县乡村四级联播联控和应急预警功能。加快推进市区“五馆一歌”（博物馆、艺术馆、规划展示馆、图书馆、科技馆、歌剧院）、县级“三馆”（文化馆、图书馆、博物馆）等重大工程建设，市博物馆、美术馆、艺术馆、图书馆等地标性公共文化设施已基本建成。组织“新时代新风采”中共十九大精神宣讲文艺巡演、“向人民汇报”、“花样漳州·绽放幸福”等群众性文化活动，成功举办“迎国庆·庆祝改革开放40周年——福建省新文艺群体走进花样漳州创作写生作品展”“出山入江——漳州当代绘画邀请展”等文化文艺活动，不断增强人民群众文化获得感、幸福感。

发展文化产业　制定出台《漳州市文化产业发展专项资金管理办法》《漳州市文化产业发展专项资金项目申报评审工作实施细则》《漳州市文化产业发展考核工作实施办法》等政策措施。深入实施文化产业龙头促进计划，开展“文创漳州”品牌创建系列活动，举办漳州市首届文创设计大赛，31件文创作品入围第五届福建文创奖，并在全国率先设立漳州、金门两地“文创驿站”。组织漳州市“文化企业十强”“最具成长性文化企业”评选，实施“文化产业品牌输出”行动。全市文化产业实现增加值112.03亿元，总量首破百亿元大关，居全省第5名，比上年增长13.6%，比全省平均水平9.8%高出3.8个百分点，增速位居全省第一名。

【讲好漳州故事】

漳州台湾文化交流　深入实施漳州台湾文化交流“一年四季”行动（民间民俗交流季、两岸媒体分享季、文化名人追寻季和传统戏曲振兴季）和“百团入岛”（百支民间交流团）活动。参与第十届农博会·第二十届花博会、第五届海峡（漳州）茶会、第八届开漳圣王文化节、第二十七届东山关帝文化节、海峡两岸龙人古琴文化活动季等活动，增进漳州台湾亲情乡情纽带联系。加大与台湾“指传媒”等23家台湾媒体合作力度，开展“台湾媒体·花样漳州行”“媒体大V漳州行”主题采访活动，制作推出《孟孟走漳州，活跃闽南市井的台湾教授》等一批漳台影视、综艺产品，密切漳州台湾媒体交流合作。

对外文化交流　打造“生态+”采访线、品牌展会节庆、漳台乡情文化、媒体助力发展、对外宣传精品等对外宣传共五项品牌工程，举办“行进中国·海外华文媒体漳州行”主题采访活动。组织锦歌、东山歌册等非遗表演队参加“中国曲艺周”、国家级非物质文化遗产项目（说唱类）展演等大型活动，组织戏剧《保婴记》赴江西省、广东省巡演16场，漳州市木偶剧团应邀参加中央电视台元宵晚会节目录制。推出“人民的幸福感”等系列外宣品，配合中央电视台《记住乡愁》栏目推出《漳州古街一街连两岸》专辑，当期收视率排名全国前列，不断扩大漳州特色文化影响力。

树立城市形象　开展“花样漳州·五湖四海”“‘生态+’模式的漳州探索”等系列大型主题采访活动，做好“6·18”海峡两岸经贸交易会、“9·18”中国国际投资贸易洽谈会、上海“中国国际进口博览会”、两岸企业家峰会年会等各类重大主题宣传介绍。精心组织“一带一路”大型网络媒体漳州行活动，漳州市4件“五湖四海”摄影作品亮相“北京国际摄影周2018”，并入选庆祝改革开放40周年全国主流媒体‘航拍中国’摄影图片展。“漳州一分钟”城市宣传视频在跨年夜登上美国纽约时代广场广告大屏，取得“亿量级”曝光量。《一分钟看中国女排“娘家”漳州到底有多美》在腾讯网实现点击量破2200万人次，将“清新福建·花样漳州”的靓丽形象推向全国、传到海外。

（吴　霖）

·精神文明建设·

【开展弘扬时代新风行动】

公益广告宣传　2018年，市文明办召开创建全国文明城市公益广告宣传协调会，安排部署宣传工作。协调住建、城管等有关部门，加强市区道路、绿地公益广告投放力度。利用《闽南日报》、漳州电视台等新闻媒体，建筑围挡、城视文明联播平台等社会媒介，持续、常年刊播“讲文明树新风”公益广告。2018年，《闽南日报》刊播公益广告60多版，漳州电视台播出公益广告8640条次，漳州人民广播电台播出公益广告109条(其中,自制62条)，播出总次数56822次，播出时长789小时。春节期间,在芝山公园、胜利公园布置反映社会主义核心价值观内容的花灯展，让市民感受到社会主义核心价值观宣传的浓厚氛围。

道德模范引领　做好第五届福建省道德模范推荐后续工作，漳州市的刘龙清等5人荣获福建省道德模范称号。开展第五届漳州市道德模范评选活动，市民参与评选投票近7万人次，陈加霖等16人获评第五届漳州市道德模范。组织陈伟琳等3人道德模范先后到闽南师大附小、新桥街道华港社区巡讲，让市民分享道德故事。在市区主要公园筹划建设道德模范宣传长廊；组织采访报道道德模范，在漳州市电视台新闻栏目宣传报道21人，营造德行天下良好舆论氛围。组织开展“我推荐、我评议身边好人”活动，漳州市肖招鸿、林建德等人入选“中国好人榜”，刘亚水等13人入选“福建好人榜”。春节前夕，组织走访慰问阮文发、朱彩珠等生活困难的全国、省级、市级道德模范14人，送去慰问金6.4万元，倡导好人好报、德者有得的价值导向。

文明市民教育　深入开展“当文明市民，创文明城市”教育活动，印制《2018年漳州市市民文明手册》3万本，内容包括社会主义核心价值观、市民文明公约、行为规范、文明旅游、文明交通、志愿服务、诚信建设等，分发县（市、区）、单位、社区，推动掀起学习礼仪知识、争当文明市民热潮。倡导“礼让斑马线”，并联合市公安局开展“文明交通艺术作品”评选活动。联合市直工委、市公安局对干部职工交通违法行为较突出的6个机关企事业单位进行约谈通报，营造文明交通的良好社会环境。

【全国文明城市创建】

深化创建舆论宣传，在漳州电视台开设“文明就在我们身边”“文明差你这一点儿”电视“红黑榜”专栏，从2018年7月1日开始，每周首播3期；在《闽南日报》开设《创建全国文明城市》宣传专栏，每月刊发6期，

2018年5月8日，长泰县岩溪镇开展“龙津大讲堂”活动，宣传历代乡贤的典型事例，丰富群众的文化精神生活，传播正能量，弘扬新时代精神　（曾鼎鸿 摄）

同时，强化暗访督查，2018年，由市领导带队的创城督查活动15次，创城日常巡查300多人次，共发出督查通报8期，提出整改问题94条，提升创建工作水平。坚持每周开展巡查活动2次以上，全年创城日常巡查150多人次，并将巡查发现的问题用视频或图片的形式记录下来，反馈给所在街道及相关单位，督促整改。在此基础上组织业务骨干深入长泰县，帮助指导创建县级全国文明城市。组织有关人员，深入漳浦县、诏安县、平和县开展创城调研和督导，文明县城创建覆盖到11个县（市、区）。长泰县继续保持全国文明城市提名城市，芗城区、东山县、龙海市、云霄县被评为省级文明城市（县城、城区）。

【开展精神文明创建活动】

文明单位创建　2018年，市文明办把落实意识形态工作责任制、“马上就办”要求、当好“四个先锋”（机制活的先锋、产业优的先锋、百姓富的先锋、生态美的先锋）等工作纳入文明单位创建测评内容，发挥测评体系的导向作用。组织对2015—2017年度省级（村镇、学校、社区）推荐对象涉及“一票否决”情况进行复审，取消龙文区朝阳镇桥头村、龙海市公共汽车交通公司省级文明村和市级文明单位参评资格。7月30日，市委、市政府召开全市精神文明建设工作先进命名表彰大会。全市共有23个单位被评为全国文明单位、210个单位被评为省级文明单位、574个单位被评为市级文明单位。

文明行业创建　开展文明行业“星级示范窗口”复查认定活动，分5个组对290个窗口的服务设施、服务态度、服务效率、服务环境等方面进行综合考量，推动窗口单位以评选活动为契机，深入开展“三抓三比”（抓招商比项目投资，抓生态比城乡环境，抓作风比营商环境）活动，落实“马上办，就近办”要求，提升服务质量，有129个窗口被认定为五星级服务窗口。开展2018年“漳州市敬业奉献之星——漳州好故事”推选活动，展现各行业坚守岗位、服务民生、促进地方经济发展的良好风貌。

文明村镇创建　围绕培育新农民、新农村、新气象目标，以文明村镇创建活动为载体，突出移风易俗、生态保护，实施“五古丰登”（古厝、古桥、古街、古树、古牌坊）行动计划，倡导文明乡风。有14个村镇荣获全国文明村镇称号，78个村镇荣获省级文明村镇称号，110个村镇荣获市级文明村镇称号。

文明校园创建　召开漳州市文明校园创建活动推进会，全面启动新一届文明校园创建工作，组织全国文明校园结对帮扶活动，培养担当民族复兴大任的时代新人。有1所学校获评全国文明校园，56所学校获评省级文明校园，117所学校获评市级文明校园。

“文明家庭”创建　建设省级家风家训乡贤文化馆示范点2个，联合市妇联开展寻找“最美家庭”活动，组织拍摄全国文明家庭（谷豫东）短视频，推动文明家庭创建活动。有11户家庭被评为省级文明家庭，100户家庭被评为市级文明家庭。

【未成年人思想道德建设】

构建工作合力　调整充实市未成年人思想道德建设工作联席会，明确各相关单位职责分工，确保各项任务有序开展。拓展活动载体，部署学习宣传“新时代好少年”等6项重点活动。举办“清明祭英烈”活动启动仪式，通过线上线下结合的方式开展形式多样的纪念。开展“传承红色基因，争做时代新人”演讲比赛，师生代表近600人参加活动。开展以“和风雅韵 经典常伴”为主题的全市中小学经典诵读比赛。组织编印《公共生活好习惯学习读本》，开展2018年优秀童谣征集推广传唱，评出优秀童谣作品一等奖15首、二等奖30首、三等奖50首。

建好用好阵地　加强对3所新申报2018年度中央专项彩票公益金支持乡村学校少年宫项目校的指导，组织相关人员赴三明参加业务培训。漳州市天宝中心小学乡村学校少年宫等3所获评省级优秀乡村学校少年宫，林文萍等12人获评省级优秀辅导员。并组织开展10多场未成年人心理健康知识公益巡讲活动，有师生和家长1000多人参与。

做好关心关爱工作　2018年1月15日至2月15日，组织开展关爱青少年活动月活动，内容有走访慰问送温暖、代理家长送亲情、法律援助送回归、宣传教育送文化、安全保护送平安、拓宽渠道送就业。市文明办与市检察院等6个单位联合，在漳州八中成立全省首家综合性未成年人司法保护中心，并在闽南师大举行漳州市首届中学校际“模拟法庭”辩论赛，多形式开展法制宣传。

【志愿服务制度化】

市志愿者协会换届　制定工作方案，修改完善《漳州市志愿者协会章程》，审计第一届志愿者协会经费收支情况，于2018年8月8日，召开漳州市志愿者协会第二次会员代表大会，完成市级协会换届工作。

2018年3月30日，漳州市2018年“清明祭英烈”主题活动于芗城区实验小学启动　（蔡雨农 摄）

志愿服务驿站建设　组织对南靖土楼、动车站、万达广场、古城、市医院和和平里社区志愿服务示范驿站进行调研，并召开示范驿站志愿服务协调会，修改完善“进一步规范志愿服务示范驿站运行工作方案”。在云霄县和平乡桥头村、平和县大溪镇、诏安县霞葛镇建设3个省级助力乡村振兴发展志愿服务中心，发展乡村志愿服务。

志愿服务制度化　完善志愿者招募注册、服务记录、激励奖励等制度，加强“志愿云”信息系统建设和推广，2018年全市注册志愿者有19.6万人、志愿团体2160个。开展全省五星级志愿者评定推荐工作，漳州市郭昭军、林丽华等志愿者10人获得资格评定。

志愿服务品牌建设　在全国学雷锋志愿服务先进典型评选活动中，漳州市云霄县关爱孤儿守护成长项目（童心彩虹桥）获得最佳志愿服务项目，南靖县人民法院土楼人民法庭“土楼与法同行”志愿服务队获得最佳志愿服务组织。漳州市义工协会、扶残助残志愿服务指导中心等9个志愿服务组织被确认为省级首批百家优秀志愿服务组织。推荐报送林世波、漳州义工协会、新桥街道华港社区等15个先进典型参加2018年全国、全省学雷锋志愿服务评选。

【移风易俗工作】

制定下发《2018年漳州市移风易俗工作要点》《关于全市党员、干部和公职人员带头开展移风易俗弘扬时代新风的意见》，组织各县（市、区）和各乡镇对突出问题进行梳理排查，铺张浪费、摆阔比富等农村社会风气突出问题得到遏制。

（汪振瑞）

·统战工作·

【加强政治引领】

深入开展主题教育活动　2018年，市委统战部创新开展以“政治合格、岗位合格、形象合格”为目标的主题活动，组织“大学习”“大培训”“大实践”，引导广大统战成员不断增强“四个意识”（政治意识、大局意识、核心意识、看齐意识），坚持不忘初心、继续前进，坚持中国特色社会主义道路自信、理论自信、制度自信、文化自信。坚决维护习近平总书记的核心地位，坚决维护党中央权威和集中统一领导。全市统战系统开展“贯彻十九大、建言献策促发展”“十九大精神进侨场”等专题学习宣讲和研讨活动近百场次，提升统战成员的政治素质和业务能力。

组织代表人士集训　市委统战部组织全市统战干部职工和统战成员轮训，2018年举办主体培训班6期，集中培训统战系统干部、党务干部、党外干部和党外代表人士等250多人次。先后邀请福建省政协副主席王光远、省社院书记李韧和厦门大学台湾研究院前院长刘国深等专家学者作专题辅导10场，受众1720人次。

【服务经济社会发展】

构建亲清新型政商关系　制定下发《关于营造企业家健康成长环境弘扬优秀企业家精神更好发挥企业家作用的实施意见》《漳州市党政领导与企业家恳谈会制度（试行）》，搭建政企沟通交流的制度化平台。同时，推动各级人大代表和政协委员创办企业、市工商联直属商会、常执委以上企业实现党组织建设和党的工作“全覆盖”，发挥党组织和党员作用，以党建凝聚人心、引领发展。

服务招商引资　2018年，市委统战部先后赴上海、苏州、深圳、北京以及省内各异地漳州商会调研，推动组建新疆漳州商会，引导企业家参与“不忘创业初心、接力改革伟业”商会漳州行和民营企业高质量发展异地交流学习活动，帮助民营企业提质增效。据不完全统计，2018年全市统一战线推动民营企业回归投资签约项目106个，总金额334.32亿元。

助推脱贫攻坚战和乡村振兴　实施中央脱贫攻坚和乡村振兴战略部署，创新启动“同心121”（集合统战之力，挂钩帮扶1个贫困县、20个乡镇和

2018年5月23日，市委常委、统战部部长黄水木（前排右一）带队到云霄县东厦镇佳洲岛开展“同心121”工程调研

（市委统战部 供图）

100 个以上乡村）工程，推动全市统战系统 27 个单位、民营企业（商会）150 家与 1 个省级贫困县、20 个乡镇以及 154 个村实现结对帮扶，配套启动“五个一百”（培训村级管理人员 100 名，提升农村干部振兴乡村、服务农民的本领，进一步加强党对农业农村工作的组织领导能力；培训农村科技能人 100 名，进行现代农业科技知识、环境保护知识、园林园艺知识、花卉培植知识、市场经济知识、法律知识培训，推动农民由“经验型”向“知识型”、“技术型”转变，实现科学兴农、生态兴农、经营兴农；培训农民创业 100 名，增强农民的创业意识和创业能力，使农村弱势群体学一技之长，顺利实现转岗就业，帮助有志农民实现创业；培训乡村幼儿园教师 100 名，增强幼儿教师业务素质和职业能力，提高农村幼儿教育的服务功能和教学水平；提升培训乡村医生 100 名，规范乡村医生从业行为，提高乡村医生业务能力和服务水平，更好为广大农民提供医疗服务）乡村人才振兴计划和全面助推 3 个县 41 个“空壳村脱壳”计划。募集资金 2000 万元，成立乡村人才振兴基金，为农村培训综合性人才 800 名；募集奖学奖教和助学金 2145 万元，资助困难学生 1331 名，争取乡村基础设施建设资金 2500 万元，引入项目资金 6000 多万

2018 年 7 月 2 日，举行漳州市“百企帮百村”暨“同心 121”工程推进会。会上，市委常委、统战部部长黄水木（右）与云霄县委书记王金狮（左）签订“同心 121”工程市委统战部结对帮扶云霄县的协议书（市委统战部 供图）

元。“同心 121”工程被纳入市委、市政府《脱贫攻坚战稳定提质三年行动（2018—2020）的实施意见》。

【统战领域工作】

多党合作事业 推动各民主党派建立考察调研、统一调训、社区共建等制度，实现党派市委常委（委员）“全覆盖”挂钩基层支部。制定年度政党协商计划，落实政党协商制度，并把对口联系制度纳入市直机关绩效考评内容。召开年度建言献策成果推进会，组织各民主党派负责人赴四川开展乡村振兴专题调研。2018 年，各民主党派提交团体提案 76 件，个人提案 97 件。其中重点提案 14 件，获市委书记、市长批示 26 件；反映社情民意 637 件，获省领导批示 6 件，被省部级以上部门采用 233 件；开展社会服务 108 批次，惠及群众 6600 名。

党外知识分子和新的社会阶层人士统战工作 2018 年，成立漳州市新的社会阶层人士联谊会、漳州市党外知识分子联谊会，挂牌设立 6 个新的社会阶层人士实践创新基地、5 个党外知识分子实践活动基地和 12 个引进人才联络站。同时，组成调研组对各市属高校、国有企业开展调研摸底工作，推动高校、国有企业党外知识分子工作与各县（市、区）同部署、同促进。

维护和促进民族团结和繁荣 召开全市民族宗教工作会，举办少数民族干部培训班，实现少数民族干部培训率达到 100%。推动少数民族文化繁荣工程和特色民族村寨建设，协调各级财政和各挂钩帮扶单位投入帮扶资金

2018年8月23日，举行"同心121"工程系列活动，由明昇集团出资2000万元成立漳州市"同心121"乡村人才振兴明昇基金

（市委统战部 供图）

3808.7万元。把3个民族乡、36个民族村全部纳入"同心121"工程结对帮扶对象，争取帮扶资金1680万元。筹措资金700多万元投入华安县高安镇坪水村特色村寨，开展省级美丽乡村建设。2018年，长泰县坂里乡高层村被省民族与宗教事务厅确定为第四批中国少数民族特色村寨试点村，获得中央少数民族发展扶持资金100万元。

推进宗教中国化和宗教工作法治化 先后组织参加省民族与宗教事务厅、国家宗教局组织的宗教专项工作培训6个班次，组队参加全省的新修订《宗教事务条例》（2017年6月14日国务院第176次常务会议修订通过）知识竞赛总决赛。召开全市民族宗教工作会和全市宗教工作培训会，发放《宗教事务条例》学习手册3000多本，选送、培训宗教工作干部、宗教界人士820多人次。10多次召开专题会、碰头会等研究部署宗教工作，依法开展治理有关重点难点问题。推动宗教工作纳入市对县综治考评和绩效考评。持续开展优美民间信仰活动场所创建工作，并作为助推移风易俗工作落实"六大行动"之一，引导宗教界参与以"教风建设"为主题的和谐寺观教堂创建活动。规范宗教界的活动形式，推动中共十九大精神、社会主义核心价值观宣传进宗教和民间信仰活动场所，坚持宗教中国化方向。

港澳台及海外工作 持续按照中央、省委统战部的部署，出色完成有关工作，2018年，两度得到省委统战部致信表扬。推动香港漳州同乡总会完成换届；建立港区政协委员联谊会；成立平和、云霄旅港同乡会组织，实现县级旅港同乡会组织全覆盖。举办第八期国情研修班，加强社团领导、地区骨干和专业人士等代表人士的培养。发挥漳州特色优势，引导两岸同胞参与开漳圣王文化节、东山关帝文化节等民俗活动，支持民族宗教领域对台开展特色交流活动。2018年，漳州市宫庙组织到台湾参访62批次、1492人次，接待台湾参访团404批次、34825人次。推动市侨联完成换届工作，通过"海外侨商漳州行""漳州味·世界行"等活动，开展"以侨引侨""以侨引智"，引导海外漳州籍社团、新侨领、新移民、华侨华人新生代到漳州考察交流，加强与"一带一路"沿线国家和地区的合作，做好归侨侨眷的服务工作。漳州市侨联获"全国侨联系统先进组织"称号。华侨史编修、华侨农场改革发展等工作获上级领导批示，漳州市发挥"生态+外事"、"农业外交"效益等工作经验在省里推广。

（张志丽）

·党校工作·

【概 况】

2018年，漳州市委党校突出主课主业，将加强党的理论教育、党性教育和政治建设贯穿于党校办学各项工作。全年围绕市委、市政府中心任务，完善办学理念，落实办班计划，坚持用学术讲政治，突出红色文化资源整合利用，加快推进谷文昌干部学院办学建设，实施名师名课工程，加强综合服务保障能力，取得良好办学成效。连续三届获评省级文明单位，荣获“创建全国文明城市工作先进单位”、“漳州市市直机关一类平安单位”等荣誉称号。

【干部教育培训】

2018年，漳州市委党校（行政学院）完成办班55个班次，包括计划内36期和计划外19期，共培训学员5527名。推出42个教学新专题，聘请兼职教师50名，每个主体班次都开设专门的教育模块。尤其是承办1期漳州市领导干部“学习贯彻习近平新时代中国特色社会主义思想和党的十九大精神”专题研讨班、2期“漳州市管干部深入学习贯彻习近平新时代中国特色社会主义思想专题研讨班”。市领导檀云坤、刘远等及市委常委、委员为专题班作辅导报告。

推进党的理论教育和党性教育，围绕中共十九大精神“三进”（进教材、进课堂、进头脑）工作实施培训教学。完善新课准入制度，完善教师校外授课报备、主体班学员科研咨政、绩效考评等制度。结合漳州经济社会发展实际，开展专题培训，上半年重点举办生态环保、全域旅游、新型城镇化建设专题研讨班；下半年重点举办开放型经济、乡村振兴战略、现代企业管理、精准扶贫、依法治市、从严治党等专题培训班。做好省委党校在职研究生漳州教学点的学历教育工作。

【利用红色文化资源整合】

围绕“加强理想信念教育”“营商环境建设”“生态环境建设”等异地办班主题，探索现场教学和异地办班的模式，提高异地办班针对性和学习实效性。组织开展漳州红色文化资源调研，充分挖掘拓展漳州红色文化资源，已形成中共福建临时省委成立旧址、平和暴动旧址、南靖科岭岩永靖（闽西南）革命根据地、云霄乌山革命根据地、东山谷文昌纪念馆、龙海“龙江精神展示馆”、云霄七星山廉政文化公园、李林事迹陈列馆计8个现场教学体验专线。开展现场教学异地教育，开拓学员视野，领略革命传统和民族精神，解决当前党员干部队伍中存在的突出问题，提升党员领导干部的理论素养和执政能力。

【谷文昌干部学院办学建设】

构建谷文昌精神教学体系，以“1＋4＋2＋6”（1堂综合课、4个教学分专题、2个特色专题片，6条谷文昌精神现场教学专线）形成“理论综合课＋谷文昌精神专题课＋现场教学体验课”的教学体系，初步建立一支包括近20名现场教学教师和50名省内知名专家在内的专兼职教师队伍。设置“1＋4”型专题教学模式和6个现场教学主题。开发出具有时代特征、地域特色、文化魅力的党性教育课程：谷文昌陵园、谷文昌纪念馆、百里木麻黄、“兵灾”、南门海堤等，打造高水平的特色现场观摩教学和体验式教学线路。在办学实践中锻炼提升。现场教学老师以及参与谷文昌干部学院工作的市党校人员常驻东山，已成工作制度、工作流程体系；基本完成现场教学管理部的网站介绍；较好完成现场教学的培训工作。高质量完成10个班次的教学任务，得到福建省人大常委会办公厅的书面表扬。

【师资人才队伍建设】

多途径加强师资力量建设，2018年，共招聘专职教师9名和编外教师4名，接收军转安置干部1名，做好干部档案的专项整理。做好人才培训工作。组织落实全校参公人员28名完成福建干部网络学院专题学习和国家工作人员学法考试；组织全校专业技术人员42名参加由电大举办的专业技术人员2018年度继续教育公共课程考试及部分人员专业课考试；选派参公人员38人次和专业技术人员32人次，分别参加由省委党校、省社会主义学院和中央党校举办的各种专题培训班。此外，还组织市委党校工勤人员14名参加由省人力资源和社会保障厅组织的2018年度继续教育培训。

【科研咨政智库建设】

2018年，做好课题调研与理论研究，共受理申报省、市各类社科课题157项（其中市委党校74项，县级党校83项），已获得立项82项。组织教研人员撰文参加省委宣传部《关于庆祝改革开放40周年理论研讨会》论文征集、省委党校（院）学术年会征文、省市党建办《以政治建设为统领，全面推进新时代党的建设工作》调研征文、省委党校（院）系统法学学术研讨会；参加省社会主义学院“全省社会主义学院系统推动习近平新时代中国特色社会主义思想深入人心研讨会”等。围绕党和国家大政方针、市委、市政府中心工作，聚焦漳州改革发展等广大干部群众关心问题，在《闽南日报·理论与实践》《社科论坛》专栏、《漳州经济研究》等市委、市政府机关刊物发文，发挥咨政育人、释疑解惑作用。《关于推进巡察工作的若干思考，以漳州市为例》荣获省委党建办2017年重点调研课题三等奖；2017年省委党校（院）系统基地课题结项13项，评为优秀课题8项；市社科课题1项，被评为一等奖。开展红色资源课题调研，提交《不忘初心跟党走，乌山精神永传承》《充分利用红色资源，打造干部教育培训特色品牌》《不忘福建临委成立初心，打造漳州特色党性教育基地》《让李林精神回归故里，激励后人》等课题调研成果，体现漳州人文情怀和时代精神。

探索实施主体班次学员参与决策咨询工作。春季学期最终形成7篇咨政文稿，涉及打造“花样漳州”全域旅游品牌、月港海商文化品牌、深化“生态＋”模式、解决县域生态环境突出问题、推进漳州红色旅游产业化、产业扶贫、乡村振兴等内容，分别编印成七期《漳州发展决策参考》，呈报给市领导参阅，获得檀云坤、陈汉夫等省市领导批示。

办好《“大道至简”学习文摘》刊物，做到定位准确、组稿讲究、内容精彩、版面活泼、图文并茂，编印10期，受到领导干部和学员欢迎。编发校刊《漳州论丛》6期、校报《漳州干部教育》4期，运营党校校园门户网站，向市委办、市委党建办、《闽南日报》、漳州电视台、省委党校（院）和《福建党校、行政学院工作通讯》等做好报送信息工作。

（高　宠）

·老干部工作·

【概　况】

2018年，在漳州市县老干部活动中心全部建立“老党员之家”，拓展离退休干部党员学习、活动阵地。深入挖掘和利用漳州市特有红色资源，挂牌成立全省离退休干部党员传承红色基因教育基地2家。出台《漳州市关于加强离退休干部基层党组织建设》的指导性文件，协调财政部门把100多个市直离退休干部党组织工作经费和党支部班子成员工作补贴列入市级财政预算，每年预算资金200多万元，为离退休干部党组织的正常运转提供保障。抓好离退休干部党组织骨干队伍建设，全市共举办离退休干部党支部书记培训班19期。召开全市离退休干部党组织建设工作现场推进会，总结推广漳州市人大、漳州市政协、漳州电大等

2018年1月29日，市委书记檀云坤（右一），春节前看望慰问离退休老干部

（市委老干部局 供图）

6个市直离退休干部党支部典型经验，推进全市离退休干部党组织建设上新水平。制定下发漳州市《关于开展离退休干部党支部达标创星活动的实施方案》，明确目标任务、考评方式、结果运用和实施步骤等，激励离退休干部党支部达标创星，评出31个先进离退休干部党支部。

【聚焦中心主题】

召开各类座谈会78场次，参加人员865人次，登门访谈离退休干部136人次，开展唱红歌、忆党恩、书法摄影、文艺会演、特色主题党日等系列活动48场次，唱响时代主旋律，传播社会正能量。全市共组建80支，2500名离退休干部志愿者队伍，引导他们发挥专业特长参与环境美化、关心下一代、乡村振兴、脱贫攻坚等志愿服务，培育市扶贫开发协会服务队、市老科协科技服务队、诏安县“强农富民”服务队等老干部志愿服务品牌。以市老年大学为依托，创办“银龄正能量大讲堂”，精心设置主题，用身边事教育引导身边人，共开讲9场，受教育群众1200多人次。开展“我看改革开放新成就”离退休干部微视频和十佳正能量活动品牌征集展示活动，市委老干部局和华安县委老干部局选送的微视频作品分别荣获省级三等奖和优秀奖，市委老干部局选送的正能量活动精品获得省级提名奖。深挖正能量活动中的先进典型，涌现出市关工委“关爱月”活动、芗城区“老街坊”工作室、南靖县“孝行南靖”宣讲团、云霄县“老干部乐聊吧”等正能量活动品牌，在社会上产生影响。

【老干部服务管理】

2018年，市委老干部局落实理论学习、情况通报、参观考察等各项制度，开展走访慰问活动，全市共召开通报会、组织老干部参加重要会议54场次，组织就地就近参观考察经济社会发展成果38次，走访慰问老干部和遗偶1858人次，发放慰问金297.92万元，走访慰问易地安置离休干部和遗偶85人次。健全落实特殊困难离休干部及其遗偶帮扶救助机制、离休干部无工作遗偶基本生活保障机制和易地安置离休干部医疗周转金制度，共帮扶市直单位15名特困家庭离休干部（遗偶）4.5万元，每月为离休干部无工作遗偶520多名发放定期定额生活补助费74.77万元和医药补助费近5.2万元。推行第一时间探望住院老干部制度，及时帮助协调解决老干部在待遇落实、住院就医等方面碰到的困难和问题。及时出台政策，调整提高“5·12”退休干部护理费标准。开展大走访活动，健全完善离休干部信息库，在医疗服务保障、日常生活照料、社区养老服务等方面探索服务项目对接，市直、芗城区依托漳州正兴医院新来福养护院，开展医疗与养老灵活转换的“一科两制”“医养结合”养老模式，南靖县依托养老服务中心为老干部每月提供90分钟的免费服务项目。组织市直200多名老干部参加健康体检，举办中医养生健康讲座，提高老

2018年12月7日，漳州市委老干部局与漳州联通公司，签订开发漳州市离退休干部互联网+服务管理系统（“老干E家”）开发协调书（陈玉伶子 摄）

2018 年 10 月 11 日，市直离退休厅级老干部和长泰大通互惠集团人士，一起参观漳州市经济社会建设成果展示（张添贵 摄）

干部自我保健防病能力。发挥老干部活动中心、老年大学文化健康养老阵地平台的重要作用，深入开展示范性创建达标活动。加大财政资金投入，改造提升市老年大学、老干部活动中心，诏安老年人活动中心综合大楼建设列入该县为民办实事项目。同时，开展适合老干部特点、健康向上、丰富多彩的文体活动，举办“纪念改革开放 40 周年大型文艺晚会”“不忘初心 • 永跟党走”等主题活动，不断丰富老干部的精神文化生活。

（张添贵）

• 机构编制工作 •

【概 况】

2018 年，漳州市委编办统筹推进党政机构和重点领域改革，优化体制机制，激发市场和社会活力；稳妥推进事业单位分类改革，完善公共服务管理体制；优化编制资源配置，提高编制资源使用效益，满足民生社会发展所需。漳州市“放管服”（简政放权、放管结合、优化服务）改革成效显著，走在全省前列，率先在全省出台权责清单监督管理办法，漳州智能“秒批”（以身份证读卡器自动识别读取申办人身份信息、自动录入生成免填表单、自动保存电子证照推进“一号申请”，以自主开发“审批部门共享管理子系统”逐步实现信息共享，以“网上智能办”实现“不见面审批”，实现企业和群众在没有审批人员进行干预的情况下能够自主完成审批服务事项办理）创新经验做法在全省推广。推进党政机构改革，按照中央和省要求的时间于 2018 年底前基本完成，实现新老机构顺利交替、平稳过渡。率先基本完成承担行政职能事业单位改革试点工作，为全省推开承担行政职能事业单位改革提供可推广的经验；《建设项目审批“多评一表、多图一审”》获评“推进机制活、建设新福建”全省机关体制机制创新优秀案例一等奖；机构编制信息工作继续走在全省前列等。

【统筹推进党政机构和重点领域改革】

党政机构改革 根据深化党和国家机构改革的精神，按照中央和省里的部署，推进党政机构改革，优化党政机构设置和职能配置，统筹推进重点领域体制改革，解决制约发展的一些体制机制问题，提高政府行政效能。做好职责和机构编制划转、机构挂牌及人员转隶等工作，市级共有 44 个涉改部门 113 名行政编制调整、21 个部门挂牌，1537 名转隶人员已全部到位。统筹协调相关部门，做好机构改革配套文件的出台，按时序推进改革相关工作。同时，指导各县（市、区）做好机构同步改革工作。

国家监察体制改革 整合相关职能和机构，完成监察委员会组建工作，构建党统一指挥、全面覆盖、权威高效的监督体系。按照省监察体制改革方案要求的转隶比例，有序做好改革涉及的编制调整工作，并配合纪检、检察部门基本完成人员转隶工作。

生态环保领域体制改革　按照省里统一部署，会同相关部门推进省以下环保机构监测监察执法垂直管理制度改革。调整环保行政机构管理体制，优化市环保部门内设机构及职责；调整环境监测和执法管理体制，对县（市、区）环境监测机构和执法队伍的名称进行规范，并上收市级管理。同时做好县（市、区）涉改人员的划转入编等相关工作。

做好配合相关体制机制改革　落实巡察机构相关整改任务，增设市委第三巡察组，并核定相应的领导职数。继续推进城市管理综合执法体制改革，持续探索系统内、跨部门、跨区域综合执法。配合做好国税地税征管体制改革，配合相关部门做好工会、共青团、妇联、科协等群团机关改革，调整完善机构设置和职能配置。

【纵深推进“放管服”改革】

推行简政放权　及时落实国务院、省政府“放管服”改革文件精神，共取消、下放行政许可、公共服务和其他行政权力事项15项，调整159项，在人才、经费、技术、装备等方面予以保障，确保在收到文件之日起20个工作日内完成。以“五个一律”（对市场机制能有效调节的经济活动，一律取消审批；直接面向基层、量大面广、由地方管理更方便有效的事项，一律下放地方和基层管理；企业投资项目，除特殊情况外，一律由企业依法依规自主决策，政府不再审批；其他市已取消的审批项目，漳州市一律取消；已改为备案的事项，一律不得搞变相审批）为基准，持续对市级权力清单进行“瘦身”（持续推进简政放权，严格管权管钱，以权力“瘦身”为廉政“强身”、为发展增力），共取消法律法规明文规定取消或束缚发展活力的事项12项，下放量大面广或基层就近实施更方便有效的事项22项，保留市级行政审批和服务事项670项。再次组织清理规范前置审批和中介服务事项，保留市级前置审批78项，取消或改后置28项，精简率达26.41%；保留中介服务事项54项，取消或不再增设资质等级要求的20项，精简率达27.02%。

构建规范制约机制　全面完成市、县权力清单和责任清单融合工作，通过各级人民政府网站等媒介向社会公布，主动接受监督。2018年，市级共梳理权责事项14类5118项。率先在全省出台权责清单监督管理办法，实现清单管理制度化、规范化、法制化。梳理公布345项减权放权事项监管责任清单，全面实施“双随机一公开”（在监管过程中随机抽取检查对象，随机选派执法检查人员，抽查情况及查处结果及时向社会公开）监管，完善“两单两库一细则一平台”（指抽查事项清单、多部门责任清单；市场主体名录库、执法检查人员名录库；规范“双随机”抽查工作细则；电子政务平台），推行跨部门联合检查，并建立健全巨额惩罚性赔偿、失信联合惩戒等制度。全市共梳理公布随机抽查事项263项，已开展随机抽查市场主体6380家，随机抽查结果公示信息4450次，被惩戒市场主体2850家。

优化政务服务　建设全市统一行政服务大数据平台，构建网上办事大厅、手机终端、自助终端和政务服务大厅“四位一体”的申报模式，提供“一网式”服务。不断加强乡镇（街道）便民服务中心管理，推进与群众生产生活息息相关的事项，纳入便民服务中心办理，完善基层综合服务平台。协同工商部门加快推进“证照分离”改革，实行“照后减证”“一企一证”，提高登记注册制度便利化。持续梳理公布“最多跑一趟、一趟不用跑”事项，达91.68%。协助起草《福建省关于加强和规范行政服务大厅运行管理的实施意见》，加强对行政服务中心现场管理，完善保障机制，统一服务标准，规范服务行为，增强服务品质。

加强改革创新　按照省审改办的统一部署，结合党政机构改革，指导督促平和县、南靖县稳步推进相对集中行政许可权改革试点工作，探索建立高效集中的审批机制。贯彻落实中央、省委省政府关于加快推进“互联网+政务服务”的工作部署，在公共事务服务领域试点推行网上办事“秒批”新模式，实现企业和群众在没有审批人员进行干预的情况下能够自主完成审批服务事项办理。

【构建公益服务体系】

承担行政职能事业单位改革 按照中央编办和省委编办统一部署，基本完成承担行政职能事业单位试点改革任务，并妥善做好善后工作。稳妥推进29家生产经营类事业单位完成改革，占生产经营类事业单位总数的64%。公益类事业单位管理逐步优化。严格按照中央政策规定和省委编办批复的《漳州市承担行政职能事业单位改革试点方案》要求，精心组织实施试点工作，调整优化机构编制配置，印发市直涉改单位“三定”（定主要职责、定内设机构、定人员编制和领导职数）方案，制定人员分流安置方案，协调配合组织、人力资源和社会保障部门妥善做好涉改人员过渡和分流安置工作。指导龙海、南靖两个试点市（县）做好承担行政职能事业单位改革试点工作，总结经验，以点带面，在未开展的县（区）推进承担行政职能事业单位改革。

生产经营类事业单位改革 结合市属重点国有企业资产重组整合，配合市国资委及有关部门推进市属条件成熟的生产经营类事业单位完成转企改制工作，对未完成任务的生产经营类事业单位，结合实际，区分情况、分类实施，加大改革力度。

公益类事业单位管理体制创新 持续对职能萎缩事业单位进行整合撤并。推进中小学教师“县管校聘”管理体制改革，将机构编制部门按校核定的事业编制统一交由教育部门统筹管理。加快探索保留公立医院事业单位性质，不再纳入编制管理改革，推行公立医院人员总量控制备案管理，实行使用编制备案制管理。规范事业单位编外人员管理。加大政府购买服务力度，鼓励和引导社会力量举办公益事业。

事业单位登记服务和监管 推进和完善事业单位网上登记事项，完成市直事业单位432家年度报告公示，做好市直169家机关、群团统一社会信用代码赋码发证和变更、作废管理。继续开展事业单位法人“双随机”抽查。加强中文域名注册工作，市直机构中文域名注册完成率100%。稳步推进机关事业单位网站标识管理工作，审核发放标识总量182家，网站挂标完成率100%。

【保障民生社会发展需要】

严把总量关口 2018年，市委编办在改革期间，执行行政编制总额和事业编制总量管理规定，全市保持“两个不突破”（行政编制，含各类专项编制，总量不突破中央核定的总额；事业编制不突破2012年底总量）和机关工勤人员编制只减不增。严格机构编制管理，健全完善监督检查常态化运行机制。坚持年度用编计划，控编减编，加快结构性超编单位人员消化进程，巩固和扩大控编减编成果，适时开展“回头看”和执行情况督查工作。

规范机构管理 在坚持严控总量前提下，探索跨层级、跨领域调剂编制资源，打破壁垒，统筹使用。创新机构编制管理理念，按照“增量控制、基数调剂、总量平衡”办法，按照省定标准对市直及市属开发区中小学校、幼儿园等进行核编，盘活编制存量，补齐民生短板。加强事业编制挖潜创新，对相关单位的编制和领导职数等机构编制事项进行调整优化，重点保障民生事业和重点领域的编制需要。

严肃编制纪律 健全完善机构编制实名制相关制度和信息系统运行机制，完善核查信息数据库。贯彻落实《中国共产党工作机关条例（试行）》等文件，规范领导职数管理。建立机构编制问题整改台账及审批联动制度，预防机构编制违规违纪行为。严格贯彻落实中央关于机构改革期间原则上不再办理日常机构编制调整事项等要求，强化机构编制的刚性约束。并加强机构编制统计和数据分析。

（陈阳阳）

·保密工作·

【概 况】

2018年，漳州市委保密办围绕“党管保密、依法治密、科技强密”主题，从保密观念、制度机制、技术创新和服务指导等方面入手，突出工作重点，不断务实创新，构建漳州市失泄密防控体系，全方位多角度筑牢保密防火墙。全年市领导对保密工作共作出批示19次，不断提升全市保密工作监管能力和服务保障水平。

【开展保密宣传教育】

主动备课保密知识。经常组织全局干部交流研讨保密授课方式、内容，针对不同行业、不同部门的特点分类施教，制作保密工作形势、保密法讲解、定密工作、文件管理、计算机管理、政府信息公开保密审查及典型窃密泄密警示案例等保密知识教案和课件。

前移保密授课讲台。组织业务骨干应邀到市直机关、单位、各县（市、区）及企业等开设保密流动讲台，以案释例、询答互动，提升保密宣传教育的针对性和实效性。2018年，共到市纪委监委、市委宣传部、市安监局等单位开设保密专题讲座49场次，受教育者5100多人次。

拓展宣传教育范围。按照市委书记檀云坤和市委常委、秘书长、保密委主任张琳光的批示要求，及时将上级泄密案件通报呈送副厅级以上领导及市委保密委成员单位传阅。继续向市管新提任处级干部发放保密工作提醒函，不断增强领导干部保密工作责任感。充分发挥市委党校、行政学院保密教育的主阵地、主渠道作用，把保密工作纳入党校干部培训课程，提高宣传教育覆盖面和影响力，自觉做好保密工作。

开展保密普法宣传。2018年年中组织开展“七五”保密法治宣传教育中期检查督导，各单位保密法治宣传教育任务完成合格率达到95%以上。同时，组织漳州军分区、市司法局、市国家安全局、市经信委等5个单位召开协调会，研究制定军事设施安全保密法治宣传教育活动开展方案，并以12月4日全国宪法宣传日为契机，在漳州中山公园、机关单位、部队军营及相关企业等开展国防法、国家安全法、军事设施保护法、保守国家秘密法、反间谍法5部法律普法宣传，发放宣传单、法律文本，提供法律咨询，受到部队官兵和人民群众的欢迎，营造出“保密安全、人人有责”的浓厚氛围。

【实施保密监督检查】

建立保密巡访督查制度。组织人员到全市机关、单位现场查阅文档资料和利用计算机终端检查工具扫描计算机，对各单位的文件管理、制度落实、计算机管理等方面进行现场督查，做到全覆盖。2018年，保密巡访督查县（市、区）、市直单位93个，涉及项目20个，重点抽查计算机1947台次，并分别对存在隐患提出整改意见，专人跟踪整改落实情况，做到巡访一家、规范一家。

实行保密工作考核制度。加强对市直机关保密工作进行考核，实行市直单位失泄密列入年度绩效、综治考核评优一票否决制度。从2018年开始，保密工作也纳入全市综治平安建设年度考评，分5个大块16项内容，科学制定市直机关单位综治平安建设考评、保密工作评分细则，促进各机关、单位落实保密工作责任制。

梳理保密工作规则制度。结合新出台的各项保密政策法规，梳理保密工作简要图解、保密知识、有关保密管理制度参考、保密工作相关模板等五部分25项内容，编印《日常保密工作指导手册》8000本，分发给全市机关、单位的领导干部和涉密人员，加强对全市机关单位保密业务的工作指导。整理完善有关保密工作禁止性质行为条款及规则，增印《防范失泄密工作指南》10000本，补发给新进的市、县直机关、单位干部职工，使各单位的工作人员做到行之有矩、动之有规，防范因工作失误造成失泄密。

【强化保密管理】

强化互联网计算机监控。推

进保密新技术、新产品的推广应用和装备配备，对市直机关的互联网计算机实施安装计算机文档操作安全审计系统，利用科技手段对计算机及网络信息源头进行保密管理，做到重点单位、重要科室互联网计算机监控全覆盖。截至2018年，全市共有77个单位1421台互联网计算机安装文档操作安全审计系统。

加大涉密计算机防护力度。指导市、县直机关、单位涉密信息系统计算机终端及涉密单机安装防护系统，杜绝涉密计算机违规外联及U盘交叉使用的问题，堵塞计算机及信息网络失泄密安全漏洞。

发挥自查自评上报统计系统作用。利用该系统部署市直机关单位完成“七五”保密法治宣传教育中期检查督导、互联网网络情况调查、《保密工作》征订通知、保密工作综治平安建设考评通知及考评材料报送等工作任务。

【做好保密服务保障】

搭建保密咨询平台。在全市搭建“电话指导”“预约指导”“上门指导”三级保密咨询指导平台，实行每周一例会制度，报告交流各单位保密咨询情况，分享讨论答疑解惑经验，提高业务指导能力水平。

坚持热线电话指导。针对大部分业务问题的咨询，继续使用保密热线电话“0596-2031248”，帮助解决各级各单位在开展保密工作中遇到的难题。2018年，共接到热线咨询电话182次，当场解决95%咨询业务的问题，得到全市机关单位干部的好评。

预约邀请服务指导。针对部分业务或文件管理员更换时需面对面咨询交流解答，采取“请进来”的方式，做好政策理论服务指导。特别是结合全覆盖工作督查，指导各单位做好存在问题的整改，并指导市纪委、市委组织部、市委宣传部、市档案局等单位做好涉密项目申报、确认手续。

主动上门现场指导。针对硬件建设需要且涉密业务较多的咨询，采取“走出去”到单位现场进行指导和服务。多次深入企业一线，服务并指导辖区企业申报保密资质，到市教育局、漳州卫生职业学院指导全国统一考试试卷保密室检查验收，发挥保密工作服务和安全保障作用。

做好保密配套服务。发挥保密工作职能作用，配合市政府办公室、市农业局等单位护航“6·18”海峡项目成果交易会、“农博会·花博会”等重要活动，提醒和指导各相关单位制定保密方案，把好教育培训关、技术防范关、载体管理关和保密审查关。同时，协助省国家保密局对全市保密资质单位进行保密资格审查、“双随机”（在监管过程中随机抽取检查对象，随机选派执法检查人员）抽查等日常监管工作。

（林炳南）

·信访工作·

【概 况】

2018年，漳州市信访局继续打造“阳光信访、法治信访、责任信访”，持续开展信访积案化解专项行动，打好重点领域、重点群体、重点问题、重点人员信访矛盾化解“四大攻坚战”，维护社会和谐稳定。全市信访继续呈现平稳向好的态势，群众进京到非接待场所，到国家信访局上访，进京、到省、到市集体访等重要指标总量少、且呈逐年下降态势；重点敏感时期、重要节会期间，全市社会保持安定稳定。2018年漳州市信访工作在全省设区市考评中蝉联第一名。

【打造“责任信访”】

把信访工作作为党的群众工作的重要组成部分，作为促进科学发展、构建和谐社会的重要政治任务，摆上重要议事日程，纳入全市总体工作中统筹谋划、安排部署。市委、市政府主要领导多次召开市委常委会、市政府常务会研究部署信访维稳等工作，坚持“属地管理、分级负责，谁主管、谁负责”的原则，强化责任主体的责任，把信访工作考核评价纳入综治平安和政府绩效考评主要内容，对不履行或者未能正确履行信访工作责任，造成工作被动、产生负面影响的，按《信访工作责任制实施办法》有关规定严肃处理。2018年，依法移送效能机关问责36人次。省信访联席会议简报《压实信访工作责任推动信访秩序持续好转》推广漳州市的工作经验。

【打造“阳光信访”】

以依法及时就地解决问题为目标，以让群众满意为标准，全力推进网上信访业务，成为主渠道。搭建集投诉、办理、查询、跟踪、监督、评价于一体的网上信访平台，实现全市信访信息系统全覆盖。2018年，漳州市网上信访占39.6%，比上年提升8.8%，信访方式更加理性、科学、规范。

“12345”便民服务高效率。整合除“110”、“120”、“119”、“122”等紧急救助电话之外的各部门热线电话，汇集各级各部门政务信息数据，实现漳州智慧民生公共服务新模式。2018年，通过电话、网站受理的有效诉求30302件，及时查阅率100%，及时办结率100%，群众满意率98.9%，推动大量矛盾纠纷和群众诉求及时就地得到解决。

人民网“地方领导留言板”解民忧。市信访局健全办理机制、规范办理流程，认真负责、高效督促承办单位依法依规办理。2018年，网民在人民网“地方领导留言板”上给漳州市市委书记留言49件，给市长留言38件，及时受理率和按时办结率均为100%，做到事事有答复，件件有回音。

【打造“法治信访”】

坚持用法治思维推动工作，用法治方式解决问题，用法治理念规范秩序，持续释放法治信访正效应。落实诉访分离和依法分类处理信访诉求，坚持法定途径优先，通过分流，大大提高信访诉求化解的效率，推动信访秩序好转。推行依法逐级走访，分级受理职责范围内的信访事项，把责任传导到基层，推动大批信访问题在基层解决。按照上级的要求，对以上访为名聚众滋事、冲击国家机关或在重点地区、重要部门聚集闹事、扰乱公共秩序的，坚决移送公安机关依法处理，维护正常信访秩序。

【全力推进“四大攻坚战”】

弘扬新时代“枫桥经验”，加强对重点领域、重点群体及重大活动、重要时段矛盾纠纷的排查，全部落实“问题清单”“责任清单”“任务清单”。发挥党政领导挂钩联系包案督办的引领示范作用，带动全市落实领导包案制度，综合运用行政、政策、法律、经济等手段和教育、协商、调解、疏导等办法，解决疑难复杂信访问题。2018年，中央交办信访积案19件、省交办的信访积案6件和市交办的信访积案50件全部息诉息访。特别是在市信访联席会议及联席办的大力推动下，漳州市房地产领域大量信访问题得到解决，2018年，仅市区就有18个项目、11244套房产信访问题得到解决。

【服务保障中心工作】

发挥信访预防预测预警功能，从源头上预防和减少信访问题发生，推动落实各项民生政策，主动跟进重大项目风险评估活动，为党委和政府制定完善政策、检验工作得失当好参谋，为工业发展加油助力。关注工程建设、项目及生产性企业农民工“欠薪”等问题，消除不稳定因素，为重大项目落地运行和工业健康发展营造宽松环境。在重大项目运行中的重要环节以及各个敏感节点的服务保障工作中，做好安保维稳各项工作，实现“三个不发生”（不发生集体进京上访、不发生群体性事件、不发生个人极端事件和舆论负面炒作），营造和谐稳定的社会环境。

（王东兴）

责任编辑：张永忠

漳州市人民代表大会

·市人大及直属机构领导名单·

【市第十六届人大常委会组成名单】

主　任　陈汉夫

副主任　吴达金　　李珊珊（女）

陈福州（2018年5月辞职）

张镇城　　刘加来

秘书长　沈茂欣

委　员（按姓名笔画为序）

王少华

王雅秋（女）

卢阿娜（女）　朱志宏

朱建池　　刘能涛

刘惠河　　许才发

阮授智　　吴志民

吴灿辉　　何素平

何　辉　　余永平

余　溪　　沈钦坤

张　琳

陈　昕（女）

林宏山　　林金波

欧阳晓红（女）

郑智平　　赵学田

高新建　　黄艺敏（女）

黄兆娟（女）　黄建国

曾勇平　　简经伟

简清溪　　戴鹏飞

【市第十六届人民代表大会法制委员会组成人员】（2017年1月）

主任委员

陈福州（2018年5月辞职）

副主任委员　简清溪　阮授智

委　员（按姓名笔画为序）

王雅秋（女）　朱志宏

余永平　　洪旭辉

蔡丽石美（女）

戴鹏飞

【市第十六届人民代表大会财政经济委员会组成人员】（2017年1月）

主任委员　　张镇城

副主任委员　　黄兆娟（女）

黄建国

委　员（按姓名笔画为序）

吴毅禧　　沈钦坤

张　琳　　林宏山

林金波　　简经伟

【市人大常委会党组书记、副书记】

书　记　陈汉夫

副书记　吴达金

党组成员

陈福州（2018年5月辞职）

张镇城　　刘加来

沈茂欣

·全国、省人大代表名单·

【十三届全国人大代表一次会议名单】

（按姓名笔画排列）

兰　臻（女）　刘　远

陆銮眉（女）　林华忠

郭晶晶（女）

【省第十三届人大第一次会议代表名单】

（省提名单列，分别按姓名笔画为序）

于伟国　　王敏夫

刘群英（女） 李　鸣
李珊珊（女） 李笃妙
吴洪芹（女） 张志南
林承通 梁晋阳
丁　勇 王俊欣
朱　真（女） 刘向东
刘　远 刘建顺
刘耀贵 苏志刚
巫燕华（女） 李志洪
李振辉 肖智勇
吴丁顺 吴志民
吴洪池 何才成
何　辉 沈艺斌（女）
张文龙 张文敏
张明东 张建生
陈力予 陈东海
陈汉夫 陈丽蓉（女）
陈海霞（女） 林玉梅（女）
林叶萍（女） 林丽琴（女）
林财火 林伯琪
林绍坤 周志德
周雅娟（女） 胡栋良
钟泽龙 钟　科
洪泰伟 洪敏俐（女）
高少萍（女） 黄日妹（女）
黄伟群（女） 黄庆华
黄志丽（女） 黄键鹏
黄满全 谢伟宏
蓝丽英（女） 赖玉春（女）
赖添财 赖鹏斌
蔡丽石美（女）
蔡清农 薛从福
檀云坤

【县（市、区）人大常委会领导名单】

芗城区人大常委会主任　魏方旭
芗城区人大常委会副主任
许木毕　汤如旭
刘南煌　雷黄文君
龙文区人大常委会主任　戴志嵩
龙文区人大常委会副主任
曾朝良　黄小兰
刘　敏　黄　毅
龙文区人大常委会党组副书记
潘良顺
龙海市人大常委会主任　郑明福
龙海市人大常委会副主任
李　晖　蔡丽枝
郭翠琴　苏麒辉
漳浦县人大常委会主任
陈少华（2018年12月辞职）
漳浦县人大常委会主任
刘达文（2018年12月任职）
漳浦县人大常委会副主任
王予军　张秀华
王朱申　王赐义
杨艺明
云霄县人大常委会主任　施仲达
云霄县人大常委会副主任
蔡美华　郑逢源
方成江　张亚屋
诏安县人大常委会主任　沈义和
诏安县人大常委会副主任
许秋平　林伍妹
沈东生　陈应华
东山县人大常委会主任　柳亚殊
东山县人大常委会副主任
林进平　朱德生
徐惠玲　黄林晖
平和县人大常委会主任
曾　民
平和县人大常委会副主任
林平东　江益权
庄汉土　林慧颖
南靖县人大常委会主任　曾连端
南靖县人大常委会副主任
吴王平　叶国富
杨志成　肖振龙
长泰县人大常委会主任　叶亚强
长泰县人大常委会副主任
黄健坡　王高发
李　华　黄荣文
华安县人大常委会主任　曾果生
华安县人大常委会副主任
庄启龙　邱龙生
陈锦白　李五卅

·重要人事任免·

【人事任免】

2018年1月8日，市十六届人大常委会第九次会议任命李铁军、林文井为漳州市监察委员会副主任。

2018年4月26日，市十六届人大常委会第十次会议决定任命陈艺章为漳州市科技与知识产权局局长。批准任命陈高山为龙海市人民检察院检察长，张文锋为东山县人民检察院检察长，李鲁漳为长泰县人民检察院检察长。

2018年5月9日，市十六届人大常委会第十一次会议决定接受陈福州辞去漳州市第十六届人民代表大会常务委员会副主任、漳州市第十六届人民代表大会法制委员会主任委员职务的请求，报漳州市第十六届人民代表大会第三次会议备案。

2018年12月26日市十六届人大常委会第十六次会议，决定免去陈艺章的漳州市科技与知识产权局局长职务，任命周俊雄为漳州市科学技术局局长；免去苏斌钢的漳州市经济和信息化委员会主任职务，任命苏斌钢为漳州市工业和信息化局局长；免去陈华的漳州市国土资源局局长职务，任命陈华为漳州市自然资源局局长；免去李明清的漳州市环境保护局局长职务，任命李志勇为漳州市生态环境局局长；免去郭福泉的漳州市农业局局长职务，任命郭福泉为漳州市农业农村局局长；免去林菁的漳州市旅游发展委员会主任职务，任命林菁为漳州市文化和旅游局局长；免去许鹃君的漳州市卫生和计划生育委员会主任职务，任命许鹃君为漳州市卫生健康委员会主任；任命林俊雄为漳州市退役军人事务局局长；任命张文力为漳州市应急管理局局长；免去何少华的漳州市外事侨务办公室主任职务，任命何少华为漳州市人民政府外事办公室主任；免去朱东风的漳州市工商行政管理局局长职务，任命朱东风为漳州市市场监督管理局局长；免去何伟燕的漳州市体育局局长职务，任命周志聪为漳州市体育局局长；任命林兆波为漳州市医疗保障局局长；任命李宏泰为漳州市地方金融监督管理局局长；任命林瑞安为漳州市人民政府信访局局长；任命吴志民为漳州市城市管理局局长；免去于晓岩的漳州市文化广电新闻出版局局长职务；免去方建平的漳州市食品药品监督管理局局长职务；免去曹阳的漳州市城乡规划局局长职务；免去陈木海的漳州市质量技术监督局局长职务。

·重要会议·

【漳州市第十六届人大第二次会议】

2018年1月6日—8日，漳州市第十六届人民代表大会第二次会议在芗城召开，出席代表412名。

会议听取和审议漳州市人民政府市长刘远关于漳州市人民政府工作的报告。审查和批准漳州市2017年国民经济和社会发展计划执行情况及2018年国民经济和社会发展计划草案的报告，批准漳州市2018年国民经济和社会发展计划；审查和批准漳州市2017年预算执行情况及2018年预算草案的报告，批准漳州市2018年市本级预算。听取和审议漳州市人民代表大会常务委员会主任陈汉夫关于漳州市人民代表大会常务委员会工作的报告，听取和审议漳州市中级人民法院代院长罗雄关于漳州市中级人民法院工作的报告，听取和审议漳州市人民检察院检察长黄秀强关于漳州市人民检察院工作的报告。会议举行选举。

1月8日下午，漳州市第十六届人民代表大会第二次会议选举林叶萍为漳州市监察委员会首任主任，补选罗雄为漳州市中级人民法院院长；补选欧阳晓红、曾勇平为漳州市第十六届人民代表大会常务委员会委员；选举产生漳州市福建省第十三届人民代表大会代表，其代表资格须报福建省人大常委会审查和确认。表决并通过了上述六个工作报告的决议。

·主要工作·

【概　况】

2018年，漳州市十六届人民代表大会（以下简称市人大）常委会共召开12次主任会议，9次常委会会议，听取和审议26项专项工作报告，开展24次调研、视察，检查13部法律法规施行情况。

【履行职责】

贯彻落实市委决策部署　听取和审议26项专项工作报告，组织24次调研视察，检查13部法律法规施行情况。全年依法任免国家机关工作人员60人次，及时任命监委和机构改革涉及的政府部门负责人，市委推荐的26名人选成为“一府一委两院”的

领导人员。主动向市委请示报告12件次。

推动经济发展 听取和审议计划执行情况报告，在抓牢抓实增长点、扶持壮大实体经济、优化服务保障等方面提出对策建议；听取“十三五”规划纲要实施情况的中期评估报告，提出“紧盯主要指标、聚焦主要任务、全面统筹协调发展”的审议意见。开展关于壮大花卉苗木产业的调研，建议强化政府主导、规划先行，加大引资引智力度、增强研发能力，促进产业规模化、标准化、智能化；开展关于做大做强“六条鱼”（石斑鱼、对虾、罗非鱼、鲍鱼、鲈鱼、河豚）产业的调研，建议尽快解决规划实施不到位、冷链发展滞后、质量安全意识不强等问题；专题调研漳州市现代物流产业发展情况，建议加快区域物流节点规划布局和物流基础设施建设，扶持培育物流龙头企业，解决物流企业发展中的难题，构建现代物流网络体系；结合乡村振兴战略的实施，专题调研少数民族乡村特色经济发展情况，听取审议市政府报告，推动全面落实帮扶政策，促进融合民族文化元素发展特色产业。贯彻落实省委关于区域协同发展的决策部署，会同厦门、泉州、龙岩、三明四市人大，探讨发挥职能作用，建立协同工作机制，推动闽西南协同发展区加快建设。

促进生态建设 听取和审议《漳州生态文明建设示范市规划（2016—2020）》编制情况报告。专题调研全市环境状况和环境保护目标完成情况，听取审议市政府报告，跟踪“清新水域”“洁净蓝天”“清洁土壤”“生态建设”四项工程进展，督促《中心城区重要生态空间实施保护决定》落实、“五湖四海”（碧湖、西湖、西院湖、九十九湾湖、南湖；荔枝海、香蕉海、水仙花海、四季花海）和九龙江畔“双百”（在九龙江西溪、北溪河道四岸种植大树和开花乔木，行成百花齐放、百树成荫的沿江景观）绿化工程等项目建设。

落实预算决算和审计监督 听取和审议预算执行情况、市本级财政决算的报告，审查批准市本级决算；加强地方债务管理监督，审查批准2018年市本级政府债务限额及新增政府债券资金预算调整；听取审议2018年“同级审”报告及审议意见整改落实情况的报告，督促22个审计发现问题整改到位、34条审计建议有效落实，增强审计监督实效，严肃财经纪律，规范财政资金运行。

关注民生 推动上学难、看病难、养老难、出行难、公共配套差等“四难一差”问题的解决。持续组织脱贫攻坚工作监督。持续跟踪督查市区学前教育发展，开展集中视察，听取审议市政府报告，进行满意度测评，推动工作取得阶段性成效，市区公办幼儿园新增11所、在建13所。持续监督市区农贸市场改造提升工作。听取审议乡村卫生服务一体化管理建设、医保专项基金使用管理情况的报告。专题调研华侨农场改革、公共体育设施建设和饮用水水源保护等工作情况。

监督“两院”工作 听取和审议市法院行政审判工作情况报告，针对行政审判工作涉及的立案、应诉、诉权滥用、知情权、执行难等社会关注的问题，开展专题询问，委员和代表与应询人员进行深入沟通，在规范案件审理、延伸审判职能、加强协调和解等方面提出意见建议。听取和审议市检察院公诉工作情况报告，促进检察机关提升公诉案件质量和诉讼监督能力、完善沟通协调机制、加强公诉队伍建设。专题调研法律援助工作，维护困难群众合法权益。2018年，受理群众来信、接待来访476件（批），围绕人民群众信访的主要问题，深入分析研判，加强转办督办和跟踪落实，促进群众合理诉求得到解决，化解矛盾风险，维护社会和谐稳定。

推进地方立法 健全法制委员会统一审议、审议意见反馈报告的制度。引导公众有序参与立法工作，征集2019年度立法计划建议项目7项、法规草案修改建议400多条。2018年，《漳州市城市公共停车管理规定》获省人大常委会批准，2019年1月1日起施行。《漳州市市区内河管理规定（草案）》通过三审，正按程序报批。《漳州市饮用水水源保护办法（草案）》通过初审，《漳州市古城保护条例》《漳州市建筑垃圾管理办法》启动立法调研。

强化法律法规实施检查　组织检查科学技术进步和旅游“一法一条例”执行情况。调研检查“门前三包”责任区管理规定实施情况。配合省人大开展《中华人民共和国防震减灾法》《中华人民共和国传染病防治法》《中华人民共和国大气污染防治法》《福建省防震减灾条例》《福建省河道保护管理条例、福建省促进革命老区发展条例》《福建省非物质文化遗产保护条例》《福建省少数民族权益保障条例》《福建省拥军优属条例修正案（草案）》《福建省林业有害生物防治检疫条例（草案）》共9部法律法规执行情况检查和立法调研，促进法律实施和法制完善。

加强备案审查和立法后评估　依法对40件政府规范性文件进行备案审查；全面清理漳州市生态环境保护地方性法规、规章和规范性文件，并开展清理“回头看”活动。建立健全立法后评估机制，探索通过社会化途径购买立法服务，委托第三方开展《漳州市市容和环境卫生“门前三包”责任区若干规定》的立法后评估，通过现场查看、召开座谈会、专题调研、向执法人员和社会公众发放调查问卷等形式，广泛征集意见建议，真实评价立法效果，积累立法经验。

【夯实基础】

基层人大建设　贯彻落实中央、省委关于加强县乡人大工作和建设的意见，专题调研检查市委有关文件精神的落实情况，推动各县（市、区）党委加强领导，支持和保障县乡人大依法履职，解决一些长期制约基层人大发挥作用的问题。加强县乡人大组织机构和干部队伍建设力度，县级人大设立财经、法制专门委员会的要求得到落实，提高县级人大常委会组成人员专职化比例，乡镇人大主席团（街道工委）达标配置全部到位。

代表工作平台建设　开展检查督查、专题调研，召开现场推进会，推动基层代表联系群众活动室建设不断提升和完善。2018年，全市共建立418个代表活动室，实现所有乡镇（街道）全覆盖，并延伸到部分开发区和行业协会；启动五级人大代表混合编组，依托代表活动室开展主题活动，更好发挥代表桥梁纽带作用。拓展代表履职网络服务平台功能，增加服务内容，提高信息化水平，方便代表履职；加强代表履职管理，规范代表履职信息申报和履职活动登记。

代表履职能力　组织部分代表到全国人大培训基地参加业务培训。围绕坚持高质量发展落实赶超等主题，组织代表开展专题调研、集中视察和科普考察等活动，更好发挥代表围绕中心、服务大局的作用。组织人大代表230人次参加立法调研、执法检查、专项督查等活动，邀请基层代表列席常委会会议，扩大代表参与常委会工作的深度和广度。常委会组成人员深入基层，走访联系代表，听取代表意见建议；定期向代表寄送人大刊物、工作资料，运用人大网站、手机信息等平台向代表通报工作动态，保障代表知情知政。

代表建议办理　2018年办理152件建议、批评和意见。坚持把党政关注、群众关切、民生福祉的事项作为督办重点，确定壮大实体经济、发展花卉产业、改造提升市区农贸市场、加快市区公办幼儿园建设、解决市区房屋产权登记历史遗留问题共5件重点督办建议，市人大常委会领导牵头督办，相关委室全程跟踪。组织办理工作专项督查和重点抽查，开展满意度测评，邀请代表参与监督，推动办理单位健全机制、强化责任，不断提高代表建议办理质量。

（林东鑫）

责任编辑：王文潮

漳州市人民政府

·市、县（市、区）政府，市属及驻漳中央、省属机构正副职领导名单·

【市长、副市长名单】

市　长　刘　远

副市长　张慧德　谢毅泰
　　黄华安　张翼腾
　　兰万安　沈志平
　　陈水树　吴卫红（女）
　　王文刚

【市政府所属机构及市属副处级以上企事业单位正副职领导名单】

市政府秘书长　戴福康

市政府副秘书长　李亚树
　　黄银寿　钟连海
　　罗道焜　李志勇
　　李宏泰　魏晓荣
　　马桂秋

市政府办公室主任　李亚树

市政府办公室副主任　洪海涛
　　林瑞安　陈叶伟
　　戴明利　陈作术

市政府督查室主任　蔡加立

市政府发展研究中心副主任
　　黄志坚

市国资委主任　庄文海

市国资委副主任　林纬奇
　　江志强

市委、市政府信访局局长
　　林瑞安

市委、市政府信访局副局长
　　刘宝明

市政府新闻办公室主任
　　陈惠贞（女）

市政府新闻办公室副主任
　　韩水海

市中级人民法院院长　罗　雄

市中级人民法院副院长
　　陈志福　王文平
　　盖志凌　郑通斌

市人民检察院检察长　黄秀强

市人民检察院副检察长
　　张镇国　沈延辉
　　陈鸿鹏　胡亚全

市公安局局长　黄华安

市公安局常务副局长　黄跃欣

市公安局副局长　许　佳
　　肖进才　吴　勇

市司法局局长　林　方

市司法局副局长　林志坚
　　顾贤生　洪春煦
　　郭龙庆

市教育局局长　黄江辉

市教育局副局长　许九山

市退役军人事务局局长、市“双拥”办主任　林俊雄

市退役军人事务局副局长
　　蔡　建　游永学

市行政服务中心管委会主任
　　黄银寿

市行政服务中心管委会副主任
　　丁建木　许珠金

市自然资源局局长　陈　华

市自然资源局副局长　何金才
　　张其扬　沈建国
　　林泗桢　欧阳振山
　　郑凯木　林远鹏
　　许德生

市生态环境局局长　李志勇

市生态环境局副局长　黄育宗
　　谢卫东　陈秀宁（女）

市应急管理局局长　张文力

市应急管理局副局长　蓝良木
　　许文辉　江荣山

谢栋明　余文胜

市政府外事办公室主任　何少华

市政府外事办公室副主任　沈河阳

市侨务办公室主任　许惠勇

市林业局局长　姚珠成

市林业局副局长　姚庆端

陈荣法　苏友聪

市农业农村局局长、市扶贫办主任　郭福泉

市农业农村局副局长　林可登

叶明东　胡大义

苏明河

市水利局局长　吴　敏

市水利局副局长　陈进光

林建阳　蔡英明

朱维民

市海洋与渔业局局长　刘亚良

市海洋与渔业局副局长

苏础皮　周佩钦

周宽哲

市工业和信息化局局长　苏斌钢

市工业和信息化局副局长

周智生　李志杰

林国瑞　林益生

市市场监督管理局局长　朱东风

市市场监督管理局副局长

陈木海　林绍稳

施文旭　赖云明

许春桥　林丽卿（女）

卢蔚霖　许永旦

张　红（女）李新长

庄政江　李佳宁

市知识产权局局长　吴义添

市供销合作社主任　欧阳圣

市供销合作社副主任　林照宇

许伟明

市二轻集体工业联社副主任

陈方青（女）陈国宏

市交通运输局局长、市交战办主任　傅佳学

市交战办副主任　黄进安

市交通运输局副局长　黄卫民

黄正琦　林　云

胡特新

市邮政管理局局长　黄正琦

市公路局局长　林长河

市发改委主任　苏孝道

市发改委副主任　阮亚祥

徐建太　刘兆民

陈　林（女）

市粮食和物资储备局局长　宋志林

市粮食和物资储备局副局长

蔡港溪　郭跃辉

市人力资源和社会保障局局长　李辉煌

市人力资源和社会保障局副局长

朱云龙　杨火旺

吴苏武　张昆平

承继忠

市财政局局长　沈永祥

市财政局副局长　沈永智

游婉瑜（女）张海鹏

市审计局局长　曾妙玲（女）

市审计局副局长　张孔亮

郑清松　吴春金

市统计局局长　黄井南

市统计局副局长　欧阳辉

李耀华

市地方金融监督管理局局长、市金融办主任　李宏泰

市地方金融监督管理局副局长

曾平西　林阿江

市民族与宗教事务局局长　蒲少城

市民族与宗教事务局副局长

林德安　吴火进

郑溪华

市民政局局长、市老区办主任　陈　彪

市民政局副局长　龚友强

陈金生

市商务局局长、市口岸办主任　曾建新

市商务局副局长　郑亚能

林建成　傅毅琳（女）

中国国际贸促会漳州市支会会长　邱亚明

中国国际贸促会漳州市支会副会长　赖敏生

杨丽珲（女）李跃祥

市住房和城乡建设局局长、市人防办主任　蔡兴州

市住房和城乡建设局副局长、市人防办副主任

方怡海　王礼福

吴龙勇　张永金

陈琼辉　林同池

市城市管理局局长　吴志民

市城市管理局副局长　陈维福

张国华　甘从春

市科学技术局局长　周俊雄

市科学技术局副局长

赵月英（女）蔡亚河

方妙珠（女）

市地震局局长　周伟辉

市地震局副局长　黄文斌

邹国财
市体育局局长 周志聪
市体育局副局长 方春明
何先进 朱伟贤
赵宝伟
市文化和旅游局局长、新闻出版广电局局长、市文物局局长
林 菁（女）
市文化和旅游局副局长 于晓岩
赵金花（女）
曾朝阳 蔡绿漪（女）
简奕耕 游 瑛
曹明福 杨勇琦
市政府驻北京联络处主任
戴立新
市政府驻北京联络处副主任
石毅玲（女）徐建太
市政府驻上海联络处主任
罗道琪
市政府驻深圳办事处主任
蔡路生
市政府驻福州办事处主任
吴泽宇
市卫生健康委员会主任
许鹃君（女）
市卫生健康委员会副主任
余绍麟 张子华
李浩添 陈 红（女）
郭丽瑞
市疾病预防控制中心主任
蔡茂荣
市卫生监督所所长 汤锦升
市医院院长 蔡铭智
市中医院院长 陈鲁峰
市医疗保障局局长 林兆波
市医疗保障局副局长
高文叶（女）
市医疗保障基金管理中心主任
李国华
漳州职业技术学院院长
康溪顺
漳州职业技术学院副院长
何小青 戴延寿
杨传民
漳州卫生职业学院院长
沈国星
漳州卫生职业学院副院长
沈小美（女）房立平
陈义三
漳州城市职业学院院长
刘惠河
漳州城市职业学院副院长
林良海
福建广播电视大学漳州分校校长
李 然
福建广播电视大学漳州分校副校长
陆志洪（女）吕峰鹏
漳州第一中学校长 方跃飞
漳州工业学校校长 王小峰
漳州财贸学校校长 李金德
漳州高级技工学校校长
詹百灵
漳州招商局经济技术开发区管委会主任 丁 勇
漳州招商局经济技术开发区管委会副主任 赵卫朋 孔晓华
郑明辉 刘永祥
林朝晖
常山华侨经济开发区管委会主任
施爱武
常山华侨经济开发区管委会副主任
高振灵 何少栋
古雷港经济开发区管委会主任
卢 力
古雷港经济开发区管委会副主任
章 洲 林培兴
陈智超 李 翀
张庆东
漳州台商投资区管委会主任
蔡总平
漳州台商投资区管委会副主任
陈智勇 纪志鹏
何华成 蔡俊文
蔡石鹰（女）
漳州高新技术产业开发区管委会主任
李亚容
漳州高新技术产业开发区管委会副主任 田允瑞 谢宏坤
陈建进

【县(市、区)人民政府领导名单】

芗城区人民政府区长 吴洪池
芗城区人民政府副区长
石振棋 李向东
黄乃光 林建成
蓝础金（女）陈建生
戴木典 黄艺群
朱学森
龙文区人民政府区长 胡栋良
龙文区人民政府副区长
黄泽奇 黄松珠（女）
林贤丽（女）戴晓清
陈爱国 林伟强
叶 毓 卢 坚
陈再顺
龙海市人民政府市长 何才成
龙海市人民政府副市长
蔡三蛇 林香娣（女）
黄全海 李伟民
张志祥 卢秀云（女）

苏诚斌　林茂成

漳浦县人民政府县长　黄庆华

漳浦县人民政府副县长

黄国峰　陈美慧（女）

郑世然　陈伟红

蓝主保　陈伟强

陈志伟

云霄县人民政府县长　张明东

云霄县人民政府副县长

方伟仪　康　鸿

周志坚　冯建辉

林进财　林立鹏

李　赓　黄福升

叶天送　陈　义

吴锦城　曹　威

诏安县人民政府县长　洪泰伟

诏安县人民政府副县长

孙洪强　方晓冬

蔡溪根　林惠溪

程小彬　陈龙跃

叶　芳（女）邱　勇

吴文泽　黄佳鸣

林志盛　谢良辉

洪耀荣

东山县人民政府县长

朱　真（女）

东山县人民政府副县长

王文生　陈汉武

王朝玲（女）林文生

林　晖　肖华顺

林裕辉

平和县人民政府县长　吴丁顺

平和县人民政府副县长

蔡绿璇（女）朱新丰

林文利　曾庆丰

周志伟　林丽玲（女）

陈志亮　曹　斌

罗耀聪　王亚能

南靖县人民政府县长　钟　科

南靖县人民政府副县长

詹文华　何东平

庄龙图　杨燕明

刘升蔚　赖国贤

张鸿钦　李　真（女）

邵华凯

长泰县人民政府县长　陈力予

长泰县人民政府副县长

叶水山　王杰东

林清发　姚晓明（女）

沈元标　方泗平

李志刚

华安县人民政府县长　陈东海

华安县人民政府副县长

林炎山　罗永生

杨子川　郑燕娟（女）

陈石金　韩建华

杨景德　陈国栋

李炳后

【驻漳中央、省属机关企事业单位正副职领导名单】

市税务局局长　蔡纪平

市税务局副局长　王　彬

林满河　林绍君

肖　文　陈智聪

康小容　翁锦晖

李金华　黄瑞銮（女）

中国财产保险公司漳州分公司总经理　许捷宏

中国财产保险公司漳州分公司副总经理　陈跃峰　倪盎林

杨惠民

中国人寿保险公司漳州分公司总经理　陈纪葵

中国人寿保险公司漳州分公司副总经理

方丽勤（女）

张　蓉（女）黄瑞金

漳州海关关长　陈鹏祥

漳州海关副关长　朱正文

朱　斌　丁芸青

黄　伟　陈春成

刘顺国　周宽彧（女）

漳州边检站副站长　王哲恺

国网漳州供电公司总经理

洪卫东

国网漳州供电公司副总经理

赖国书　黄炜宏

张茂林　林惠文

中国电信漳州分公司总经理

张文福

中国电信漳州分公司副总经理

方东红　蔡俊华

曾志聪

中国移动漳州分公司总经理

魏汉辉

中国移动漳州分公司副总经理

姜建军　魏　斌

李志勇

中国联通漳州分公司总经理

王启文

中国联通漳州分公司副总经理

张正龙　王春峰

中国邮政集团公司漳州分公司总经理　周文俊

中国邮政集团公司漳州分公司副总经理

李春生　阮顺利

市气象局局长　童以长

市气象局副局长　蒋宗孝

官义明

市无线电管理局局长　黄清山
市无线电管理局副局长
戴满山
漳州烟草专卖局局长、经理
罗万达
漳州烟草专卖局副局长
姜传碧　陈明章
漳州烟草专卖局副经理
林亚头
中国银行业监管会漳州监管分局局长　黄　俊
中国银行业监管会漳州监管分局副局长
蓝志忠　方育民
中国人民银行漳州中心支行行长
林宏山
中国人民银行漳州中心支行副行长
林进忠　伊志峰
李明金　吴晋勇
中国农业发展银行漳州分行行长
戴志勇
中国农业发展银行漳州分行副行长
徐建国　沈永春
中国银行漳州分行行长
李宜玲（女）
中国银行漳州分行副行长
方国梅　高跃力
潘开盛　詹　艺
中国工商银行漳州分行行长
王黎强
中国工商银行漳州分行副行长
江建平　杨　鹏
庄文聪
中国建设银行漳州分行行长
林斯勇
中国建设银行漳州分行副行长
欧阳亚榕　欧阳曙光
杨建斌
中国农业银行漳州分行行长
吴　辉
中国农业银行漳州分行副行长
何学斌　郑毅锋
福建兴业银行漳州分行行长
陈志伟
福建兴业银行漳州分行副行长
蔡和生　傅永灿
洪跃峰
闽南师范大学校长　李顺兴
闽南师范大学副校长　何绍福
蒋一婷（女）林致远
张龙海

·市政府工作综述·

【重点项目】

2018年，漳州市新开工亿元以上项目418个，建成或部分建成150个。工业投资完成880.51亿元，比上年增长10.4%，占全市固定资产投资33.8%，“金龙汽车”、“三宝耐腐蚀热轧卷板”、“福欣节镍不锈钢”开工，云霄抽水蓄能电站正式启动。“腾龙翔鹭”整改修复进展顺利，“PTA”生产稳定，“古雷炼化”一体化一期加快建设。古雷石化基地安全检查站建成投用，成为国内首个封关运行的石化专业园区。厦漳同城大道、沿海大通道、厦蓉高速路改扩建工程、九龙岭花都一号隧道、花都二号隧道建成通车。

【产业升级】

2018年，漳州市出台促进民营企业发展、扶持服务业、旅游业、食品产业、钟表产业等系列政策，设立食品产业发展基金。全市补办企业不动产权证209本，减税降费72亿元。新增（新上）规模工业企业110家、服务业企业22家，新增“科技小巨人”33家、高新技术企业40家、境外上市企业2家，技改投资比上年增长25%，第三产业比重比上年提高0.8个百分点。实施全域旅游三年行动计划，接待游客人数、旅游总收入分别比上年增长20.9%和33.7%。建筑业完成产值617.62亿元。

【现代农业】

2018年，漳州市继续推进国家农业可持续发展试验示范区和农业绿色发展试点先行区建设。水果、蔬菜、茶叶、食用菌、水产、畜牧、花卉苗木、林竹、中药材九大特色优势产业发展势头良好。扶持壮大“三朵花、三泡茶、四珍菌、六条鱼、十大果”（“三朵花”：水仙花、兰花、三角梅；“三泡茶”：华安铁观音茶、平和白芽奇兰茶、诏安八仙茶；“四珍菌”：双孢蘑菇、杏鲍菇、金针菇、白背木耳；“六条鱼”：石斑鱼、对虾、罗非鱼、鲍鱼、鲈鱼、河鲀；“十大果”：蜜柚、枇杷、杨梅、荔枝、龙眼、香蕉、芦柑、青梅、菠萝、百香果）。

【“三大攻坚战”】

2018年，漳州市为打好“三

大攻坚战”（防范化解重大风险、精准扶贫、污染防治），实现建档立卡贫困人口2146人、17个贫困村全部脱贫摘帽，完成当年新增28户贫困无房户、665户危房户房屋修建，重点贫困县农村低保标准提高到每人每年6960元。在全省率先实现科技特派员行政村全覆盖。诏安县被评为“2018年度中国十佳脱贫攻坚与精准扶贫示范县市”。中央和省环保、土地、海洋等督察反馈问题得到整改，全面落实河湖长制。完成植树造林1.04万公顷。全市不良贷款率2.06%，比2018年初下降1.13个百分点。

【“生态+”模式】

2018年，漳州市南山文化生态园、西院湖生态园、侨村“城市会客厅”建成开放，西湖生态园基础设施配套全面开工，“生态+”成为百姓点赞、各界认可的漳州新名片。开展规划区范围1986平方公里“一张图”编制。全市新增停车泊位4550个，中心城区第二水源、第二气源开工建设，中部生活垃圾焚烧发电厂建成投用。漳州市入选全国城市黑臭水体治理示范城市。开展农村人居环境整治、铁路沿线环境整治、“两违”（违法占地、违法建设）综合治理百日会战，新增美丽乡村121个，新建乡镇污水处理设施23个，新建改造城乡公厕246座，拆除违法建筑面积938.4万平方米。

【营商环境】

稳步做好机构改革，2018年新组建的市直部门于2018年底全部挂牌成立。启动“漳州通”APP建设，企业开办时限压缩到5天以内，全市92.7%的审批服务事项实现“一趟不用跑”和“最多跑一趟”，率先在全国实施审批服务“智能秒批”新模式。加快落实证照分离、“多证合一”等商事制度改革，出台促进漳台交流合作58条措施，新批台资项目82个，合同利用台资6.8亿美元。成功举办两岸企业家峰会古雷石化产业合作发展论坛、第五届海峡（漳州）茶会、第十届农博会·第二十届花博会。组团参加中国国际进口博览会、中国国际投资贸易洽谈会、数字峰会等活动。

【社会事业】

2018年，开工建设市职教园区、漳州一中新高中部。新建公办幼儿园83所，新增幼儿园学位22410个、中小学学位30521个。位于高新区的市医院新总院开工建设。新增医疗床位1200张、养老床位3426张、卫技人员2235人。新建保障性安居工程住房10084套、“安得广”惠民安居工程住房3378套。芗剧现代戏《谷文昌》代表福建晋京展演。《漳州海洋与渔业文化丛书》获得国家海洋优秀科技图书奖。参加第十六届省运会和第十届老健会，取得好成绩。

【专项工作】

全国畜禽养殖废弃物资源化利用现场会在漳州召开 2018年11月，全国畜禽养殖废弃物资源化利用现场会和首次国家农业可持续发展试验示范区座谈会在漳州召开。中共中央政治局委员、国务院副总理胡春华出席会议并讲话。漳州的化肥减量化使用模式、畜禽养殖废弃物资源化利用第三方社会化运作模式和整县推进模式列入全国十大典型模式。

中国钟表名城 2018年，漳州市被中国钟表协会授予“中国钟表名城”称号。

中国食品名城（漳州）食品交易会在漳州举办 2018年12月29日，2018中国食品名城（漳州）食品交易会在漳州海峡两岸农产品物流城举办。交易会集中展示漳州名优食品，搭建地方生产企业与全国经销商的对接交易平台。交易会汇聚全市食品企业445家，展示交易产品3000多种，来自全国的重点经销商2650人参会。交易会的现货交易和协议交易金额合计18.36亿元。

南山文化生态园 南山文化生态园是漳州市区“五湖四海”（南湖、碧湖、九十九湾湖、西湖、西院湖；荔枝海、水仙花海、香蕉海、四季花海）的重要组成部分，地处九龙江西溪南岸，规划总面积3平方公里，核心区面积1平方公里。主要特点：一是彰显“原生态”。围绕“田园都市、生态之城”定位，践行生态修复、功能修补的“城市双修”理念，构建“山江湖寺桥”相融合的休闲环境。二是融合“文化味”。整合提升千年古刹南山寺的周边环境，展现碧水环青山、花海拥古刹、丹霞伴秋色、乐活享南山，重塑龙溪古景“朝丹暮霞”。建成南山书院、天福茶庄、陶艺馆、奇石馆、古琴馆、三角梅主题公园等文化设施。三是植入“产业圈”。依托甲骨文双创基地和片仔癀健康医疗产业街区，规划建设丹霞驿、桥南美食店、温泉酒店等项目。

漳州经验入选改革开放40周年“福建影响力”案例 漳州的《五湖四海：漳州市探索“生态＋”发展模式》《漳州110：全国公安战线的一面旗帜》《捍卫消费权益：福建首发中国“315”维护权热线》《漳州市打造“花样漳州”全域旅游目的地》《漳州市数字办“漂流自助共享书吧”》《漳州市商务局首创“一店一户一码”创新电商扶贫模式》共6项经验做法入选《改革开放40周年“福建影响力”案例》。

（谢王辉）

·经济发展研究·

【编辑刊物】

2018年，市政府发展研究中心继续提升机关刊物《漳州经济研究》的质量和时效，围绕市委、市政府工作中心，选取“走进新时代”“壮大实体经济”“乡村振兴”“发展食品产业”“养老产业”“工业设计”6个办刊主题编辑出版《漳州经济研究》6期，刊载稿件70多篇，约27万字。同时，还编印“名校集团化办学的杭州探索”“混改：中国建材重组千家民企”“促进我市养老服务体系建设的几点建议”“我市企业家对工业设计有五盼”“工业设计为漳州制造点石成金”“推动建设九龙江下游三角洲文化旅游黄金走廊的思考”6期《决策参考》，约2万字，为漳州市委、市政府决策提供服务。

【课题调研】

2018年，围绕全市重点、热点问题，先后选取食品产业、养老产业、工业设计、高质量发展等相关课题，牵头与市直相关部门开展联合调研，并形成《促进我市养老服务体系建设的几点建议》《工业设计为漳州制造点石成金》等一批高质量的调研报告，其中《漳州市养老服务体系建设对策建议》被刊载于市委机关刊物《漳州通讯》2018年第3期。同时，配合省政府办公厅及省政府发展研究中心调研组开展有关对外经济发展、产业转型升级、县域经济发展、“百千万支撑工程”实施进展、优化产业投资和高新技术企业培育、引进企业高精尖科技人才等专题调研活动。

【推动融合发展】

2018年，参与全市农业可持续发展试验示范区和农业绿色发展试点先行区建设工作，参加龙文区蓝田镇、朝阳镇撤镇改街事宜进行的调研活动，先后就《政府工作报告》、漳州农业绿色发展、水仙花产业保护、农村宅基地政策完善、电动车安全等提出意见和建议，其中《农村宅基地三权分置实施中存在问题与建议》，被全国政协办公厅采用。

（盖海峰）

·人力资源和社会保障·

【就业创业】

2018年，漳州市实现城镇新增就业4.64万人，完成年任务数4.6万人的100.9%；城镇下岗失业人员实现再就业1.33万人，完成年任务数1.3万人的102.3%，其中就业困难对象再就业3274人，完成年任务数2700人的121.3%；城镇登记失业率为2.45%，控制在任务数3.6%以内。

搭建就业平台 2018年全市各级公共就业服务机构举办各类招聘会173场，用人单位进场招工4216家次，提供就业岗位9.12万个，达成就业意向4.39万人次。与厦门、泉州、龙岩、三明四市共同在漳州主办第一届闽西南协同发展区人才交流大会，进一步促进区域人才资源共享和

2018年1月26日，在漳州召开全市人社工作会　（蓝志杰 摄）

优化配置。

促进高校毕业生就业　2018年，全市高校毕业生离校未就业实名登记就业2036人，登记就业率99.32%。新增6家市级就业见习基地，参与就业见习毕业生518人，补贴资金265.44万元。发放高校毕业生求职创业补贴252.8万元，惠及毕业生1264人。

开展人社精准扶贫　2018年，全市帮扶建档立卡贫困户实现就业1913人，发放公益性岗位资金615.42万元。组织开展农村贫困家庭劳动力就业培训299户，不断提升就业创业能力。实施精准扶贫"三千"（面向漳州市招收建档立卡贫困户学生和贫困地区云霄县、诏安县、平和县3个省级扶贫开发重点县的学生1000人，到市属高职院校就学；征集重点企业、好企业岗位1000个，引导学生与企业签订就业合同，实现招生即就业；筹集资金1000万元，专项用于资助贫困学生入读职业院校和就业）工程，5所市属高职院校的建档立卡贫困毕业生15人和贫困地区贫困毕业生161人全部实现就业，征集企业与贫困生1068人签订就业意向协议。

落实惠企减负政策　2018年，漳州市企业失业保险费率单位缴费部分从1%降为0.5%，为用人单位减轻负担失业保险费6200万元。全市6037家用人单位下调工伤保险费率，为用人单位减轻负担工伤保险费470万元。实施失业保险援企稳岗政策，共受理符合稳岗补贴条件的企业114家，发放补贴金额665.58万元，惠及职工2.81万人。

【社会保障】

2018年，全市城镇职工基本养老保险参保68.86万人，比2017年增长7.46%；工伤保险参保73.14万人，比2017年增长8.39%；失业保险参保41.37万人，比2017年增长5.15%；城乡居民基本养老保险参保213.85万人，参保率达97.82%。

全面实施全民参保计划　全市各级社保经办机构主动适应新常态，着力扩面征缴，城镇职工、城乡居民基本养老保险参保扩面30.35万人，完成省人社厅下达任务数23.92万人的126.83%。

完成便民信息化平台建设　投资988万元在全市743个行政村（社区）完成建设城乡居民养老和医疗保险村级便民信息化平台，实现城乡居民养老保险业务申报"不出村"。

逐步提高基本养老金　2018年，为企业退休人员14.771万人提高基本养老金，月人均增加130元；为机关事业单位退休人员4.65万人提高基本养老金，月人均增加179.18元。

【人才队伍建设】

拓宽人才引进渠道　坚持"走出去、请进来"的工作方式，组织38家教育、卫生领域企事业单位赴吉林大学、东北师范大学等8所高校招聘人才，共提供医生、教师等岗位269个，现场达成初步就业意向706人。同时，依托2018年农博会·花博会，达成人才合作项目26个，现场集中签约项目15个，有中高级人才达成就业意向447人。

统筹推进人才队伍建设　聚焦高精尖缺，2018年共引进省工科类青年147人，省级高层次人才96人，市级高层次人才79人。深化职称制度改革，通过下放管理权限、创新评审方式等，促进地区、行业间人才结构调整和合理布局，2018年全市高、中、初级专业技术人才分别增加315人、3394人、3015人。培育高技能人才，新增高技能人才5300人，其中技师184人、高级技师31人，获批第三批省技能大师2人。建成国家级技能大师工作室1家，省级技能大师工作室9家。

开展引智项目申报 入选2018年国家引进境外技术、管理人才项目计划1个。入选2018年度福建省“外专百人计划”2人，是漳州市引智项目首次入选省“外专百人计划”（指2013年启动的全省重大引智专项计划，依托重大项目建设、重大科技专项以及企业、园区、高校、科研机构和其他事业单位，计划用10年时间引进100名高层次创新创业外国专家）。入选福建省“服务重点扶贫县、革命老区苏区发展及闽台合作引智专项计划”项目4个。获批博士后创新实践基地3家。

2018年12月1日，在漳州举行首届闽西南协同发展区人才交流大会
（叶国华 摄）

【和谐劳动关系】

规范收入分配秩序 2018年，漳州市城镇居民人均可支配收入增长8.1%，规模以上人力资源服务业营业性收入增长160%。推进公立医院薪酬制度改革，起草漳州市公立医院总会计师年薪制管理办法。组织对市直30个单位进行“1＋X”津补贴专项督查，开展机关事业单位在职人员工资关系迁转自查自纠。完成机关事业单位工作人员基本工资标准调整和增加机关事业单位离休人员离休费工作。稳步推进县（市、区）国企薪酬制度改革，已批复龙海市、龙文区的改革意见。

落实劳动合同制度 树立集体协商示范点56个，推荐上报全国模范劳动关系和谐企业1家、全国和谐工业园区1家。劳动合同、集体合同签订率稳步上升，全市劳动合同签订率98.02%，集体合同签订率87.31%。开展劳务派遣许可企业专项检查整顿，对无经营许可的企业161家、营业执照中没有劳务派遣营业项目的企业10家、无法联系的企业8家，依法取缔营业执照中的劳务派遣项目。

劳动监察与调解 2018年，全市劳动保障监察机构共处理拖欠工资投诉举报案件161起，涉及1269人，金额2043.5万元，欠薪案件数、涉及人数、拖欠金额分别比2017年下降31.78%、45.02%、25.43%。全市劳动争议仲裁机构共处理劳动人事争议案件2382起，结案2267起，涉及职工2527人。

【干部队伍管理】

强化队伍建设 2018年，漳州市招考公务员（含参公）263人，组织招录公安院校公安专业应届毕业生50人，公开招考事业单位工作人员2853人。净化公务员考试环境，建立不称职面试考官黑名单和考生诚信档案。严格控制总量，加强参公单位动态管理。

提升队伍履职能力 做好公务员“四类”（初任培训、任职培训、专门业务培训和在职培训四种类型）培训、干部教育网络培训等工作，2018年，全市3.7万多人次参加培训。选送参加省公务员局调训84人。组织实施2018年全市行政机关公务员脱贫攻坚培训，有3个省级扶贫开发工作重点县扶贫相关岗位的公务员195人参加培训，提高公务员助推脱贫攻坚能力。

做好军转干部安置　2018年，全市共接收安置军转干部235人，其中计划安置192人，自主择业43人。企业军转干部生活困难补助按时发放率、基本养老保险参保率、基本医疗保险参保率均达到100%。

（林　颖）

·行政服务·

【行政审批】

2018年，市行政服务中心窗口共收件23.36万件，按时办结率99.99%；收到锦旗76面，收到群众评议票4.59万张，满意率为99.99%。共完成项目联审联办62宗，联合踏勘102次，进行模拟审批19项，全市“多评一表、多图一审”84项，涉及金额325.2亿元。古雷项目审批已完成24项，还有2项未完成，影响开机的审批事项已全部完成。西湖项目审批中影响审批进度的20个问题中，属市级层面能够解决的14个问题已全部解决，6个涉及用林、用地等审批权限不在漳州市的问题，4个已获省级有关部门批准，另有2个正在抓紧跟踪协调中。全面落实“一趟不用跑”和“最多跑一趟”，分三批次梳理公布“一趟不用跑”和“最多跑一趟”事项目录，2018年事项数已达1114项，占总事项数的91.68%，市级即办件数量占总办件量的84.11%，审批环节压缩到3个以内，承诺件的办理时限均控制在法定时限的50%以内。

【服务创新】

市行政服务中心再次创新推行“互联网＋政务服务”深度融合的智能审批模式，自2018年4月开始进行“秒批”试点工作。经过项目梳理、系统开发、信息共享、证照比对、上线试运行等几个阶段的迅速推进，已在全市各县（市、区）全面开展并取得显著成效。《福建信息》《八闽快讯》《今日要讯》等省级信息刊物均对漳州这一新型审批模式进行刊载、交流。中国政府网、新华网、《福建日报》等多个主流媒体也对漳州市的“秒批”典型做法进行宣传推广，成为又一个全国首创的行政审批“漳州经验”。截至2018年12月31日，已在全市上线运行的核发未成年工登记证、老年人优待证发放、住房公积金账户转移等17项“秒批”事项，已办理187728件，打通6个部门数据，真正以“网上智能办”实现“不见面审批”，让申办群众享受到改革带来的便利和高效。

【信息化建设】

推进服务事项网上办理　服务事项统一进驻省网上办事大厅，按照“外网收件—内网办结—外网公布”模式运行，2018年，全市网上申报1166816件，占总办件数69.21%。市本级在行政服务中心办理的事项1302个，通过全流程网办办结的事项比例为10.14%。

牵头漳州通APP建设　2018年5月9日，省委书记于伟国在龙岩检查工作时提出，要在全省大力推广e龙岩，把e龙岩建设成福建工作品牌。市行政服务中心与市委组织部、市数字办等单位一起到龙岩学习先进经验，并承担漳州通APP的筹建工作。提出的漳州市APP建设工作方案，经市政府常务会议研究通过并实施。

【公共资源交易】

2018年，漳州市公共资源交易累计增收、节支总额24.89亿元。共完成交易项目2877宗，预算总额451.21亿元，交易总额427.24亿元。其中：政府采购项目629宗，采购预算金额4.4384亿元，实际中标金额3.93亿元，节约0.51亿元，节约率为11.56%。产权转让项目（不含土地使用权出让）399宗，评估金额5.24亿元，成交金额5.69亿元，增收（节支）0.46亿元，增值率为8.76%。土地使用出让38宗，交易金额182.53亿元。工程招标投标项目1811宗，投资预算金额259.01亿元，实际中标金额235.09亿元，节约23.92亿元，节约率为9.23%。

（林　深）

责任编辑：张永忠

政协漳州市委员会

·市、县（市、区）政协及市政协所属机构领导名单·

【市政协及所属机构领导名单】

主　席　张祯锦

副主席　柳建聪　林俊山
　　　　陈少青　黄井南
　　　　杨胜华（女）周小华
　　　　吴芳华（女）陈跃鸿
　　　　何伟燕（女）

秘书长　李扬真

副秘书长叶跃西　李明清
　　　　杨素萍（女）
　　　　陈旬华（女）

办公室

主　任　叶跃西

副主任　蒋一芬（女）

提案委员会

主　任　黄文疆

经济科技委员会（2018 年 12 月更名为经济委员会）

主　任　刘亚东

副主任　黄加荫（女）

农业和农村委员会（2018 年 12 月新设立）

主　任　曹　阳

文教卫体委员会（2018 年 12 月更名为教科卫体委员会）

主　任　陈勇谋

副主任　谢艺麟

社会法制委员会（2018 年 12 月更名为社会和法制委员会）

副主任　叶淑端（女）

台港澳侨联络委员会

主　任　叶香雪（女）

副主任　邱晓辉

学习文史资料委员会（2018 年 12 月更名为文化文史和学习委员会）

主　任　谢文英

人口资源环境委员会

主　任　陈秀菊（女）

副主任　杨亚伟

民族宗教委员会（2018 年 12 月更名为民族和宗教委员会）

主　任　林炳章

副主任　陈　炜

研究室主任　陈俊朋

委员工作室主任　陈丽娟（女）

市纪委驻市政协机关纪检组

组　长　杨水溪

【县（市、区）政协领导名单】

芗城区政协

主　席　沈龙顺

副主席　胡敦金　杨美恋（女）
　　　　严炳仁　刘志明

龙文区政协

主　席　陈禹生

副主席　林建华　周黎鸣
　　　　张少鹏　严惠娇（女）

龙海市政协

主　席　高伟强

副主席　苏森荣　　江龙辉
　　　　蓝　炜　　阮秀惠（女）

漳浦县政协

主　席　林培兴

副主席　吴水跃　　何北贡
　　　　张少榕（女）蓝振强

云霄县政协

主　席　王彩云（女，至2018年12月）
　　　　林达祥（2018年12月任）

副主席　许师逊　　吴淑芬（女）
　　　　汤志远
　　　　张永久（2018年12月任）
　　　　谢惠君（女，至2018年4月）

诏安县政协

主　席　陈一森

副主席　陈文师　　陈细勇
　　　　钟雪英（女）李毅军
　　　　陈炎林（2018年12月任）

东山县政协

主　席　朱展发

副主席　许春燕（女）刘炜丹
　　　　吴敏燕（女）

平和县政协

主　席　张茂杞

副主席　方丽云（女）黄耀辉
　　　　林启明
　　　　曾文汉（2018年12月任）
　　　　蔡立保（2018年12月任）

南靖县政协

主　席　李涌华

副主席　朱彬新（至2018年11月）
　　　　宋　斌（女）黄庆荣
　　　　黄武松

长泰县政协

主　席　曾剑平

副主席　连　彦　　连维明
　　　　陈海霞（女）黄南山

华安县政协

主　席　曾贵森

副主席　蔡旺根　　刘素秋（女）
　　　　杨龙辉　　邹瑞国

【在漳州第十三届省政协委员名单】

张祯锦　　黄水木
黄井南　　吴芳华（女）
何伟燕（女）林晓峰
卢　力　　戴鹏飞
陈仁朝　　杨龙辉
卢素玉（女）黄毓玲（女）
陈惠贞（女）黄淑红（女）
洪立颖（女）沈惠文
陈　磊　　赵俊荣
庄静城

·重要会议·

【市政协十三届二次会议】

1月5—7日，市政协召开十三届二次会议，听取并讨论中共漳州市委书记檀云坤的讲话；审议通过十三届市政协常委会工

2018年1月5日，政协第十三届漳州市委员会第二次会议开幕　　（市政协办　供图）

作报告和提案工作情况报告；补选陈跃鸿、何伟燕2人为十三届市政协副主席，增补陈秀菊、陈惠贞、韩少华、谢文英4人为市政协常务委员。会议期间，委员们还列席了市十六届人大二次会议，听取并赞同市政府工作报告，以及市计划、财政、法院、检察院工作报告，审议通过提案审查情况报告及会议决议。

【市政协十三届五次常委会议】

1月7日，市政协召开十三届五次常委会议，听取市政协十三届二次会议秘书处关于委员分组讨论情况；审议通过市政协十三届二次会议决议（草案）；确定补选十三届市政协副主席、常务委员候选人建议名单；审议通过市政协十三届二次会议选举办法（草案）；审议通过市政协十三届二次会议提案审查情况报告（草案）。

【市政协十三届六次常委会议】

6月1日，市政协召开十三届六次常委会议，撤销黄文辉第十三届市政协委员会委员、常务委员资格；协商讨论《关于再提水仙花产业保护与发展的调研报告》和《关于推进厦门湾南岸文化环境建设的调研报告》；通报2018年上半年市政协常委会工作情况，部署下半年工作。

【市政协十三届七次常委会议】

9月29日，市政协召开十三届七次常委会议，协商讨论《关于加强和改进我市城市管理工作的调研报告》和《关于推进我市农村生活污水和垃圾处理的调研报告》，并就下阶段市政协重点工作作出安排。

【市政协十三届八次常委会议】

12月21日，市政协召开十三届八次常委会议，审议通过市政协十三届三次会议有关事项，决定市政协十三届三次会议于2019年1月7日至9日在芗城召开。会议听取市政府关于政协提案办理情况通报；审议拟提交市政协十三届三次会议审议的市政协常委会工作报告和提案工作情况报告；通过关于授权主席会议审议本次常委会议未尽事宜的决定。会议决定十三届市政协设置提案委员会、经济委员会、农业和农村委员会、教科卫体委员会、社会和法制委员会、台港澳侨联络委员会、文化文史和学习委员会、人口资源环境委员会、民族和宗教委员会9个专委会；决定李明清任政协第十三届漳州市委员会副秘书长，刘亚东任市政协经济委员会主任，曹阳任市政协农业和农村委员会主任，陈勇谋任市政协教科卫体委员会主任，谢文英任市政协文化文史和学习委员会主任，黄加荫任市政协经济委员会副主任，谢艺麟任市政协教科卫体委员会副主任；协商增补李明清、林达祥2位为十三届市政协委员。

·主要工作·

【概　况】

2018年，政协漳州市委员会贯彻落实习近平新时代中国特色社会主义思想和中共十九大精

2018年5月3日，市政协就传承和弘扬漳州海商文化开展常委会调研协商

（市政协办 供图）

神，在中共漳州市委领导下，把握团结民主两大主题，围绕中心服务大局，履行政治协商、民主监督、参政议政三项职能，发挥了协商民主重要渠道和专门协商机构作用。共召开全体会议1次，常委会议4次，主席会议8次；开展视察调研活动30多场；提交常委会建议案4篇，市领导批示8件次；收到提案322件，立案305件；反映社情民意信息416件，被全国政协、省委、省政府采用46件，得到省、市领导批示36件，继续保持全省政协信息工作先进行列。

【服务中心大局】

推动高质量发展　围绕“高质量发展落实赶超”“三抓三比、十项竞赛”战略部署，从产业发展、项目建设、企业科技进步等方面，建言推动全市经济高质量发展。再次把“水仙花产业保护与发展”作为市政协常委会调研协商课题，就推动水仙花产业保护与发展的相关问题进行再讨论、再协商，并从“设立管理机构、明确实施主体、确定土地征收”等方面，提出更具体、可操作的建议措施，得到市委市政府高度重视，市委主要领导作出批示，市政府主要领导现场办公，市政府常务会议作出决定，着手推动落实。围绕产业和企业转型升级的关键性问题，如产业创新能力的提升、智能制造企业的扶持、众创空间建设的推进等，组织委员开展调研协商，提出对策建议。

文化传承　挖掘和弘扬漳州海商文化，深入开展调研协商，形成《关于传承和弘扬漳州海商文化的建议》，就发挥海商文化在促进富美新漳州建设中的积极作用，提出一系列建议措施。围绕厦门湾南岸文化环境建设、漳州古城特色文化旅游等课题开展调研，提出意见建议。紧扣发挥闽南文化生态走廊的应有效应、加强农业文化遗产保护、加大红色文化资源开发等提案，加大督办力度，推动特色文化保护开发。以漳州古城为编写主体，组织有关专家和学者编撰出版《漳州古城老地名》文史资料，展现漳州古城的历史风貌和文化沉淀。

生态建设　围绕“推动农村生活污水和垃圾处理”课题，开展常委会调研协商，提出“突破治理模式难点、持续推进市场化运营、拓宽资金筹措渠道、完善日常管护”等对策建议，得到市委市政府领导的高度重视，批示要求有关方面认真研究吸纳，推动农村环境改善。就流域环境整治、土壤污染防治、生态补偿机制建立等问题，组织引导委员撰写提案和反映社情民意信息，为构筑全域生态安全屏障献计献策。

民生问题　开展“关于加强和改进城市管理工作”调研协商，提出“努力增进城市管理共识，构建科学合理的大城管格局，全面提高精细化管理水平，着力提升城市综合治理能力”等建议，为持续推动全市城市管理水平的提升提供决策参考，带动政府各部门和社会各界对解决市政管理、交通运行、人居环境、公共秩序等方面问题的思考。围绕补齐医疗卫生和教育事业短板、食品“三小”（小作坊、小摊贩、小餐饮）监管、养老机构项目建设等关系群众切身利益问题，组织界别委员开展专题视察、协商建言，如关于加快市职业教育发展的建议，得到市委市政府的重视和采纳，漳州职教园区已开工建设。

【团结民主】

党派参政　密切与各民主党派、工商联、无党派人士的交往联系。通过组织协商座谈、大会发言、视察调研、督办提案、反映社情民意信息等形式，支持各党派参与政协履职活动，充分发挥党派的参政作用。全年与各民主党派联合开展调研视察20多场次；征集民主党派大会发言8篇，占大会发言总量38%；市政协确定的10件重点提案中有8件是民主党派提案，编报的20期重要提案摘报中有18期是民主党派提案；报送各党派反映的社情民意信息227件，占信息总量的55%。

民族宗教工作　注重发挥人民政协在团结宗教界人士中的独特作用，深入民间信仰场所，走访宗教团体，密切联系宗教界代表人士，促进联系交流常态化；

开展宗教与民间信仰活动场所管理、对台宗教与民间信仰交流、佛教祖庭文化等专题考察，及时反映和协调解决存在的困难和问题。围绕少数民族特色村寨建设、少数民族和民族乡村发展、少数民族乡村科技帮扶等议题，组织界别调研活动，通过对口协商等形式，提出意见建议。

交流联系　组织港澳侨委员考察，让委员们深切感受新时代中国发展的新变化，增强履职责任感。走访港澳侨委员企业，关心支持委员企业发展，引导其为家乡建设多做贡献。组织港澳侨委员履职建言，重点就深化漳台合作、古城台侨文物保护、侨批（海外华侨通过海内外民间机构汇寄至国内的汇款暨家书）博物馆建设等方面，为家乡发展献计献策。加强对县（市、区）政协工作的联系指导，形成上下联动、协调配合、互相促进的良好局面。加强专委会与党政部门的对口联系，联合开展调研考察、督办重点提案、推动界别活动。

【协商民主】

把协商民主贯穿提案的“提、立、办、督”全过程，强化办前提前协商、办中跟踪协商、办后运用协商，提高提案办理实效。把社情民意信息作为政协协商的重要抓手，加强信息员队伍建设，完善信息工作制度，建立健全“线上”“线下”信息网络系统，畅通信息反映渠道，提升信息质量和工作水平。利用“互联网+”提升政协协商民主工作开放度，改版市政协网站，拓展政协网络履职阵地；开展电视协商议政，办好《政协视点》栏目，邀请部门领导、委员、专家与群众针对相关课题开展互动交流，提高人民政协履职的社会影响。

（周少勇　陈敏聪　许金生）

责任编辑：林　倩

漳州八宝印泥

八宝印泥

漳州八宝印泥，起初是一种红色药膏，能治疗刀伤、灼伤等症。清康熙十二年（1673 年），漳州东门街源丰药材行老板魏长安擅长医药，也喜爱金石书画。经多年钻研，用店中的珍珠、玛瑙等贵重药材，自制成一种红色药膏，有消炎、拔毒、生肌的功效，被称为“八宝药膏”。但由于成本昂贵，故销路不畅。一天，魏长安的朋友路过漳州登门拜访，临别时要求写个条幅留念。魏长安欣然应允，写完要用印时，却找不到用朱砂和蜜调制成的印泥，临时以红色的“八宝药膏”代用。孰料印章一盖上，鲜艳无比，且有异香扑鼻，朋友啧啧赞叹，魏长安也十分惊喜。即用“八宝药膏”的原料调制为印泥，改称为“八宝印泥”，馈赠书画友人，使用后倍受称赞。八宝印泥冬不凝固、夏不吐油，“入水经火，永不褪色”，是“漳州三宝”（八宝印泥、水仙花、片仔癀）之一。2008 年 6 月列入第二批国家非物质文化遗产保护名录。（选自《漳州名产志》）

中共漳州市纪委·漳州市监委

·市纪委监委在职处级以上单位领导名单·

【市纪委领导成员】

林叶萍　市委常委、市纪委书记
李铁军　市纪委副书记
林文井　市纪委副书记
曾勇平　市纪委常委
江智诚　市纪委常委
马桂秋　市纪委常委、秘书长
张建兴　市纪委常委
李文兴　市纪委常委

【市监委领导成员】

林叶萍　市监委主任
李铁军　市监委副主任
林文井　市监委副主任
江智诚　市监委委员
张建兴　市监委委员
李文兴　市监委委员
庄银辉　市监委委员

【市委巡察办、巡察组成员】

曾勇平　市委巡察办主任
谢玉民　市委巡察一组组长
杨智伟　市委巡察二组组长
庄跃庆　市委巡察办副主任
韩庚申　市委巡察办副主任
杨坤生　市委巡察一组副组长
蔡瑞明　市委巡察二组副组长

【市纪委监委机构负责人】

江永辉　办公室主任
林燕真　组织部部长
林　蓉　宣传部部长
林炳仁　党风政风监督室主任
陈江丽　信访室主任
胡继城　案件监督管理室主任
陈跃民　第三纪检监察室主任
林毅峰　第六纪检监察室主任
曾森平　第七纪检监察室主任
刘建山　案件审理室主任
吴国州　政策法规研究室主任
方明聪　第九纪检监察室副主任

【县（市、区）纪委书记、监委主任名单】

沈洪坤　芗城区委常委、区纪委书记、区监委主任
赖晓勤　龙文区委常委、区纪委书记、区监委主任
陈群伟　龙海市委常委、市纪委书记、市监委主任
林志辉　漳浦县委常委、县纪委书记、县监委主任
蔡向东　云霄县委常委、县纪委书记、县监委主任
罗云生　诏安县委常委、县纪委书记、县监委主任
郑凤义　东山县委常委、县纪委书记、县监委主任
欧阳劲松　平和县委常委、县纪委书记、县监委主任
李　琳　南靖县委常委、县纪委书记、县监委主任
杨尚庞　长泰县委常委、县纪委书记、县监委主任
陈　志　华安县委常委、县纪委书记、县监委主任

·重要工作·

【压实管党治党政治责任】

2018年，漳州市纪委监委

2018年1月8日，漳州市十六届人大二次会议选举林叶萍为漳州市监察委员会主任。图为林叶萍(右二)向宪法宣誓 (杨特团 摄)

认真履行对党委全面从严治党的协助职责，使主体责任、监督责任贯通协同、形成合力。协助市委推动履责担当，落实省委和省纪委要求，制定《关于把党的政治建设摆在首位落深落细落实全面从严治党主体责任的实施意见》，在全省率先全面推行“两个责任”清单管理，督促各级党组织和领导干部加强政治建设、履行政治责任。协助市委开展监督检查，定期分析研判全市全面从严治党形势，组织实施落实全面从严治党主体责任年度重点检查、交叉检查、委托检查，开展“全面从严治党往下看”专项督查，健全完善市领导带队检查考评、述责述廉、民主评议、逐级约谈、问题督办等工作机制，把压力传导到基层。协助市委落实问题整改，主动对接省委主体责任落实情况专项检查，对省委检查反馈的问题清单和问责建议加强跟踪督办，推动整改落实。协助市委强化责任追究，全年共实施党内问责288人，失责必问、问责必严成为常态，倒逼各级领导干部增强责任意识、强化责任担当，确保全面从严治党决策部署落到实处。

【漳州市监察委员会组建成立】

2018年1月8日，漳州市十六届人大二次会议选举林叶萍为漳州市监察委员会主任，漳州市第十六届人民代表大会常务委员会第九次会议表决任命李铁军、林文井为市监察委员会副主任，江智诚、张建兴、李文兴、庄银辉为市监察委员会委员，标志着漳州市监察委员会领导班子正式组建完成。1月9日，檀云坤、林叶萍为“漳州市监察委员会”铭牌揭牌，漳州市监察委员会正式成立，这是福建省首个挂牌成立的市级监察委员会。

【体制改革】

2018年，漳州市纪委监委牵头制定全市纪律检查、监察体制、派驻机构等改革实施方案，有序推进各项改革工作。规范提名考察办法，落实“纪委书记、副书记提名考察以上级纪委会同组织部门为主”要求，建立完善县级纪委和市管企业纪委书记、副书

2018年1月9日，市委书记檀云坤(右一)，市委常委、市纪委书记、市监委主任林叶萍(左一)为“漳州市监察委员会”铭牌揭牌

(杨特团 摄)

记，市纪委派驻纪检组组长、副组长等3个提名考察办法，选优配强各级纪委领导班子。织密全覆盖监督网，在全省率先完成市县两级监察委员会组建和挂牌，向全市121个乡镇（街道）和13个特殊区域派出监察机构，构建党统一指挥、全面覆盖、权威高效的监督体系；率先完成市县两级纪委派驻监督全覆盖，实现100%派驻机构有自办案件，监督“探头”作用更加明显。创新查办案件体制，被省纪委列为“查办腐败案件以上级纪委领导为主”改革试点，探索建立“统一线索管理、统一研判指挥、统一调配力量、统一安全监管、统一审理把关”的“五统一”运作机制，审查调查工作实现法治化、规范化、程序化，改革经验被中央办公厅、中央改革办刊发，写入省纪委全会报告，在全省推广实行。

提升反腐败治理效能，坚持稳中求进，坚持实事求是，依规依纪依法惩治腐败，突出政治审查，注重教育挽救干部，着力维护政治生态的“绿水青山”。全年共立案1315件，其中处级干部案件27件、科级干部案件200件，移送司法机关40人，追回外逃人员4名，严肃查处一批关键岗位和重点领域腐败案件，部分党员干部在高压震慑和政策感召下主动投案，全市留置案件从立案调查到移送审查起诉平均用时大幅缩短，取得良好的政治效果、纪法效果和社会效果。

【落实监察职责】

履行好监督第一职责，强化政治监督，紧盯党员干部和公职人员履职用权情况，着力纠正偏差、匡正风气。注重精准监督净化政治生态，2018年建立完善1.06万名重点岗位领导干部廉政档案，综合运用信访受理、线索处置、主体责任检查、民主生活会督导等方式加强常态化监督，把握和分析“树木”与“森林”状况。抓早抓小、防微杜渐，运用监督执纪“四种形态”（第一种是党内关系正常化，批评和自我批评要经常开展，让咬耳扯袖、红脸出汗成为常态；第二种是党纪轻处分和组织处理成为大多数；第三种是对严重违纪的重处分、作出重大职务调整应当是少数；第四种是而严重违纪涉嫌违法立案审查的只能是极少数）处理5785人次，其中第一、第二种形态占94.6%，有效惩治极少数、管住大多数。

注重靠前监督维护政令畅通，围绕党中央和省委、市委重大决策部署加强监督检查，以严明的政治纪律推进形式主义、官僚主义集中整治，2018年查处形式主义、官僚主义问题94个202人，推动全市扶贫检查项目由原计划的34项整合为3项，让基层把更多时间用在抓工作落实上来。注重一线监督服务保障发展，立足“监督的再监督”，健全完善纪委牵头、职能部门各司监管主责的常态化监督检查机制，在高质量发展落实赶超、脱贫攻坚、扫黑除恶、乡村振兴、“五个一批”（即谋划一批、签约一批、开工一批、投产一批、增资一批）重点项目建设等跟进一线监督，严肃查处一批不作为、慢作为、假作为、乱作为等问题，凝聚赶超发展正能量。

【突出正面引领】

注重主动监督激励担当作为，开展“一镇一孝廉”（即挖掘各地古今孝廉人物事迹开展宣传）活动，孝廉人物事迹微信专题获新华社客户端转载19期，单条浏览量超百万；配合省纪委和方正出版社编写发行《榜样之光——一座不朽的丰碑谷文昌》一书，引导党员干部见贤思齐、崇廉拒腐。

落实好“三个区分开来”，把因缺乏经验先行先试出现的失误与明知故犯行为区分开来，把国家尚无明确规定时的探索性试验与国家明令禁止后的有规不依行为区分开来，把为推动改革的无意过失与为谋取私利的故意行为区分开来，严格监督与信任爱护相结合，宽容干部在工作中特别是改革创新中的失误错误，及时为119名受到诬告、错告的党员干部澄清正名，对124名受到处理的干部回访教育，营造激浊扬清、干事创业的良好氛围。

【基层党风廉政建设】

市委落实省纪委书记刘学新来漳调研指示要求，出台加强农村基层党风廉政建设十项举措，在全省率先配齐配强乡镇纪委专职纪检干部，着力抓基层打基础。基层“微监督”力量更加壮大。创新推行乡镇纪委有专职干部、有专业培训、有专门场所、有专用设备、有专项经费“五个专有”标准化建设，在全省首创乡镇党委下派村级党风监督员制度，率先实现乡镇纪委100%配备3名以上专职纪检干部、100%完成全员业务培训、连续两年实现100%有自办案件，刘学新多次肯定漳州市给全省带好头。2018年4月，全省派驻监督全覆盖暨乡镇纪检组织建设工作总结交流会在漳州市召开，漳州市作典型发言。

惩治“微腐败”成效更加突显。在开展扶贫、民生、涉黑涉恶腐败、移风易俗等四个专项治理中，基层纪检监察干部充分发挥“尖兵”作用，共入户访查建档立卡贫困户2.6万户次，有效发现和解决扶贫项目、政策、资金以及责任落实存在的突出问题，为打赢脱贫攻坚战奠定坚实基础；深挖彻查一批党员干部涉黑涉恶腐败及充当“保护伞”问题，实现所有县（市、区）查处全覆盖，特别是提级查办东山县“村霸”李舜福涉黑腐败窝案，全案共涉及28人，其中“保护伞”8人，得到中央扫黑除恶督导组肯定。规范“微权力”运行更加有效。进一步推动规范乡镇“三个中心”（村集体会计委托代理服务中心、经济合同审核服务中心、村招投标监管服务中心）和村级“三资”（资金、资产和资源）管理，建立县乡村三级精准扶贫微信公开等监督平台，从源头上管好管住“微权力”。通过两年多来持续正风肃纪治“蝇贪”、扫黑除恶打“村霸”、移风易俗树“新风”，净化农村基层政治生态，赢得党心民心，为全市村级组织顺利换届提供有力保障，中央纪委、省纪委、省委办公厅刊发漳州市的经验做法。

【打造市县巡察“漳州经验”】

2018年，漳州市纪委监委一体推进市县巡察，巡察工作和巡察队伍建设均走在全省前列，连续两次在全省巡察工作推进会上作经验介绍，《人民日报》刊发漳州市交叉巡察经验做法。一是巡察全覆盖稳步有序推进。通过统筹开展常规巡察、市县联动交叉巡察、专项巡察，全市已巡察党组织505个（不含村级），占全覆盖任务总数（1098个）的45.99%，其中市本级117个、已巡察57个，县级981个、已巡察448个。共发现问题6894个，移交问题线索1479条，处理685人，其中立案497人，给予党纪政务（政纪）处分441人，移送司法机关30人，清退款项1.09亿元。二是交叉巡察成为“福建样本”。在全省率先开展县级交叉巡察，平均移交问题线索数量是非交叉方式的4.1倍，有力破解基层熟人社会监督难题。漳州市首创的“半建制”（按照地域回避、工作回避、任职回避的原则，巡察组副组长和联络员由被巡察地干部、组长和其他人员由异地干部组成的方式）联动交叉巡察模式在全省复制推广，成为兄弟市学习借鉴的样本模板。三是村级巡察迈上规范轨道。针对对村巡察无经验可借鉴的情况，坚持边实践、边总结、边提升，在全省率先出台《关于对村（社区）开展巡察的实施办法（试行）》，探索形成“关联式”“点穴式”“巡察＋”等灵活管用的方式方法和特色经验：“关联式”巡察，即在巡察县（市、区）直单位或乡（镇、街道）时，以问题为导向，沿着项目和资金走向延伸巡察关联村（社区），一竿子插到底；“点穴式”巡察，即紧盯重点人、重点事、重点问题，坚持“哪里问题突出，就巡察哪里”，针对群众问题反映集中、信访多发、腐败问题易发的地方或单位开展定向巡察；“巡察＋”，即“巡察＋审计”“巡察＋党建检查”“巡察＋执纪审查”等多种方式。已延伸巡察490个行政村（社区），有力推动解决一批党组织软弱涣散和群众身边“微腐败”问题。四是巡察整改形成长效机制。针对中央、省委巡视反馈问题和市县巡察发现的问题，成立巡视整改工作专项领导小组，加强监督检查，确保整改落实到位，督促建章立制3170多项，有力助推改革、促进发展。

·重要活动·

【中央巡视组到漳州开展巡视工作】

3月14—15日，中央巡视组副局级巡视专员巴信斌等一行5人，在省纪委常委、省委巡视办主任游美萍，省委巡视办正厅级巡视专员黄伟庆陪同下，到漳州开展市县个别领导谈话、召开座谈会和查阅相关资料。

3月18—20日，中央巡视组副组长李振奇、中央巡视组副局级巡视专员张京红、巴信斌、柳晓森一行11人，在省委副秘书长、办公厅主任林钟乐，省纪委常委、省委巡视办主任游美萍陪同下到漳州开展巡视，林叶萍陪同。

7月22日，中央第一巡视组巡视福建省情况反馈视频会议召开，林叶萍在漳分会场参加会议。

8月27日，市委常委班子落实中央巡视组巡视整改意见专题民主生活会召开。林叶萍出席。

【省委巡视组在漳州开展巡视活动】

2018年1月4日，省委巡视六组在华安县召开巡视动员会，对华安县开展为期一个月的巡视工作。

5月23—24日，省委巡视六组组长惠学京、省委巡视六组副组长汤俊生、省委巡视办副主任张国明一行5人到漳州，分别向芗城区、华安县反馈巡视情况。

11月1日，省委巡视四组分别在云霄县、平和县召开巡视工作动员会。

11月2日，省委巡视二组在诏安县召开巡视工作动员会。

【开展全面从严治党主体责任落实】

3月7—10日，省纪委常委、省委巡视办主任游美萍，省委巡视办副主任张国明一行到漳州开展全面从严治党主体责任检查，林叶萍陪同。

3月27—28日，省委常委、省委统战部部长雷春美一行，在省纪委常委、省委巡视办主任游美萍，省委巡视办副主任张国明等陪同下，来漳召开省委落实全面从严治党主体责任情况检查约谈会，林叶萍、李铁军、林文井参加集体约谈会。

4月8—9日，林叶萍到南靖县、华安县等地调研，检查指导农村基层党风廉政建设工作，深入了解深化扶贫领域腐败和作风问题、民生领域突出问题、涉黑涉恶腐败问题、移风易俗等四个专项治理情况。

8月1—2日，林叶萍到平和县、南靖县和华安县等地调研，检查落实中央纪委省区市纪检监察工作座谈会和省纪委监委半年工作会议部署情况，指导群众身边腐败和作风问题专项整治工作，并察看县乡纪检监察机关，与基层干部交流。

9月21日，林叶萍到龙文区调研，深入郭坑镇和洛滨村，检查学习贯彻习近平新时代中国特色社会主义思想和中共十九大精神，落实省纪委监委半年工作会议部署情况，指导专项治理和廉洁基层、美丽乡村建设等工作。

10月8—9日，林叶萍带队

2018年10月17—18日，全市乡镇纪委书记专题培训班在东山县举办，林叶萍（右一）出席开班动员会，并以“发挥尖兵作用，强化担当作为，推动乡镇纪检监察工作高质量发展”为主题讲党课

（杨特团 摄）

到云霄县、东山县和常山开发区开展“重点项目现场看、从严治党往下看、村级换届回头看”工作检查，李文兴陪同。

【省纪委在漳州举办业务培训班】

2018年4月17—23日，省纪委在东山县谷文昌廉政文化教育中心，召开全省市县两级纪委派驻监督全覆盖及乡镇纪检组织建设工作总结交流会暨市级纪委、监委机关干部学习贯彻中共十九大精神和《中华人民共和国监察法》专题培训班，省委常委、省纪委书记、省监委主任刘学新，各设区市、平潭综合实验区纪委（纪工委）书记出席总结交流会暨培训班开班式。

4月23—27日，省纪委在东山财政培训中心举办全省第二期市级纪委监委机关干部专题培训班。

5月7—11日，省纪委在东山财政培训中心举办全省第三期市级纪委监委机关干部专题培训班。

7月2—6日，省纪委在东山县谷文昌廉政文化教育中心，举办县级纪委副书记、监委副主任学习贯彻中共十九大精神和《中华人民共和国监察法》专题培训班。

9月27日，省纪委副书记、省监委副主任薛云官在东山县为2018年省直机关纪委书记培训班学员授课；同日下午，薛云官在漳州宾馆宣讲新修订的《中国共产党纪律处分条例》。林叶萍和全体委领导参加宣讲会。

10月22—26日，省纪委在东山县举办全省纪检监察信访举报业务培训班。

11月19—23日，省纪委在东山县举办全省纪检监察干部监督工作培训班。

12月10—13日，省纪委在东山县举办乡镇纪委（街道纪工委）书记能力建设专题培训班。

12月22—25日，省纪委在东山县举办全省县级纪委书记能力建设专题培训班。

【市纪委举办业务培训班】

2018年3月30日，市纪委举办深化监察体制改革试点工作业务专题培训，市纪委监委全体领导干部参加。

5月9—10日，市纪委监委举办深化国家监察体制改革工作业务专题培训班，市纪委监委、市直纪工委、市纪委派驻纪检组、市委巡察办全体干部参训。

10月17—18日，全市乡镇纪委书记专题培训班在东山县举办，林叶萍出席开班动员会，并围绕“发挥尖兵作用，强化担当作为，推动乡镇纪检监察工作高质量发展”主题讲党课。

【督导扫黑除恶专项斗争】

2018年7月24日，林叶萍到龙文区调研督导扫黑除恶专项斗争工作。

8月28日，中央扫黑除恶第4督导组督导福建省工作动员部署贯彻会议召开。林叶萍、林文井在漳分会场参加会议。

9月4日，中央扫黑除恶第4督导组在漳召开工作会议听取汇报。林叶萍、林文井参加会议。

11月19日，省纪委副书记、省监委副主任黄汉升，第七纪检监察室主任王文德到漳州召开扫黑除恶专项斗争工作调研座谈会，林叶萍、林文井、李文兴参加座谈。同日，林叶萍主持召开全市纪检监察安全工作培训视频会议，邀请省纪委副书记、省监委副主任薛云官作题为“关于纪检监察安全工作的认识与思考”的专题辅导报告。委机关全体在家领导参加会议。

12月10日，林叶萍到龙海市督导扫黑除恶工作，并深入港尾镇和浮宫镇纪委调研。

12月11日，林叶萍深入龙海市检查全国、全省、全市扫黑除恶专项斗争推进会和中央扫黑除恶第4督导组督导反馈会精神贯彻落实情况，调研督导扫黑除恶专项斗争工作。

·重要会议·

【市纪委监委全体会议和常务会议】

2018年1月9日，市纪委监委机关召开全体干部会议，市委书记、市深化监察体制改革试点工作小组组长檀云坤出席会议并讲话，市委常委、市纪委书记、市监委主任林叶萍主持会议。

1月23日，林叶萍主持召开市纪委常委会、市监委委务会（扩大）会议，传达学习十九届中央纪委二次全会和省纪委十届三次全会精神，研究贯彻落实意见，审议市纪委十一届三次全会工作报告（送审稿）。

3月1日，林叶萍主持召开市纪委常委会、市监委委务会会议，传达学习贯彻党的十九届三中全会精神，审议《漳州市监察委员会工作规则（试行）》（讨论稿）。

3月23日，林叶萍主持召开市纪委常委会、市监委委务会会议，传达学习全国两会精神，重点传达习近平总书记参加代表团审议和大会闭幕时重要讲话精神，宪法修正案和国家监察法的基本精神，以及中共中央办公厅、中央纪委关于严明纪律切实保证党和国家机构改革顺利进行的有关通知要求，研究贯彻落实意见。

【市纪委十一届三次全会】

2018年2月2日，市纪委十一届三次全会在芗城召开，会议深入学习贯彻习近平新时代中国特色社会主义思想和中共十九大精神，全面落实十九届中央纪委二次全会、省纪委十届三次全会精神，研究部署2018年全市党风廉政建设和反腐败工作。福建省人大常委会副主任、市委书记檀云坤出席会议并讲话，市委副书记、市长刘远传达十九届中央纪委二次全会、省纪委十届三次全会精神，市委常委、市纪委书记、市监委主任林叶萍作工作报告，市纪委监委全体领导出席会议。

2018年2月2日，漳州市纪委十一届三次全会在芗城召开

（杨特团 摄）

【巡察部署会】

2018年1月10日，十一届市委第四轮巡察工作动员部署会召开，市委常委、市纪委书记、市委巡察工作领导小组组长林叶萍出席会议并讲话。

6月27日，十一届市委第五轮巡察以及第四轮县级交叉巡察工作动员部署会召开，市委常委、市纪委书记、市委巡察工作领导小组组长林叶萍到会讲话，市委常委、组织部部长沈金水宣读巡察组组长、副组长人员名单和任务分工。

11月22日，十一届市委第六轮巡察、第五轮县级交叉巡察、巡视巡察联动工作动员部署会召开，林叶萍出席会议并讲话，沈金水参加会议。

【纪检监察系统审查调查安全工作视频会议】

2018年5月25日，全省纪检监察系统审查调查安全工作视频会议召开，漳州市设立分会场，林叶萍和在家委领导、市直纪工委书记、市纪委派驻纪检组组长参加视频会议。会后紧接着召开全市纪检监察系统审查调查安全工作视频会议，林叶萍作讲话。

【扫黑除恶专项斗争推进会】

2018年8月20日，林叶萍主持召开全市纪检监察机关扫黑除恶专项斗争推进会，传达学习省纪委书记刘学新讲话和省纪委推进会精神，部署下阶段工作。市纪委监委扫黑除恶专项斗争违纪查办组成员和各县（市、区）、开发区（投资区）纪委（纪工委）书记参加会议。

（林春祥）

责任编辑：许初鸣

民主党派

·民革漳州市委会·

【组织概况】

中国国民党革命委员会漳州市委员会（以下简称民革漳州市委会）下设龙海、芗城、龙文和闽南师范大学4个总支、12个市直支部。2018年，民革漳州市委会发展新党员22人，全市共有民革党员461人。

【思想建设】

学习政治理论　2018年，民革漳州市委会以纪念中共中央发布“五一口号”（指中国共产党中央委员会于1948年4月30日发布的纪念“五一”劳动节口号）70周年、民革成立70周年等系列活动为契机，响应市委统战部“不忘合作初心，争当合格成员”的号召，把强化政治理论学习作为争当“合格成员”的重要内容，组织民革党员开展政治学习，并通过以会代训的方式，邀请专家、学者和老党员进行传授、宣讲，提升民革党员政治素养。学习宣传贯彻习近平新时代中国特色社会主义思想，要求各基层组织开展学习活动。民革龙海总支、龙文总支、闽南师大总支、漳州开发区支部、芗城总支、科技一支部、综合支部、教育支部、科技二支部、企事业支部等基层组织相继开展理论学习。

发扬优良传统　2018年，通过广泛开展“不忘合作初心，传承好红色基因”“不忘合作初心，继续携手前进”等主题教育活动，举办健步行活动、文艺晚会等，坚定党员思想政治方向，加深各民主党派间的联系。选送纪念文章9篇参加省委统战部的征文比赛，其中1篇获二等奖，并在纪念改革开放四十周年之际，组织民革党员撰写纪念文章并筛选3篇参与民革福建省委的征文活动。同时，表彰2017—2018年先进支部、优秀党员，激励民革党员做到“政治合格、岗位合格、形象合格”。

党史宣传教育　2018年8月3日，民革漳州市委会领导赴漳州开发区开展主题教育活动，为新发展民革党员作党章、党史的深入教育；12月14—15日，组织部分支部主委、骨干党员、新党员赴福州陈绍宽故居、马尾船政博物馆开展“观故居走多党合作之路”等专题教育活动，加强对民革党员的爱国主义和传统教育，坚定与中国共产党的多党合作的信心和决心，提升民革党员的整体素质和理论素养。

【参政议政】

热点调研　2018年年初，民革漳州市委会通过科学谋划、及时布置，共收到各基层组织上报的调研课题26篇，并确定7篇为各专委会和基层组织联合调研课题，19篇为各基层组织单独调研课题。组织课题调研组赴龙海镇海卫、诏安田厝村、漳浦台湾农民创业园等地开展课题调研。此外，还承接民革福建省委会1个理论研究课题，上报3个调研课题，其中，《富美乡村建设要“求

同存异”，唱好“生态＋产业＋民生”融合戏》被列为民革福建省委会调研课题。

建言献策　民革党员中有人大代表5人、政协委员14人参加2018年漳州市召开的“两会”，共向政协会议提交团体提案9篇，获市领导批示3篇；政协委员个人提案26篇；人大代表建议8篇，其中：《关于推进我市田园综合体建设的建议》在大会上发言；《关于进一步完善我市职工居民基本医疗保险制度的建议》被列为2018年度市政协重点提案。另有《关于助推我市光伏农业产业健康发展的建议》等2篇团体提案被选为重要提案摘报，其中《关于进一步完善我市职工居民基本医疗保险制度的建议》等3篇团体提案获得市委书记檀云坤、市长刘远的批示；《关于加快建立我市水产品质量安全追溯机制的建议》团体提案获2017年度漳州市政协优秀提案。

民生民意　2018年，民革漳州市委会共向民革省委、市政协和市委统战部报送社情民意信息60多篇，被采纳30多篇次。其中《老年代步车亟待加强规范和管理》被民革中央采用，《关于深化闽台精密机械产业对接的几点建议》被中共省委办公厅采用，《由于简繁汉字造成台商到银行开户被拒的现象应引起关注》被省政协采用，《关于建立健全乡镇便民服务中心 推行农村行政服务代理的几点建议》获省政府分管领导批示；《关于推行市民卡APP 提高智慧城市水平的建议》《建议以虎伯寮国家级自然保护区为核心创建国家公园的建议》获得市长批示，《建议免台胞朝拜东山岛关帝庙门票并推动我市其他景点的惠台措施》获分管副市长批示。

【对台工作】

两岸青年交流　2018年5月，漳州市民革党员林美凤一行6人赴台湾开展文化交流活动，深入调研台湾的文创产业和品牌，探讨“两岸青年品牌加盟连锁孵化计划”的开展。并以此为契机，台湾青创会相关负责人在“6·18”海峡两岸经贸交易会期间到漳州古城访问，实地考察引进台湾文创产品、台湾特色餐饮业、名优特产品的场所，明确具体的合作内容和方式，取得明显成效。10月，民革漳州市委会联合市台办组成调研组，深入漳浦台创园、前亭蜜原生态农场等台资企业开展调研，并与到漳州考察的台胞接触交流，宣传大陆惠台政策，鼓励台湾青年到漳州访学、投资创业。民革党员刘荣镇联络台湾青年建筑师团队到漳州考察特色历史文化街区改造项目，推动两岸建设美丽乡村和文化交流学习。

涉台课题调研　民革漳州市委会注重发挥自身优势和特色，把抓好涉台参政议政工作作为对台工作的重点，围绕两岸经贸、文化交流等问题深入开展理论研究及涉台课题调研，撰写台情信息，为相关部门提供决策参考。2018年，先后向民革福建省委会、市委统战部报送《新形势下壮大台湾统派青年力量和岛内影响力研究》《台湾大学生大陆就业意愿调查与应对措施分析》《漳台两岸产业合作示范区建设研究》等多篇理论研究文章，报送涉台信息10多篇次。

【服务社会】

“同心121”工程　根据市委统战部“同心121”（指全市

2018年10月20日，民革漳州市委会组织同心“121”法律宣传暨医疗义诊活动

（民革漳州市委会　供图）

统战系统挂钩帮扶1个省级贫困县、20个乡镇和128个行政村）工程工作部署，2018年8月下旬，民革漳州市委会赴帮扶乡镇开展新型职业农民培训；10月17日，组织人员前往平和县南胜中学继续开展资助贫困优秀学生活动；10月20日，组织部分医疗专家、律师赴云霄峛屿镇开展法律咨询和医疗义诊活动。同时，发动基层支部、民革党员为“同心121工程”出资出力，如民革龙文总支与龙文区郭坑镇洛滨村签订挂钩帮扶协议，以结对挂钩帮扶方式，帮助洛滨村新村建设，带动村民脱贫致富；民革党员吴连富为贫困学生助学基金捐助22万元。

法律服务活动 2018年，民革漳州市委会先后组织多批次律师党员凭借专业知识参与社会法制工作，发动社会法制工作委员会结合国家“扫黑除恶”专项行动主题印制普法宣传单，进村开展法律宣传等。11月，由民革漳州市委会协办的漳州首届悦华庭立方刑事论坛在龙文区举办，论坛邀请包括北京大学博士后、中南财经政法大学法学院副教授陈少文等众多专家、学者和法律人士就刑事案件的问题进行宣讲、传授和讨论。此外，民革党员还应东山、长泰、平和县公安局的邀请进行专题辅导，为龙文区政法系统干部作专题宣讲等。

（陈加国）

·民盟漳州市委会·

【组织概况】

2018年，中国民主同盟漳州市委会（以下简称民盟漳州市委会）贯彻“人才强盟战略”，按照“发展为了工作，在工作中发展”的思路，共发展新盟员30人，全市共有盟员699人。

为适应闽南师大变化，合并原来的民盟闽南师大支部、民盟农校支部，2018年1月成立民盟闽南师范大学总支，并新建闽南师大一支部、二支部。

【思想宣传】

2018年11月，在民盟中央召开的思想宣传工作会议上，民盟漳州市委会被授予“思想宣传工作先进集体”荣誉称号，这是民盟漳州市委会首次单项工作荣获民盟中央表彰，同时，民盟漳州市委会、民盟龙海总支还分别被民盟省委会评为思想宣传工作先进单位和先进集体。

深入学习贯彻中央十九大精神和习近平新时代中国特色社会主义思想，在盟员中开展学习教育活动。要求领导班子首先学懂、弄通、做实，并带领全体盟员牢固树立“四个意识”，增强“四个自信”，坚决做到“两个维护”。同时，选送骨干参加学习培训。2018年，民盟漳州市委会选送23人次参加市委统战部组织的在市社会主义学院举办的委员学习班、新成员学习班，选派骨干盟员9人参加省社会主义学院、省盟骨干培训班学习（暨南大学）、市委统战部统战干部理论学习班。

开展市委统战部发起的“重温合作历史、争当合格成员”主题活动。争当“合格”成员。

2018年9月20日，纪念中国民主同盟漳州市委会成立六十周年座谈会

（民盟漳州市委会 供图）

2018年，恰逢民盟漳州市委会成立60周年，民盟漳州市委会召开纪念大会，邀请民盟省委主委阮诗玮，中共漳州市委常委、统战部部长黄水木莅会指导讲话，安排老中青盟员代表座谈，举办文艺演出和盟史盟章知识竞赛。引领盟员争当政治合格、岗位合格、形象合格的新时代盟员，努力成长为中共的“好参谋、好帮手、好同事”。

开展“不忘合作初心，继续携手前进”主题活动，两次邀请民盟省委专职副主委刘泓作题为《重温合作历史　争当合格成员》的主题讲座，全市骨干盟员及龙海总支全体成员参加学习。组织纪念“五一口号”发布70周年征文，共收到纪念文章近20篇，其中《一个基层组织的党盟关系》获得福建省统战系统纪念“五一口号”发布70周年征文三等奖。

2018年，共出版两期《漳州盟讯》；《漳州民盟》微信公众号发布46期，共完成宣传报道84篇。其中，被统战部《漳州统战信息》采用15篇，被省民盟网站采用64篇、民盟中央网站采用39篇。漳州电视台、《闽南日报》、《海峡导报》等媒体对民盟漳州市委会的提案、调研、大型活动也做了多次报道。并获民盟中央授予《群言》发行突出成绩奖。

【参政议政】

提案工作　在市政协十三届二次会议上，民盟漳州市委会提交团体提案10篇。其中大会发言《优化职教软环境，加快我市中职教育发展》和团体提案《公办学校非在编教师队伍亟待重视》《建设“三大工程”，推动我市家政服务业创新发展》《加快发展健康医疗大数据，推动健康漳州建设》共4篇获得市委书记檀云坤和市长刘远等主要领导批示。大会发言《优化职教软环境，加快我市中职教育发展》被列为2018年市政协重点提案；《改善城市绿化，提高防抗台风能力》在大会上获得优秀提案表彰。持续推动多年的《创建漳州中职园区，优化市区教育资源配置》的建议，落地见成果，2018年6月进入施工阶段。

信息工作　2018年，民盟漳州市委会共报送社情民意信息46篇，采用积分在漳州党派排名中，政协系统位居第三、统战系统位居第二。其中《关于新华东路（岳口段）历史街区环境整治的建议》获得市委书记檀云坤、市长刘远、常务副市长张慧德和副市长兰万安等领导的批示；《建议我市尽快为闽南传统中药炮制技术申请非遗》获得市长刘远和副市长兰万安的批示；《关于调整漳州一中初中招生政策的建议》获得市委常委、宣传部长刘伟泽的批示；《建议以四个一为抓手，进一步打造林语堂文化品牌》获得副市长吴卫红的批示；《关于进一步丰富“五湖四海”文化内涵的建议》《关于向未按规划要求建设擅自降低绿化率的建设单位征收绿化补偿费的建议》2篇信息被评为市政协优秀社情民意信息。《关于加强中成药在儿科中使用管理的建议》被全国政协采用，并被民盟省委评为优秀社情民意信息。民盟漳州市委会先后被民盟省委、市政协评为反映社情民意信息工作先进单位，被市委统战部评为全市统战系统信息工作先进单位。

调研成果　2018年，民盟漳州市委会完成中共福建省委统战部、民盟福建省委会调研课题4个，即：《关于我省围填海现状的调研》《建设具有我省特色的田园综合体，推动乡村振兴》《经济开发区民主党派基层组织建设的思考》《供给侧改革视阈下的高职院校技能型人才培养研究》。民盟漳州市委会基层组织完成民盟市委会调研课题12个。另外，组织民盟内外专家撰写一批论文参加民盟中央的基础教育论坛和经济论坛。其中，《加强乡村教育信息化建设，促进城乡义务教育一体化》和《县域内城乡义务教育一体化改革的实践探索》2篇论文在民盟福建省教育研讨会上获得优秀奖，《优化我国区域特殊型人力资本配置促进经济增长的对策建议》和《论人类命运共同体与“一带一路”发展战略——地球村社会生态的世界建构》两篇论文入选民盟中央经济论坛材料汇编。

【服务社会】

“同心 121 工程” 2018 年下半年，根据市委统战部安排，民盟漳州市委会社会服务工作重点转移到“同心 121 工程”，定点挂钩龙海市东园镇，组织专家学者深入东园镇调研，与当地党政领导进行交流，共同制定帮扶方案，并与龙海市东园镇签署挂钩帮扶协议。从教育、文化、卫生、科技、农业等方面开展帮扶工作，组织民盟教育骨干赴龙海市东园中学进行教学交流，邀请中国著名心理学家、福建师大博士生导师叶一舵专程到龙海作《有安全，才有未来——做一个心理安全的初中生》主题辅导报告；组织民盟书画家、医生深入乡村开展写春联、送医义诊活动；邀请民盟福建省委社会服务部长游东胜深入龙海市东园实地考察，并争取到“闽盟天使工程”落户龙海第二医院，为医院节约医疗器械采购费用约 450 万元；协助民盟省委“闽盟天使工程”落户云霄县医院，向云霄县医院捐赠价值 800 万元的西门子医学检测流水线一套。

“新农村服务点”建设 2018 年 1 月，民盟漳州市委会组织医疗专家、书法、文艺工作者以及部分企业界人士开展“贯彻十九大、服务新农村”系列社会服务活动。到隆教乡新厝村举办文艺演出，开展义务写春联、义诊活动，慰问贫困户，并向新厝小学捐赠图书，受到村民的好评，同时，联合民盟龙海二中支部，向隆教乡红星小学赠送一台由爱心企业提供的价值 8 万元的钢琴。

【盟务活动】

2018 年，民盟漳州市委会召开工作委员会主任会议，听取汇报、交流工作经验、布置工作任务。经济科技工作委员会发挥成员阅历广，社会事务参与多的优势，组织成员开展调研、撰写多篇信息，并获得市领导批示；普通教育工作委员会协助组织教师节活动，组织论文参与民盟省委会基础教育研讨会、开展东园中学对口教学帮扶；社会服务工作委员会协助开展文化医疗科技“三下乡”活动，发动成员捐款，参与隆教乡新农村建设、东园镇“同心 121 工程”；文化工作委员会组建漳州民盟艺术团，承办漳州民盟成立 60 周年纪念文艺演出、参与在敦煌举办的“海丝十城书画作品联展”等等。

“盟员之家”是盟员提高思想认识、联谊情感的平台，也是民盟基层组织履行参政党职能、发挥参政党作用、展示参政党形象的载体。由民盟漳州市委会创建的“盟员之家”具有特色，受到广大盟员欢迎。长泰玫瑰山庄科教实践基地，开辟花卉为主的现代农业科教园区、也是农业休闲旅游基地，民盟漳州市委会和龙海总支、芗城总支、闽南师大总支等基层组织及民盟中央美术院漳州创作基地都挑选长泰“盟员之家”开展活动。龙文“盟员之家”，因有丰富的艺术品收藏，吸引不少民盟内外组织到该处参观交流。2018 年 11 月，龙文支部“盟员之家”被民盟中央授予“优秀盟员之家”称号。当年，台商投资区支部也创建“盟员之家”。

（左建瑛）

·民建漳州市委会·

【组织概况】

中国民主建国会漳州市委员会（以下简称民建漳州市委会）设有 4 个总支，22 个支部，6 个工作委员会，1 个书画院。2018 年发展新会员 44 名，全市共有会员 542 名。

【思想建设】

新思想学习 2018 年初，民建漳州市委会召开主委会，明确学习中国特色社会主义思想、中共十九大精神，制定学习计划，开展多形式的学习实践活动，邀请专家对中共十九大精神和新思想进行深入解读，组织市委委员、支部主委、专委会主任进行集中学习。常委深入挂钩的基层组织宣讲。举办新会员颁证仪式，传承老一辈民建人与中共团结合作的政治信念和优良传统，做一名政治上、岗位上、形象上合格的会员。

主题教育活动 深入推进

2018 年 4 月 4 日，民建漳州市委会举行新会员颁证仪式

（民建漳州市委会 供图）

“不忘合作初心，继续携手前进”专题教育活动，结合“大学习”活动，组织广大会员学习会章、会史，引导全市广大会员知会爱会，传好历史接力棒。2018 年是中共中央“五一口号”发布 70 周年，为重温多党合作历史，4 月，民建漳州市委组织广大会员参加八个党派联合开展的“重温合作历史 争当合格成员”为主题的健步走、征文、文艺演出、座谈会等系列专题教育活动，引导推动基层组织和广大会员在重温历史中铭记合作初心，在弘扬传统中深化政治共识。

对外宣传 2018 年，依托网站、微信公众平台，设立“学习贯彻新思想”专栏，密切与漳州电视台、《闽南日报》、《中国普法网》等新闻媒体的沟通和联系，做好“两会”民建界别委员提案、民建会员的社会服务活动、民建漳州市委会重大活动等内容的宣传，共发表宣传稿件 60 余篇。

【组织建设】

基层组织建设 民建漳州市委会做好基层组织换届工作，出台《民建漳州市委 2018 年基层组织换届工作方案》，重点考察骨干会员对新思想的理解程度，对新一届基层班子的政治素养提出新要求。通过基层组织的换届，将一批政治坚定、作风正派、热心会务、乐于奉献、有群众基础和组织协调能力的会员充实到支委会。2018 年，共有 2 个总支和 18 个支部完成换届工作。

基层组织活动 按照《漳州市八个民主党派市委常委（委员）挂钩支部（总支）职责要求》和市委统战部的主题活动要求，开展常委挂钩基层组织活动，通过签订责任状，明确职责，指导基层组织活动，畅通联系，提高活动质量。在挂钩常委的指导下，芗城二支部、工商一支部到古田、长汀开展红色教育，龙文总支到会员企业普及急救知识，机关事业总支与律师支部开展送法律下乡活动，工商三支部和医药支部到华安开展乡村振兴调研等。并加大对外联系力度，与民建晋中市委、民建龙岩市委等开展地市交流。

【参政议政】

建言献策 2018 年，围绕漳州市经济发展中心，结合经济界别特色，关注民生，确定重点调研课题，深入调查研究，为建设富美新漳州建言献策。民建漳州市委会共提交团体提案 10 件，委员个人提案 8 件。其中，获市领导批示 5 件次，被列为重点提案 1 件。《关于盘活我市开发区闲置土地的几点建议》《着力扶智扶志，助推精准脱贫》获得市委书记、市长批示。组织政协委员、人大代表围绕经济发展和社会民生等热点难点问题，在市、县两级“两会”期间，建言献策。

社情民意 举办新会员专题信息培训 2 期，邀请专家适时开展社情民意信息撰写培训。创新工作方式，通过参政议政微信群及时发布约稿通知以及采用情况，增强会员的履职热情。2018 年共收集上报社情民意信息 60 件，市政协采用 44 件，省政协采用 7 件，市委办采用 5 件，省委办采用 2 件，民建中央采用 2 件。其中《关于促进工业企业补办不动产权属登记的几点建议》获省主要领导批示，《关于做好办理小微企业贷款抵押登记工作的建议》获市长

刘远批示。2018年初，民建漳州市委会被民建福建省委会、市委统战部、市政协评为2017年度信息工作先进单位。

调查研究 2018年，民建漳州市委会领导带领机关干部和骨干会员到金峰开发区、华安县经济开发区等地深入基层开展调研，并与课题相关的部门进行调研座谈，形成调研文章《关于盘活我市开发区闲置土地的几点建议》，入选政协大会发言。结合市政协的民建界别活动到漳浦等地开展“农地金融”课题调研。与漳州市商务局到东山、诏安开展“中美贸易冲突对我市水产品出口的影响”联合调研。参与民建福建省委会到龙海、东山开展的“乡村振兴”调研。

【服务社会】

服务企业 民建漳州市委会领导班子制定每月走访会员制度，2018年，先后走访10多家会员企业，传达漳州市政府颁发的惠企文件精神，并与企业家会员进行交流，倾听他们的呼声，反映他们的意愿，并形成调研报告。依托会员开设的培训机构，组织企业家会员参加建华课堂福建分课堂暨民建漳州龙江讲坛举办的专题讲座，就宏观经济战略、企业管理、法律法规等方面为会员企业家举办专题讲座2场。组织企业家会员参加民建组织举办的“中国风险投资论坛”“非公有制经济论坛”等各种活动，提高企业家会员素质和境界。

品牌服务 依托企业家会员创立的“珍爱基金”“科华老区育才奖学金”“鑫展望奖学金”“罗令奖教助学基金”四个基金，进一步挖掘、培育民建品牌，把各类分散的捐资助学、扶贫帮困活动品牌化，推动社会服务工作。据不完全统计，2018年，民建会员和会员企业通过各种途径捐资捐物近70万元，开展公益活动近50次。

特色服务 结合漳州市统战系统“同心121”工程和民建省委会外屯乡对口帮扶工作，依托社会服务工作委员会，通过科学指导、整合资源、挖掘优势，引导鼓励各基层组织、会员企业和广大会员开展下乡服务、扶贫帮困、暖心慰问等各类社会服务活动。1月，组织机关干部到对口联系的湖屯村开展春节慰问活动。9月，组织律师会员到挂钩的下河乡开展送法律下乡活动。11月，联合漳州罐头食品行业协会为挂钩乡的金枣销售制作网页宣传专刊，并开展为农家书屋、小学增补书籍等活动。

（林美卿）

·民进漳州市委会·

【组织概况】

中国民主促进会漳州市委员会（以下简称民进漳州市委会），有委员22人，其中常委11人。2018年下设9个市直支部和4个总支，全市共有会员409人。会员中担任市、区两级人大代表和政协委员有22人，其中市级人大代表1人、政协委员11人。2018年发展新会员15人。

【宣传学习】

2018年，民进漳州市委会深入学习贯彻习近平新时代中国特色社会主义思想和中共十九大精神，学习领会民进十二大精神，不忘初心，务实履职，投身富美漳州建设。组织骨干会员开展红色学习教育活动，增强会员的政治意识和使命感。4月，主办纪念“五一”口号发布七十周年健步走大型户外活动，和全市统战人士一同重温多党合作光辉历史，铭记新常态下的责任和担当。10月，会员郭伯龄获“民进全国宣传思想工作先进个人”荣誉称号。

民进漳州市委会先后选派入会新会员14人参加省委、中共漳州市委统战部举办的新会员培训班，选派市委委员6人参加社会主义学院培训班。在发展优秀新阶层代表人士入会的同时注重发挥新阶层会员自身职业优势，为参政调研注入新活力。11月，民进经科总支成立，成为民进漳州市首个市直总支，下辖3个独立支部。同时，举办各类专题培训活动，不断提高会员自身素质。5月，举行参政议政工作会暨信息员培训；7月，邀请民进省委调研处到漳州就课题调研和社情民意信息进行交流辅导，组织一批参政议政骨干会员和新入会会员参会受训；8月，举办题为《政协提案与党派参政议政》的培训讲座。8月下旬，举办“不忘合作初心　继续携手前进”主题教育活动理论宣讲会，邀请民进中央主题教育活动理论宣讲报告人、广东省社会科学院国学研究中心主任孙海燕作《弘扬儒家思想精华，增强民族文化自信》专题报告。10月，协助民进福建省委在漳州举办2018年新会员培训班，60多名来自全省各级民进组织的新会员参加培训学习。

贯彻落实“市委常委挂钩联系支部”制度，让挂钩常委成为支部思想建设和能力建设的带头人。民进漳州市委会领导分别到所挂钩支部开展宣讲活动，带领会员深入学习习近平新时代特色社会主义思想，回顾“五一口号”发布的历史背景及意义，不忘初心、牢记使命。12月，组织民进常委及各总支、市直各支部主任、各专委会主任、参政议政骨干、机关干部赴福州等地开展“重温合作历史　争当合格成员”主题教育活动暨基层组织建设年活动，与民进省委机关及其他地市民进基层组织开展经验交流。

【参政议政】

2018年向“两会”共提交团体提案7篇，大会发言《多措并举加快推进我市公办幼儿园建设》和团体提案《关于促进我市特色小镇持续健康发展的建议》《以新税率为契机，促进我市水产加工业结构性调整》《关于保护漳州老地名，留住古城历史记忆的建议》分别得到市委书记和市长的批示。团体提案《关于保护漳州老地名，留住古城历史记忆的建议》《以税率新政为契机，促进我市水产加工业结构性调整》和会员颜小燕委员的个人提案《建议加大力度扶持我市返乡大学生创业》获得漳州市政协2018年度优秀提案表彰。

4月，民进漳州市委会获漳州市政协反映社情民意信息工作先进单位表彰，信息《“金砖五国峰会”之前维护快递渠道安全的建议》《住宅小区应重视配备建设无障碍设施》《警惕“公益健康讲座”成坑害百姓“陷阱”》被评为漳州市政协优秀社情民意信息，机关干部1人获信息工作先进个人表彰。会员4人被民进福建省委评为参政议政工作先进个人，会员2人被民进福建省委评为优秀社情民意信息撰稿人。社情民意信息被上级部门采用22条，其中《关于在南山文化生态园内增加红色文化元素的建议》《漳州工业发展“稳中有忧”需关注》得到市领导批示。

7月，主委黄井南带领市政协民进界别小组赴漳州台商投资区、长泰县开展“我市工业项目落地情况”课题调研，完成调研报告《漳州工业发展“稳中有忧”需关注》，为市委市政府决策提供参考。10月，接待民进厦门市委课题调研组一行，到漳州平和开展《进一步发挥农产品品牌优势，促进我省乡村产业振兴》课题调研。11月，副主委张琳带领教育专委会到龙岩华侨职业中专学校调研中职教育发展情况，完成调研报告《优化中职学校专业配置和人才培养模式》。副主委林必强带领文化专委会和妇女专委会开展红色文化旅游调研，完成调研报告《加强我市红色文化旅游开发利用的几点建议》，并形成团体提案提交政协大会。2018年，向民进福建省委提交11篇课题调研成果。

【服务社会】

民进漳州市委会通过教育帮扶、智力帮扶、健康帮扶等形式开展服务社会活动，既让群众在活动中得到实惠，又让会员和干部在实践中得到锻炼。6月，组织经科支部赴华安仙都镇开展“情系山区　奉献爱心”公益捐赠活动，向当地两所小学捐赠双层铁架床159张，解决孩子们午休问题。依照《漳州市“同心121”工程实施方案》要求，与诏安县霞葛镇结成帮扶对子后，制定在教育、文化、法律、卫生、农业产业化、乡村建设几个方面的帮扶对接计划，并部署执行。除了民进漳州市委会统一安排，各总支、支部也分别组织会员开展各类社会服务。

2018年，民进漳州市委会发

2018 年 6 月 25 日，民进漳州市委会组织经科支部赴华安仙都镇开展“情系山区奉献爱心”公益捐赠活动　（民进漳州市委会 供图）

起“找出家中课外读物，分享留守儿童悦读”号召，开展“图书漂流”活动，实现在电子阅读平台注册、选书、交押金，到最近网点书店取纸质图书阅读、就近还书，免费阅读、资源共享；以各社区、村镇已建文化中心为基础，帮助组建镇、村级综合性文化服务中心（自助共享书吧）；以爱心捐赠、免费阅读、自助借还的模式，盘活镇、村级书屋既有藏书，助推全民阅读。民进市委会与雅丹图书、博文书店联合开展“图书漂流”活动，捐赠各类书籍累计价值数十万元，电子平台实现累计注册人数近 50 万人。

（张　斌）

·农工党漳州市委会·

【组织概况】

2018 年，中国农工民主党漳州市委员会（以下简称农工党漳州市委会）有 3 个总支、28 个支部，设参政议政、医药卫生、经济科技 3 个专门工作委员会。全市共有党员 597 名，其中当选各级人大代表 5 人，担任各级政协委员 37 人。

【参政议政】

建言献策　2018 年，在福建省政协十二届一次会议上，由农工党漳州市委会提供的《关于提高我省健康扶贫实效的建议》得到省委书记、省长等 4 名省领导的批示，并被省政协列为重点提案进行督办。在漳州市政协十三届二次会议上，农工党漳州市委会提交的《充分发挥中医特色优势，加快我市中医药事业发展》等 3 件大会发言和团体提案得到市委书记、市长批示，《关于加快推进我市公办养老机构改革的建议》被市政协列为重点提案进行督办；《关于改进市区农贸市场管理的建议》被评为市政协优秀提案。加大对提案办理情况的跟踪，大部分建议都得到有关部门的重视和采纳。其中，省政协重点提案《关于提高我省健康扶贫实效的建议》由省政府副省长和省政协副主席负责督办，省卫计委、省财政厅等单位印发《福建省健康扶贫三年攻坚行动实施方案》等“1+3”文件；市政协重点提案《关于加快推进我市公办养老机构改革的建议》，推动相关部门试点县级福利中心和乡镇敬老院打包实施“公建民营”，推进医养融合发展；团体提案《关于在我市逐步推广“四点半学校”的建议》推动有关部门出台《漳州市中小学课后服务工作实施意见（试行）》。

专题调研　与农工党福建省委会联合到漳厦两地开展药品供应保障体系专题调研；组织市政协农工党界别委员小组和党员专家开展乡村卫生服务一体化管理、农村饮用水安全等专题调研。2018 年，农工党漳州市委会共完成调研报告 3 篇，其中，《关于新形势下深化闽台农业合作的建议》《加大医药科技创新力度　健全药品供应保障体系》被农工党福建省委会评为 2018 年度优秀调研论文二等奖，《加快实施城乡供水一体化　全面提升农村饮水安全保障水平》被评为三等奖。

社情民意　2018 年，农工党漳州市委会共编报社情民意信息专报件 96 件，其中被全国政协、中央统战部、农工党中央采用17件，被中共省委办、省政协采用18件，被农工党省委会采用85件，被市政协采用41件；《十三价肺炎疫苗接种年龄范围过窄亟待引起重视》等2件信息被全国政协采用，《基层申报项目资金出现消极被动倾向亟待引起重视》等3件信息得到省领导批示；《关于加快推进我市“厕所革命”的建议》得到市委书记的批示，“厕所革命”被列入2018年度为民办实事项目；《建议我市实施中小学校园直饮水工程　解决学生在校饮水问题》推动校园直饮水工程列入漳州市2018年“十大惠民特色工程包”，在全市所有中小学、中职学校实施校园直饮水工程。农工党漳州市委会社情民意信息工作在市政协和市委统战部评比中，分别排名全市政协系统第一名和全市统战系统第二名，被农工党省委会评为社情民意信息工作标兵单位。

【服务社会】

环境日主题活动　在世界环境日来临之际，由农工党漳州市委会协办的“美丽中国　我是行动者”2018年福建省六五环境日主题活动在芗城区举办。农工党漳州市委会组织市医院、市人民医院的农工党员专家，现场为100多名群众提供义诊和咨询，发放环保宣传材料；组织农工党员参加“共建生态+·健步走在新时代”活动。

“同心121”工程　制定《农工党漳州市委会挂钩帮扶华安县仙都镇实施方案》；赴仙都镇开展“同心121”工程调研，了解乡村振兴情况及帮扶需求；为仙都镇行政村建设配套体育健身设施；与市委统战部联合在云霄县火田镇开展“同心121”工程义诊活动，组织农工党医疗专家为当地100多名群众提供义诊服务，并赠送药品2500多元。

【思想建设】

主题教育活动　围绕“五一口号”发布70周年、改革开放40周年和农工党漳州市委会成立60周年，深入开展“不忘合作初心，继续携手前进”和“重温合作历史，争当合格成员”主题教育活动。开展纪念“五一口号”发布70周年主题征文活动，向省委统战部、农工党省委会报送征文，其中2篇征文获省委统战部三等奖、农工党省委会一等奖；召开农工党漳州市委会纪念“五一口号”发布70周年座谈会，邀请老中青三代农工党员发言，重温多党合作历史；参加农工党省委会纪念“五一口号”发布70周年暨“福建事变”85周年知识竞赛，荣获二等奖；联合举办漳州市八个民主党派纪念“五一口号”70周年健步走活动和文艺汇演；召开纪念农工党漳州市委会成立60周年座谈会暨“三学一讲”专题活动，省政协副主席、农工党省委会主委刘献祥莅漳州讲授党课；开展“讲同心故事、话改革开放——纪念改革开放40周年”征文活动，向农工党省委会报送征文10篇，其中1篇获一等奖。

宣传研究　及时报送工作简讯，编发《漳州农工》；开通“漳州农工”微信公众号，通过微信公众号、微信群等推送农工党漳

2018年8月5日，纪念农工党漳州市委会成立60周年座谈会暨“三学一讲”专题活动在漳州召开　　（农工党漳州市委会　供图）

州市委会信息；做好《前进论坛》征订工作，被农工党中央评为2018年度《前进论坛》发行工作先进单位。完成《民主党派服务乡村振兴战略的优势和实践路径》等3篇理论调研论文报送农工党省委会、市政协和市委统战部。

【组织建设】

人才队伍　2018年，农工党漳州市委会共发展新党员36名。先后选送41名农工党员参加农工党福建省委会2018年全省基层骨干党员培训班、2018年暑期各民主党派市委委员培训班等。

基层组织　根据《漳州市八个民主党派市委常委挂钩支部职责要求》，农工党漳州市委会常委指导所联系的支部开展活动，推动基层组织工作取得新成效；各基层组织通过联合调研、下乡义诊、开展“三学一讲”专题活动等，丰富基层活动形式；2018年11月，在台商区成立农工党漳州台商投资区支部委员会。

（张丽平）

·致公党漳州市委会·

【组织概况】

中国致公党漳州市委员会（以下简称致公党漳州市委会）第七届委员会常委11名，委员23名。2018年，全市共有总支部3个，支部24个，党员537人。

【思想建设】

掀起习近平新时代中国特色社会主义思想和中共十九大精神“大学习”热潮。全年共召开4次主委会、4次常委会，并深入基层组织开展学习宣传贯彻宣讲活动16场次。组织70多名致公党员听取《十九大报告在经济领域的亮点及当前经济形势解读》报告会；选派致公骨干党员60多人次参加致公党福建省委会、中共漳州市委统战部组织的各类专题培训班。各基层组织专题学习会29场次，参加学习498人次。

在中共漳州市委统战部的指导下，牵头草拟漳州市八个民主党派联合开展“重温合作历史　争当合格成员”活动的总体方案及全市八个民主党派成员倡议书等材料。致公党漳州市委会领导参加漳州市纪念中共中央发布“五一口号”70周年座谈会，兰万安主委代表全市八个民主党派宣读倡议书。组织致公党员72人参加纪念中共中央发布“五一口号”70周年健步走活动；选送节目参加文艺汇演，开展“重温合作历史　争当合格成员”主题征文活动，与台盟市委会联合牵头编撰市八个民主党派征文集，1篇征文荣获省委统战部征文二等奖，9篇入选市八个民主党派征文集。组织致公党骨干党员30多人赴长汀开展“重温合作历史争当合格成员”重走红军路主题教育活动，指导协助基层组织到革命老区开展主题教育活动。

【组织发展】

选派致公党骨干党员20多人次参加致公党省委会组织的各类培训班；组织致公党员58人

2018年9月27日，致公党市委会组织党员赴长汀开展“重温合作历史争当合格成员”主题教育活动　（致公党漳州市委会　供图）

参加中共漳州市委统战部组织的专题讲座培训、新成员培训班及市委委员培训班、参政议政工作暨专题培训会，组织骨干党员和信息员40多人参与，提升党员干部参政议政的能力和水平。突出质量、保持特色，重视吸纳政治素质好、专业素养高、参政议政能力强的优秀人才，2018年发展新党员27人。制定实施《专委会工作考核细则》，实行专委会考核制度，推进专委会特色活动规范开展。8月，成立监督委员会，制定《致公党漳州市委会关于贯彻〈中国致公党党内监督条例〉的实施意见》，举办监督工作座谈会，为推进党内监督工作奠定制度基础，提供组织保障。并做好支部、专委会考核工作，表彰一批致公先进支部、先进专委会和优秀致公党员。

【参政议政】

2018年，致公党漳州市委会被致公党中央评为2013—2017年参政议政先进集体；被致公省委会、市政协评为反映社情民意信息先进集体；致公党员6人次被致公党中央、致公省委会、市政协评为调研和提案工作、反映社情民意信息先进个人。

建言献策　在市政协十三届二次会议上，致公党漳州市委会提交大会发言1篇、团体提案10篇、委员个人提案31篇。其中大会发言《关于大力挖掘我市乐器产业文化内涵的建议》，获市委书记檀云坤、市长刘远的批示；《关于促进我市特色小镇持续健康发展的建议》被列为重点提案；《关于加大金融支持力度发展我市海洋经济的建议》等3篇入选重要提案摘报，共获市委书记檀云坤、市长刘远批示6件次。大会发言转为团体提案，市政府、市政协、芗城区政府领导高度重视，多次组织调研组深入企业及乐器商会开展调研，帮助解决企业问题；转化成的信息获得省长唐登杰和分管副省长的批示，省经信委等多个部门到漳州调研，推动产业发展；《福建日报》也进行报道，市政协和漳州市电视台联合拍摄政协视点《漳州乐器产业弹奏新乐章》引起广泛关注和社会好评。“大吉他”产品形象融入漳州市飘带天桥及南山廊桥等景观设计中，提升城市休闲旅游品味。2018年，致公党漳州市委会共收到市农业局、市水利局、市国土局等单位提案答复28份。向致公省委会报送省政协大会素材，其中《关于进一步发挥金融在精准扶贫攻坚工作中的作用的建议》被致公省委会采用为省政协十二届一次会议团体提案。

调研成果　参与致公省委会两批课题调研，其中《加快我省智造制造发展步伐　推进制造业供给侧改革》等两篇调研成果入选致公省委会重点调研课题和一般调研课题；《乡村振兴战略视野下我省推进农村社区化治理的建议》等两篇调研成果被采纳为省政协十二届五次全会发言和交流材料。协助致公省委会、市委统战部做好《关于做好新时代民主党派组织发展工作若干思考》等调研课题。参与漳州市八个民主党派联合开展的乡村振兴战略调研活动。参与市政协举办的习近平总书记关于加强和改进人民政协工作的重要思想理论研讨会，《发挥党派界别优势　增强调研实效》入选论文汇编。与对口联系单位市外侨办围绕侨文化、红色文化等主题开展2次联合调研；组织市政协致公党界别委员开展补齐短板打响“花样漳州”旅游品牌课题调研活动；支持协助基层支部围绕乡村振兴战略、脱贫攻坚等课题开展调研，形成调研成果10篇，部分调研成果转化为提案、社情民意信息。

社情民意　共向致公省委会、市委统战部及市政协上报信息302篇，被中央统战部、致公党中央、省委办公厅、省政协、致公省委会、市政协等部门采用97篇次，其中《“清真美团”背后的“清真泛化”现象亟需高度重视》被中央统战部采用，被致公省委会评为2018年度好信息三等奖；《完善基层法院涉外商事纠纷多元化解机制的建议》等4篇信息被致公党中央采用；《建议采取措施提高城市树木抗风能力减少风灾损失》被省委办公厅采用；《非法集资犯罪“社会性”标准亟待通过立法加以完善》等3篇被省政协采用；《建议尽快解决庭前会议制度实施过程中的问题》等49篇被致公省委会采用；《四个问题影响我市分级诊疗制度实施需引起重视》等3篇信息获得市领导批示；《关于加强农村突出环境问题综合治理的建议》等39篇信息被市政协采用。

【海外联谊】

致公党漳州市委会发挥“侨”“海”特色和优势，拓宽海外联谊和交流的工作思路，对外交流的优势和成效有新突破。2018年3月，致公党员4人组成庆贺团自费前往菲律宾参加中国洪门致公党中吕宋支部换届庆典。5月，致公党漳州市委会分别接待菲律宾洪门竹林总会、菲律宾华裔青少年回乡寻根恳亲团共32人。10月，接待世界洪门南美总会总干事、巴西洪门南美总会常务副会长林炳旺来漳州访问。致公党漳州市委会联系市农业局，多次协助马来西亚迈向生物科技有限公司前往平和县开展土壤状况及改良专题调研，做好技术对接，引进“国际先进的农业技术改良土壤”实验项目，推进平和县土壤改良，促成针对平和土壤问题开展的菌剂肥料实验在平和落地实施。

【服务社会】

围绕中共漳州市委、市政府精准扶贫工作重点以及漳州市“同心121”工程的部署，发挥人才聚集、联系广泛等侨海优势，挖掘、整合党派资源，科学选择服务项目，开展帮扶行动。2018年，各基层组织及党员共开展公益活动23次，参与的致公党员1258人次；开展捐赠活动18次，捐赠款额39.38万元，捐赠物品价值59.87万元，惠及群众6543人。

“同心121”工程　全面助推东厦镇乡村振兴战略和脱贫攻坚工作。将“同心121”工程纳入年度重点工作，致公党漳州市委会主委带队到东厦镇调研，部署帮扶工作，与县、镇政府形成合力，在农业产业提升、发展教育、建设卫生院、规划乡村旅游等方面落实帮扶举措，取得明显成效。指导、组织参政议政专委会实地调研省级文物保护单位高溪庙、观音亭，并形成调研报告。协调市、县农业综合开发办拨出70多万元资金用于东厦镇农田水利基础设施建设；协调50万元帮扶资金用于改善东厦镇卫生院基础设施建设；联系市文保局调研省级文物保护单位高溪庙并已协调维修维护及环境整治工作经费20万元；联系市科技局下派科技特派员进行帮扶；组织市直医卫支部、芗城医卫支部医生致公党员到东厦镇义诊，为当地群众200多人免费提供医疗服务、发放药品；举办医学讲座，邀请漳州市医院主任医生为东厦镇卫生院的医护人员授课；组织闽南师大支部和机关支部共5批次支教教师到致公小学上阅读示范课、作文课、国学等课程，致公党员1人坚持每周一次自费赴致公小学为孩子们讲授阅读课。致公龙文总支与龙文区蓝田镇梧桥村结对挂钩帮扶，与龙文区工商联等单位共同主办“跟党迈进新时代，乡村振兴梧桥美”的“同心121”工程主题文艺汇演，深受村民喜爱。

社会服务　组织市医院、第三医院致公党员医生到常山开发区开展义诊活动，深受群众欢迎；组织社会服务专委会企业家致公党员捐赠灯具、日用品、医药用品、按摩颈椎器、食品等共3万元价值物品、现金800元慰问常山开发区困难归侨。引导基层组织开展社会服务活动。

（李钻石）

·九三学社漳州市委会·

【组织概况】

九三学社漳州市委员会（以下简称九三学社市委会）下设12个支社和参政议政工作委员会、宣教文体工作委员会、妇女工作委员会、老龄工作委员会、经济与科技工作委员会、青年工作委员会及《漳州九三》编委会共7个专门工作委员会。

2018年发展新社员15名，全市共有社员272人，女社员118名，占43.4%。

【参政议政】

2018年，在召开的政协漳州

2018年4月，九三学社社员参加纪念中共中央发布“五一口号”70周年健步活动　　（九三学社漳州市委会　供图）

市第十三届二次会议上，九三学社市委会提交《关于引进科研院校地方研究机构提升我市产业创新能力的建议》等8件建议，其中，大会发言《关于持续推进我市“生态+”发展的建议》和另2份建议提案，得到市领导的批示。《关于引进科研院校地方研究机构提升我市产业创新能力的建议》被列为年度政协重点提案。

2018年，九三学社市委会共报送社情民意信息40件，被市政协、党委和学社中央采用11件。其中，《关于调整医疗机构抗癌用药考核的建议》被省委办公厅采用，《关于将就医费自付比纳入公立医院改革考核指标体系的建议》被社中央采用。

【宣传教育】

2018年，九三学社市委会组织社员深入学习习近平新时代中国特色社会主义思想，全面贯彻落实中共十九大和学社中央十一大精神，继续加强《漳州九三》和学社市委会微信公众号的宣传工作，开辟“学习进行时”和“同心121九三在行动”两个专题。

4月，九三学社市委会通过组织座谈会，参加健步走和文艺汇演活动，举办征文等形式隆重开展纪念中共中央发布“五一口号”70周年活动。8月，九三学社市委会召开纪念九三学社创建73周年暨学习《社章》争当合格成员宣讲会，组织社员参与学社中央的“社史社章学习竞赛活动”，开展“学习新思想、新社章，争当合格成员活动”。

【服务社会】

九三学社市委会召开会议，专题研究推进“同心121”的工作部署，制定《挂钩帮扶长泰县武安镇细化方案》，从产业、医疗、教育、招商四方面，全面参与漳州市“同心121”工程。通过组成的医疗专家队伍，调研武安镇居民卫生服务中心，帮助武安镇卫生服务中心的建设。启动溪东村部大楼规划设计，立项为《武安镇乡村振兴规划节点提升工程》，九三学社市委会委员15人，每人捐资500元，资助武安贫困户中小学学龄儿童。

（王燕茹）

·台盟漳州市委会·

【组织概况】

台湾民主自治同盟漳州市委员会（以下简称台盟漳州市委会）成立于1983年1月，2016年12月进行第八次换届，选举产生八届委员13名，沈惠玲、陈红斌、陈奕颖、许钢任副主任委员，陈红斌兼任秘书长。下设7个支部，2018年发展新盟员11人，全市共有盟员108名。

【参政议政】

2018年，台盟漳州市委会发挥台盟特色和优势，围绕党委和政府的中心工作，参与民主协商、参加政协会议、提交调研报告、反映社情民意，推动决策的科学化、民主化和各项事业的发展，为富美漳州建设、做好台湾人民工作。报送的《关于在人口老龄化背景下进一步发展老年教育的建议》等提案入选台盟中央团体提案。市“两会”上，大会发言《借鉴台湾经验，推进我市健康养老产业发展》获得市委书记批示。12 篇团体提案中，《破解我市因病残致贫返贫问题的几点建议》《运用大数据，加强我市社会治安防控的几点建议》《努力挖潜，注重运作，充分发挥闽南文化生态走廊应有效应》《推进漳州水仙花保护开发、振兴漳州水仙花产业的建议》4 件被列为重点提案，获得市委书记和市长的批示 8 件次。

担任政府各职能部门特约“四员”的盟员们履行职责，发挥民主监督作用，在参与各部门“创文明行业，建满意窗口”的明察暗访、民主评议行风等活动中，提出建设性意见和建议，得到有关部门的重视。

2018 年，台盟漳州市委会完成 9 篇调研论文，其中 4 篇是台盟中央调研子课题，分别为《解决深度贫困地区脱贫问题——解决因病致贫返贫问题的对策建议》《关于〈未成年人网络保护条例（送审稿）〉补充的若干建议》《加强农村污染防治，守住一片绿水青山》《发展漳州乡村旅游，助力乡村振兴战略》。在省台盟的 2018 调研课题评选中，《发挥东山对台民间信仰多元合力，促进两岸民众心灵契合》多篇调研通过专家评审，获得一致好评。

全年上报社情民意信息 42 篇，其中 32 篇被市政协和市委办采纳，《关于〈未成年人网络保护条例（送审稿）〉补充完善》等 10 篇信息被省委办和省政协采纳，其中《化解两岸农业商标政策地域差异，促进海峡两岸农业商标权益的保护与合作》被全国政协采纳。

2018 年 4 月，台盟漳州市委会荣获全市统战信息工作先进单位和全市政协反映社情民意信息工作先进单位。在台盟中央纪念改革开放 40 周年的活动中，漳州市盟员赵月英、沈惠玲、陈菁获得优秀盟员称号，陈红斌获得优秀盟务工作者称号，台盟机关支部获得先进基层支部。在省台盟组织的纪念台盟成立 70 周年征文比赛中，报送的征文中，陈晓华获得二等奖，范雨芳、沈建辉、叶建平、许钢 4 人获优秀奖；在纪念台盟成立 70 周年演讲比赛中，陈晓华获三等奖，黄吴刚获优秀奖；陈菁撰写的《重温“五一口号”不负历史使命》获省委统战部“纪念中共中央发布‘五一口号’70 周年”征文二等奖。

2018 年 10 月 20 日，台盟中央副主席杨健（右七）在漳州调研

（郑淑茵 摄）

【学习培训】

2018 年，组织 5 名盟员参加中共漳州市委党校的统一战线干部培训，3 名盟员参加在省社院的学习。

台盟漳州市委会开展《纪念中共中央“五一口号”发布 70 周年座谈会》，举办市委委员挂钩支部专题学习会，邀请台盟中央资深盟员到漳州开展“学盟章、读盟史，做合格成员”专题培训等。

【联络宣传】

台盟漳州市委会坚持遵照“和平统一、一国两制”方针，

10月28日，台盟中央副主席吴国华（前排右三）、市人大常委会副主任李珊珊（前排左二）在东山参加两岸文化交流委员会会议

（郑淑茵 摄）

发挥自身优势，多渠道开展对台宣传、联络工作，动漳台经贸文化的往来与交流，做好台湾人民工作。同时，做好服务接待。

2018年1月，台盟中央宣传部副部长吴艺煤一行到漳州市开展基层调研。6月，由台湾雁博青年创业家协会秘书长黄南雄带队一行8名到漳州参加东山关帝文化节。9月，汕头市总支部主委谢丽玲带队、台盟汕头市总支一行6名到漳浦调研台湾农民创业园。10月，台盟中央副主席杨健到漳州调研台资企业；台盟中央两岸文化交流委员会全体会议在漳州市东山县召开，全国政协常委、台盟中央副主席吴国华出席会议并讲话。

（叶建平、郑淑茵）

·民主党派领导名单·

【民主党派副处级以上领导名单】

民革漳州市委会主委　戴鹏飞

民革漳州市委会副主任委员

王少华　詹阿来

阮秀惠　林丽娜

民革漳州市委会秘书长

林丽娜（兼）

民建漳州市委会主委

陈少青（兼）

民建漳州市委会专职副主委

陈惠红

民建漳州市委会秘书长

陈惠红（兼）

民进漳州市委会主委　黄井南

民进漳州市委会副主委

杨素萍　张　琳

林必强　林阳山

民进漳州市委会秘书长

林必强（兼）

农工党漳州市委会主委

何伟燕

农工党漳州市委会副主委

赵学田　连学坚

林如凤　黄金明

张少榕

农工党漳州市委会秘书长

林如凤（兼）

致公党漳州市委会主委

兰万安（兼）

致公党漳州市委会副主委

蔡溪根　刘志明

杨以革　王淑娟

致公党漳州市委会秘书长

王淑娟（兼）

九三学社漳州市委会主委

曹　阳

九三学社漳州市委会副主委

许才发　杨丽阳

黄晓农　沈魁敏

九三学社漳州市委会秘书长

沈魁敏（兼）

台盟漳州市委会副主委

沈惠玲（兼）

陈红斌　陈奕颖（兼）

许　钢（兼）

台盟漳州市委会秘书长

陈红斌（兼）

责任编辑：陈振煌

·漳州市总工会·

【概 况】

漳州市总工会下辖12个县级地方工会：芗城区、龙文区、龙海市、漳浦县、云霄县、诏安县、东山县、平和县、南靖县、长泰县、华安县、漳州开发区总工会，直管3个派出机构：常山、古雷、台商投资区工会工作委员会；下设7个系统（产业）工会：国资、经贸、教育、林业、交通、建设、卫生工会。市总工会辖工人文化宫、工人温泉疗养院、职工业余学校、工人服务社、职工服务中心（劳模服务中心）等6个事业单位。全市有工会组织2.24万个，工会会员近80万人。2018年，市总工会坚持以党建带工建，以非公有制企业为重点，集中开展“强基层、补短板、增活力”行动，重点推进职工数100人以上非公有制企业组建工会，推动货车司机、快递员、护工护理员、家政服务员、商场信息员、网约送餐员、房产中介员、保安员“八大员”入会，最大限度地把职工组织到工会中来。全市累计建立企业工会29926家，企业工会组建率达92.46%，职工入会率达95.08%。其中职工数100人以上非公有制企业工会组建率99.7%，职工入会率96.1%。强化基层工作保障，推动龙海、东山、漳浦、云霄、华安等已获项目立项批复的县加快工人文化宫建设步伐。

【工会改革建设】

2018年，市总工会实施《漳州市总工会改革方案》《漳州市总工会改革具体实施方案》。结合召开市工会十八大，市总工会领导班子挂职、兼职成员占班子成员数50%，实现市总工会十八届委员中一线人员占35%、十八届常委会中一线人员占15%的改革目标。统筹推进县级工会改革，全市县级总工会改革方案均经常委会会议研究同意并实施。

【营造建功立业氛围】

2018年，围绕市委市政府深化“三抓三比 十项竞赛”、当好“四个先锋”重大决策部署，市总工会推动劳动竞赛向重点工程、重点项目、非公有制企业、现代服务业拓展。全市80%市级以上重点工程项目参加主题劳动竞赛，职工13万多人。广泛开展市第六届职工“五小”（小革新、小发明、小改造、小设计、小建议）创新竞赛活动，产生创新项目4000多项，全市共表彰创新项目111个及创新能手105人。加强职工职业技能培训，组织实施农民工“求学圆梦行动”计划，多形式、多渠道帮助农民工提升技术技能素质和学历层次。弘扬劳模精神、工匠精神，推荐评选全国五一劳动奖状集体1个、全国五一劳动奖章1人及省劳模49人。市委、市政府在“五一”前夕表彰在富美新漳州建设中涌现出的市劳动模范178人。开展劳模健康体检、劳模疗养休养、劳模读书班等活动，为劳模群体的舒心工作、素质提升提供保障。

【帮助困难职工】

2018年，市总工会、教育局等七部门联合印发《推进漳州市城镇困难职工解困脱困工作实施意见》。及时将困难职工纳入工会救助范围，2018年春节，全市工会走访慰问困难职工和困难劳模家庭6000多户，发放慰问金近1000万元。元旦、春节期间，市总工会举办300多家企业参加的大型用工招聘会，帮助达成就业意向2000多人。持续开展“夏送清凉”慰问活动，全市各级工会共安排防暑降温慰问金1000多万元，购买慰问品慰问高温作业单位300多家、高温一线职工3万多人。突出关爱环卫工人等户外劳动者，继续发挥市区“爱心驿站”作用，并在乡镇新增“爱心饮水点”61个。“金秋助学”活动筹集助学资金119.06万元，资助市、县困难职工子女274人，其中农民工子女173人。

【维护职工权益】

2018年，市总工会构建和谐劳动关系，加强法律援助维权服务，开展宪法学习宣传与“七五”普法教育，举办律师记者行、宣传骨干培训班等活动宣传贯彻《福建省工会劳动法律监督条例》。推动出台《漳州市中小学课后服务工作实施意见》，解决职工子女课后“看护难”问题。推进“妈妈小屋”建设，举办多样化的女职工关爱活动，维护女职工权益。重视经济下行压力对职工生产生活的影响，加强劳动关系运行状况的监测和研判，及时化解矛盾。防范境外组织渗透问题，维护社会和职工队伍的和谐稳定。

（林诚毅 许晓梅）

·共青团漳州市委·

【概 况】

2018年，共青团漳州市委改革市、县机关干部构成，新配备市、县两级团委机关领导班子成员18名，推动9名团干转岗任职；新配备市、县专职团干21名，机关挂、兼职干部35名，领导班子挂、兼职比例均达50%以上。推动指导各县（市、区）开展村级团组织集中换届工作，全市1627个村、320个社区全部完成团组织换届任务。印发市、县两级共青团改革方案，协助市属5所高校出台改革方案，推进少先队改革一体化。成立古雷港经济开发区团工委，指导招商局漳州开发区团委班子成员调整，完成漳州驻京团工委换届。在全省创新启动首个团费线上缴交云平台，实现全市团费线上自助缴交、团员网上动态管理。2018年，共有15万人次通过线上操作缴交团费近20万元，该做法先后获得《中国青年报》《福建日报》《闽南日报》等主流媒体报道，并在全省推广使用。

【团员先进性建设】

2018年，严格团员发展规划，推行团费缴交新要求，编印《团员管理汇编材料》，设计制作统一标准的《入团积极分子考察表》《团员介绍信》《团费收据》，并规范团员档案管理、团员证等，2018年全市发展团员1.4万名。围绕全面从严治团开展“学习总书记讲话 做合格共青团员”教育实践活动，当年共开设主题团课175场，召开团员组织生活会5530场，参与人数近20万名，通过微信、微博、网站等新媒体平台开展宣传活动400多次。

【选树青年典型】

2018年，共推报一批优秀青年个人和集体参评团中央、团省委表彰。其中，获团中央表彰的个人和集体7个，获团省委表彰的个人和集体48个，青年典型陈伟琳获评“中国青年五四奖章”，成为当年全省唯一获此殊荣的青年。推选团中央十八大代表3名、团省十四大代表58名作为漳州市优秀青年代表出席上级团代会，全面展示漳州青年良好精神风貌。推报1名少先队员获全国优秀少先队员，2个少先队集体获全国优秀少先队集体；在2018年“少年中国强之福建好少年”寻访活动中，1名少先队员获评“十佳福建好少年”、

3 名少先队员获评“优秀少年”。

2018 年 4 月 4 日，漳州青年诚信行动启动仪式暨“青年文明号优质示范月”统一行动在漳州古城举行 （共青团市委 供图）

【台港澳青年交流】

2018 年，强化台湾青年创业阵地建设，新成立 4 个漳州市台湾青年创业辅导服务中心（站）、3 个漳州市台湾青年创业基地，先后吸引入驻台湾青创项目 126 个，以讲述台湾青年在漳州创业故事为题材的访谈实录——《台湾青年享漳州创业好时光》，获《中国青年报》2018 年 1 月 25 日头版报道。深化漳台港澳青年“请进来 走出去”交流机制，连续第 2 年举办海峡两岸（漳州）青年交流周活动，首次组团赴港澳开展回访，先后拜会香港漳州同乡总会、香港漳州同乡总会青委会、香港中联办青年部、澳门漳州同乡总会等多个部门和社团。

【青年创业】

2018 年，开展“青年文明号优质服务示范月”“青年安全生产示范岗”创建活动，组织全市窗口单位 144 个、青年文明号集体 263 家参与优化营商环境工作，共有 5 个集体获省级青年安全生产示范岗荣誉称号。举办漳州市青年英才优秀创业项目评审工作，当年发放资助资金 200 万元。以打造漳州古城诚信一条街为契机，首次启动“青年诚信经营示范街”“青年诚信经营示范户”创建活动，号召全市广大团员青年投身漳州市政务诚信和个人诚信体系建设。2018 年承办第五届“创青春”福建省青年创新创业大赛，共有 106 个项目入围决赛，发放奖金 130 万元，此外还推荐 2 个项目参加第五届“创青春”中国青年创新创业大赛，“智能巧摩仪”项目获评优胜奖。

2018 年 11 月 30 日，第五届“创青春”福建青年创新创业大赛在漳州举行 （共青团市委 供图）

【精准扶贫】

2018 年，深化青春精准扶贫“六个一百”行动计划。开展“百生圆梦”，共募集资金 335.407 万元，帮助家庭贫困大学新生 844 名圆大学梦。开展“百号送书”，共捐赠爱心图书角 614 个、图书 12 万多册，总价值近 123 万元。开展“百队牵手”，依托

2018年12月3日，共青团漳州市委送课下乡活动（共青团市委　供图）

“民族团结一家亲”交流活动，举行漳州新疆两地青少年融情互动，持续加大援疆对口帮扶力度。开展“百企帮扶”，挂钩帮扶贫困户家庭202个，累计投入资金30多万元，并向“百会帮百村”结对贫困村捐赠基础设施建设资金10万元。开展“百青创业”，持续深化“银团合作”，发放青年创业小额贷款6.5亿元，扶持青年创业7574人次，建立金融挂职干部乡村联系点15个。开展“百团助困”，组建扶贫助困青年志愿者队伍127支，注册扶贫助困青年志愿者40多万人，举办各类志愿助困活动270多场。

【聚焦生态建设】

2018年，共青团漳州市委举办“践行‘生态+’青年当先锋”漳州市青少年植树节暨生态科普体验活动，开展“百团联动——共建富美新漳州”“守护碧海银滩建设美丽海洋”“福建省大中专学生志愿者暑期‘三下乡’社会实践”等各类绿色实践活动500多场，其中“互联网+生态知识科普”植树节活动获《中国青年报》《福建日报》等多家主流媒体转载报道。落实“河长制”工作部署，成立“小河长”志愿护河服务队12支、“河小禹”专项行动实践队19支，深入漳州市11个县（市、区）100多个镇、村和1000多个河段，开展各类主题活动400多场，引导全市广大团员青年争当环保志愿服务先锋。

【帮扶特殊困难群体】

2018年，共青团漳州市委夯实青少年事务社工工作，成立1家市级、12家县级团属青少年社工机构，组建青少年事务社工850多名，实现团属青少年社工机构全覆盖，其中鲁冰花青少年社工服务中心服务困境青少年工作先后在中青网、中青在线以及福建电台的《新闻启示录》上进行报道。完善工作机制建设，打造1个主体社工项目（关爱服刑人员未成年子女社工项目）＋3个公益学堂（“鲁冰花周末公益学堂”“四点半公益学堂”“鲁

2018年8月1—5日，全省大中专学生志愿者暑期文化科技卫生“三下乡”实践活动“河小禹”专项行动　（共青团市委　供图）

冰花驻校公益学堂”）的“1＋3”团属社工工作格局。突出个案帮扶，共拨出44万元专项资金用于开展关爱服刑人员未成年子女、关爱流动青少年和涉罪青少年帮扶等社工项目8个。

【服务法治教育需求】

2018年，共青团漳州市委启动“青春与法同行”主题活动，共组建“青春与法治同行”志愿宣讲团111个，招募“法治小宣传员”11241名，并依托市级青少年法治教育基地和毒品预防教育示范基地等，开展青少年普法公益行、青少年毒品预防教育进家庭等各类普法活动1022场。精选漳州市10个未成年人犯罪典型案例，设计发放《法制小故事笔记本》13000本、《青少年法制教育文化产品合集》1200套。

【维护青少年合法权益】

2018年，创建“青少年零犯罪零受害社区（村）”试点，当年推报全国级和省级创建试点各1个、市级12个。开展“青少年维权岗”创建评比活动，拓宽青少年利益诉求渠道。召开2018年共青团与人大代表、政协委员“面对面”座谈会，围绕“加强青年婚恋后的家庭教育指导”和“加强服刑人员未成年人子女的服务与关爱”议题内容，以提案（议案）的形式向市“两会”提交调研文章13篇。突出考评倒逼，结合全市综治维稳季度考核，建立预防青少年违法犯罪工作季度考核机制，促进各县（市、区）加强重点青少年群体服务管理和预防违法犯罪工作。

【服务青年社会组织】

2018年，发挥青年志愿者协会作用，组织上万名青年志愿者参与全国文明城市创建、花博会•农博会、国家“千人计划”“万人计划”人才项目资本对接等一系列市委中心赛事活动，共推报21个项目参评福建省青年志愿服务项目大赛，其中获优秀奖2个。搭建青年社会组织服务青年平台，实施农村青年创业致富“领头雁”培养计划和农村电商培育工程，开展漳州市中小企业服务周、返乡大学生创业培训班、农村青年实用技能培训会等一系列助力青年成长发展活动。推动团属阵地共建共享，扩大“青年之家”覆盖面，共设立青年之家64个，其中华安县护新枞、芗城区新桥街道华港社区被认定为省级示范性“青年之家”综合服务平台。

（陈玲玲）

•漳州市妇联•

【概 况】

2018年，漳州市下辖129个乡镇（街道、场、区）1995个村（社区）均建立妇联，组建率100%。市妇联团体会员有市总工会女职工委员会、市女企业家联谊会。2018年，全市有妇女之家2276个，实现妇女之家全覆盖，其中建设在村（社区）的有1995个，其它类（机关、事业单位、“两新”组织、工业园区、楼宇、流动妇女集中点等）281个。省级先进妇女之家示范点95个，市级先进妇女之家示范点230个。漳州市妇女联合会内设5个职能部室，1个下属事业单位。内设部室有办公室、组织部（加挂市直机关妇女工作委员会牌子）、宣传部、发展联络部、权益部。下属事业单位漳州市妇女儿童活动中心，为相当正科级公益二类事业单位。

2018年，按照漳州市委出台的《漳州市妇联改革方案》，重点实施强基固本工程，对照改革方案逐条逐项抓紧落实。全面完成乡镇妇联组织区域化建设、农村妇代会改建妇联，在台商投资区、漳州市环保局、长泰县人社局、福建聚芝林医药连锁有限公司、漳州市旗袍协会等建立妇联组织，不断向机关事业单位、协会组织等延伸，扩大基层妇女组织和妇女工作的覆盖面。开展“三百四有”［“三百”：百个先进乡镇（街道）妇联、百个先进村（居）妇联和百名优秀妇联主席；“四有”：服务大局有担当、创新活动有载体、积极履职有制度、妇女工作有实效］创建活动，实现全市妇联执委培训全覆盖，完善发挥基层妇联执委作用的长效工作机制，助推基层妇联组织强起来。完成村“两委”换届工作，新一届村“两委”中村党组织女书记42名，村委会女主任35名，其中村党组织女书记和村委会女主任一肩挑14名，比例比上届提升0.69%，村委会女主任比例比上届提升0.26%；村党组织女委员比例比上届提升3%，村委会女委员比例比上届提升4.67%，实现100%村两委中有一名以上女性成员。

【创新工作方法】

截至2018年底，全市已建立3200多个“一呼百万”微信工作群，参与人数86800多人次，妇联通云平台目前已入驻16000多名新晋妇联执委，密切联系妇女群众。“妇联通”漳州123工作法（1是学会用好妇联通，2是做细用精妇联通，3是做实用活妇联通）在全省推广，以漳州本地优秀人物为原型的妇联工作表情包入驻全国妇联云办公平台。

【开展“巾帼系列行动”】

推广“巧妇贷” 市妇联与市农商银行签订《助力巾帼创业合作备忘录》，2018年，开展金融服务活动56场，累计发放“巧妇贷”妇女创业贷款6.95亿元，惠及6034名女性创业者。

精准脱贫家政培训 在云霄、诏安、平和等县开展巾帼精准脱贫家政培训5场，200名建档立卡贫困妇女参加培训；举办“专家快车农村行”技能培训和家政提升培训班，参训250多人次。诏安县太平镇妇联《巾帼助困有妙招 精准扶贫出实效》入选全国妇联“巾帼脱贫行动典型案例选编”。

帮扶转化平安家庭未达标户 市妇联为全市2400多户未达标家庭制定精准化的帮扶措施。举办“宪法进万家”等各类户外宣传活动180多场，平安法治培训、讲座90场次，参加人员约8000人次。建立春蕾儿童安全保护工作机制，组建春蕾儿童安全员队伍，发挥妇女儿童安全发展实践和研究基地作用，《构建春蕾安全员机制为困境儿童撑起司法保护之伞》入选2018年最高人民检察院十大典型案例，《打造困境春蕾儿童安全“漳州样本”》入选市绩效考评十佳机制创新项目。

两岸妇女交流 承接台湾、香港妇女组织来漳州交流活动。龙文区步文街道天亭社区、南靖县丰田镇丰田村参与签约“两岸社区（乡村）对接 共建美丽家园”活动。培育长泰龙人书院、云霄县妇女儿童活动中心等5个省级妇女/儿童联谊交流基地。举办省海峡两岸重点交流项目——龙人古琴文化节暨“游于艺”之学研讨会，传承中华优秀传统文化，促进两岸文化交流。

【推进家庭文明工程】

2018年，实施新一轮家庭教育五年规划（2016—2020），开展家庭教育大讲堂活动33场，参加讲座1万多名，优化家庭教育服务。开展漳州市好家风好家训征集活动，征集350条，评选出优秀家风家训作品30件；以家庭和睦促进社会和谐，推动形成社会主义家庭文明新风尚，使社会主义核心价值观落地生根，

2018年5月13日，市妇联、市体育局和闽南日报社共同主办的“为爱舞动 母亲健康1+1公益募捐”活动在市区古城举行（市妇联 供图）

推选全国五好家庭 4 户、最美家庭 2 户，福建省五好家庭 12 户、最美家庭 22 户，揭晓漳州市最美家庭 96 户；拍摄的微电影《徐妈的扶贫梦》，入选全国十大巾帼志愿者暖心故事。开展“精准扶贫春蕾圆梦”“公益健康跑”等活动，募集资金 76 万元，资助贫困家庭女大学生 378 名；举办“为爱奔跑·母亲健康 1 + 1”公益募捐，募集善款 75 万元，发放救助金 59.51 万元，救助罹患“两癌”（乳腺癌、子宫癌）的贫困妇女 186 名。

（杨卫玲　陈晓娟）

·漳州市文联·

【组织概况】

漳州市文学艺术界联合会下属事业单位有漳州市文学艺术院，所属文艺家协会 14 个，分别为漳州市作家协会、漳州市戏剧家协会、漳州市书法家协会、漳州市美术家协会、漳州市音乐家协会、漳州市舞蹈家协会、漳州市摄影家协会、漳州市曲艺家协会、漳州市民间文艺家协会、漳州市电影家协会、漳州市电视家协会、漳州市楹联学会、漳州市石文化协会、漳州市林语堂文化研究会。

【文艺活动】

2018 年，漳州市文联在《闽南日报》持续推出漳州书画名家名作专题，在漳州市电视台开设电视专题栏目《漳州书画名家》。举办漳州市政法系统书画摄影作品展、寻找龙海名片——福建省摄影大赛、纪念改革开放 40 周年暨漳州市第二届摄影艺术展、“花样漳州”风光摄影展、漳州市首届中国画精品展、迎国庆•庆祝改革开放四十周年——福建省新文艺群体走进花样漳州大型写生创作作品展、“黄道周奖”第一届海峡两岸书法作品展、北京市昌平区和福建省漳州市书画作品交流联展等系列活动。举办“大写至道”——庄毓聪大写意花鸟画学术展、黄道周文化学术研讨会、海峡两岸（漳州）林语堂文化研讨会暨福建省中国现代文学研究会年会，建立林语堂文学馆、许地山文学馆、杨骚文学馆，为节庆营造文化氛围。

【文艺作品创作和展演展示】

编辑出版“漳州作家丛书”，展现活跃在省内外文坛的 24 名当代漳州作家的创作风采。组织开展漳州市“全闽共舞·舞动中国梦”广场舞蹈大赛、福建省第四届“金钟花奖”声乐比赛（漳州赛区）、漳州市首届“水仙花杯”原创舞蹈大赛等，通过活动推动精品创作与生产。文学作品获福建省第 31 届优秀作品榜暨第 13 届陈明玉文学榜上榜及提名奖等 10 多篇；书法作品入展中书协主办的各类展览 10 多幅；美术作品入选全国中国画作品展并获作品展入会资格 20 多幅，加入中国美协会员 17 名；摄影作品在中国摄影协会或《大众摄影》等全国摄影赛（征稿）中获奖 40 幅；舞蹈《花样漳州》《第七套秧歌表演》在“全闽共舞·舞动中国梦——福建省广电网络广场舞比赛”中获一、二等奖，《小报童的歌》《野菊花》获中国舞蹈家协会舞蹈展演一等奖；锦歌《争做新时代好少年》获第三届福建省曲艺“丹桂奖”少儿大赛少年组节目奖二等奖；广播电视优秀作品参加“2017 年度福建省广播电视艺术奖”评审获奖 15 件；九龙璧（华安玉）观赏石参加第十届柳州国际奇石节，获金奖 11 枚，银奖 15 枚。

【坚持创作为民惠民】

加强文艺志愿服务　参加 2018 年漳州市文化科技卫生“三下乡”集中服务活动，为群众义写春联五万多幅。组织艺术家到社区、农村、部队、海岛开展文艺志愿服务。与省文联一起组织文艺志愿者深入东山、漳浦开展惠民文艺演出活动，与省书协会员深入芗城古城开展义写春联志愿活动。

举办丰富多彩活动　市作家协会与闽南师范大学文学院、福建省作家协会共同打造合作平台，成立闽籍作家创作与研究中心。市戏剧家协会举办第二届福建省中小学生（少儿）戏剧展演漳州选拔活动。市书法家协会举办“庆祝中国共产党成立97周年”漳州市书画精品展等十多场展览。市美术家协会举办“神秀九侯 丹诏风韵——沈鸿昇画展”等10多场展览。市音乐家协会承办漳州市迎新年文艺晚。市舞蹈家协会组织参加福建省广电网络广场舞比赛、中国舞蹈家协会舞蹈展演。市摄影家协会承办纪念改革开放40周年暨漳州市第二届摄影艺术展等多场比赛和展览。市曲艺家协会组织锦歌、东山歌册表演队伍赴甘肃张掖参加国家级非物质文化遗产项目（说唱类）展演。市民间文艺家协会荣获福建省委宣传部、省教育工委、省文联联合举办的“学习贯彻十九大精神·我们迈向新时代”主题作品征集评选展示活动组织奖。市电影家协会创作、拍摄微电影《龙江颂歌》，作为福建省唯一被选送影片参加全国评选。市电视艺术家协会组织参加2018年度“中国梦·福建故事”全省电视短纪录片评选活动，纪录片《水仙花开》获二等奖。市楹联学会举办“南山寺杯”第一届联都盛宴南北对联精英邀请赛。市石文化协会组织精品九龙璧（华安玉）观赏石参加第十届柳州国际奇石节，协会荣获优秀组织奖。市林语堂文化研究会承办第一届海峡两岸林语堂文化研讨会。市文学艺术院、闽南风杂志社组织作家、摄影家深入芗城、平和、华安等地，采写反映当地经济建设和文化建设的散文随笔近200篇，拍摄精美图片近千张。

（朱向青）

·漳州市科学技术协会·

【概 况】

2018年，市科协召开第五次代表大会，选举产生新一届领导班子，选举出33名常务委员，其中基层一线科技工作者比例增至80%。确定龙文区、云霄县和华安县作为试点开展提升基层科协组织力“3＋1”（“3”指通过换届或增补等组织程序吸纳医院院长、学校校长、农技站站长“三长”进入科协领导机构任职、兼职发挥作用；“1”指加强上级科协指导）试点工作。举办学会干部培训班3期，新成立兼合式党组织6家，推进学会党的组织和党的工作全覆盖。

【服务创新发展】

2018年，市科协新建15家市级院士工作站，获省级认定8家，连续三年新建省级院士专家工作站数量居全省第一，在全省率先实现省级院士站县县全覆盖。截至2018年，全市累计建立省级院士专家工作站39家。2018年，共为漳州市企事业单位对接两院院士13名，邀请院士10名、专家10多名到漳州，促进项目合作8个。中国海峡项目成果交易会组织2017年度福建省示范院士专家工作站获评站点福建皓尔宝新材料科技有限公司院士站项目成果参展。推进省、市下达科技信息企业应用服务项目建设开展，为60家企业安装专利检索系统。做好创新驱动工作评估工作和专项资金绩效考评工作。推荐申报省科协学会创新驱动服务站企业2家。专门设立“学会论坛”，共有32个学会上报课题讲座39篇，举办学术研讨活动10多场。发挥智库优势，邀请中科院院士2名分别作学术报告，为漳州市科技创新发展提供新思路、新理念。

【科普服务】

2018年，市科协推进《科学素质纲要》，开展实施工作中期评估。推进科普示范县创建工作，指导云霄县、漳浦县申报第二批2016—2020年福建省科普先进县（市、区）并分别获批创建经费50万元。

举行“110联动”、“文化科技卫生”三下乡、“防震减灾宣传月暨科技·人才活动周”“全国科普日”等科普活动；开展专家咨询、科普展览、资源配送、科普讲座等科普志愿服务14场次、发放各类科普宣传资料1.9万多份；漳州市科技馆累计接待参观8.5万多人次。漳州市科协、龙文区科协等4个单位被评为2018年全国科普日活动优秀组织单位，闽南语“讲古”等5个活动被评为2018年全国科普日优秀活动。

培养青少年科技创新热情，全市中小学生共获得漳州市级以上奖项90个。其中，云霄一中和云霄立人学校代表队分别揽获第十六届福建省青少年机器人竞赛综合技能高中组、初中组冠军，第十八届全国赛冠、亚军。龙文区朝阳中心小学严楷贤同学和长泰一中徐闳旻同学分别获得“寻找少年航天员——我在空间站一天”征文活动小学组、初中组全国一等奖。

加大科普资源开发，结合基层综合性文化服务中心建设，2018年全市再建“科普中国e站”234个，数量居全省第二。

（杨卫玲）

·漳州市社科联·

【社科课题规划】

2018年，漳州市社科联发布《2018年度漳州市哲学社会科学规划课题指南》，从习近平新时代中国特色社会主义思想、富美新漳州、生态+、优秀传统文化等方面列出46项选题，共收到来自各高校、各级党校、党政部门、基层社科工作者申报课题85项。在此基础上，组织相关学科评委评审和集体研究，下达《建设富美新漳州与完善地方立法的研究》等63项课题为2018年度漳州市哲学社会科学研究规划课题，收到61项课题研究成果，组织相关学科组评委进行匿名评审鉴定。经市社科联办公会集体研究，同意《漳州地区育龄人群二孩生育意愿及影响研究》等3项课题为一等，《建设富美新漳州与完善地方立法的研究》等25项课题为二等，《提升对网络舆论的引导能力研究》等27项课题为三等，《紫泥生态智慧岛保护建设研究》等6项自筹课题为合格，并对资助课题按照质量等级予以适当资助。

【社科讲坛】

2018年，市社科联“芝山讲坛”举办《趣谈漳州民俗》《闽台文创启示》等12个专题讲座。各县（市、区）社科联依托各自设置的讲坛（龙津大讲堂、南靖土楼文化讲坛、紫云讲坛、龙文讲堂、丹诏大讲堂等），定期或不定期开设各类讲座，及时向公众宣传党的方针政策、法律法规以及生活保健、民风民俗等社科知识。专家学者先后走进厦大嘉庚学院等机关、高校举办专题讲座，拓展社会科学知识普及覆盖面，构建社会科学普及点线面相结合网格化体系。同时，整理编印《芝山讲坛集萃（2017年度）》等内部资料。

【社科普及宣传】

2018年“社科普及宣传周”活动以“新时代新征程新使命•谱写漳州发展新篇章”为主题，在芗城区古城广场举行“2018年漳州市社会科学普及宣传周”活动启动仪式。现场还组织开展“社会科学在你身边”普及咨询活动，市区社科类社会组织、社科研究单位、社科普及基地等20多个

2018年10月16日，漳州市社科普及宣传周咨询服务活动

（市社科联 供图）

单位的专家学者、工作人员通过现场咨询、实物展示、互动体验、社科普及资料发放、社科灯谜竞猜等形式进行宣传。普及周期间还开展社科普及周主题图册宣传和报告会、福建省百场社会科学报告会漳州专场活动、社科讲坛讲座，组织参与福建省第九期社科知识有奖竞答活动、社科普及基地展览展示活动、免费开放市县级人文社会科学类展馆以及赠送社科普及读物等一系列活动。

【管理服务社科团体】

对学会党建工作进行全面的摸底调研，促进学会党建工作的开展。至2018年底，已成立25家兼合式党支部。根据有关部门文件精神，组织开展清理在所属社会组织兼任职务工作，思想政治研究会、老年学学会、精神文明学会等20个学会先后办理辞职和变更负责人登记，市人口学会、机构编制学会、审计学会、劳动学会、妇女理论研究会、公共关系协会6个学会申请注销登记。

（叶雅青）

·漳州市侨联·

【概　况】

2018年11月19日，漳州市召开市第九次归侨侨眷代表大会，选举产生市侨联第九届委员会，完成市侨联换届。2018年，新申报省级“侨胞之家”5个。漳州市侨联、龙海市侨联被中国侨联授予“全国侨联系统先进组织”称号；蔡余浦、庄亮声被评为全国侨联系统先进个人；郭义龙、徐海平等11人被评为全国归侨侨眷先进个人。

【牵线搭桥引资引智】

2018年，加强与海外重点社团和人士的信息互动，借助“6·18”中国海峡项目成果交易会、“9·8”中国国际投资贸易洽谈会、“11·18”海峡两岸花卉博览会等招商平台，主动邀请海外华商到漳州考察，推介项目。做好海外侨商和港澳台客商的接待工作，宣传漳州市情、产业结构、发展状况及良好投资环境，促进科技、经贸等领域交流合作。2018年，共陪同英国福建慈善基金会、柬埔寨福建总商会、德国福建商会等11批50多人次侨商、客商进行投资考察项目。

【拓展新侨人才】

2018年，漳州市侨联配合漳州市委、市政府做好国家“千人计划”“万人计划”人才项目资本对接活动的承办工作。做好海外侨领后代和经济、科技、政治界的后起之秀工作，主动服务新侨人才和留学归国人员创业创新，建立新侨人才资料。服务支持闽南师范大学海外华文教育校际交流、汉语志愿者老师外派、闽南文化研究等工作。为漳州市实验小学与马来西亚海外教育机构开展交流合作牵线搭桥。配合加拿大多伦多漳州同乡会做好加拿大医生协会与漳州多家医疗机构开展医学技术合作的联系服务。

【维护侨益】

主动与市中级人民法院对接，强化与法院涉侨维权互动机制；与边防支队加强协作共建，加强龙海卓岐、漳浦佛昙侨乡警务示范点创建，打造“合力维权、

2018年4月14日，漳州市侨联接待马来西亚古晋福建公会参访团一行

（市侨联　供图）

2018年10月24日，漳州市侨联接待美国华人妇女联合会永远荣誉会长黄惠珍参议团一行 （市侨联 供图）

全面维权”新模式；加强市侨联法顾委建设，发挥其作用，协助处理重点案件，做到依法维权，主动维权，有序维权。2018年，接待侨界群众来访70人次，办理涉侨信事项15件。

【海外联谊交流】

2018年，漳州市侨联树立“大侨务、大海外”的理念，利用微信等新媒介，快速便捷开展海外联谊，关注海外热点及侨团活动动态。密切联络海外侨胞的感情，在中国传统节日春节期间向海外侨团和重点人士发送电子贺卡、贺年片，电贺加拿大安省漳州同乡会、加拿大福建华联总会、欧洲福建侨团联合总会、加纳福建华人华侨工商联合总会、越南中国商会福建企业联合会、巴西南美洲闽南同乡联谊总会等庆典活动，增进亲情乡谊。2018年，接待英国福建同乡会、澳大利亚闽南同乡会、日本闽南文化交流协会等32批次200多人，拓展对外联系的广度与深度。

【侨务对台工作】

密切与台湾中华侨联总会、华侨协会总会、高雄福建同乡会、闽南同乡会等70多个台湾社团联系。陪同台湾基溢实业有限公司到平和县、芗城区考察投资项目；出席民进中央与叶圣陶研究会在河北承德举办的“2018海峡两岸中华传统文化与现代化研讨会”，市侨联作《以侨批为载体，深耕世界记忆遗产资源》的主题演讲，获得好评。

【建言献策】

组织漳州市侨界政协委员侨联界政协委员共撰写建议提案8件，其中市侨联撰写的《关于打好全市脱贫攻坚战的建议》为市政协大会发言材料，得到省人大常委会副主任、时任市委书记檀云坤的批示，推动全市脱贫工作的督导。市侨联报送的《关于将漳州水仙花文化作为漳州优秀传统文化传承发展重要内容的建议》被评为优秀社情民意信息。

【宣传漳州文化】

向海外侨胞介绍家乡打造绿城、花城、水城、历史文化名城，推进“五湖四海”“漳州古城”等重大建设的新成就、新变化，吸引港澳台同胞、海外侨胞回乡观光旅游。加强侨史研究工作，支持李林研究会、许地山研究会、庄西言研究会开展研究工作，助力侨史编修和侨乡文化宣传。开展纪念改革开放四十年活动，征集华侨华人与改革开放四十年史料图片150多张报送省侨联，参加“福建华侨华人与改革开放四十年”图片展。做好漳州华侨新村侨乡文化保护宣传工作，推动侨村10幢建筑纳入市政府历史建筑第二批名单进行统一规划和保护。

【参与社会建设】

系统引导海外侨胞、港澳同胞捐赠公益事业430多万元，包括教育卫生、道路桥梁、助学奖学奖教基金等。开展“百侨帮百村——联村助户”，全市各级侨联联系对接困难群众114户。实施“同心121工程”，挂钩联系2个乡镇，组织侨资企业家到挂钩乡镇实地考察，开展商业帮扶和科技帮扶。

（陈　慧）

·漳州市工商联（总商会）·

【概　况】

2018年，漳州市工商联（总商会）共有会员18496名（其中团体会员129名，企业会员14051名，个人会员4316名），市直行业商会25家，在漳异地商会22家，在外漳州商会23家。工商联非公有制职称评审通过人数537人（其中初级职称128人、中级职称409人）。

【组织建设】

2018年，市工商联（总商会）指导商会开展组织建设工作，共指导在漳异地商会2家、在外漳州商会1家成立，行业商会1家、在漳异地商会4家、在外漳州商会1家完成换届工作。推进县级“五好”（领导班子好、会员发展好、商会建设好、作用发挥好、工作保障好）工商联建设和基层“四好”（班子建设好、团结教育好、服务发展好、自律规范好）商会建设。全年召开7次直属商会会长、秘书长联席会，促进商会健康发展。漳州市家居商会和漳州市广东商会荣获“2017—2018”年全国“四好”商会荣誉称号；长泰湖珠村商会在全省视频会议上做典型发言。

【民营企业调查系统建设】

2018年，在全国工商联开展的民营企业调查点营商环境评价问卷调查活动中，发动会员企业注册用户达305家，在线填报营商环境评价问卷调查463份，数量、质量均位居全省地市第一。

【助力招商引资】

以2018年全国异地漳州商会新春交流联谊会和新疆乌鲁木齐漳州商会成立大会为平台，开展招商推介工作。开展“同心谋发展　商会漳州行”活动，组织商会到各县区、开发区开展投资考察，做好招商引资工作。全市工商联系统招商引资完成签约项目42个，总金额97.69亿元。

【捐资助学】

2018年，市工商联关工委以民间商会、会员企业为工作重点，以基层党建带关工委建设为工作切入点，开展活动，尤其在捐资助学、公益慈善、服务关爱青少年健康成长等社会事业方面发挥独特作用。市工商联（总商会）会员企业和商会共捐助2145.06万元，受资助学生1001人，资助金额308.36万元；剩余1836.7万元统筹用于华安、龙海、东山、台商开发区等县（市、区）奖学奖教基金。

【“百企帮百村”】

2018年，市工商联（总商会）发动会员企业和基层商会70家，以“一企帮一村”“多企帮一村”“一企帮多村”等形式，帮扶全市贫困村121个，产业帮扶共投入资金2817.87万元，帮扶总人数643人；就业帮扶共投入资金107.2万元，帮扶224人；公益帮扶投入资金1228.66万元，帮扶2806人；技能项目帮扶投入资金12.7万元，帮扶181人。

【参与东西部扶贫协作和对口支援】

引导漳州市民营企业参与东西部扶贫协作和对口支援，开展各种形式的产业扶贫、就业扶贫、捐赠扶贫。至2018年底，漳州籍企业家就业扶贫的人口有1969人。

【民营企业军民两用高新技术产品推荐】

按照信息采集领域、征集对象、脱密处理、时间节点等相关要求，向全国工商联推荐漳州市民用高新技术领域适用技术与产品。9月，安排漳州市科华科技有限公司代表漳州市非公有制企业参加第四届军民融合发展高技术装备成果展览暨论坛活动。

（管东华）

·漳州市台联·

【建言献策】

2018年，市台联撰写的提案《关于改变台湾青年对两岸关系

2018 年 8 月 31 日，省、市台联领导陪同台商王宝森一行到南靖咖啡园座谈（市台联 供图）

认知错位的建议》《应重视闽南文化在落实“两岸一家亲”理念工作中的作用》《漳州台胞台商表示：坚决反对台商中的“双面人”》《漳州台胞台商对“关于促进两岸经济文化交流合作的若干措施”的反映》等得到有关部门重视。

【台胞建档、办证】

2018 年，市台联开具台籍证明 4 人，台籍子女证明 59 人，台籍同胞改籍证明 17 人，金门同胞改籍证明 2 人，开具高考考生证明 42 份，受到台胞、金门同胞的好评。此外，做好摸底报送在校大学生情况统计、台胞基础数据统计、全国台联特困定居台胞家庭帮扶申请汇总等数据统计上报工作。

【关爱台胞】

2018 年，漳州市台联及各县（市）台联按照上级台联要求认真开展“老龄补、困难补、助学对象、特困定居台胞家庭”对象的调查摸底工作，核实“两补”（老龄补、困难补）人员信息，做好“两补”代发相关事宜，共走访慰问困难、患病、老龄台胞共 227 人次，发放“两补”资金约 210 万元，帮助老龄台胞、困难台胞共计 744 人次。走访调研 14 家台资企业；并做好全国台联、省台联来漳慰问相关工作。筹措资金，帮助特困台胞户、下岗职工、孤寡病残、返台定居台胞等解决具体问题。

【加强联络联谊】

活动牵引，密切联系　组织台籍大学生参加省台联夏令营活动 4 人，参加电商培训 4 人。配合做好第十届海峡论坛“同名村心连心”联谊活动相关工作，邀请 3 对宗亲参加海峡论坛活动并参加“返乡之旅”；推荐返台定居台胞 3 人回乡参加活动；协助办好全国台联 2018 两岸婚姻家庭电子商务研习班并推荐常住台胞参加研习班 2 人；推荐参加全国台联休闲农业培训班两岸婚姻家庭成员 4 人。

推荐优秀人才　做好台湾省出席中国妇女第十二次全国代表大会代表人选推荐工作；做好市妇联代表推荐工作；做好第十次全国归侨侨眷代表大会代表推荐工作；配合做好省台联专委会委员推荐工作；推荐台胞参加第八期两岸台胞青年（定居台胞）跨境电商种子实训营 4 人；推荐高山族台胞参加省台联组织的丰收节赴台湾交流活动 4 人。

【接待服务台胞】

接待省台联许辉一行来漳开展“两补”工作调研、接待参加中华一家亲·2018 海峡两岸各民族欢度“三月三”节暨福建省第七届“三月三”畲族文化节、第十一届海峡两岸少数民族丰收节活动的台湾高山族同胞到华安县参访、接待台湾南投市长宋怀琳一行到漳州参访、接待中华文化教育交流协会理事长巫倩怡一行到漳州交流座谈、协助安排台湾巨鼎公司一行到南靖县进行投资考察、接待台北台海两岸经贸文教交流协会荣誉理事长王宝森一行到南靖县参访、接待同名村宗亲回乡交流等，共接待 13 批 121 人次。

（黄亚平）

·漳州市金联·

【夏令营活动】

甄选符合条件的在漳州青少年金胞 4 名参加第十一届“两岸金门籍青少年国学”夏令营活动。与福州市金联联合主办第四届“欢聚盛夏”金门籍青少年走近非遗夏令营活动。组织来自漳榕两地的 20 多名金门籍青少年先后参观福建省博物院、福州非遗中心、三坊七巷等地，加深其对中华传统文化的理解。

【关爱金门同胞】

2018 年及时向全市“两补”对象发放补助款 54.36 万元，受益 208 人次。做好 2019 年“两补”名单报送工作。春节、中秋两节期间，漳州市金联会领导与工作人员共走访慰问全市老龄金胞和困难金门同胞 71 人次，为他们送上慰问金和节日祝福，让金门同胞切身感受党和政府的关心和帮助。

【帮助金门籍学生申领奖学金】

开具金门籍考生中高考加分证明 13 份，帮助考生加分助力。新学年开学后，根据各考生录取情况，市金联会共帮助 7 名新录取大学生申请到省会颁发的奖学金，2018 年共向省金联会申请奖学金 2100 元。经漳州市金联会理事会研究决定，自 2018 年起，市金联会也对当年度考上大学的学生给予奖励，每生颁发 300 元奖学金。2018 年度，市金联会共发放奖学金 2100 元，受表彰学生 7 名。

【建立青少年金门同胞信息档案】

市金联会根据《在闽金胞重新登记表》内容，筛选整理出一份在漳州优秀青少年金门同胞信息档案，将在漳金门同胞中 18—40 周岁的在校大学生及各行业中的优秀人才纳进档案库，登记在档人员有近 30 名。

（柯秋红）

2018 年 7 月 22 日，赴金门参加省金联会国学夏令营全体大陆营员在金门码头合影

（市金联 供图）

·漳州市残联·

【概 况】

依据第二次全国残疾人抽样调查数据推算总体，截至 2018 年，漳州市有 29.82 万残疾人，占总人口的 6.34%。2018 年，市残联推进残疾人脱贫攻坚、康复救助、就业帮扶、文体维权等各项工作，有 4 项工作获省残联理事长批示，有 1 份文件获省残联全省转发推广，有 2 项工作在全省性工作会议上作典型发言。市扶残助残志愿服务中心获福建省百家优秀志愿服务组织称号；率先建立国内首个中国听力语言康复研究中心福建漳州言语听觉康复教育与科研基地。

【残疾人脱贫】

2018 年，市残联将全市贫困残疾人 8828 人纳入扶贫部门建档立卡范围，建立一人一档实施精准扶贫。为建档立卡户提供各类项目扶持约 13500 人次，帮助 2017 年未脱贫的 283 人建档立卡户实现脱贫，完成残疾人脱贫攻坚任务。

【残疾人就业创业】

2018年，市残联组织实施扶持残疾人就业创业“5+1”政策（福建省扶持残疾人就业创业一系列政策）。全年发放超比例安置残疾人就业、残疾人集中就业补助、残疾人自主就业创业补贴等共293万元，实现新增就业城乡残疾人员1723人。开展残疾人职业技能培训及竞技活动，举办盲人按摩、美容美发、家电维修、食品烘焙等残疾人职业培训班19期，培训残疾人465人次。组织举办漳州市第四届残疾人职业技能竞赛，并组建代表团，代表漳州市参加第六届福建省残疾人职业技能竞赛，获得个人奖项第一名1个、第二名1个、第三名2个、第四名3个和第五名2个的优异成绩，团体总分位列全省第四位，并荣获优秀组织奖。做好盲人按摩规范化建设，细化规范化建设方案，全市有福乐盲人按摩中心8家，其中有2家纳入城乡医保定点单位。漳州市盲人按摩工作应邀参加“第十四届世界盲人联盟亚太区盲人按摩研讨会”，并在会上作经验交流。

【提升残疾人生活幸福指数】

2018年，市残联推进民生工程残疾人项目，为965名残疾人提供各类康复服务与救助；为6万多残疾人发放护理补贴6018万元；投入440万元为2080名残疾人提供托养服务及资助；为875名残疾人发放辅具补贴86.4万元；为全市残疾人家庭502户实施无障碍改造，补助资金194.7万元；为232名残疾人发放机动轮椅车燃油补贴资金6万多元。

加大残疾人社会保障，为1.3万名残疾人购买意外保险；将农村困难残疾人1.6万人纳入低保范围；推动落实残疾人社会保险缴费资助制度，对全市年满16周岁15488名残疾人参加居民养老保险情况开展核查比对，并组织和帮助其参保。

加大残疾学生及家庭子女教育助学力度，投入约320万元对非义务教育阶段残疾人学生和残疾人家庭子女开展助学工程项目；联合漳州市教育局对适龄未入学残疾儿童进行摸底，帮助解决762人入学难题；做好当年残疾学生20人参加高考工作，为残疾学生6人高考提供便利；为困难家庭残疾儿童62人提供中央彩票公益金助学资助18.6万元。

【康复工作】

全年共向585名残疾儿童发放康复救助补贴376万元，为7—14岁72名残疾儿童提供康复救助补贴计32万元，为严重听力障碍儿童36人申请人工耳蜗植入手术。深化聋儿语训品牌创建，率先与我国唯一一所国家级听力语言康复机构、行业管理机构——中国语言康复研究中心签订合作协议，建立国内首个中国听力语言康复研究中心福建漳州言语听觉康复教育与科研基地，形成“北有中语康，南有漳州市残疾人康复教育中心”的格局。

【维护残疾人权益】

2018年，市残联注重从政策法规源头上维护残疾人的各项权益，开展《中华人民共和国残疾人保障法》《无障碍环境建设条例》等法律法规的宣传，做好综治平安建设与扫黑除恶专项斗争工作，继续开展普法宣传，提高残疾人维权意识。做好12345全民服务平台批转诉求件回复，来信、来电的办结率均达到100%。

【提高残疾人社会参与水平】

2018年，市残联联合漳州电视台办好《一周要闻》手语节目，与漳州人民广播电台联办《让世界充满爱》专栏，建好漳州市残联微信公众号，加强与媒体、新闻工作者的互动，提升残疾人事业社会影响面。

推进残疾人文化进家庭“五个一”（读一本书、看一次电影、游一次园、参观一次展览、参加一次文化活动）项目实施。开展残疾人艺术团赴诏安、东山等县下基层巡演。推荐残疾人运动员参加国家、省级集训、比赛，残疾人体育健身指导员参加年度培训，组织开展全市残疾人运动员选拔、集训、参赛等工作。在福建省第八届残疾人运动会上，漳州市残疾人代表队共获21枚金牌、23枚银牌、3枚铜牌、2个第4名、1个第5名、轮椅健身操展示项目荣获三等奖，总奖牌数居全省第二，金牌数居全省第三，并荣获优秀组织奖和体育道德风尚奖。在全国残疾人锦标赛上，获跳远金牌、银牌各1枚，游泳项目第一、第三名。

结合全国特奥日和体育健身周等活动，走进社区，开展残健结合的群众性体育活动，活跃基层残疾人文体活动。

2018年4月4日，市关工委联合芗城区关工委等单位在闽南革命烈士纪念碑前，开展清明祭扫英烈活动　（市关工委 供图）

【编撰《漳州市残联志》】

2018年，市残联组织专业史志撰写人员，通过收集历史资料、走访相关人员、采集图照等方式，系统编撰漳州市残联发展史。

（郑雯斐）

·漳州市关工委·

【加强青少年思想道德建设】

宣传教育　组织“五老”（老干部、老战士、老专家、老教师、老模范）报告团撰写宣讲稿，深入县区进行宣讲，市关工委报告团团长何池受邀到漳州二中开展十九大精神专题报告会，全校师生近300人参加；2018年，全市各级关工委举办十九大精神宣讲培训等教育活动1240多场，受教育青少年10多万人次。

主题宣讲教育　2018年，漳州市各级关工委围绕宣传贯彻中共十九大精神、纪念改革开放四十周年、“传承红色基因，争做时代新人”等主题，在全市广泛组织“五老”宣讲团、报告团，进基地、进社区、进学校，多途径多形式开展各类主题教育宣讲活动。2018年，漳州市各级关工委开展“五老”主题宣传报告800多场，受教育青少年20多万人。开展主题教育实践活动1550多场，受教育青少年人数25万多人。

教育阵地建设　在原有的毛主席率领红军攻克漳州纪念馆、东山县谷文昌纪念馆等青少年思想教育基地的基础上，增设漳浦县车本村靖和浦革命根据地旧址、龙海抗日女英雄李林纪念馆、乌山革命纪念馆、南靖树海中共闽南地委机关旧址纪念馆5处新基地，组织中小学生参观学习、接受教育。截至2018年，漳州市共设青少年教育实践基地491个、家长学校724个、校外教育基地（四点半学校、校外教育辅导站、假日学校）348个、法治教育基地101个。东山县谷文昌纪念馆被评为“全国关心下一代党史国史教育基地”。

【“四个关爱月”活动】

全市各级关工委开展“元月送温暖”活动共走访慰问贫困户青少年6500多人，其中精准扶贫户青少年3200多人，农村留守儿童1050多人，为他们送去慰问金285万元和一批慰问品，帮助他们度过一个温暖祥和的春节。3月学雷锋活动共开展近千场，数万人参与当志愿者做好事。8月金秋助学活动月助学约8000多人，发放助学金上千万元。10月在市区中山公园东门广场举行“奋进新时代　同圆中国梦”暨漳州市第六届“尊老爱亲　老少

2018年10月12日，市关工委联合芗城区关工委等单位，在中山公园举办举行“奋进新时代，同圆中国梦”暨漳州市第六届“尊老爱亲、老少同乐”文艺会演　（市关工委 供图）

同乐”文艺会演，倡导全社会树立尊老、敬老、爱老、助老的风气。

【创新帮扶】

动员“五老”结对贫困户青少年，开展励志、创业、技术、信息、助学“五项”帮扶。2018年，全市“五老” 参与建设儿童之家128家；培育农村青年致富带头人数（种子工程）1805人；举办农村科技培训班（种子工程）140期；帮扶困境青少年（留守儿童）3007人；捐资助学1766.18万元，有14139人受益；建立助学助教基金会380个，助学金额7300多万元。

【参与社会治理】

开展普法宣传教育　突出事关青少年切身利益的法制宣传，引导青少年自觉守法、遇事找法、解决问题靠法，教育帮助青少年增强法治观念和维权意识，预防违法犯罪。至2018年，全市共组建关爱工作团（组）738个，“五老”人数达5500多人，累计帮教“五失”（失足、失管、失学、失教、失亲）青少年9934人，开展普法宣传教育活动1412场次，印发法治宣传材料60多万册，受教育青少年21万多人次，组织网吧义务督导员1696人，全年检查网吧356所，帮教失足青少年772人次，转化585人。与此同时，参与社会治理，“五老”法治副校长250多人，开展法制宣传讲座330场，受教育青少年16万多人次。

探索创新帮扶机制　在巩固芗城区新桥街道华港社区和省级漳浦县绥安镇城西社区的国家级“零犯罪社区”创建成果的同时，推进创建零犯罪社区（村）建设。龙文区以碧湖社区为试点，制定升级版的“遵纪守法达标村（社区）”创建标准，带动全区零犯罪社区（村）创建活动的深化和提升，2018年有6个村（社区）达标授牌。芗城区探索“关爱工作团+”服务模式，以服务“五失”青少年群体为重点，成立启航青少年社区工作服务中心，购买社工服务项目，为“五失”青少年群体提供权益保障和关爱，直接受益青少年50人，间接受益300多人。

【“五好”基层关工委建设】

基层组织建设　2018年，全市各级关工委落实“基层工作创新年”工作，全市建设关工委机构3248个，其中达到“五好”关工委标准2540个，被评为省级关心下一代工作先进集体32个，被评为省级关心下一代工作先进工作者96人，被评为省级关心下一代工作突出贡献者的“五老”14人。

以“党建带关建”　2018年8月16日，省委组织部、省委老干部局、省关工委《关于加强以党的建设带动关工委建设工作的意见》出台，市委、市政府高度重视，省人大常委会副主任、市委书记檀云坤，市长刘远分别作出批示。全市大部分县（市、区）已根据要求，由党委发文，任命书记、县（市、区）长为名誉主任，分管领导（常委、组织部长）为关工委第一主任，退下来的县级领导为关工委主任，逐步完成关工委班子的调整充实工作。

【交流活动】

东山县闽台民俗馆共组织和接待两岸青少年学生近2000人次，激发青少年爱国爱乡热情。漳州市被《两岸家教》杂志选录的稿件有8篇。林墩中心小学的《创建落地式家长学校 浇灌家校和谐之花》，入选2018年全国中小学德育工作典型经验名单，是全国的400个典型经验之一，也是全省的12个典型经验之一。

（方金龙）

·漳州市红十字会·

【概 况】

2018年，全市共有基层组织531个，团体会员116个，成人会员8561人，青少年会员36411人。漳浦县在绥安镇城北社区成立首个社区红十字会；长泰县武安镇两个社区成立红十字会。

【志愿服务】

2018年，全市有志愿服务队22支，注册志愿者1367人，围绕红十字会宗旨，开展形式多样的志愿服务活动。市红十字会认定红十字1—3星级志愿者96人，表彰市直服务40小时以上40人、120小时以下的优秀志愿者。由市红十字会推荐的红十字义工服务团团长林丽华获2017年度中国红十字会总会优秀红十字志愿者嘉奖。漳州职业技术学院红十字会成立校红十字阳光志愿服务中心。市红十字会义工服务团开展志愿服务进社区，定期免费为社区群众提供理发、测量血压、心理咨询、电器维修等服务；市红十字水上安全救生志愿服务队为青少年学生水上安全教育提供师资支持；诏安县成立红十字水上救援志愿服务队，并开展志愿服务。

【备灾救灾】

2018年，全市设有备灾救灾仓库5个，规范仓库管理制度。受邀观摩福建省红十字会举办的2018年水上安全救援救护演练，交流工作经验。参加2018年中国红十字赈济救援队（广西）联合演练1人，参加福建省红十字会赈济救援队4人。组织参加2018年全国红十字防灾避险知识竞赛学生4000人，获全国最佳组织奖三等奖。

【应急救护】

2018年，红十字会继续开展应急救护知识进社区、进农村、进学校、进企业、进机关、进家庭“六进”活动，争取政府资金支持，普及防灾避险、自救互救等应急救护知识和技能。派遣专兼职干部14人参加中国红十字会总会应急救护师资培训。突出重点人群，分29期为国网漳州电力公司干部职工1429人开展应急救护培训。组织队伍参加第三届福建省红十字救护大赛，获团体三等奖。与教育局联合开展以“扬水上安全之帆 为生命保驾护航”为主题的青少年学生水上安全教育，增强青少年学生水

2018年9月5日，漳州市红十字代表队获得福建省红十字应急救护大赛三等奖

（市红十字会 供图）

上安全意识和自救互救能力，共举办26场次，从中受益的青少年学生有9638人次。

【人道救助】

2018年，全市各级红十字会走访慰问弱势群体，实施困难救助。春节前夕，采购总价值18.8万元的“红十字博爱送万家”物资，包括油、米、面等，为全市1400户困难群众送去党和政府的温暖。发动市红十字义工服务团，以志愿者自发组织和筹募的形式，筹资26642元，为37个社区（村）困难群众及环卫工人、残疾人、精神病患者送去慰问物资。2018年共受理中国红十字基金会小天使基金申请25件、阳光天使基金申请2件；推动漳州市红十字光明专项基金申请使用，救助困难群众4人。

【“三献”工作】

2018年，各县（市、区）红十字会协助中心血站做好街头采血工作，确保临床用血100%来自街头无偿献血。全年全市造血干细胞血样采集入库200例，完成高分辨血样采集6例，进入体检1例，成功捐献1例。全市新增登记遗体捐献报名6人、器官捐献报名2人，实现遗体捐献 1人、器官捐献4人。

【主题宣传】

2018年，在福建爱心公益日、世界红十字日、世界急救日等重要纪念日，围绕活动主题开展形式多样的宣传活动，并尝试开展“9·9”公益日的宣传筹资。在“9·9”公益日宣传筹资中，全市各级红十字会以微信平台为媒介，通过发动朋友圈宣传力量参与市、县红十字会发起的“救”在身边、续·生命、儿童先心病患儿的心·生命、爱·过年四个团体和个人一起捐项目的捐款，共发起“个人一起捐”34起、415人次参与；发起“团体一起捐”26起、1802人次参与。

【应急救护培训】

2018年，市红十字会和龙文区、龙海市红十字会开展为民办实事应急救护公益服务项目，建设漳州市和龙海市红十字应急救护体验教室，开展应急救护知识普及和初级救护员培训。全年救护员持证培训91场次，参与受训4946人；救护知识普及活动219场次，参与受训68236人。

（柯少强）

·漳州市中华职教社·

【组织工作】

2018年11月26—27日，漳州市中华职业教育社第五次社员代表大会在漳州宾馆召开。市直统战系统各单位嘉宾和全市社员代表共130多人参加大会。会议审议通过第四届社委会向大会作出的题为《牢记使命 砥砺前行 为发展新时代职业教育贡献智慧和力量》的工作报告，选举产生漳州市中华职业教育社第五届社务员会委员35人和出席省中华职教社第八次代表大会代表11人。

【推动联合办学】

2018年，市职教社接待北京商鲲教育控股集团副总裁李佳一行，商谈有关校企联合办学事宜。前往北京考察北京商鲲教育控股集团，走访北京商鲲职业教育学院怀柔职业学校校区，就开展合

2018年4月23—25日，第十一届省政协副主席、省中华职教社主任郭振家，省社党组成员、副主任陈毅萍，一行5人到漳州调研职业教育服务精准扶贫工作情况

（周丽洁 摄）

2018年4月24日，省中华职教社主任郭振家（右六）一行前往平和职业中专学校调研温暖工程教育移民项目实施情况，并与50位受资助学生合影留念

（平和职校 供图）

2018年12月3—7日，漳州市“同心121”农村管理人员培训班、农村科技能人培训班在漳浦县漳州科技职业学院举行，共有181名学员参训

（漳州科技学院 供图）

作办学事宜举行座谈初步达成校企合作、校校合作办学的意向，以促成漳州财贸学校与商鲲教育控股集团合作进行高铁乘服人员联合办学。

【组织竞赛】

2018年，市职教社组织全市职教社团体社员单位各职业院校，参与省中华职教社、省教育厅联合举办的“和职教杯”第二届福建省黄炎培职业教育奖创新创业大赛，6个成果参加决赛皆获得奖项。

【参与乡村振兴】

负责实施漳州市“同心121”乡村人才振兴培训项目，面向市委统战系统挂钩帮扶的113个村，培训各类农村实用技能人才，举办五个培训班（村级管理人员培训班、农村科技能人培训班、农民创业培训班、乡村幼儿教师培训班、乡村医生提升培训班）。经过半年的组织实施，已在南靖第一职业中专学校、漳州城市职业学院、漳州科技职业学院举办5个班次培训班，共培训学员481人。

（何孟鑫）

·人民团体和社会团体领导名单·

市总工会主席
张琳光（2018年12月任）
市总工会党组书记、常务副主席
王继跃
市总工会副主席
杨立伟（2018年12月任）
曾景贤（2018年12月任）
郑清泉（2018年12月任）
共青团漳州市委书记、党组书记
远　洋
共青团漳州市委副书记
陈　昕（女）　高国亮
市妇联党组书记、主席
黄淑红（女）
市妇联副主席　陈银花（女）
卢阿娜（女）
市社科联副主席　胡安娜（女）
刘声怡
市文联党组书记、主席
陈燕松
市文联副主席　黄良弼
黄坤生
市侨联党组书记、主席　林智勇

市侨联副主席
郭伯龄（2018 年 8 月任）
周允玉（女）（2018 年 8 月任）
市残联党组书记、理事长
周建明
市残联副理事长 吴燕聪
方志伟
市台联副会长 陈敬收
市红十字会会长 兰万安
市红十字会常务副会长
李德胜
市工商联主席 杨龙辉
市工商联党组书记、副主席
林　青
市工商联副主席 李瑞明
苏艺峰
市中华职教社专职副主任
朱顺忠

责任编辑：杨　静

石仓竹鼓箩　　（龙文区党史和地方志研究室 供图）

石仓竹鼓箩

具有闽南特色的竹编制品“竹鼓箩”，出产于漳州龙文区步文镇石仓村。创始人为石仓社开基祖林简，精通竹编手艺。明正德年间（1506 — 1521 年），受《诗经·关雎》篇载：“窈窕淑女，钟鼓乐之”的诗句启发，设计出外形似鼓的竹箩，编制后专用于民间迎亲礼仪，很受欢迎。（选自《漳州名产志》）

法治

·政法委 综治·

【概 述】

2018年，漳州市委政法委（综治办、防范和处理邪教问题办公室）开展扫黑除恶专项斗争，强化维稳责任落实，推进更高水平平安漳州建设，群众安全感率持续保持在97.5%以上，创近年新高，为建设富美新漳州创造安定稳定的社会环境。

【综治维稳工作】

2018年漳州市委、市政府坚持把综治工作与经济建设同研究、同部署、同落实，先后召开市委常委会会议23次、政府常务会议12次、专题会议8次，研究部署综治平安建设、扫黑除恶、维稳安保等工作，制定下发《关于建设更高水平“平安漳州”的实施意见》，全力开展新一轮平安建设。市委书记、市长与县（市、区）党政一把手、88个市直单位，签订（下达）综治领导责任书，推动综治维稳责任落实“横向到边、纵向到底”。完善机制，精准问责，制定出台《漳州市提升群众安全感满意度工作问责办法（试行）》，完善季度督导、年底考评等常态化机制，用足用好系列综治问责举措，确保综治一票否决权实施有力，以严格问责推动任务落实见效。全市实施一票否决单位9个，挂牌督办（黄牌警告）23个、通报56个，约谈21人次。

【扫黑除恶专项斗争】

2018年抓紧抓实责任传导、摸排打击、深挖彻查、综合治理、宣传发动、督导整改等6个重点环节，抓好扫黑除恶专项斗争。全市共摸排涉黑涉恶线索1621条，组织开展扫黑除恶统一行动25次，打掉黑社会性质犯罪组织12个，恶势力犯罪集团28个，恶势力团伙16个。全市黑社会性质组织案件已审结3件、17人，恶势力集团犯罪案件已审结16件、143人，恶势力团伙案件已审结19件、76人，打击质效得到中央督导组肯定。立案查处一批党员干部、公职人员涉黑涉恶腐败及充当“保护伞”问题，立案查处县区全覆盖，深挖彻查“保护伞”工作走在全省前列。

【维护社会稳定】

2018年强化对敌斗争，有效防范和打击敌对势力捣乱破坏活动；强化反恐怖斗争，坚决防止暴恐活动发生；开展“一县十镇百村”无邪教创建活动，积极做好省级示范典型培育工作，被评为省级示范典型县1个、镇（街）10个、村（居）110个；强化网络管控，实现“零重大网络安全事件、零重大网络舆情事件”良好成效。

化解矛盾纠纷积案　全市共调处矛盾纠纷9602件，调处成功率99.85%。推进专业性、行业性调解组织建设，实现市县两级国土、住建、人社、环保、电子商务等专业调解委员会全覆盖，

并向农业、教育、渔业、民政领域有序拓展。强化品牌调解室建设，新增品牌调解工作室17个，已建成71个。严格执行市每月、县（市、区）每半个月、乡镇每周矛盾纠纷排查化解协调会议制度，对苗头性隐患严格落实调处责任，及时有效化解。组织开展信访积案排查化解专项行动，中央交办的19件、省交办的6件和漳州市50件信访积案全部息诉息访，化解率100%。

打击违法信访行为 全市进京到非接待场所人数比上年下降63.16%；到省集体访批次、人次同比分别上年下降66.7%和66%。全国“两会”、首届数字中国建设峰会、青岛上合峰会、“9·8”厦门投洽会、第五届世界佛教论坛等期间，全市没有发生特殊群体、重点人员赴省进京上访和重大聚集滋扰事件。

【优化社会治安】

重点领域集中整治 围绕打击暴力犯罪、打击“黄赌毒”“盗抢骗”、打击网络造谣传谣、依法化解信访积案、整治交通安全隐患、铲除消防安全隐患，组织开展“冬春社会治安整治攻势百日行动”等系列行动，进一步净化社会治安环境。全市共立刑事案件18628起、比上年下降8.41%；破9194起，破案率49.36%；发生现行命案26起，全部破案。发生火灾事故499起，比上年下降47.03%，死亡3人，比上年下降81.25%；交通事故死亡人数比上年下降6.8%，直接损失率大幅下降。

重点部位安全防范 深化“漳州110”勤务改革，制定出台24条升级措施，构建“主动预警、多维接警、动中处警”的现代勤务机制；加强15支城区专业治安巡防队规范化建设，有效提高见警率、管事率，降低发案率；推进“雪亮工程”建设，完成新建5000路高清视频监控、500路人像卡口、整合2000路视频监控目标任务；全市210公里动车线路视频监控（厦深线、龙厦线）全部实现“全覆盖、无死角”要求。

区域性突出问题排查整治 全市确定5个省级、17个市级、60个县级重点整治点，对制售假烟、电信网络诈骗和治安乱点进行综合治理。特别是5个省级重点整治点，均由副厅级领导挂钩督导，处级领导带队进驻，开展集中整治活动，区域性问题得到有效解决。

特殊人群服务管理 全面落实严重精神障碍患者救治管理措施，建立专项救治资金，用于经济困难精神障碍患者治疗及生活费用补助；部署落实监护人责任保险工作，于2018年5月底实现全市全覆盖；率先在全省成立“强制医疗专区”，完善入院接收、转院就医、出院评估等23个规定流程，累计收治30人。漳州市创新推动精神障碍患者救治管理的经验做法，得到省长唐登杰、副省长杨贤金的批示肯定。

【社会治理法治化】

推进依法治市 2018年，着力提升司法服务保障能力，构建法治化的营商环境和社会环境。强化司法服务保障，围绕市委、市政府中心工作，出台《司法助力“三大攻坚战”十条措施》，

2018年11月6日，市委副书记、政法委书记阮开森（右一）赴云霄调研脱贫攻坚

（市委政法委 供图）

完善服务保障民营企业发展十项措施，开展清理涉金融案件专项行动，全市不良贷款率实现近3年以来最大降幅，特别是依法妥善处理“万嘉世贸”“海峡物流城”两起案值达百亿的破产重整案件，取得良好社会效应。建立健全政法干警挂钩重点项目、选派民警进驻项目指挥部等工作制度，派出344名民警担任企业经济安全事务助理，帮助278家重点企业建立防范经济犯罪机制。

生态司法、涉台司法 在全省率先设立河长制生态环境审判巡回法庭，这一做法得到最高法院副院长江必新的批示肯定。开展破坏环境资源犯罪专项立案监督，以九龙江流域为重点，以两法衔接平台为载体，加强生态环境司法保护，批捕破坏生态环境资源犯罪案件31件、49人，起诉66件、107人。

规范执法司法 组织对185件社会关注案件重点评查，对评查发现的执法错误、重大过错或明显瑕疵案件，通报责成相关政法机关依法予以纠正。深化刑事案件“两统一”（统一审核、统一出口）机制，完善派驻法制员监督职能，全程掌控案件入口关、审核关、出口关，得到省公安厅总结推广。建立亲历性办案机制，落实命案现场复勘，疑点证据走访核实，鉴定意见面见专家，疑难案件共同会商，确保办案质量。总结推广陈少华“三心三不”（坚持用公心下硬功夫，能够执行的不放下；用善心下巧功夫，可能执行的不放过；用恒心下苦功夫，不能执行的不放弃）执行工作法，率先在全省试点开展“不忘初心、牢记使命，全力攻坚执行难”冲刺擂台赛，全省观摩会在漳州市召开。

法治惠民 扎实开展“七五”普法，强化落实“谁执法、谁普法，谁主管、谁负责”的普法责任制，推动法律进机关、进乡村、进学校、进企业、进社区、进单位。全市建成法治文化广场、法治宣传一条街、法治文化走廊45处，青少年法治教育基地220个。投入500多万元，落实“一村（居）一名法律顾问”，1929个村（居、作业区）均安排一名法律顾问，重点做好法律咨询、村集体经济合同审核、协助化解矛盾纠纷等工作，办理法律援助案件210件，代理法律事务761件，接受法律咨询6147人次，化解矛盾纠纷3140多件，有效提高基层依法治理水平。

【平安创建活动】

平安边界 按照“常态、共享、联动、共赢”原则，强化与广东潮州、梅州等地协作，开展矛盾纠纷联调、社会治安联防、突出问题联治、重点人员联控、突发事件联处、平安建设联创“六联”工作。健全完善4个省际、7个市际、45个县际公安检查站，提升过滤风险、应急堵截能力，进一步筑牢“漳州安保圈”。

平安工业园区 推进38个县级以上工业园区巡防队伍、视频监控系统、网格化管理平台等建设，健全矛盾纠纷排查化解、安全生产监管、环境保护等机制，组织开展重点项目周边治安整治行动。

农村平安 围绕无越级上访、无群体性事件、无刑事案件、无重特大安全生产事故、无邪教活动、无“黄赌毒”突出治安问题等“六无”目标，推进各行政村建立规范运作的网格化管理平台、覆盖主要路口和重点部位的视频监控系统，健全治安巡逻队伍，拓展平安创建载体，丰富创建内容，带动农村平安建设整体水平提升。

平安联防 召开全市提升群众安全感满意度工作推进会，部署开展平安建设“大宣传”、治安环境“大整治”、社会治安“大防控”、矛盾纠纷“大调解”、为民惠民“大服务”活动，动员全市上下，共同参与平安漳州建设。改造升级“芗里芗亲”APP，落实常态巡防联防机制，打造“互联网＋群防群治”新模式壮大平安志愿者队伍，达28万多人。

平安宣传 在全市范围深入开展综治平安集中宣传，策划组织“五个一”（组织开展一轮进村入户宣传活动、一次社会集中宣传活动、一场平安“微”活动、一次巡回展播活动、一次媒体集中宣传活动）、“三走访”（访基层、访企业、访群众）主题宣传活动。2018年，走访群众5万余人次，走访省市重点企业215家，举行涉案财物集中返还活动23场，为群众做实事、解难事600余件。运用“芗里芗亲”APP网格服务平台，推动全市各级各部门开展平安建设宣传、社区服务、体检义检、法律咨询等活动，开展便民服务活动130多场，发放宣传品4万多份，直接服务群众2.3万人次。

平安基础建设　推动平安建设重心向基层下移，重点抓好“一委一中心一室”（即县乡政法委或综治办、综治中心和村、企调解室）规范化建设，努力提高政法综治一线人员素质，加强乡镇综治副书记、村治保主任、网格员、调解员四种对象的教育培训，提升履职能力，打通平安建设“神经末梢”。按照“综治中心+网格化+雪亮工程+N”的模式，推动网格化服务管理工作站、综治中心实现全覆盖；加快综治中心规范化建设，推进食品药品监管、环保等相关职能部门的数据汇聚工作，打通为民服务“最后一公里”。

（杨福星）

·法治政府建设·

【依法全面履行政府职能】

行政审批制度改革　2018年，加大简政放权力度，按照县（市、区）和市属开发区的承接能力和要求，将市级行政审批和服务事项下放给基层，共取消、下放行政许可、公共服务和其他行政权力事项15项，调整159项，保留市级行政审批和服务事项670项。做好省直部门下放给漳州市的经济管理权限衔接落实，提供必要的人才和技术支持，确保省政府下放漳州市行使的30项省级经济管理权限衔接到位。指导督促平和县、南靖县稳步推进相对集中行政许可权改革试点工作，探索建立高效集中的审批机制。

权责清单制度　围绕“清权、确权、晒权、制权、行权”等环节，全面编制完善政府权责清单，实现“清单之外无权力，大厅之外无审批”。全面完成市、县权力清单和责任清单融合工作，通过各级人民政府网站等媒介，向社会公布，主动接受监督。建立权责清单动态调整机制，根据法律法规修改情况，及时做好部门权责清单的动态调整并对社会公布实施。市本级共梳理权责事项14类5118项，率先在全省出台权责清单监督管理办法，进一步规范对政府部门权责事项运行的监管。

清理证明事项　市本级共取消证明事项58项，各县（市、区）共取消证明事项87项。通过法定证照、书面告知承诺、政府部门内部核查和部门间核查、网络核验、合同凭证、主动调查等办理方式做好证明事项取消后续衔接工作，优化办事创业和营商环境。出台《漳州市人民政府关于印发漳州市深化行政审批标准化改革实施方案的通知》，推行行政审批标准化服务，按照“一事项一标准”原则，对行政审批和服务事项，逐项梳理制定规范统一的办事指南，基本实现审批环节原则上控制在3个以内，审批全流程所需时间为审批时限，审批时限原则上控制在法定时限的50%以内。

【依法行政】

政府立法程序　2018年，公布实施《漳州市人民政府法规草案和政府规章制定程序规定》，确立立法制度，明确立法环节流程。制定《漳州市人民政府2018年立法计划》，坚持立法对改革发展的引领推动和保障作用。探索委托有关专家、组织起草地方性法规草案机制，漳州市环保局委托福建建达律师事务所起草《漳州市饮用水水源保护办法（草案）》（以下简称“办法（草案）”），市政府通过门户网站、闽南日报等公开向社会征求意见，组织专家学者对“办法（草案）”进行充分的论证评估。“办法（草案）”经市政府常务会研究通过后提请市人大常委会审议。

重点领域立法　调研、起草市区内河管理、古城风貌保护等地方性法规草案，拓展社会各方有序参与政府立法的途径和方式，发挥市政府法律人才库的作用，广泛听取各方和公众意见，提高立法的民主性和科学性。《漳州市市区内河管理规定（草案）》三次征求市直有关部门、各县（市、区）、开发区意见，市领导两次召集专题研究，最后形成《漳州市市区内河管理规定（草案）》。

规范性文件备案审查和定期清理 做好漳州市行政规范性文件制定和监督管理工作，严格审查各县（市、区）政府和市直单位报备的规范性文件共200余件，做到“有件必备，有报必审”。2018年，市政府法制办共审查规范性文件45件，均按规定向省法制办（司法厅）、市人大常委会报备，并在政府门户网站公布。认真组织开展涉及证明事项、著名商标制度、生态文明建设、军民融合、民营经济发展的市政府和市政府办规范性文件清理工作，废止相关文件62件。

【行政决策科学化、民主化、法治化】

依法决策机制 2018年，落实重大行政决策公众参与、专家论证、风险评估、合法性审查、集体讨论决定等机制。严格执行未经合法性审核或者审核未通过的行政规范性文件，不得提交会议审议、作出决策。明确行政机关在制定市场准入、产业发展、招商引资、招标投标、政府采购、经营行为规范、资质标准等涉及市场主体经济活动的行政规范性文件，必须按规定进行公平竞争审查。市政府法制办全程参加市政府常务会议、党组会议、专题会议，对重大决策进行合法性审查并提出法律意见供领导决策参考。

公众参与机制 完善重大行政决策公众参与机制，针对事关经济社会发展全局和涉及群众切身利益的重大行政决策事项，市政府及其各部门均征求利害关系方意见和建议。加强公众参与重大行政决策平台建设，涉及文化教育、医疗卫生、公用事业等重大民生决策事项广泛听取公众意见，通过网站、报纸等多种形式征集为民办实事项目。市教育局针对“外来务工随迁子女积分制入学”等社会关注度高的决策事项公开广泛听取并吸纳公众意见。

市政府法律顾问制度 充分发挥以政府法制机构人员为主体、专家和律师参加的政府法律顾问队伍作用，为依法行政方面提供法律支持并发挥智囊作用。2018年，市政府法律人才库专家共代理一、二审行政诉讼案件26件，协调化解22件，推动一大批行政争议得到实质性解决。参照省政府的做法，2018年漳州市组建市政府专职法律顾问、市政府兼职法律顾问专家、市政府兼职法律顾问律师三类顾问团队。

【公正文明执法】

综合行政执法 2018年，深化城市管理执法体制改革，按照“理顺执法主体资格、妥善区分市区两级职责、业务移交与执法保障同步实施”原则，积极推进住建领域先行集中行政处罚权移交工作。推动执法重心下移，执法力量整合，将行政执法人员、职能、管理工作调整下放基层一线，强化乡镇政府在执法事项上的综合协调，理顺乡镇政府与执法部门协作机制。拓宽漳州开发区相对集中行政处罚领域，将农、林、水管理方面的行政处罚职能纳入漳州开发区集中行政处罚权事项，在漳州开发区全面开展多领域综合行政执法。

行政执法 加强行政执法监督，推进执法规范化建设，推动基层法制机构强化行政执法协调监督。加强乡镇违法建设处置、环境保护专项执法、“门前三包”（门前包卫生、包绿化、包秩序）责任区管理工作，做好国土资源非诉行政案件“裁执分离”（指裁决和执行相分离）协作机制（指随机抽取一定比例的调查对象，选派随机产生的检查人员）。强化“双随机”抽查机制，规范国家企业信用信息公示系统建设和部门失信惩戒机制，建立健全以信息归集共享为基础、信息公示为手段、信用监管为核心的监管机制。加强行政执法案卷质量跟踪评查，市政府法制办邀请法官、检察官在全市范围内开展行政执法案卷评查活动，各县（市、区）和市直各部门均按照要求定期通报行政执法案卷评查情况，进一步提升行政执法人员办案水平。

行政执法人员管理　落实行政执法主体资格和行政执法人员资格准入机制，解决行政执法资格考试次数少和办理行政执法证件时间长等难题。2018年，全市参加福建省行政执法资格考试2965人，办理行政执法证件1048张。加大执法装备、科技建设、基础建设等方面的投入，积极开展“互联网＋行政执法”，推进行政执法全过程记录制度。市交通综合执法支队启用处理系统联动联网、执法车船移动联动联网、PDA移动联动联网在内的三级联动联网工作，实现各类执法案件如实通过案件处理系统规范操作处理，提高行政执法质量。

【制约和监督行政权力】

行政权力监督机制　2018年，自觉接受党内监督、民主监督和市人大及其常委会的法律监督，完善向市人大及其常委会报告、市政协通报制度，解决人大代表和政协委员关注的社会热点和民生问题。依法接受法院的司法建议、检察院的法律监督，拓宽群众监督渠道，调查核实并依法处理群众举报投诉和新闻媒体反映的问题。推进政务公开，让权力在阳光下运行，全市主动公开政府信息2709条，受理政府信息公开申请77件。推进政策同步解读工作，市政府累计发布政策解读44条。运用新媒体拓展公开新渠道，通过政务微博微信主动发布各类政府信息。

行政复议　严格按照行政复议法定程序审理案件，规范行政复议法律文书及送达程序，正确使用文书种类，切实提升行政复议工作实效。2018年市、县两级行政复议机关共办理行政复议案件310件，已结案255件，其中强制纠错68件，协调纠错60件，纠错率占已结案数的50.2%，发挥了行政复议内部监督纠错功能，把一大批行政争议化解在萌芽阶段，化解在行政机关内部，为维护人民群众合法权益和社会和谐稳定发挥作用。

行政机关内部监督　建立健全行政机关内部监督机制，保障和支持审计、监察等部门依法独立行使监督权。认真贯彻落实关于“开展领导干部实行自然资源资产离任审计试点工作”规定，开展市水利局主要领导干部自然资源资产离任审计，发挥资源环境审计在生态文明建设中的作用。

【依法化解社会矛盾】

依法化解纠纷机制　组织开展人民调解专项活动，2018年，全市调处各类矛盾纠纷10807件，调处成功10792件，调处成功率99.86%。推进品牌调解工作室建设，2018年，全市新增17个个人品牌调解工作室，拓展调解领域，在农业、教育、民政、渔业新增设立调解组织39个。建立人民调解微信公众号和微信群，为纠纷当事人提供在线调解，全市11个县（市、区）已全部建立人民调解微信公众号。推动国家机关“谁执法谁普法”责任制有效落实，向56个市直部门下发个性化普法清单，与主要执法部门签订“法治宣传教育工作”责任状。

行政应诉工作　贯彻落实《中华人民共和国行政诉讼法》《福建省行政应诉办法》等有关规定，加强和优化行政应诉工作，提升依法行政能力。出台《漳州市人民政府关于进一步强化行政败诉过错责任追究的若干意见》，强化行政败诉过错责任追究，将行政机关诉讼情况纳入依法行政绩效考评和综治考评，推进各级行政机关提高依法行政能力。深化府院良性互动，推动工商、环保等部门与市中级人民法院建立行政案件协调会商机制，推进行政争议得到实质化解。2018年，全市法院共受理行政诉讼案件（一审）506件，审结356件，经协调裁撤149件，实现法律效果与社会效果相统一。

信访工作制度　制定《依法化解信访积案工作方案》，实施“三三化解机制”（压实领导、属地、部门三方责任，把握依法办理、综合施策、依法处置三个关键，抓好带案公开、网上实时、党政联合三项督查），推动化解主体严格依法依规化解信访积案。2018年，中央交办的19件、省交办的6件、市交办的50件信访积案全部办结化解，信访积案化解率排全省设区市第一名。实施乡镇（街道）信访工作倒排通报，压实基层责任，建立健全信访工作考核评价机制、考核评价标准和指标体系，从源头上预防和减少信访问题发生，推动信访问题及时就地解决。

【法治思维和依法行政能力】

学法制度　2018年，漳州市提高领导干部法治能力专题培训班首次联合西南政法大学异地办班，参加培训的分管法治工作领导干部共计60人。市委召开理论学习中心组（扩大）学习会，邀请省委党校法学教研部主任、教授邢亮作《弘扬宪法精神、推进宪法实施》专题培训。市政府常务会议分别举办《中华人民共和国环境保护法》《中华人民共和国人气污染防治法》《中华人民共和国水污染防治法》《中华人民共和国土壤污染防治法》及《防范和惩治统计造假、弄虚作假督察工作规定》等法治专题讲座，提高领导干部法治素养和能力。

执法培训　2018年3月，市政府联合市中级人民法院深入全市11个县（市、区）开展依法行政巡回讲座，市中级人民法院行政庭法官团队结合行政诉讼案例就如何提高依法行政能力进行辅导培训，并现场与执法人员就工作中遇到的困难和问题进行互动交流。各地各部门按照要求建立健全行政执法人员培训制度，积极开展培训，通过邀请上级主管部门专家、法院法官、高校学者开展本系统内行政执法人员行政执法培训，重点解读新出台法律法规，提高行政执法人员自身法治素养和依法行政能力。

法制宣传　全面推进宪法学习宣传活动，市司法局联合漳州人民广播电台开展“宪法朗读”活动30期；携手市教育局等多部门在漳州一中举行隆重的“宪法进校园”暨“青春与法治同行”系列宣传活动启动仪式。举办宪法讲座、学习会等750余场，开展“法治进校园”活动1560场，“法律进农村”1200余场，“送法进企业”近900场，“法律进社区”600余场。漳州电视台每天播放《法在身边》，漳州人民广播电台每周播放《空中司法事务所》，闽南日报开辟《以案释法》《法在身边》《为你维权》等栏目，不定期开展法治宣传。

【履行法治建设第一责任人职责】

法治政府建设　2018年，漳州将建设法治政府工作摆在全局的重要位置，各地各部门把党的领导贯彻到法治政府建设各方面，认真谋划和落实《漳州市法治政府建设实施方案》，制定出台《2018年法治政府建设重点工作安排》，明确责任主体、时间进度和任务要求，采取切实有效措施推进法治政府建设。

法治建设第一责任人职责　市委、市政府主要领导坚持依宪施政、依法行政，坚持以身作则、以上率下，对法治建设重要工作亲自部署、重大问题亲自过问、重点环节亲自协调、重要任务亲自督办，把全市各项工作纳入法治化轨道。印发《关于贯彻落实〈党政主要负责人履行推进法治建设第一责任人职责规定〉的分工方案》，明确市委、市政府主要负责人履行推进法治建设第一责任人职责应当做到的要求和具体任务，并将“各地、各部门主要负责人为市委、市政府主要负责人履行推进法治建设第一责任人职责提供保障工作”的内容纳入年度绩效考评。

法治政府建设情况报告制度　总结年度法治政府建设情况，形成报告向同级党委、人大常委会和上一级政府报告，同时通过漳州市人民政府门户网站向社会公布，将落实法治政府建设情况报告作为依法行政绩效考评的重要内容。2018年，各县（市、区）政府及市直有关部门均按照有关规定报告本年度法治政府建设情况并通过官方网站向社会公布。

（林　颖）

·公安·

【概　况】

2018年，漳州市公安机关牢固树立预警预防、基础为重、数据文化、共治善治、法治思维、忠诚为民“六大理念”，抓重点、攻难点，建机制、促长效，深入推进公安工作转型升级，有效维护全市社会治安大局安定稳定。新时代“漳州110”“四警四化”（主动预警、精细布警、多维接警、动中处警和智能化指挥、精准化服务、标准化执法、专业化建设）警务机制得到国务委员、公安部部长赵克志肯定并批示全国推广，拓展维稳“五级责任链条”机制［第一级，是市直主管单位责任领导；第二级，是县（市、区）党委政府责任领导；第三级，是县直主管部门责任领导；第四级，是乡镇（街道）党委政府责任领导；第五级，是稳控负责人或稳控专班］、创新推动精神障碍患者救治管理、退役军人服务管理等经验做法得到省领导批示肯定，“‘漳州110’：全国公安战线的一面旗帜”荣获改革开放40周年“福建影响力”政府职能转变类优秀案例。市局警犬技术团队防暴处突科目比赛全国第四，经侦数据化实战能力、综合情报业务技能、县级公安机关现场痕迹物证提取技能、特警五项技能、巡特警业务骨干比武均全省第一，应急指挥调度模拟操演、交警业务技能、全省公安机关实战考核均全省第三。市看守所荣获“全国标兵看守所”称号，芗城分局荣获第十五届全国职工职业道德建设标兵单位。

【维稳工作】

政治安全　2018年，建立反恐怖工作履职、通报、约谈、问责“四项制度”，分级督导全市999家重要目标单位落实反恐防范工作，整改隐患153处。

社会矛盾　持续固化“五级责任链条”机制，推动“责任链条”机制向娱乐场所管理、反恐、服务重点项目、道安综合整治领域延伸，纳入绩效、综治和精神文明考评。完善重大敏感案（事）件抄告党政主要领导制度，全面开展特殊群体基础摸排、分类管控、教育疏导、走访帮扶等服务管理工作，深化“人人都是维稳信息员”活动，对重点人员开展摸排清理，扎实推进信访积案集中攻坚。

2018年4月9日，副市长、公安局长黄华安（中）到“漳州110”基地指导“四警四化”工作　（市公安局 供图）

交通安全　开展“市区交通秩序整治提升年”活动，委托福州大学对全市国、省道进行交通安全评估，完成漳州火车站周边道路和城区道路交通优化工程。投入3692万元改造8条道路86个路口点位科技化设备，完成公安智能交通指挥系统二期建设，接入路面电警189路、卡口749路、诱导屏19块、路段路口视频1096路，共享视频2万多路，基本实现城区道路重要点位感知覆盖；深化与高德地图合作，及时发现、发布异常拥堵信息28422条。强化道路交通安全综合治理，提前完成隐患路段整治298处，严查严处严重交通违法行为323110起、查处数据全省第一。

消防安全　深入开展“三合一”场所（指居住与仓储、销售的场所相通连）、高层建筑、劳动密集型企业、电动车火灾防范等专项整治，出台居民住宅和小场所火灾防控工作措施9项。共检查社会单位13547家，整改隐患8514处；摸排隐患场所4181家次、整改3958家，下发行政处罚决定书141份；排查居民住宅小区965个，发现电动自行车消防安全隐患1866处，督促整改1752处；排查高层建筑1977幢次，整改火灾隐患812处，建立高层建筑微型消防站318个，实现高层建筑“楼长”和经理人制度全覆盖。2018年，全市共发生火灾事故575起，比上年下降39.9%，死亡3人，比上年下降82.4%，受伤1人，比上年下降90.9%。

网络安全　主动对接市委网信办、市政府办电子政务科以及相关行业主管部门，建立应急联动、网络安全通报、运营商快处、战时监测预警四项工作机制，推动市政府网站集群集约化管理，把全市450个政府类网站整合为49个。加强关键信息基础设施监督指导，督促全市三级门户网站和信息系统开展等级保护定级、备案和测评工作，全市备案新增二级系统150个，三级系统16个，落实等级测评18个、定级备案90个。依托互联网电子邮件、重保单位专项检查、一案双查和网络执法检查等专项行动，督促相关单位落实网络安全主体责任，排查整改网络安全重大漏洞隐患、风险和突出问题。共检查单位300家，发现高危安全漏洞2044处，签订《重保单位责任书》87份、《净化网络环境承诺书》363份，永久关停网站4个，迁移到网站集群网站8个。

【警务建设】

派出所分类考评　2018年，出台《漳州市公安派出所和网格民警考评办法》，细化10个大项33个小项考评内容，直接考评全市30个派出所和160名网格民警，全面系统评价社区警务工作绩效，推动公安派出所主责主业回归。全市30个派出所的重点单位、行业场所、重点人员检查率均100%，警务通访查使用率提高到99%，网格民警矛盾纠纷排查录入1000余条，情报信息转化为战果120余条，新登记流动人口307372条、出租屋68955条。

2018年11月17日，市公安局组织全市巡特警“冬训”大练兵活动
（市公安局 供图）

治安要素　开展打击整治枪爆违法犯罪专项行动，共核查枪爆线索821条，排查各类涉枪涉爆单位322家次，整改隐患42处，查获涉枪涉爆案件44起，抓获嫌疑人55名，收缴各类枪支405支、子弹55233发。研发警务要素智能管控平台，试点“智慧社区”建设，推进重点区域三维仿真立体图、全市警用地理信息系统和“雪亮工程”建设，新建公共视频监控5000路、人像卡口500路，收编整合视频监控2000个，升级改造标清监控1136个；全面加强旅馆业、网约车、寄递物流、公交客运等重点行业安全监管，创新娱乐场所多部门、等级化、“黑名单”管控机制，新增人像比对系统252家旅馆；联合交通运输部门检查公交客运公司，督促落实道路客运实名制，强化车辆安全动态管理，加强应急处突演练，共检查寄递、物流企业670家、公交客运企业21家，开展压力测试27次，发现整改隐患92处，处罚企业15家。

“漳州110”警务新机制　创新建立“四警四化”现代警务机制，以实际行动兑现“人民公安为人民”的庄严承诺，践行全心全意为人民服务的宗旨意识，成为“坏人最怕、百姓最爱、工作最苦、形象最好”的时代先锋队。共接处警 29847 起，抓获违法嫌疑人 485 名，查获赃车 82 部；受理群众救助 24565 起，获赠锦旗 187 面、牌匾 19 面、感谢信 5 封。

群防群治 在“漳州 110”微信公众号和“芗里芗亲”APP 增设“违法犯罪举报”“随手拍”模块，推广“芗里芗亲”APP 积分兑换激励机制，共注册志愿者 28.3 万多名，完成各类巡防任务 700 多万人次，开展便民服务 730 场次，直接服务群众 10 万余人，群众诉求件回复率 100%、满意率 98.6%。在芗城分局试点推行民警进村(社区)班子，按照“双向匹配、双重领导”原则，选派民警到村（社区）担任副书记、书记助理、主任助理等职 48 名，并明确 9 项具体职责，把基层警务融入党务政务，推动基层组织构筑共建共治共享的社会治理新格局。

【打击犯罪】

2018 年，以扫黑除恶专项斗争为牵引，持续保持对电信网络诈骗犯罪、“黄赌毒”“盗抢骗”犯罪、经济犯罪等突出违法犯罪的高压态势。全市共破刑事案件 7563 起，查处治安行政案件 21072 起。

扫黑除恶斗争 共摸排涉黑涉恶线索 1647 条，打掉黑社会性质组织 12 个，恶势力犯罪集团 28 个，恶势力团伙 16 个。打击整治电信网络诈骗，建立一把手、分管领导、刑侦大队长、派出所所长、责任区民警“五位一体”的打击整治电信网络诈骗犯罪责任捆绑机制。共破电信网络诈骗案件 599 起，止付涉案资金 4791 万元。

2018年12月1日，副省长、省公安厅厅长田湘利，市长刘远，副市长、公安局局长黄华安等领导深入龙海市督导扫黑除恶工作

（市公安局 供图）

打击“黄赌毒”“盗抢骗” 查破涉赌刑事案件 276 起、行政案件 1913 起，查破涉黄刑事案件 17 起、行政案件 135 起；查破毒品案件 224 起，逮捕毒品犯罪嫌疑人 220 名、查处吸毒人员 1852 人次，缴获毒品 792.4 公斤，实现制麻制毒“零发案”“零倒查”；破传统盗骗案件 3478 起，抓获犯罪嫌疑人 1993 人。

打击经济犯罪 共破经济案件 1233 起；破侵犯知识产权案件 31 起；破“四黑四害”（制假售假、收赃销赃、涉黄涉赌涉黑的“黑作坊”“黑工厂”“黑市场”“黑窝点”，害百姓、害家庭、害社会、害国家）案件 338 起、食药案件 146 起、假烟案件 528 起。

【服务保障】

服务经济建设 2018 年，严格落实公安机关班子成员挂钩联系重点项目、经侦部门挂钩联系重点企业等治安跟进制度，主动服务保障全市 755 个重点项目建设，为经济社会发展大局创造良好环境。建立市、县、镇（乡）三级河道警长体系，设立河道总警长、副总警长 14 人，片区河道警长 120 人。实行处级以上领导干部挂钩精准扶贫机制，组织开展打击柴油货车、黄包车专项整治行动。

“三走访”活动 共走访群众 16 万余人次，走访重点信访人、被处罚对象、刑事案件受害人、犯罪嫌疑人家属四类人员 6000

余人，走访省市重点企业1056家，召开警民恳谈会、座谈会296场，举行涉案财物集中返还仪式、警营开放日活动138场，收集意见建议800多条。

“放管服”改革 建立健全责任事项清单，规范全市公安机关行政审批服务事项办事指南，共梳理行政审批监管事项388项、清理79项，梳理公安机关证明事项249项、取消38项。共查处不合格旅馆103家，取缔无证旅馆9家；发现娱乐场所安全隐患105处，查处违法经营场所6家。全省率先设立二手车交易市场车管业务服务窗口，实现二手车交易买卖、转移登记无缝对接，共受理转移登记业务32557辆。实行车驾管业务申请材料4个减免、一证即办18项业务，下放小车类驾驶证（C1、C2）注销恢复权限至各地交警大队，增驾A1类大型客车驾驶信用记录审批由交警支队直接查询确认。

“直通式”服务 延伸线上服务，依托“芗里芗亲”APP和“漳州110”微信公众号，开通交通事故快处、自助移车、出租屋管理、用工单位管理等多项服务，共服务群众10万多次；规范线下服务，全面落实周末轮班、“绿色通道”“企业直通车”等办事制度，共为群众开辟加急办证“绿色通道”800多人次，周末受理群众办证申请19362件次。交警支队授权市中保公司核发车辆免检标志，全省首推车管业务人工智能导航机器人；出入境支队增设旅游签注自助一体机16台，全省率先实现出入境照相、填表、签注、取证、查询等业务全流程自助化，共受理群众申请51.5万多件次、立等可取签注3.6万多人次，网上办理往来港澳台签注1713人次、微信办理1507人次、“双向速递”1358人次。

【规范执法】

类案清理 2018年，对历年未结伤害类案件，逐一建立台账，分析原因，找准对策，开展攻坚；制定伤害类案件办理规范，对新增伤害类案件及时取证、快速办结，努力做到“清旧账不留新账”，共办结伤害类积案3266起，办结率74.5%；办结新增伤害类案件3526起，办结率91.7%。

执法机制 完善派驻法制员星级评定办法、考评标准，前移派驻法制员监督职能，进一步提升派驻法制员履职能力；全市共配备专职派驻法制员54人，跟班培训4批次26人。对受立案、刑事案件“两统一”、群众上门报警警情开展专项考评，对接警区音视频设备使用管理、警情处置落实情况进行重点考评，全面落实受立案改革和警情信息录入全流程管控机制。

执法保障 建设跨部门涉案财物管理中心，确保涉案财物管理规范、移送顺畅、处置及时。在漳州台商区分局试点建设智慧执法中心，配备门禁、储物柜、感应手环、审讯一体机、尿液检测机、信息采集系统、一键同步刻录等智能设备，实现登记、录入、采集、查询等功能无纸化、电子化操作。

（林美华）

·公安边防·

【概 况】

2018年，漳州市公安局海防支队（及原漳州市公安边防支队）聚焦“再接再厉、转型升级”目标，以“迎改革、强定力、保稳定”系列活动为牵引，以安全巡查机制和三级绩效管理为抓手，通过落实定期讲评分析、机关驻点帮扶、谈心家访等制度措施，确保官兵思想平稳、部队内部安全、辖区平稳可控，各项工作稳步有序推进。这一年，支队在总队边境管理考评年度综合排名第3名，边防所在驻地公安机关业务考评中上游比例94%，受检单位标准地址二维码全部通过省厅验收，情报业务完成率150%。

【管防并举】

全年开展“扫黑除恶”“固边系列”等专项活动，开展8次集中统一行动，排查涉黑案件3起43名、查处九类涉恶案件17起，获市公安局通报表扬。查获走私成品油1470吨、比上年增长180%，缴获毒品685千克、制毒原料 2 吨，获国家禁毒委、公安部等各级领导贺电和批示。搭建“五级责任链条”体系，强化沿海船舶管控，辖区渔船被台湾方面抓扣 7 起、比上年下降 53.33%。

【维稳创安】

紧盯重大安保和重要节点，建立“五级”包案化解机制，推行“挂图作战”。坚持“控发案、保民生”目标，通过网巡导控、预警预防等措施，立刑事案件 385 起，同比下降 18.6%，破 158 起，破案率 41.03%；三类可防性案件立 99 起，同比下降 30.28%；受理治安案件 1334 起，同比下降 12.06%，查处 1029 起，查处率 77.14%，同比上升 3.71%，实现案件发破“一升三降”（查处率上升，刑事、治安、三类可防性案件下降）目标。侦破海上盗捞鲍鱼、盗窃机动车、盗窃寺庙香油钱等系列盗窃案 75 起，东坑所单月追逃 13 人，辖区群众治安满意率 98.95%，比上年上升 0.93%。

【机制改革】

12 月 26 日零时起，原公安边防支队划转到公安机关的公安边防部队，集体就地转为人民警察，更名为漳州市公安局海防支队（为市公安局内设执法勤务机构，规格副处级）。龙海、漳浦、云霄、东山、诏安等 5 个沿海县（市）设立海防大队（为属地县级公安机关内设执法勤务机制，规格均为副科级），31 个边防派出所暂成建制划归属地县级公安机关管理（暂不更名，规格均为副科级），海防机构主要履行沿海边防管控、辖区治安稳控、打击涉边（海）犯罪等职责。

（陈晓艺）

·公安消防·

【概 况】

2018 年，漳州市公安消防支队深入学习贯彻习近平总书记授旗训词精神，直面改革大考，抓实管理教育，聚焦主责主业，加快转型升级，围绕服务中心，夯实基层基础，实现了转制过渡期间队伍管理和火灾形势的“双稳定”。全市建成消防主题公园 4 个、消防科普教育基地 10 个、校园消防教育室（角）426 个，将消防宣传融入青蛙王子、紫山等全国知名品牌的产品宣传和销售环节，举办全市消防安全主题儿童绘画大赛和“消防安全进公交”“消防快递公益使者”活动，建成“移动式微型消防站”150 个，巩固深化高校志愿消防队，协调漳州电视台拍摄制作消防安全常识专题节目，全力提升民众消防安全意识。获公安部微信、微博、微电影大赛三等奖微博作品 1 件，获得部局优秀示范课件 1 个，荣获全国“119 消防奖”先进个人 1 人。支队取得全省消防工作目标责任考评综合总成绩第一，被省消防总队评为“先进支队”“先进党委”。

【火灾防控】

2018 年，支队领导多次带队开展消防安全调研检查，研究部署消防工作。提请市政府下达消防工作责任目标，明确细化行业部门责任清单，定期开展工作督导、联合检查，拧紧压实责任

2018 年 12 月 28 日上午，漳州市消防救援支队隆重举行迎旗、授衔和换装仪式

（邱清津 摄）

链条。建立消防工作挂点联系制度，根据季节变换和阶段性火灾特点，向行业部门发送消防安全提示函、隐患整改督办单，指导乡镇、部门和派出所开展网格巡查、专项治理，促推监管责任落实。指导创建消防安全示范社区54个，建成智能集中充电系统小区168个，落实隔离、监护措施711处，安装简易消防设施1.2万余件套，夯实消防基层基础。

【执法服务】

开展火灾隐患常态化排查整治和分类化专项治理，加强高风险场所火灾防范，2018年，排查居住出租屋6.9万家，整改隐患5.7万处，立案督办重大火灾隐患单位17家。落实总队便民服务八项措施、“消防技术审查与行政审批分离改革”，简化审批程序，压缩审批时限，提高办事效率。实行窗口每周一督察、一通报机制，推行“马上办、网上办、就近办、一次办”服务举措，成立技术服务小组主动上门现场指导100多次。加强执法规范化建设，将备案信息管理、项目作废删除、违规减轻处罚等纳入执法考评重点，配齐配全执法记录仪和数据采集工作站，严格落实行政许可、行政处罚、重大火灾隐患信息“三公示”制度，执法信息公示率100%。

【实战训练】

坚持党委议训、议战，设立专项奖励资金，严格落实奖惩。灵活开展交叉考核、比武对抗赛，选拔优秀骨干参加各种交流培训、资质考试，建立教练带训机制和战训人才库，组建教练员队伍，推进队伍转型升级。2018年，获得总队夏训交叉考核总成绩第一和总队下半年比武2个单项第一的优异成绩。配强“高精尖”通信装备，提升重大灾害现场前突响应播报能力，实现支、大、中队三级响应机动化、装备模块化、信息报送规范化。着眼大数据、大分析，整合交通、气象、水利等信息资源，将社会联动力量纳入一键式响应范围，优化改进现场处置、火场信通和指挥联络“三项制度”，探索建设新型消防救援指挥中心。这一年共接警出动4357起，抢救、疏散被困人员1420人，抢救财产价值7.8亿元。

【专职队伍建设】

2018年，推动乡镇专职队伍建设，全市共建成政府专职小型消防站10个，投入1420余万采购各类消防车36部，龙海、平和、诏安县（市）率先完成所有乡镇专职队的车辆配备任务，超额完成无编制单编队和达标乡镇专职队事业单位法人登记工作。古雷专职石化特勤大队1.2亿元消防车辆购置经费全部到位，所属岱仔、常山、赤湖、古雷特勤站挂牌入驻执勤。细化建强石化作战编组，建立石化专家人才库和联席会议制度，石化灭火救援专业力量不断壮大，完成PX项目投产的消防保卫工作。

【后勤保障】

经费保障　2018年，全年市地方消防经费1.89亿元，同比上年度增长23%，在全省率先完成高层建筑灭火救援车辆装备经费的争取任务，支队本级政府专职消防员年人均经费突破8万元。

财务管理　开展两轮财务专项检查，清退违规开支经费17.65万元；与16个单位签订招标代理协议，委托专业机构开展固定资产清查、审计，清查资产3.52亿元。

装备保障　完成军地牌证更换工作，主动承办总队装备技师培训，选送装备技师到厂家培训学习，取得全省驾驶员复训考核第二名。

基础建设　有4个队站、2个公寓房项目竣工，支队训练基地正式投入使用，年度基建任务全部完成，圆满解决支队指挥中心（二期）土地征迁收尾工作。

（章辛彬）

·森林公安·

【概 况】

2018年，漳州市森林公安以打击涉林犯罪活动为抓手，充分发挥职能作用，确保全市林区社

2018 年 4 月 13 日，全市森林公安局局长教导员会议在华安县召开
（市森林公安局 供图）

会治安安定稳定，各项工作有效落实，队伍安全无事故。市局机关被福建省森林公安局记年度专项“集体三等功”1 次；市公安局龙文森林分局被国家林业和草原局森林公安局荣记集体“二等功”1 次，1 人被记个人“二等功”1 次；被省森林公安局分别记个人“三等功”民警 7 名。全年共办理森林三类案件 524 起，其中立刑事案件 122 起、破 86 起（其中重特大案件 4 起），办理治安案件 8 起，查处林政案件 390 起，失火烧毁森林或其他林木案 26 起，收缴木材 1530 多立方米，收缴罚没款共计 548 万余元。清理木材经营加工场所 110 处，清理野生动物加工经营场所 285 处，收缴野生动物 1184 只（头）。

【专项整治】

“扫黑除恶” 2018 年，积极履行主体责任和领导职责，先后十余次召开党组会议或以专题会议方式研究推进全市林业系统扫黑除恶专项斗争，主动承担市林业局扫黑除恶专项斗争扫黑领导小组办公室工作，牵头制定方案、指导、协调，排查梳理案件，核查侦办重大线索，梳理排查 2014 年以来办理的信访、举报件 961 件，林业行政案件 4565 件，涉林刑事案件 401 起。结合漳州林区治安及涉林案件发案规律特点，先后研究拟定涉林扫黑除恶 9 种表现形式和 11 类摸排重点案件，指导全市深入摸排。全市林业系统召开扫黑专项工作部署会 80 余次，排查移送各级扫黑办疑似涉林黑恶线索 11 条，组织核查中央扫黑除恶专项斗争第四督导组转办疑似涉黑涉恶线索 11 件，涉林违法犯罪线索 5 件，各地按照边扫边除边治的要求，围绕林业管理及林区乱点开展整治，积极查办涉林违法犯罪案件。开展专题宣传活动 58 场次，发放宣传品 12000 余份，在林区重点地段、重点区域张贴宣传标语、悬挂横幅 80 余幅（条），LED 滚动宣传标语 120 余条，对外悬挂涉林黑恶线索举报箱，公布举报电话，营造林区扫黑除恶浓厚氛围。

“雷霆行动” 2018 年，根据《福建省林业厅、国家林业局驻福州专员办关于联合开展严厉打击非法加工、销售象牙及制品违法犯罪专项行动的通知》精神，结合漳州市实际，积极组织开展打击非法销售象牙及制品违法犯罪专项行动（代号“雷霆行动”），并将打击非法销售象牙及制品工作纳入 2018 年度综治工作（平安建设）考核内容之一。共出动各类执法人员 1881 人次，出动车辆 627 台次，对古玩城、拍卖行、工艺品市场、星级酒店（宾馆）等重点场所展开地毯式摸底排查，对各乡镇的市场、酒家进行重点清查，共清查市场 61 个、野味餐馆及酒家等经营加工场所 117 处。经排查清查，未发现有非法加工、销售象牙及其制品违法犯罪行为。

“两违整治” 2018 年，开展全市千宗林地“两违”（违法用地、违法建筑）整治百日会战。从 8 月中旬开始，牵头组织开展全市林业千宗林地生态“两违”整治百日会战工作，建立了基层护林员、林业站长、分管领导、局长四级摸排责任链条，实行领导包片负责和职能科室挂钩责任制，采取约谈、督查、抽查检查、点对点核查等方法，推动工作深入开展。共摸排林地两违1223宗，整治767宗、整治面积1498387平方米，其中拆除面积291657平方米（实体拆除286024平方米，其他拆除面积5633平方米），补办手续面积333997平方米，其他面积872733平方米；腾地面积578695平方米。

林区“缉枪治爆”和“禁种铲毒” 2018年，全市森林公安共出动人员2129人次、车辆581台次、发放宣传材料及手机短信27000份（条）、排查可能涉枪场所92处，消除枪爆潜在隐患。落实禁种铲毒工作机制，下发《林区禁种铲毒工作方案》，巩固区内罂粟“零种植”、大麻“零产量”成果，共创无毒林区。全年共出动人员9833人次、车辆941台次，发放宣传材料及手机短信19200份（条），清理可能涉毒场所315处，踏查重点地区区域178处，组织关注“中国禁毒”“福建禁毒”微信公众号1890余人次，从源头上有效遏制林区非法种植毒品原植物违法犯罪。

【信息化建设】

2018年，加快推进全市森林公安“三项工程”建设（执法办案场所、情报指挥中心、林区道路卡口监控视频系统），全年总投入装备信息化建设资金733.2万元。其中，中央财政专项资金90万元，安排县级森林公安应急指挥中心建设2个（漳浦、云霄分局）、70万元；县级森林公安执法办案场所规范化建设（云霄分局）20万元。省财政专项资金321万元，安排县级森林公安林区道路卡口视频监控建设2个（漳浦分局160万元、云霄分局161万元）。全市自筹资金284万元，用于办公用房改造及新增办公执法设备和器材（其中，市局11万元、南靖108万元、华安50万元、龙文37万元、漳浦20万元、云霄58万元）。龙海、诏安、平和、南靖、华安等分局已完成指挥情报中心和林区道路卡口视频监控项目建设，共计50个卡口，和地方公安网终端衔接，实现信息共享，为漳州森林资源保护和打击犯罪提供强有力的保障。2018年，全市通过指挥中卡口破获的涉林案件共32起，其中，刑事案件5起、治安案件2起、林政案件25起，成效显著。积极推进森林派出所基层基础建设，全市有一级派出所1个、二级派出所2个、三级派出所19个。

（兰天荣）

·检 察·

【概 况】

2018年，漳州市检察院全面履行刑事检察、民事检察、行政检察、公益诉讼检察“四大检察”职责，生态检察、涉台检察工作得到莅漳视察的全国人大代表充分肯定。全年共受理审查逮捕案件2603件、3768人，受理审查起诉案件5394件、7770人，办理公益诉讼案件171件，监督纠正刑事、民事、行政诉讼中的违法行为642件次。

【服务大局发展】

扫黑除恶 坚持把扫黑除恶专项斗争作为重要政治任务，两级院检察长担任领导小组组长，市检察院领导带队分片下基层督导，强力推进落实。聚焦群众反映强烈的危害政治安全、社会安全的黑恶势力犯罪，坚持提前介入引导侦查，依法快捕快诉，严惩一批黑恶势力犯罪。2018年，共批准逮捕涉黑涉恶犯罪114件、341人，提起公诉53件、342人，其中涉黑系列案批准逮捕10案、22件、92人，提起公诉5件、73人，对12名国家工作人员提起公诉。坚持强化监督，经审查，不认定为涉黑涉恶案件69件、207人，不批准逮捕10人；以涉黑涉恶犯罪追加逮捕28人、追加起诉34人。

反腐败 配合监察体制改革，抓好反贪、反渎、预防三部门职能、机构、人员转隶工作。加强与监委的办案衔接，逐步完善提前介入、案件受理、强制措施衔接等工作模式，邀请监委派员参加庭审观摩评议，并在内部建立重大案件领导督办、案件动态报备等机制，促进监察程序与司法程序有序对接，形成反腐败工作合力。2018 年，共受理监委移送审查起诉职务犯罪案件 33 件、44 人，其中省检察院指定管辖 5 件、5 人，已提起公诉 31 件、42 人，法院已作有罪判决 21 件。如省监委首起调查终结移送审查起诉的职务犯罪案件，指定漳州市检察院办理，提起公诉后，法院以受贿罪等罪名判处被告人有期徒刑 7 年。

保障防范化解重大风险　2018 年，依法批准逮捕非法集资、金融诈骗等破坏社会主义市场经济秩序犯罪 363 人，提起公诉 531 人。依法监督一起骗取银行贷款案件，督促挽回国有资产损失 900 多万元，提出检察建议，促进相关部门完善不良贷款处置信息共享平台等预防措施，积极防范金融风险。持续开展“为台企台商办实事办好事”活动，深入走访台企 289 家。对青年台商提出的创业创新的司法需求，及时整理上报，得到市委主要领导批示肯定，引起上级关注。

保障精准脱贫　参与扶贫领域腐败和作风问题专项治理，依法对贪污“造福工程”危房改造补助资金等犯罪提起公诉。积极开展刑事被害人救助工作，2018 年，共救助因案致贫、返贫的当事人 34 人，帮助其解决一部分生产、生活、医疗等方面困难。开展“党建 + 扶贫”活动，市检察院领导带队深入挂钩扶贫村帮扶，帮助挂钩扶贫村规范村党支部建设，解决基础设施、发展项目、就学等方面实际困难，共帮助争取扶贫资金 60 万元。

保障污染防治　围绕市委“生态＋”部署，深化生态检察工作。坚持依法打击，全年批准逮捕破坏环境资源犯罪 57 人，提起公诉 127 人。坚持重在预防，以驻河长办检察联络室为依托，引导各基层检察院针对当地突出问题，主动参与小流域专项整治，强化水源保护。针对生态公益林保护中的薄弱环节，报送情况反映，提出对策建议，得到省长批示，省林业厅采纳运用。坚持修复生态，深化“补植复绿”机制，适用于 15 起案件，补植林木。注意拓展“补植复绿”的适用范围，探索建立“绿色公益社区矫正基地”、生态劳动等机制，促进生态修复。

【履行“四大检察”职能】

刑事检察职能　加强批捕、起诉等工作，依法严厉打击刑事犯罪，维护社会稳定。2018 年，共批准逮捕各类犯罪 2305 件、3287 人，提起公诉 4695 件、6750 人，其中批准逮捕严重暴力犯罪和“黄赌毒”“盗抢骗”等多发性犯罪 1852 人，提起公诉 3214 人。坚持把化解矛盾贯穿办案全过程，妥善处理群众信访 948 件次。联合公安、司法部门深化轻微刑事案件赔偿保证金制度，引导当事人合理表达诉求，减少不必要羁押。开展法医技术性证据文证审查 1002 件，重新鉴定 62 件。加强刑事立案和侦查活动监督，对应当立案不立案的监督立案 58 件，对不应立案的督促撤案 55 件，追加逮捕 118 人，追加起诉 196 人，不批准逮捕 485 人，不起诉 252 人，监督纠正违法侦查行为 41 件次。加强刑事审判监督，提出并支持刑事抗诉 17 件，法院已采纳抗诉意见 17 件（含往年提出抗诉案件），提出量刑建议 3911 人。探索刑事审判监督新方式，对同类问题不再简单抗诉，而是建议法院再审自行纠错，提升监督质效。加强刑事执行检察监督，对判处实刑却未执行刑罚的罪犯监督执行 16 人，其中被判处 10 年以上刑罚的 4 人，对提请减刑假释不当案件监督纠正 15 件，对不需要继续羁押人员建议变更强制措施 328 人，监督纠正刑事执行违法行为 85 件次，被评为全国精品监督案件 1 件、全国一级规范化驻所检察室 1 个。

未成年人刑事检察　坚持少捕慎诉，加强对涉罪未成年人的帮教，通过与职业技术学校、社区、企业共建帮教基地、社会服务基地等方式，提升帮教成效。2018 年，因轻罪被不起诉的未成年人已有 5 人考上大中专院校、13 人实现就业。加强未成年人合法权益保护，针对办案中发现的校园周边道路安全隐患，及时提出检察建议，促成在全市开展专项整治，保障学生交通安全。联合市妇联、法院、公安等单位创新“春蕾安全员”机制，把处于安全困境儿童纳入综治网格管理，进行精确登记、精细跟踪、精准处置防范，被最高检察院评为十大典型事例，得到市委主要领导批示肯定。

民事、行政检察职能　加强对生效民事行政裁判的监督，全年提出抗诉7件，提请省检察院抗诉10件，发出再审检察建议8件，法院已审结的采纳或改判6件。开展民事虚假诉讼监督，借助公检法协作机制，向法院发出再审检察建议3件，向公安机关移送涉嫌犯罪线索2件。加强审判活动监督，对违反审判程序的行为发出检察建议23件，已被采纳22件。加强执行监督，对执行中的不当行为发出检察建议114件，已被采纳82件。探索对行政机关不当履职的监督，发出检察建议105件，已被采纳103件。

公益诉讼检察职能　把诉前实现维护公益目的作为最佳状态，以环境保护、食药安全、国土出让、国有财产保护等领域为重点，充分发挥诉前程序作用，促进行政机关依法履职。全年共发出行政公益诉讼诉前检察建议167件，已到法定两个月回复期的147件中，行政机关采纳建议主动履职126件。其中针对生态环境资源领域发出诉前检察建议88件，督促相关行政机关依法履行职责；针对病死猪肉、超市水产品非法添加有害物质、网络送餐平台食品安全等问题，发出诉前检察建议35件，推动相关部门完善监管机制；针对人防易地建设费收缴等工作中的问题，发出诉前检察建议44件，督促相关部门收回国有财产712万元。对不能有效落实诉前检察建议的，以诉讼接力推动问题解决，依法提起行政公益诉讼1件、刑事附带民事公益诉讼3件，法院均判决支持。

【推进司法改革】

司法体制改革　深化检察官、检察辅助人员、司法行政人员分类管理，试行统筹配备聘用制书记员，优化检察人员结构。完善检察官权力清单和层级权限，落实终身负责的检察官办案责任制，加强办案质效考评，确保放权不放任、用权受监督。落实领导干部带头办案制度，2018年，两级检察院入额院领导直接办案1401件，其中市检察院入额院领导直接办案141件。推进检察长列席同级法院审判委员会工作，提出检察意见，得到法院采纳。两级院共列席38件，检察意见已被采纳22件。做好内设机构改革准备工作，以提高办案质效、推进专业化建设为导向，探索构建符合司法规律、运行高效的检察机关内设机构职能体系。

刑事诉讼制度改革　落实以审判为中心的刑事诉讼制度改革，强化检察机关在审前程序中的主导、把关、过滤作用，完善提前介入引导侦查、庭前会议、亲历性办案等制度机制，全面贯彻证据裁判规则。推行认罪认罚从宽制度，依法告知犯罪嫌疑人、被告人相关权利义务，严把案件事实关、证据关，对自愿认罪认罚的提出精准量刑建议，提高诉讼质效。自修改后刑事诉讼法施行以来，共适用58件134人。积极适应职能调整，将原来的职务犯罪举报平台升级为12309检察服务中心，集检察服务、检察公开、检察监督等功能于一体，为群众提供更快捷优质检察服务。

自身监督机制　2018年，开展集中走访人大代表活动，当面听取人大代表意见建议，并分解责任、抓好落实。邀请人大代表、政协委员参加专题视察、观摩庭审、公开听证等活动205人次，报送检察工作资料25期。举办检察开放日活动，邀请社会各界代表了解、监督检察工作。与司法局、律协召开联席会议并形成会议纪要，注重听取、依法处理律师意见，共同维护司法公正。依托人民检察院案件信息公开网及其微信平台，公开法律文书4479份。两级检察院全部开通检察微信，及时公开工作动态。

（张淑芬　林颖斌）

·法院·

【概况】

2018年，漳州市、县两级人

民法院受理案件80380件，办结76792件，结收比100.9%［结案数占新收案件数（均不含执行实施类）的比例］；其中市中级人民法院受理案件7541件，办结7136件，结收比101.2%。全市人民法院结案率95.5%，民商事案件调撤率55.9%，连续两年均位列全省人民法院第一。市中级人民法院被授予全国模范职工之家。

【刑事审判】

审结刑事案件5355件，判处5年以上有期徒刑至死刑409人，判处缓刑、管制等非监禁刑2873人。开展扫黑除恶专项斗争，审结涉黑犯罪案件3件、涉恶犯罪案件35件，依法严惩224人。加强司法审判与国家监察有机衔接，审结职务犯罪案件70件，其中厅级以上干部4人，如审结省监委对省管干部采取留置措施的首案（谢晶思案）。严厉打击故意杀人、故意伤害和“两抢一盗”（抢劫、抢夺，盗窃）犯罪，审结1366件；惩治涉黄赌毒犯罪，审结459件；严惩制假售假、危害食品药品安全、危险驾驶犯罪，审结1288件；严厉打击非法集资、恶意逃废债、金融诈骗等经济犯罪，审结80件。

【民商事审判】

审结民商事案件47248件，标的额113.1亿元。维护家庭和谐及睦邻友好，妥善处理离婚、继承、相邻权等纠纷4506件。优化法治化营商环境，稳妥化解涉企矛盾纠纷，审结买卖合同案件3132件、房地产纠纷3084件，审结著作权、商标权等知识产权案件251件。依法出清“僵尸企业”，推进执转破工作，新收强制清算与破产案件28件，市中级人民法院指导龙文人民法院完成案值达百亿元的“万嘉世贸”“海峡物流城”破产重整工作。服务创新开放发展，审结涉外、涉港澳案件405件。

【行政审判】

审结行政诉讼案件584件，审查非诉执行行政案件2004件，审结国家赔偿案件12件。实质性解决行政争议，行政机关负责人出庭应诉率达到68%，比上年提升8个百分点，行政案件协调撤诉率达到36%。助推法治政府建设，为地方立法和重大决策建言献策，发出司法建议25份，深入各县（市、区）举办依法行政专题巡回讲座，开展法制授课、庭审观摩等活动18场、2600余人次。府院良性互动向金融、生态、执行等领域拓展，推进国土资源非诉行政案件裁决执行分离的做法，省国土厅转发全省学习借鉴。

【案件执行】

开展“亮剑八闽”行动和执行擂台赛，坚持挂图作战、攻坚克难，集中开展执行行动526次。强化执行联动，市政府拨款200万元解决市中级人民法院执行警力不足问题，市中级人民法院联合有关部门建立财产保全保险担保、公务员诚信红黑名单、失信企业信息共享等机制，基层法院设立公安派驻法院执行警务室，漳浦县人民法院率先开通公安网络专用平台，东山、诏安县人民法院创新网格化执行。加大信用惩戒力度，曝光失信被执行人15890人次，司法拘留908人次，判处拒执罪36件、41人。全市人民法院执结案件19493件，执行标的到位额85.5亿元，最高法院确定的“四大核心指标”显著提升，即有财产案件法定期限内执结率达98.65%，终本案件合格率达97.8%，进京访案件办结率达100%，结案率达97.25%。

【服务社会】

服务发展　2018年，出台《司法助力“三大攻坚战”十条措施》，依法防范化解金融风险，深化政银法良性互动，开展“六个一批”（审结裁定一批，评估拍卖一批，集中发放一批，严厉打击一批，失信惩戒一批，执转破一批）清理涉金融案件专项行动，审执结涉金融机构纠纷案件9712件，标的额79.85亿元，助推全市不良贷款率实现全省最大降幅。加强挂钩帮扶村户精准扶贫，对建档立卡的331户落实帮扶项目和资金，援助西藏边坝县法院建设117万元。加大司法救助力度，为经济困难当事人减缓免交诉讼费216.7万元，为刑事被害人、申请执行人等提供司法救助226名、款377.3万元。

生态司法 全年审结涉生态案件342件，审查环境资源行政非诉案件2077件。严厉打击各类破坏生态环境违法犯罪，推动生态修复流程、损害修复资金管理从实践探索走向规范长效，长泰县人民法院创新生态修复“1+X”会诊模式。市中级人民法院成功承办全国环境资源司法理论研究基地与实践基地联席会暨环境诉讼程序专门化研讨会，并在国家生态文明试验区建设现场（厦门）经验交流会上发言。连续六年举办生态文明与法治保障研讨会。率先设立河长制生态环境审判巡回法庭，做法在全省法院推广。

涉台司法 全年审结涉台案件453件，两岸司法互助案件65件。保障台商台资发展，定期召开台胞台商座谈会，举办第十期台胞陪审员培训班，发挥“三员联动”（涉台案件调解员、台胞陪审员、司法联络员）涉台多元纠纷解决机制作用，诉前化解涉台纠纷167件。服务古雷经济开发区重点项目建设，办结涉项目建设案件145件，标的额3.34亿元。开展“涉台司法专业化”重大课题调研，率先全省推行涉台刑事案件律师辩护全覆盖，率先采用“3名员额法官＋4名台胞陪审员”大合议庭审理涉台刑事案件，公开宣判全省最大的走私“洋垃圾”旧服装案，中央电视台《新闻联播》进行报道。涉台司法经验被国台办《对台工作简报》、省委办《八闽快讯》（专报件）刊载。

民生案件 建立涉民生案件快速办理机制，审结教育、医疗、就业、劳动争议、人身损害等案件674件，执结各类民生案件1476件，标的额1.14亿元。加强涉军涉少涉妇等维权工作，稳妥审执结涉军停偿案件23件；完善涉青少年审判社会调查、轻罪记录封存等机制，保护未成年人健康成长。加强减刑假释和社区矫正工作，审结减刑、假释案件1249件。

【改革创新】

司法改革 探索内设机构改革，市中级人民法院分别整合12个内设机构，实行合署办公，优化资源配置，指导11个基层法院完成内设机构改革方案报批。健全完善审判委员会和专业法官会议制度，推进120个新型审判团队实质化运作，院庭领导直接承办案件15882件，占比20.7%，员额法官人均办案177件。改革刑事诉讼制度，推进庭审实质化，依法宣告被告人无罪2名，省法院在漳州召开全省“三项规程”庭审观摩会。践行新时代“枫桥经验”，加强诉源治理、多元化解、分调裁（繁简分流和调解速裁）等工作，以调解速裁等方式结案占全部结案数46.8%。

基层“微创新” 完善审判管理监督机制，实行日跟踪、周分析、旬通报、月调度，建立“调案、调人”快速反应机制，全面提升司法效能；漳浦县人民法院获评第一届全国法院审判管理优秀业务单位。健全破解执行难长效机制，提炼陈少华“三心三不”（坚持用公心下硬功夫，能够执行的不放下；用善心下巧功夫，可能执行的不放过；用恒心下苦功夫，不能执行的不放弃）工作法和华安县人民法院执行工作模板，促进执行工作提质增效。探索便民利民新方法，总结推广龙海市人民法院诉讼费一次性退费、平和县人民法院交通事故纠纷线上调处等做法，减轻当事人讼累。《调解创新惠民生 共治共建再升级》《法院公安联动协作 合力攻坚执行难》入选最高法院《人民法院司法改革案例选编》。

智慧法院 提供网上立案、查询，远程开庭、调解、接访等诉讼服务。市中级人民法院投入1000多万元改造升级诉讼服务中心。强化司法大数据集控管理平台运用，完成诉讼档案数字化20万件，电子卷宗随案生成率达100%。引进语音识别系统、电子签章系统和移动办公平台，自主研发云协同办公平台、执行“小百度”平台，为法官执法办案减压、减负、减耗。

【接受监督】

主动接受漳州市人大及其

常委会监督，市人大常委会听取、审议法院行政审判工作专项报告并组织专题询问，市中级人民法院认真落实市人大常委会审议意见，不断加强改进法院工作。强化与市人大代表委员沟通联络，邀请市人大代表委员参加法院开放日、旁听庭审、参与调解、见证执行等活动，及时办复代表建议、委员提案。健全人民陪审员依法履职保障机制，2018年，一审普通程序案件参审率达91.67%。主动接受市纪委、监委监督，接受检察机关法律监督，审结抗诉案件12件，支持抗诉5件。推进阳光司法，上网公开裁判文书66688份，庭审直播5044场，组织“院长带队执行”网易直播活动11场，在线收看300多万人次。

（刘艺伟）

·司法行政·

【概 况】

2018年，漳州市司法行政发挥司法行政职能作用，为加快富美新漳州建设做出积极贡献。在省司法厅对各设区市司法局的综治考评中，市司法局获满分（并列全省第一），荣获“省级文明单位”，被司法部表彰为“首次国家统一法律职业资格考试工作表现突出单位”。市医患纠纷调委会荣获“全国人民调解工作先进集体”、“2013—2017年度全国创建平安医院活动表现突出集体”。

【维护稳定】

发挥司法行政职能作用，参与扫黑除恶专项斗争。全面推行监狱戒毒警察延伸社区矫正监管工作，开展延伸用警23场次63人次，训诫教育21场次685人次。受到省厅充分肯定。漳州市司法局在全省社区矫正工作现场会作典型经验交流，工作信息被《漳州改革信息》专版刊登。开展社区矫正百日安全活动，加大县级社矫中心建设步伐，全面建成市县两级社区矫正监管指挥中心，实现市县与省厅、司法部四级指挥中心互联互通。组织开展“护航三大攻坚战 助力建设新漳州”人民调解专项活动，全年全市调解处理各类矛盾纠纷10807件，调解处理成功10792件，调解处理成功率99.86%。市多元调解中心受理各类民商事纠纷180件，结案132件；受理72起重大医疗纠纷，结案63件。推进品牌调解工作室建设，新增17个，全市达71个。开展“金牌调解室”创建活动，通过市县两级综治委命名市级金牌调解工作室2个、县级12个。推进“两代表一委员”调解工作室建设，12个乡镇（街道）、9个村居（社区）设立“两代表一委员”调委会。推动行业性、专业性调解组织建设，在农业、教育、民政、渔业新增设立调解组织39个。深化公调、诉调对接工作，新增派驻派出所调解室17个、法庭调解室24个，均实现全覆盖。推进“访调对接”工作，市、县两级全部设立访调对接工作室。

【法治宣传】

宪法学习宣传　2018年，下发《关于深入学习宣传＜中华人民共和国宪法＞的通知》。联合漳州人民广播电台开展“宪法朗读”活动30期，联合移动公司通过“漳州普法”微信公众号开展宪法知识有奖问答，联合市教育局等多部门在漳州一中举行“宪法进校园”暨“青春与法治同行”系列宣传活动启动仪式。全市举办宪法讲座、学习会等750多场次。利用市区人流密集区的180个高清屏幕显示屏，每天滚动宣传与民生相关法律法规1万多次。

“法律六进”　全市举办领导干部法治讲座228场次、国家工作人员法治培训245场次；开展“法律进校园”活动1560场次，开展“青春与法治同行”主题活动14场次，为46支志愿宣讲团授旗，为127名“法治小宣传员”颁发证书；开展“法律进农村”1200多场次、“法律进企业”近900场次、“法律进社区”600多场次。

普法宣传　在漳州人民广播电台播出《空中司法事务所》44期，完成微广播剧10部，“漳州普法”公众号推送普法信息

151 期 327 篇。推动法治宣传教育云平台建设，市县两级全部开通并在线开展学法考试和网上考核。实施“七五”普法规划，对市直部门下发普法清单、签订责任状，“谁执法谁普法”责任制工作在全省作典型发言。深化法治创建活动，2 个县、2 个村获国家级法治创建单位。

【法律服务】

法律服务热线平台　全市建成 12 个“12348”法律服务热线平台，实现市县两级全覆盖，设立接听座席 26 个，其中市级 4 个、县级 22 个；全市“12348”热线平台接听电话咨询 4000 多人次，帮助解决法律问题近 3500 件次。

律师行业　全市共有律师事务所 72 家、执业律师 532 人，办理各类案件 11205 件，咨询和代书法律文书 5106 件。成立律师行业党委，引导律师服务中心大局。律师担任政府企事业单位法律顾问 1164 家，参与服务重点项目 455 人次 657 件次，为政府重大项目决策提供法律依据 103 次、法律意见 118 件，律师事务所与企业结对子 234 对，开展涉台法律服务 186 件。参与信访接待处置 281 人次，接待信访件 241 件 1049 人次。开展民营企业法治体检暨“百家律所服务千家民营企业”专项活动，成立市县两级法律服务团 12 个，为 400 多家民营企业免费开展法律体检。深化一村一法律顾问工作，工作经费均列入财政预算，在平和县试点推行组团式顾问模式，在漳浦推行“绩效＋”管理模式。

公证行业　深化绩效工资改革，推动平和公证处实行奖励性绩效工资保底和与业绩挂钩“双轨”机制，龙海市、长泰县等公证处调整提高绩效工资提取比例。推动公证行业信息化建设，完成公证行政管理和行业管理系统信息录入，加快“公证云在线服务平台”建设，扩大互联网端在线办证系统运用。开展办理公证“最多跑一次”试点工作，“最多跑一次”公证事项办理扩大到所有进入行政服务中心的公证窗口，全年办理“最多跑一次”公证事项 5000 多件。

法律援助　打造法律援助便民服务圈，新成立法律援助工作站 3 个，全市已达 240 个。加强刑事法律援助工作，联合市中级人民法院、市检察院、市公安局出台《关于建立办理未成年人刑事案件专业化工作机制的实施意见》，联合市中级人民法院、市台办出台《关于开展涉台刑事案件律师辩护全覆盖工作的制度(试行)的通知》，全市 12 个法院全部设立法律援助工作站。配合市人大调研组对全市法律援助工作情况开展专题调研。2018 年，全市受理各类法律援助案件 2148 件，比上年增长 11.6%，接待咨询人数 7296 人次。

司法鉴定　开展鉴定机构规范整改专项检查，督促 6 家司法鉴定机构获得省级资质认证和 26 项司法鉴定项目参加能力验证，全年市鉴定机构办理各类司法鉴定业务 6465 件。

法律职业资格考试　做好首次国家统一法律职业资格考试客观题计算化考务工作，建立漳州市国家统一法律职业资格考试联席会议制度，举办国家统一法律职业资格考试新闻发布会，与闽南师范大学签订国家统一法律职业资格计算机化考试协议，保障 1260 名考生报名参加计算化考试。

司法行政审批　精减行政审批材料，涉及办理事项 11 项，减少材料 26 份。全面推行全流程网上办理，办理律师执业证(工作证)遗失申请补证，实现两个办理事项试水智能审批暨“秒批”3 件。2018 年，漳州市司法局驻行政服务窗口办结各类服务事项 413 件，市(县)联办 133 件，网上预审并全程网办 157 件，当场办结率达 99.3%。

(黄淑龙)

责任编辑：陈坤山

军事

·漳州军分区·

【政治引领】

2018年，漳州军分区贯彻中央军委、军委国防动员部、东部战区和省军区党委决策部署，坚定举旗铸魂，聚焦备战，全力落实改革，从严正风肃纪，狠抓安全稳定，各项建设呈现稳步发展的良好势头。

围绕学习贯彻中共十九大主线，大力深化习近平新时代中国特色社会主义思想和习近平强军思想学习武装，军分区党委中心组带头抓学领学，多次召开常委会跟进学习习主席最新讲话，推动理论武装不断走深走实。开展“传承红色基因　担当强军重任”主题教育和纪念改革开放40周年教育宣传、向王继才学习活动，传承红色基因、唱响强军赞歌、擦亮忠诚底色。全面深入贯彻军委主席负责制，着力抓好学习教育，对照问题清单查摆具体问题，研究措施18条，推进军委主席负责制贯彻到底落实到位。

【练兵备战】

2018年认真贯彻主席训令，牢固立起战斗力这个唯一的根本的标准，深入开展和平积弊大起底大扫除活动，多次召开常委会专题议战议训议动，制定出台专项纠治措施，组织区带部指挥演练和区部首长机关动员业务考核，以上率下归正重心。自上而下修订各类行动方案计划，联合召开全市军地防汛抗洪协防机制对接会，指导各县（市、区）做好防汛准备，加强民兵应急分队拉动演练，组织民兵信息船参加实兵战役演习，部队应急应战能力不断提升。落实按纲施训，分批组织民兵干部骨干集中组训，落实军兵种分队对口保障联训联演，推进民兵训练基地建设，逐月组织民兵应急分队轮训备勤考核，受到省军区通报表扬。

【动员准备】

加强国防动员潜力建设，完善潜力数据采集统计，扭住兵员质量关口，规范审批定兵流程，圆满完成兵员征集任务。参与组建漳州市军民融合发展委员会，协助编制《漳州市军民深度融合发展规划纲要》《大力推进漳州地区军民融合深度发展意见》，牵头抓好应急、公共安全领域、社会化保障军民融合工作。加强全民国防教育，联合市委宣传部、教育局开展征兵宣传、国防教育进高校活动。协调出台《关于做好春节拥军优属工作》文件，组织市县乡村四级联动对9687户军人家庭走访慰问、悬挂光荣牌，协调驻漳部队参与“生态＋”、脱贫攻坚、助学兴教等项目建设，不断巩固军政军民团结。

【后续改革】

扎实推进“十三五”民兵调整改革，完成民兵整组任务，编建漳州市民兵应急营，扩建海上民兵队伍，组建福建省第一支海上民兵连，在省军区整组工作检查总评第一。完成3个干休所整合归并、调整组建，依编落实人员定岗定位，健全各级组织，理清服务保障关系、规范服务保障标准、解决服务保障难题，确保老干部服务保障接续到位。依令分类推进有偿服务项目关停清退任务，完成租赁项目终止收回和租赁项目委托管理专项整改，催缴部分项目欠缴租金。抓好政策制度改革教育宣讲，推进文职人员政策制度落地，组织首批现役干部转改和面向社会公开招考工作。

【基层建设】

组织党委机关蹲点代职，以哨所为点带面推进海防民兵哨所规范化建设。协调市县乡三级展开“精准挂钩帮建”活动，加大军地联合考评通报力度，投入800余万元加强基层武装部和民兵连部规范建设，全市基层武装部达标率和民兵连部达标率再创新高。协调召开市委议军会、过军事日活动，抓好军地领导双向兼职。联合发文规范专职武装干部选拔任用和培训管理工作，结合村级组织换届统一民兵连长称谓，组织新任专职武装干部强化集训100余名，选派10余名专职武装干部参加全省集训考核竞赛，获得总分第一名、5人进入前六名的好成绩。深入贯彻依法治军从严治军方针，广泛开展“贯彻落实新条令，塑造军队好样子”活动，组织新条令普学普训普考，开展安全大检查和百日安全活动，紧盯重要时段加强防控，严密组织首长机关、民兵营连长训练枪支弹药保障，圆满完成民兵报废弹药上交任务。

（陈华兴）

·人防·

【概况】

2018年，漳州市人民防空工作坚持“长期准备、重点建设、平战结合”的方针，围绕“平时服务、战时防空、应急救援”的使命任务，扎实推进人防军事斗争准备，拓展人防领域军民深度融合，围绕人防组织管理体系、指挥运行体系、目标防护体系和设施设备开发利用等核心任务要求，实现战备效益、社会效益、经济效益相统一，全市人防建设取得新进展。

【指挥体系建设】

2018年推进人防指挥场所建设，完善市人防基本指挥所配套附属设施及内部系统更新改造，按照第二代机动指挥平台标准，完成市本级人防机动指挥平台建设。推进县级人防地面应急指挥中心建设，漳浦县人防地面应急指挥中心指挥信息系统于2018年5月10日建成投用，是全市首个建成投用的县级人防地面指挥中心。提升人防信息化水平，配置军用第三代短波电台，组织各县（市、区）人防办相关人员参加业务集训，市人防指挥信息中心定期组织电台通联，确保省、市、县三级短波电台通信顺畅。推动人防警报建设，全市共有各类警报器239台，城区警报音响覆盖率达98%以上。在9月18日组织“9·18”全市防空警报试鸣，同时结合警报试鸣在部分学校及乡镇开展人防宣传和防空疏散演练。开展“国家突发事件预警信息发布系统”建设，基本完成引接工作。

【建设与管理】

编制人防专项规划　结合城市地下空间专项规划，2018年抓好人防建设专项规划编制，市中心城区（芗城区、龙文区、高新区、台商投资区）、漳州开发区、云霄县人防建设专项规划分别由漳州市政府、漳州开发区管委会、云霄县政府批准通过，完成法定的报批工作且已批复；华安县完成人防建设专项规划专家评审工作；古雷开发区完成初稿；平和县、南靖县进入招投标程序。

防护工程建设　全市各级人防部门贯彻以建为主、以收促建的原则，严格按照《中华人民共和国人民防空法》《福建省人民防空条例》等法律法规要求建设防空地下室，保持防护工程建设面积与城市人口同步增长。

单建式人防工程建设　在城市中心区、人员密集区、商业繁华区、交通拥堵区等区域规划建设单建式人防工程，易地建设费优先用于平时使用功能为城市公共停车的“短、平、快”单建式人防工程。

【平战结合】

坚持平时与战时、应急与长远、重点与一般的原则，编制人民防空平战结合规划，做好平战功能转换的准备，做到“服务社会、造福人民”。提升人防工程维护管理水平，对全年通过竣工验收备案的防空地下室开展使用功能、防护功能等维护管理的质量评估和检查，通过检查，土建、通风、给排水和电器工程等方面合格率为100%，其中芗城、龙文两区防空地下室优良率为50%，其他各县（市、区）、开发区（台投区、高新区）所属的防空地下室优良率为44%。扎实开展人防工程安全隐患大排查大整治专项行动，对各类人防工程及出租场所进行拉网式和滚动式安全隐患排查整治，对存在安全隐患的重点场所实施重点治理，及时封堵早期开放式洞口4个，排查并整改消防、燃气安全隐患8处，与人防工程使用单位签订安全管理责任书22份，确保人防工程使用安全。盘活利用公共人防工程、洞口房和附属配套房屋等平战结合人防资产，通过公开竞价招标，拓宽人防工程开发利用渠道，全年平战结合收入约210万元。

【执法与宣传】

依法申请法院强制执行行政征收决定2起，追缴地下室易地建设费354万元；查处不修建防空地下室行为11起，立案追缴防空地下室易地建设费288.13万元，责令限期补建防空地下室3482.61平方米。市人防执法的经验做法在全省人防依法行政培训班上作典型介绍。提升人防宣传教育的受众面和覆盖率，采取走进学校、走进社区、走向街头等方式，向师生、群众发放《防空防灾知识手册》《人防教育读本》，结合闽南师范大学和漳州职业技术学院等高等院校新生军训，深入校园播放《居安思危，备战人防》系列科教片，主要介绍现代人民防空特点、人防工程重要性、核化生武器防护、紧急救治等知识，普及人防知识，提高师生防空防灾意识。建立人防工程使用单位微信群，宣传防空防灾知识，发布人防工程维护管理常识和消防安全注意事项，利用悬挂宣传标语、LED显示屏和“9·18防空警报试鸣日”试鸣警报等时间节点，宣传人防知识。

（张俊炜）

·武警漳州支队·

【概　况】

2018年1月1日，武警漳州支队隆重举行揭牌仪式，改编为中国人民武装警察部队福建省总队漳州支队，武警漳州支队紧紧扭住举旗铸魂，全力维护稳定，推进调整改革，紧盯建强基层，抓好正风肃纪，转作风、抓落实、求实效，部队建设呈现开新图强、稳中有进、持续向上的良好态势。

2018年1月1日，中国人民武装警察部队漳州支队揭牌（蒋锐 摄）

连续26年实现“三无”（无行政事故、无值勤事故、无案件）目标，连续8年被总队评为“基层建设先进支队”称号。

【警卫勤务】

在警卫对象一行来漳检查时，根据市公安局统一部署，支队协助市公安局完成警卫勤务。

【服务社会】

春运执勤任务　2月1日至3月5日，支队每日派出兵力，协助铁路公安、客运部门担负春运执勤任务。

举办冲锋舟操作骨干集训　4月23—28日，支队在九龙江畔举办冲锋舟操作手集训，完成基础理论学习、游泳技能、水中自救和救护、冲锋舟紧急启封和车辆装运等10个内容的训练。

农博会暨花博会安保　11月18日，第十届海峡两岸现代化农业博览会暨第二十届海峡两岸花卉博览会开幕式在漳州东南花都开幕，支队担负此次开幕式现场临时警卫勤务。

2018年4月23—28日，武警漳州支队组织各县（市、区）冲锋舟骨干集训　（林勇发 摄）

【军营动态】

1月19日，支队严密组织基层正规化管理现场观摩会。

1月28日至2月3日，支队严密组织基层理论骨干队伍集中培训。

6月20—26日，漳州片区第二季度“魔鬼周”极限训练在漳州开展，厦门、漳州、泉州3个单位的特战官兵齐聚漳州，开展极限训练。

8月21—23日，支队开展卫士2018实兵拉动演习。

10月11—12日，支队隆重举办第一届“军体之星”创纪录暨后勤专业比武竞赛。

12月18—20日，支队首长机关及新训大队进行新兵野营拉练。

（林勇发）

责任编辑：陈坤山

农村工作·农业经济

·农村经济工作综述·

【概 况】

2018年，漳州市农业农村经济实现农林牧渔业总产值801.87亿元、增加值462.23亿元，分别比上年增长4.5%和4.5%，均居全省第一；农民人均可支配收入18186元，增幅9.1%，与全省平均水平持平，居全省第四，连续9年高于全市城镇居民收入增幅，3个贫困重点县增幅均高于全省平均水平，增幅高于全市平均水平的名次为：诏安县10.1%、南靖县9.8%、云霄县9.5%、平和县9.3%、漳浦县9.2%；农产品出口货值46.1亿美元，比上年增长3.1%，占全省47%。全市水果面积10.47万公顷，总产322万吨，比上年增长6.62%；产值108亿元，比上年增长15.38%。茶叶面积1.6万公顷，产量4.96万吨，比上年增长5.08%；产值21.96亿元，比上年增2.14%。食用菌产量（鲜品）57.6万吨，比上年增长6.1%；产值36.4亿元，比上年增长5.5%。中药材面积0.18万公顷；产量2万吨，比上年增长5.3%；产值25.4亿元，比上年增长5.4%。

（郭庆亮、蔡建兴）

【农民创业园建设】

2018年，全市有2个省级农民创业园（云霄县、平和县），7个省级农民创业示范基地（龙海市、漳浦县、东山县、诏安县、南靖县、长泰县、华安县）。全年省财政厅、农业农村厅下达漳州市省级农民创业园、示范基地专项资金2180万元。实施建设项目40个，带动投资17462万元。

【现代农业产业园建设】

2018年，开展国家、省、市、县四级现代农业产业园建设工作，平和县获农业农村部批准成为国家现代农业产业园创建县，中央财政专项资金1亿元（首批5700万元已到位），成为2018年全省唯一获得国家级现代农业产业园创建县。漳浦县现代水果产业园获批省级现代农业产业园，获得省农业农村厅、财政厅专项资金1000万元。同时，批准创建芗城区现代蔬菜产业园等26个市级现代农业产业园，市财政投入1200万元用于产业园区建设。全年各县（市、区）、开发区（投资区）共创建县级产业园62个，带动农业园区及项目投资12.69亿元。全年参赛园区项目合计投资31.94亿元，完成年度计划189.2%。带动全市现代农业产业园累计投资56.96亿元，完成年度计划184.1%。新增（续展）农业品牌累计155个，其中芗城万桂天宝香蕉、平和闽溪红红肉蜜柚、平和琯溪蜜柚分别被列为2017年度福建名牌农产品和福建十大农产品区域公共品牌，漳浦万辰菇业金针菇、平和东湖琯溪蜜柚被列为2018年度福建名牌农产品；新增土地流转0.12万公顷，完成年度计划

315.1%；新增新型主体150个，完成年度计划263.2%；落实涉农沉淀资金2.28亿元，带动其他市级产业园建设项目96个（任务85个），投资9.1亿元，完成年度计划197.5%；县级产业园建设项目315个（任务310个），投资15.76亿元，完成年度计划166.8%。

（许云坤）

【农业可持续发展】

实施农业绿色发展一把手工程，并强化规划引领和政策资金扶持，开展项目竞赛，把建设工作列入市对县政府及部门目标责任制考核重要内容，建立以现代农业产业园、三产融合、品质品牌、新型经营主体、科技支撑等“五位一体”的特色现代农业发展模式。全市农业九大特色产业产值占农业总产值的90%以上，有8个产业全产业链产值超百亿元。在全国率先建立海峡两岸农业合作实验区，以每年举办的海峡两岸农博会、花博会为平台，扩大对台对外合作交流。农业累计利用台资19.6亿美元，居全国设区市首位。2018年，全市规模食品工业产值1578.5亿元，占全省25%；出口农产品货值46亿美元，占全省50%。全市开展“三减量”（化肥、农药、抗生素类兽药鱼药减量化）、“三利用”（畜禽养殖废弃物资源化利用、秸秆资源化利用、农业废弃物回收利用）和“三提升行动”（地力提升、水资源利用率提升、农产品质量品牌提升），化肥施用量减少1.9万吨（减少5.11%），化肥减量化使用列入全国十大典型模式。在全国范围内率先建立病死畜禽第三方工厂化集中无害化处理运行机制，经第三方处理的病死猪占总数的90%以上，无害化处理率达100%。畜禽养殖废弃物资源化利用第三方社会化运作模式和整县推进模式列入全国十大典型模式。11月，全国畜禽养殖废弃物资源化利用现场会和首次国家农业可持续发展试验示范区座谈会在漳州召开，中共中央政治局委员、国务院副总理胡春华出席会议并讲话。以农业绿色发展引领乡村振兴战略，农村垃圾治理行动、农村污水治理行动、农房整治行动、村容村貌提升行动等的“一革命四行动”。开展“千村整治、百村示范”美丽乡村建设工程和百村富美乡村创建、百村环境整治行动，生活垃圾处理率达95%，生活污水处理率达90%。总结提升的“规划引领、整治先行、突出特色、产业带动”模式，成为全国美丽乡村标准化建设典范。

（吴文通）

【农产品质量监管】

全市农产品质量安全可追溯平台和农资监管平台建设覆盖面扩大，2018年全市共有2686家农产品生产企业纳入省级农产品质量安全可追溯信息平台，部分产品已开始贴标销售，实现食用农产品源头赋码、贴码销售、一品一码。全年农业标准化生产水平不断提升，完成550个水果、蔬菜、茶叶、畜禽、食用菌标准化生产基地建设。省对市农产品质量安全例行抽检总体合格率达98.7%，全市农产品质量安全水平总体稳定，未发生重大农产品质量安全事件。新增“三品一标”（无公害农产品、绿色食品、有机农产品及农产品地理标志）产品66个。

（李开拓）

【安全防控防治】

动物疫病防控 2018年，全市共有免疫高致病性禽流感3284.62万羽、牲畜口蹄疫249.32万头、小反刍兽疫6.56万头；3个强制免疫病种群体免疫密度常年保持在90%以上，应免畜禽免疫密度达到100%。开展牲畜口蹄疫、家禽禽流感等病原学监测10133头（羽）份，牲畜口蹄疫、家禽禽流感、羊小反刍兽疫、猪瘟、高致病性猪蓝耳病等血清学抗体检测48310份，强制免疫病种平均免疫抗体合格率均超过85%。加强兽医实验室能力建设，市级招标采购智能化动物病原学检测平台，龙海、诏安、东山、云霄、平和等县（市）建成病原学实验室，并开展重点动物疫病的病原学检测。市本级、龙海、诏安、东山、云霄、平和等兽医实验室，获省授权委托开

展非洲猪瘟病毒核酸检测。开展消毒灭源专项行动，夏秋期间，组织专业队伍，重点对养殖密集区、规模养殖场、畜禽交易市场、畜禽屠宰场等场所进行消毒，全市共投入消毒经费33.26万元，使用消毒药28.55吨，消毒119个乡镇、1546个村、1922个规模场、234个市场、25个屠宰场，面积3044万平方米。

病虫预测预报与防治 全年围绕农药零增长减量化和建设国家农业可持续发展试验示范区，开展绿色防控与统防统治融合。主要农作物病虫草鼠害发生面积95.18万公顷次，防治面积132.91万公顷次，挽回粮食损失3.96万吨，挽回果蔬损失2.22万吨。完善省级农作物病虫害监测重点县6个，建立病虫害监测点43个，全市已有农作物病虫害统防统治服务组织158个，拥有智能植保无人机25台。实施病虫害绿色防控40.33万公顷次，病虫害统防统治14万公顷次，全市检疫性有害生物得到控制。在漳浦、龙海、龙文等县（市、区）开展由政府招标购买服务、专业化防治公司实施红火蚁专业化防控、植保机构监督的实践，全市实施红火蚁专业化防控面积达0.17万公顷。各地采取了重点区域统防统治与乡镇场组织防治、专业防治与群防群治相结合的方法，政府负总责、部门各司其职的红火蚁防控新机制已初步形成。已有漳浦、芗城、长泰、龙海、龙文、华安、云霄、东山、平和等9个县（市、区）及漳州台商投资区发生红火蚁，发生面积5284.2公顷，其中1级3050.8公顷，2级945.7公顷，3级以上1287.7公顷，2级以上占42.2%。已开展防治4684.7公顷，防治处置率占88.65%。全市红火蚁发生程度与上年同比下降，防治处置率大幅度提升。

（曾中华 陈景辉）

【残膜面源污染治理】

2018年，开展农膜面源污染治理，重点抓好漳浦、云霄县省级现代农业粮食产能区及水稻工厂化集中育秧等建设项目，以及龙海、漳浦等县（市）水稻工厂化集中育秧项目大棚。同时，抓好蔬菜集约化育苗基地项目设施、省级蔬菜标准园、蔬菜标准化示范区，实施蔬菜产业标准化生产示范；加大在蔬菜、马铃薯、花生等大田作物开展农田残膜回收，力争做到百分百回收零污染。开展农膜、秸秆利用现状调研并形成《漳州市农作物秸秆及农膜利用现状调研报告》，市级编印发放农膜回收、秸秆利用典型模式手册500份，结合漳浦、云霄县全年粮食产能区增产模式攻关与推广项目，开展农膜回收、秸秆综合利用示范片建设，示范片实现农膜100%回收、秸秆100%综合利用。年底，据调查测算，全市农膜使用量0.83万吨，回收利用的农膜量0.73万吨，回收率达87.9%以上，高于省目标任务完成率80%，未发现大面积废弃现象。

（林锦辉）

【农资打假与质量安全】

实施《2018年漳州市农资打假专项整治方案》，有针对性地进行农药、肥料、兽药、种子等农资市场执法检查和执法抽样。全市组织执法人员培训21期298人次，开展以放心农资下乡进村宣传活动为主的普法宣传活动28场次，走进企业、入店宣传活动2846场次，发放各类宣传材料近1.88万份，悬挂宣传条幅107条，网络宣传140多万条次，组织从业人员培训3029人次，接受农民群众现场咨询5000多人次，进村入户宣传38个村175户。出动执法人员4792人次，检查农资生产经营企业2869家次，完成各类农资产品抽检577批次，其中执法抽检246批次，完成省厅任务的136.7%；立案查处农资和农产品质量安全领域案件95起，移送公安机关11起，案件协查及线索通报40起，没收假劣农资1166公斤，销毁假劣农资6150公斤。有1917家农资企业纳入农资监管信息平台，清理各类不符合纳入监管平台企业80多家，开展网上巡查7117次，备案货品21653种，农资实名购买53675人，农资使用者购买记录386984条，已销售的农资产品889.8万公斤列入网上监管。

（黄光线）

【饲料与兽药监管】

生产许可审核审批　组织参加农业农村部及省厅举办的饲料法规培训，按照“依法依规，严格把关”和“从速从简，及时办理”的要求，开展辖区内饲料和饲料添加剂生产许可审批工作。指导服务企业做好申报材料准备和现场整改，审查把关企业的申报材料，深入厂区进行现场审核，严格按程序受理审批办证。全年指导帮助企业68个次，已受理27件，办结27件，发放饲料生产许可证20张、产品批准文件7份、产品批准文号228个；新发生产许可证中新设立6件，搬迁重办2件，续展换证9件，增项3件。

行业日常巡查监管　召开全市饲料行业安全生产工作会议，编印发放《饲料行业安全生产材料汇编》200份，组织各县（市、区）开展饲料行业粉尘防爆专项整治行动，组织开展全市饲料行业粉尘防爆专项整治行动督导检查，及时排查安全隐患，预防和遏制重大安全事故发生。同时，开展对饲料生产企业日常巡查监管。及时发现问题，跟踪整改。全年共出动检查人员646人次，检查饲料生产企业225个次，停产整顿饲料生产企业8家、关闭注销生产许可证6家，推进实施《饲料质量安全管理规范》。2018年，新增通过市级规范验收12家，市级以上达到35家；全市饲料和饲料添加剂生产企业没有发生过生产安全或质量安全事故。牵头推动成立饲料产业协会。团结广大从事饲料产业的企事业单位、社会团体及个人，促进发起成立饲料产业协会，4月14日召开漳州市饲料产业协会成立大会，侧重服务产业发展。

兽药生产经营监管　组织推动实施兽药可追溯工作，开展兽药经营企业大清查，审核清理许可逾期和许可有效期内停止经营的兽药经营单位，依法保留合法兽药经营单位，督促所有兽药经营企业主动入网，并实施追溯。全市兽药生产企业1家、有效持证兽药经营企业152家，入网率100%，实施追溯142家，实施率达到93.4%。完成推进兽药追溯体系建设任务，开展兽用抗菌药专项整治行动。出动检查人员1439人次，共检查兽药生产企业3个次、兽药经营企业326个次、养殖场等兽药使用单位428个次。开展兽用抗菌药规范使用培训活动41场次，指导培训874人次；开展宣传活动12次，发送宣传材料2627份。加强兽药生产企业例行监督检查，监管恒兴兽药GMP实施情况，组织对5个兽药产品批准文号现场核查及抽样送检。督导各县（市、区）开展兽药经营许可并协助开展GSP验收的现场审核工作，对全市兽药经营企业进行日常巡查监管。

（蔡毅生）

【生态能源管理】

土壤重金属污染治理　完成上年度全市790个点主要农产品产地环境长期定位监测、100个农产品（稻谷）协同监测等，建立71个土壤环境质量例行国控点数点位。出台《2018年漳州市农产品产地环境监测工作方案》，完成300个省控长期定位监测点位农产品样品采集、检测等检测机构统一采购。启动南靖县农产品产地安全利用试点等工作，在山城镇布设加密调查点100个、建立钝化剂筛选试点面积0.1公顷。

农业生态建设　牵头做好农业农村面源污染防治攻坚战、河长制、生态环境保护目标、生态文明和城乡统筹体制改革、最严格水资源管理、九龙江—厦门湾污染物排海总量控制试点、农业面源污染防治等工作。督导“华安县沙建镇2018年农业综合开发区域生态循环农业项目”的申报及其建设。

农业生态普查　开展第二次全国污染源（农业）普查工作，成立“漳州市种植业、畜禽养殖业污染源第二次普查推进工作组”，完成县（市、区）《种植业基本情况》《种植业播种、覆膜与机械收获面积情况》《农作物秸秆利用情况》，以及移动源中《农业机械拥有量》《农业生产燃油消耗情况》普查表的数据填报及审核工作。已完成全市1650个种植业典型地块调查、质量审核等。

农村沼气安全生产　出台《漳州市农村沼气安全生产隐患排查工作实施方案》，出台安全生产有关文件22件、网络宣传3509次，发送手机短信4083条，印发安全使用技术手册及宣传材料8727份、挂图998张等。举办技术培训22期，参加培训的人员约850人，多次组织科技三下乡宣传和安全生产日现场咨询活动。各级农业生态系统共出动参与进行检查的各级农业部门技术人员、沼气生产工等915人次，进村入户开展沼气安全生产技术指导及排查工作2269次，涉及户用沼气用户10340户。

秸秆资源化利用　参与漳州市国家农业可持续发展试验示范区、国家农业绿色发展试验示范区等绿色农业可持续发展的各项工作。开展示范推广农作物秸秆综合利用技术，进行生态循环利用。据调查，2018年全市农作物秸秆综合利用量66.8万吨，占可收集资源量68.8万吨的97.1%，肥料化、饲料化、基料化、原料化、燃料化分别为43.4万吨、10万吨、13.4万吨、0吨、0。秸秆综合利用率，高于省目标任务完成率85%，农作物秸秆得到充分利用。

（郭建辉）

【土壤肥料推广】

制定《漳州市2018年化肥使用量零增长减量化专项行动落实方案》，着力提高有机肥资源利用，提倡科学施肥，减少化肥施用，实现化肥减量增效，促进农业增产、农民增收和生态环境安全。据各县（市、区）农业部门不完全统计，1—12月全市化肥使用量为35.63万吨，比上年同期（37.55万吨）减少1.92万吨，比上年同期化肥使用量减少5.11%，肥料利用率提高至38%。选择基础条件好、集中连片的种植大户、农民合作社、农业龙头企业等作为示范点，开展化肥减量增效示范，建立33个土壤改良、地力培肥和化肥减量增效示范片。通过项目实施，改进因土、因作物施肥技术，不断优化施肥结构，减少化肥使用量。2018年，全市推广测土配方施肥面积17.9万公顷。在平和、华安、漳浦、云霄、诏安5个示范县，推广商品有机肥0.4万公顷，辐射带动1.38万公顷；鼓励和引导农民自己堆沤农家肥，推广应用有机肥2.59万公顷。开展果菜茶有机肥替代化肥行动，提升耕地质量。在平和县实施农业农村部《蜜柚施用有机肥替代化肥示范县》项目，全年完成蜜柚施用有机肥替代化肥示范推广面积2.5万公顷。每公顷施用有机肥0.5吨，全县减少使用化肥0.62万吨。全市耕地地力平均等级为3.13，比上年全市耕地地力平均等级提升0.1个等级。

（丁　文）

【农村经济运作】

农村集体产权制度改革　2018年，以列入全国整市推进农村集体产权制度改革工作试点单位为契机，推进农村集体产权制度改革工作。全市应开展农村集体产权制度改革的1674个村（居）已完成农村清产核资和农村集体经济组织成员身份公示确认工作，有43个村（居）完成集体经营性资产股份合作制改革。

农村土地承包经营权确权登记颁证　强化督查指导和质量管控，全力推进农村承包地确权登记颁证工作，至2018年9月底，全市11个县（市、区）的数据库成果，均已汇交农业农村部并通过初检。

农村集体“三资”监管　市农业农村局会同市委组织部、市财政局、市民政局组织开展村干部任期和离任经济责任审计工作，为村级组织换届特别是选拔村主干提供参考。全年共审计1759个村（居），审计总金额211.9亿元。同时，组织开展农村集体“三资”（农村集体所有制的资金、资产和资源）管理突出问题专项治理工作，强化农村集体“三资”监管。牵头市林业局、市海洋与渔业局开展农村集体“三资”管理突出问题专项治理工作检查，对检查情况进行通报并督促各地做好整改。根据管理突出问题专项治理、村干部离任审计和清产核资发现的问题制定《关于进一步加强农村集体资金资产资源监督管理工作的指导意见》，强化农村集体“三资”规范管理。

农村土地流转管理和服务

市委、市政府印发《关于完善农村土地所有权承包权经营权分置办法的实施意见》，落实农村土地“三权”（所有权、承包权、经营权）分置办法。督促指导完善土地流转服务体系，加强土地流转管理服务，引导土地规范有序流转。年底，全市已流转耕地面积4.76万公顷，占农户家庭承包经营耕地面积的38.5%。

家庭农场和农民合作社 市委、市政府下发《关于加快构建政策体系培育新型农业经营主体的实施意见》。全年新增30家省级家庭农场示范场和1家省级农民合作社示范社，评选47家市级家庭农场示范场和4家农民合作社示范社。加强对家庭农场和农民合作社的指导服务，推动家庭农场和农民合作社规范发展。2018年全市已登记注册家庭农场9273家，登记注册农民合作社5467家。

（李正友）

·农业经济·

【农业生产建设】

落实粮食生产指导性计划 年初，以市政府文件分解省政府下达全市的2018年种粮面积11.4万公顷、总产68万吨指导性计划任务，下达到各地。组织实施开展水稻生产功能区划定。根据农业农村部“两区”（重要农产品生产保护区、粮食生产功能区）进度上报系统数据，截至12月，全市11个县市区已划定水稻功能区耕地面积7.24万公顷，完成水稻生产功能区划定任务的102.4%。超额完成省政府下达7.07万公顷水稻生产功能区划定任务。

建设粮食产能区重点项目

推进漳浦县、云霄县2个项目县建设，全市水稻工厂化机插育秧基地示范点9个（漳浦县5个、云霄县2个、龙海市2个），育好秧壮秧，确保全市机插秧辐射产能区及主要水稻生产基地需要。

推广绿色高产高效关键技术措施 组织各地集成推广水稻基质(暗化)育秧、精量(高效节本)播种等一批粮食绿色高产、高效成果关键技术，提高粮食优质率，推进良种良法配套、农机农艺结合，提高科技增产效益，推动大面积均衡增产。

落实粮食生产防灾减灾恢复生产措施 针对气候异常、极端天气频发的情况，组织各地及时制定、完善和落实应急预案措施，强化技术指导，将灾害损失降低到最低水平，减灾增收，确保粮食生产顺利开展。2018年，全市粮食生产工作进展平稳，因春夏干旱等自然灾害因素影响，导致播种面积调减。据统计，全市粮食播种面积6.2万公顷，产量41.29万吨，分别降低5.5%、0.09%。

（林锦辉）

【经济作物生产】

标准化生态果茶菌园建设

加强农业标准宣传培训，通过在水果、茶叶标准化示范区集成优新技术、提升设施水平、促进标准应用和强化服务指导，示范带动标准化示范区及周边农户提高水果、茶叶标准化生产水平，促进水果、茶叶产品质量安全水平提升。全年建设标准化茶叶基地55个（其中省级园艺标准园5个）、面积466.7公顷，带动按标准化生产0.45万公顷。建设食用菌标准化示范基地16个，示范带动1.7亿袋（瓶）按标准化生产；开展标准化果树示范基地建设，共创建省级园艺作物标准园7个、建设市级标准化示范基地124个，带动按标准化生产4.33万公顷。

优化水果品种结构 引进示范推广新品种，重点推广示范百香果，成为新的经济增长点。全市种植面积约0.2万公顷，比上年增长74.2%；产量3.5万吨，比上年增长65.1%；产值超4亿元，比上年增长33%。主要种植福建百香果1号、福建百香果2号、黄金百香果、满天星等品种。在漳浦、龙海、云霄、诏安、长泰等县（市）建立荔枝，龙眼高接换种示范片，面积 67 公顷。以国家荔枝、龙眼产业技术体系漳州综合试验站为依托，做好密闭荔枝、龙眼园改造，提高果园整体效益。召开晚熟荔枝现场观摩暨高接换种技术培训，通过现场观摩和培训，开展荔枝品种结构调整，促进荔枝晚熟优质新品种的推广，促进全市荔枝产业稳定发展。推广国家级、省级茶树优良品种，实现茶树品种多样化，调节茶叶采摘时间，缓解劳动力紧张问题。食用菌推广高产稳产品种，如双孢蘑菇 W38、白背毛木耳“漳耳 43-28”、杏鲍菇“日引 1 号”、白玉菇等，致力提高产量。

推广新技术 推进食用菌瓶装生产线建设。福建港恒泰生物科技有限公司在云霄建设一条日产 30 吨的金针菇自动化瓶栽生产线，福建嘉田农业开发有限公司在南靖新增建设一条日产 10 吨的杏鲍菇自动化瓶栽生产线，福建同发工业有限公司在台商投资区新建一条双孢蘑菇培养料自动化生产线。推行果园生草栽培。在平和县实施果园生草覆盖项目“千百十生草覆盖示范工程”，其中县级生草覆盖示范基地 2 个、乡镇（场）18 个、村级 244 个，示范基地总面积达 0.12 万公顷，推广果园留草覆盖栽培 2 万公顷，示范带动 3 万公顷蜜柚果园自然留草栽培。开展绿色生态茶园建设。突出绿色建园，采取种树、

2018 年 6 月 8 日，第十届海峡论坛·第五届海峡（漳州）茶会开幕式现场 （新华网 肖和勇 摄 市农业农村局 供图）

留草等综合措施，保护和增加生物多样性，保持茶园水土，改善茶园生态，制定生态茶园建设工作方案，加快生态茶园建设进度，生态茶园建设取得成效。截至 2018 年 12 月，全市已完成 0.76 万公顷，生态茶园面积占全市茶园面积比例 47.9%，超额完成省下达 40% 任务。

举办第五届海峡（漳州）茶会 6 月 8—10 日，第十届海峡论坛·第五届海峡（漳州）茶会在漳州花博园举办。茶会秉承“品牌茶·行丝路”的主题，以加强海峡两岸茶业交流与合作，促进闽台及全国茶叶产销区的信息沟通和产业互动，打响漳州茶品牌为目的，紧扣茶产业发展，广邀海峡两岸业界专家、代表、茶农品茶论道，展示推介新产品、新技术、新业态，力促两岸茶产业创新提效、融合发展。有 240 多家茶企业参展（其中台湾茶企业 22 家），400 多名客商、专家学者应邀参加。同时，举办茶会茶王赛。共收集样品 726 个，其中福建赛区 696 个、台湾赛区 30 个，漳州送样数量 379 个，占全省 52.2%。从全省九地市及台湾茶企业选送的产品中，评选出 11 个茶王、38 个金奖、70 个优质奖，漳州市获得白芽奇兰、八仙茶、清香型铁观音、浓香型铁观音 4 个茶王荣誉称号。

（蔡建兴）

·扶贫开发·

【概 况】

2018 年，漳州市把脱贫攻坚作为重大政治任务和第一民生工程，开展脱贫攻坚竞赛，创新教育扶贫，推进“养鸡生蛋工程”，脱贫攻坚工作取得成效。根据精

准识别和动态调整，全市共有农村建档立卡贫困人口66157人（其中国定贫困人口41018人、省定贫困人口25139人）、贫困村183个、贫困县3个（云霄、诏安、平和等3个省级扶贫开发工作重点县）。全市所有农村建档立卡贫困人口、贫困村已实现脱贫摘帽，按照现行脱贫标准，比全国提前2年完成消除绝对贫困人口的任务，3个省级扶贫开发工作重点县正按规定程序申请退出。诏安县荣获“2018年度中国十佳脱贫攻坚与精准扶贫示范县市”称号。

【责任落实】

组织领导　落实党政领导负总责的扶贫开发工作责任制，市、县两级建立和完善以党政主要领导任组长、分管领导任副组长的扶贫开发领导小组，统筹推进脱贫攻坚工作。

部署推动　全年市委召开8次常委会、市政府召开7次常务会和党组会，及时传达贯彻习近平总书记等中央领导同志的重要讲话和指示批示精神，传达全国扶贫开发工作会、全省脱贫攻坚现场推进会等有关会议精神，对市扶贫开发工作进行专题研究部署。组织召开“三大攻坚战”（工作推进会和全市脱贫攻坚推进会、现场推进会），市委、市政府主要领导亲自研究、部署、抓落实，推动扶贫开发工作深入开展。

责任落实　落实“五级书记”（省、市、县、乡、村书记）抓脱贫攻坚，坚持党政领导负总责，强化主官主抓，市、县、乡三级签订责任状，落实各级党委、政府主体责任，完善“市县抓落实、工作到村、帮扶到户”工作机制，推动对口帮扶、挂钩帮扶等责任落实到位。

政策保障　市委、市政府出台《关于打赢脱贫攻坚战稳定提质三年行动（2018—2020）的实施意见》，制定《2018年漳州市脱贫攻坚工作要点》，印发《关于开展扶贫领域作风问题专项治理的实施方案》，明确脱贫攻坚的目标任务、政策举措和工作重点，促进工作、责任落实。

人才保障　加强对扶贫队伍、帮扶干部的培训，提升业务能力和政策水平。全年共培训各类扶贫干部3971人次。召开驻村工作动员会、省派驻村第一书记专题研讨班、抓党建促脱贫工作现场推进会等6场会议，培育一批懂扶贫、会帮扶、作风硬的驻村第一书记。在全省率先做到行政村科技特派员全覆盖，其中乡村振兴“345”（3个示范县、40个示范镇、500个示范村）示范工程确定的500个示范村和183个贫困村，做到一对一帮扶。

【政策落实】

义务教育　全市2018年九年义务教育阶段巩固率为99.5%，不存在义务教育适龄儿童因贫失学辍学，贫困户家庭不存在教育支出明显超过家庭收入或承受范围的问题。各项惠民政策全面落实，全市学前教育阶段建档立卡家庭受益学生976人，发放学前助学金195.2万元；普通高中教育阶段建档立卡家庭受益学生共849人，发放免学费和助学金390.54万元；中等职业教育阶段建档立卡家庭受益学生共303人，发放中职助学金60.6万元；市属高等教育阶段本市建档立卡家庭受益学生共150人（不含“三千工程”实施对象），发放高校相关助学金60万元。在有农村义务教育公办寄宿制学校的13个县（市、区），全面实施义务教育营养改善计划。全年共发放营养膳食及生活费补助资金3188.87万元，受益学生29083人（其中建档立卡学生884人、低保家庭学生663人）。完成6个县（市）60个贫困村学校的“全面改薄”（全面改善贫困地区义务教育薄弱学校基本办学条件）投资1937.09万元，完成率100.52%，遴选10名优秀骨干教师赴3个重点县的中小学，进行支教工作。

医疗保险　深化健康扶贫，确保贫困户大病和慢性病得到救治和保障。2018年12月底，共补偿人数17337人，获得医保各类补偿9859.39万元。全市13种重大疾病补偿722人，医疗费用4796.71万元，现行医保政策报销金额3880.04万元，报销金额4697.85万元，补偿比例达

97.94%。贫困户对精准扶贫医疗叠加保险政策的知晓情况较上年提高；精准扶贫医疗叠加保险“一站式”异地即时结算系统实现全省全面开通，符合精准扶贫医疗叠加保险政策的患病贫困户能得到医疗救助保障，做到应保尽保；大病保险、医疗救助等政策向贫困户倾斜，服务规范。全市建立“精准扶贫临时就诊卡”，全面解决贫困户无户籍信息人员的医疗保障问题。

住房安全 继续实施安居工程，农村危房改造任务按时完成。上年全市已完成造福工程易地扶贫搬迁，2018年已无造福工程易地扶贫搬迁任务。年底，全市建档立卡贫困户的住房安全认定，全部达到B级以上（含B级）。

饮水安全 2016—2018年来，省级下达专项补助资金360.5万元，解决全市6010人建档立卡贫困人口饮水安全问题。截至2018年10月底已全部通水，做到精准落实，让建档立卡贫困户能喝上放心水、安全水。

就业、生态扶贫 全年将建档立卡贫困户纳入优先就业扶持范围。全市已帮扶建档立卡贫困户实现就业1913人，其中通过公益性岗位安置贫困家庭劳动力就业799人，发放公益性岗位资金615.42万元。全年计划培训221户，截至2018年11月底已组织培训303户，超额完成精准扶贫培训任务。享受城区居民保养老保险费代缴政策的贫困人员共29618人，财政代缴合计226.62万元。按照“县管、乡建、站聘、村用”原则，优先将身体健康、有巡山护林能力、能承担起日常护林职责的贫困人口就地转化为生态护林员。年底，全市优先选聘生态护林员涉及建档立卡贫困户48户，惠及平和县、诏安县、云霄县、漳浦县、龙海市等182人，通过工资收入的增加，带动贫困户逐步脱贫。

扶贫小额信贷 全年累计向贫困户发放扶贫小额贷款9842户40085.57万元。建档立卡贫困户8195户32282.57万元，低保户296户1287万元，经营主体带动的建档立卡贫困户1351户6516万元。新增贷款15447.5万元2318户（建档立卡贫困户2310户15422.5万元，低保户8户25万元），全市累计获得贷款扶持的建档立卡贫困户覆盖率50%，各项目县累计覆盖面均超过20%。严格按基准利率发放贷款、执行贴息资金拨付程序，累计发放贴息资金1448.75万元，年发放贴息681.96万元。

【完善机制】

扶贫长效机制 推进“养鸡生蛋工程”，在上年整合扶贫资金2.87亿元的基础上，2018年再整合扶贫资金1.15亿元，累计带动增收2732万元，投资收益主要用于扶持村集体及贫困对象脱贫巩固和持续发展。探索增加村级集体经济收入的方法路径，跟踪落实63个贫困村村集体经济发展试点工作，总结先进典型模式，打造村级集体经济发展样板，引导更多的资源和要素向农村集聚，壮大贫困村集体经济。

竞赛推动机制 将产业扶贫示范项目、扶贫小额信贷和扶贫长效机制创新的“三项工作”作为脱贫攻坚项目竞赛内容，以评比促进度、以竞赛促效益，推进脱贫攻坚加快发展。2018年12月底，各项指标均超过年度序时计划进度。产业扶贫示范项目累计完成投资2.01亿元，占年计划投资额的187.97%；扶贫长效机制创新项目累计整合扶贫资金2.82亿元，占年计划投资额的250.5%；扶贫小额信贷共计发放4.01亿元，为9842户贫困户提供贷款支持，贷款覆盖面达45%。

资金保障机制 2018年，全市扶贫资金总投入4.8亿元，是上年度地方财政收入的24.2‰，比上年增长27.24%。市本级投入9423万元，其中列入“21305扶贫”科目（市财政局的统计口径）7133万元、非扶贫科目2290万元。市本级“21305扶贫”科目（7133万元）比上年增长131.6%，是2018年上级扶贫资金投入1.69亿元的42.2%，超过30%。

【特色亮点】

开展教育扶贫“三千工程” 全年推进教育扶贫政策全面落

实、确保所有建档立卡贫困人口适龄人员全部享受义务教育的基础上，创新开展扶贫“三千工程”（招收千名贫困地区学生到漳州五家职业技术学院就学，选择千个以上岗位相应就业，筹措千万元用于资助贫困生）。市属5所高职院校已录取家庭经济困难学生1091人；市财政局筹集1000万元，第一学年共减免学费407万元；市人社局征集3641个工作岗位，促进就近读书、就近就业、就近赚钱、就近安居乐业。

“养鸡生蛋工程”收益模式　整合扶贫资金，投资当地盈利能力较强、风险较低的国有企业，获取年6%—12%的投资回报，投资收益主要用于扶持村集体及贫困对象脱贫巩固和持续发展。平和县利用“养鸡生蛋工程”资金收益为全县贫困户购买医药费兜底保险，探索建立防止因病返贫的长效机制。

抓党建促脱贫　出台《漳州市抓党建促脱贫攻坚的实施方案》，推进全市贫困地区党建工作的开展。11月24日，市扶持发展村级集体经济的做法被人民网总网首页头条专刊报道，作为人民网推出纪念改革开放40周年福建实践的开篇之作。诏安县创新“党建＋产业”模式引领脱贫攻坚，探索形成实体兴村、抱团互助、服务创收、光伏增收、招商引资、产业带动、混合经营、土地流转、资源开发9种发展模式，促进全县村级集体经济不断发展壮大，实现村财增收的空壳村有58个、薄弱村有48个，村财增收达到358.45万元。党建引领脱贫攻坚模式先后在《福建组工通讯》、省委办公厅《八闽快讯》、中组部《组工通讯》等刊登报道，得到王宁、胡昌升两任省委组织部长的批示肯定，并在全省推广。漳浦县通过“干部挂钩＋资金扶持”“结对帮扶＋项目扶持”“脱贫造血＋阵地建设”等模式，发挥党组织的政治优势和组织优势，推进脱贫攻坚各项任务落地。

【精准帮扶】

进对口帮扶　先后召开市委常委会会议、全市东西部扶贫协作推进会，对全省东西部扶贫协作督导调度会议精神进行贯彻落实。根据省闽宁扶贫协作任务调整分工，制定下发《2018年闽宁扶贫协作目标任务分工方案》，对任务、指标、责任单位、工作要求进行明确，圆满完成年度闽宁协作任务。促成宁夏中卫市在漳州设立“中卫市农特产品外埠窗口”暨“宁夏中卫市名优产品福建流通联络处”并投入运营，带动中卫市（海原县）扶贫产业发展。龙海市帮扶泰宁县资金1200万元，全市9个非重点县（区）帮扶17个欠发达乡镇到位资金4000万元。

挂钩帮扶　强化扶贫挂钩责任制，安排23名市领导、第三批17名副处级干部挂钩17个欠发达乡镇，选派367名党员干部驻村担任“第一书记”（其中省派31名、市派50名、县派286名），实现欠发达乡镇、贫困村驻村干部全覆盖。安排105个市直机关和企事业单位干部对20个乡镇89个村的贫困人口进行叠加帮扶。

社会帮扶　统筹协调群团组织和社会各界力量，形成脱贫攻坚合力。全年市扶贫开发协会筹集并安排185万元用于扶贫产业项目，实施“656”（帮扶6个挂钩村、带动50户贫困户脱贫、支持6个产业联系点）产业精准扶贫计划，确定26个产业扶贫示范项目和帮扶50户贫困户，扶助157名被大专院校录取的建档立卡贫困户大学生，发放助学金48.8万元。开展“百企帮百村”“121工程”（市委统战部牵头）、“百会帮百村”（市民政局牵头）、“六个一百”（团市委牵头）、精准扶贫保险“扶贫宝”（市农业农村局、慈善总会等牵头）等活动，为贫困对象提供帮扶。

【“雨露计划”培训】

年初，按照省扶贫办要求，全市雨露计划实施内容调整为对市建档立卡贫困家庭中，子女正在接受中、高职等职业教育和技工院校教育的予以补助，引导和支持农村贫困家庭新成长劳动力接受职业教育，促进贫困家庭新成长劳动力稳定就业、脱贫致富。

市农业农村局、市财政局及时将雨露计划补助资金分解下达到有关县（市、区）。各县（市、区）农业农村局（扶贫办）核实扶持对象身份、学籍和账户信息，对个别因身份信息核实、学籍比对、漏报、错补等具体情况据实予以调整纠偏，做到不漏报、不错补，确保应补尽补。2018 年，全市 11 个县（市、区）共安排补助 639 名学生，拨付补助资金 190.35 万元，其中 630 名按全学年补助 3000 元，9 名按半学年补助 1500 元。

（苏英顺）

·农村社会发展·

【乡村振兴战略】

2018 年，漳州市实施乡村振兴战略，出台实施乡村振兴战略的工作意见、乡村振兴“345”示范工程（3 个示范县、40 个示范乡镇场、500 个示范村）实施方案、加快实施乡村振兴战略 12 条措施等政策文件，探索“三产融合”“村企联动”“漳台合作”“党建引领”等乡村振兴模式，启动实施乡村振兴“345”示范工程，重点抓长泰、东山、南靖 3 个示范县、40 个示范乡镇场、500 个示范村，明确具体建设目标、重点任务和保障措施。先后召开全市农村工作会议、全市实施乡村振兴战略工作会及现场推进会进行部署和推动。组织实施乡村振兴重点建设项目 51 个，年度完成投资 37.9 亿元。水果、蔬菜、茶叶、食用菌、水产、畜牧、花卉苗木、林竹、中药材等九大优势特色产业，全产业链总产值达 2195 亿元；全市所有农村建档立卡贫困人口、贫困村实现脱贫摘帽，比全国提前 2 年完成消除绝对贫困人口的任务。

（彭宏椿）

【发展休闲农业】

2018 年 11 月，云霄县和平乡棪树村获农业农村部授予“中国美丽休闲乡村”称号。全市有全国休闲农业与乡村旅游示范县 2 个，全国休闲农业与乡村旅游示范点 3 个，中国美丽休闲乡村 4 个，省级休闲农业示范点 31 个，福建最美休闲乡村 6 个，省级休闲农业示范乡镇 6 个，市级休闲农业示范点 48 个，市十佳休闲农业示范点 10 个。全市有各类休闲农业经营主体 587 个［其中休闲观光农园（庄）171 个、农家乐 416 个］，休闲农业从业人数 1.61 万人，其中农民就业人数 1.39 万人，年接待人数 666.72 万人次，营业收入 18.35 亿元，其中农副产品销售收入 14.32 亿元。

（周元超）

【农村建设“双百”行动】

2018 年，全市深化百村富美乡村创建和百村环境整治的农村建设的“双百”行动，结合乡村振兴“345”示范工程和农村人居环境整治三年行动，重点抓 114 个富美乡村（市级 20 个、土楼旅游风景道沿线村庄 3 个）、114 个环境整治村（市级 30 个、土楼旅游风景道沿线村庄 3 个），完成投资 6.77 亿元。共拆除废旧 17.7 万平方米，硬化村道 242 多公里，清理沟渠 384 公里；建休闲活动场所 117 个、新增绿地面积 18 多万平方米。

2018 年 11 月，云霄县棪树村获评农业农村部“中国美丽乡村”称号

（市农业农村局 供图）

2018年6月8日，福建十大产业主产县之一南靖县推出“南靖土楼茶”主题微电影。图为一名游客正在现场观看微电影

（新华网 肖和勇 摄 市农业农村局 供图）

【农村队伍建设】

全年有序推动农村“六大员”队伍建设，全市农村“六大员”队伍共有16581人（农民技术员4840人，综治协管员1721人，计生社保协管员2415人，国土规划环保协管员1660人，文化与食品安全协管员2224人，乡村医生3721人）。在促进农业增效、农民增收、社会和谐稳定、农村科技信息推广普及等方面发挥作用。

推进队伍整合　严格按照“一人多岗、一岗多职，同类合并，减员增效”的原则，协调有关单位在一年一考评、三年一聘用过程中做好队伍整合，整合后原则上“除农民技术员每个行政村配1—3人、乡村医生每个行政村配1—2人外，其他协管员每个行政村各配1人，村主干不得兼任六大员”。

强化业务培训　市、县两级业务主管部门根据岗位职责要求，制订培训方案，通过不同的方式和途径，有计划分期分批开展法规政策和业务培训，提高农村“六大员”的服务水平。

加强部门沟通　与本辖区综合治理、民政、卫计、人社、国土、住建、环保、文化、食品监督等部门的沟通联系，结合乡村振兴会议会商农村“六大员”工作，及时研究解决工作中遇到的新情况、新问题。

规范工作机制　各县（市、区）相关部门建立定期会商制度，及时掌握了解“六大员”队伍的选聘、培训、考评、津贴及开展服务情况，研究解决工作中遇到的新情况、新问题。对考评不称职、群众不满意、半年以上不在岗履职的进行解聘，提升“六大员”队伍建设水平。

【厦漳山海协作项目建设】

2018年厦漳山海协作建设项目，主要向乡村振兴“345”示范工程建设示范县、贫困县倾斜。分别安排长泰、东山、南靖等3个乡村振兴“345”示范工程建设示范县及云霄、诏安、平和等3个贫困县，每个县确定一个基础设施建设项目（总投资100万—120万元），每个项目补助45万元。安排漳浦、南靖、云霄等县结合各县特色，开办实用人才培训，每个项目安排10万元补助资金，合计300万元。

组织实施　年初，制定帮扶资金项目建设方案，相关县按要求认真组织帮扶项目的筛选，并填报《厦漳山海协作帮扶资金项目申报文本》，市农业农村局组织审核后，由厦门市经济和信息化局、财政局审核确定。项目实施过程中，各县（市）业务部门，深入现场，具体跟踪指导项目建设，协调解决问题，并按标准和要求组织验收。

资金管理　项目单位严格按《关于加强厦漳山海协作对口帮扶资金监督管理工作的通知》要求，按照“先建后补”的原则，项目建成验收合格后，及时将帮扶资金拨付给项目单位，或根据项目建设进展情况，分期拨付。为充分发挥帮扶资金的引导作用，项目单位发动群众捐资捐款、投工投劳参与项目建设，6个基础设施建设项目计划投资745万元，自筹资金475万元，占帮扶资金的158%。厦门市财政安排的300万元专项帮扶资金，全部用于6个基础设施建设和3个培训项目上，所有项目单位未出现挤占、挪用资金的现象。

（彭宏椿）

·绿色食品·

【概 况】

2018年，漳州市绿色食品新增、续展“三品一标”（无公害农产品、绿色食品、有机农产品和农产品地理标志）产品82个；组织企业参加第十九届中国绿色食品博览会暨第十二届中国国际有机食品博览会，8家企业荣获“参展企业金奖”，签订购销协议1000多万元。

【品牌申报与监管】

开展绿色食品市场监察和“三品一标”专项检查行动，维护农产品的精品形象。全年共组织4次“三品一标”产品专项抽查和市场监察活动，纠正不规范用标行为，依法查处假冒无公害农产品、绿色食品、有机食品。完成2批次85个绿色食品产品的市场监察和12个企业产品的抽查，合格率100%；定时完成固定点市场监察和全市绿色食品生产企业的产品质量随机抽查任务，维护绿色食品的市场秩序与品牌美誉度。结合绿色食品年度检查，深入26家绿色食品生产企业，实地检查企业生产的规范、投入品使用情况、标签使用的规范及认证管理，合格率100%，维护绿色食品生产企业的权益和绿色食品的品牌形象。

【展示与品牌创建】

组织市绿色食品企业参加2018年12月农业农村部主办的“第十九届中国绿色食品博览会暨第十二届中国国际有机食品博览会”，展示与宣传漳州特色产品。全市共有30多家企业参展，源兴太空蔬菜、成发DIY食用菌包、绿宝杏鲍菇、哈龙峰铁观音茶、天醇白芽奇兰茶、平和琯溪蜜柚、诏安青梅产品、诏安八仙茶等特色品牌产品，在展会上倍受青睐。华安哈龙峰铁观音茶、南靖福星铁观音茶、平和国农琯溪蜜柚、长泰合茶道乌龙茶、云霄龙翔铁观音茶、华安中延杏鲍菇等8个产品，荣获博览会金奖。

与此同时，12月，漳州平和东湖农产品有限公司的“平和东湖”琯溪蜜柚、福建万辰生物科技股份有限公司的“万辰菇业”金针菇被省著名农业品牌评定委员会授予“2018年度福建名牌农产品”。

（林 蔚）

2018年漳州市“三品一标”获证产品名单

表9

序号	产品名称	证书有效期	证书编号	企业（单位）名称
1	鳌岛紫菜	2018年2月19日至2021年2月18日	LB-37-18021302392A	漳浦县福利来食品有限公司
2	红肉蜜柚	2018年10月7日至2021年10月8日	LB-18-18101307709A	福建天意红肉蜜柚开发有限公司
3	铁观音	2018年10月19日至2021年10月18日	LB-44-18101308309A	福建祥馨茶业有限公司
4	青花菜	2018年11月19日至2021年11月18日	WGH-FJ01-1800044	漳州桥头堡食品有限公司
5	青花菜	2018年11月19日至2021年11月18日	WGH-FJ01-1800045	龙海市高阳果蔬专业合作社
6	青茶	2018年11月19日至2021年11月18日	WGH-FJ01-1800047	平和县正尖山家庭农场
7	番石榴	2018年11月19日至2021年11月18日	WGH-FJ01-1800048	平和县鑫华源家庭农场
8	柚	2018年11月19日至2021年11月18日	WGH-FJ01-1800049	福建省利兴家庭农场有限公司
9	李子	2018年11月19日至2021年11月18日	WGH-FJ01-1800058	长泰县志勇家庭农场
10	花椰菜	2018年11月19日至2021年11月18日	WGH-FJ01-1800096	龙海市高阳果蔬专业合作社

续表

序号	产品名称	证书有效期	证书编号	企业（单位）名称
11	荷兰豆	2018年11月19日至2021年11月18日	WGH-FJ01-1800097	龙海市高阳果蔬专业合作社
12	毛叶枣	2018年11月19日至2021年11月18日	WGH-FJ01-1800101	平和县鑫华源家庭农场
13	柚	2018年11月19日至2021年11月18日	WGH-FJ01-1800102	平和县李添元家庭农场
14	柚	2018年11月19日至2021年11月18日	WGH-FJ01-1800110	漳州平和县联光小西天电子商务有限公司
15	生猪	2018年11月19日至2021年11月18日	WGH-FJ02-1800016	平和汇祥生猪专业合作社
16	生猪	2018年11月19日至2021年11月18日	WGH-FJ02-1800018	漳浦长桥协展农牧有限公司
17	生猪	2018年11月19日至2021年11月18日	WGH-FJ02-1800026	平和县小明养猪专业合作社
18	生猪	2018年11月19日至2021年11月18日	WGH-FJ02-1800027	漳州傲农现代农业开发有限公司
19	生猪	2018年11月19日至2021年11月18日	WGH-FJ02-1800028	漳浦县荔园养殖有限公司
20	胡萝卜	2018年11月30日至2021年11月29日	WGH-FJ01-1800186	漳州冠玲生态农业开发有限公司
21	花椰菜	2018年11月30日至2021年11月29日	WGH-FJ01-1800187	漳州冠玲生态农业开发有限公司
22	甜椒	2018年11月30日至2021年11月29日	WGH-FJ01-1800188	漳州冠玲生态农业开发有限公司
23	花椰菜	2018年11月30日至2021年11月29日	WGH-FJ01-1800189	漳浦三茂农业有限公司
24	西番莲	2018年11月30日至2021年11月29日	WGH-FJ01-1800190	漳浦三茂农业有限公司
25	茄子	2018年11月30日至2021年11月29日	WGH-FJ01-1800191	漳浦三茂农业有限公司
26	辣椒	2018年11月30日至2021年11月29日	WGH-FJ01-1800192	漳浦三茂农业有限公司
27	西番莲	2018年11月30日至2021年11月29日	WGH-FJ01-1800193	漳浦县湖西畲族乡绿盈果蔬农民专业合作社
28	活鸡	2018年11月30日至2021年11月29日	WGH-FJ02-1800068	福建鸿森畜禽养殖有限公司
29	鲜鸡蛋	2018年11月30日至2021年11月29日	WGH-FJ02-1800069	福建鸿森畜禽养殖有限公司
30	鲜鸡蛋	2018年11月30日至2021年11月29日	WGH-FJ02-1800070	东山县金华养鸡场
31	生猪	2018年11月30日至2021年11月29日	WGH-FJ02-1800071	东山县金萱德畜牧有限公司
32	生猪	2018年11月30日至2021年11月29日	WGH-FJ02-1800072	南靖县名正畜牧有限公司
33	毛木耳	2018年11月30日至2021年11月29日	WGH-FJ01-1800181	漳州市锦华家庭农场有限公司
34	肉牛	2018年11月30日至2021年11月29日	WGH-FJ02-1800059	漳州合力畜牧养殖有限公司
35	鲜鸡蛋	2018年11月30日至2021年11月29日	WGH-FJ02-1800060	漳州市天宝瑞和养殖有限公司
36	甜椒	2018年11月30日至2021年11月29日	WGH-FJ01-1800197	诏安县沈文瑞家庭农场
37	辣椒	2018年11月30日至2021年11月29日	WGH-FJ01-1800198	诏安县沈文瑞家庭农场
38	杨桃	2018年11月30日至2021年11月29日	WGH-FJ01-1800199	漳州金虹龙生态农业开发有限公司
39	柚	2018年11月30日至2021年11月29日	WGH-FJ01-1800200	平和县丰绿蜜柚专业合作社
40	生猪	2018年11月30日至2021年11月29日	WGH-FJ02-1800063	漳州市径山农牧发展有限公司
41	青花菜	2018年12月20日至2021年12月19日	WGH-FJ01-1800285	龙海市冠华果蔬有限公司
42	菜用大豆	2018年12月20日至2021年12月19日	WGH-FJ01-1800286	龙海市冠华果蔬有限公司
43	花椰菜	2018年12月20日至2021年12月19日	WGH-FJ01-1800301	漳州市芗城区龙合果蔬专业合作社

续表

序号	产品名称	证书有效期	证书编号	企业（单位）名称
44	辣椒	2018 年 12 月 20 日至 2021 年 12 月 19 日	WGH-FJ01-1800302	漳浦县荔海家庭农场
45	樱桃番茄	2018 年 12 月 20 日至 2021 年 12 月 19 日	WGH-FJ01-1800303	漳浦县荔海家庭农场
46	结球甘蓝	2018 年 12 月 20 日至 2021 年 12 月 19 日	WGH-FJ01-1800304	漳浦县荔海家庭农场
47	毛叶枣	2018 年 12 月 20 日至 2021 年 12 月 19 日	WGH-FJ01-1800305	漳浦县荔海家庭农场
48	葱	2018 年 12 月 20 日至 2021 年 12 月 19 日	WGH-FJ01-1800306	漳浦天盛蔬菜有限公司
49	甘薯	2018 年 12 月 20 日至 2021 年 12 月 19 日	WGH-FJ01-1800307	漳浦天盛蔬菜有限公司
50	柚	2018 年 12 月 20 日至 2021 年 12 月 19 日	WGH-FJ01-1800322	漳州平和兴胜农业开发有限公司
51	金针菇	2018 年 12 月 20 日至 2021 年 12 月 19 日	WGH-FJ01-1800316	福建港舜泰生物科技有限公司
52	金针菇	2018 年 12 月 20 日至 2021 年 12 月 19 日	WGH-FJ01-1800317	福建港恒泰生物科技有限公司
53	无花果	2018 年 12 月 20 日至 2021 年 12 月 19 日	WGH-FJ01-1800318	福建南岭门生态农业有限公司
54	西番莲	2018 年 12 月 20 日至 2021 年 12 月 19 日	WGH-FJ01-1800319	福建南岭门生态农业有限公司
55	柚	2018 年 12 月 20 日至 2021 年 12 月 19 日	WGH-FJ01-1800309	平和县信龙果业有限公司
56	茄子	2018 年 12 月 20 日至 2021 年 12 月 19 日	WGH-FJ01-1800310	诏安县华强果蔬专业合作社
57	扁豆	2018 年 12 月 20 日至 2021 年 12 月 19 日	WGH-FJ01-1800311	诏安县华强果蔬专业合作社
58	生猪	2018 年 12 月 20 日至 2021 年 12 月 19 日	WGH-FJ02-1800114	平和县罗海花家庭农场
59	生猪	2018 年 12 月 20 日至 2021 年 12 月 19 日	WGH-FJ02-1800139	平和县罗春林家庭农场
60	生猪	2018 年 12 月 20 日至 2021 年 12 月 19 日	WGH-FJ02-1800140	长泰县丰茂养殖专业合作社
61	鲜鸡蛋	2018 年 12 月 20 日至 2021 年 12 月 19 日	WGH-FJ02-1800167	龙海市九湖鑫雅养鸡场
62	茭白	2018 年 12 月 20 日至 2021 年 12 月 19 日	WGH-FJ01-1800335	龙海市崇福农产品专业合作社
63	叶用莴苣	2018 年 12 月 20 日至 2021 年 12 月 19 日	WGH-FJ01-1800336	漳州市蔬博果蔬有限公司
64	蕹菜	2018 年 12 月 20 日至 2021 年 12 月 19 日	WGH-FJ01-1800337	漳州市蔬博果蔬有限公司
65	凤尾菇	2018 年 12 月 20 日至 2021 年 12 月 19 日	WGH-FJ01-1800338	龙海市明毅果蔬专业合作社
66	柚	2018 年 12 月 20 日至 2021 年 12 月 19 日	WGH-FJ01-1800339	龙海市白水百荣家庭农场
67	西番莲	2018 年 12 月 20 日至 2021 年 12 月 19 日	WGH-FJ01-1800340	云霄县智辉家庭农场
68	双孢蘑菇	2018 年 12 月 20 日至 2021 年 12 月 19 日	WGH-FJ01-1800393	福建省荣佳菇业有限公司
69	青花菜	2018 年 12 月 20 日至 2021 年 12 月 19 日	WGH-FJ01-1800394	漳州市蔬博果蔬有限公司
70	黄秋葵	2018 年 12 月 20 日至 2021 年 12 月 19 日	WGH-FJ01-1800395	漳州市蔬博果蔬有限公司
71	甘薯	2018 年 12 月 20 日至 2021 年 12 月 19 日	WGH-FJ01-1800396	漳州弘诚生态农业有限公司
72	苦瓜	2018 年 12 月 20 日至 2021 年 12 月 19 日	WGH-FJ01-1800402	平和县东信果蔬专业合作社
73	甜椒	2018 年 12 月 20 日至 2021 年 12 月 19 日	WGH-FJ01-1800454	龙海市冠华果蔬有限公司
74	叶用莴苣	2018 年 12 月 20 日至 2021 年 12 月 19 日	WGH-FJ01-1800455	龙海市南农果蔬专业合作社
75	叶用莴苣	2018 年 12 月 20 日至 2021 年 12 月 19 日	WGH-FJ01-1800458	龙海市新翔果蔬专业合作社
76	甜椒	2018 年 12 月 20 日至 2021 年 12 月 19 日	WGH-FJ01-1800459	龙海市新翔果蔬专业合作社
77	番茄	2018 年 12 月 20 日至 2021 年 12 月 19 日	WGH-FJ01-1800460	龙海市新翔果蔬专业合作社
78	蕹菜	2018 年 12 月 20 日至 2021 年 12 月 19 日	WGH-FJ01-1800461	龙海市冠华果蔬有限公司
80	杨梅	2018 年 12 月 20 日至 2021 年 12 月 19 日	WGH-FJ01-1800462	龙海市白水玉桂家庭农场
81	杏鲍菇	2018 年 12 月 20 日至 2021 年 12 月 19 日	WGH-FJ01-1800463	漳州市丰缘农业科技有限公司
82	杨梅	2018 年 12 月 20 日至 2021 年 12 月 19 日	WGH-FJ01-1800464	龙海市崇福农产品专业合作社

·第十届海峡两岸现代农业博览会第二十届海峡两岸花卉博览会·

【概 况】

2018年11月18—28日，第十届海峡两岸现代农业博览会·第二十届海峡两岸花卉博览会在漳州举办。博览会秉承“花开两岸、合作双赢”的办会宗旨，以乡村振兴为主线，紧扣“特色农业·绿色发展”主题，突出质量兴农、绿色兴农、品牌强农，推进农业供给侧结构性改革，推动福建高质量发展。共有1200多家企业参展（其中台湾参展商近百家），2000多名客商、专家学者应邀参会，签订购销订单24.2亿元，现场销售额6100多万元，签约投资项目40个、总投资236亿元，达成人才合作项目26个，吸引了48万人次到会参观。

【名优特色品牌】

展示名优特农产品　博览会绿色品牌农业展区，突出品种、品质、品牌，全市11个县（市、区）及常山开发区，按照“一县一特色”，组织160多家国家级、省级龙头企业，以及上市公司，展示绿色、有机农产品及加工品1000多种。参展企业有紫山、东方、锦兴等国家级龙头企业，绿宝、海魁等上市公司。参展产品有平和琯溪蜜柚、诏安红星青梅、华安铁观音茶等中国驰名商标产品，漳州石斑鱼、白对虾等福建省十大渔业品牌产品，天宝香蕉、南靖巴戟天等国家地理标志产品。

推广农业新产品　以现代高效、绿色生态、循环发展的生态农业为目标，重点突出农业生产领域新技术、新产品的示范推广。倡导绿色生产方式，包括控湿、控温、控水、控肥的智能化生产技术，物理防控、生物防治的绿色防控技术，土壤调理技术等。举办福建漳州农业机械展销会，展示推广了一大批高效、新型、智能，适合全省丘陵地区使用收割机、手扶拖拉机、蔬菜移栽机等农业机械，注重农产品质量安全的宣传，展会现场通过与观众互动，在每个农产品上实行源头赋码、“一品一码”，引导消费者了解和消费贴码产品，促进形成生产、销售、消费、监管共管共治的合力，推动全民认识绿色产品、消费绿色产品。

突出三产融合　结合打造乡村旅游目的，在“花样漳州”旅游展区，重点突出“生态旅游”“乡村旅游”。吸引着观众走进漳州各具特色的乡村旅游景点。农业+旅游也成为农村一二三产业融合发展的最佳路径。生态特色推进产业精准扶贫，在漳州驻村扶贫特色展区，展示诏安县雄鸡村的富硒鸡蛋、云霄县棪树村的枇杷膏，还有诏安凤狮村的凤山楼土楼模型搭建等一批产业扶贫的特色农产品，把贫困地区的生态环境优势转化为经济优势的产物，带领农民脱贫奔小康。

【引领产业发展】

新品精品展示　花卉展共有来自海峡两岸20多个专业门类的2000多个品种，8000多盆精品花卉集中展示。展区以特色花卉为主，通过一个个或大气自然，或活泼新颖，或清新脱俗的花卉造景，打造出一个色彩缤纷、花团锦簇的“花卉大世界”。第七届中国（福建）花王赛与花博会同期举办，从近2000件参赛作品中评选出440件获奖作品，展会现场展示的10件“花王”作品和7件“最佳作品”，博览会专设的食用药用花卉版块中展示金线莲、铁皮石斛等传统中草药材，还有铁皮石斛胶囊、鱼腥草茶、香茅草精油等精深加工品，经济效益高，产业的附加值大。

展销结合　借助展会平台，打造品种最齐、品质最好、造型最美、规模最大的三角梅集散中心，推动漳州三角梅产业发展壮大。在圆山文化中心举办漳州首次三角梅主题展，并专门举办三角梅产业对接会，现场签订2.26亿元的年度采购意向。

【交流合作共赢】

对台合作　农博会·花博会邀请台湾的有关社会团体、专业

协会参与联办，举办产业研讨会、项目洽谈会，推动两岸合作交流不断走深走实。博览会有近百家台湾企业参展、近百名台湾嘉宾客商参会。展示推介葡萄柚、杨桃、百香果等新品种苗木，新型酵素、植物精油等精深加工品，台湾高山乌龙茶、红茶、有机老茶和台湾文创产品。花卉展区20周年庆主造景区，来自海峡两岸的兰花企业，以“两岸一家亲，共筑中华梦”为主题，以蝴蝶兰等各种兰花为素材，以整体造景的方式展示两岸花卉产业合作历程、重大成果及未来广阔的前景。

对外交流 “一带一路”展区邀请加纳、喀麦隆、新西兰、俄罗斯等20个国家40家企业，带来印度尼西亚燕窝、泰国特色果品、印度红茶、俄罗斯牛肉等各国精致特色食品、文创产品等。同时，举办的漳州市名优特农产品订货会暨“一带一路”贸易对接会，邀请澳大利亚、文莱、俄罗斯、土耳其、乌兹别克斯坦等11个国家的采购商与漳州100多家农业企业进行面对面对接，漳州的绿色有机果蔬对接现场达成1.1亿元购销订单。俄罗斯、乌兹别克斯坦等客商还到南靖、长泰、平和县等果蔬生产基地，实地考察有机农产品的生产，准备建立长期合作关系。

业界专业交流 同期举办食用菌行业盛会——第十二届中国蘑菇节。秉承“政府引导，市场运作”和“全球招商，全球推介”的办会机制，以“困境与突破”为会议主题，共举办13场次代表业界国际前沿水平的专题国际学术、商业会议，国际著名菌学家张树庭教授、中国工程院院士李玉教授、中国食品土畜进出口商会副会长戎卫东、国际蘑菇学会秘书长克里斯汀·史密斯（Christine Smith）博士，以及来自美国、加拿大、荷兰、俄罗斯、澳大利亚、日本、韩国等30个国家和地区嘉宾、代表共1000多人参会。国内外权威专家、学者和企业家从东西方思维和实际操作角度，开展中国食用菌产业困境与突破的大讨论。同时，举办第九届世界食用菌生物学和产品大会联合产业展览，超过100家企业参展，签订购销协议21亿元，推动了福建乃至全国食用菌产业健康持续发展。

【招商引资对接】

项目招商引资 推进项目攻坚，通过展会平台，推介良好的营商环境，推动一批项目落地生根。博览会采取集中签约招商项目40个，总投资236亿元，其中投资额10亿元以上项目9个，古雷开发区古雷炼化一体化项目——百万吨级乙烯配套码头项目，总投资达48亿元；工业项目27个，占比68%；“三维”（外贸、民营和国企）项目齐发力，40个项目中，有民企项目16个，外企项目16个，央（国）企8个，为漳州工业、农业、电商物流、旅游等相关产业发展注入新的动力。

人才项目对接 举办“漳州市第二届海峡两岸人才与项目对接会”，对接会共邀请11名“万人计划”专家、14所省内外高校、11家猎头公司、486名中高级人才、106名博士与全市205家企事业单位进行现场面对面对接，为企业、高校、人才、科技、资本、项目搭建更好的对接合作平台。现场达成人才合作项目26个，涉及校地合作、校企合作、引进海外高层次人才落地创业、公司战略合作等多个领域人才合作项目，为全市企事业单位提供坚实的人才保障和智力支持。

对口援建协作 宁夏固原、中卫、永宁等地的枸杞、红树莓、富硒大米，西藏边坝的獐子菌、冬虫夏草、野生松茸，新疆木垒的风干肉、靡子酒、鹰嘴豆等各地特色农特产品在展会集中亮相。借助平台推介各地特色产业，促进项目引资，变“输血”为“造血”，助力对口援建地区脱贫攻坚。

（张　葮）

·农业科技·

【概　况】

2018年，漳州市农业科学研究所监督指导全市11个县（市、区）完成年度新型职业农民培训任务，组织新型职业农民培训133场次，合计培训8690人（含市级示范培训80人）。加强新型职业农民培育的认定和扶持工作，认定新型职业农民1289人。全市培育对象、培训单位、培育师资、培育基地、培育教材等，均录入新型职业农民培育信息管理系统中。继续与市人民广播电台联合推出《农友之声》栏目，全年播出49期，设置49个专题，96人次农业专家担任直播嘉宾，现场接听现场热线电话113个，通过网络解决问题63个，在节目中回答问题176个。完成两期农业农村部农村实用人才带头人示范培训选派工作，推荐16名农民合作社理事及家庭农场主，赴福建兰田村及安徽小岗村参与培训。组织5家上年建设的国际标准农产品示范基地（企业）管理人员，参加农业农村部“2018农产品国际贸易经理及管理人员培训班”学习，加强农业企业及外经工作人员的农产品国际市场营销能力。委托漳州科技职业学院和漳州职业技术学院，举办5期、293人的基层农技推广骨干培训班，致力提高农技人员的技术水平和业务能力。

（林世忠）

【科研项目建设】

全年以科研项目建设为依托，加强食用菌、植保、蔬菜、果树优势学科，推动生物、花卉等学科发展。食用菌室依托国家食用菌产业技术体系漳州综合试验站任务，开展双孢蘑菇、毛木耳、杏鲍菇、草菇等新品种、新技术的试验示范，食用菌轻简化生产技术装备研发与集成示范，以及食用菌病虫害无害化轻简化防控技术，各个品种的良种使用率得到提高，同时提高社会经济效益3%以上。在全国22个试验站中排名第8，考核成绩超过90分，位列优秀等次；获得发明专利1项，实用新型专利2项，发表论文6篇。植保室对农业农村部课题“蔬菜重要病虫种群、个体变化监测”，已完成上年度及2018年度霜霉病、小菜蛾和烟粉虱种群、个体变化监测工作；深化省科技厅课题“茄科蔬菜土壤微生物多样性及拮抗菌调控研究”，申请发明专利1项；种业中心建立3个彩虹芭乐及其配套栽培技术生产示范基地，在全市推广彩虹芭乐种植面积266.7公顷，新增产值4584万元。蔬菜室全年完成20个苦瓜和20个丝瓜种质资源的繁育与数据采集工作；引进茄子新品种17个，新收集10个有棱丝瓜品种。生物中心共收集多肉品种100多个，组培成功60多个品种（其中有珍稀品种珍珠芦荟、宽叶弹簧草等）；申报发明专利3个，其中2个已经初审通过，进入实审；多次在福建电视台和市电视台进行多肉植物栽培与繁育技术讲解。水稻室选育出品种“天优109”，通过省品种审定。花卉中心根据市场变化开展微型玫瑰、观赏石斛等品种的收集与繁育研究。

【科技服务民生】

科技推广　重点推广农科所选育的白背毛木耳品种漳耳43-28、芥菜漳芥1号、豌豆漳豌2号，白背毛木耳、蘑菇轻简化栽培技术等。组织科技人员下乡现场技术指导137人次，在农科所接受农民现场技术咨询1000人次以上，到芗城、龙文、南靖、平和、云霄等县（区）讲授食用菌、蔬菜、果树实用技术15场次，培训农户500人次以上，推广农业生产优良品种及先进栽培技术，提升漳州现代农业发展水平。

落实科技特派员工作　参与科技特派员工作，派出18名科技人员挂钩云霄、漳浦、芗城、诏安县（区）18个行政村的对接工作，深入各自挂钩的村开展技术服务217人次，及时解决生产中最迫切的农技问题。主持《农友之声》栏目，编辑上年度《农友之声》集锦1册。

实施科技扶贫　结合省级扶贫开发重点县科技服务工作，与云霄县火田镇、和平乡、马铺乡、下河乡4个扶贫重点乡镇的2个企业、7个专业合作社、3个家庭农场挂钩，采取提供资金+技术方式扶持，通过聘请贫困户打工，统一提供种苗、技术，统一收购产品等方式，带动农户脱贫。2018年，投用人员超过60人次，资金40万元，推广6项成果，培训人员200人次，带动农户超过80户，促进农民增收150多万元，带动建档立卡贫困户60多户，增加产值350万元。

（林秀芳）

·漳州与台湾农业交流合作·

【概 况】

2018年，通过第十届海峡论坛·两岸特色乡镇交流对接会、海峡（漳州）茶会、农博会·花博会等对接与经贸平台，以及加快对台农业产业合作与加快漳浦台创园建设等，着力开展对台农业交流合作。组织开展漳台农业产业升级行动，开展走百家台企、访百名台商、办百件实事的“三百”活动，推动各项惠台政策措施落到实处。

【服务台商发展】

全年贯彻落实中央、省、市惠台政策，组织开展漳台农业产业升级行动，推进引办项目升级、交流对接升级、业态转型升级、品牌创建升级、服务保障升级；鼓励和支持台企台农优化技术、创新产品、创建品牌、拓展市场；做好招商服务，推动各项惠台政策措施落到实处。做好台湾有关农业团组、台商台农等近100批、1000多人来漳州考察交流、投资洽谈等服务工作，促进对台农业招商引资。2018年，全市新批台资农业项目25个，合同台资3336.7万美元；有8家台资农业企业增资扩产，增加台资2380万美元，分别比上年同期增长1倍和2.5倍。

【对台种业合作】

2018年，云霄、诏安、南靖、长泰县等4个闽台农业合作重点示范县，共引进台湾农业良种30多个，新技术20多项，促进漳台种业合作交流。南靖台资农友种苗公司、漳州种业科技研发中心引进繁育台湾茄果类、瓜果类、根茎类、结球类、叶菜类等20多个蔬菜品种，生产蔬菜优良原种134公斤。台资漳浦台丰山生态农业有限公司引进繁育金红红肉菠罗蜜、W4冰淇淋果、黄金百香果、大果手指柠檬等台湾优良水果品种10多个。云霄县与台湾瑞成种苗有限公司、台湾大学、宜兰大学等开展果蔬种苗、水培蔬菜工厂化生产模式、台湾优质水果管理技术交流，并与云霄“绿洲农业发展”签订种业合作协议，将在云霄佳洲岛联合成立台湾蔬菜品种选育基地，以加快台湾蔬菜新品种与新技术的研发、引进、繁育与示范推广，促进漳台种业融合发展。

【发挥平台作用】

2018年，组织13对闽台特色乡镇农业产业对接企业、24位台湾嘉宾参加省农业农村厅、海峡两岸农业交流协会举办的第十届海峡论坛·两岸特色乡镇交流暨促进“双新双创”发展对接会，有4个项目现场签约，占全省签约总数的27%。漳州绿州农业发展股份有限公司以年薪50万元，聘请台湾瑞成种苗有限公司陈迪伟总经理及其团队担任公司技术顾问，全权负责公司的蔬菜栽培、种植、管理等。12月5日，组织4对两岸现代农业合作项目和7位台湾嘉宾，参加由省农业农村厅承办的“2018两岸现代农业融合发展论坛”专题活动，4个项目全部在现场签约，总投资16.65亿元，分别占全省12个签约项目数的33%、71%。

【海峡两岸新型农民培训】

2018年，举办茶业、茶艺师与评茶员等海峡两岸新型农民培训班4期，学员173名，其中台胞44名。第十届海峡论坛·第五届海峡（漳州）茶会期间，举办海峡两岸新型农民茶业培训班，培训学员70名，其中台胞与台企员工10名；培训内容为茶文化内涵与茶道思想、茶文化旅游与设计、茶叶品牌国际化与市场营销、茶叶店促销实务、茶叶加工等。学员还参加第十届海峡论坛·第五届海峡（漳州）茶会开幕式和茶产业发展研讨交流会。

【台湾农民创业园建设】

依托东南花都、海峡花卉集

散中心等产业基础，建设海峡花木特色小镇，打造集花卉博览、休闲度假，花木生产、集散、研发及文创一体的主题小镇，2018年入选省第二批特色小镇。台资菱云（漳州）农业科技有限公司5.53公顷莲花种植项目，主要发展观光、休闲、国学教育的莲花禅修生态园，年完成投资1317万元；台资鸿浩蝴蝶兰种植项目完成投资978万元。举办第五届迎春兰花展，扩大台资洋兰生产企业兰花销售渠道，蝴蝶兰价格比上年上调30%。6月9日，由市台办和团市委在漳浦台创园设立“漳州市台湾青年创业辅导服务站”，加强台湾青年创业辅导扶持。为32家台资种养殖企业办理电费优惠补助880万元，为5家台资农业企业向上级农业部门申请贷款贴息补助200万元。同月，农业农村部办公厅和国务院台办秘书局联合审定了全国29个台创园发展建设评价结果，确定漳浦台湾农民创业园评价等级为优秀，全国排名第二。

（周俊贤）

·农业机械·

【概 况】

2018年，漳州市农机部门为农户申请购机补贴机具10336台，共使用农机购置补贴资金1469.16万元。完成农作物机耕面积6.46万公顷，水稻机耕面积5.04万公顷，农作物（水稻）机插面积1.43万公顷，农作物机收面积4.13万公顷，水稻机收面积4.09万公顷。农作物耕种收综合机械化水平达63.4%、水稻耕种收综合机械化率达70.1%，达到市现代农业示范区的要求。全市有农机专业合作社26家，农机专业合作社作业服务面积1.27万公顷。全市拖拉机、联合收割机在册数2112台。发放驾驶证10314本（新增118本），持有效驾驶证6798人。逾期未年审、换证3516人，其中一年以内未审验、换证599人，一年以上未审验、换证2917人。全市农机事故、死亡人数、受伤人数、直接经济损失四项指标均为零，安全生产形势持续平稳。

【推广与培训】

多渠道推进新机具、新技术培训与推广工作。全市共举办水稻全程机械化演示和旱地作物机械化演示51场次，其中水稻全程机械化演示35场；旱地作物（蔬菜、果园）机械化演示16场次。以农机展销会为平台，举办2场大型农机展销会，分别以“乡村振兴与农业机械化”为主题的“福建漳州农业机械展销会”和“海西第五届海峡茶会茶叶机械展销会”。在“乡村振兴与农业机械化”展销会上，有省内外49家农机生产、经销企业参展，品牌达80多种，机具近300台（套）。“海西第五届海峡茶会茶叶机械展销会”有3家企业入选参展，推广新机具、新技术20余台。两次大型展销会参观人数达上万余人次。同时，立足农业生产需要，依托示范县及各示范点，结合实际举办培训班7次，培训和参观学习人员1500多人次，发放宣传资料近10000份，推进新农业机械的知识普及和应用。

【惠农政策】

开展农机产销企业服务活动，助力补贴政策落实。帮助相关企业通过产品检验鉴定，申报进入农机补贴目录，全市共有12家企业39个产品纳入购机补贴目录，其中5家企业21个产品第一次纳入购机补贴目录，均符合全市农业生产需求的机具，产品已使用市购机补贴资金500多万元。举办农机购置补贴业务培训，宣传购机补贴新政策。邀请辖区内35家经销商及企业负责人参会学习。2018年，全市新增2家农机代销商，成为“办理农机购置补贴经销商”，直接服务民众。

（吴 勇）

·畜牧业经济·

【概 况】

2018年，漳州市畜牧业重视特色畜禽产业发展，产值104.61

亿元、增加值53.85亿元，全产业链产值可达200亿元以上。设施蛋禽、肉禽增幅比较明显，新增高标准设施蛋鸡家禽存栏36.1万羽、肉鸡20万羽以上。建成全省规模最大的高标准蛋鸡养殖基地，以及畜禽规模养殖场标准化示范创建和标准化示范基地。新增省级畜禽标准化示范场25家、省级畜禽标准化生产基地400家。11月22—23日，全国畜禽养殖废弃物资源化利用推进会在漳州召开，农业农村部部长韩长赋主持会议，中共中央政治局委员、国务院副总理胡春华出席会议并作重要讲话。国务院办公厅和农业农村部等11个部委相关负责人、12个省（市）政府分管负责人等30多位副部级以上领导出席会议，31个省（市、区）300多名代表参加会议。漳州市全面推进畜禽养殖废弃物资源化高效利用，加快农业绿色发展做法和成效得到与会领导的充分肯定，并在全国推广。

【畜禽粪污资源化利用】

率先实施整市推进畜禽养殖废弃物资源化利用，全市畜禽粪污资源化利用工程包计划年度完成投资1.36亿元，高出省级下达1.26倍，截至2018年12月底，已完成投资1.63亿元。全市规模养殖场粪污处理设施备套率达98.8%以上，全市畜禽养殖废弃物资源化利用率达96.3%以上，均居全省首位。深入养殖企业技术指导，依托南靖、漳浦和华安县等国家、省级畜禽粪污资源化利用整县推进示范县和国家级区域生态循环农业示范项目，积极引导、发展畜禽粪污资源化利用第三方处置市场主体，依托诏安、平和、南靖县等蜜柚产业、华安县茶叶等特色产业，培育发展以利用畜禽粪肥为主体的第三方托管市场主体，促进畜禽粪污与特色产业对接，现已培育漳州联南强生物环保科技公司等3家蜜柚第三方托管主体，实施蜜柚托管0.13万公顷以上。南靖县整县推进畜禽养殖废弃物资源化利用模式列入全国十大模式之一。引导发展有机肥生产，新增有机肥厂5家、产能2.5万吨。铺设灌溉管网47.3公里，储液池体积1.8万立方米，沼气池体积1.73万立方米，沼液灌溉面积0.16万公顷，新增粪污设施设备225台套。新增5个种养结合示范项目基地46.7公顷，采用沼液经槽罐车运输到果园储液池储存，经粪污资源化利用灌溉周边蜜柚园。

【畜禽养殖污染治理】

全年开展畜禽养殖污染攻坚行动，将污染治理列入各级党政领导和相关部门年度绩效考评的重要内容，列入全市生态与水环境整治项目建设竞赛。联合市环保局、市河长制办公室深入重点流域、问题比较集中的区域加强督导，确保措施落实到位。市农业农村系统单独或联合开展生猪养殖污染防治整改落实情况明察暗访，以及污染治理专项督查609次，下达整改通知书365份，推进一批畜禽养殖污染问题解决。全年共拆除关闭养殖反弹猪场、空猪圈等1793家（户），消减生猪存栏20.2万头。联合市环保局、市公安局等部门开展2018年漳州市“污染攻坚战·夏季风暴”环保专项行动，深入开展问题排查，通过系列严查重罚手段，健全完善日常监管机制，督促各级主体责任落实，确保中央、省环保督察反馈问题整改落实到位。

（陈永贵）

【动物疫病防控】

动物疫病强制免疫　按照春秋两季开展集中强制免疫、每月定期补免的要求，按时按质按量完成强制免疫注射任务，严防重大动物疫情发生。全年共调拨高致病性禽流感疫苗4248万毫升、牲畜口蹄疫疫苗828万毫升、小反刍兽疫疫苗6.95万头份；免疫高致病性禽流感3284.62万羽、牲畜口蹄疫249.32万头、小反刍兽疫6.56万头；3个强制免疫病种群体免疫密度常年保持在90%以上，应免畜禽免疫密度达到100%，做到“应免尽免、不留空当”。同时，指导做好高致病性猪蓝耳病、猪瘟、新城疫等重点动物疫病的免疫工作。

动物疫病监测和流行病学调查　全市开展牲畜口蹄疫、家

禽禽流感等病原学监测10133头（羽）份，牲畜口蹄疫、家禽禽流感、羊小反刍兽疫、猪瘟、高致病性猪蓝耳病等血清学抗体检测48310份，强制免疫病种平均免疫抗体合格率均超过85%，免疫抗体不合格的及时补免，确保有疫不流行、有病不成灾，确保畜禽始终处于有效抗体保护。

家禽流感疫情防控　全年漳州市未发生人感染禽流感（H5或H7）病例和家禽禽流感疫情。

非洲猪瘟疫情防控　按照中央和国务院、省委省政府、市委市政府的统一部署，市县两级迅速成立非洲猪瘟防控应急指挥部，建立农业、公安、住建、食药监、交通、林业等15个部门联防联控机制，启动防控非洲猪瘟Ⅱ应急响应，采取疫情排查监测、加强生猪及其产品调运管控、防止餐厨垃圾喂猪、强化口岸查验、稳定市场供应和加强舆情管控等措施，严防非洲猪瘟疫情发生，全市生猪生产稳定。

（曾中华）

【动物卫生监督】

动物检疫　严格落实准调证明制度，督促养殖经营单位落实防控第一责任，新增诏安县霞葛省际临时动物防疫监督检查站，全市共设置非洲猪瘟防疫监督检查站56个，查处违规调运案件16起，开展生猪运载车辆备案150部，生猪产地检疫220.05万头，牛羊1.52万头，禽797.92万羽，屠宰检疫（猪）88.01万头，牛羊2.02万头，禽132..7万羽，合计检出病畜禽954头羽，全部无害化处理。新增平和县小溪镇动物产地、诏安县两个屠宰检疫申报点。

“瘦肉精”监管　全年完成养殖环节生猪瘦肉精检测18154头份、肉牛羊1518头份，屠宰场22494头份，全部呈阴性。完成9家县（区）以上定点屠宰场和16家年出栏万头以上养殖场的“瘦肉精”监管，监管覆盖面100%，完成3批次的散养户生鲜乳抽检，三聚氰胺检测合格率100%。

动物产品质量安全监测　从全市饲料企业备案名录库中随机抽取饲料质量安全检查对象，全年共完成23批次的饲料样品抽检，其中4件不合格，均已立案查处。开展动物及动物产品质量安全抽检。完成16批次的猪肉和鸡肉兽药残留质量抽检，合格率均100%。

病死畜禽无害化处理　在全省率先创建市级动物卫生监督远程信息化监控平台，全市基本实现县级病死畜禽无害化处理全覆盖。通过各类处理模式共无害化处理病死猪41.69万头，680.14万公斤，禽16.6万羽，12.71万公斤，处理率达100%，其中经工厂化病死畜禽无害化处理场处理的病死猪达37.71万头，处理率占总量的90.45%。

执法检查　坚持专项整治和日常监管相结合，开展执法规范年活动，建立规模养殖场、饲料和饲料添加剂生产企业、屠宰场、无害化处理场监督抽查对象名录库，落实行政执法与刑事司法衔接，全市动物卫生和动物产品质量安全案件查处效果明显。全年共办理动物卫生和动物产品质量安全行政处罚案件140件（其中防疫类121件，农产品质量安全案件19件，移送公安办理的案件3件）；办理2起市“12345”平台转交的信访件，均按规定处理。

（林俊升）

总执笔　陈艺虾

·水土保持·

【概　况】

2018年，漳州市计划治理水土流失面积1.47公顷，计划投资1.76亿元（其中水利部门0.87万公顷，林业、国土等部门0.6万公顷）。实际完成治理水土流失面积2.47万公顷，占计划数的167.84%（其中水利部门完成1.21万公顷，林业、国土等部门完成1.26万公顷，完成安全生态水系建设15公里）；实际完成投资2.09亿元，占计划数的118.92%（其中水利部门完成1.05亿元，林业、国土等部门完成1.04亿元）。

【综合治理】

水土流失治理　国家水土保

南靖县石桥小流域水土流失治理 （市水利局 供图）

持重点建设工程：平和、华安县完成综合治理水土流失面积0.29万公顷，占年度计划数0.29万公顷的100%，完成投资1430.19元，占年度计划数1430.19万元的100%。省级水土流失治理重点县：平和、诏安、南靖、长泰、华安等5个省级重点县完成综合治理面积0.58万公顷，占计划数0.58万公顷的100.28%，完成投资4312.5万元，占年度计划4312.5万元的100%。省级水土流失综合治理重点乡镇：古雷港经济开发区和漳浦、云霄、诏安、平和、南靖、长泰、华安等7个县10个重点乡镇完成综合治理水土流失面积0.25万公顷，占计划数0.25万公顷的100.38%，完成投资1875万元，占计划数1875万元的100%。水土保持生态村及面上切块项目：云霄县和平乡莆顶村、漳浦县旧镇镇东厝村、南靖县书洋镇双峰村、平和县大溪镇大松村、华安县华丰镇高石村等5个水土保持生态村及云霄、漳浦、长泰、南靖、平和、华安等6个县26个面上切块项目完成综合治理水土流失面积0.09万公顷，占计划数0.09万公顷的100%，完成投资682.48万元，占计划数682.48万元的100%。《漳州市水土保持规划（2016—2030年）》及《漳州市“十三五”水土保持规划》，于2018年2月6日获市政府批复。实施非柴燃料补贴：针对诏安、平和等2县的流失区建档立卡贫困对象4271人（其中诏安3799人，平和472人），采取非柴燃料补贴方式，按照每人每年200元的标准和省、县各承担50%的比例，补助贫困户85.42万元（其中诏安75.98万元，平和9.44万元），减少对当地山体植被的破坏。此外，做好国家水土保持生态文明工程创建工作，打造诏安县红星乡金溪水土保持生态清洁小流域建设工程，并通过省厅初评。

宣传教育 结合《中华人民共和国水土保持法》宣传月、“世界水日”、“中国水周”、主题党日活动、科普教育等，运用广播电视、报纸、网络、灯谜等各种形式，全方位、多角度地开展水土保持进机关、进校园、进企业、进社区、进工地、进田头、进党校等宣传系列活动，不断提升公众水土保持国策意识，营造良好社会氛围。

监测技术培训 在漳州水土保持监测站及漳浦县水土保持监测场开展水土保持日常监测工作，确保监测设施完整；协助太湖流域管理局、省水土保持监测站开展水土流失斑野外验证工作；组织技术骨干30多人次到省水土保持监测站、监督站、农林大学金山科教园区等进行水土保持信息录入培训。

【考核监督】

水土保持目标责任制考核 2018年5月23日，市政府发文《关于印发漳州市水土保持目标责任考核工作方案（试行）的通知》，督促各县（市、区）、开发区按照省政府考核工作方案，逐项落实目标责任，迎接省对市、市对县的水土保持目标责任考核。

水土保持监督检查 先后对漳州南环城路东延伸段（龙祥南路—象镇互通段）道路工程等15项目开展水土保持专项执法检查及对云平高速公路等省重点

生产建设项目开展水土保持专项执法监督检查，发现的水土保持措施不到位等问题，督促限期整改落实。2018年，全市共审批生产建设项目水土保持方案188个，应征收水土保持补偿费1404.93万元，其中已征收1095.09万元，未征收309.84万元。

·水利·

【概况】

2018年，漳州市水利系统累计完成水利投资45.8亿元，占年度计划45.71亿元的100.12%，其中重大水利项目53个完成投资35.11亿元，16类面上水利项目建设完成投资10.69亿元。主要实施长泰县枋洋水利枢纽工程、龙海市九九坑水库、漳州高新区南江滨路水利工程、台商投资区排洪港综合改造工程等31个在建项目建设，完成投资27.48亿元；长泰县龙津溪枋洋段防洪工程、东山县红旗水库扩容工程、安全生态水系项目等18个计划新开工项目建设，完成投资6.68亿元；推动九龙江防洪工程漳州段（三、四、五期）、漳浦朝阳水库等4个项目前期工作，完成投资0.95亿元。

【河湖长制】

2018年10月出台《关于在湖泊实施湖长制的实施意见》，市县乡全面实施湖长制，全市共设立湖长646人，设湖库专管员684人。市县乡三级河长巡河25263人次，河道专管员巡河420732人次，发现问题32622个，解决问题32489个。在全省首创建立市人民法院河长制生态环境审判巡回法庭，印发《关于建立检察监督与行政执法监督衔接配合机制的意见（试行）》；建立“河道警长制”及由8个部门32人共同组成的应急快速执法人员库，并联合执法。聘请河长制义务监督员134人，开通义务监督员监管“直通车”；组建4个市级河长参与的“河长群”进行常态化实时管控，设立河长公示牌1447个。全年对市24个劣Ⅴ类小流域及黑臭水体挂牌督办，100%完成的项目14个，完成80%以上的项目8个。水环境治理1172处污染改造措施已完成579处，在建95处；可养区标准化养猪场升级改造已经全部完成，共整改关闭禁养区生猪养殖反弹269家。开展江河、湖库、近岸海域垃圾专项整治行动，累计出动打捞船舶15346艘次、出动人员58904人，累计打捞江河、海漂垃圾19.7万吨、清理岸上垃圾6.4万吨。全力打好九龙江和厦门湾综合治理攻坚战，九龙江与厦门湾流域完成河道清淤445.9公里，完成投资6793.7万元，占年度计划清淤345.9公里的128.8%。全市主要流域省控以上断面Ⅰ－Ⅲ类水质达标率91.7%，达到90.91%的考核要求；市级、县级集中式饮用水源水质达标率均100%；小流域Ⅰ－Ⅲ类水质达标率60%，较上年同期提高5.5个百分点；全面消除10条劣Ⅴ类小流域。建立市河长制微信公众号，发布信息166条；接受群众举报件18件，已办结15件。河长制工作获得全省考核第三名。

漳州市河长制生态环境审判巡回法庭为全省首创（市水利局 供图）

【防汛抗灾】

汛情灾情　全年降水量总体偏少，多局部短时强降水，全市平均降水量为1282.24毫米，较上年同期少18.83%。主要受“玛利亚”“山竹”台风影响，其中“玛莉亚”台风环流影响期间，全市出现中到大雨，部分乡镇暴雨到大暴雨的天气，过程雨量有11个自动站雨量超过50毫米、3个自动站超过100毫米，以华安新圩镇的107.4毫米为最大；“山竹”台风外围环流影响导致全市出现中到大雨，部分乡镇暴雨的天气，过程雨量有32个自动站雨量超过50毫米，其中有8个自动站超过100毫米，平和县九峰的174.6毫米为最大。全市有58个乡镇6293人受灾，受灾时期陆上转移人口5471人，直接经济损失1304.5万元，其中农作物受灾面积0.08万公顷，农林牧渔业经济损失976万元；公路中断3条次、供电中断3条次，工业交通运输业直接经济损失32万元；损坏护岸3处，水利设施直接经济损失20万元。

防汛备汛　全市城市防汛抗旱责任人、重要江堤、海堤、水库等重点水利工程防汛责任人全部落实到位，并在《闽南日报》上公示。市县乡村2300多名防汛责任人和9100多名基层防汛联络员全部落实注册登记。有防汛任务的1192个村（居）的16512名危险区域转移对象全部完成建档立卡，并报送至软件平台。在市范围内开展500个基层防汛抗灾责任体系村建设和完善工作。完成154个乡镇（场）及5个县级开发区（投资区）完成高清视频会商系统项目建设，完成123个乡镇防汛指挥图编制工作。开展防汛备汛工作和水利工程安全检查工作，共投入检查3134人次，检查工程1602处，其中水库539座、堤防工程208处594公里、水闸343座、引水工程36处404公里、其他工程476处。全面开展水毁修复工作，共完成112处，其中堤防（护岸）27处、水闸5处、水文测站1处、排涝泵站5处、其他74处，累计完成投资3036万元。同时，完善防汛物资及队伍建设，储备防汛抢险舟136艘、橡皮艇67艘、编织袋206万条、土工布（膜）10万平方米，以及一定数量的救生衣救生圈等；落实施工队伍41支、技术队伍60支，专业人才2147人，施工机械设备1025台，并调整充实防汛抢险机动队伍、防汛抢险专家调度组；开展内涝应急演练工作，实现县级以上城区内涝演练全覆盖；开展乡村危险区域群众转移演练1169次18376人次，确保每个危险区域群众知晓转移路线、转移负责人，实现了有防汛任务乡村的危险区域群众转移演练全覆盖。加强值班值守，共启动防台风暴雨洪涝应急响应9次，发出明电91份、20期，发布公众号43期。

【规划与投资】

水利规划　2018年完成全市流域面积50平方公里以上114条河段岸线及河岸生态保护蓝线规划，实际批复河长1426公里；完成500平方公里以下流域综合规划及主城区防洪排涝专项规划并批复；配合省水利厅完成国家生态文明试验区（福建）水利总体规划及第三次水资源调查评价相关工作；完成全市县级以上城市应急备用水源建设方案。

项目投资　全年全市计划投资45.71亿元，实际完成投资45.8亿元，其中重大项目完成投

长泰枋洋水利枢纽工程上存大坝全貌　（市水利局 供图）

资35.11亿元，面上项目完成投资10.69亿元。

项目投融资　指导各县水利项目投融资改革，鼓励社会资本投入水利设施建设；宣贯地方政府债券发行政策，鼓励各县积极申报专项债券及一般债券。

科技交流　组织水利技术交流，召开江苏科凯新材料科技有限公司生态气囊支撑坝技术、福建省力得自动化设备有限公司水电站智能系统及生态流量监控仪技术及华川技术有限公司HCECR水体生态修复技术讲座。

【水资源】

水资源管理　配合市水资源管理委员会开展实行最严格水资源管理考核工作，2018年1月下旬市政府牵头分三个组开展对辖区各县（市、区）政府、各开发区实行最严格水资源管理制度的考核工作，3月上旬省政府组织对漳州市上年度最严格水资源管理工作进行考核，考核等级为良好。完成漳州市入河排污口调查摸底工作并明确规范整治方案，全市共计740个，其中规模以上入河排污口81个，规模以下入河排污口659个；工业入河排污口229个，市政生活入河排污口158个，雨污水合流入河排污口251个，混合废污水入河排污口102个。开展全市50—200平方公里水功能区的监测与评价，其中一级水功能区78个，二级水功能区有37个。完成水资源管理系统建设国控、省控点资产移交工作。开展6个水库水源地安全保障达标建设方案编制，其中南一、峰头水库方案在编，其余4个完成审批。完成上年水资源公报编制工作；完成全市地下水警戒保护蓝线划定编制工作并提交市政府发布实施。开展节水型社会达标建设，试点县龙海市完成建设任务，云霄、长泰县正在推进。2018年，全市水资源费征收2566.57万元，其中市本级征收水资源费1298.2万元。

生态水系建设　全年安全生态水系建设项目共16个，计划总投资29807万元，建设总长度193公里，其中勘测设计一批10个项目，开工建设一批6个项目列入市政府为民办实事项目，总投资8550万元，已完成计划的104.4%。同时，完工验收一批上年度的12个项目。

水政执法　开展全市河道非法采砂洗砂专项整治行动及6个部门河道采砂专项整治行动，水利系统累计派出执法人员6715人次，取缔非法采砂点61处，没收非法采砂船舶13艘，查扣非法车辆115辆；行政处罚92件，罚没金额211万元。启动全市河湖执法三年行动（2018—2020）及为期一年的全市河湖清“四乱”（乱占、乱采、乱堆、乱建）专项行动，共摸排河湖管理范围乱占、乱堆、乱建等问题项目573宗，全部已整治销号。在全市范围内集中开展为期百天的千宗河流沿线“两违”（违法占地、违法建设）整治百日会战，共排查整治1338宗，违建面积54.75万平方米，违占面积53.69万平方米，整治面积68.78万平方米，拆除面积65.9万平方米，实体拆除面积43.05万平方米，腾地面积54.44万平方米。开展扫黑除恶，全市水利系统共报送涉黑涉恶线索25条，公安机关立案查处的7条（起），有33人被采取强制措施。

【建设管理】

农村饮水工程　全年农村饮水安全工程获得中央和省级补助资金1040.9万元，饮水安全受益人口29818人，完成投资4427.3万元。中央预算内补助的农村饮水安全巩固提升工程：漳浦县赤岭乡“十三五”农村饮水安全巩固提升（一期）工程完成投资125万元，占年度计划的100%；南靖县高新园农村饮水巩固提升工程，完成投资500万元，占年度计划的100%。省级资金补助的农村饮水安全巩固提升工程，涉及龙海市、云霄县、平和县和华安县，完成548万元，占计划投资475万元的115.4%。解决国家建档立卡贫困人口2000人的饮水安全问题，涉及龙文区、龙海市、漳浦县、云霄县、平和县和华安县，完成投资120万元，解决完成2000人的饮水安全问题。

河流、水利灌溉工程　高效

节水灌溉工程。全年任务0.13万公顷，计划投资2742.8万元，实际完成2742.8万元。高标准农田节水灌溉项目。任务0.13万公顷，计划投资2253万元，完成2253万元。农田水利设施维修养护。年投资目标任务1893万元，其中中央补助1893万元，涉及8个县1个区1个市，实施维修养护面积6.58万公顷，完成1893万元。中小河流治理项目。年计划实施中小河流治理任务25公里，计划投资6632万元，实际完成6632万元。冬春水利建设及水毁修复。全年投资目标任务21617万元，实际完成27738万元。

大坝、水库工程 大坝安全鉴定及水利设施维修养护。上级下达2429万元，其中中央资金1177万元，省级资金1252万元，共完成2429万元。水库常态化除险加固。全年水库常态化加固项目7座，水利投资目标任务1131万元，省厅仅下达水库前期工作费用210万元，7座水库已全部完成前期审批工作。

【农村水电】

水电站生态下泄流量整改 2018年完成生态下泄流量核定及改造方案编制及备案工作；完成水电站生态下泄流量设施改造610座（总任务906座），生态下泄流量在线监控安装463座（年度任务302座），占年度任务153.3%。

老旧水电站退出 年初，省河长办公室下达漳州市老旧水电站退出任务装机1000千瓦，省厅下达水电站退出任务1800千瓦，资金370万元，实际退出电站11座，拆除电站装机2030千瓦，全面超额完成省厅下达的年度电站退出任务。

农村水电扩容改造 全年计划投资1700万元，实际完成年度投资2103万元，完成年度计划的123.7%。项目完工验收8座，主体工程完工11座。

小水电安全监管 开展防汛备汛及汛期安全生产督查抽查工作，落实水库行政、技术、巡查三类责任人及日常巡查等相关制度，开展2018年大坝安全鉴定工作；完成5座中型发电水库的防洪调度运用计划和防洪抢险应急预案审查。

【质量监督】

质量监督检查 加强对在建工程的质量监督，按分级监督规定，市本级监督在建项目47个，开展工程质量监督检查117次，抽检工程项目26次，下发整改通知书16次，市本级总体考核在全省质量工作考核中位列第三名。

水利安全生产 开展水利行业安全生产大检查、小型水库专项检查、在建水利工程专项检查、水利建设工程隧洞施工督查检查、打击假冒特种作业操作证专项治理、水利行业乡镇船舶专项检查、水利行业电线电缆产品专项整治、水利行业“安全生产月”活动、安全生产标准化建设提升工作、水利行业消防、危险化学品、电气火灾以及职业健康等多项专项治理行动，实现了全市水利行业零责任事故、零责任伤亡的“双零”目标。

【水利扶贫】

实施精准扶贫精准监督“1＋X”工作常态化机制，完成水利精准扶贫国家建档立卡贫困人口2000人的饮水安全问题和诏安县、平和县水土流失区建档立卡贫困人口非柴燃料补贴85.42万元的发放工作。

（吴红燕）

·海洋经济管理·

【概　况】

2018年，漳州市海洋与渔业经济保持增长，实现海洋经济总产值2185亿元、比上年增长12.3%；海洋经济增加值924.5亿元、比上年增长11.3%，约占全市GDP的23.4%，增幅高出GDP增幅2.6个百分点。渔业经济总产值623.5亿元，比上年增长8.7%，其中渔业产值273.6亿元，比上年增长5.43%，拉动农林牧渔总产值增长2.1个百分点以上。水产品总产量193.3万吨，比上年增长5.43%；水产品加工量104.5万吨，比上年增长4.24%，水产品加工产值347.9亿元，比上年增长7.85%；水产品出口创汇166.1亿元，比上年下降3.9%，占全市出口的31.1%，列全省地市首位。渔民人均纯收入2.56万元，比上年增长11.2%。

【服务民生】

全年围绕古雷石化基地、诏安西梧二级渔港工程等用海重点区域和渔港民生项目，持续创新服务举措，做好用海服务。全市获得省政府确权审批项目4个，确权面积226.49公顷。漳州液化天然气（LNG）项目码头及配套工程用海获得国务院批准，漳州核电用海服务高效优质，企业专门向市局赠送致谢锦旗。强化海域管理，贯彻落实国务院《关于加强滨海湿地保护严格管控围填海的通知》精神，严格围填海管控，完成全市围填海现状调查和成果上报。

【渔业发展】

实施并购等方式做大做强远洋渔业企业，远洋渔业持续增长。2018年，全市有远洋渔业企业3家，已有26艘远洋渔船赴外海生产，年产量达6.16万吨，比上年增长23%，产值约5亿元。推进高优养殖渔业，拓展湾外养殖、陆上工厂化养殖、淡水区域养殖等重点养殖新区域，养殖面积预计增加333.5公顷，增产3.9万吨，新增产值4.9亿元；采用淡水罗非鱼混养加州鲈鱼、淡水石斑鱼等养殖新模式，新增产量约6000吨；推广金刚虾、珍珠龙胆等养殖新品种，引进海带、江蓠等藻类养殖新技术，新增产量1.1万吨；推广新模式、新技术，名、优、特水产品养殖面积增加433.55公顷，产量占总养殖比例增加到39.9%，增产约5.8万吨，新增产值12.7亿元。围绕“六条鱼”（石斑鱼、对虾、罗非鱼、鲍鱼、鲈鱼、河豚），着力打造产业基地，福建森海在全省率先取得河豚养殖和加工双认证。全年“六条鱼”产量达19.12万吨，比上年增长7.6%；产值104.3亿元，比上年增长14.9%。

【督察整治】

按照市政府下达《漳州市贯彻落实国家海洋督察反馈意见整改方案》，实施月报制度、督促指导制度、销号制度三项制度，加大对重点事项督查指导力度，协调推进国家海洋督察反馈问题整改工作，涉及全市16项整改任务有9项已整改完成，有7项整改工作任务达到序时进度。协调督促做好中央环保督察涉及局职能的4个问题整改，通过开展江河海漂垃圾整治、出台《漳州市滨海湿地保护实施方案》、开展规划外海水养殖清退、落实《漳江口红树林国家级自然保护区生态环境问题整改方案》等举措，推进相关问题的整改。

【生态保护】

执行海洋生态保护红线制度，对于违反生态红线管理规定的用海一律不予审批。制定出台《2018年漳州市江河、湖泊、近岸海域垃圾专项整治实施方案》，实施江河、海漂垃圾专项整治行动，确保河道、海上漂浮垃圾得到及时清理。继续推动九龙江—厦门湾污染物排海总量控制试点工作，已全部完成南一水库约1万平方米的网箱养殖清退；推进渔船污染防治，全年共减船102艘，更新改造215艘，对新建造渔船严格按照标准设计，确保符合环保要求。强化源头控制河海

海域采砂联合执法行动　　（市海洋与渔业局 供图）

漳州市开展"6·6"八闽放鱼日增殖放流活动（市海洋与渔业局 供图）

兼治，努力实现"水清河畅、碧海银滩"目标，全年共投入1015万元在东山湾等水域增殖放流花鲈、鳙鱼等苗种约11亿尾，清理规划外海水养殖约2500公顷。全市近岸海域海水水质达标率94.8%，远高于省下达的考核目标（81.6%）。

【监管执法】

市政府多次召开渔业安全生产和海上渔业管控推进会，印发《漳州市乡镇船舶安全生产和违法违规行为百日专项整治方案》《漳州市乡镇船舶安全生产管理问责办法（试行）》《漳州市开展渔业安全生产大排查大整治工作方案》《漳州市渔业安全隐患综合整治大行动实施方案》，推动渔船及涉渔乡镇船舶安全管理。深化打非治违，全市共拆解处置涉渔"三无"（无船铭名、无船籍号、无船泊证书）船舶435艘。完善敏感海域作业渔船管控常态化机制，落实主体、属地和监管责任，漳金海域执法巡查已成常态化，渔船赴敏感海域作业现象得到有效遏制，未发生被上级通报的渔船被抓扣事件。开展"碧海""蓝剑"等执法行动，遏制各类海洋与渔业违法违规行为，全年共查处海洋与渔业案件292起，收缴罚没款1.04亿元。在全市各重点海域开展清理取缔长袖定置网专项执法行动，共清理取缔长袖定置网263槽、网具10.7万米，清海面积约667公顷。

（林裕生）

·林业经济·

【概 况】

2018年，漳州市林业部门实现植树造林1.05万公顷，占计划的122.6%。打造森林景观示范片58片0.09万公顷，带动全市造林绿化向绿化美化转型提升。龙海、云霄、诏安、华安等4个县（市）省级森林城市创建工作通过省级专家组考评验收，全市省级森林城市（县城）扩大至7个（平和、南靖、长泰等3个县已于上年通过验收），生态建设成效再创新高。持续推进古树名木保护，强化对第四、五批"福建树王"及重点古树名木保护措施落实，使承载乡愁的古树名木得到更好保护。加大林木资源保护研究力度，完成《漳州市木本

2018年渔业安全生产应急演练情景 （市海洋与渔业局 供图）

2018年6月12日，举行全市林业局局长会议　（宋侃鉴 摄）

植物参考名录》编制，顺利推进红锥营造林标准化示范区建设等多项重大科技项目攻关。选派33名林业科技特派员开展挂钩示范村科技帮扶，助力乡村振兴。

【产业发展】

花卉苗木产业　全市花卉苗木种植面积达1.95万公顷，产值105亿元，销售额72亿元。出口花卉苗木金额6740.8万美元。花卉产品出口至欧盟、美国、韩国、马来西亚等50多个国家或地区。

林业产业园建设　完成全市木材加工业产业布局规划，形成以漳浦、平和、华安县等3个林业产业园为龙头的林产加工新格局，引导企业入园工作有序开展。22家林业企业获评“省级林业产业化龙头企业”，龙头企业示范带动效应进一步增强。

林下经济发展　打造漳州古城全市林下经济产品展销平台、印制企业宣传画册、组织参加林业博览会等途径加大林下经济产品宣传，并以9家示范基地建设为抓手，引导带动林农重点发展金线莲、巴戟天、铁皮石斛、观音串等特色产业。全市林下经济经营面积12.09万公顷，实现产值80.6亿元。

森林旅游和国有林场建设　在全省率先提出并实施国有林场“一场一景”建设，充分利用16个国有林场森林资源优势，通过实施景观提升、配套和完善基础设施等措施，着力打造“看得见山、望得见水、记得住乡愁”的森林人文景观，把国有林场建设成为具有省生态文明先导区特色的森林生态产品，让森林生态成为市民可享用的生态福祉。长泰天柱山欢乐大世界、圆山林下生态园、三平林下经济生态园、华安红锥林森林公园已对外开放，成为周边群众观光、休闲、游憩重要去处。向国家主管部门推荐南靖土楼和华安国家森林公园，作为“十三五”期间重点推介森林旅游地；推介森林养生基地和森林体验基地，引导社会资本参与建设。

【改革创新】

国有林场改革通过省级验收　2018年，完成省属国有林场优化整合，将原有的20个省属国有林场整合为16个，落实森林资源“双增”（森林面积、森林蓄积）任务0.27万公顷；14个县属国有林场撤并成4个，按期完成国有林场的改革任务并顺利

2018年8月18日，在市区开展野生动植物保护等宣传　（宋侃鉴 摄）

通过省级验收。

林权制度改革 贯彻落实市委、市政府《关于贯彻落实深化集体林权制度改革加快国家生态文明试验区建设意见的通知》，巩固和扩大全市集体林权制度改革成果。继续推进林业投融资改革，优化林权抵押贷款环境，开展新型林业经营主体标准化建设，新增创建标准化新型林业经营主体5个，其中林业专业合作社2个、股份合作（家庭）林场3个。

重点区位商品林赎买改革试点 在诏安、东山县完成赎买改革试点任务基础上，推动南靖、长泰县完成313.49公顷试点任务，全市四个试点县提前两年超额完成省下达的“十三五”重点区位商品林赎买试点0.13万公顷任务。

林地“占补平衡”改革试点 巩固和加强林地“占补平衡”（通过将已退建还林的建设用地、恢复植被的废弃工矿地等非林地转为林地，来解决项目建设所需的用林问题，林地补进的量就是可以使用林地的指标，补多用多）改革试点成果。建立完善以自求平衡为主，异地有偿调剂指标为辅的使用管理新机制，指导和协调部分县（市、区）异地有偿调剂林地面积440.22公顷，保障重点项目建设用林。

【资源保护】

林业有害生物防治 2018年，全市林业有害生物成灾面积、成灾率低于省控指标；无公害防治率、松枯死木清除率、测报准确率均达到或超过省控要求。

森林火灾防范 推进诏安、东山2支县级专业森林消防队伍建设，提高已建设完成的专业森林消防队和半专业森林消防队伍业务水平。全市森林火灾起数和受害森林面积持续保持低位，未发生重特大森林火灾和人员伤亡事故。

和谐林区建设 实施综治平安建设各项措施，及时办理“12345”服务平台的咨询、诉求反馈，畅通群众诉求通道，强化涉林矛盾纠纷和安全生产的隐患排查和化解，深入开展集体林地承包经营纠纷调解处分。开展“扫黑除恶专项斗争”“两违”（违法占地、违法建设）综合治理“六千”（围绕千宗土地例行督察整改、铁路沿线、河流沿线、城区楼顶、林地生态、环保污染面源等）百日会战、“严厉打击非法加工销售象牙及制品违法犯罪”“殡葬领域突出问题整治”等专项行动，维护了林区安全稳定。

【服务与扶贫】

加强服务能力建设 落实审批工作要求，加强市、县两级林业服务窗口人员的业务指导和培训，推动林业自建系统与市级审批系统对接融合创新试点。强化用林服务保障，助推长泰天柱山欢乐大世界、古雷石化一体化等重大项目建设，得到市委、市政府主要领导的肯定。

落实林业扶贫任务 2018年，落实产业扶贫、生态扶贫和结对帮扶工作，优先聘用48户贫困人员作为生态林护林员，跟踪落实挂钩帮扶对象伤残鉴定和扶贫兜底政策的跟踪落实。推进发展林下经济助推精准扶贫示范工作，优先安排用于3个省级贫困县林下经济项目建设补助，带动贫困户增收。

（宋侃鉴）

责任编辑：徐耀雄

工业与国有经济管理

·综 述·

【概 况】

2018年，漳州市工业和信息化系统坚持高质量发展落实赶超，统筹协调产业、企业、园区、项目发展，全市工业运行稳中向好态势。全市2227家规模工业累计产值5617.42亿元，比上年增长9.5%；实现规模工业增加值1531.6亿元，比上年增长9.2%，增速居全省首位，超省下达目标任务0.7个百分点；工业投资完成880.5亿元，同比上年增长10.4%；技改投资完成552.6亿元，比上年增长25.8%；工业累计用电149亿千瓦时，比上年增长11.1%，居全省第三。工业增加值增速连续位居全省首位，工业高质量发展的基础不断夯实。

全市规模以上工业企业实现主营业务收入5526.78亿元，比上年增长12%；实现利润总额646.7亿元，比上年增长25.3%；规模工业企业经济效益综合指数358.53，比上年提升36.57个百分点，居全省第三位。

全市“4＋4”产业（石油化工、特殊钢铁、装备制造、食品工业为四大主导产业，电子信息、新型材料、清洁能源、生物医药为四大新兴产业）1622家企业合计实现增加值1163.6亿元，比上年增长10%，比全市规模工业增加值增速高出0.8个百分点；石油化工、电子信息、生物医药和新能源四大产业增速均超两位数，其中石油化工实现产值478.98亿元，比上年增长36.3%；电子信息产业305.85亿元，比上年增长13.9%；新能源53.72亿元，比上年增长16.1%；生物医药44.18亿元，比上年增长10.7%。

省级工业龙头企业37家，实现营业收入1023亿元；产值超亿元企业1169家，合计实现产值5076.17亿元，占全市规模工业产值的90.4%；产值超10亿元企业62家，实现产值1973.2

大通互惠集团有限公司锻造区“摆辗锻造机”（市工信局 供图）

亿元，占全市规模工业产值的35.1%；省级新增长点企业（项目）78家，实现产值841亿元，新增产值188.5亿元，拉动全市规模工业产值增长2个百分点。

全市亿元以上民营工业企业871家，累计实现产值3036.3亿元，比上年增长13.5%，占全市规模工业总产值的54%；实现规模工业增加值837.7亿元，比上年增长13.2%，占全市规模工业增加值总量的54.7%。三宝钢铁、傲农生物科技、紫山集团入选福建民营企业百强。

【产业发展】

食品工业 至2018年年底，全市食品规模工业企业591家，占全市规模工业企业数的26.5%；规模工业产值达到1572.04亿元，占全市规模工业产值的28%，占全省食品工业的近三成。罐头产业集群链条完整，享有“中国罐头之都”称号，2018年通过中国轻工业联合会专家组复评。罐头年产量140.2万吨，约占全国总量的1/10，出口量连续35年居全国第一。年产值亿元以上企业300多家，占食品工业规模企业数近六成。全市食品工业省、市级工业龙头企业19家（大闽食品、傲农生物、绿宝食品、天福茶业、海新食品等），省、市级高成长企业38家（康之味食品、顶津食品、紫山集团、新华东食品、同发食品、绿新食品等）。出口创汇方面，漳州有“世界厨房”美誉，食品出口量一直位居全国设区市首位，产品销往美国、欧盟、日本、东盟、非洲等近200个国家和地区。食品出口交货值约384.6亿元，占全市各行业出口交货值的45.8%；其中水产品出口交货值229.9亿元，位居全国地级市前列。

装备制造 全市规模以上装备制造企业数444家，实现产值1013.46亿元，比上年增长2.2%，占全市规模工业总产值18%，是市第三大支柱产业（仅次于食品产业和新材料产业），实现增加值265亿元，比上年增长2%，占全省装备制造产业的比重约两成。拥有中国驰名商标4个、省著名商标19个、省名牌产品9个。国家级技术中心1个（灿坤实业）、省级技术中心15个、市级技术中心12个。境内外上市企业4家、重点上市后备企业5家。

钢铁产业 全市钢铁产业规模以上工业企业22家，实现工业总产值430.44亿元，增加值113.62亿元，均占全市规模工业的比重近10%。有产能粗钢402万吨，轧钢632万吨。漳州市已发展成为全省不锈钢板薄板和铁合金生产加工的重要基地，初步形成四大产业集中区，以三宝特钢为中心的钢铁生产基地，以福欣不锈钢为主的不锈钢生产基地，以首钢凯西、凯景、统一马口铁等薄板压延加工及印刷涂布等板材生产基地，以利南硅业、兴安硅等为主的工业硅生产基地。福欣特殊钢有限公司引进德国西马克、日本三菱日立及东芝三菱、奥地利安德里茨等国际最先进设备，采用国内最先进的环保设备进行生产。三宝集团取得全国第一本耐腐蚀钢筋生产许可证，投入10.8亿元建设耐腐蚀热轧卷板生产线，填补全省耐腐蚀卷板的空白，为全市首家纳税突破十亿大关的工业企业，也是全市纳税最多的民营企业，行业综合实力跃居全省第二位，跻身中国民企制造业500强。福建凯西钢铁集团有限公司，主要生产不锈钢薄板、冷轧薄板和热镀铝锌合金钢板，主要机械设备和电气设备从美国、日本、意大利、英国、德国等引进，工艺、技术和装备水平达到国际先进水平，系沿海发达地区规模最大、装备最精良、品种最齐全的高端板带生产企业。

石油化工 全市规模以上石化企业204家，规模工业产值478.98亿元、比上年增长36.3%，规模工业增加值128.94亿元、比上年增长29.8%。市石化产业具备一定的产业基础，形成了三个子行业。化学原料和化学制品制造业，为全市石化产业发展的核心部分，主要龙头企业有腾龙芳烃、翔鹭石化、长庆化工、龙翔实业等；橡胶和塑料制造业，主要龙头企业有正新（漳州）橡胶工业、闽华超纤、安安（中国）等；石油加工、炼焦以及核燃料加工业，主要龙头企业有海顺德、华索沥青等。12月3日，两岸企业家峰会年会古雷石化产业发展论坛在漳州举行。年底，古雷炼化一体化项目生产准备工作纲要已审查备案并发布，项目生产准备工作全面启动。

电子信息　全市规模以上电子信息企业79家，总产值305.85亿元，比上年增长13.9%，规模工业增加值81.7亿元，比上年增长15.6%。排在厦门、福州、宁德、泉州之后，为全省第5名。规模以上电子信息制造业主要分布在LED、数字视听产品、数字仪器仪表、电子石英钟表、智能小家电等行业，拥有立达信、灿坤、万利达、科华、科能等一批行业龙头企业，其中万利达、灿坤获得省电子制造业20强企业，进入全国产品出口500强企业行列。云霄县云陵工业开发区光电产业园（省级光电产业园）、华安县工业集中区光电产业园，形成全省规模较大的光电子产业聚集带。

钟表产业　全市生产石英钟、表、芯及其配套企业157家，其中规模企业24家，实现规模工业产值16.26亿元。漳州钟表整个产业链环节完整、分工明细，除成品外，生产石英钟及表所需的机芯、电子元件、钟针、表针、钟面、表面、塑料配件、外壳、电镀、包装等一应俱全，形成了以众辰、桑泰、中惠为龙头的指针式石英钟机芯和表芯龙头企业，以恒丽、新威士、通元为龙头的指针式石英钟龙头企业，以恒丽为龙头的石英表企业，以吉邦为龙头的LED、LCD数显钟龙头企业，以新丽珠为龙头的五金配件龙头企业。主要形成以芗城区的金峰工业区、龙文区的蓝田开发工业区、龙海市的九湖工业区、长泰县的官山工业区、漳浦县的台湾钟表工业园区（其中有永镇、村哲等世界知名的台湾钟表企业）为核心的五大钟表产业聚集区。漳州钟表连续10届在香港钟表展设立“漳州钟表”专区，连续24届在广交会设立“漳州钟表”大型户外广告；行业拥有省级企业技术中心2个，省级工业设计中心1个，市级博士后工作站1个。漳州石英钟配件的全球占有率高达70%以上，石英钟指针式机芯产量占全球65%以上，石英挂钟占全球30%左右的份额，产品90%以上外销，出口区域覆盖165个国家和地区。中国钟表设计大赛连续三届在漳州举办，并永久落地漳州。2018年7月，漳州被中国轻工业联合会和中国钟表协会授予“中国钟表名城漳州”称号。

造纸及纸制品　全市造纸及纸制品规模以上工业企业117家，实现工业产值375.88亿元，有国家级高新技术企业2家、上市企业2家、省市级企业技术中心4家。全市造纸总产能约380万吨/年，占全省40%以上，居全省首位。

汽车汽配　全市汽车汽配规模以上企业42家，产值370亿元，工业增加值100亿元，比上年增长9.8%，增幅高出全市平均水平0.6个百分点。以正兴车轮、正新橡胶、金龙客车、新福达汽车等企业为龙头，引进国内外整车组装和配件生产知名企业，产业规模不断壮大。正兴车轮集团已成为全球最大的商用车轮制造企业，其年产50万套铝车轮已成为世界第一条全自动化铝合金锻造卡车轮圈生产线，被评为“中国汽车零部件20强”；漳州三龙的生产低速车轮项目，已获工信部批复；科晖作为专业化环卫装备主要供应商，尝试资本运营。

正兴车轮集团有限公司　　（市工信局 供图）

生物医药　全市生物医药规模以上企业11家，产值44.18亿元、比上年增长10.7%；比全市平均水平高出1.2个百分点；规模工业增加值23.01亿元，比上年增长15.8%。比全市平均水平高出6.6个百分点。年底，全市医药制造业资产负债率为10.2%，负债率持续下降，远低于全省同行业31.2%的平均水平。全市医药制造业企业20家，仅占全省同行业企业数不到1/10，实现税金总额3.3亿元，占全省同行业税金总额比重约1/5，单位企业贡献率远高于其他行业。片仔癀药业、同溢堂药业、水仙药业、健源堂生物、乐尔康药业、健安莱药业等亿元企业产值占全市生物医药产业规模工业产值近八成。片仔癀药业2018年上市公司营业收入47.98亿元，比上年增长29.2%，拥有“片仔癀”“水仙”等4个全国驰名商标，“片仔癀”属于独家配方生产的国家一级中药保护品种，品牌价值达249.03亿元，连续位居中国中成药单项出口创汇第一名，位居中华老字号品牌价值排行榜第二位、中国中成药行业50强。

（林为中）

·二轻工业·

【概　况】

2018年，全市家具、钟表、工艺美术、文教体育用品、皮革制品等行业规模以上工业实现总产值414.53亿元，比上年增长7.92%，实现出口交货值119亿元，比上年下降5.83%。其中，家具制造业工业总产值133.61亿元，比上年增长6.64%；家具销售产值131.46亿元，比上年增长6.25%；实现出口交货值56.48亿元，比上年下降6.27%；工业增加值38.95亿元，比上年增长6.17%。钟表制造业工业总产值16.26亿元，比上年下降5.27%；出口交货值8.4亿元，比上年增长7.32%。工艺美术品制造业工业总产值80.23亿元，比上年增长8.9%；出口交货值14.35亿元，比上年下降12.22%。

【行业发展】

钟表企业　2018年市委、市政府出台“一业一策”（漳州市扶持钟表业转型升级八条措施），促进钟表产业发展。全年走访企业34家，组织开展惠企政策宣传座谈会5场次，指导企业用好用活惠企政策。组织3个企业代表团拓展海外市场。至此，全市钟表行业拥有省级实验室3个、省级企业技术中心2个，省级工业设计中心1个，市级博士后工作站1个，国家高新技术企业6家；累计注册自主产品达到100多种，获得专利2077项（其中外观专利1547项、实用新型专利475项、发明专利55项）；产品远销165个国家和地区，成为全球最大的石英钟生产基地。加强平台创建，指导“漳州钟表”品牌企业抱团参展，申报创建“中国钟表名城”。指导全市钟表企业创新发展，加强产业配套措施，强化产业转型升级，注重品牌塑造，做好漳州“中国钟表名城”的创建申报工作。经各方的努力，7月，漳州市被中国轻工业联合会、中国钟表协会授予“中国钟表名城漳州”称号。“中国海丝

2018年11月30日，“中国钟表名城”授牌仪式暨中瑞国际钟表艺术发展论坛在漳州召开

（市二轻联社　供图）

2018年5月9月，专家组对漳州钟表企业进行评审和调研

（市二轻联社 供图）

钟表文化与艺术研究中心”于11月落户漳州，“福建海丝钟表博物馆”获得批准。

八宝印泥项目保护传承　设立漳州八宝印泥保护示范点展示区，承担对外陈列、展示、展览功能。展区面积共310平方米，由3名初级、中级工艺美术师专职从事非物质文化遗产保护。5月，杨锡伟被国家文化和旅游部认定为国家级非物质文化遗产代表性项目印泥制作技艺（漳州八宝印泥）的代表性传承人。9月，市八宝印泥厂受邀参加第五届中国非物质文化遗产博览会，10月，市八宝印泥厂荣获省文化厅授予非遗代表性项目生产性保护传承重点单位。

家具企业　全市家具制造业现有规模企业104家，小企业200多家，龙头企业有国辉工贸、红梅家具、玉致家具、永嘉家具、百乐家具、永生利家具、喜迎门家具等，产品有木质家具和金属家具两大系列，并带动木料加工、钢制品、小五金配件、贴纸、人造革、包装制品等行业的发展，已形成一批专业村、产业镇和特色区。产业基地的聚集已初步形成，系福建家具生产、出口主要集中地，占全省家具产业的60%。其中钢管家具已成为华东地区乃至全国最大的生产出口基地。

【服务企业】

加强企业资产运营，监管9家企业49人薪资取酬情况。检查集体企业厂房出租率、租金到位率，出租率70%，租金到位率90%。核实8家未改制企业固定资产，确保集体资产不流失，引导企业多渠道、多形式开展合作、重组、股份制改革。同时，推进市第二蚊香厂改制工作，做好企业改制过程中一系列事项，处理企业与租户之间赔偿纠纷，维护集体利益不受侵犯。协助市皮鞋厂（集团）公司动员原属于市区土地收购储备中心的厂区建筑物归还、交付使用。指导停产的企业，多渠道、多途径，妥善解决职工社保、医保等遗留问题。

【民生保障】

全年服务37家已改制企业和8家未改制企业共2470名职工，为16名办理提前退休干部职工提供特殊工种的相关资料。服务33名60周岁以上退休干部职工提供计划生育补贴证明。为退休干部职工提供14次财产公证等。配合市政府做好慰问2家特困企业，慰问困难户4户，企业特困职工115人，为36名离退休归侨职工发放困难补贴43200元，把党的温暖传递到困难企业职工心里。协调市皮鞋厂（集团）公司受理37名职工“要求发放经济补偿金问题”的信访，并按程序进行答复。为市二轻供销公司12户职工，办理公有住房报批手续。为市羽毛球厂7户职工，办理公有住房报批手续。协调解决市皮鞋厂（集团）公司18户职工房屋拆迁安置问题等。

（邹思敏）

·电力工业·

【概 况】

2018年，漳州电力网络系统

规模总装机容量1930.3兆瓦（不含后石电厂），其中水电装机889.1兆瓦，占全市装机容量的46.1%；火电装机168兆瓦，占全市装机容量的8.7%；风电装机508.1兆瓦，占全市装机容量的26.3%，光伏发电装机221.6兆瓦，占全市装机容量的11.48%，生物质能发电73兆瓦，占全市装机容量的3.78%。

全社会用电量248.1亿千瓦时，比上年增长11.73%。发电量71.5亿千瓦时，比上年增长10.29%（其中水电发电量21.9亿千瓦时、风电发电量7亿千瓦时、火电发电量34.7亿千瓦时、生物质能4.4亿千瓦时、太阳能3.5亿千瓦时）。漳州供电公司售电量215.1亿千瓦时。最高负荷435.61万千瓦，比上年增长8.26%，主网电压合格率达到100%。

【电网发展】

推进福建北电南送特高压工程（长泰境内）前期工作，配套500千伏丹岩至集美输电线路路径优化方案获批。220千伏前田（海园）输变电项目取得核准批复。完成全市配电网滚动规划、华安等6县配电网目标网架规划。投产220千伏南靖坂后等24项输变电工程，新增变电容量179.6万千伏安、线路347.5千米。应用“刹车”机制完成110千伏龙海港尾铁路配套超长工期项目整治。220千伏龙江变业主项目部、新源本部施工项目部分别获省电力公司示范业主项目部、配网工程十佳项目部。通过国网公司配网标准化建设验收。建成平和小康用电示范县。

【项目建设】

新、改建220千伏输电线路3条，总长61.3千米，新、改建110千伏输电线路7条（含支线），共长度43.07千米，新建、改建35千伏线路共4条，总长28.28千米。

新投产220千伏主变压器4台、容量840兆伏安；新投产110千伏主变压器8台、容量840兆伏安；新投产35千伏主变压器3台、容量30兆伏安。

【供电管理】

完成年度利润总额目标，固定资产原值比上年增长9.54%；实现电费“一市一行一户”；电费回收率达99.999%。建设东山智能电气化岛，直流充电站实现漳州高速服务区全覆盖，超额完成电能替代目标，综合能源服务实现预期。高压业扩接电容量比上年增长25%。市县集中规模效益采购，服务类、物资类采购节约率达16%和14%。建立督察督办分级分类评价机制。全面实施资金分级授权审批体系；推广发票池、国网商旅平台、财务机器人等试点项目，财务精益化管理水平不断提升。规范资金安全、外购电结算等业务，建立重大风险预警机制。实施班组、供电所管理提升年，打造五星级班组36个、五星级供电所7个。实现工程审计全覆盖，探索开展低职实权、关键岗位人员审计；强化审计成果运用，1个案例获评国网公司“优秀审计案例”。

稳妥推进古雷增量配电试点业务。超额完成“一般工商业电价平均降低10%”的目标，年降低各类客户用电成本5.05亿元。与首批售电市场改革试点高新区签署《电力建设工程战略合作协议》。序时推进市县业务集约融合试点工作，供电服务指挥中心、业扩联合服务中心、项目管理中心、台商投资区客户服务分中心建设及营销、物资集约成效显现，法务、财务、纪检监察集约全面推进。基建改革配套措施落实工作通过省电力公司验收。9家县公司实现分公司模式运作。完成集体企业瘦身健体改革任务。

【优质服务】

深化“邻里守望，电亮心灯”供电服务活动，落实优化电力营商环境，在市政府委托的第三方测评中，“获得电力”模拟排名全球第24位。10千伏、400伏业扩送电时长分别比上年下降45%、56%，业扩结存容量降至12.72%。推广“一码办电”“一证启动”（业务办理模式），线上办电率、交费率分别超过98%、70%。城区100千瓦以下小微企业实现低压接入。配合清理转供电加价 115 户。推行低压网格化综合服务。抢修服务指数、“95598”服务热线业务支撑水平全省第一。深入推进“全能型”供电所建设。开展频繁停电整治，配变停运率同比下降 36.2%，高压、低压故障抢修复电时长分别比上年下降 52.1%、36.8%。

【安全生产】

发布覆盖集体企业的全员安全责任清单。建立安全履职周通报和“说清楚”机制。严格执行国网公司、省电力公司分专业细化条款，落实安全监督 97 条措施清单。推行周安全管控会市县“同质化”管理。开展生产秩序整顿，强化生产服务协同、作业偏差预警管控。全面开展“六查六防”（以查安全责任落实、查安全基础保障、查消防隐患整改、查现场安全管控、查专业安全管理、查迎峰度夏工作，防范大面积停电事故、防范人身死亡事故、防范重特大设备事故、防范重大网络安全事件、防范重大火灾事故、防范重特大交通事故）、集体企业施工安全等专项治理，自查发现的两处重大隐患获省电力公司通报表扬。修订《安全工作奖惩实施细则（试行）》，分配向一线倾斜，实现过程管控、重奖重罚。创建配网工程劳务分包“1＋N”安全同质化管理示范点。安全工器具全寿命智能管控平台试点通过省电力公司验收并在全省推广。52% 的变电站全顺控上线，居全省前列。全省首家促成 3 条 220 千伏输电线路电力设施保护区依法划定。完成国家网络安全专项攻防演习。

（蒲　乾）

·国有资产管理运营·

【概　况】

2018 年，漳州市人民政府国有资产监督管理委员会（以下简称“国资委”）系统各项指标稳定增长，市属企业收入利润保持良好态势，资产总额 1848.08 亿元，比上年增长 11.19%；完成营业收入 314.26 亿元，比上年增长 10.44%；利润总额 31.03 亿元，比上年增长 2.12%；上缴税金 18.08 亿元，比上年增长 19.03%。所出资企业资产总额、营业收入、利润总额分别位居全省第三、第二、第二位。片仔癀药业、龙溪轴承等 2 家制造企业保持大幅度增长，其中片仔癀药业公司实现营业收入 47.66 亿元，比上年增长 28.33%，实现利润总额 13.27 亿元，比上年增长 40.99%；龙溪轴承集团公司实现逆势增长，营业收入 10.26 亿元、比上年增长 15.2%，利润总额 0.91 亿元、比上年增长 16.73%。

【创新管理】

市属重点国有企业在科技、管理创新等方面涌现出新举措、新成效。片仔癀药业公司每年提取超过 4% 销售收入用于研究开发，搭建三级研发平台，拥有博士后科研工作站、院士专家工作站、省级企业技术中心、省级企业重点实验室、省级工程技术研究中心等 7 个企业核心自主研发平台，建立 1 支全方位的药物研发创新团队，在全国共开设 200 多家体验馆。龙溪轴承集团公司致力“四新”（新材料、新工

2018 年 3 月 7 日，2018 年全市国有资产监督管理暨党风廉政建设工作会召开

（市国资委　供图）

艺、新技术和新设备）研究，加大技术创新投入，全年研发投入7721.58万元，承担省科技重大专项1项、国防科工局关键军用材料攻关专项3项，完成军品开发156个型号、民品开发305个型号，申请专利43项，获授权专利15项，其中发明专利4项。九龙江集团公司打造“生态＋产业＋旅游＋文化”的现代农业新模式；漳龙集团公司采取“盘活存量资产、场馆复合经营、创新利润增长”三措并举盘活资产；城投集团公司探索构建“环境＋城管＋园林＋消防”城市管理新模式；交通集团公司、投资集团公司与人民财产保险公司合作开展“政融保”支农融资担保业务，成为全省首例非银行金融机构政策性融资担保方。

【融资运作】

开展多形式、多渠道的债券融资，发挥债券市场在金融资源配置中的基础性作用，在企业信用等级、“内保外债”、“境外债和新品种”、“可续期公司债”等有新的突破。全年四大集团公司（市九龙江集团、福建漳龙集团、福建漳州城投集团、市交通发展集团）共完成融资574.01亿元，比上年增长32.36%。其中直接融资235.9亿元，完成年度计划104.84%。

【项目投资】

全年共完成投资126个项目，完成投资261.26亿元，完成年度计划任务的116.9%。其中经营性建设项目完成109.09亿元，完成年度计划的104.57%；政府授权业主的建设项目完成投资152.17亿元，完成年度计划的126.06%。厦蓉高速公路漳州段改造扩建工程、厦漳同城大道主线等项目通车，3座人行天桥“飘带”景观工程建成并投入使用。闽南水乡二期、西院滞洪区二期、南山生态园、西院湖生态园等“五湖四海”景观改造工程基本完成。古雷PX装置于12月恢复试生产。漳龙集团公司谷文昌干部学院争创“鲁班奖”；城投集团公司取得市政公用工程施工总承包一级资质，承建的九十九湾“闽南水乡”获得省“园林杯”园林景观优质工程奖；交通集团厦蓉公司在全省高速公路路面工程标准化施工观摩会上进行经验交流。

【监管规范】

管理制度　落实企业工资总额预算，出台《漳州市国资委所出资企业工资总额预算管理暂行办法》；规范企业中介机构选聘行为，制定《市属国有企业选聘审计、评估中介机构管理暂行办法》，建立备选库进入、退出、报告、评价机制。制定《漳州市产业股权投资基金管理办法》，明确企业产业股权投资基金风险控制，退出条件等事项。

投资管理　修订《市属国有企业投融资监督管理办法》。督促企业修订完善“三重一大”（重大事项、重要人事任免、重大项目安排和大额资金使用）决策制度。开展福建漳龙三宝进出口有限公司等4家企业投资后评价工作，进行项目实施过程中的合规评价。

审计监督　完成经济责任审计35项、专项审计168项。加强监事会工作，外派监事人员参加企业各类会议489次、开展专项检查25项、促进建章立制200余项。同时，构筑监事会、纪检监察、审计的监督体系，增强监督合力，提高监督效率。

（钟发元）

·国有企业·

漳州市九龙江集团有限公司

【概　况】

2018年，漳州市九龙江集团有限公司资产规模高达700.6亿元，比上年增长7.3%；营业收入133.1亿元，比上年增长29%；利润总额26.2亿元，比上年增长18.6%；上缴税费10.25亿元、上缴财政2.84亿元。主要经济指标继续保持市属国有企业第一位。其中，集团合并资产总额、年营业收入、利润总额、上缴税费分别占市属国资系统国有企业的37.9%、42.4%、84.4%、55.8%。

【融资运作】

集团公司在确保资金安全和流动性的前提下，合理搭配长短债项结构，创新融资工具，降低融资成本，全年新增融资 298.3 亿元（其中直接融资 82 亿元、间接融资 216.3 亿元）。发展澳门国际银行、新加坡华侨银行、工行迪拜分行、平安离岸行等 4 家外币银行，从 24 家金融机构累计贷款总额达 216.3 亿元，及时满足集团所有资金需求，保障资金收支平衡。同时，创新融资工具，降低融资成本。与各金融机构充分沟通，实现“内保外债”、新品种类永续债的成功落地，满足公司的中长期资金需求，实现融资成本的降低、财务结构的优化。其中成功发行漳州市首笔类永续债 10 亿元，创新了全市国有企业在银行间的融资类型，利率水平也与厦门建发集团、象屿集团等 AAA 主体评级企业相同。

【产业投资】

古雷石化产业项目　全面参与古雷腾龙翔鹭整改修复与重组工作，累计投资 40.67 亿元，持有福建福化古雷石油化工有限公司 49% 股权，间接持有福建福海创石油化工有限公司 44.1% 股权，持有漳州福化工贸公司 49% 股权，专门负责对接石化项目恢复生产的原料采购与产品销售。完成福建海创石油化工公司 135.5 亿元留债进行质押担保、股权交割、银行债务重整相关工作。根据整改修复和重组进展情况，做好资金筹措工作，按照协议约定，于年初及时到位注册资本金 24.19 亿元（年底，集团对福化古雷公司 39.69 亿元注册资本金全数到位），促进福海创公司业务开展。PX 项目于 12 月 26 日恢复试生产。福海创公司实现营业收入 97 亿元，利润总额 3.8 亿元，其中 PTA 产量达 211 万吨。

“芒果项目”　年初，集团公司参与福建省石油化工集团公司引进世界知名化工企业沙特基础工业公司合资建设 200 万吨级乙烯裂解及下游配套项目（以下简称“芒果项目”）的合资合作谈判与筹备工作。总投资 436.5 亿元，规划建设 180 万吨 / 年的蒸汽裂解乙烯装置、60 万吨 / 年丙烷脱氢装置和下游衍生装置。12 月末，项目已通过专家评审和可行性研究，中沙双方领导已锁定阶段性谈判成果，完成项目合资合同与三方投资协议的草签工作。

配套服务工程　古雷区域引水工程 12 月 31 日全线贯通。全线总长 51.4 公里，总投资约 6 亿元。古雷南 10、11 号码头，于 11 月 7 日取得港口试运营许可证，12 月通过通航核查。古雷热电联产项目于 9 月 8 日正式签约，由集团参股 50% 与华能国际电力公司共同投资建设 2 组 5 万千瓦背压机组，项目正处市国资委备案阶段。

“生态＋”板块　南湖温泉酒店由九龙江集团持股 70%，与漳州高新区企业合资组建项目公司，注册资本金 3 亿元，规划面积约 5.34 公顷。于 11 月正式启动，并完成项目规划设计。九龙江高峰生态谷一期建设以茶山为核心，以“生态＋产业”的发展模式，计划投资 1.2 亿元。生态谷景区于 10 月 8 日正式开园运营。至 12 月 31 日，景区收入超 130 万元。同时，高峰生态谷入选第一批全国林业产业投资基金项目库，其自主品牌“天泉道”白芽奇兰茶先后荣获“第十届海峡论坛之第五届海峡（漳州）茶

高峰谷－玻璃栈道　（市九龙江集团公司 供图）

会茶王赛”金奖、世界茶联合会第十二届国际名茶评比乌龙茶类3个金奖。

供应链贸易　为统筹九龙江集团贸易业务管理，集团于4月增设贸易部，扩大集团贸易经营范围，取得危化品经营许可证，实体介入集团参与投资的古雷石化产业链贸易业务。12月20日，贸易部自行开证进口的首批大宗石油化工原料国际贸易业务，首船装载1.5万吨混合芳烃远洋油轮在东莞市鸿源码头靠岸并顺利报关通检入库。截至2018年12月末，集团共拓展贸易营业收入超过40亿元。

钢结构建筑产业　钢结构装配式绿色建筑制造基地。集团持股32%与凯第建筑工程有限公司、漳州高新区天健投资发展有限公司、杭萧钢构股份有限公司合作，成立福建省凯第杭萧钢构有限公司。项目总投资约1.6亿元，占地面积10.01公顷，年生产规模为100万平方米，主要制造钢结构住宅体系的核心部件，即H型钢梁、钢管束、楼承板。年底，已投资1.25亿元，完成厂房一期投建90%和设备采购工作。

房地产板块　信禾房地产项目，位于漳州招商局G2012-B7地块，占地面积5.7万平方米，总建筑面积约19.5万平方米，总投资约9.6亿元。一期工程各单体于9月27日通过预验收，二期工程部分单体已封顶。9月份，将福建信禾房地产开发有限公司划转至子公司漳州片仔癀资产经营有限公司管理。12月，住宅累计认购282套，总认购金额约3.79亿元；签约273套，总签约金额3.54亿元。其中：2018年认购27套，价值约3397万元；签约224套，价值约2.85亿元。

林业工业科技园　以福建九龙江南山公司承担漳浦县滨海工业园区的“林业工业科技园”，总用地面积170.15公顷，总投资约7.2亿元。2018年10月，已与漳浦县政府签订《漳州市九龙江林业工业科技园项目合作终止协议》。年底，已完成项目移交相关手续，由漳浦县政府整体接收科技园项目，并负责科技园后续的建设、运营和管理工作。

【扶贫与文化建设】

履行社会责任　参与扶贫事业和慈善捐助，助力精准扶贫。全年开展扶贫、济困、助学等公益活动，捐赠各类公益慈善款项约100万元。

助推文化事业发展　出资500多万元，相继承办“花样漳州 绽放幸福”、市“九龙江杯”群众文艺展演、纪念改革开放40周年文艺晚会、南湖之声音乐会、出山入江画展等全市性、高规格的文化活动，树立企业良好形象，提升企业影响力。

构建和谐企业文化　邀请有资质的文化公司通过访谈、交流、问卷方式梳理企业文化，形成集团特有的使命、愿景、价值观等企业文化体系，增强企业发展活力，激励员工与企业同奋斗、共成长，并逐步完善微信公众号、网站、季刊、月简报、OA信息平台等对外宣传平台建设。

（曾睿捷）

福建漳龙集团有限公司

【概　况】

2018年，福建漳龙集团有限公司年度总资产470亿元，比上年增长11.77%；净资产155亿元，比上年增长0.71%；负债率为67.05%；营业收入113亿元；利润总额2.26亿元；上缴税费总额3.39亿元。全年投资39亿元，完成市国资委下达的年度投资计划49亿元的89.6%（其中公益性项目33.05亿元，完成年度计划29亿元的114%；经营项目10.86元，完成年度计划的54%）。

【产业发展】

供应链运营　漳龙商贸集团有限公司面对复杂的市场形势，主动压减高风险业务规模，加强风险管控，年度公司实现经营责任制合并范围内营业收入53.24万元，比上年减少约27.37%，完成全年预算指标约68.26%。全年实现营业收入55亿元，净利润约4148万元。公司全年采购供

2018 年 12 月 28 日，漳龙集团与龙海国投举行合作签约仪式

（蔡河林 摄）

应钢材 3.69 万吨，金额约为 1.3 亿元。水泥 23.93 万吨，金额约为 8423 万元。漳龙三宝进出口公司全年签订的购销合同 300 份，支付采购货款共计 32 亿元，全年营业总收入 28 亿元，营业总成本 27.38 亿元，平均毛利率 2.2%，净利润 1250 万元。漳龙工程机械公司完成施工升降机生产共计 15 台套，产值约 375 万元。销售 10 台套，合计金额为 164.35 万元。祥泰食品公司在增加母猪屠宰业务，实现企业营业收入增加。

建工建材　建投集团公司合并资产总额 219.7 亿元，负债 156.35 亿元，净资产 63.35 亿元，负债率 71.17%。全年实现营业收入 14.35 亿元，净利润 1.97 亿元。主要推进三馆（博物馆、艺术馆、展示馆）、南江滨路、厦漳同城大道、沿海大通道、九龙岭隧道、古雷填海造地等项目建设，完成谷文昌干部学院一期工程；新增公路工程总承包三级资质。

产业投资　漳州发展实现营业收入约 30.1 亿元，比上年增长 9.9%，利润总额约 1.25 亿元，归属母公司净利润 9370 万元，比上年增长 6.9%。公司汽贸、水务、地产及漳发建设四大业务板块累计完成考核利润约 1.36 亿元，比上年增长 240.3%，完成年度目标的 125.5%。全年计划实施项目 24 个，计划总投资 10.5 亿元，累计完成投资 12.5 亿元，完成年度计划的 119.1%，比上年增长 168.7%。股权投资：投资参股福建省招标股份有限公司、招科创新生态智慧创业投资基金，参与南靖县、龙海市县域平台合作，开创市县合作新模式；圆山公司提前完成五峰农场土地确权工作。市区内河水环境整治工作已全面铺开；市区第二饮用水源项目立项获批，老旧小区供水改造工程项目一期基本完成。

花木景观　海峡生物科技股份有限公司完成营业收入 2.53 亿元，比上年下降 17.32%；营业成本 1.78 亿元，比上年下降 21.34%；净利润 512 万元，比上年增加 144 万元。全年大农景观公司完成英桥花海景观工程、龙江南路和南环城路景观提升工程等项目，大农景观设计所主要完成谷文昌干部学院绿化、南江滨三标段等设计项目，完成设计面积 28.6 万平方米，工程设计造价估算约 7000 万元，折合设计产值约 194.5 万元；完成漳州北花海、龙江南新增地块等项目的景观竣工图绘制，合计竣工图面积 36 万平方米，折合设计产值约 108 万元。新镇宇公司全年蝴蝶兰各阶段换杯种植产量 2107503 株，比上年增长 71.9%；蝴蝶兰各阶段销售出货 691473 株，比上年增加 405799 株，出货量增幅达 142%。全年淘宝网店共计销售蝴蝶兰 22664 株，比上年增长 104%；营业额（含蝴蝶兰、水草及资产等）57.82 万元，比上年增加 124.04%。集散中心共新增出租土地 6.43 公顷，引进苗企 19 家，新签 6 间店铺（面积 264 平方米）。全年实现租金收入 821 万元，比上年增长 188%。

资产物业　资产运营公司

全年租金收入 2951.63 万元，物业管理收入总额 2453.71 万元。完成钟厂破产清算的职工安置工作，钟厂土地面积 5340.86 平方米、建筑面积 7749.33 平方米征迁工作，拆迁补偿款到位 1502.43 万元；完成芗城食品支公司人民市场外围 32 号总建筑面积 3153.14 平方米的征迁工作，货币补偿收入 1968.63 万元。

【投资融资】

全年完成总投资 37.2 亿元，完成市国资委下达的年度投资计划 80%。公益性项目累计完成 29 亿元，完成年度计划 100%；政府性建设项目 10 个，经营性建设项目 8 个。全年共计融资 123.09 亿元，其中直接融资 84.09 亿元，间接融资 39 亿元。发行福建省首单 5 亿元扶贫中期票据，创下当月全国债券最低利率。取得 4 亿元棚改专项债，期限为 20 年；完成“15 漳龙债”回售转售工作，存续规模达 9.8 亿元。下属投资公司继续布局股权投资市场，投资参股的股权投资基金漳州市漳龙红桥节能环保创业投资基金（集团出资）、漳州兴证片仔癀股权投资基金、厦门漳龙海投新兴产业股权投资基金等。

【项目建设】

谷文昌干部学院工程 位于东山县马銮湾西铜路南侧城南路西侧，总建筑面积 4.6 万平方米，地下一层建筑面积 1.5 万平方米，地上二至五层建筑面积 3.1 万平方米，总投资 6.5 亿元。由漳龙建投集团承建，集教育、培训、办公、会议于一体的综合性教学楼，将成为以谷文昌精神为主题的“全国性党员领导干部党性教育培训基地”。7 月 1 日，综合教学楼交付使用。

内河水环境治理 市区内河水环境整治工作整治范围涵盖漳州市区及龙海、高新技术园区的 17 个镇街、90 个村及相关河道。全年对污染源整治点完成 1093 个，截污率达 95.7%，完成市住建局下达的截污目标，同时为全市取得全国黑臭水体整治示范城市，并争取到 6 亿元的整治补助资金。

南江滨路三标段工程 由漳龙建投公司承建的市南江滨路东起规划东环城路，西至南靖靖城新大桥，集交通、景观、文化、旅游为一体的城市景观交通性主干道。全长 20.08 公里，双向 8 车道，沥青砼路面，道路路面宽度为 70 米。项目总投资约 89 亿元（含一、二期），为省市重点建设项目于 10 月全线通车。

（王小翊）

福建漳州城投集团有限公司

【概 况】

2018 年，福建漳州城投集团

由福建漳龙集团有限公司承建的漳州市南江滨路 （游斐渊 摄）

有限公司全年投资项目30个，完成投资58.89亿元。企业主体信用等级为AA＋。实现资产总额309.84亿元，比上年增长12.81%；营业收入37亿元，比上年增长19%；利润总额2.74亿元，比上年增长25.69%。

【项目投资】

公益性项目　西院湖生态园（二期）、人民广场四季花海二期、南山水岸一期工程等生态项目基本完工并对外开放；上美湖、湘桥湖均快速推进；九十九湾串串湖雏形初显；新路顶改造工程、古武庙改造工程、侨村西姑池周边道路及环境整治提升工程提前完工；水仙大街（龙文段）两侧绿化清占改造提升工程、水仙大街路面白改黑、浦南门站等项目基本完工；漳州一中高中部、市职教园区部分建筑主体实现当年开工、当年封顶，漳州市第一条地下综合管廊道路项目——金塘路7.4公里全线开工；西湖11条园区道路等项目全面开工建设；林内、康山等6个西湖生态园棚户区改造、西蕃莲棚户区危房改造工程、北庙片区棚户区改造工程、进贤新村安置房三期等保障性住房项目均有序推进。

南山桥夜景　（漳州城投集团公司 供图）

经营性项目　开发的碧湖印象高端商品住宅项目成为众多市场客户追捧的对象；九龙东方财富中心和碧湖城市广场吸引实力客户的进驻；与建发地产集团联手成功拿下碧湖区域最后一个优质商住地块，增强经营性地产发展后劲。此外，参与芗城区安得广项目，解决在漳创业就业人员、机关企事业单位职工、港澳台侨胞、社会住房困难人员及各类高层次人才、军地融合官兵等住房问题。

碧湖区域景观　（郑钦 摄）

【板块发展】

建工集团　全年建设安装产值15亿元，比上年增长124.7%。参与市场竞争，以EPC模式拿下诏安梅峰公园改造项目，取得市政公用工程施工总承包一级资质，与优质社会资本方合作成立融兴工程服务有限公司，开拓工程服务业务。

建材集团　贸易板块，将钢筋、水泥等产品销售区域由市区拓展至县域地区以及周边城市，包括福州、莆田、龙岩、平和、龙海、长泰、云霄、漳浦、南靖、华安等地，逐步形成以漳州市区为核心，覆盖“八县一市两区”，延伸全省范围的销售格局；生产板块，混凝土生产量比上年增长67.3%，沥青混合料生产量比上年增长106%。同时，通过ISO 9001质量管理体系认证、ISO 14001环境管理体系认证和OHSAS 18001职业健康安全管理体系认证，扩大品牌信誉影响力。

运营集团　全年在户外广告经营、房屋资产经营、停车设施经营、公园管理经营等领域均实现盈利，物业管理服务全面扭亏为盈，新浦停车楼、市民公园停车场建成并投入试运行，“漳州停车”APP覆盖率显著提升；古城运营引进旅游休闲产品、养生产品、酒吧、书屋、医馆等多元丰富的业态，启动闽南水乡商贸街找商、招商，带动城市发展。

环境集团　全面承接主城区垃圾清洁直运及道路机械化清扫保洁项目，覆盖面从芗城区扩大到龙文区，同步推进垃圾清洁直运项目的配套设施建设，建成并投入使用的垃圾屋251座，主城区生活垃圾集、疏、运一体化体系逐步构建完善；九龙岭餐厨垃圾处理厂、污泥处置厂顺利投产，餐厨垃圾日收运量突破60吨，并实现沼气发电，变废为宝，污泥厂运行仅半年处置污泥量已达2467吨，着力改善主城区人居环境；全省首例采用ABO模式授权运营公共服务项目，以“环卫＋城管”“环卫＋园林”模式入手，迈出市场化转型的重要步伐。

设计集团　11月，漳州城投设计咨询集团有限公司成立，整合城市规划设计研究院、水利水电勘测设计研究院、工程咨询中心和市建工程勘察院的优势资源，完成设计集团架构设计，加快对北京东方筑中规划设计有限公司的并购，取得房建甲级资质，设计板块资质体系日趋完善。

【安全生产】

集团围绕“安全发展”目标，落实各项安全风险管控措施，通过合理调整巡检周期，锁定危险源管控部位和各级巡检责任人，利用微信“二维码”安全巡检工具，实现了巡检工作常态化、巡检合格率稳定在95%以上。全面开展预防管控、隐患排查治理、应急管理等安全工作，在安全大检查和专项检查中，重大隐患排查治理整改率达到100%。通过专题讲座和应急演练的形式，大力宣传安全生产法律法规和知识技能，培育企业安全文化。真正把污染防治攻坚战、安全生产大检查、危险源辨识管控、二维码巡检、安全生产培训演练等工作有机统一起来，安全生产平稳向好。

【队伍建设】

3月成立城投集团党校，推行企业领导班子成员讲学、专家教授授学、集中理论辅学、学员自我研学、座谈讨论促学的教学模式。共进行2期4个班次培训，累计6879人次。通过校招、社招、内部培训考核等多种途径挖掘人才，以党校培训考核为载体，打开员工转岗晋升通道；优化选人用人体系，严把选人用人关，通过选拔考核，大胆提拔任用年轻干部，提倡能者上庸者下的选人用人体制，促进企业良性发展。

（陈　珺）

漳州市交通发展集团有限公司

【概　况】

2018年，漳州市交通发展集团有限公司资产总额320.96亿元，比上年增加14.92%；净资产110.66亿元，比上年增加9.86%；营业收入36.95亿元，比上年增长34.95%；利润总额2.55亿元，比上年增长19.16%，缴纳税收1.04亿元。拥有下属全资一级子公司、控股公司24家，涉及交通基础设施建设、道路客运、物流贸易、港口码头经营管理、海上运输等领域。并获中国道路运输协会城市客运分会授予“全国公共自行车行业卓越项目奖”；被中国道路运输协会授予“中国道路运输百强诚信企业”称号。市长运集团有限公司荣获中国交通企业管理协会授予“交通运输节能减排示范企业”。

【投资建设】

2018年投资项目27个，涵盖高速公路、市政交通、公交枢纽、汽车场站、房地产等（其中公益性项目16个，经营性项目11个），总投资401.4亿元。年度计划投资50亿元。实际投资68.7亿元，完成计划的137.4%，比上年增加27.15%。厦漳同城大道第三标段（圆山段第一标段）、沿海大通道云霄段（二期）正式通车；芗城区钟法路人行天桥“飘带”景观工程建成并投入使用；厦蓉高速公路漳州段改扩建工程正式运行；九龙江大桥增建匝道于2018年10月1日试运营。兼并重组漳州市一德石化有限公司，于12月14日签订了合作框架协议。

【运营开发】

公共交通　至2018年底，纯电动新能源公交车总数达330辆，新能源和清洁能源公交车占比达到91.14%，位居全省前列。达达通公共自行车日租用量突破1万人次，累计租用量近468万人次，为市民出行提供便利。同时，完成中央环保督导组检查督导、海峡两岸第十届农博会暨第二十届花博会及全国畜禽养殖废弃物资源化利用现场会等机要工作用车服务。

厦蓉高速公路漳州段　（市交通发展集团公司　供图）

港航运营　研判国际航运形势，强化船舶精细化经营管理，船舶经营全年营业收入5309万元，比上年增长17.14%，盈利1103万元，比上年减少1447万元。强化海上供油、船舶防污染、船舶检验、码头装卸等业务，港口服务年营业收入4334万元，比上年增长16.47%。推进水产品贸易，全年营业收入达2亿元。

自营品牌　下属漳州通正勘测设计院有限公司新增申报大地测量、航空与摄影测量（无人机）、海洋测绘（扫海）等三项测绘资质，其承接诏安县江滨大道公路工程航测地形图测绘项目，荣获省测绘地理信息学会于10月授予“福建省优秀测绘地理信息优秀工程奖（银奖）”。市通美云水谣庄园有限公司荣获全国森林康养基地试点建设单位。市通发房地产开发建设有限公司重点打造地产项目“五福”（长寿、富贵、康宁、好德、善圆）系列地产品牌，位于南靖县“五福花园”三期项目开盘当日售罄。

【资本融通】

拓展融资渠道，主动与评级公司、券商等机构密切合作，融资涵盖银行、保险、证券、基金等资本市场的多种模式，科学策划债项品种、发行窗口、债项存续时间，利用永续债计入权益的股性，降低资产负债率，优化财务结构，提升融资质效，创新资本融通模式，维护企业信用评级AA＋，2018年获惠誉国际评级机构BB＋评级，为境外发行美元债创造良好条件。全年完成融资85.57亿元（其中直接融资33.5亿元、间接融资52.07亿元），支持全市一批省市重点项目的建设。

（欧阳福金）

漳州片仔癀药业股份有限公司

【概 况】

2018年，漳州片仔癀药业股份有限公司各项经济指标实现新增长，营业收入47.66亿元，比上年增长28.33%；利润总额13.27亿元，同比上年增长40.99%（其中净利润11.29亿元，比上年增长44.63%）；上缴税收5.35亿元，比上年增长18.31%。

公司股票市值由上年末的400亿元左右增加至520亿元左右。5月，公司股票被首批纳入MSCI指数体系；8月，获评“沪市上市公司2017—2018年度信息披露工作评价结果A级”；9月，获评“2018中国最具竞争力医药上市公司20强（位列第10位）”；11月，获评“2017年度金牛最具投资价值奖”，蝉联“最受投资者尊重的上市公司”。同时，片仔癀品牌以406.09亿元居《2018年中国品牌500强》第86位，以249.03亿元居“2018年中华老字号品牌价值排行榜”第2位，蝉联“胡润品牌榜”及“肝胆用药第一品牌”。此外，公司还荣膺“2017年度创新力企业”“全国非物质文化遗产保护工作先进集体”等荣誉称号。

【品牌培育】

品牌培育推广　借助权威媒体和媒体平台，提升品牌价值，在央视综合频道《新闻联播》、央视新闻频道《共同关注》、央视财经频道《央视财经评论》《对话》等栏目宣扬片仔癀中医药文化，登陆央视财经频道《职场健康课》栏目，携手东南卫视《你好爸爸》栏目，实现品牌宣传覆盖辐射全国；结合传统纸媒宣传片仔癀，《片仔癀开创中医药营销管理新模式》《片仔癀：以市场和科技创新铸造国家品质》等多篇新闻通稿刊登在《市场观察》《中国国资报道》《企业家日报》《健康导报》《中国食品报》《保健时报》等媒体的头版显著位置。

2018年10月11日，G 356-片仔癀号高铁冠名首发仪式（林毅 摄）

新媒体宣传　构建“互联网+”传播模式，片仔癀冠名厦门北－北京南的G356高铁动车，贯穿中国由南至北的9个省份、27个站点、多个重要城市；与今日头条合作，在北上广等八地市区域针对高端消费群体精准投放片仔癀资讯；借助中国传统佳节及二十四节气等节日契机，以送祝福、送温暖等形式在微信及微博平台进行片仔癀生态传播，提升品牌美誉度。

深化片仔癀概念　片仔癀福建三宝礼盒获得第三届海峡两岸设计大赛金奖，宣传国宝名药、福建三宝及大健康概念，扩大品牌影响力和美誉度。将爱心注入品牌，携手福建电视台《爱心帮帮团》，参与“暖冬公益行”活动，发出爱心款30万元。

片仔癀体验馆战略布局　围绕推进长江以北的体验馆建设为战略布局，建设区域向纵深发展，新疆、山西、内蒙古等省份实现了空白市场“零”的突破，推进片仔癀系列产品的销售。同时，带动化妆品、日化品、保健食品等销售，推动片仔癀大健康产业的快速发展。公司《支持企业大健康发展战略的产品体验馆建设管理》项目荣膺“第二十四届全国企业管理现代化创新成果二等奖”。产品销售部被省总工会授予“工人先锋号”。

【新药研发】

新药开发 聚焦新药研发加快中医药现代化，筛选并成功立项治疗疼痛创新药物、治疗非酒精性脂肪肝炎创新药物等4个研究项目。推进治疗骨关节炎新药等项目的临床前研究及临床批件注册申报工作，其中获批1项中药5类新药临床试验批件。开展11个保健食品和食品的开发，为企业战略性发展提供技术支撑。11月，片仔癀以65.77高科技因子再次蝉联清热解毒领域第一名，位居福建省第一名。

片仔癀大品种培育 以治疗肝病和肿瘤为主线，以抗炎、免疫调节、解酒保肝等为辅线的系列药理毒理、质量标准及临床研究项目36个，不断突破中药现代化关键领域。正式出版《片仔癀基础研究与临床应用》，在完善应用证据链的同时推动成果转化，邀请行业知名专家在全国大型专业研讨会上分享片仔癀在肝病等领域的最新研究成果，推动科研服务落地。

知识产权保护 开展国际专利布局，其中申请3项香港标准专利，4项台湾发明专利。7项发明专利（其中一项为香港专利）及6项实用新型专利获授权。公司“一种治疗脂肪肝的药物组合物及其制剂”项目荣获国家知识产权局颁发的“中国专利优秀奖”。

【质量管理】

开展“管理建设年”活动，争创省政府质量奖，导入ISO 9001、ISO 14001、OH－SAS 180018/15、三标准体系、6S、卓越绩效管理、两化融合、品牌培育等管理体系，强化质量管理，推动企业往高质、高效方向发展。公司检测中心通过中国合格评定国家认可委员会（CNAS）专家组的现场评审。通过国家药品不良反应监测系统等各种信息渠道，随时对上市后的药品安全信息进行收集，并通过公司专业技术平台对问题信息综合分析，按照公司的食品药品安全应急预案和召回预案，对上市异常产品快速反应，及时处置。同时，建立沟通与舆情处理机制，保证对上市后产品质量安全问题与公众进行有效沟通与舆情管理，形成药品安全管理与市场销售无缝对接和联动，确保上市后产品质量安全的潜在问题得到应急处置。全年没有出现质量安全责任事故。第一车间制剂组被全国总工会授予“工人先锋号”。

【偕同发展】

在片仔癀品牌效应的带动下，所属的控股子公司围绕公司整体经营目标，加快发展，经营业绩得到大幅提升。全年医药商业板块的子公司厦门片仔癀宏仁医药有限公司实现营业收入21.01亿元，比上年增长24.92%；子公司片仔癀（漳州）医药有限公司实现营业收入7.55亿元，比上年增长31.03%。销售规模不断扩大，福建片仔癀化妆品有限公司实现营业收入2.74亿元，比上年增长56.95%；漳州片仔癀上海家化口腔护理有限公司实现营业收入1.22亿元，比上年增长40.93%。

【生产技改】

利用原厂房对车间进行改

漳州片仔癀博物馆　（林毅 摄）

造，对后包装工序重新布局，在现有的基础上新购设备，完善自动化流水包装生产线，提高生产效率。9月，在漳州市第六届职工“五小”（小发明、小创造、小革新、小设计、小建议）创新竞赛活动中，公司申报的“中和池气动搅拌装置改造”“锅炉蓄热水系统节能优化”两个项目荣获“创新项目”二等奖；“T2工段酒精蒸馏装置冷却水缺水保护技改”“一种安全高效灭菌工艺研究”“清热止咳颗粒制剂工艺优化”三个项目荣获“创新项目”三等奖。

【亮丽工程】 全年投资约2577.5万元，完成“片仔癀博物馆”升级改造工程和厂区“白改黑”及景观改造工程；完善“职工文化活动中心”，配套改造大型会议场所，提高企业形象，为丰富员工业余文化生活创造条件。

（高细海　林　毅）

福建龙溪轴承（集团）股份有限公司

2018年8月23日，漳州市委副书记、市长刘远（前排右一）一行到龙溪轴承集团华安丰山厂区调研、指导工作（龙溪轴承集团公司 供图）

【概　况】 2018年，福建龙溪轴承（集团）股份有限公司营业收入首次突破10亿元，实现收入102581.79万元，比上年增长15.2%，利润总额9084.6万元，比上年增长16.73%；归属母公司所有者净利润8775.22万元，比上年增长23.57%。其中母公司营业收入66539.22万元，比上年增长15.31%，主营业务收入52898.98万元，比上年增16.38%，利润总额9431.04万元，比上年增6.02%，净利润8523.64万元，比上年增4.35%，同时，蝉联全国文明单位，入选国企改革“双百行动”并作为福建省典型代表列入重点跟踪对象。

【营销工作】 实施产品差异化策略，巩固国内传统配套市场，主要客户市场份额维持在80%以上。深挖战略性新兴产业的配套需求，国内“三新”（新产品新客户、新产品老客户、老产品新客户）市场收入达3400万元。新规格免维护十字轴产品进入主流汽车的配套体系；中标国家重点科研项目江门中微子项目等。深化相关单位的调研与开拓力度，横向突破定型主机的双流水配套，纵向推动在研机型的鉴定、定型，销售收入达2000多万元，比上年增长70%；成为美国波音和中国商飞的培育供应商；强化跨国公司在华机构调研和国际市场主机开拓，并利用上海轴承展、英国航展、珠海航展等捕捉市场需求信息，主要客户CAT、SKF、RBC、WSW等平均增长达35%以上，其中国际“三新”市场达3537.3万元。制定并实施“一厂一策”的差异化调价策略，全年对销售产品上调价格，增加收益共1923万元。

【技术创新】 全年共开发517个新产品，确认图纸1549种；申请专利43项（其中发明专利22项），新授权专利15项（其中发明专利4项）；牵头起草2项关节轴承行业标准并通过审核。“产学研用”合作向上下游产业链延伸，获批建立高端轴承精密制造技术国家地方联合工程研究中心，成功加入中国商飞主导的国家民用飞机材料产业发展联盟；“长寿命高性能关节轴承关键技术研发与产业化”项目获机械工业科学技术进步奖二等奖，“大型建筑金属结构关节轴承节点工作机理研究”获省技术发明三等奖，MA60飞机用关节轴承通过适航审查，参与3项关键材料攻关项目，并再次承担省科技重大专项；航空模塑衬垫研制已达到美航标2.5万次磨损寿命基础要求，初步掌握航空钛、铝合金拉杆径向精锻技术诀窍并形成具有自主知识产权的拉杆设计技术，智能检测、智能喷涂与智能锻造技术研究初见成效，组合镀、复合镀等技术研究卓有成效，形成不同耐蚀能力等级的系列表面处理技术，成功配套多个光热项目；开展寿命计算因子的作用机理研究，在国内首创关节轴承寿命与选型软件；免维护十字轴UW52133NY2通过一汽、二汽的严苛磨损试验，UW52133NA成功配套柳工集团。

龙溪轴承集团牢牢掌握关节轴承领域的技术制高点，产品广泛应用于航空航天、建筑路桥、轨道交通、冶金水电等领域

（龙溪轴承集团公司 供图）

2018年12月27日，举行龙溪轴承集团建企60周年庆祝大会

（龙溪轴承集团公司 供图）

【企业管理】

把各项责任制落实情况纳入月度绩效考核，年终进行综合评价；在全年平均负荷高达150%以上的情况下，有效突破瓶颈工序，年完成成品1331万套，再创历史新高。引入PDCA（循环的含义是将质量管理分为四个阶段，即计划、执行、检查、处理）管理模式，重点完成全年组织机构调整后的中层干部离任审计、市国资委重点专项应收款审计、存货核算审计、权属公司年度审计等，完成集团公司、权属公司经营业务相关活动45次及21人的离任审计，提出77条整改意见与建议，并按计划落实问题整改。共立项降本增效项目138项，

超额完成目标（4550万元），达5200万元以上。强化财务管理，提高资金使用效率，增加利润近2400万元等。顺利通过ISO 9001、IATF 16949、GJB 9001C标准换版审核和装备承制单位两证合一审查、全国轴承行业首家通过AS 9100D换版审核（全国共5家）；轴承行业唯一获颁GB/T 32541证书，并通过Nadcap热处理工艺认证。永安轴承公司实现扭亏为盈，净利润235万元，三明齿轮箱公司、福建红旗股份公司合并减亏753万元。

【项目建设】

通过公司参与设立的会同产业升级基金，合计出资2000万元参与宝群电子科技（上海）有限公司增资扩股，布局智能制造业务领域。福建龙孚轴承有限公司突破智能摩擦项目的部分工艺技术瓶颈，进入样品试制阶段。制定落实公司《投资项目后评价管理制度》，有序开展集团本部及永安轴承、三明齿轮箱等主要权属公司投资项目后评价工作。完成蓝田二厂区4号厂房二次装修改造工作，满足成一车间、自润滑工段、电镀生产线搬迁要求，全年固定资产投资总额9261万元。

（杨小杰）

福建漳州发展股份有限公司

【概　况】

2018年，福建漳州发展股份有限公司实现营业收入30.68亿元，比上年增长12.05%；实现营业利润12423.53万元，比上年增加9.36%；累计缴纳税费16228.92万元，比上年减少4.66%。

【水务业务】

全年实现制水总量9529.86万立方米，售水总量6966.71万立方米，污水处理量5617.58万立方米，比上年稳步提升；实现营业收入27859.35万元，比上年增长31.02%。水务集团下属水厂出厂水常规水质合格率均在99%以上，全年未发生一起饮用水安全事故。开展市区老旧小区管网改造工作，一期共有23个老旧小区进行供水改造，为“漳州市政府2018年为民办实事项目”，于4月底施工。12月底，有23个小区管道安装已全部完成，管道安装长度近60公里，完成二次供水管理监控系统建设，累计完成工程总投资约3200万元。以万科漳州02地块项目作为二次供水“建管合一”试点，全面推进市区“建管合一”建设工作，有17个小区签订协议，其中6个小区建设完成。完成ISO 14001环境管理体系认证、OHSAS 18001职业健康安全管理体系认证，水务集团三大管理体系建成。同时，完成集团及东墩污水公司企业安全生产二级达标创建工作，于12月取得二级达标证书。

【汽贸业务】

全力构筑品牌矩阵，完善网络布局，拓展产业链条，建立健全制度建设，打造汽车综合服务运营商。旗下拥有25家子公司，28家各级4S店、展厅，遍及福州、厦门、泉州、三明、南平、漳州六地市。全年实现新车销售台次14653台，营业收入18.57亿元。福州华骏领克中心、漳州华骏领克中心、厦门传祺、漳州奇瑞、北汽新能源店、漳州华骏长安店正式投入运营。至此，汽车集团已经形成以广汽传祺、观致、比亚迪、东南、奇瑞、长安组成自主品牌阵列；东风本田、一汽丰田、长安福特、雪佛兰、东风悦达起亚、JEEP、DS等合资品牌抱团；奇瑞新能源、北汽新能源、比亚迪新能源涉足新能源汽车销售领域的一整套品牌战略。2018年2月，旗下福建漳发汽车保险代理有限公司获保监局批复，投入运营，与平安、太平、人保等多家保险公司签订保险代理协议。5月，漳发汽车保险代理公司福州、南平、三明、泉州、漳州等5家分公司获批。

【房地产业务】

组建地产集团，实行集团化管理，加强项目质量、进度、安全、成本等方面的管控，做好土地储备，提升产品品质，扩大楼盘营销，多渠道打造“漳发地产”品牌。全年房地产业务资产总额为18.85亿元，实现营业收入6.05

亿元。晟发地产—晟发名都项目基本投入使用。晟达置业—晟水项目晟水名都一期别墅及花园洋房已投入使用。诏发置业—尚水名都项目一期主体和装修已全部完成，二期主体框架已经全部封顶，年底完成竣工验收。漳发地产—漳发名都项目1号楼已于年末开盘销售。

【工程建设板块】

子公司漳发建设主要水务工程建设、房建及市政工程建设、市区内河及农村水环境综合整治三大业务板块。先后承接市政管网建设工程、一户一表改造工程、房地产项目用水工程以及诏安县污水处理厂配套污水管网扩建工程（管网总长度约2.7万米）、漳浦县污水处理厂一级A扩容提标改造工程（造价约5000万元）、云霄经济开发区污水处理厂及管网工程（一期）项目（造价约1.3亿元）、漳浦万安污水厂建设工程（造价约3000万元）。中标市区内河水环境综合整治项目总投资约27.18亿元，已正向普查、逆向溯源全面完成，清淤疏浚、截污改造已初见成效。在“2018年城市黑臭水体治理示范城市”入围城市中，漳州从全国多个申报城市中脱颖而出，成为全国第一批20个黑臭水体治理示范城市之一。同时，开拓全市各县域农村污水整治工程，已中标南靖农村污水处理设施建设工程PPP项目，总投资约6.74亿元。此外，公司投资10258万元参股泷澄建筑工业，占股比45%。主要业务为装配式建筑部品部件的生产与销售、地下综合管廊的设计、生产及施工；商品混凝土的生产及销售。全年漳发建设资产总额近5亿元，实现营业收入4.11亿元，毛利8445万元，账面净利润5629万元，主要经济指标均大幅超额完成集团下达的各项指标。

（方　芳）

漳州投资集团有限公司

【概　况】

2018年，漳州投资集团有限公司现有总资产30亿元，比上年增长5.6%；净资产24.75亿元，比上年增长2.48%；利润总额0.75亿元，同比上年增长11.03%。员工人均创造利润、税利额位居市属重点国有企业前列，纳税额达1760万元。

【基金运营板块】

应急周转金、助保贷、小微贷款保险、小额担保贷款业务、个人创业担保基金　2018年，集团公司共办理工贸企业资金链应急周转金22笔，发放金额达3.34亿元；中小企业贷款风险补偿基金规模6000万元，共授信5家企业，发放贷款1975万元；累计办理36家小微企业贷款保证保险基金业务，获得贷款3650万元，缓解企业融资难、融资贵问题；开展小额担保贷款基金业务，专门为符合政策规定并具有创业能力的人员提供担保贷款；个人创业担保贷款基金共受理10笔，总担保金额为108万元。

产业股权投资引导基金　市产业股权投资基金规模5亿元，已设立4支子基金，共认缴出资额2.47亿元，撬动5亿多元社会资本优先投向市优质中小企业。新设2支子基金，其中龙海绿鑫健康投资基金于年初正式设

2018年9月30日，漳州鑫投食品投资基金成立暨签约仪式

（漳州投资集团公司　供图）

立，基金总规模8000万元，由集团公司作为发起人出资100万元，产业股权基金出资3300万元，主要投向全市大健康行业内的成长期或成熟期企业项目。漳州市鑫投食品投资基金于9月30日正式设立，规模2.4亿元，产业股权基金出资9000万元，用于扶持、帮助市食品龙头企业转型升级，促进食品产业深化整合。

省企业技术改造投资基金 借助集团公司参股的省企业技术改造投资基金，实现技术转型升级的漳州企业达11家，签约金额14.96亿元，实际投放金额12.63亿元。

政策性融资担保基金 公司与人民财产保险公司合作开展的“政融保”业务，系全省首例将非银行金融机构纳入政策性融资担保的融资方范畴，也是人民财产保险公司支农专项贷款资金在省的首次投放。公司全年共出具担保意向书共45笔，合计1.93亿元。累计获得银行等金融机构审批21家，审批金额及放款金额均为7954万元。

【金融和类金融板块】

融资担保业务 在融资担保业务基础上，拓展政策性融资担保、股权质押、工程担保、二手房阶段性担保、贸易融资担保等新业务。其中市融资担保公司与漳州农商银行合作开展的股权质押担保业务，在保总金额合计1.13亿元，与上年持平，无代偿情况；二手房交易监管资金监管396.34万元，阶段性担保额度为6893万元，保证房产交易客户的资金安全；建设工程担保业务有效拓展，出具保函金额为5531.21万元；贸易融资担保业务持续增长，担保金额为3800万元。

2018年3月22日，南靖县联鑫建设投资有限公司举行揭牌仪式

（漳州投资集团公司 供图）

典当业务 下属两家典当公司平稳运行，全年不动产抵押加担保典当业务大幅增长，累计放款1.81亿元，全年无任何新增不良贷款。其中福建晟发典当公司全年累计发放当金1.002亿元，典当放款余额为1.08亿元，新增典当业务39笔，发放典当金额7141万元；漳州市漳信典当公司年累计发放当金8028.91万元，典当放款余额为4823.95万元。共新增典当业务17笔，发放典当金额1460万元。

会计代理记账业务 在原有代理记账的主营业务上，下属漳州市金信财务公司继续紧跟财政政策动向，拓展各市直单位及县（市、区）单位财政项目绩效考评、绩效监控审核、部门财务报告编制、部门决算编制等新业务，代理单位账套总数267套，比上年增长26%。

PPP项目咨询业务 下属漳州中财嘉丞咨询公司承接的“长泰县农村污水处理设施建设工程PPP咨询项目”，成为市唯一获得财政部“第四批全国示范性项目”的PPP项目，并于9月入选财政部“PPP项目以奖代补资金项目名单”，获得财政部500万元资金奖补。下属福建漳财企业咨询公司于年初通过财政部、省财政厅和市财政局三级审查，获得政府采购资质，成为全市唯一拥有招标代理资质的国有企业，且成功试水棚改项目财政承受能力论证咨询服务，开创了省内咨询公司承接棚改项目财政承受能力论证的先河。

【产业股权投资板块】

PPP 投资项目　漳州鑫信房地产开发公司中标“芗城区城中村与农村生活污水收集与处理PPP 项目”总投资 3.96 亿元，涉及水源地的 19 个村生活污水收集与处理工程的主管和污水处理站已基本建成，累计铺设管道 46 公里。承建的漳华东路（九龙大道至龙文北路）路面改造工程正式竣工通车，配套的人行道项目也已建设完工。

医疗健康产业　由集团出资 2000 万元携手台湾妇幼医疗集团共同打造的高端母婴护理中心——漳州莉馨母婴护理中心，于 2018 年 3 月正式营业，系福建省首家闽台合作国有母婴护理中心，标志着漳投集团在医疗健康产业投资上迈出关键一步。

传统农业产业转型升级　控股福建中润农业开发公司，拓宽公司蜜柚种植经营范围，将打造集“农业、示范、推广、观光、科普、展览”等功能于一体的新型农业生态园区，实现多产业有机结合，带动平和蜜柚产业的转型升级。

拓展“互联网+”业务　由下属市易融通金融服务公司代理运营的“漳州市中小企业公共服务平台”，在市举办“漳州市中小企业服务周”活动。在一周时间内连续举办服务活动 36 场，服务企业 2000 家（次），发放政策及各类服务手册 3000 份（册），着力推动企业要素资源高效配置，助力中小企业高质量发展。运营以来，服务企业超 1 万家次，发放各类政策汇编资料超 1 万册，注册会员近 1 万名，并于 12 月 12 日入选省工信厅“2018 年福建省中小企业公共服务示范平台名单”。

股权类投资　共收到华福证券、招商局漳州开发区、省广电网络集团、芗城区小额贷款公司、市农商银行、长泰县小额贷款公司等股权投资收益 1887.76 万元。

（吴武滨）

责任编辑：徐耀雄

国内贸易

·概 述·

【概 况】

2018年，漳州市社会消费品零售总额1111.6亿元，比上年增长13.1%。其中，限额以上消费品零售额558.8亿元，比上年增长18%；限额以下消费品零售额552.9亿元，比上年增长8.6%。从限额以上主要消费品零售情况看，粮油、食品、饮料、烟酒类实现147.4亿元，比上年增长26.7%；服装、鞋帽、针纺织品类实现28亿元，比上年增长12.2%；家用电器和音像器材类实现30.1亿元，比上年增长14.5%；石油及制品类实现39亿元，比上年增长8.3%；汽车类实现67.4亿元，比上年增长10.7%。批发业销售额完成1451.1亿元，比上年增长26.6%；零售业销售额完成1295.9亿元，比上年增长13.6%；住宿业营业额完成19.7亿元，比上年增长22.3%；餐饮业营业额完成168.1亿元，比上年增长15.2%。

·商 业·

【电子商务】

2018年，漳州市电子商务交易额370亿元，比上年增长15%。全市共有电商企业2486家，从业人数4万人；在建、筹建电子商务园区11个。开展电商助力精准扶贫，“一户一店一码”电商扶贫模式入围改革开放四十周年“福建影响力”案例。全市现有国家级农村电子商务示范县4个（云霄、漳浦、平和、诏安），规模居全省第二；省级农村电子商务示范县2个（龙海、南靖）。全市共建设农村电商服务站点809个，贫困村开设农村服务站点71个。漳州市、云霄县、平和县的“互联网＋精准扶贫”经验做法在商务部“电子商务进农村”公众号上作为典型案例被推广。2018年3月和7月，市商务局分别与京东、阿里巴巴签约，举办漳州市互联网+生鲜对接会、全省“兴农扶贫”启动仪式、敦煌网漳州产业招商大会等，促进传统企业与电子商务资源互补、深度对接、创新发展。搭建“阿里巴巴漳州产业带”，聚焦花卉、钟表和食品三大传统支柱产业，全年电商交易额累计3.68亿元。

【商业贸易】

农贸市场建设 市政府出台《漳州市中心城区农贸市场三年改造建设实施方案（2018—2020年）》，制定《漳州市中心城区商业网点布局规划2018—2030》，2018年芗城区和龙文区共计完成改造建设10个农贸市场（芗城区3个、龙文区7个），其中新建市场竣工5个、改造市场竣工5个，累计完成投资2986万元，占年度计划的153.9%。

商贸企业 片仔癀国药堂医药连锁有限公司、平和大世界商贸有限公司等10家企业入选全省百家重点内贸企业。古城商圈、凯德广场商圈、大润发商圈、碧湖万达商圈等12个商圈入选全省百个重点商圈。漳州润良商业有限公司大润发龙文店、漳州新华都百货有限责任公司胜利西路店被福建省商务厅评为2018年度福建省“绿色流通先进单位（商场、超市）”。

二手车交易市场　2018年，全市二手车交易市场5家，经营面积8.1万平方米，比上年增长26.6%；交易量4.9万辆，比上年增长10.6%；交易额29.1亿元，比上年增长17%。

报废汽车管理　漳州市现有资质汽车回收拆解企业7家，2018年度共发出《报废车回收证明》20794份，注销报废机动车辆20350辆。

【生活服务】

家政服务补短板　2018年9月21日，指导市家庭服务业协会开展“全省家政服务业职业技能竞赛”漳州赛区选拔赛。10月中旬，组织6名选手参加“全省家政服务业职业技能竞赛”，群力家政1名选手获个人组第二名。

餐饮小吃　2018年漳州鲈鱼宴入选中国名宴。5月下旬开展全市餐饮烹饪技能竞赛；9月，选送10名参赛选手和菜品参加全省烹饪职业技能大赛，全部获得“闽菜名师”“福建名菜”称号，并全部参加全国总决赛。

美容美发行业交流　2018年11月16—20日，第三届海峡两岸美业论坛暨漳州市美业发展论坛活动举行。台北女子美容商业同业公会等台湾地区商学界代表、美容、美发、美甲行业及企业管理教育机构专家、学者等55人到漳州开展技能、彩妆、发型比拼和造型展示交流。漳州、台湾两地10家业界协会、企业签订漳州、台湾美业友好协会合作协议书。

【展销活动】

2018年组织300多家企业参加14场“闽货·华夏行”、6场服务贸易等展销活动。8月30日至9月1日，组织欧瑞园食品有限公司等8家企业参加在新疆乌鲁木齐举办的第六届中国—亚欧博览会。参展产品有茶叶、水产食品、冻干果蔬、蘑菇罐头、肉制品等。参展企业接洽客商300余家，现场销售近10万元。11月23—26日，组织34家企业参加在海口举办的2018年第十九届海南国际旅游岛欢乐节，参展展位32个，参展面积近300平方米，参展商品主要以茶叶、海产、罐头、烘焙、酒类食品为主，现场成交额280万元，意向成交额达1300万元。12月30日，组织漳州本地商场超市与漳州食品生产企业参加2018中国食品名城（漳州）食品交易会漳州卖场专场对接活动，现场签约项目12个，意向金额4.2亿元。

【“菜篮子”工程】

2018年，漳州市78家城市副食品调控基地出栏商品猪55万头、上市蛋品1960万公斤、上市蔬菜58.76万吨，上市禽肉1533万羽，上市肉牛8300头。全面完成“菜篮子”工程任务。

（曾焕强）

·供销合作·

【概　况】

2018年，漳州市供销社年销售总额181.1亿元、比上年增长34%，实现利润总额6325.7万元、比上年增长44.4%，在全省设区市供销社综合业绩考核中，名列第4名，比上年前移2位。芗城区供销社被中华全国供销合作总社（以下简称“全国总社”）评为“百强县级社”，龙海市海澄供销社、南靖县书洋供销社、漳浦县前亭供销社、诏安县红星供销社被全国总社评为“基层标杆社”。诏安县联兴果蔬种植专业合作社联合社被国家农业农村部评为“国家级农民专业合作社示范社”。漳州茶厂传统乌龙茶精制工艺被评为福建省第六批省级非物质文化遗产代表性项目名录。漳州市供销社和南靖县、长泰县供销社等3家单位被福建省农村合作经济组织协会评为“先进农村合作经济组织”，龙文区伍狮茶果专业合作社、芗城区双霖果蔬专业合作社、诏安县华强果蔬专业合作社、龙海市隆发农业专业合作社联合社、南靖县长泉机械专业合作社等5家单位被福建省供销社评为“全省供销社系统农民合作社示范社”，龙海九湖供销社、诏安四都供销社、平和文峰供销社、芗城石亭供销社等4家单位被福建省供销社评为“全省示范庄稼医院”。

【综合改革】

2018年6月1日，漳州市供销社第一次社员代表大会召开，会议选举产生了理事会、监事会。至2018年9月29日，全市10个县级（除龙文区外）供销社全部建立联合社代表会、理事会、监事会制度。漳州市供销社组织下基层专题调研，形成4份工作调研报告，出台《漳州市供销社关于实施乡村振兴战略的工作方案》《关于进一步加大复制推广综合改革试点经验工作力度的通知》等文件。龙海、漳浦、云霄、平和等县（市）供销社积极争取当地党委、政府支持，妥善解决历史债务问题。

【基层建设】

漳州市供销社在抓基层组织建设中持续加大行业指导、政策协调、典型示范和工作推进力度。2018年8月15日在南靖县书洋镇召开全市供销社系统基层组织建设生产、供销、信用“三位一体”工作现场会，有力推进农民专业合作社及联合社发展，全年新领办创办农民专业合作社172家、创建农民专业合作社联合社26家，提升改造基层社19个、庄稼医院7家、农村综合服务社73家。长泰、南靖等县供销社采取“党建带社建、村社共建”的方式，把农民专业合作社整合吸收到联合社。长泰县供销社与石铭村“村社共建”做法，得到福建省供销社主任林少雄的批示肯定。

【农资服务】

出台《关于开展2018年全市供销社系统春耕农资质量及供应服务工作检查的通知》，督导化肥承储企业及时调度货源，备足化肥冬储34.2万吨，超额完成省、市下达7.6万吨化肥冬储任务。发挥庄稼医院平台作用，全年销售有机肥9.3万吨，比上年增加12.1%；销售尿素21.9万吨，比上年减少7.23%。东山、平和县供销社分别承办省、市供销社农资科技服务下乡活动，现场指导农民科学施肥用药，发放宣传资料，赠送化肥、有机肥60多吨。

【项目建设】

2018年，漳州市供销社组织实施项目带动，联合市财政局把“新网工程”和“惠农工程”补助资金省级172万元、市级293万元用到实处。华安供销综合贸易大楼、东山杏陈镇农贸市场、芗城浦南农资配送中心、云霄列屿供销社农副产品综合市场、平和省级专项130万元项目及安厚农资配送中心升级改造、长泰岩溪供销社石铭村日用品配送中心升级改造等项目建设进展顺利。芗城区供销社扎实推进省级农村社区综合服务维修体系示范县项目建设，完成了覆盖区、镇、村三级服务网络建设任务。

【供销电商】

2018年，漳州市供销系统电子商务销售额14.1亿元，同比增长56.35%。漳州“一枝春”电商公司获中国供销电子商务公司注入股金130万元，调整资产重组和股东变更，发挥“供销e家”漳州馆的引领作用。漳浦县供销社进一步完善“供销云仓”运营机制，整合镇、村网点资源，加大快递配送体系建设。龙海市供销社加快建设“龙供易购”微信商城，拓宽农特产品销售渠道。长泰县供销社组织石铭村安尚公专业合作社联合社对接厦门泛邦电商，主打“翁婆情”牌中草药养生茶线上交易，助农增收。

【社有企业】

漳州市供销社继续推进《加强社有企业产权业务合作，促进供销合作社上下贯通》做法，着力解决把资金投入、激励机制建立起来、干劲释放出来、项目引进来这“一入三来”机制问题，把招商引资工作纳入《2018年度直属企业管理目标责任制考核办法》，激发干事创业热情，直属企业稳步发展。按照“市社企业＋龙头企业＋农民合作社联合社＋基层社”的合作模式，组建福建宇兴网络科技有限公司，打造漳州供销农产品线上线下交易平台，社有企业活力增强。

（韩漳智）

·粮食流通·

【现代化粮库建设】

截至2018年底，漳州市共新建10个现代化粮库（总仓容35万吨），升级改造3个粮库（总仓容10万吨），实现每县、市、区一个现代化粮库目标。现代化粮库在全面应用环流熏蒸、粮情检测系统、机械通风、谷物冷却等储粮技术的基础上，加大推广智能化、富氮低氧气调和低温储粮等技术应用推广力度，全面建设绿色仓库。市级粮食储备库在全省率先利用屋顶建设2兆瓦光伏发电站，利用光伏供电来实现低温储粮。

【粮食应急管理】

漳州市按照每个乡镇、街道（社区）至少有1个应急供应点的要求和“应急网点平时按市场化运作，自主经营、自负盈亏，应急应灾时承担应急保供任务”的原则，逐步建立健全由应急供应网点、加工企业、配送中心和储运企业构成的应急供应网络。截至2018年底，全市共有应急供应网点213个，应急加工企业17家，应急配送中心14家，应急储运企业13家。

【产销协作】

2018年，漳州市粮食和物资储备局与河南省安阳市粮食局、江西省新余市粮食局分别签订粮食流通产销协作框架协议，使漳州市与产粮区粮食部门间签订产销协议的数目增加到7家。

【粮食文化】

2018年10月16日，漳州市粮食教育基地首次对外开放。漳州市粮食教育基地位于漳州市南靖县靖城镇草坂村漳州岱山国家粮食储备库内。教育基地展区运用大量实物、标本、照片、图表、数据等，通过各种现代化科技展示形式，全方位、立体化、多层面反映粮食发展历史和文化底蕴，努力把基地打造成闽南粮食文化展示中心、粮食行业发展交流中心、粮食科技成果展示中心、粮食安全教育中心，成为集展示、收藏、宣传、研究、科普、教育为一体的重要文化教育基地。

（黄炳银）

·烟草专卖·

【概　况】

2018年，漳州市烟草专卖局（公司）实现卷烟销量24.28万箱，比上年增长0.53%，实现税利21.64亿元，比上年增长4.87%，完成税利增长目标。建立安全生产形势会商机制，深入事故隐患排查治理，整改安全隐患514处，确保安全经营管理。

【专卖管理】

漳州市烟草专卖局（公司）全程参与卷烟营销策略制定，开发数据运用前置平台及互动收集应用平台，形成“分层预警、限时处理、快速流转”专销协同机制。2018年，全市共查获制假烟机66台、假烟24153件、烟叶烟丝375吨，分别同比上升200%、347%、184%。查获假烟案件1206起，其中5万元以上案件598起。破获国标制售假烟网络案件21起。判刑125人，协助外地抓获涉假烟逃犯228人。查获制假烟机中有22台为尚未落地生产即被查获。打击省际运假活动，查获案值达5万元以上运输假烟大案122起。开展打假专项行动，联合海警、边防开展沿海区域大排查，查获全省行业首例海上烟机制假案件。开展重点案件“回头看”和涉假重点案件专案攻坚，提高涉假重点案件破案率。推动科技打假，与公安部门共建全市涉假人员分析系统，探索构建涉烟情报信息收集系统，查获涉烟案件100起，查获制假烟机2台、涉案卷烟1451件。推行打假综治网格化管理，探索社会各种力量参与打假新模式。开展全市打假集中宣传月活动，受众面100多万人次，推进打假群防群治。强化物流寄递监管，查获无证运输案件128起，查获非法真烟238.3件。开展旅游景区卷烟市场专项整治，净化景区市场。开展打击走私行动，查获走私烟72.13件，增幅16.4%。推行片长责任制，打造辖区专管员、客户经理、送货员“协同管理、快速响应、信息共享、分类监管”的运作模式。

【卷烟经营】

漳州市烟草专卖局（公司）升级营销策略，让具备相同特征的最小市场单元享受相同的策略投放量，精准投放延伸至1228个最小单元市场。严格执行福建省烟草专卖局指令，强化总量结构有序调控，强化省内外销售合理布局，强化月、周均衡销售，强化各档次卷烟统筹兼顾。实现社会库存稍紧平衡，商业存销比控制在合理范围，零售客户获利水平持续提升，第三方调查显示零售户实际盈利率11.8%。制定品牌发展规划，推广专业品牌培育模式，提高新品培育成功率；以省产古田系列为主抓手开展主题营销，以“花样漳州”为主题开展旅游营销，持续提升省产高端竞争力；加快创新型产品培育，“细、短、中支”呈快速增长态势，其中细支烟、短支烟、中支烟，分别比上年增长74.31%、92.14%、76.26%。打造零售终端生态网络，终端结构逐步优化，已建成现代终端4974户，占零售户总数的15.29%。总结推广自律互助小组建设机制，终端组织力度持续提升，全市共建成自律互助小组948个，覆盖客户面达到57%。完成244个中小户的一对一帮扶工作，以“烟头不落地，漳州更美丽”为宣传口号，配套专项建设资金68万，建设室外吸烟点152个，创新设计便携式烟灰袋发放机，文明吸烟环境建设逐步展开。完成异型烟分拣线技改，推动微小客户模式应用，实行全面电子小票应用，实现100%电子结算，完成省产烟纸滑托联运14.77万箱，完成省内空烟箱100%回收，增强服务保障能力；开展分层分类对标模式应用，启动全市送货站点规划、片区整合，整合中转站、送货线路、从业人员，增强成本管控能力；智能送货模式荣获全省精益改善一等奖。

【企业管理】

漳州市烟草专卖局（公司）打造高质量发展管理基础，鼓励创新发展。探索实践9项专卖创新课题、1项营销创新课题，深化数据中心前置应用环境建设，着力建设数据营销体系、数字打假体系、制度管控体系、智能物流体系。建立经营与管理并重工作导向，建立实施督查督办制度，督办127项具体的重点难点工作。初步形成权力边界清晰、权责一致的运行机制。开展25个工程类审计，5个经济责任审计。严把预算审核关，管控费用开支，推进资产管理工作，完成全市资金集中支付，实现卷烟货款零现金。持续推进精益理念落地，逐步培育精益文化。将对标融入营销、专卖、财务等专业业务并渗透到各县级单位。通过全省对标、区域对标、全市对标逐步补齐短板，以点带面逐步展开“企业管理诊断基层行”活动，帮助基层提升管理水平。

（王继发）

责任编辑： 张慧华

对外、对港澳台经济贸易与合作

·招商引资·

【利用外资】

概　况　2018年，漳州市新设立外商投资企业120家，比上年下降0.8%；合同外资77.1亿元，比上年增长12.1%；实际到资45.7亿元，完成年计划112.8%。

投资形式　2018年，新设立中外合资企业52家，合同外资42.7亿元；外资企业66家，合同外资34亿元；中外合作企业1家，合同外资150万元；外商投资股份制企业1家，合同外资0.3亿元。

投资行业　外商在漳州投资农林牧渔业项目14个，合同外资1.5亿元；制造业项目53个，合同外资61.4亿元；建筑业项目1个，合同外资0.7亿元；批发和零售业项目20个，合同外资0.6亿元；租赁和商务服务业项目8个，合同外资6.3亿元；科学研究和技术服务业项目10个，合同外资0.9亿元；交通运输、仓储和邮政业项目3个，合同外资3.1亿元。

投资来源　到漳州投资对象主要来自马来西亚、英国、印度尼西亚、新加坡、菲律宾、日本、美国、德国、加纳、喀麦隆、萨摩亚等国家。

【招商引资】

招商活动　2018年2月1日，在全省海内外闽商回归对接会上，漳州市参加现场签约项目5个，总投资260.5亿元，分别是台商投资区联盛纸业二期生产技改项目、古雷开发区中怡精细化工产业（二期）项目、南靖土楼四季花开休闲农庄精品酒店开发项目、长泰宝龙集团健康小镇项目和漳浦中联海晟物流园项目。

5月18日，在国际资本投资福建对接会上，漳州市参加现场签约项目4个，合计投资额182亿元，分别是古雷ABS及AS项目，由台湾“百大奇美集团”和“国乔化学”投资，总投资26.4亿元，新建年产合计45万吨ABS（丙烯腈－丁二烯－苯乙烯共聚物）及AS（苯乙烯／丙烯腈共聚物）；龙海隆教湾欢乐海洋大世界项目，由香港金地置业控股集团有限公司投资，总投资150亿元，规划用地200.1公顷，打造世界最大的海洋主题乐园及世界级旅游度假区；南靖御翔顺消防设备项目，由台商吴尚桦投资4亿元，新建消防摩托车、灭火装置等各类消防抢救器材与装备生产线；芗城丰久生物科技项目，由意大利Vetagro S.P.A投资2亿元，用地4公顷，采用包被缓释技术及喷雾冷冻干燥工艺，生产新型饲料添加剂。

8月1—4日，市长刘远、副市长吴卫红带领市发改委、商务局、经信委和芗城区、龙文区、诏安县、漳州台商投资区、漳州高新区等单位负责人赴广州、深圳、佛山等地招商，对接项目、洽谈合作，推动项目加快落地漳州。市长刘远一行先后走访恒大农牧集团、深圳创云新能源科技、广东中环集团、比亚迪等企业，与企业负责人深入洽谈对接项目；参观考察广东工业设计城、佛山军民融合产业园，走访看望深圳漳州商会，与漳州籍企业家代表座谈，就进一步加强合作、共谋发展达成共识。

9月8－11日，第二十届“9·8”中国国际投资贸易洽谈会期间，全市共签约合同项目39个，总投资30.6亿美元，注册外资9.24亿美元，完成任务数9亿美元的102%，注册外资额为上年的124.2%。举办古雷石化产业国际投资合作对接系列活动，包括石化项目现场签约、石化产业研讨、赴古雷开发区考察对接等活动，古雷开发区与一批石化行业知名企业签约化工新材料及公用工程等一批项目合同，合同金额近70亿元人民币。

11月18日，第十届农博会·第二十届花博会举行项目现场签约仪式，现场共签约40个招商项目，计划投资总额236亿元，其中外资企业16个、民营企业16个、中央国有企业8个。

12月3—4日，漳州市参加两岸企业家峰会，经三场对接活动，市领导会见友嘉集团、兴富发建设集团、台湾威京总部集团等台资企业负责人，漳州市还参加“中信创投”等台商对接活动，洽谈来漳州投资事宜。

引进重大外资项目　2018年，引进投资总额亿元以上的企业有35家（包括增资10家），注册合同合计65.6亿元，占比重85.1%。

外商投资企业增资扩产　2018年，共办理增资企业46家，增资额43亿元，占注册合同比重的55.8%。

·进出口贸易·

【进出口贸易】

概　况　2018年，漳州市进出口总额693.8亿元，比上年增长9.4%。其中，出口533.8亿元，比上年增长4.2%；进口160亿元，比上年增长31.2%。

出口主体　民营企业出口306.9亿元，比上年增长5.9%，占比例57.4%；“三资”企业出口214.1亿元，比上年增长0.2%，占比例40%；国有企业出口13.7亿元，比上年增长46.6%，占比例2.6%。

进出口贸易方式　全市一般贸易出口420.9亿元，比上年增长5.2%，占比例78.7%；一般贸易进口107.5亿元，比上年增长25.4%，占比例67.3%。加工贸易出口113.6亿元，比上年增长1.2%，占比例21.2%；加工贸易进口29.5亿元，比上年下降1.3%，占比例18.4%。

进出口市场结构　对六大主要贸易伙伴出口429.9亿元，占比例80.4%；进口83.3亿元，占比例52.2%。对美国出口108.7亿元，比上年增长11.6%，占全市出口的20.3%；对欧盟出口77.4亿元，比上年增长7.8%，占全市出口的14.5%；对日本出口40.1亿元，比上年增长0.8%，占全市出口的7.5%；对东盟出口82.3亿元，比上年增长21.3%，占全市出口的15.4%。

出口商品结构　2018年，食品出口227.3亿元，比上年下降0.3%，占全市出口的41.7%，其中，水产品出口166.1亿元，比上年下降3.9%，占全市出口的31.1%；果蔬罐头出口27.6亿元，比上年增长2.6%，占全市出口的5.2%。机电产品出口139.8亿元，比上年增长8.7%，占全市出口的26.2%；光电产品出口45.2亿元，比上年增长10.1%，占全市出口的8.5%；高新产品出口20.3亿元，比上年增长6.0%，占全市出口的3.8%；钢铁产品出口44.3亿元，比上年增长8.3%，占全市出口的8.3%；家具产品出口52.3亿元，比上年增长24.1%，占全市出口的9.8%；钟表出口7.7亿元，比上年增长9.1%，占全市出口的1.4%。

【贸易促进】

扩大外贸经营主体　2018年，漳州市新办理进出口经营权备案登记企业356家。

办理出口退税　2018年，漳州市办理出口“免抵退”税58.78亿元，比上年增长7.18%，其中退税46.78亿元，比上年增长2.27%。

经贸促进活动 2018年，开展5场“漳州味·世界行”活动，共组织126家企业、131个展位参展，意向成交8250万美元，分别是以下5场：

4月，开展“漳州味世界行”（西班牙国际食品展）活动，组织26家企业27个展位参展，意向成交1600万美元；5月，开展“漳州味世界行”（印度尼西亚中国机械与电子产品展览会）活动，组织30家企业34个展位参展，意向成交1350万美元；6月，开展“漳州味世界行”（马来西亚国际食品展）活动，组织30家30个展位参展，意向成交2000万美元；8月，开展“漳州味世界行”（印度七大品牌展）活动，组织20家企业20个展位参展，意向成交1000万美元；9月，开展“漳州味世界行”（俄罗斯莫斯科国际食品展）活动，组织20家企业20个展位参展，现场签约350万美元，意向成交2300万美元。

此外，还组织企业参加其他40场重点展会，推介漳州名优产品，开拓东盟、拉美、非洲等市场。组织企业参加123届和124届广州交易会，分别有116家企业（239个摊位）和125家企业（263个摊位）参展。

出口信用保险 2018年，全市有247家企业办理出口信用保险，出口申报额19.26亿美元，比上年增长14.68%，保单融资7.11亿美元，比上年减少5.2%。

·投资与合作·

【对外投资与合作】

境外投资 2018年，办理对外投资备案项目13个，注册资本7599万美元，中方投资额6070.53万美元。主要投资地为印尼、埃及和美国。其中：境内投资主体变更1家、增资4家、新设立5家、减资2家、其他1家。主要从事电子商贸、国际贸易、产品设计和研发、矿产开采、废纸再生制浆、小家电和LED灯具的开发和生产等。

承包劳务合作 2018年，签订劳务合同991份，合同金额6610万美元，共外派劳务人员2201人次，实现营业额4391万美元，期末在外人数为4287人。

【对台湾经贸合作】

利用台湾资金 2018年，台湾项目82家，占比例68.3%；注册合同45.7亿元，占比例59.3%，验资到资20.2亿元，占比例44.3%。

对台湾贸易 2018年，漳州市对台湾输出91.1亿元，比上年下降5.6%，占全市出口比例17%；输进26.5亿元，比上年下降0.1%，占比例16.6%。

与台湾劳务合作 对台渔工签订劳务合同6份，合同金额360万美元，外派劳务人员44人次，实现营业额46万美元，期末在外人数为25人。

【对港澳经贸合作】

利用香港资金 2018年，香港项目24家，占比例20%；注册合同24.7亿元，占比例32.1%，验资到资22.5亿元，占比例49.2%。

漳州香港贸易 2018年，漳州市对香港输出30.3亿元，比上年下降11%，占比例5.7%；输进0.77亿元，比上年增加495.3%，占比例0.5%。

与澳门劳务合作 澳门陆上劳务签订劳务合同985份，合同金额6250万美元，派出人员2157人次，实现营业额4345万美元，期末在外人数为4262人。

2018年漳州市实际利用外资情况表

表10

县（市、区）别	项目个数			合同外资（万元）			实际到资（万元）		
	2018年累计数	2017年累计数	增减（%）	2018年累计数	2017年累计数	增减（%）	实 绩	年计划数	完成年计划（%）
全市合计	120	121	-0.8	770929	688000	12.1	456961	405000	112.8
芗 城	11	3	266.7	32391	106630	-69.6	28080	30000	93.6
龙 文	16	4	300.0	23355	71100	-67.2	28601	28000	102.1
龙 海	4	9	-55.6	-5990	23460	-125.5	21500	30000	71.7
漳 浦	21	27	-22.2	92527	66970	38.2	30080	30000	100.3
云 霄	8	3	166.7	20369	20990	-3.0	20340	20000	101.7
诏 安	4	3	33.3	15335	23920	-35.9	20660	20000	103.3
东 山	6	6	持平	20932	27480	-23.8	21250	20000	106.3
平 和	4	5	-20.0	5910	15140	-61.0	8080	8000	101.0
南 靖	20	17	17.6	92498	106310	-13.0	20520	20000	102.6
长 泰	9	11	-18.2	63889	67450	-5.3	29480	40000	73.7
华 安	1	5	-80.0	20946	26120	-19.8	25723	8000	321.5
漳州开发区	2	2	持平	59475	12750	366.5	20000	10000	200.0
常山开发区	1	1	持平	7980	9080	-12.1	7743	7000	110.6
台商投资区	10	21	-52.4	222922	20350	995.4	78000	67000	116.4
古雷开发区	3	1	200.0	98500	67920	45.0	96904	67000	144.6
漳州高新区	0	3	净减	-110	13520	-100.8	无任务		

2018年漳州市及所辖县（市、区）外贸出口情况表

表11

单位：亿元

全市及县（市、区）	出口计划	出口实绩	完成计划	上年实绩	比上年 ±%	增幅名次
全 市	496	512.6	103.3	478.5	7.1	—
招商局	19	26.0	136.8	14.0	86.2	1
芗 城	55	51.6	93.8	51.4	0.4	12
龙 文	34	34.1	100.1	32.7	4.2	10
龙 海	30	31.6	105.3	28.3	11.6	7
云 霄	12.7	13.8	108.6	12.5	10.0	8
常 山	27	31.0	114.7	26.6	16.4	5
漳 浦	38	43.0	113.0	34.8	23.5	3

续表

全市及县(市、区)	出口计划	出口实绩	完成计划	上年实绩	比上年 ±%	增幅名次
诏　安	30	30.3	101.0	29.6	2.4	11
东　山	105	95.8	91.2	103.8	－7.7	13
南　靖	19	16.6	87.2	18.7	－11.5	14
平　和	3.9	5.0	126.9	3.6	36.2	2
长　泰	58	61.6	106.2	58.8	4.9	9
华　安	1.4	1.5	106.4	1.3	15.8	6
台商投资区	63	71.7	113.7	60.1	19.3	4

2018年漳州市开发区经济情况表

表12

单位：万元

开发区名称	地区生产总值	工业增加值	税收收入	固定资产投资完成额(不含农户)
福建漳州金峰经济开发区	2935707	2062399	198172	1694370
漳州台商投资区	3007300	1775500	315476	2548983
福建漳州蓝田经济开发区	865183	706462	68971	545821
漳州招商局经济技术开发区	438279	194043	164638	467985
福建长泰经济开发区	1685472	1526866	131377	1597656
漳州古雷港经济开发区（古雷港）	730196	300395	42358	880018
福建云霄常山经济开发区（云霄云陵）	605651	366522	21586	938780
漳州古雷港经济开发区（绥安）	2002276	784215	151608	1689557
漳州高新技术产业开发区	972664.12	544259	54863.5	1295000
福建云霄常山经济开发区（常山华侨）	385500	211215	24529	408248
东山经济技术开发区	1096957	658174	64421.54	221935
华安经济开发区	1070472	421827	40699	695638
福建诏安工业园区	417280	417280	20270.34	80361
福建平和工业园区	1762764	431702	14111.9	686120
合　　计	17975701.12	10400859	1313081.28	13750472

（叶丽云）

责任编辑：陈振煌

外事侨务·港澳台事务

·外事工作·

【概 况】

2018年，漳州市外事工作服务中央大局，接待外宾20批次413人次。配合相关部门成功举办“2018中国·漳州国际雕塑艺术展”“2018年‘一带一路’沿线国家茶叶国际贸易与产业化发展官员研修班”等国际活动，协助商务部门赴西班牙、印尼、马来西亚、印度、俄罗斯举办5场“漳州味·世界行”活动。服务重点团组赴欧洲开展钟表、旅游、食品产业对接，支持市进出口商会、烹饪协会、旅游协会与德国、波兰、希腊商协会达成合作意向。邀请印尼巨港和日本谏早漳籍侨领、美国檀香山水仙花皇后到漳州交流。在全省率先开通领事保护短信服务平台，向涉外群体批量发送领事保护政策及境外安全知识短信超47万条。联合有关部门举办领事保护宣传系列活动。《邀请核实单》签发“四零”（集中会审零折腾、系统管理零差错、函件申领零往返、强化监管零违规）服务，获外交部外管司刊文推广。发放外国人来华邀请函284份，累计服务110多家企业申办APEC商务旅行卡347张。在部门网站正式开通“走进漳州”英文专栏，多角度展示富美新漳州建设。

【外宾来访】

2018年1月11日，越南广宁省行政服务中心主任苏春草率广宁省代表团一行14人到漳州考察世界文化遗产福建土楼。

3月15日，泰国内阁总理顾问委员会资深顾问安察卡·诗文良博士等率泰国经贸文化旅游参访团一行61人访问漳州，并参观漳州古城、荔枝海、林语堂纪念馆、南坑咖啡园等处。

4月16—17日，印尼青年官员、学者、大学生代表与福建省内高校师生、双方媒体代表59人访问漳州，与闽南师范大学师生开展联谊交流，并参观南靖土楼。

5月6—10日，新加坡“聚焦亚洲媒体”摄制组一行6人到龙海、南靖为纪录片《寻脉》取景，拍摄南靖土楼和妈祖文化节并采访“福建优秀乡村医生”李清吨。

5月18日至6月7日，“一带一路”沿线国家茶叶国际贸易与产业化发展官员研修班、巴拿马旅游发展与合作管理研修班在漳州举行，来自肯尼亚、格鲁吉亚、斯里兰卡、巴拿马等国家的31名官员与学者参训。

5月21日，俄罗斯鞑靼斯坦共和国工贸部代表吉利亚佐夫·马尔森一行访问漳州，考察大闽食品、东方食品、精益珍食品等多家企业，并与企业负责人座谈交流。

5月22—23日，“2018东盟政府官员暨国际友城联络员研修班”20名学员访问漳州，参观漳州古城、荔枝海、花博园及南靖土楼。

6月19—21日，新加坡驻厦门总领事池兆森率企业代表团一行 12 人访问漳州，与漳州片仔癀药业等企业座谈交流，并参观林语堂纪念馆、荔枝海、埭美古村、七首岩、武圣庙及部分新加坡企业。

6 月 23 日，古巴共和国拉斯图纳斯省委第一书记桑塔纳率省市委领导干部一行 11 人，到漳州考察荔枝海林下经济产业园、万辰生物科技有限公司和海峡花卉集散中心，了解漳州提高农业产量、品质等方面的经验做法。

6 月 26 日，缅甸记者代表团一行 12 人到漳州参访生态农业，参观南靖县源兴生态农业观光园并进行现场采访报道。

10 月 16 日，为期 21 天的格鲁吉亚茶产业开发与管理研修班开班，24 名格鲁吉亚官员、学者在漳州科技学院研修茶产业开发与管理。同日，来自日本、印度、格鲁吉亚、伊朗、土耳其等国的雕塑艺术家到漳州参加为期 40 天的“2018 中国·漳州国际雕塑艺术展创作营”雕塑作品制作展览。

11 月 6 日，菲律宾仙朝峨市市长陈约瑟率领代表团一行访问漳州，参观源兴生态农业观光园、荔枝海、南山文化生态园，了解漳州绿色有机农业现代化发展模式。

11 月 7 日，日本朝日电视台《旅行色拉》摄制组一行 6 人，到南靖县对田螺坑土楼群、裕昌楼、塔下村、土楼特色美食、土楼民宿等进行拍摄。

11 月 22 日，法国驻华大使黎想夫妇、法国驻广州总领事馆总领事周丽君一行 4 人，到漳州参观南坑咖啡园和南靖土楼。

11 月 28 日，以色列驻华大使何伟泽和以色列驻广州总领事馆总领事南可安一行 6 人到漳州参观南靖土楼。

12 月 4 日，新加坡文化、社区及青年部长兼社区事务署主管部长傅海燕率代表团一行 12 人走访在漳新加坡全资企业思美香食品（龙海）有限公司。

12 月 15—16 日，泰国立法议会主席蓬佩·威奇春拉猜一行到漳州参观考察，与省人大常委会副主任、市委书记檀云坤会见交流，实地走访中泰四季花开土楼文化交流中心项目，并参观南靖土楼。

12 月 20 日，日本九州地区县、市驻华代表一行 8 人到漳州参观南靖裕昌楼、田螺坑土楼群、云水谣，了解土楼建筑特色及当地客家民俗风情。

【对外交流】

2018 年 8 月 2—11 日，漳州市代表团赴马来西亚、斯里兰卡、泰国开展农业项目合作、经贸洽谈及侨务工作会商。

8 月 20—29 日，副市长吴卫红率团赴德国、波兰、希腊开展经贸、旅游项目洽谈合作活动，促成中欧班列联运等 6 个合作项目签约。

8 月 28 日至 9 月 6 日，副市长陈水树率团赴匈牙利、奥地利、捷克开展钟表、食品产业洽谈和项目对接工作，推介漳州市第四届“蓝光杯”钟表设计大赛，邀请设计师到漳州开展交流与合作，并与多家欧洲食品企业开展项目对接。

11 月 4—7 日，市长刘远率漳州分团到上海参加首届中国国际进口博览会，达成意向采购 16.6 亿美元，涉及医疗器械、高端装备、农产品食品、电子元器件等领域。

【领事保护宣传】

2018 年 4 月 15 日，漳州市外事侨务办公室联合市国家安全局、团市委开展国家安全宣传教育和“领事保护宣传月”活动，500 多名群众参与活动。5 月 28 日，与市海洋与渔业局联合举办全市远洋渔业企业预防性领事保护宣传会，介绍预防性领事保护知识，通报远洋渔业涉外事件，提醒企业抓好安全作业。

（张艺彬）

·侨务工作·

【概　况】

对接人才与项目　通过“海外侨商漳州行”等活动，邀请侨商、侨领、侨社代表 18 批近 300 人次到漳州考察，联合市商务局聘请招商顾问 10 多人，推动南靖土楼（塔下）四季花开休闲精品酒店项目正式奠基。促成美国漳州同乡会联合会、加拿大安大略省漳州同乡会、澳大利亚漳州同乡会、澳大利亚厦门大学校友会等4个社团列入“漳州市引进人才联络站”。

支持侨社与侨领 支持美国、澳大利亚、加拿大、新加坡等国家漳籍侨胞加快成立同乡会和商协会，指导澳大利亚、加拿大安大略省、马来西亚槟榔屿漳籍社团开展换届选举工作。引荐青年精英参与海外社团活动，主动融入住在国主流社会，2位巴西漳籍新侨于巴西首个“中国移民日”获当地政府荣誉表彰。

搭建侨文化传播平台 做好《漳州华侨史》中华人民共和国成立前篇章收尾工作，进一步推动与新加坡等国家侨文献资源共享。指导各华侨农场开展文体活动20多场。指导双第华侨农场建设场史馆、华侨抗日女英雄李林事迹陈列馆等侨文化宣传阵地建设。联合闽南师范大学举办海外华裔青少年夏令营活动2场，协助其设立首个涉侨本科及硕博士全额奖学金项目，选拔10位教师赴菲律宾任教。

困难归侨救济 全年共补助精准扶贫对象及低保户、五保户234人，下达补助资金28.08万元；特别关怀高龄归侨、大病归侨、残疾归侨等特殊归侨群体，共补助786人，下达资金81.75万元；下达双第、南山、梅州三个困难华侨农场职工养老保险补助资金234.72万元；下达1969年以前参加工作的市属破产、倒闭企业归侨退休职工299人生活补助资金35.17万元；2018年春节慰问投入资金11万元。

维护归侨侨眷合法权益 强化推进信访办理。2018年，受理涉侨来信来访67件次，办结率94%，对办理缓慢的通过向县级政府发督促函、指导信访人提起诉讼、协调有关县区政府协调解决等方式化解争议，落实政策，得到信访人的肯定。

规范侨政资金管理 规范散居困难归侨补助对象筛查及档案建设，规范补助对象公示的地点、期限、内容、程序，严格补助对象、补助标准，严格分配各县各类补助。开展侨政资金使用检查。

处理历史遗留问题 指导各县（市、区）、开发区顺利完成历年各级侨捐数据的整理。协助省侨办开展联合国难民署无偿援助项目资产的核查、确认、公示，协助省安难办将资产移交各相关华侨农场。启动部分尚未分配房产的移交工作。

【海外侨务】

2018年2月2日，泰国、澳大利亚、阿根廷等国家的漳州籍海外乡亲参加第二届世界闽籍华侨华人社团联谊大会、福建省海外交流协会第六次会员代表大会、世界福建青年联会第四次会员代表大会（“三合一”会议）、南靖土楼四季花开休闲农庄精品酒店开发项目等4个项目参加现场签约。

3月8—9日，美国夏威夷中华总商会林志雄、刘广义、黄正平三位前会长率团到漳州，考察漳州旅游商贸投资环境，对接夏威夷水仙花皇后代表团来访事宜。

4月2日，新加坡姑苏餐饮协会访闽团访问漳州，并与市外侨办就助推闽菜“走出去”进行座谈交流。

4月10日，日本闽南同乡会会长柯玲娜访问漳州，与市外侨办就推动漳州与友城伊达市的合作进行交流。

5月16—17日，新加坡国家图书馆馆长伍慧贤等一行4人到漳州，实地考察漳州华侨华人文献中心、漳州市图书馆，并与《漳州华侨史》编委会成员座谈，探讨侨文化交流合作。

7月8日，2018年海外华裔青少年“中国寻根之旅”夏令营——乡音故里“家国情怀”闽南师范大学营在漳州开营，42名华裔青少年和领队老师参加活动。

8月15日，在巴西首个中国移民日，南美洲闽南同乡联谊总会会长孙登光及永久名誉会长李小凌等在巴西侨胞，获巴西圣保罗市议会颁发“圣保罗市城市服务贡献奖”。

9月10日，美国美中工商联合会荣誉会长、美国漳州同乡会联合会会长刘伟敏一行15人到漳州考察，探讨养老、商业地产和洋酒等产业合作。

【国内侨务】

2018年4月26日，华侨抗日女英雄李林事迹陈列馆在龙海双第华侨农场正式开馆，陈列馆综合运用照片、文物、绘画、雕塑等形式，多角度呈现李林的成长故事和革命事迹。

4月17—27日，市外侨办对归侨青年、归侨子女、华侨子女参加2018年高考的考生出具“三侨生”身份证明书24份，当日办结率超95%。

（汤希木 林 琳）

·港澳事务·

【市代表团访问港澳】

2018年5月28日至6月1日，副市长王文刚率团访问香港、澳门，拜会香港华侨华人总商会、香港漳州同乡总会、澳门漳州同乡总会负责人，就促进漳港漳澳经贸交流合作、联合开展港澳地区青少年国家民族认同感工作达成共识。

【香港漳州同乡总会第八届理监事就职】

2018年7月6日，香港漳州同乡总会在港举行第八届理监事就职典礼，郑亚玲当选总会会长。

【香港驻福建联络处主任访问漳州】

2018年10月25—26日，香港驻福建联络处主任赵碧菁一行2人访问漳州，与市政府领导交流，并与市外事侨务办公室、市发展改革委员会、市商务局等有关部门以及青蛙王子、领先（中国）生物科技等企业开展座谈。

【香港特别行政区政务司司长访问漳州】

2018年11月29日，香港特别行政区政务司司长张建宗率特区政府代表团24人到漳州访问，考察参观漳州宏泰科技文创园。

（林浙东）

·对台工作·

【经贸合作】

2018年，漳州市累计批办台资项目3110个，实际利用台资115亿美元。

扩大对台招商引资 全市2018年共组织49个团组117人次赴台，邀请台湾104个团组到漳州开展经贸活动。共计洽谈项目110多个。2018年，新增台资项目82个，实际利用台资3.1亿美元。

发挥涉台园区平台作用 古雷石化园区的陆台合资古雷炼化一体化等项目开工建设，翔鹭PTA项目完成整改修复并恢复生产，奇美ABS及AS项目签约落地。台商投资区福欣特殊钢、凯景钢铁、长春化工等13家台资企业增资扩产、注册台资20.8亿元。漳浦台湾农民创业园被国台办、农业农村部联合评审为全国排名第二的优秀园区，海峡花木特色小镇项目入选福建省第二批省级特色小镇，漳浦天福医院和养生文化村项目奠基，两岸新型农民培训班和“2018天福杯海峡两岸名茶邀请赛”成效明显。南靖闽台精密机械产业园强化与台中工业总会、新竹科技园区等建立合作关系，建立项目对接、人才交流、品牌建设和市场开拓等制度，新签约11个项目，投资30亿元，进一步补齐精密机械产业园配套短板。

服务台企转型升级 扎实开展“两帮两促”（帮台企渡难关，帮项目解难题；促台企增资扩产，促台企转型升级）活动，召开台商座谈会3场，转型升级辅导培训会3场，组织11家台企及二代台商参加全省培训班。协调解决华阳电厂进口煤炭使用问题、福欣特殊钢有限公司二期项目进口设备免税执行二次延期和产能置换问题、钜保生物科技公司贷款难题，协调福欣特殊钢、正新橡胶、灿坤、统一、凯景、长春化工等台资企业用电问题（纳入直接用电交易），将漳州东刚精密机械、车城汽车配件等5家企业列入科技小巨人领军企业培育发展库并享受税收奖补政策。

【人文交流】

2018年，到漳州交流台胞近

11 万人次。

办好涉台重大活动 成功举办第十届海峡论坛漳州活动项目，第二届海峡两岸（漳州）青年交流周、第八届海峡两岸（福建云霄）开漳圣王文化节、第二十七届海峡两岸（福建东山）关帝文化旅游节、第五届海峡（漳州）茶会等一系列活动，台湾 79 个团组和 83 家企业代表共计 1300 多人参会。完成第三届海峡两岸抢孤民俗文化旅游节等 2 个国台办对台交流重点项目。第十届农博会·第二十届花博会成功举办，近百家台湾企业参展、近百名台湾嘉宾客商参会，集中签约招商项目 40 个、总投资 236 亿元。

推动青年交流 挂牌第三批市级“台湾青年就业创业基地”3 个，举办海峡两岸（漳州）青年产业经济论坛、两岸青年乡村建设与社区营造交流营等活动。2018 年全市共有台湾青年就业创业基地 7 家，其中省级 3 家：龙文区青创基地、南靖精密机械产业园、台商投资区青创基地；实习实训基地 2 家；省级台湾青年体验式交流中心 2 家：漳州东南花都、海峡两岸影视制作（漳州）基地。累计入驻青年就业创业基地项目 117 个、吸引台湾青年 440 人。

推进民间交流 授予省级对台交流基地 1 家、漳台交流基地 2 家、设立台胞服务站 6 个。围绕“祖地行、话亲情、促共赢”主题活动，举办海峡两岸（长泰）将军连缘文化节、海峡两岸（漳州龙文）书画艺术作品展、海峡两岸（龙海）宗教文化交流活动、“龙人古琴文化节暨‘游于艺’之学研讨会”、“2018 福建文化宝岛行——闽南文化进台中”等系列活动。

打造文化品牌 市文化广电新闻出版局在全省率先设立“漳州文创金门驿站”“金门文创漳州驿站”，漳州“台湾书店”挂牌营业。漳州开发区创立“海峡两岸影视制作（漳州）基地”，已拍摄制作影视作品 13 部。

【服务台胞】

出台惠台措施 9 月 30 日，漳州市政府出台《关于促进漳台经济社会文化交流合作的实施意见》。

推动同等待遇落实 明确在漳台湾同胞可同等申请政府各类保障性住房，同等享受就学、就医、公共交通出行等各项生活便利；在漳台资企业可享受技术改造、科技研发、税收减免、融资贷款、设备购置补贴等优惠政策，在用地、用林、用电等生产要素保障方面，视同市级重点工程优先得到保障和优惠。截至 2018 年底，办理台湾居民居住证 837 人，12 名台港澳同胞缴纳公积金，获市级劳动模范 9 人，省级劳动模范 1 人，市科学进步奖 2 人，不断增强台湾同胞获得感。

维护台胞台商合法权益 进一步完善台胞台商服务中心功能和涉台纠纷多元调解处理机制，建立法官工作室，在全市台胞密集区设立台胞服务站，选派优秀法官、台胞陪审员、调解员、检查监督员等进驻台胞服务中心轮值，依法维护台胞合法权益。2018 年，全市法院审结各类涉台案件 582 起，台胞台商服务中心受理台胞求助投诉 81 件、办结 79 件，办结率 97.5%。

（林玉有 吴伟萍）

责任编辑：张慧华

·漳州海关·

【概 况】

2018年，漳州海关全面贯彻落实全国海关关长会议和全国海关全面从严治党工作会议部署的各项任务，强化监管，忠诚履职，马上就办，真抓实干，各项工作取得新成绩。漳州海关（含原漳州出入境检验检疫局）共办理进出口报关单5187份；总货运值18.1亿美元，比上年增长10.1%；总货运量1186.8万吨，比上年增长6.9%；共检验检疫出入境货物7.92万批，货值35.28亿美元，分别比上年增长1.99%和2.61%；检疫集装箱3924标箱，检疫出入境交通工具813艘次，检疫出入境人员12632人次；签发原产地证书34037份，涉及签证金额18.5亿美元，帮扶企业减免境外关税约7388万美元。

【改革强关】

海关机构改革　按照总关工作部署，制定《漳州海关业务现场调整工作方案》《漳州检验检疫标识标牌优化整合方案》《漳州海关机构整合并行期间双向协调配合机制》等过渡期方案，年内完成队伍转隶、统一对外开展业务等工作。

探索监管新模式　建立新海关国际航行船舶登临查验模式，将原有的关检3个监管环节优化整合为检疫处置、登临检查2个环节；完善出口食品“即报即放”检验监管模式；优化特色动植物及产品进口查验模式；建立漳浦进境牛皮“进口口岸+监管区+直通放行”检疫监管新模式，便利通关，服务地方外向型经济发展。

【依法把关】

各项海关业务改革　不断深化全国通关一体化、“互联网+海关”、“税款自报自缴”等重点改革项目，整合理顺报关报检业务，推进“查检合一”改革。

压缩整体通关时间　2018年，漳州海关进口整体通关时间为109.41小时，比上年压缩75.5%；出口整体通关时间为5.14小时，比上年压缩58.2%。

强化后续管理　2018年开展稽查作业33起，稽查有效率86.21%，排名厦门关区第二；办结核查作业48起，核查作业有效率58.14%，排名厦门关区第一。

【科技兴关】

2018年，启用H986非侵入式查验设备、移动查验单兵设备等科技设备，优化海关查验方式和手段，提升通关效率。使用稽查单兵终端平板类装备开展外勤作业，推进“智慧稽查”。完善视频监控联网，在部分业务现场和报关大厅推行全景摄像头，提高业务场所规范化水平。针对海关机构改革，密切配合总关技术部门，全面更新在用网络设备，及时开通相关专线，确保网络运行顺畅。

【服务外贸】

服务全面开放新格局　支持

漳州市构建开放型经济新体制综合试点试验工作，加大对漳州台商投资区保税物流中心（B型）项目建设指导。2018年6月19日，该项目获总署同意延期验收；参与厦门海关以企业为单元加工贸易监管改革试点，漳州市有3家公司正式启动该模式改革试点。

应对出口产品国际市场危机　成功应对欧盟拟禁止中国部分花卉品种出口的危机，为花卉企业挽回欧盟市场。加强企业指导，严格检验监管，有效应对国外通报漳州市鱼罐头检出寄生虫事件。

地方政府肯定　向漳州市委、市政府报送的呈阅件《漳州、东山海关扎实开展“台胞台商服务年”活动》《漳州海关、市商务局力促马口铁易开盖出口退税率提高80%》获省人大常委会副主任、时任漳州市委书记檀云坤批示肯定；推动漳州海腾液体保税仓库获批，该项工作受到漳州市市长刘远批示点赞。

【载货重量船舶监管】

2018年2月13日，漳州海关完成招银港区建港以来最大的单艘载货重量船舶的监管工作。该船舶为利比里亚籍“扬子10”轮，由新加坡港启运，共装载86937吨进口铁矿砂，为漳州招银港区建港以来最大的单艘载货重量船舶。

【H986设备通过验收】

2018年10月17日，国家海关总署验收组通过实地查看H986车载设备、核素识别仪、箱号识别装置、车牌识别装置、地磅等设备安装情况，核对相关证件材料，现场进行模拟扫描，召开现场检测验收会议等程序，最终确定漳州海关H986设备通过验收。

【快速验放货船】

2018年11月29日，漳州海关快速验放招银港区建港以来载货量最大货船——巴拿马籍货船“乐胜”号。该船所载货物为澳大利亚铁矿粉，由厦门市宜容国际贸易有限公司申报进口，货重10.23万吨，货值3530万元。为便利该批货物快速办理海关手续，漳州海关主动指导企业提前进行公式定价货物备案及申报，最大限度地为企业节约通关时间、降低相关费用。

（林冰劼 叶莉萍 卢赟）

·东山海关·

【概 况】

2018年3月，东山海关正式与东山出入境检验检疫局合并为东山海关。2018年，东山海关共审核报关单8334票，货运量131.5万吨，货值25.6亿美元，征收关税及进口环节税11.5亿元，监管进出境船舶892艘次。压缩整体通关时间三分之一目标超额完成，进口整体通关效率排名关区第2名，在2018年上半年全省通关便利化测评中获评综合得分奖。

【检验检疫】

2018年，东山海关加强口岸

2018年2月18日，东山海关关员监管服务石化原料顺利通关

（东山海关 供图）

2018 年 2 月 9 日，东山海关关员在东山港打击渔业走私活动
（东山海关　供图）

运或销毁处理。

【监管效能】

2018 年，东山海关开展监管作业场所大整顿，注销不符合监管要求的监管作业场所，完成东山港智能卡口、电子地磅、X 光机的建设，建成东山海关监控指挥室，推进智慧监管；设置专门科室强化物流监控和监管作业场所巡查等职能，实现 24 小时监控值守；将东山关区对台小额贸易监管场所由东海岸公共保税仓回迁至东山港区，实现对台小额贸易的集中统一监管。

【服务地方】

2018 年，东山海关扶持古雷石化项目发展，节假日常态化加班验放，全年共监管进口大宗石化产品 112.5 万吨，保障企业复产后的原料供应。主动协调各方，仅用 21 天时间即完成古雷海腾液体保税仓库的申设和验收。支持环东山湾经济区域发展，引导

传染病疫情精准防控，开展国门生物安全风险监测、进出口食用农产品和饲料安全风险监控，加强动植物检疫查验力度。把好进出口食品安全关口，应对多国密集通报中国出口鱼罐头检出寄生虫事件，开展输美养殖类水产品新型兽药、出口双壳贝类贝毒素等专项监测。全年抽检进出口食品 261 个样品、373 个项目，检出 12 批安全卫生项目不合格或未获准入产品，作不准出境、退

2018 年 7 月 5 日，东山海关关员优化监管服务（东山海关　供图）

对台小额贸易业务持续健康发展，支持台湾零关税水海产品进口，ECFA 项下活鱼进口比上年增长 2 倍，获得社会一致好评。

【打击走私】

2018 年，东山海关加强与地方的协调配合，协调地方相关部门深化反走私综合治理，与东山县公安、法院、检察院等单位建立打私联系配合机制，推进地方政府落实反走私综合治理主体责任。强化与缉私部门、边防等口岸监管单位的协同打击走私工作，全年共查发走私案件 16 起。

（陈志旭）

·古雷海关·

【概 况】

2018 年 12 月 28 日，根据《海关总署关于厦门海关职能配置、内设机构和人员编制规定的通知》（署人发〔2018〕270 号），经厦门海关党组批准，古雷海关正式成立，级别为正处级。

【主要职能配置、机构设置和人员编制】

古雷海关主要职责是负责古雷口岸、古雷开发区及漳浦县各类海关管理工作。古雷海关人员编制 32 名，处级领导职数 3 名；下设科级机构 5 个：办公室（党委组织宣传部）、综合业务科、口岸监督科、查验科、漳浦监管科。

（王伟煌）

·漳州海关缉私分局·

【概 况】

2018 年，漳州海关缉私分局共立刑事案件 11 起，案值 15375.86 万元，涉税 6302.77 万元，查扣固体废物废纺织原料 490.38 吨，走私运输工具船舶 11 艘，成品油 1460.12 吨，棕熊皮、狼皮等珍贵动物制品一批；抓获犯罪嫌疑人 65 名，刑拘 35 名，执行逮捕 22 名，取保 42 名，移交 1 名；行政立案 18 起，案值 60881.49 万元，涉税 8810.9 万元，大要案 1 起，罚没入库 20.03 万元。协查协办 30 起；全年一级挂牌督办案件 1 起，“5•25”走私枪支案专案组被海关总署授予集体一等功，民警 1 人荣立个人二等功、3 人次荣立三等功、16 人次荣获嘉奖。

【打击走私】

打击成品油走私　侦办成品油走私案件 7 起。集中主要警力全力侦办“9•17”蔡某、陈某等 4 个团伙海上偷运走私成品油案，查获走私成品油 28706.72 吨，案值 1.41 亿元，偷逃税款 6105.15 万元。

打击“洋垃圾”走私　精心组织开展“蓝天 2018”专项行动，与福建省海警总队在福建省福鼎、连江、石狮等地，海陆联动，查获“4•24”海上偷运走私固体废物案，受到各级领导肯定。

打击资源类犯罪　联合厦门海警三支队，组成 6 个行动组，分别在厦门、漳州等地开展统一行动，摧毁一个走私出口天然砂的犯罪团伙。经查，漳州某石业有限公司走私出口天然

2018 年 1 月 20 日，漳州海关缉私分局在海关缉私警察组建 20 周大会上接受“集体一等功”和“五星党支部”奖牌

（漳州海关缉私分局 供图）

2018 年 10 月 11 日，华阳电厂送牌匾到漳州海关缉私分局

（漳州海关缉私局 供图）

砂约 1.9 万吨，为 2018 年全国海关查获的首起走私天然砂案。

推进“猎狐”行动 成立追逃小组，制作“追逃”清单，2018 年共劝投、抓获逃犯 14 名，其中“猎狐行动”目标逃犯 5 名。

【反走私综合治理】

严格落实管理责任制，联合漳州市打私办、公安局刑侦支队和龙海市公安局开展收网行动，查获章某涉嫌走私濒危动物制品案。开展反走私法制宣传，“五一”前夕，配合厦门局办对“4·24”案开展宣传，得到中央电视台、《法制日报》等媒体的重点报道。

（黄定灿）

·漳州边检站·

【概 况】

2018 年，漳州口岸年均验放出入境（港）船舶 1310 艘次、人员 21141 人次。

【服务管控】

2018 年，漳州边检站贯彻落实“放管服”改革，推进管控体系建设，在省口岸办组织的 2018 年上半年口岸通关满意度测评中获得位次提升奖，全年查获口岸违法违规案件 10 起，位列全省现役海港边检站第一，并查获全省口岸首例暴恐音视频，相关工作做法先后被《八闽快讯》《今日要讯》转载刊发。

【对台业务】

2018 年，漳州边检站与原漳州边防支队签订《台湾船舶及船员管理业务移交书》，完成台轮业务划转移交工作。制定出台《关于漳州口岸台轮停泊点及避风点划转交接的实施方案》，细化责任分工，派员到市（县）政府、台办、口岸办、码头公司及港区前沿等地宣传介绍台轮业务划转移交事宜，确保台轮管理后续跟进有序。研究制定漳州台轮停泊点管理管控机制，提高台轮服务管控成效。

【队伍管理】

2018 年，漳州边检站制定《干部正向激励奖励评定实施办法》《改革期间士兵绩效考评实施办法》等制度，全面掌握官兵思想，引导民警正确对待职业生涯的变化，激励其以昂扬心态投入各项

2018 年 1 月，漳州边检站举行集体换装仪式（漳州边检站 供图）

工作中，使队伍转隶平稳过渡。发挥纪检监督效能，专门成立站监督中心，建立民警廉政风险蓝橙红三色预警机制，对队伍纪律禁令执行、重点环节安全管理、辖区及口岸管控等方面进行常态化督察，实现各项工作在安全状态下有序运转。

（贾皓清）

2018 年 6 月 12 日，漳州海事局成功保障古雷港区复产后首艘大型危化品船“STI PROVIDENCE”轮顺利靠泊 （漳州海事局 供图）

·漳州海事局·

【概 况】

2018 年，辖区船舶航次报告记录数 27513 条，比上年增长 43.8%，其中：国际航行船舶进出口岸查验 1898 艘次，比上年增长 61.2%；港口货物吞吐量 4526.36 万吨，比上年增长 33%，其中，外贸货物 1565.23 万吨，比上年增长 80.5%。

【服务地方】

做好古雷复产期间的安全监管工作，2018 年共保障古雷港原材料进口船舶 154 艘次，进口原材料 156.2 万吨，出口半成品船舶 322 艘次，出口半成品 PTA 91.2 万吨，保障进口凝析油大型船舶 3 艘次，凝析油 20 万吨。加快推进“电子口岸”建设，推行窗口一体化，实行 24 小时通关服务，提高船舶进出口岸通关效率，保障近 625 艘次外轮和两岸直航船舶安全进出招银港区。

2018 年 8 月 15—16 日，福建海事系统船舶安全监督技能大比武在漳州港成功举办 （漳州海事局 供图）

【安全监管】

推动东山湾“平绿智”（平安、绿色、智慧）海事保障体系早日建立，提升古雷港区海上交通安全管理水平，保障古雷港区船舶进出港安全。开展内河船海上运输、非法违法采运砂行为综合治理等专项活动，严厉打击非法采运海砂行为和违法水上施工行为。开展“中小型船舶”专项整治，深入排查中小型船舶安全生产风险，对存在违法违章行为或重大缺陷的船舶和航运公司予以严肃处理，不断落实强化企业安全生产主体责任。开展通航管理规范年活动，优化通航环境和通航秩序，实施东山湾水域船舶定线制，推动市政府出台实施《东山湾船舶交通组织和临时交通管制办法》。

【应急处置】

联合市电视台、市气象台，在重点时段、重要节目中创新滚动播发海上恶劣天气安全警示及海上搜寻救助电话“12395”宣传信息，普及海上安全救援知识。不断推进沿海海上搜救分中心、海上搜救志愿者队伍及溢油志愿者队伍建设，开展海上搜救应急演练，防抗“玛莉亚”“玉兔”等台风，其间未发生安全生产事故，

（柯秋辉）

·港口管理·

【概 况】

2018年，厦门港漳州辖区七港区在建项目累计完成投资138602万元，累计完成年度计划117%。古雷港区古雷作业区南8号泊位工程（15万吨级通用泊位）、漳州核电3000吨级重件码头及配套工程等10个在建项目加快建设进度。港口生产大幅增长，漳州环东山湾四港区及完成货物吞吐量1200.98万吨，完成年计划100.08%。集装箱吞吐量完成0.43万标箱，完成年度计划43%。漳州市七港区累计完成货物吞吐量4948.05万吨，完成年度计划109.96%，比上年增长4.69%。集装箱吞吐量完成46.90万标箱，完成年度计划114.39%，比上年增长7.61%。

【提升服务质量】

严格执行首问责任、一次性告知、服务承诺等制度，推进“一趟不用跑”和“最多跑一趟”便民模式。2018年，厦门港漳州分局规范审批，全年共受理、办结各类审批、服务事项92件，其中港政51件（行政审批21件、公共服务30件）、水运运政40件（行政审批2件、公共服务38件）、航政1件（行政审批件），办结率100%，所有受理件均在承诺时间内办结。

【帮扶企业】

协调指导业主做好古雷港区对台码头和下寨码头办理港口经营许可证的相关工作。加强古雷三期航道建设和港口生产协调工作，建立各单位联系机制，最大限度地保障港口安全生产和施工进度。与码头企业、代理联系沟通，跟踪落实船舶动态，协调古雷三期港道施工单位做好大型船舶进出港的避让，确保大型油船进出靠泊安全。做好船舶引航调度，确保船舶离泊码头井然有序，航道保持畅通无阻，港区无滞港现象，全年无生产事故。贯彻落实厦门港务局《关于进一步放开港口部分收费宣贯暨进一步降低厦门港部分港口收费部署会的通知》要求，开展专项检查，落实整改，指导港口企业规范收费。

【强化监管】

2018年，联合各港务局出动执法检查人员117人次，检查企业21家，查出整改安全隐患20多处，促进企业主体责任落实。推进信息化建设，提升港区重点区域、重点部位的视频监控。督促企业抓好反恐演练和保安设施符合证书换证及年度核验工作，把牢反恐工作行政许可关，使具有外贸性质的港口码头符合反恐工作各项要求。

（林紫卿）

责任编辑：江细珍

城乡建设

·城乡规划·

【规划编制】

“多规合一”与信息平台建设 2018年，根据福建省陆域生态保护红线划定成果及相关规划，不断更新维护、深化完善中心城区686平方公里“一张图”及信息平台成果。将“多规合一”（整合原本由各部门分头编制的各类空间性规划，编制统一的空间规划，实现规划全覆盖，一张蓝图干到底）试点工作拓展至规划区1986平方公里范围，启动龙海市、漳州开发区等区域“多规合一”一张图编制和信息平台建设基础工作，已完成规划差异比对、协调和控制线划定初步方案。

城区规划 2018年，市城乡规划局牵头组织开展《漳州市城市总体规划（2012—2030）》修改工作，并完成修改和草案公告工作。牵头组织开展重点片区、重要节点控制性详细规划与城市设计编制工作。完成西湖生态园片区控制性详细规划编制，并报市政府审批。完成“龙江新城”（建元东路片区）城市设计，通过专家技术审查。深化完善九十九湾“闽南水乡”沿线整体城市设计，指导龙文区开展人民广场周边地区（长福片区）城市设计。

推行“生态+”模式 参与“五湖四海”（碧湖、西湖、西院湖、九十九湾湖、南湖和荔枝海、香蕉海、水仙花海、四季花海）项目建设。《漳州西湖生态园片区控制性详细规划》获市政府批复实施。做好城市“五线”（红线、黄线、蓝线、绿线、紫线）管理，完善“三大设施”（城市基础设施、公共服务设施和公共安全设施）配套，通过管控好刚性约束条件和制定弹性修正的要求，有序推进和引导西湖生态园片区的开发建设。做好上美湖、西院湖二期等方案审查工作。推动湘桥湖、上美湖、“龙江观竹、芗江水岸”“南山水岸”东延伸段、桥南美食家、中心桥亭、丹霞驿等“生态+”等多个项目落地建设。开展相关规划编制工作。启动漳州“城市双修”工作，组织编制《中心城区生态修复城市修补专项规划》，完成初步方案成果编制。完成《漳州市“五湖四海”达达通绿道连通规划》编制。

民生工程规划研究 开展“畅通城市三年行动计划”研究，完成《都市区综合交通体系规划研究》，通过专家评审并修改完成。组织开展中心城区的新华南路—水仙大街交叉口（含至江滨路防洪堤步道）、丹霞路—南昌路交叉口、九龙大道—建元路交叉口等7座人行过街天桥方案设计工作，完成中心城区重点道路规划研究，包括北仓路（漳华路—九龙大道）线形及竖向研究、芝山北路与红旗路、丹霞路与岱山路等连通规划研究。编制完成中心城区城市公共厕所布点规划一张图，进一步推动农村无害化卫生厕所全覆盖。参与漳州国际雕塑艺术展工作，牵头开展制作监制组日常工作，进一步促进城市的公共空间艺术与绿色生态的融合发展。全力做好“安得广”惠民安居工程、保障性安居工程、教育补短板、医疗补短板等民生项目规划审批服务。

专项规划编制 给水、污水、充电设施布局专项规划获市政府批准实施，燃气专项规划已通过专家评审并报市政府审批，雨水专项规划、公共服务设施（含教育、医疗、社会福利设施规划）优化提升并通过专家评审。结合《漳州市城市总体规划（2012—2030）》（2018修改）对绿地系统提升规划进行优化完善。

历史文化名城保护 加强历史文化名城保护力度，组织漳州市新华东路（岳口段）历史文化街区和指导诏安县前街—东门中街—中山东路历史文化街区申报第三批省级历史文化街区并成功入选。

帮扶乡村规划 做好村庄规划引领，采用政府采购项目方式帮扶《芗城区浦南镇园坑村富美乡村创建规划》《华安县华丰镇良埔村富美乡村规划》《平和县秀峰乡秀峰社区建设规划》《平和县秀峰乡梅潭河支流两侧滨水景观概念规划》《长泰县武安镇乡村振兴规划（节点）提升》《云霄火田古茶树观光园建设规划——乡村振兴，醉美白石》6个村庄规划项目编制（提升）。

【规划管理】

优化审批服务，构建良好营商环境，行政审批和服务事项实行网上公开和实行一窗受理一门办结。行政审批和服务事项承诺时限压缩在法定时限50%以内，不动产登记承诺时限压缩在5个工作日以内。对省、市级发证矿业权建立“一站式”办结的审批机制。借鉴“西湖生态园”审批模式，实行重大项目模拟审批制度，对节点紧、工期赶的重点项目，主动靠前服务，破解审批瓶颈，创新审批模式。再次压缩审批承诺办理时限，实现在全省各地（市）规划局中“一书两证”办理流程最简、时间最短。通过提前预审、提前公示、提前受理、提前会审等“四个提前”加快项目建设落地。全面推行“互联网+行政审批”服务模式，实现政务“上云端”，服务“接地气”。

全面落实“一趟不用跑和最多跑一趟”办事清单，形成“一次性办结机制”，实现即来即办、全程网办和快递送达三种办理方式，全年快递送达审批决定66件。清理前置审批事项10项，清理中介服务事项12项，清理各种证明7项。进一步压缩投资建设项目审批时限，建设项目用地预审由原承诺时限7个工作日压缩至5个工作日办结；国有土地使用权协议出让审核保留承诺时限5个工作日办结；国有土地使用权划拨出让审核由原承诺时限10个工作日压缩至7个工作日办结；建设用地批准书核发由原承诺时限7个工作日压缩至5个工作日办结。投资建设项目审批实行“绿色通道”“跟踪服务”，将重点项目和民生工程列入优先保障对象。《漳州市规划管理一体化协同平台》荣获2018年中国地理信息产业优秀工程银奖和全国优秀城乡规划设计奖三等奖。

（卢骞 方欣 贾峰）

·城乡建设与市政公用工程·

【民生基础设施建设】

2018年，全市1169个民生基础设施建设项目完成投资595亿元，占年度计划投资的106%，695个项目完工，445个项目在建。累计新建改造道路189公里、雨水管网166公里、污水管网242公里（其中新建99公里）、供水管网216公里、燃气管网116公里，新增建设绿道208公里，新增建设城市公厕144座，改造城市公厕82座，新增公共停车泊位4550个，各项指标均超额完成省、市政府下达的目标任务。

中心城区（芗城区、龙文区、高新区）第二水源、第二气源项目启动建设，市政路网进一步加密，全市累计完成投资231亿元。其中，市区累计完成投资77亿元，新建改造城市道路30.6公里，中心城区新开工建设芝山南路跨江大桥、水仙大街改造等26

个道路桥梁项目，完成苍园路、菜市路、福响路、龙祥南路等24个新建改造道路项目，开工建成5座跨街人行天桥。

【园林绿化】

持续推进“五湖四海”生态环境项目建设，进一步凸显漳州生态优势和闽南文化特色。全市各县（市、区）建成一批“五湖四海”生态环境项目80个，新增城市公园绿地面积约231.67公顷，龙海市月港城市滞洪区湿地公园、南靖县谢安文化公园、长泰县城西公园、华安县真武山山地公园、台商投资区如意湖郊野公园等一批公园绿地建成对外开放。中心城区建成西院湖（二期）、南山文化生态园、水仙花海、人民广场花海二期、梅溪花海、“双百”绿化工程（二期）等“五湖四海”项目11个，累计新增城市公园绿地面积72.27公顷，成功举办“2018漳州国际雕塑艺术展”并建成漳州国际雕塑园，“生态＋文化”效应实现新突破。

【垃圾处理设施建设】

有序推进全市东西南北中5座区域性生活垃圾焚烧发电厂建设，中部（漳浦）生活垃圾焚烧发电厂扩建项目建成投用，东部（蒲姜岭）生活垃圾焚烧发电厂扩建项目及北部（华安）生活垃圾焚烧发电厂开工建设，西部（平和）生活垃圾焚烧发电厂完成场地平整及进场便道施工，南部（常山）生活垃圾焚烧发电厂完成主体施工，加快设备安装。

进一步规范全市生活垃圾填埋场日常运营管理，全市生活垃圾无害化处理率达99.44%。其中，市区生活垃圾无害化处理率达99.71%。持续推进主城区生活垃圾清洁直运作业，累计投入直运车辆120余辆、道路清扫（洗）保洁车辆300余辆，建成投用生态垃圾屋261座，启动东西南北4座大型生态流转中心项目前期工作，基本实现生活垃圾清洁直运及机械化清扫（洗）保洁服务全覆盖。此外，市区餐厨垃圾处理厂（一期）于5月份正式投用，配套餐厨垃圾专用收集车辆8部，建立餐厨垃圾收运体系，日收集餐厨垃圾约70吨，有效提升市区食品安全保障水平。

【供水行业管理】

全市新建供水管网147公里，改造69公里。市区建成区全年供水8037万吨。漳州南华水务、龙海市、长泰县、云霄县、漳浦县、华安县、诏安一水厂在2018年全省供水行业规范化管理考核和供水企业安全运行评估中获得良好等次。

市区第二水厂扩建基本完成，进入设备调试阶段；金峰水厂完成水资源论证审查批复、取水许可申请书批复、用地控规批复等项目前期工作；第三水厂开展项目前期工作，同时配合联六线道路建设同步完成252米原水管道施工；平和县自来水厂、龙海市翠林自来水厂和常山开发区自来水厂完成改造及扩建。市区完成23个老旧小区1.5万户的二次供水设施改造任务；龙海市完成城区35个城中村3万多用水户约38公里供水管网改造；漳浦县完成东岳花园等5个老旧小区的供水设施改造。

【市区内河整治】

市区开展城市黑臭水体攻坚整治，以“溯源普查、雨污分流”为核心，第一轮溯源普查河道排水口791个、排水管线2253公里，累计完成1268处雨污分流改造，有效减少入河污染，市区建成区10条黑臭水体基本消除黑臭。漳州市入选全国首批黑臭水体治理示范城市，获得中央专项补助资金6亿元。开展工业企业污水排查整治，结合第二次全国污染源普查，对市区辖区内工业企业污水管网及排放去向进行全面排查摸底，重点排查企业雨污分流、混排及偷排漏排等情况，梳理排查雨污错排企业305家，完成整改273家。实施小区管网清淤修复，累计完成居住小区104.3公里污水管网、5713个化粪池清淤和修复工作，从源头上减少污水渗、漏问题。实施河道清淤疏浚，完成市区建成区葫芦潭、脚桶港、浦头港支渠、诗浦港（全段暗涵）、泗州河、浦头港主港、三湘江等共计约27公里河道清淤整治。

【污水处理设施建设】

开展排水管网排查、修复、改造，加大截污纳管力度，提高污水收集率，全市城镇生活污水处理总量达12295.21万吨，比上年增长3.05%，其中市区东墩、西区污水处理厂总处理污水量达5067万吨，比上年增长42.41%。进水COD（化学需氧量的英文缩写，即水样中需要被氧化的还原性物质的量，是衡量水中还原性物质多少的一个指标）平均浓度约229.17毫克/升，比上年增长17.67%。截至2018年底，全市生活污水处理率达93.04%，其中市区92.1%。全市10座城镇污水处理厂如期完成一级A提标改造，漳州市在2018年全省城镇生活污水处理厂季度运行评估中均位居全省前列，名次逐季上升，第四季度位居全省第二名。

【燃气管网建设及行业管理】

新建燃气管网116公里，其中，市区新建管网21公里，对接中石油西三线的浦南门站土建工程及工艺管道设备基本完工。大力推进瓶装液化气信息化管理建设和销售实名制，建立起信息化管理平台，共实名制销售建档19万个，其中市区4.4万个。开展燃气从业人员岗位培训，全年共培训考核1168名。

市区投运中压市政管道200公里、小区低压管道595公里；建成投产天然气门站2座、天然气高中压调压站6座、天然气汽车加气站3座、LNG（液化天然气的英文缩写）气化站（调峰站）1座。持续推进老旧小区管道燃气改造配套工作，全年完成改造4412户，新签约居民用户2.63万户，历年累计居民开通点火用户11.60万户，市区日供气量约17.33万立方米。

【市区夜景工程】

实施完成市区“一江两岸四桥”（“一江”即九龙江，“两岸”即九龙江南、北岸，“四桥”即南山桥、中山桥、战备大桥、水仙花桥）夜景工程，有效串联市区南江滨路、“博艺规科美”五馆、南山水岸、南湖公园、南山桥和钟法路“飘带”（天桥）等重要城市节点夜景景观，整体夜景建设风格遵循漳州“田园都市，生态之城”及“生态+”建设的城市发展理念。具体包括江滨路（水仙花大桥—漳州大桥段）两岸沿江建筑物及公园绿化，漳州大桥、战备大桥、中山桥、南山桥、水仙花大桥、九龙江大桥、飘带桥等桥梁和“博艺规”三馆片区等共计81个重要景观节点的夜景提升，重点以南山寺、南山桥、中山桥为金色中轴，以周边载体为暖色基底，用灯光再造“枕三台、襟两河”（即北依紫芝山，南以丹霞山和南山为案山，九龙江西溪、北溪两大干流穿域而过）的漳州独有的老城格局。

漳州市区一江两岸四桥夜色远眺　（吴飞龙　摄）

【“厕所革命”】

按照“实用、便民、美观、环保”的原则，以补建、提档、升级为重点着力推进城乡“厕所革命”，全市累计新建城市公厕144座、改造城市公厕82座，新建乡镇公厕40座、改造乡镇公厕6座，新建农村公厕176座、改造农村公厕24座，超额完成省、市下达年度任务指标。完善公厕标识标牌、建立健全公厕管理工作机制、加强公厕日常保洁及除臭作业，推进城乡公厕精细化管理，进一步提升全市公厕日常管理水平。

·村镇建设·

【农村人居环境整治】

开展农村人居环境整治三年行动，实施农村“厕所革命”、农村垃圾治理行动、农村污水治理行动、农房整治行动、村容村貌提升行动等“一革命四行动”。实施农村危房改造脱贫攻坚三年行动，继续开展农村贫困户危房改造。截至2018年底，小城镇（建制镇）建成区面积180.95平方公里，人口86.37万人。人均住宅建筑面积为37.63平方米，用水普及率97.28%。燃气普及率76.69%，人均道路面积18.68平方米，人均公园绿地面积8.05平方米，绿化覆盖率21.21%，绿地率17.07%。配备污水处理设施61个，污水处理率57.62%，生活垃圾处理率97.14%，其中无害化处理率62.91%，垃圾中转站115座，环卫专用车辆775辆，公共厕所856座。全市农村新增住宅建筑面积188.068万平方米，人均住宅建筑面积52.73平方米，用水普及率85.45%，燃气普及率63.31%，村内硬化道路5215公里，硬化道路面积2597平方米，761个村的生活污水进行处理，1260个村有垃圾收集点，供水管道长度约0.46万公里。

【美丽乡村建设】

继续实施“千村整治、百村示范”工程。2018年全市121个村开展美丽乡村建设，完成投资4.65亿元，占年度计划投资的109.36%。农村生活垃圾转运处理能力进一步提升，实现日转运处理生活垃圾371.84吨/天；新建集中污水处理设施88个，新建污水管网长度232.65公里；完成半拉子房整治953栋，整治建筑面积12.46万平方米；拆除房前屋后猪圈、禽舍、旱厕等临时搭盖建筑面积24.6万平方米；硬化村道长度96.47公里，硬化村道面积34.85万平方米；新增绿化面积12.52万平方米。

【农村污水垃圾处理设施建设】

2018年，全市新建成乡镇污水处理设施23个，新增污水处理能力1.03万吨/日；有776个村庄完成污水治理，3.3万户农户完成三格化粪池的新建改造。有13个县（市、区）、开发区（投资区）推出16个农村污水治理PPP项目（即政府和社会资本合作，是公共基础设施中的一种项目运作模式），项目总投资63.2亿元，已有13个项目进入实施，累计完成投资12.69亿元。全市共495个村实施农村生活垃圾治理，进一步完善垃圾收集、清运设施、保洁队伍建设等工作，建立常态化保洁运行机制。所有建制村均完成农村生活垃圾治理任务。

【铁路沿线环境综合整治】

按照省委省政府部署，积极推进杭深线、合福线铁路沿线环境综合整治。2018年，房屋整治方面拆除乱建乱搭22.65万平方米，装饰建筑立面完成1.47万平方米，规范新建房屋完成115栋；绿化美化方面完成新建绿地和绿化带7.35万平方米，修复治理已毁山体和青山挂白2处；卫生治理方面完成清理垃圾堆放点536个，完成治理畜禽渔业养殖场139个，完成沿线建筑工地治理8个；安全保障方面取缔沿线不符合规定的危险化学品、易燃易爆物品等场所1个，整治违法施工行为7起，完成铁路沿线废旧电杆、线路清理60处，完成摸排治理铁路桥（涵）下方及其附近道路停放车辆、堆砂堆土、堆放可燃物等影响铁路安全问题143个，安装隔音设施1处，照明亮化104处。

【农村危房改造及村镇住宅小区试点】

全市7667户农村危房改造任务全部竣工，其中2017年续建任务6336户，2018年新建任务1331户。开展建档立卡贫困户、低保户、五保户、贫困残疾人家庭户等四类重点对象住房安全排查整治。对排查中评定为C、D级的贫困户房屋，由县级政府出资，组织施工队伍进一步修缮加固，确保贫困户住房安全得到保障。新增6个省级村镇住宅小区，分别为诏安县金星乡院前村大埔圩住宅小区、桥东镇外凤村赤坎住宅小区、梅岭镇腊州村祥州住宅小区、建设乡坪路村溪边住宅小区、四都镇奇材村茶苑住宅小区以及龙海市东园镇厚境村锦龙住宅小区。截至2018年底，全市共有32个省级村镇住宅小区。

（撰稿：张俊炜 审核：陈琼辉）

·住房保障·

【保障性安居工程】

全年全市计划开工建设保障性安居工程9943套（户），均为棚改项目，2018年度基本建成3500套（含往年开工结转2018年续建基本建成套数）。开工建设棚户区改造项目10084套(户)，占省下达目标任务的101.42%，开工率位居全省第三；年度基本建成各类棚户区改造9070套，占省下达目标任务的259.14%；年度累计完成投资84.83亿元，完成投资率位居全省第一；历年累计开工各类保障性住房53500套，已配租配售51962套，配租配售率97.13%，位居全省第二，向上级争取住房保障各项补助资金2.04亿元。加快公租房分配，历年全市政府投建公租房15909套，已分配15608套，分配率达98.11%。

【市区“安得广”惠民安居工程】

启动实施市区“安得广”惠民安居工程，构建多层次、多渠道住房供应体系，切实解决百姓居住问题。“安得广”惠民安居工程，按照“市场主导、政府监督、自愿自主、公平公正”的原则，采取市场化运作模式实施开发建设“安得广”惠民安居工程，在中心城区选取合适地块，采用“限地价、竞房价”方式进行土地“招拍挂”，通过限制销售价格、套型面积等形式，由开发企业向具备一定条件的在漳创就业人员、机关企事业单位职工、港澳台侨胞、社会住房困难人员及各类高层次人才、军地融合官兵等进行销售。截至2018年底，市区开工建设42栋3378套（其中，芗城区22栋1225套、龙文区16栋1773套、高新区4栋380套），开工率为187.67%，累计完成投资11.41亿元（含土地款5.86亿元），占年计划投资的285.27%。同时，芗城区、龙文区完成第一批“安得广”惠民工程的受理、申请、审核、选房等工作，高新区制定出台了实施细则。

·房地产市场·

【房地产市场调控】

建立房地产市场联席会议制度，成立由市住建、国土、规划、财政、税务、物价、统计、工商、人行、银监等部门组成的房地产市场联席工作领导小组，通过多部门定期会商，加强对房地产市场的监测与分析，及时研判和化解房地产市场调控中出现的风险和问题，为全市房地产市场调控提供政策储备支持。通过实施分片区调控、加强楼盘预售备案价指导、建立多层次住房供应保障体系等措施，稳定市场预期，中心城区房地产市场平稳有序运行。

【商品房投资销售及房地产去库存】

开发投资　全市完成房地产开发投资712.72亿元，比上年增长41.3%，其中，市区完成房地产开发投资235.51亿元，比上年增长6%，占全市房地产开发投资33.04%。全市房地产新开工面积1120.73万平方米，比上年增长42.7%，其中，市区房地产新开工面积305.75万平方米，比上年增长40.1%，占全市房地产新开工面积27.28%。全市房地产施工面积4353.84万平方米，比上年增长8.4%，其中，市区房地产施工面积1300.16万平方米，比上年增长10.2%，占全市房地产施工面积29.86%。全市房地产竣工面积680.52万平方米，比上年增长5.1%；其中，市区房地产竣工面积281.31万平方米，比上年增长106.1%，占全市房地产竣工面积41.34%。

市场交易　全市新建商品房批准预售面积972.6万平方米，比上年增长0.85%，其中，新建商品住房批准预售面积751.27万平方米，比上年下降1.44%。市区新建商品房批准预售面积225.32万平方米，比上年增长41.01%，其中，新建商品住房批准预售面积150.79万平方米，比上年增长56.42%。全市新建商品房完成销售面积863.63万平方米，比上年增长9.8%；市区新建商品房完成销售面积243.65万平方米，比上年增长12.3%。

市场库存去化期限 截至2018年底，全市商品房存量面积为768.33万平方米，比上年底增加116.93万平方米，去化期限为12个月，与上年底持平。其中，商品住房存量面积为489.64万平方米，去化期限9个月，比上年底分别增加126.7万平方米、延长1个月；非住宅存量面积为278.68平方米，去化期限为28个月，比2017年底分别减少9.76万平方米、缩短6个月。

【国有土地上房屋征收及房屋交易管理】

规范国有土地上房屋征收与补偿 抓好对各县（市、区）房屋征收项目有关征收程序、项目启动、征收补偿方案拟定、社会稳定风险评估、信息公开等方面的业务指导工作。全年市区新开展的房屋征收项目7个，征收总面积84.27万平方米，总户数1097户，已完成征收面积3.81万平方米，户数321户。

房屋买卖合同网签 全市新建商品房买卖合同网签面积773.64万平方米，套数84412套，其中，市区新建商品房买卖合同网签面积150.09万平方米，套数18092套。二手房买卖合同网签面积242.48万平方米，套数22941套；其中，市区二手房买卖成交合同网签面积77.05万平方米，套数8676套。

处置不动产权登记历史遗漏问题 根据市区房屋不动产权登记历史遗留办证问题工作领导小组的部署，主动指导督促企业，及时跟踪、协调房屋首次登记历史遗留中与住建工作职责相关的工作，配合完成市区鑫荣嘉园、龙门天下等10个楼盘4182套商品房历史遗留办证问题，保障房屋所有权人的合法权益。其中，鑫荣嘉园737套、龙门天下189套、新元城市花园5C幢79套、福海阳光394套、碧洲园286套、威山新村53套、滨洲园98套、龙文花园206套、金峰花园1389套、龙文花园751套。

【老旧小区改造和物业管理】

牵头推动2018年市区老旧小区改造及市区既有住宅增设电梯工作，成立市级老旧小区改造领导小组，代拟《2018年漳州市区老旧小区改造工作实施方案》由市政府印发，制定《漳州市区老旧小区改造工作协调机制》等配套文件，全年组织实施完成市区10个老旧小区改造（芗城7个、龙文3个），完成投资4707.1万元，惠及居民4164户，总幢数118幢，总建筑面积约48.56万平方米；制定《关于进一步推进漳州市区既有住宅增设电梯工作的通知》，多举措简化既有住宅增设电梯审批手续，全年规划勘察完成120件，核发63件施工许可证，6部电梯完成安装待验收。组织实施全市物业服务项目全覆盖检查，累计检查物业服务项目518个，其中芗城区174个，龙文区85个，县城（含开发区）259个；加强物业服务品牌建设，全市创建市级物业管理示范项目9个，其中，龙文区3个，漳州开发区2个，芗城区、龙海市、漳浦县、东山县各1个，通过典型示范，引导物业服务行业规范化发展，提升物业服务品质和业主满意率。全市累计归集住宅专项维修资金245376.37万元，其中市区累计归集83523.72万元；累计使用1422.85万元，其中市区累计申请使用535.36万元。公开招投标市区住宅专项维修资金专户管理银行，共有4家银行中标实行专户管理，保障专项维修资金有效增值。

·住房公积金监管·

【公积金归集使用】

全市新增开户单位773个，新增开户职工5.71万人，住房公积金归集40.9亿元，完成年度归集计划的116.86%。截至2018年底，已累计归集住房公积金277.16亿元，实现缴存余额108.02亿元，共有6610个单位27.19万职工正常缴交住房公积金。

全年申请提取住房公积金

27.55 亿元（其中，住房类消费提取 21.84 亿元），完成年度提取计划的 110.2%。截至 2018 年底，全市累计提取住房公积金 169.15 亿元。全市共发放公积金贷款 4852 户 20.7 亿元，发放住房公积金贴息贷款 2156 户 8.89 亿元，完成年度计划的 98.63%。至年底，全市累计发放公积金贷款 162.9 亿元，发放住房公积金贴息贷款 46.29 亿元，住房公积金贷款余额 89.22 亿元，公积金贴息贷款余额 42.34 亿元。全市住房公积金资金使用率 83.04%，比上年下降 1.12%。全市实现增值收益 1.12 亿元，比上年下降 23.97%，累计提取城市廉租住房（公共租赁住房）建设补充资金 5.46 亿元。

（撰稿：张俊炜　审核：陈琼辉）

·建筑业和工程建设管理·

【服务建筑业发展】

全年完成建筑业总产值 617.6 亿元，比上年增长 18.1%。其中，完成省外产值 163.6 亿元，比上年增长 7.7%，完成建筑业增加值 309.37 亿元，现价增长 14.3%，增幅位居全省第 1 位。重点企业、重点区域发挥了支撑作用，15 家骨干企业完成建筑业产值 401.74 亿元，占比 65.04%；泷澄建设集团有限公司完成产值 142.5 亿元，占比 23.07%；“建筑之乡”龙海市完成产值 289.5 亿元，占全市总产值的 46.88%。建筑业对漳州市税收贡献达到 30.06 亿元。资质晋升一级总承包资质企业 3 家，晋升二级总承包资质企业 55 家，新增建筑业企业 113 家。截至 2018 年底，全市建筑业企业总家数达到 862 家，其中，特级资质企业 1 家、一级总承包资质企业 36 家、二级总承包资质企业 116 家，基本涵盖建筑行业各专业类别。

【装配式建筑试点】

提请市政府出台《关于加快发展装配式建筑的实施意见》（漳政办〔2018〕11 号），从政策层面支持漳州市建筑产业现代化快速发展。全年新开工装配式建筑面积 70.79 万平方米，占省住建厅下达目标任务的 109%；完成投资工程包 5.88 亿元，占省住建厅下达的目标任务的 159%。加快工业化建筑设计阶段认定工作，“漳州市及芗城区档案馆新馆”“龙海市月港新区棚户区改造工程（内楼点）”“漳州市长福片区棚户区改造项目 01 地块”等 8 个项目通过工业化建筑设计阶段认定，个别项目预制率超过 60%。全省装配式建筑现场观摩会于 11 月 6—7 日在龙海市召开。注重产业基地发展，福建建超建设集团有限公司、福建省泷澄建筑工业有限公司两家企业入选福建省第一批装配式混凝土部品部件生产企业名单。

【建筑市场综合管理】

开展全市在建项目建筑市场行为监督检查 2 次，随机抽查项目 13 个，签发整改通知书 38 份，提出整改意见 137 条，查处建筑市场行为违规行为 13 起，处罚金额 94.93 万元。及时妥善处置欠薪问题，协调处理市区 6 起房建市政工程欠薪类案件，涉及人数 263 人，金额 393 万。积极开展建筑行业扫黑除恶专项工作，出台《关于开展建筑施工领域扫黑除恶专项斗争的通知》，组织排查建筑企业 160 家，对 2014 年以来违反建筑市场行为的所有行政处罚案件进行全面再摸排，共排查违反建筑市场行为的处罚案件 51 起。

【工程质量安全监管】

全市房屋建筑工程在建受监项目 1120 个，建筑面积 3686 万平方米，其中，新报建项目 591 个，建筑面积 1638 万平方米。市政工程在建受监项目 220 个，总长度 170.7 万米；其中，新报建市政项目 119 个，总长度 14 万米。发布工作事项清单 3224 份，开展“双随机”（在监管过程中，随机抽取检查对象、随机派选执法检查人员）监督检查 2640 次，完成动态抽查抽测 2768 份、填写违规事实确认单 2805 份，发出责令改正通知单 2874 份、记分告知单

8509份，发现隐患问题9934条，分别给予项目经理记31956.52分、总监记22908.2分、施工单位记23691.19分、监理单位记18430.3分。

鼓励支持施工企业争创优质工程，全年1个工程获“2018—2019年度第一批国家优质工程奖”，1个工程获“2018年度华东片区工程质量监督工作年会”示范样板工程、5个工程获得福建省“闽江杯”优质工程奖、31个工程项目获得漳州市“水仙杯”优质工程奖。市区建设工程质量监督在全省率先推行人防工程与房建工程质量监督工作一体化，“双随机”监督检查和联络工作服务同步开展，无缝衔接，在全省首次开发漳州市建设工程双随机监管系统（人防工程），系统基本覆盖人防工程项目建设全过程。

【工程造价管理】

全年编辑出版《漳州建设工程材料信息》12期，出具预算定额、费用定额等计价规定使用答疑312次，协调工程造价纠纷36场次，涉及协调金额达1000多万元，反馈福建省2017新定额勘误情况16条，发布工程造价指标24个。实施建筑施工企业信用评价768个次项目，发出整改通知书214份，累计扣分7563分。随机抽查在漳州备案的工程造价咨询企业共86家，其中本地企业19家（甲级5家、乙级14家），驻漳分支机构67家（甲级65家，乙级2家），抽查工程造价咨询企业从业行为及相应工程造价咨询成果文件质量49份。发展建材供应商124家，可供上网查询的企业108家，每月发布建筑材料价格信息2万多条。

【岗位技能竞赛】

行业岗位技能竞赛取得好成绩。3月26—28日，在泉州市举行的全省建筑行业“桃城建工杯”抹灰工岗位技能竞赛，代表漳州市参赛的福建省禹澄建设工程有限公司获团体二等奖，漳州市建设工程质量监督站曾祥江荣获“优秀裁判”称号。6月4—6日，在福州市永泰县举行的全省建设行业“华荣杯”建筑电工岗位技能竞赛，代表漳州市参赛的福建七建集团有限公司获得团体三等奖，漳州市建设工程质量监督站叶龙海荣获“优秀裁判”称号。7月18日，举办漳州市首届BIM算量技能大赛，21家企业97人参赛。11月10日，选派6家造价咨询企业参加由省建设工程造价管理协会主办的福建省“广联达杯”建设工程造价三维算量技能竞赛，福建平诚工程造价咨询有限公司、福建昇华工程造价咨询有限公司漳州分公司企业获得三等奖，另有4家企业获得优秀奖，漳州市造价协会获优秀组织奖，是历年来漳州市造价行业在省级竞赛中取得的最好成绩。12月10—12日，在厦门市举行的全省“思总建设杯”架子工岗位技能竞赛上，代表漳州市参赛的福建省禹澄建设工程有限公司获得三等奖。

·勘察设计和建设科技·

【勘察设计行业】

引导扶持勘察设计企业通过资质升级、增项等方式提升市场竞争力。共核准17家勘察设计单位20项资质（首次申请资质的7家，资质增项的2家，资质延续的9家）。截至2018年底，全市勘察设计单位中，具有工程勘察综合甲级资质1家、专业甲级资质3家、乙级6家、丙级1家；工程勘察劳务8家；具有工程设计专业甲级资质5家、乙级6家、丙级11家；具有工程设计专项资质24家；原一体化资质企业103家。资质范围涉及工程勘察、建筑、市政、公路、水利、电力等行业，以及建筑装饰、建筑幕墙、建筑智能化、风景园林、消防设施工程、轻型钢结构等专项设计资质。

【施工图审查工作】

根据福建省施工图审查信息管理系统，全市外地及漳州市施工图审查机构共审查通过工程项目1880项，其中，勘察工程844项；建筑工程765项，总建筑面积2387.35万平方米；市政工程215项；专项工程56项。漳州市施工图审查机构共审查通过漳州市工程1023项，占总项目的54.4%，其中，勘察工程533项，占勘察工程总项目的63.2%；建筑工程451项，占建筑工程总项目的59%，建筑面积819.77万平方米，占总建筑面积的34%。

【工程抗震设防】

把好抗震设防关，参与新建工程的方案联审和初步设计审查，先后参加龙文中医医院、漳州中梁首府壹号、大唐•幸福里、悦汇广场等16个项目的联审会，发现锦绣碧湖C-2区8号、9号楼为超限高层项目，及时告知建设单位按照规定报省住建厅专项审查。开展防震减灾宣传。在2018年5月份开展的防震减灾宣传月活动期间，发送防震减灾宣传短信100多条，在住建局机关大楼和大厅电子显示屏滚动播放防震减灾宣传口号，营造防震减灾舆论氛围。参加漳州市抗震救灾指挥部组织的地震应急指挥桌面推演。

【建筑节能与绿色建筑发展】

新建建筑严格执行建筑节能50%设计标准，加强设计、施工建设和验收环节的闭合式监管，新建建筑设计和施工阶段节能强制性标准执行率达100%。贯彻落实《漳州市建筑节能和绿色建筑“十三五”专项规划》，于2018年3月份开展2017年度建筑节能、绿色建筑专项检查，对大唐•印象10号楼等3个项目存在的未能出具节能施工方案等6个问题，发出督促改正通知书，责令相关主体整改落实。全市通过施工图审查绿色建筑项目435项，建筑面积共1760.9万平方米，占通过施工图审查的建筑工程总建筑面积的93%；竣工绿色建筑共90项，总面积为348.3万平方米，竣工绿色建筑面积占当年民用建筑面积比例为44.38%。鼓励绿色建筑评价标识认证，全市共有23个项目获得绿色建筑设计评价标识，建筑面积270.58万平方米。漳州锦绣碧湖B区B-1工程、漳州台商投资区万达广场购物中心等8个项目获得一星级绿色建筑设计评价标识。

抓好示范项目建设，东山一中新校区项目一期工程、龙海市紫云片区棚户区改造工程A-08地块安置小区-1号-8号楼及地下室等8个项目被确定为第三批建筑信息模型（BIM）技术应用试点项目，并列入省厅2018年度建设科技示范工程计划。

【新型墙材运用推广】

全年全市加气混凝土砌块产量96.6万立方米，创历史纪录；混凝土砖1.27亿标砖；烧结废渣多孔砖及保温砖2.32亿标准砖；石膏砌块5万立方米。全市新型墙材产量约10.54亿标准砖，占墙材总量的72.49%。预拌混凝土生产量1020.3立方米，散装水泥使用量574.3万吨。市区返退新墙材基金工程11家，返退金额227.27万元。现场核验市区6个工程项目使用新型墙材，核验建筑面积31.63万平方米。返退散装水泥专项资金1家，返退金额17万元。

•法治建设•

【简政放权】

对部分行政审批和服务事项予以调整，将“依附于城市道路建设各种管线、杆线等设施审批”和“占用、挖掘城市道路审批（含3个子项）”整合为“市政设施建设类审批”不再设置子项；将“改装、拆除或者迁移城市公共供水设施审批”和“拆除、移动城镇排水与污水处理设施方案审核”整合为“因工程建设需要拆除、改动、迁移供水、排水与污水处理设施审核”；将“临时占用城市绿地和移植、砍伐城市树木审批（含3个子项）”名称调整为“工程建设涉及城市绿地、树木审批”，不再分设子项。

【行政执法监督及法规培训】

全年办理行政处罚18件，共处罚款209.66万元。结合“国家企业信用信息公示系统（福建）”信息归集工作的要求，将“双随机”工作相关抽查结果及时在“国家企业信用信息公示系统（福建）”予以通报，截至2018年底共归集录入抽查检查信息2549条。

（撰稿：张俊炜　审核：陈琼辉）

·城管行政执法·

【“两违”治理】

“两违”综合治理　全市“两违”处置面积938.4万平方米，完成省下达任务的243.8%，市下达计划的134%，再创历史新高。在提前3个月完成全市治违任务和“六千”（千宗土地例行督察整改“两违”整治；千宗铁路沿线“两违”整治；千宗河流沿线“两违”整治；千宗建成区楼顶违建整治；千宗林地生态“两违”整治；千宗环保污染“两违”整治）百日会战收官之际，刘远市长两次批示，肯定“两违”治理成效。

“无违建”示范点创建　对照《“无违”村（居）考评细则》从最小单元一村（居）为单位，挨村逐居全覆盖考核，全年累计670个村（居）通过“无违”村（居）考核验收。同时，在强化治违高压态势的基础上，寻求探索“两违”多元化处置途径，提高补办手续、没收等处置比例，累计补办手续48.5万平方米，没收7.3万平方米，其他方式45.6万平方米，多元处置占比上升到10.8%。

“两违”智能监管　开发漳州市“两违”智能监管平台，配套建立《“两违”综合治理网格化管理指导意见》《“两违”智能监管平台使用流程》。“两违”手机APP实现“两违”案件“举报—巡查发现—核实—处置—复核”整个流程闭合，有迹可循，职责清晰，“两违”管控关口前移。截至12月30日，“两违”智能监管手机APP群众注册量1255个，已接受举报信息168条，核查155条，确认“两违”78起，结案42起。

【落实“门前三包”】

开展主题整治　以“门前三包”实施区域的主次干道为重点，根据区域和季节的不同特点，不间断地开展城区牛皮癣、广告招牌、圈占车位、门前搭建、遮阳雨篷、占道经营、车辆违停、箱体美化、空中三线、油烟噪音十大主题整治行动。全市整治城区治癣13.3万处、广告招牌8346块、圈占车位7067处、门前搭建4268起、遮阳雨篷9413处、占道经营9.7万起、车辆违停6.6万起、箱体美化709起、空中三线164处、油烟噪音4895起。同时还修补人行道3.5万平方米、设置隔离栏75公里、施划机动车停车线2486个、非机动车停车线2.7万米，补植树木花草88.8万株、维修绿化设施23.6万平方米及亮化设施25万平方米。

探索城管“街长制”　根据“一街一长”原则，明确每位街长的管辖范围和岗位职责，将责任落实到责任人。街长充分履职，角色多样，集宣传员、劝导员、巡查员、示范员、沟通员、监督员“六大员”于一身，全市已有535名街长走马上任，担负起“门前三包”责任区管理责任，共发放宣传单35.5万张、宣传手册近18万册，参与或协助责任书、责任牌上墙3.7万户，劝导占道经营13万起，纠正占道广告牌4700次，劝导车辆违停38万起。

协助出台实施细则　通过“门前三包”考核评价结果，客观翔实地实地采集排查“门前三包”实施存在的软肋，共发现问题2317个，逐一跟踪督促整改。配合、协助市人大开展“门前三包”执法检查，广泛收集问题、征求意见，为市人大出台《漳州市市容和环境卫生“门前三包”责任区管理实施细则》提供基础数据和材料。

物理隔离　在市区胜利路、南昌路、丹霞路等10条主次干道试点物理隔离，人行道禁停汽车。牵头组织召开协调会3次，现场办公会15次，接到市民信访投诉46件。消除标线，清理现场，共通知劝离车辆810辆，清除人行道停车标线19816.9米；设施配套，同步完善，施划非机动车停车线11197.6米，设置阻车石2772个，安装护栏5775米、活动地锁34个。

媒体宣传　通过与漳州电视台联办《门前三包·记事簿》专栏、

在漳州广播电台开通《门前三包你我他》专栏、由“漳州城市管理”微信公众号推出“首法有奖答题”活动、制作发放纪念品、开展进校园活动等多种形式的活动加强漳州市首部地方性实体法规《漳州市市容和环境卫生“门前三包”责任区管理若干规定》的宣传。

【规划监察】

整治楼顶违建　牵头发起楼顶搭盖、占用消防通道、排污管道、公共空间、楼顶户外广告整治攻坚，累计整治楼顶违建2215宗。

两区整治“两违”　配合芗城区辖区各街道拆除“两违”，累计拆除652起，面积81640平方米，特别是专项整治楼顶历史违建，收到良好的震慑效果。主动服务西湖公园建设，提速重点项目建设进度。协同参与龙文区“两违”综合治理和市容管理，发现并助拆新增“两违”337宗，面积106065平方米。先后配合属地做好石仓北路、建元东路延伸段（小港村片区）、东环城路、景山公园、“上美湖”生态湿地公园等项目“两违”管控。

聚焦高新区主业　2018年2月，市政府明确漳州高新区规划监察执法体制，即市城管执法局履行九湖、颜厝两镇执法主体；靖城园区规划管理由靖城镇政府履行，市城管执法局派员协助。颜厝、九湖、靖城3个片区累计拆除违建1120宗，面积298635万平方米，漳州高新区规划监察秩序日益向好。颜厝片区采取“黑名单”制、轮战制、重点攻坚等方式，累计拆除违建785起，面积191951平方米，转办国土、林业等部门案件794起。九湖片区形成“上会处理，联合拆除”执法机制，累计拆除违建151起，面积47190平方米。推进个人建房审批机制，引导群众有序建设，共审批个人建房5批145宗。靖城片区探索“村级巡查，挂钩镇干部上报，片区核实处置”的治违机制，重点管控跟着项目走，严管红线内违建，累计拆除违建184起，面积59494平方米。

【数字城管】

平台运行　提前完成信息采集公司换轮招标，北京数字政通科技股份有限公司再次中标，89名信息采集员再次出发，采集城市问题184968件。规范案件上报字段、立案登记和微信及网络上报案件操作流程，共受理案件56249件，处置率和结案率分别达到99.17%和98.93%。开展“牛皮癣”“主城区人行道地砖破损”“主城区五大专项普查”“芗城区立式广告招牌”“废弃杆线设施”等专项普查，打包派遣，高效处置。继续数字城管考评，考评结果在漳州电视台《漳州新闻》和闽南日报重要版面公布，并纳入市直机关和芗城、龙文两区绩效考评内容。

县域建设　县域数字城管信息系统平台建设被列为全市民生基础设施补短板项目，组织专业人员到各地指导业务，举办数字城管建设培训会暨南靖现场会。东山县、漳州开发区、云霄县、南靖县已完成平台建设，投入运行并实现与市级平台对接。

【规范共享单车】

将共享单车乱停乱放问题纳入数字城管巡查和处置内容，市区120名信息员采集并现场处置共享单车4.3万辆（次），其中3.6万辆（次）系采集员自行简易处置。拓展数字城管共享单车子系统，哈罗、摩拜、OFO等3家运营企业后台大数据介入监管平台，实现实时监管。在主城区16条主次干道见缝插针施划1.4万米停车线，设置73个停车标识牌，有效缓解停车难和乱停车问题。监督运营企业按照“四禁止”要求，纠正占用公交站台、人行通道、绿化草地、盲道等停车行为8.7万起。

【提升城市气质】

专项普查主城区占道烧烤、工地“六有”（有围挡喷淋、有移动喷雾机、有洒水车、有洗车台、有道路硬化、有裸土覆盖）等情况，查明占道烧烤110摊、建筑工地55家，建立台账，专人监管。牵头组织芗城、龙文、高新区渣土车“滴、撒、漏”、油烟污染、露天烧烤、焚烧垃圾等违法行为的查处，加大路面保洁频率，共查处渣土车1186部，立案539起，批评教育726次。查处夜间排挡烧烤817起，劝导1031起。制止焚烧垃圾333起。劝导安装和改造油烟净化装置959起，查处540起。劝导噪音污染2825起，查处1288起。清洗污染路面551起。指挥中心“12319”服务热线受理餐饮油烟120起，路面滴撒漏80起，露天烧烤62起；信息采集上报道路面滴撒漏628起，焚烧垃圾14起，露天烧烤47起。

【推进创城】

牵头市容市貌整治，代拟《2018年漳州市创建全国文明城市市容市貌专项整治协调组工作实施方案》、制定《漳州市城市黑臭水体治理攻坚战实施方案》《漳州市生鲜小店、市场和超市周边市容市貌整治工作实施方案》。牵头组织联合整治，查处占道经营44702起、汽车违停15343部，清理僵尸车81部，积存垃圾510多吨；组织开展专项整治行动，查处夜间乱丢袋装垃圾138次、污水直排洗车场6家，清理“牛皮癣”33693张，拆除户外广告412个。

【执法保障】

执法审查　审核处理规划局转办重大疑难案件13件，落实法制审核和集体评议制度，保证办案质量。抄报颜厝、九湖、靖城三个片区拆除案件1361件。梳理并向市政府法制办报备案件5件。申请法院强制执行未履行罚款类案件2起。发生行政诉讼案件8件，主要领导和分管领导出庭应诉7起，另1件诉讼案件由市中级人民法院书面审理，其中5件诉讼得到维持，3件尚未判决。收集汇总执法专业考试人员信息，全市通过执法资格考试205人。配套《福建省违法建设处置若干规定》，重新设计4种法律文书，印发一线执法使用。

问题导向　开展“周清月结”考核评比12次，规划监察“回头看”4次，核实举报件403起。组织文明执勤、队容风纪检查，及时纠正不规范着装行为30人次。受理热点问题，尤其是人行道物理隔离试点，反复沟通化解，累计受理各类信访、投诉件74件。参加专案评审3次、复核1次，接待群众来访23人次。受理人大代表建议、政协提案15件。

（蔡建福）

责任编辑：林　绿

交通运输·邮电

·交通运输·

【概 况】

2018年，全市交通运输系统围绕2018—2019年“三通一瓶”（打通沿海大通道、厦漳同城大道、城市连接线，解决交通网络瓶颈问题）重点攻坚目标，开展交通先行工程竞赛，圆满完成年度目标任务。市交通运输局被评为第十三届福建省文明单位。

2018年，完成道路客运量1734万人，比上年下降16.58%；客运周转量142690万人公里，比上年下降11%。完成货运量6970万吨，比上年下降2.9%；货物周转量1049847万吨公里，比上年增长6.18%。公路客货运输换算周转量居全省第三。全市完成水路客运量48.5万人，客运周转量756万人公里，货运量528.5万吨，货物周转量108677.6万吨公里，水路总周转量居全省第一。漳州七港区完成货物吞吐量4948万吨，比上年增长4.69%。其中，外贸货物吞吐量1109万吨，比上年增长35.55%；集装箱吞吐量完成46.9万标箱，比上年增长7.61%。

【基础设施建设】

全市实施交通基础设施建设项目130个，计划完成投资190亿元，实际完成投资190.2亿元，投资量占全省1/5，全市交通基础设施网络进一步优化。

铁路　完成投资10亿元，福厦高铁漳州段续建项目完成征地拆迁60%；漳汕高铁列入国家发改委补短板项目完成预可编制（已报国家铁总，待批）；九龙云巴工程、厦门轨道交通6号线漳州（角美）延伸段等项目前期工作有序推进。

高速公路　完成投资33.1亿元，厦蓉高速公路改扩建工程、漳州互通改造工程建成通车；云

2018年11月17日，省、市重点民生工程——国道324线漳州九龙岭隧道工程建成试通车　（许煌昊 摄）

霄至平和（闽粤界）高速公路、漳武高速公路等续建项目建设进展顺利；沈海高速公路漳州龙海至诏安扩建工程前期工作如期推进。

普通公路 完成投资124.3亿元，聚焦打通关键通道和重要节点，厦漳同城大道、G324线九龙岭公路工程、G228线沿海大通道龙海港尾至隆教段、漳江湾特大桥及连接线公路、联十一线长泰先导段等一批重点项目建成通车，新增通车里程98公里。

港口航道 完成投资12亿元，古雷港区古雷作业区北1号、2号泊位工程和厦门港古雷航道三期工程等重点项目建设加快推进；漳浦古雷大霜（西林）陆岛码头完成主体工程建设。

运输场站 完成投资10.7亿元，建成南靖县汽车中心站、漳州漳龙物流园区一期、中国智能骨干网项目一期、普洛斯漳州郭坑物流园等项目。

【民生工程】

城乡公交网建设 投资7595.3万元，购置公交车149辆；投资4618万元，续建西部、东部、龙海港尾、东山公交总站、云霄公交首末站等5个公交场站；新增公交线路7条，优化延伸公交线路11条。

“四好农村路”建设 完成农村公路路网建设280公里、危病桥改造31座、安保工程477公里；出台漳州市《关于进一步创新农村公路管理体制机制的意见》，成立县、乡两级路长办公室，全市262名乡村道专管员按时招聘到位并培训上岗；开展“四好”（建好、管好、护好、运营好）农村路示范路创建，评选出漳浦县南浦乡等6个乡镇为2018年“四好”农村路市级示范乡（镇），并获市政府命名。

【行业管理】

坚持“五零”（道路客运乘客零死亡、道路危货运输零死亡、交通建设工地零死亡、水上客运零伤亡、港口码头作业零伤亡）目标导向 深入开展安全生产大检查，持续深化“安全生产执法专项行动”“平安交通、扫黑除恶专项斗争百日行动”“平安交通三年攻坚行动”“冬季道路运输安全综合整治百日行动”等活动，全市交通运输安全形势总体平稳可控。

车辆动态监管 建立完善值班、考核通报等制度，使营运车辆线路偏移率、离线率、超速率等违法违规行为明显下降，有效遏制交通事故的发生。

交通秩序整治 加强漳州火车站客运秩序、“黑车”非法营运和出租汽车客运秩序等专项整治，全市检查车辆180520辆，查处违章车辆3781辆；以治超站为依托，采取固定检测和流动巡查相结合的方式，联合公安交警部门定期不定期开展治理超限超载工作，查处超限车辆2449部，查处“滴洒漏”污染公路案件2707起，卸载货物65485.87吨；在加强路面执法的同时，依托信息化、智能化建设，大力推进科技治超工作，南靖丰田治超站被列为全省科技治超试点单位。

【厦漳同城大道主线通车】

2018年10月25日，厦漳同城大道实现主线通车。该干线起于漳州动车站，终于厦门海沧，全长约26公里，总投资83亿元，是一条集交通、旅游、休闲、景观于一体的城际快速路。项目主

2018年10月25日，厦漳同城大道实现主线通车　（许煌昊 摄）

车道双向8车道，辅道双向6车道，按一级公路兼城市快速路标准设计，全线采用全互通、全立交模式。项目建成后，厦漳两市主城区行车时间将缩短至30分钟，对完善区域交通路网结构，推动闽西南协同发展区的建设发展具有重要意义。

【九龙岭隧道工程主线试通车】

2018年11月17日，省、市重点民生工程—国道324线漳州九龙岭公路隧道工程实现主线试通车。该项目起于高新区九湖镇木棉村，终于漳浦县官浔镇山边村台创园，总投资15.72亿元，主线长11.71公里。通车后与原路线相比可节省10分钟路程。同时，可大大提高国道通行能力和安全系数，有效缓解花博会期间交通拥堵问题。

【厦蓉高速公路改扩建工程漳州段建成通车】

2018年9月29日，厦蓉高速公路改扩建工程漳州段建成通车，漳州互通改造工程也于10月1日前建成通车。厦蓉高速公路改扩建项目是改造龙岩至漳州连续14公里长下坡瓶颈路段的重要工程，是闽西南协同发展区的重点交通建设项目。漳州段起于芗城区天宝枢纽互通，经南靖县丰田镇、龙山镇、金山镇、和溪镇，止于南靖县奎洋镇与龙岩交界的仙岭隧道内。路线全长60.189公里，全线按照双向八车道高速公路标准扩建，投资47.4244亿元。

（林俊河）

·邮政管理·

【概　况】

2018年，漳州市邮政管理局着力将邮政业打造成为漳州农特产品的直通车、制造业的流动仓库、商品流通的加速器和跨境电商的桥头堡，在助力乡村振兴、精准扶贫、服务生产生活、扩大就业渠道等方面发挥积极作用。

全年，漳州邮政行业业务总量累计完成27.15亿元，比上年增长31.84%，增速排名全省第三；业务收入累计完成15.52亿元，比上年增长21.23%。其中，全市快递服务企业业务量累计完成1.17亿件，比上年增长37.49%，增速排名全省第二；业务收入累计完成10.8亿元，比上年增长37.76%。

【发展环境】

由市政府出台《关于推动电子商务助力精准扶贫六条措施的意见》《关于推动电子商务和快递物流协同发展的六条措施》《漳州市进一步加快服务业提升发展十二条措施》三个惠企政策，涉及快递件量奖励、农产品快件奖励、仓配一体化补助、农村末端网点建设等方面内容，降低了企业争取补助资金的门槛，拓宽政策受惠面，助力快递企业快速发展。

【寄递安全】

企业主体责任　漳州市邮政管理局与全市各邮政、快递企业负责人签订《2018年漳州市寄递企业安全生产及社会治安综合治理责任书》，明确企业负责人为第一责任人，落实安全员持证上岗。

部门联动机制　发挥寄递安

2018年6月24日，邀请专家对企业安全员进行安检机使用培训

（周若雯 摄）

2018年8月1日，组织全市寄递行业突发事件应急演练

（周若雯 摄）

全管理联席会议作用，继续完善联席会商、线索移送、重大时期寄递联合监管三项机制。

构建市县安监联络机制 协调市综治办将寄递安全纳入各县域属地监管，建立市县两级寄递安全监管联络机制；全面推进落实“收寄验视、实名收寄、过机安检”三项措施；委托第三方调查公司定期开展大规模违禁品测寄活动。

【寄递网络】

村级寄递网络建设 累计建成村级便民服务站3718个，“邮乐购”站点380个，累计建成村级物流点356个，村邮站454个，其中贫困村村邮站183个。

“快递进村”工程试点 重点推动漳浦县邮政公司创新经营模式，构建“县乡村三级物流体系”，结合邮政公司包快中心市县一体化经营改革，确立“一县一品”农产品寄递专项营销工作方案；指导漳浦中通通过“农村电商＋快递配送＋电商培训”模式，创立第三方农村电商快递综合服务企业——“速递驿站”，建成农村站点100个，服务覆盖全县120个行政村，服务近40万村民。

“快递＋农产品”项目 2018年，漳州农产品寄递量达到2365万件，快递业务收入达1.75亿元，支撑农产品产值10.75亿元。平和蜜柚寄递规模突破千万元，入选国家“快递服务现代农业金牌项目”。

（漳州市邮政管理局）

·邮政经营·

【概 况】

2018年，中国邮政集团公司漳州市分公司坚定不移地推进企业改革创新，促进企业转型升级，各项工作取得较好成绩。全市邮政（不含邮储银行）实现业务收入5.47亿元。全市5家邮政企业被授予第十三届福建省“文明单位”称号。

【业务市场】

代理金融业务 按照“余额（个人储蓄）是重心、收入是中心、利润是核心”的发展思路，全市邮政企业确立8个大类56个代理金融业务项目，实行项目分级管理、分工负责，并对市级管理的蜜柚项目实行统一运作，积极抢占市场；组织多场“年货节”主题营销活动，主动参与竞争；强化网点经营管理，开展争先创优活动和重点项目竞赛活动，提升网点服务形象；在业务旺季紧盯目标，按月把控运营节点，层层落实到位，确保余额稳步推进；进一步完善全市代理金融内控体系建设，强化安全管理、合法经营，全市代理金融业务内控管理工作考评连续五年全省第一。

寄递业务 全力推进母婴产品、平和蜜柚、龙海食品、本部花卉、漳浦地瓜等项目的快包业务规模发展；紧抓“互联网＋政务”政策导向，加快拓展公安、交警、税务、医疗、“政证快”（政务、证件、快递）等项目，全面扩大金融、保险、通讯等区内配送业务；培育并做大跨境电商业务规模。

邮务业务　函件业务，传媒项目研发文创产品超50款，电影票项目合作数量及覆盖率均居全省第二；报刊业务，着力开发校园市场，拓展畅销报刊、图书及文创项目；集邮业务，荣获全省唯一的集团集邮网厅“优秀店铺运营单位”殊荣，成功举办“邮票设计大师王虎鸣漳浦剪纸采风暨邮迷见面会”；代理业务，扩大税务“双代”（代收、代征）项目，加快邮乐购站点建设，代征税款完成率和邮乐购站点建设完成率均位居全省第一。

【企业改革】

寄递翼改革　全市邮政、速递双方以构建“邮速命运共同体”的理念为基点，推进寄递翼改革，市县两级寄递事业部全部按要求完成组建，人员划转顺畅，资源得到初步整合，全市14个营业部除条件暂不成熟的市区南昌路营业部、东山营业部、诏安营业部、华安营业部外，均实现寄递同场作业，为降本增效迈出坚实的第一步。

夯实发展基础　探索新寄递营销体系建设及揽收的投递岗位、分拣封发岗位薪酬分配方案，开展寄递翼改革专项审计、自查和整改工作，着力为高质量可持续发展夯实基础。

【基础设施】

加大对金融、包裹快递重点专业和营投能力建设力度；争取地方农村电商补贴资金，加快邮政基础设施建设，强化邮政网络核心能力支撑。2018年，漳州蓝田三农区域仓储配送中心建设项目、2018年中央预算的5个普服网点整修项目以及云霄、诏安、南靖、平和等邮件处理中心场所改造项目工程相继建成投运。其中，蓝田三农仓储区域配送中心仅“双11”当日进出口邮件处理峰值超13万件。

【企业管理】

行业社会责任　制定提升普遍服务、特殊服务“三年行动计划”实施方案，配合国家邮政局对漳州普遍服务达标检查，认真履行普遍服务和特殊服务义务，全市行政村100%直接通邮，通邮投递频次、邮政网点营业时间均达国家普服标准，机要通信续持安全无差错；认真实施“三大攻坚战”（防范化解重大风险、助力扶贫攻坚、污染防治绿色邮政），制定具体行动方案，成立领导小组，下设三个专项工作小组，扎实推进工作。

管理效能　强化财务管理，优化绩效管理体系，优化资源配置，加强房产经营管理；优化用工配置，加大基础薪酬向一线员工倾斜力度；严格执行干部任免审批程序和干部任免纪实规定，规范干部人事档案管理；强化安全服务管理，实现全年无金融资金和邮政通信案件、无火灾和交通事故、无职工违法犯罪、无职工群体性上访事件的平安邮政创建目标。

（张彩云）

·中国电信·

【概　况】

2018年，中国电信股份有限公司漳州分公司深入推进“十大行动”（宽带份额提升行动、不限量进攻行动、天翼高清活跃行动、专线攻防行动、DICT业务突击行动、电渠能力提升行动、综合渠道体系建设行动、网络质量双提升行动、风险防控行动、客户感知提升行动），企业高质量发展取得新成效。主要经营指标（主营业务收入、净利润）和天翼、宽带、高清ITV、物联网卡净增量完成情况均居全省前茅；新兴业务抢占创新蓝海（创新业务的未知市场领域），网络能力显著增强；信息安全工作获得中国电信福建公司嘉奖。

【智慧城市】

以“数字漳州”为引领，借力“互联网＋应用”推进漳州智慧城市顶层设计，继续发展完善“互联网＋政务”“互联网＋医疗”“互联网＋教育”“互联网＋金融”等信息化项目，活跃信息消费市场。

互联网＋政务　推进网格化管理，根据市政府全面推进网格

2018年10月30日，漳州开发区管委会与中国电信福建公司签订战略协议
（方晓义 摄）

化管理和综合治理信息化建设工作要求，以原东山食药网格化管理平台试点为基础，不断延伸拓展，累计建成12个县（市、区）食药网格化管理平台，助力漳州市食品药品监督管理局对全市食品、药品市场的监督和管理；推动法院信息化建设，在全市人民法院科技法庭建设的基础上，持续拓展，建成云霄县人民法院智慧法院3.0和档案数字化服务系统、龙海市人民法院音视频会议系统、漳浦县人民法院数字审委会系统以及市中级人民法院、漳浦县人民法院、南靖县人民法院语音识别系统，进一步完善全市法院的管理信息化建设；助力数字灾备（灾难备源）系统建设，主动承接并建成全区首个大型数据灾备系统，大大降低因网络设备故障而导致重要数据丢失的风险，有效提高数据安全性，为后续政府、公安、银行等重点单位的灾备工作提供借鉴经验；保障“芗里芗亲”APP稳定运营，在该软件运营保障中，第一时间展开问题检测、排查，及时有效地排除故障，最大程度地避免给市民的使用造成不便；推进新型“数字城管”项目建设，漳州分公司发挥自身信息化、云、物联网服务能力、维护能力和项目运营经验等优势，助力龙海市市容管理局打造全市首个新型“数字城管”平台，并在平台建成后持续智能化应用的延伸拓展，为龙海市政府的城市管理工作实现实时化、精细化添砖加瓦。

互联网＋教育 根据市政府“紧抓福建智慧校园建设”的工作要求，组织“互联网＋教育”拓展专项行动，立足校方信息化需求，聚焦教育云桌面、云主机、云盘等新兴应用，为校方定制涵盖教育云、基础网络、智慧校园应用平台等的综合信息化解决方案，协助校园上云。2018年，累计打造各中小学教育云项目23个。

互联网＋医疗 加快医疗网络改造，对因线路运行年限久、接入方式多样和缺乏统一规划的漳州市医保管理局800多条电信线路进行网络改造；推动医院系统上云，公司以天翼云产品快速部署、弹性扩展、安全防护、稳定可靠、专业化运营保障的优势，结合HIS、LIS、EMR、云PACS等运用，在对芗城中医院打造成全市首家全系统上云的医院之后，又为漳州第四医院、漳州市妇幼保健院等多家医院实现系统上云，使改造后系统具有影像大数据（热、温、冷）存储、归档及备份功能和医生桌面、移动智能终端基础影像调阅、高级影像应用处理功能，不仅方便医生进行诊断辅助、病案讨论，还解决了医院影像数据存储难、应用难的问题，推进全区医疗信息化；助力长泰构筑医共体，中国电信股份有限漳州分公司与易联众、视联动力合作，完成长泰县医院全套远程会诊和视频会议系统的建设，为构筑该县医疗机构的医共体打下基础。

物联网建设 在NB-IOT网络正式商用基础上加快推进物联网工作，和厦门中传物联网研究院签订战略合作协议；打造物联网＋智慧社区，把高端小区龙宝花园打造为全区“物联网＋智慧社区”示范标杆，涵盖智能门禁、智能电动车共享充电桩、智能监控、雾森降尘等15项应用场景，既提升业主的生活品质，又提高物业公司的工作质效；突破智能烟感领域，基于NB-IoT网络低功耗及智能烟感设备“技防+人防”优势，创新性将烟感设备引入国美家电零售体系和完成南靖世遗土楼群NB-IoT智能烟感系统建设项目，实现智能烟感的规模拓展和火灾隐患区域实时智能化动态监测，在一定程度上降低火灾风险和生命财产损失，助力世遗保护工程，推动漳州市智慧城市的建设。

【智能网络】

4G网络建设　2018年3月18日、12月12日分别完成中国电信集团公司LTE六期、七期工程建设，有效提升4G覆盖及嘉庚学院等高话务区域的容量覆盖需求；扎实推进地下室电梯移动浅层覆盖优化建设，稳步开展室分配套建设工作；根据市场需求主导建设，同步打造移动、光宽、物联网3个精品网络，大力支撑ICT、云业务等新兴业务发展。

光纤宽带改造　切实做好光改、末梢AP补点建设，加快推进农村地区光纤到户覆盖，进一步提高全市光纤宽带用户普及率。全年新建光纤宽带端口17万个，完成7.2万户光纤宽带改造，超过中国电信福建省公司下达的任务，完成率达到232%。为满足宽带提速、千兆小区等需求，加快10G PON端口建设，10G EPON端口达到数超额完成福建省公司下达全年任务指标。

网络提升　10月30日，中国电信福建分公司与漳州招商局经济技术开发区管委会在漳州签订战略协议，合作运营“招商局·芯云谷”云数据中心；12月1日，副省长、省公安厅厅长田湘利一行，在市长刘远，副市长、市公安局局长黄华安的陪同下，到漳州“12345”便民服务中心现场调研并进行座谈，推动漳州开发区实现信息智慧化、智能化进程，助力地方信息化建设和经济高质量发展。

2018年8月8日，中国电信股份有限公司漳州分公司领导带领市场部、网运部、客监部、10000号等部门相关人员参加漳州人民广播电台《效能建设热线》线上直播节目　（方晓义　摄）

【网络保障】

防汛应急通信保障演练　围绕灾前准备和专业科目两项防汛应急通信保障演练场景，涵盖灾前数据收集填报、备品备件调拨、内涝隐患机房排查、局站供电保障、光缆抢修调度以及长途传输、IP承载网的应急调度和灾害指挥模块、掌上OSS专业诊断、智慧运营IT手段等内容组织演练，进一步提升漳州分公司的防汛应急通信保障能力。

重大活动网络保障　圆满完成2018年民政视频会议、市审计局重要工作会议以及漳州花博会、东山关帝文化节、海峡论坛、双鱼岛马拉松赛等11场重要活动期间通信服务、保障任务，确保网络保障、业务保障、信息安全、安全保卫万无一失。

【客户服务】

群体事件管控　建立由公司副总经理、各专业部门领导和服务督导、各区县分公司副总、服务主管和服务督导组成的工信部申诉管控易信群，每日通报工作情况，及时跟踪管控和处理用户申诉问题，力争给每一位用户满意的答复。

客户体验活动 重点聚焦4G网络、天翼高清、宽带三项承诺服务等重点业务，每月开展客户体验活动，全年开展13项17次客户体验活动，并对体验中发现宽带业务受理、安装、维护等存在的问题，进行全区通报并督促相关部门整改，致力于提升用户满意度。

社会公益活动 先后参加“110”守护新时代美好生活主题社会服务联动活动、“3·15”品质消费·美好生活主题活动、“漳州市效能建设热线”直播活动，在现场开展宣传、释疑解难，向社会各界展示积极助力社会公益服务，弘扬“为人民服务”精神的良好企业形象。

（方晓义 余可心）

2018年9月4日，中国移动漳州分公司抢抓每日高铁天窗期施工，夜间加班加点布设光缆，强化4G信号覆盖 （方俊敏 摄）

·中国移动·

【概 况】

2018年，中国移动通信集团福建有限公司漳州分公司（下称漳州移动公司）呈现持续快速发展态势。新建4G站点548个，4G基站累计达到9687个；集团专线条数累计达9777条，企业宽带条数累计达39019条；移动电话客户规模达到315万户，家庭宽带客户数达到59万户；全年纳税1.5亿元，税收贡献居全市企业前列；被全国总工会、国家应急管理部联合评为全国“安康杯”竞赛优胜单位，为本年度全省通信行业唯一获得此殊荣单位。

【服务能力】

网络运营规模 2018年，漳州移动公司光宽带实现行政村覆盖率达100%，实现有线光宽带“村村通”，全力打造漳州“全光网城市”；完成龙厦高铁漳州段4G信号全线覆盖，结束了龙厦铁路无4G覆盖的历史，且全线开通后其平均电平、下载速率和LTE网络覆盖均达到高铁线路测试指标标准。

网络抗灾能力 2018年“玛莉亚”台风高峰期全市停电站点达200余个，漳州移动公司加快机房动力巡检及问题整改，主动排除隐患，全市出动抢修人员286人次、油机174台次、车辆125辆次，完成问题点整改87处，抢通阻断143站次，及时、有效防范持续强降水可能引发的中小流域洪水、山洪、城乡渍涝和山体滑坡等次生灾害对通信网络损坏。

安全通信服务 2018年，

漳州移动公司持续推进反诈骗工作，协助漳州市反诈骗中心，发送防诈骗提醒短信，并根据案情对涉及诈骗的号码进行拦截封堵，全年累计处理3250个号码，有效防范和打击通信信息诈骗。

【助力扶贫】

2018年，漳州移动公司作为全省首个、全国首批开展“扶贫网上行”的运营商，与当地政府合作实施“互联网＋电商扶贫”项目。该项目运用“互联网＋”新技术，实现有线光宽带“村村通”，有效解决制约电子商务发展的硬件问题。同时，首期面向云霄县10944户建档立卡的扶贫户推出“扶贫套餐”，对近百户扶贫户开展“一户一店一码”（一个扶贫户、一个微店、一个二维码）教学与实践活动，点对点帮助贫困群众上网建店，让互联网发展成果惠及更多的贫困地区和贫困人口。2018年1月，省委常委、组织部长胡昌升一行到诏安县红星乡石楼村调研，对漳州移动公司派驻该村第一书记檀钟清的驻村工作成效表示肯定。2018年4月，省人大常委会副主任、市委书记檀云坤和市长刘远带队到诏安县红星乡石楼村调研扶贫工作。檀云坤强调，要充分发挥移动公司在信息化等方面的优势，利用“互联网＋”推动智慧农业试点建设，依靠“党建＋信息扶贫”，打好石楼村扶贫攻坚战。

【信息应用】

生态环境智能监管　2018年，漳州移动公司建成全省规模最大的生态环境信息化应用项目，实现对漳州市九龙江流域生态环境网格化智能监管。该项目结合大数据分析、人工智能、物联网等技术，构筑包括大气、水环境监测系统、河长办数据系统、污染源普查、企业在线监控等系统，帮助漳州生态管理局了解环境现状、分析环境问题及成因，实现生态环境的精细监管、精准执法、科学决策，有效落实治污管理、防范污染事故发生，提升全市环境质量。

工程监理远程管控平台　与福建省住建厅联合搭建“房建和市政工程质量安全远程视频大数据管控平台”，通过施工现场的智能摄像机等终端智能设备，采集视频信号、传感与测控数据，为在建工程提供远程视频监控及安全监管服务，减少因不规范施工引发的高处坠落、物体打击、坍塌等工地安全事故。同时，采用最新国家专利高科技产品全景成像测距摄像机，精准检验钢筋及工程部件是否偏离设计图纸，并以此来判断是否存在工程质量安全问题。

城市数字化管理　与漳州市城市管理委员会达成战略合作，共同推进“省—市—县”三级联动城市管理应用体系，全面提升城市数字化管理水平。一期数字城市管理系统，可通过移动终端采集城市部件信息，实时与平台进行数据交互，执法部门通过平台实现自动判断筛选及分派工单，及时发现和快速处置城市管理问题，提高城市管理水平。

档案数字化加工　承建诏安县、华安县和平和县人民法院

2018年1月1日，中国移动漳州分公司以党建带动工建，超前完成“光宽带村村通”工程，补齐偏远区域和海岛通信短板，全力打造“全光网城市”（陈志鸿 摄）

档案数字化项目，为全省首个档案数字化加工服务。该项目针对法院馆藏档案和新增档案，可利用扫描、拍照、刻录、复制等技术手段，将纸质、音像、多媒体证据等档案转换为标准化电子档案，实现档案查阅检索网络化、自动化和无纸化，满足档案管理工作信息化要求。同时，电子档案数据导入综合管理系统后，还可实现异地部门办案远程调阅，大大缩短案件审理时间。

综合型河长制智慧平台

2018年，中央水利部水电移民司副司长刘冬顺一行到漳州开展督导检查，并调研漳州移动公司承建的河长制智慧平台建设情况。“智慧河长”平台为省内首个综合型河长制服务平台，集合指挥调度终端应用系统，实现巡河人员、视频监控、公众力量等在线资源调度，可多部门任务协作处理，助力水利局管理模式转变，已成为河长制工作行业标杆，有效提高河流管理水平。

（许 鹏 陈志鸿）

责任编辑：简定安

东山贝雕　　（侯郑昕 摄）

东山贝雕

漳州贝雕主要分布在东山县。东山贝类资源丰富，品种繁多。艺人们利用螺壳、蚶壳、蛤壳、鲍鱼壳等的天然色泽、纹理和形态的特点，经过选样、酸化、漂洗、磨光、镂雕、剪裁、上釉、油漆和粘嵌等工序，运用拼贴、浮堆、坯模、支撑、镂镶等技法，制作盆景、烟缸、笔筒、花插、烛台、玩具等，琳琅满目。后来，又巧妙地利用带有虫蛀的贝壳制成树干的节疤，用螺旋状的贝壳制成花朵，用表面绿色的江瑶、银壳制作松树，用粉红色的扇贝、鸡心螺制作枫叶、花朵，用米螺壳制作葡萄，用血蛤壳制作狮、狗的头部等，再配以海浮石、红珊瑚、海铁树等制作挂屏、座屏、挂幅等贝雕画，借鉴中国画的章法构图，表现出奇峰异石、奇花异草、珍禽瑞兽等大自然风物，结构严谨，栩栩如生，艺术价值很高，深得人们喜爱，并屡次在各级展览会上获奖。（选自《漳州名产志》）

金融

·综述·

【银行业概况】

2018年末全市金融机构本外币各项存款余额2980.55亿元，比年初增加125.65亿元；金融机构本外币各项贷款余额2620.33亿元，比年初增加136.24亿元。其中，涉农贷款余额1167.53亿元，比年初减少56.17亿元；县域贷款余额1485.93亿元，比年初增加100.99亿元；小微企业贷款余额357.06亿元，比年初减少78.1亿元。

（本资料摘自漳州市统计局、国家统计局漳州调查队于2019年3月编辑的《漳州统计摘要2019》）

2018年漳州市全金融机构本外币存贷款情况表

表13

指 标	年末数（亿元）	比上年末增长（%）
各项存款（本外币）	2980.55	4.4
1. 住户存款	1587.16	11.6
2. 非金融企业存款	758.60	-9.4
3. 政府存款	613.59	7.4
4. 非银行业金融机构存款	1.71	-79.2
各项存款（人民币）	2945.48	4.7
各项贷款（本外币）	2620.33	5.5
1. 住户贷款	1577.21	14.6
（1）短期贷款	384.16	4.3
（2）中长期贷款	1193.04	18.3
2. 非金融企业及机关团体贷款	1042.10	-5.8
（1）短期贷款	468.65	-18.0
（2）中长期贷款	520.42	4.9
（3）票据融资	51.19	39.8
3. 非银行业金融机构贷款	0.04	0
各项贷款（人民币）	2610.97	6.0

说明：本资料摘自漳州市统计局、国家统计局漳州调查队于2019年3月编辑的《漳州统计摘要2019》

2018年漳州市金融系统年末分项存贷款余额情况表

表14　　单位：万元

1. 各项存款	29805547
企业存款	7586002
活　期	3700612
定　期	3885390
财政存款	597482
机关团体存款	5538389
储蓄存款	14931723
其他存款	212038
2. 各项贷款	26203349
#短期贷款	8528101
中长期贷款	17134695

说明：本资料录自漳州市统计局、国家统计局漳州调查队2019年9月编辑的《2019年漳州统计年鉴》

【保险业概况】

2018年，漳州市内外资保险公司保费收入79.89亿元，比上年增长9.3%。其中，寿险保费收入52.67亿元；健康险和意外伤害保费收入11.43亿元；财产保险收入27.22亿元。

支付各类赔款及给付28.31亿元。其中，寿险业务给付11.48亿元；健康险和意外伤害险赔款给付1.10亿元；财产险赔款16.83亿元。

（本资料摘自漳州市统计局、国家统计局漳州调查队于2019年3月编辑的《漳州统计摘要2019》）

2018年漳州市国内保险业务主要指标

表15

指　标	2018年（万元）	增长（%）
保险收入	798931	9.3
1. 财产保险	272193	-0.5
（1）机动车辆险	194713	-1.8
（2）企业财产险	8085	13.2
（3）家庭财产险	1857	-3.7
2. 人身保险	526738	15.1
（1）人寿保险	412468	12.4
（2）健康保险	96902	30.1
（3）意外伤害	17368	8.0
有效保单赔款及给付金额	283053	18.2
1. 财产保险	168269	22.4
（1）机动车辆险	105616	12.4
（2）企业财产险	6258	40.5
（3）家庭财产险	630	20.9

续表

指 标	2018 年（万元）	增长（%）
2. 人身保险	114784	12.5
（1）人寿保险	103754	11.9
（2）健康保险	5935	22.1
（3）意外伤害	5094	14.7

说明：本资料摘自漳州市统计局、国家统计局漳州调查队于 2019 年 3 月编辑的《漳州统计摘要 2019》

·中国人民银行漳州市中心支行·

【金融服务实体经济发展】

紧扣服务实体主体发展这一主线，认真贯彻落实稳健的货币政策，全年组织实施 4 次定向降准，释放法人金融机构可贷资金 20.38 亿元，累放各类再贷款再贴现、抵押补充贷款 22.17 亿元，保持全市银行业金融机构流动性合理充裕。切实履行“宏观审慎管理”职责，确保调控符合总行政策导向目标。深化银企对接服务工作，全年全辖组织 16 场主题融资对接活动，达成融资意向金额 500.15 亿元，履约率达 84%。至 2018 年 12 月末，普惠口径小微企业贷款余额 31.71 亿元，比上年增长 13.09%，快于全市平均水平 7.62 个百分点。推动金融支持乡村振兴战略实施，印发《漳州市金融服务乡村振兴战略实施方案》，基本完成漳浦县全国农村承包土地的经营权抵押贷款试点任务工作，2018年抵押贷款增加6.11亿元，贷款余额 8.19 亿元，比上年增长 294.31%，业务量居全省第 3 位。积极拓展扶贫直接融资渠道，推动 1 家企业成功注册发行全省首单 5 亿元扶贫中期票据。加快推进绿色金融发展步伐，在华安县、漳州台商投资区创建绿色金融示范县（区）。

【维护区域金融稳定】

金融风险监测排查和预警　组织对 12 类金融风险开展排查，摸清底数。共向银行机构发出各类风险提示 14 次，重大事项报告得到福州中心支行单强行长的批示。配合市政府协调化解企业信贷风险，全市不良贷款率降幅位列全省第一。

金融管理　依法做好辖内 16 家投保机构的央行评级工作、风险差别费率实施和保费缴纳工作，促进风险防范关口前移。规范开展金融机构“两管理、两综合”工作，组织对 3 家金融机构开展综合执法检查，进一步强化金融管理权威。

打击金融领域违法犯罪　会同公安机关持续深入开展打击电信诈骗犯罪活动，挽回群众资金损失 4791 万元，得到社会各界的高度肯定。加大打击假币犯罪的力度，推动出台了全省首个《举报假币违法犯罪奖励办法》，在全省率先成立银行业金融机构反假外币鉴定、咨询小组，相关工作得到总行刊物介绍。认真履行反洗钱工作职责，全年收集重点可疑交易线索 86 条，报案 21 条、立案 13 起、破案 7 起，立案数居全省前列，有力打击辖区洗钱犯罪活动。

【提升金融服务水平】

2018 年全市金融统计数据继续实现高质量零差错，持续打造漳州市中心支行“对台”与“国际经济金融动态”特色研究“双品牌”，有 10 项课题在上级行评选活动中获得奖项，有 47 篇调研文章被《中国金融》《福建金融》等上级行重点刊物采用。深入推动移动支付便民示范工程建设，云闪付 APP 新增注册用户数和新增有效用户数居全省前列。扎实推进辖区优化企业开户服务工作。在全省率先开展征信窗口服务和征信管理标准化建设，确保辖区征信信息安全。在全国率先开展“国库县级示范库”创建工作，有力推动基层国库履职提效，得到总行国库局董化杰肯定和福州中支副行长时东的批示肯定。在全省率先探索建立和全面推广“农村小面额人民币物流配送服务点”模式，有效畅通农村地区硬币自循环渠道。在全省先行开展金融科技研究，举办8期13场金融科技知识讲座，金融科技调研文章和舆情信息采用量全省第一。推进金融广告治理工作，强化金融机构自律约束工作。继续推进金融知识国民教育，金融课程覆盖全市6所高校以及185所中小学，在漳州电视台《金融视角》栏目平台策划推出13期人民银行主题宣传，有效提升公众的金融素养。

【深化外汇管理改革】

积极争取并获批台资企业资本项目管理便利化试点政策在漳州台商投资区落地实施。至2018年12月末，试点业务金额1.05亿美元，占到全省总试点业务量的60%左右。积极向上争取并获准由人民银行华安县支行代理外汇管理业务，解决华安县外汇管理服务短板，极大方便和节约涉外企业业务办理的时间和成本，优化营商环境，得到县政府、银行和涉外企业的一致好评。组织举办4场外贸企业应对汇率风险培训班，为全市300多家重点外贸企业普及金融避险知识，深受企业好评。以专项核查督促银行加强履行“展业原则”，经常项下核查，得到省局经常项目处发函表扬。加大外汇领域违法违规行为查处力度，率先在全省延伸查处2起个人分拆案件，全年结案33起，外汇检查工作取得较好成效。

（游志强）

·漳州银保监分局·

【推动信贷投放】

2018年末辖区银行业贷款余额2620亿元，比年初实际增加318亿元，增幅居全省第一位。推动普惠型小微企业贷款同比增速高于各项贷款增速10.11个百分点，有贷款余额的户数同比增加1.11万户，不良率低于各项贷款不良率0.36个百分点，实现“两增一控”目标。创新无还本续贷“名单制”管理，推动全年累计办理无还本续贷金额97亿元、占到期贷款金额的比例34%，比年初上升4.47个百分点；笔数4327笔、占到期贷款的笔数的比例25%，比年初上升5.89个百分点。

【防控金融风险】

坚持“政府主导、银行主体、部门联动、强化会商”和“抓早、抓准、抓实”思路，采取“两强化五推动”七项措施力控信用风险。2018年末全辖银行业不良贷款率2.06%，不良率比年初下降1.12个百分点，降幅位居全省第二位。

【推进金融服务】

支持乡村振兴 以“强机制建设、强根基保障、强改革创新、强督导检查”为抓手，支持乡村振兴发展，推动芗城、龙海、东山等7个县（市、区）形成服务乡村振兴“双法人”格局，“一行一品”形成支持乡村振兴的“漳州名片”，推动辖区涉农贷款提升至全市各项贷款的45%，农户贷款增速高于各项贷款增速7.75个百分点。

助力金融扶贫 坚持“稳推扶贫信贷、筑牢返贫防线、强化宣传督导”三措并举推动实现“一个高于、两个百分百”目标，即：3个省级扶贫重点县（平和、诏安、云霄）的贷款增速高于全市贷款平均增速11.12个百分点，4180户有贷款意愿且符合信贷条件的贫困户贷款满足率百分百，688户有贷款意愿且符合信贷条件的贫困户学生贷款满足率百分百。

提升普惠金融质效 持续优化“普惠金融工作站”“普惠金融学校”、漳州电视台《金融视角》3个普惠金融品牌，解决金融服务“最后一公里”问题。加强消保宣传，对全市400多万人发送防范非法集资等宣传短信，并在所有银行保险机构网点开展标语宣传。

【提升社会贡献度】

2018年全市金融行业增加值138亿元，比上年增长3.9%，金融行业增加值占全市GDP的比重为3.5%。全市银行业机构支持地方经济发展总额4179亿元，比年初增加222亿元。全市61家保险机构提供就业岗位2.44万个，保费收入同比增长9.28%，给付赔款约28.31亿元。漳州保险行业结合辖区企业实际积极推动环境污染责任保险的发展，为全市97家涉及造纸、化工、金属制品的高污染企业提供环境污染事故风险保障，承保率70%以上，保障金额62.51亿元。

（陈嘉昀）

·中国建设银行漳州分行·

【概 况】

经营效益　2018年，中国建设银行漳州分行全年实现主营业务收入16.78亿元，同比新增1036万元；实现中间业务收入4.16亿元，同比新增2013万元；实现税前利润7.25亿元，同比新增3.41亿元，比上年增长88.93%。

存贷款规模　截至2018年底，存贷款余额合计877.33亿元，在漳州四大国有银行中率先且唯一实现存贷款规模突破800亿元大关。一般性存款日均余额385.64亿元（人行口径，下同），四行占比30.33%；各项贷款日均余额、时点余额、日均新增和时点新增均位列四行首位。各项贷款时点余额481.06亿元，四行占比33.91%，比年初增加48.98亿元。日均存款和贷款系统贡献度持续提升。一般性存款日均余额系统占比8.45%，较年初提升0.04个百分点；各项贷款日均余额系统占比10.49%，占比较年初提升0.84个百分点。

资产质量管控　实现不良贷款余额和不良贷款率“双降”。截至2018年底，不良贷款余额112698万元，比年初减少15964万元，不良贷款率2.33%，比年初减少0.62%。全年处置不良资产4.09亿元。

【推进“三大战略”】

普惠金融业务　“两增两控”［“两增”，即单户授信1000万元以下（含）的小微企业贷款同比增速不低于各项贷款同比增速，贷款户数不低于上年同期水平。“两控”，即合理控制小微企业贷款质量水平和贷款综合成本，突出对小微企业贷款量质并重、可持续增长的监管导向］与无还本续贷均完成监管要求。普惠金融8＋1口径（人民银行定向降准口径8项指标和单户授信500万—1000万小型微型企业）贷款余额20.26亿元，新增6.76亿元，计划完成率112.67%。自主创新产品柚农支农贷已投放6户，省行创新产品“闽果贷”已落地。在全辖网点推进“劳动者港湾”建设，借力电商扶贫，开展“爱荔丰收”“确认过眼神—扶贫助学龙眼义卖”“爱心‘柚’出发”系列公益助农行动，探索金融扶贫新模式。积极推进农村“裕农通”普惠金融服务点建设。全辖共设430个“裕农通”普惠金融服务点，年新增55个服务点。

住房租赁业务　实现“蓝海战略”（竞争战略的一种代称，指开辟当今还不存在的产业，打开一个新市场）4个平台的上线工作，其中公租房项目全市各县区全覆盖，房源数9403个；企

2018年3月5日，市工商局与建行漳州分行签订《工商注册合作协议》

（市工商局 供图）

业租赁项目8个，共享项目55户，企租及共享平台上线房源数3460个，交易量548套；建融家园注册客户数30594个。与市国土资源局正式签订《不动产抵押登记便民服务战略合作协议》，成为银行业首家抵押登记直联合作银行。

金融科技　聚合支付商户强势发展，拓展商户超过1万户，全省系统排名第二，活跃商户全省系统排名第二，交易额全省系统排名第三。以“学费云”平台为契机，拓展学校和培训机构183所，2018年商户数、学费缴交量、缴交额均居全省系统排名第一。与漳州团市委推动实现全省首创“智慧团建团费云”平台，缴费超过13万人次，全省系统排名第一。与市民宗局等9家民宗部门签订战略合作协议，成功上线宗教事务平台；与7家县级行政服务中心签订政务平台合作协议，实现三项功能的上线。创新社区金融服务模式，在全行试点开展智慧社区的推广工作，建行漳州分行“福隆智慧社区”于12月正式上线，是全省3个地区上线项目之一，上线房源数1804个，注册客户数38户。

【存款业务】

个人存款　个人有资产客户新增10.58万户，完成量居全省系统第二；个人加权有效客户新增24.1万户、增速11.45%，增量居系统第二位、增速居系统第三位；CTS客户新增3.97万户、完成率379.89%，完成量居系统第三位、完成率居系统第一位。

对公存款　印发2018年漳州市重点在建和预备建设项目、重点技改项目、重点后备上市项目清单并发送各行，密切跟进；出台商户考核办法，截至2018年底，加权对公商户新增367户，完成省行计划114%。率先实现与市工商局签订工商登记注册合作协议，已代办工商注册登记业务345家；社保资金存款截至2018年底达12.79亿元，时点新增2.08亿元；实现与辖区内所有高等院校业务合作，成为多家高校业务主办行，高校客户时点存款2.73亿元，新增学生开卡2.4万张，新增各类代收学费客户59户，增长率197%，代收业务量8.55亿，增长率76%，代收客户数及业务量居全省前列。与辖区二甲及以上综合性医院均建立业务合作。完成长泰、平和等5家公立医院银医通、掌上医院项目建设，成功中标福建省漳州市医院“统一支付平台及多点结算平台”合作银行，全行公立医院时点存款4.83亿元。实现辖区县域代理财政业务的全覆盖，重要机构客户群体持续扩大、国家机构改革客户取得突破。

【助力富美新漳州建设】

项目储备　围绕市委、市政府决策部署，密切跟踪签约项目，建立重点项目营销清单制度，当年申报客户评级105户，集团综合授信9户，信用额度申报45户，其中新项目9户，授信金额79.1亿元。

市场营销　加大卫生、教育行业客户的信贷营销，进一步巩固建行漳州分行在房地产、教育、卫生行业的领先地位。截至2018年底，比年初新增房地产开发贷4.1亿元；新增高校客户授信5.1亿元，全行公立医院贷款3.22亿元，市场占比77%。

小微发展　举办30场沙龙活动，全行快贷有效授信客户数1553户，当年新增891户，新增户数排名系统第4位；大力拓展抵押快贷与云税贷这两个重点产品。截至2018年底，抵押快贷2.0授信112户，授信金额1.51亿元；云税贷授信客户数516户，授信余额4.07亿元，贷款客户数445户，余额2.45亿元。

投行业务　成功为某集团办理短期融资券10亿元；办理全省首笔工程保业务1.7亿元。

【中间业务】

提高传统业务收入，全年实现工程造价咨询业务净收入524.7万元。办理全行贷款抵押物评估确认321份，确认价值106.78亿元。加强精细化管理，对条线信贷客户实行“一户一策”管理模式，全面实施客户的综合贡献度管理。

【房地产金融】

加大房地产对公贷款项目营

销储备工作力度，新增储备项目9个，授信金额38.1亿元。加大个贷营销储备力度，提早介入新开盘的楼盘项目，主动贴近市场，提供上门驻点营销受理、专人服务等，提升个贷服务质量，进一步提高个贷各环节办理效率。抢抓二手房贷款市场份额，开展二手房贷款业务专项营销活动。积极拓展政策性业务，完成公积金新系统上线验收，成功中标市区“漳州市住房和城乡建设局漳州市区住宅专项维修资金专户管理银行服务类采购项目”单位，服务期限五年。截至2018年底，个人类贷款余额319.53亿元，当年累计投放131.14亿元，新增47.91亿元，当年累计投放额及新增额全省系统排名第一，个人住房贷款余额305.32亿元，当年累计投放99.76亿元，当年新增49.54亿元，余额及新增额四行占比第一，新增额四行占比39.31%；住房资金归集余额85.47亿元，比年初新增9.73亿元。住房资金存款（不含委托贷款基金）余额33.11亿元，比年初新增4.04亿元，余额及新增额同业占比第一。

【国际业务】

加快创新业务落地，全力推进金融科技应用与“新一代”业务成果推广运用工作，先后与台北、悉尼、首尔、东京分行合作，办理区块链平台业务15140万元，跨境e+客户210户，交易额合计214亿元。实现同业区块链福费廷业务全省首家突破，全省首办跨境快贷—退税贷跨境、“跨境e＋”贸易融资业务。上下联动夯实客户基础，对国际收支客户、单证有效客户及资金交易业务进行买单考核；通过举办普惠金融产品推介会、提供政策辅导等多种形式，携手支行运用“跨境e＋”、区块链贸易融资、国内信用证、网银资金交易升级拓展了一批优质有效客户。

全行国际收支客户新增数407户，同比新增58户，全省排名第三。累计签约“跨境e＋”客户216户，交易额合计241亿元。全年共完成跨境人民币业务量28.54亿元，同比增长72%；实现同业区块链福费廷（福费廷是出口信贷的一种类型）、跨境快贷—退税贷全省先行先试。

【信用卡业务】

2018年信用卡业务8项指标（发卡总量、客户总数、商户收单额、消费交易额、分期交易额、信用卡不良率、信用卡贷款余额、中间业务收入等）继续保持漳州同业第一的领先地位。截至2018年底，完成信用卡分期交易额12.77亿元，交易额居系统第三，创历史最好水平；信用卡净新增发卡31061张，净新增客户数15738户。以“慧兜圈”（建行开发设计的一个结合“商户、平台、用户”三者为一体，资金流和信息流相融的新型智慧收单业务平台）为切入点，加快“商户＋”消费金融生态圈建设。积极开展重点商圈和重点商户百日营销专项活动，针对不同客户类群，推出不同产品，满足客户需求，净新增全量商户153户，达标商户185户。

【电子银行业务】

2018年，手机银行用户总量超过120万户，稳居漳州同业首位。手机银行活跃客户37.13万户，位居全省系统第三。移动金融替代率达到96.07%的新高度，移动支付KPI指标得分全省排名靠前。

渠道端布局发力　抓实客户从“开户、签约、到下载APP、激活、活跃”的全流程跟踪服务。制定专项拓展策略与产品的组合，推动手机银行成为行内各业务条线经营客户、提升产品应用度的综合化平台。

新型开放平台打造　加强对私立幼儿园、民办中小学、培训机构等“大教育”领域的覆盖，重点营销连锁性质机构。在全省首家实现市县两级团领导机关团费专户全部在建行开通并入驻悦生活云平台。截至2018年底，全市团市委、团县委共19家团费云商户全部实现交易突破，交易笔数达13万笔。

消费市场资金承接　加大各种类型实体经营商户、智能服务自助服务类商户的营销，持续做好网点周边2公里的批量发展。

【资金结算业务】

2018年，全省资金结算条线新一代案例复制完成率达100%。举办2场现金管理业务培训，新增现金管理核心客户14户，多模式现金池客户14户，“禹道通达”（建行推出的多银行现金管理业务服务）跨银行现金管理客户1户（全省仅2户）。建立联动考核机制，共新增小额无贷加权有效客户1847户，增幅31.89%，渗透率36.74%；小额无贷日均存款新增4亿元，增幅24.81%，新增占比42.09%。

（李 欣）

·中国银行漳州分行·

【概 况】

2018年，中国银行漳州分行面对外部复杂多变的经济形势和内部资产质量化解的严峻压力，加强队伍建设，提高业务水平，有效开展主营业务，存款体量连续突破350亿元、400亿元两道关口；成功化解大额不良资产，实现不良资产余额控制在10亿元内、全年化解不良资产10亿元的“双10亿”目标。

【存款业务】

截至2018年12月底，本外币存款时点余额371亿元，同比新增30.71亿元，增幅9.03%；日均余额364亿元，较上年末新增38.17亿元，增幅11.7%，时点、日均增量均列全省系统第一。本外币存款市场份额27.9%，居漳州四大国有银行（以下简称四大行）第二位，增量份额31.7%，居漳州四大行首位。其中，公司存款市场份额32.51%，居漳州四大行第一；个金存款市场份额23.98%，居全省系统首位。

行政事业存款作为全行存款稳步增长的“压舱石”，在面临医保新农合资金9亿元到期转出的不利形势下，时点余额仍逼近90亿元关口，增量居全省系统首位，成为全省唯一一家获得总行“行政事业先进个人”奖项的二级分行。

【资产管控】

不良贷款余额降至5亿元，比上年下降8.64亿元；不良率降至1.97%，比上年下降2.75个百分点。资产质量优于当地主要同业，低于漳州市银行业平均不良率。完成重点项目约70亿元债务重组，有效控制大额授信风险。完成重点存量不良批量转让8.78亿元，有效避免不良资产急剧增长的危机。实现现金清收效益最大化，荣获总行、省行“2018年开门红不良现金清收突出贡献奖”。全年逾期非不良贷款占比同比下降24.18个百分点，逾期贷款占比得到有效压降。

【非息业务】

非息收入比上年增长18.12%。其中，银行卡条线非息收入比上年增长24.59%，任务完成率102.78%；分期业务量比上年增长22.13%，列全省系统八家地市行第一。资金业务条线非息收入比上年增长63.7%，任务完成率111.68%，国际结算市场份额38.64%，比上年提升1.71个百分点。辖内角美支行把握资本

2018年7月13日，中行漳州分行举办新员工入行培训

（中行漳州分行 供图）

2018 年 10 月 15 日，中行漳州分行与漳州市工商行政管理局签署“工商注册登记业务”合作　　　（中行漳州分行　供图）

项目管理便利化试点改革政策机遇，为台商投资区重点台资企业办理外债结汇业务，满足台资企业结汇支付需求。

【品牌建设】

各媒体刊登社保卡、智能柜台、手机银行、“云闪付”等服务宣传活动 24 期次，与主流媒体合办“改革开放 40 周年”文化图展，古雷故事入围“漳州好故事”选编，参与挂钩扶贫点工作，社会影响力显著提升。特别是在市医疗改革关键时期，有效应对柜面超负荷工作压力和外界潜藏的声誉风险，持续为全市 463 万社保卡客户提供金融服务，实现新增社保卡制卡 12.67 万张，补换发卡 11.41 万多张。全辖 13 家社保卡服务中心共完成 19 万张社保卡应用写入工作，网点每人每天受理社保卡业务上百笔。基层员工对特殊困难的社保卡客户提供的暖心服务，获得客户的来信表扬，展现漳州中行员工有温度、有担当的服务精神。

（吴玮频）

·中国工商银行漳州分行·

【概　况】

2018 年，中国工商银行漳州分行紧扣建设区域和系统强行总目标，注重建立长效机制、改进工作作风、提振队伍士气，各项工作取得新进展、新成效。截至 2018 年末，拨备前利润 5.6 亿元，四行同业排名第三。中间业务收入 2.23 亿元，同比增加 0.33 亿元，同比增幅 17.14%。全部存款余额 227.02 亿元，比年初增加 24.05 亿元，增幅 11.85%，存款日均增加 15.88 亿元。各项贷款余额 337.85 亿元，比年初增加 14.85 亿元，增幅 4.60%，存量在全省工行系统占比 9.62%，排名第三；增量在全省工行占比 7.26%，排名第五。个人全量客户净增 9.03 万户，其中对公结算有效户新增 1575 户，日均金融资产 5 万元以上公司客户净增 111 户，日均金融资产 100 万元以上机构客户净增 8 户，私人银行日均客户数净增 14 户，私人银行客户数净增 75 户。

不良贷款额、不良贷款率实现双下降，截至 2018 年末，不良贷款余额 18.10 亿元，比年初减少 0.6 亿元；不良率 5.36%，比年初下降 0.43 个百分点。全年累计清收处置不良贷款 16.42 亿元，进一步明晰资产质量状况。

【储蓄存款业务】

产品营销　截至 2018 年 12 月末，储蓄存款余额 122.83 亿元，比年初增加 14.65 亿元。通过个贷营销有效增加个人客户基础，全量客户新增 9 万户，其中四星级以上客户净增 3.25 户，财富客户净增 110 户，私银客户净增 4 户。在全辖开展“行外吸金”（即通过自身品牌价值展示，产品专业配置和综合服务体验等方式，获得客户的认可，吸引客户主动将其资产从行外部转移到内部）培训，共计进行 17 个支行、三轮的“行外吸金”学习、培训，2018 年 5—12 月期间合计“吸金堵漏”笔数2.13万笔、金额45.15亿元。在“行外吸金”中大力推动个金特色产品营销。如“商户盈”共计签约5252户，余额8.24亿元，户均余额15.7万元；“节节高二号”比年初增加7.18亿元，增幅49.84%；大额存单比年初增加2.84亿元，增幅149.6%。

公司存款精细化管理 建立从分行行领导到支行客户经理的多层级营销服务体系，加大对存款重点大户的维护工作，分管行长走访余额排名前20名公司客户重点客户，公司部负责人走访余额排名前50名公司重点客户，通过积极开展走访营销工作，努力将客户维护做实做细。加强拓户及存款考核，从新拓客户及存量提升2个维度对支行班子进行绩效考核，新拓客户按季日均分档进行奖励。2018年对公结算有效户新增1575户，日均金融资产5万元以上客户比年初增加111户。全年公司存款余额55.16亿元，较年初增长13.74亿元，增量排名四行第一，完成省行年初下达任务的211%。

机构存款逆势竞争 2018年，受军队改革及部队移防产生资金变化的影响，工行漳州分行2018年末的机构存款余额46.62亿元，比年初减少了4.76亿元。工行漳州分行通过多种方式，在逆势中强化竞争，提高资金使用效率，提升机构存款的贡献度和稳定性，同时密切跟进机构改革进展，争取涉改部门存款市场。守住军队存款市场，争取到所辖全部的二代军保卡业务，以及部分原属于他行的军队客户的个人代发工资业务。成功中标古雷石化企业年金项目，共计900人，规模1400万元。提升机构拓户营销质量，云霄、开发区、东山支行均开立了当地县土地储备中心专户。利用“银校通”的产品优势，为工行漳州分行存款现状薄弱的中小学学校、幼儿园等带来新的机构存款增长突破口，共新增幼儿园86户，占全年新增账户的61%。银校通平台已签约11家学校，其中3家学校已导入名单。

【信贷业务】

住房按揭贷款 持续做好服务，在扩大合作房地产公司范围的同时，好中选优。全辖已营销房地产公司132家，其中包含万科、保利、泰禾、绿城、阳光城、三盛、福晟、建发、中骏、碧桂园、融信、大唐等24家重点开发商。同时，与46家二手房中介建立合作关系。个人贷款余额199.18亿元，比年初增加37.57亿元，增幅23.25%。其中个人住房贷款余额187.9亿元，比年初增加37.75亿元，证券化还原后个人住房贷款余额215.32亿元，比年初增加65.16亿元，居同业第一。全年按揭贷款累计上报审批1万笔共77亿元，累计发放1.2万笔共79.68亿元，同比增加4.78亿元。

普惠金融服务小微企业 借助工行漳州分行普惠金融事业部的成立，提升小微服务效率，加强与协会商会对接，全年累计开展4场宣介会，为普惠发展打下基础。2018年度银监口径小微企业贷款余额5.57亿元，较年初增加0.92亿元，超额完成0.16亿元，任务完成率121%；人行口径小微企业贷款余额5.60亿元，较年初增加1.12亿元，超额完成0.74亿元，任务完成率295%。两口径贷款指标均超额完成省行下达的计划任务数，顺利实现年度小微业务增长任务。同时完成经营快贷新增拓户41户，共计金额1095万元。

【中间业务】

信用卡业务 紧抓互联网化发卡获客工作，通过多种方式在新媒体加大办卡、融e借、e分期等优质产品的广告投放量，同时开展加油、洗车、观影、购物、餐饮等刷卡、扫码优惠活动，取得较好宣传效果，全年中间业务收入完成15068万元，增幅达32.6%。新发卡9.57万张，新增有效客户数3.95万户。总透支额、分期付款余额、透支额增长迅速，全年总透支26.45亿元，比年初增加3.99亿元，其中分期付款余额11.45亿元，比年初增加2.83亿元。同时，专项分期发展快速，全年共办理汽车、车位等专项分期业务6779笔共计 6.72 亿元，同比增加 2.61 亿元，增长率达 63.5%。

个贷驱动中收　做好个贷资产证券化工作，按揭贷款资产证券化 11 批次共计 28 亿元，截至 2018 年末，个贷证券化余额 30.24 亿元，比年初增加 24.9 亿元，资产证券化收入同比增 586.9 万元，当年实现个贷资产服务费大幅增加，（提前还款）同比增收 233.85 万元。

突破投行业务　融安 e 信任务完成 36 笔，同比增加 33 户，完成省行下达任务 144%，收费金额 177.36 万元，同比增加 173.36 万元。收入行部 17 个，同比增加 15 个行部。融智 e 信 1 户，收费金额 28 万元。

【贷款存量移位】

对重点风险客户贷款主动移位退出，全年共移位退出 7.50 亿元，其中战略池 25 户移位退出 3.03 亿元，两项指标均超额完成省分行下达的全年移位任务。

（李焱森）

·中国农业银行漳州分行·

【概 况】

2018 年，中国农业银行漳州分行突出服务发展与风险防控两大重点，助推全行各项工作持续向好。截至 2018 年末，本外币各项存款余额 330.41 亿元，比年初增加 24.54 亿元，同比多增 4.59 亿元。本外币各项贷款余额 344.24 亿元，年初净增 34.83 亿元，同比多增 11.34 亿元。存量贷存比 104.19%，增量贷存比达 141.93%，远超出 75% 的监管要求。在第五届全国文明单位复审中复查合格，继续保留“全国文明单位”荣誉称号。

【服务实体】

认真落实好省农行与市政府签订的《战略合作备忘录》，主动对接市委、市政府战略规划，积极服务重大基础设施建设、民生工程及产业转型升级等项目，为闽南师范大学、古雷区域引水工程等 21 个项目提供授信额度 45.1 亿元。提速发展普惠金融，贷款余额比年初净增 7.29 亿元，增量居全省农行系统第三，全面实现监管部门“两增两控”目标。

【服务“三农”】

围绕服务乡村振兴战略，认真贯彻落实互联网金融“服务三农一号工程”，在全辖 9 县 2 区积极推广农业特色产业金穗“快农贷”业务（“快农贷”具有纯信用、低利率、线上化、全自助、可循环等特点），至 2018 年底，相继上线 24 个种养项目“快农贷”，贷款余额达 10.91 亿元，比年初增加 9.55 亿元，惠及 1 万多农户，贷款余额和增量均居全省农行系统首位。制定的《金穗柚农贷金融营销方案》从全国 37 家一级分行、144 个参赛方案中脱颖而出，荣获农业银行总行互联网金融服务“三农”营销方案决赛三等奖。农行漳州分行“快农贷”工作的经验和做法得到上级行充分肯定，并在全国农行系

2018 年 9 月 21 日，农行漳州分行财富管理中心隆重举行重装开业典礼。农行福建省分行副行长黄秋华（左）、农行漳州分行行长吴辉（右）共同为“中国农业银行漳州分行财富管理中心”揭牌　（简银蕉 摄）

统学习推广。

（简莹蕉）

2018 年 9 月 30 日，兴业银行漳州分行与漳州市工商行政管理局举行“工商注册登记业务”合作签约仪式（兴业银行漳州分行 供图）

·兴业银行漳州分行·

【概 况】

截至 2018 年底，兴业银行漳州分行账面资产总额 326.05 亿元；本外币各项存款余额 321.77 亿元，比年初增加 4.95 亿元，增长 1.56%；全年日均存款 310.52 亿元，同比增加 19.38 亿元，增长 6.66%。本外币各项贷款余额 228.70 亿元，同比减少 26.54 亿元，下降 10.40%，全年日均贷款余额 230.68 亿元，同比减少 16.33 亿元，下降 6.61%。

【公司业务】

医保“三保合一”（即城镇职工医保、城镇居民医保和“新农合”实现一个部门统一管理）业务再上台阶、“智慧法院”项目上线后效益开始显现、竞标获得住宅专项维修资金业务合作行资格、公积金归集业务顺利上线，拓宽分行企金（企业金融）存款增长渠道。切实践行“客户中心”经营理念，狠抓企金客户“稳存拓新”工作，实现企金客户持续增长。截至 2018 年底，全口径企金日均存款 218.04 亿元，比年初增加 4.29 亿元，按照人行统计口径，企金存款市场份额持续保持当地同业第一；企业金融客户数 14693 户，比年初增加 1958 户；“无还本续贷”业务笔数占比 35.03%，比年初增加 25.77 个百分点；金额占比 28.51%，比年初增加 22.68 个百分点；“两增两控”客户数 835 户，比年初新增 37 户；贷款余额 11.52 亿元，比年初新增 1.09 亿元。

2018 年 5 月 31 日，兴业银行漳州分行与漳州市河长制办公室签订“加强绿色金融合作，全面推进漳州市河（湖）长制工作”战略合作协议（兴业银行漳州分行 供图）

【零售业务】

认真贯彻“抓自然增长、抓贵宾提升、抓流失客户、抓公私融合”四抓策略，保持个人贷款规模，加大零售负债拓展力度，零售业务持续稳定发展。2018 年，零售综合金融资产余额 248.61 亿元，同比增加 50.29 亿元，全年综合金融净资产日均余额 222.14

亿元，同比新增 32.2 亿元；零售个人存款日均余额 106.83 亿元，同比新增 15.24 亿元，储蓄日均余额 91.22 亿元，同比新增 6.22 亿元；零售贷款余额 134.15 亿元，零售核心客户数 16.27 万户，同比增加 1.26 万户，零售 VIP 客户数 5.57 万户，同比增加 7999 户。推进信用卡业务发展，做大生息资产规模，提升盈利能力。信用卡收入持续攀升，全年发卡量 27400 张，生息资产余额 12.14 亿元，同比新增 1.74 亿元。实现信用卡收入 2.31 亿元、净营收 1.43 亿元，居同类行第一。

【信贷资产风险管理】

积极主动适应复杂多变的内外部形势，推进落实“合规盈利”新要求，适时调整管控策略，坚持做实风控措施。2018 年，在总行企金信用业务存续期管理考评上，兴业银行漳州分行继续保持类区行的第 名，全年累计压缩风险贷款 4518 万元、累计处置不良贷款 21514.65 万元。不良贷款余额较年初减少 4712.29 万元，不良率较年初下降 0.05 个百分点，不良余额及不良率实现双下降。

（撰稿：韩莎 审核：林云狮）

·邮储银行漳州市分行·

【概 况】

2018 年，邮储银行漳州市分行紧扣服务实体经济、服务地方重点建设项目、防控金融风险三大任务，积极作为，加大投入，管控不良，为全市经济建设添砖加瓦。2018 年，各项贷款余额 127.13 亿元，当年新增贷款 27.52 亿元（增量为历年之最），增幅达 27.63%，增量居全市银行业金融机构第三名。不良贷款率 0.88%，低于全市同业平均水平 1.18 个百分点，整体资产质量保持良好。经营管理质效得到显著提升，连续三年获得邮储银行福建省分行综合绩效考评第一名。2018 年荣膺中国质量协会“全国用户满意企业”称号，应邀参加“2018 年满意中国年会”并做主题演讲，是全国唯一一家在会上做主题演讲的银行业金融机构。

【服务乡村振兴】

加强合作交流　搭建与三角梅协会、水仙花协会、农业局新型职业农民培训等合作平台。与漳州市海洋渔业局签订协议，共同建立海洋捕捞渔船守信激励和失信惩戒工作机制，并与漳州投资集团合作共同发起，向市政府申请将渔船抵押贷款客户纳入应急周转金支持范围来推进渔船抵押贷款良性发展。各支行以多种形式与县级政府部门、乡镇、团委等单位签订合作协议，在信用村授信、精准扶贫等领域开展多样化的共建合作。

发展小额贷款　全面助力漳州九大重点产业发展，持续推进信用村特色产品发展。加快创新涉农产品体系，与省农担公司合作小额农担贷款，小额极速贷、村委贷、亲情贷等贷种也获得试点开办，实现了对所有涉农市场主体的全覆盖，解决三农融资担保难题，有效促进小额贷款业务的发展，支持农户已达 4 万多户，全年小额贷款新增放款 2.03 亿元，余额 15.14 亿元。

推进精准扶贫　积极与当

2018 年 12 月 19 日，邮储银行漳州市分行荣获 2018 年度全国用户满意企业荣誉称号　（高革 摄）

地的扶贫部门开展合作，在精准提供扶贫信贷方面，研发针对建档立卡贫困户的扶贫小额信贷产品。2018年累计发放扶贫类贷款3188万元。响应国家生源地助学贷款政策，大力开展助学贷款，于2018年6月举办高考志愿填报大型公益讲座，全市生源地助学贷款年增1460笔，1084万元。

【支持实体经济发展】

始终围绕服务实体经济这条主线，专注“小微”谋发展，通过围绕当地主导产业，做好拳头产品、重点产品、培育产品的有机组合，深入行业调研，加快特色产业链开发，为小微企业提供“融资”支持。截至2018年末，小微企业贷款余额12.08亿元。

积极推进政银合作，主动对接财政局、经信委、国税局、地税局、工商联等部门，加强园区走访，已成功与7个工业园区签署合作协议，新增授信2.4亿元。

深入行业调研，加快特色产业链开发。充分利用食品行业信易融差异化授权政策、结合保证保险、小微易贷、房抵贷综合模式等业务组合营销，重点对烘焙加工类、水产品加工等食品行业进行产业链深入开发，食品行业新增放款8813万元。

根据漳州市小微企业特点，加大产品创新力度，突破行内全省首笔民办幼儿园贷款、全省首笔旅游贷。同时，积极推进平行作业机制，加快业务审查审批的流程进度，切实把“精、深、细、实”的管理理念落到实处，业务受理时效性大幅提高，使服务小微企业更加便捷高效。

【助推重大项目建设】

紧紧围绕建设漳州现代化经济体系的要求，结合总、省分行的政策导向及漳州市经济发展特点，以重点产业为导向，着力助推全市重大项目建设。不断加大对“两基一支”（基础设施、基础产业和支柱产业）领域的资金投放力度。坚持抓好“三个重点”（重点支持市属国有企业、重点扶持传统行业龙头企业和战略新兴行业、重点跟随国家战略），适应区域经济发展变化。为公司信贷客户量身定制综合金融服务，提供流固贷、PPP、贸融、债券投资、现金管理、票据等个性化服务，从而实现投贷债融全面拓展。2018年累计发放公司贷款35.99亿元。加大对漳州辖区票据贴现量大的钢铁、玻璃、电子制造等重点产业开发，2018年累计贴现达10.86亿元。

（许毅鹏）

·中国农业发展银行漳州市分行·

【概 况】

2018年，农发行漳州市分行积极发挥政策性银行职能作用，主动融入漳州地方经济社会发展大局，紧紧围绕漳州市委市政府乡村振兴战略，全力服务漳州粮食安全、脱贫攻坚和支持农业农村基础设施建设的战略部署，用足用好各项支农政策。截至12月末，各项贷款余额62.15亿元，比年初增加2.34亿元，增幅3.91%；各项存款余额17.66亿元，比年初增加1.65亿元，增长10.30%；全年累计现金清收不良贷款本金6.49亿元及欠息0.16亿元；实现账面利润2.44亿元。

【支农资金投放】

坚持服务粮食安全，加强和完善储备粮油管理，保障储备粮油资金及时足额供应，投放粮油购销储贷款4.77亿元，支持各级储备粮轮换任务12998万公斤；支持地方粮食仓储设施现代化标准化建设，累计获批仓储设施建设项目贷款1.79亿元，投放仓储设施建设贷款1.35亿元，用于支持龙海中心粮库、华安丰山粮食储备库及东山粮食储备库建设。

【服务地方经济】

服务“三农”做出新贡献，不断加大对辖内3个省定贫困县（平和县、云霄县、诏安县）信贷支持力度，聚焦棚改、水利、农村交通、城乡一体化、改善农村人居环境等民生基础领域，投放贷款19.24亿元，涉及20个项目，支持范围涵盖农村路网、整体城镇化、农民集中住房建设、棚户区改造及水利等领域，有力促进漳州城镇化建设。

（戴俊玉）

2018年9月23日，开展庆祝“中国农民丰收节”暨“整村授信”启动仪式

（漳州农商银行 供图）

·漳州农商银行·

【概 况】

2018年，漳州农商银行以当好服务乡村振兴的主力军为工作主线，重点抓好支农支小、防控风险、深化改革三大任务，全年各项工作保持良好发展态势，取得可喜的经营成效。截至2018年末，全行总资产228.97亿元，其中各项贷款余额131.68亿元，较年初增幅达14.96%，市辖区市场份额上升0.79个百分点，排名较年初上升1位，居全市第4位。各项存款余额184.46亿元，市场份额较年初上升0.66个百分点。各项财务收入突破13亿元，人均考核利润143万元，上缴各项税金总额接近2亿元，对地方经济增长的贡献度不断提高。获评“中国服务乡村振兴十佳农商行”。在中国银行业协会发布的2018年“陀螺”体系综合评价蓝皮书中，收益可持续能力、风控管理能力、服务能力和体系智能化等多项主要指标名列前茅，其中收益可持续能力在全国农商银行（城区）中位列第一。

2018年3月8日，乡村振兴、巾帼行动——“巧妇贷”全省推广启动仪式

（漳州农商银行 供图）

【普惠金融服务】

充分发挥农村金融、普惠金融、民生金融三大主力军作用，设立小微企业金融服务中心和普惠金融服务中心，专注支农支小、服务实体。全行贷款总户数突破6万户，较年初增加1万户。发放涉农贷款86亿元，小微企业贷款54亿元，全面完成小微企业“两增两控”目标。创新推出“乡村振兴贷”主题系列产品，整合优化“福e贷”线上申贷平台，引入“银政保担”多方合作，构建“三助”“三通”“一宝”产品体系，切实缓解小微、民营企业融资难、融资贵问题，其中“巧妇贷”妇女创业贷款获得全省推广。试行“整村授信”，献礼首个“中国农民丰收节”，为石亭镇下辖3个行政村先行授信1亿元。作为全市“公交云闪付”独家收单行，与漳州交通一卡通公司联合对漳州市公交车载设备

移动支付进行升级改造，于2018年11月投入运营，全面覆盖全市2区7县90条线路1000余辆公交车，日均交易笔数达到1万多笔。

（林 婷）

·中国人保财险漳州市分公司·

【概 况】

2018年，漳州人保财险围绕“发展再超越、盈利能力更强、服务品质更优、管理基础更实”的年度经营目标和“五聚焦五升级”工作部署，稳步推进各项工作。全年人保财险保费收入143214万元，同比增长1.78%，保费规模排名全省系统第三；市场份额52.56%，同比提升1.18%，全省排名第二。车险保费收入88698万元，增速4.27%，全省排名第一；商业非车险保费收入25952万元，增速12.39%。累计处理各类赔案12.72万件，支付赔款9.92亿元，上缴各类税收1.66亿元。荣获2018年全省系统市级分公司综合经营管理先进单位二等奖。

【扶贫保险】

精准对接脱贫攻坚多元化需求，推广建设“五保工程”（即健康扶贫保障、生产风险保障、财产风险保障、融资风险保障、就业增收保障），受到省扶贫办的充分肯定，并在全省进行复制推广。累计为5万多贫困人口意外伤害保险提供近300万元赔款，为全市约6.4万贫困人口提供大病保险补偿款达1053万元。

【战略合作】

与县域政府签订战略合作框架协议，在“保险+融资、产业升级、精准扶贫、医疗、综治、生态、服务”等方面建立覆盖市县两级全面战略合作体系，更好地为人民群众提供保险服务。

【参与医疗保障】

主动参与完善医疗保障体系，发挥专业优势，为漳州市城乡居民大病保险和城镇职工商业补充医疗保险提供专业化服务。自2018年度起，漳州市城乡居民大病保险人均保额上不封顶，切实为参保群众减轻大额医疗费用负担。2018年5月，漳州市城乡居民医保实现省内定点医疗机构刷卡即时结算，8月，漳州市城镇职工医保实现全国定点医疗机构刷卡即时结算，为全市470多万群众的大病补充医疗提供便民、惠民服务。

（简 洁）

2018年9月8日，漳州人保财险直升飞机救援合作签约仪式 （戴建阳 摄）

·中国人寿保险股份有限公司漳州分公司·

【概 况】

2018年，中国人寿保险股份有限公司漳州分公司坚持“重价值、强队伍、优结构、稳增长、防风险”的经营方针，不断提升公司核心竞争力和持续发展能力，首年期交、十年期交、首年标保、短期险等核心指标增幅均高于全省系统平均水平，成功实现“复兴漳州、富员强司”第一个三年规划目标。实现股份总保费收入17.81亿元，同比增长7.37%；首年期交保费3.93亿元，同比增长3.32%；保障型产品保费（10年期及以上）8998万元，同比增长50.61%；短期险保费1.16亿元，同比增长15.68%。

【业务发展】

个险渠道　坚持“2＋1”产品策略不动摇，统筹做好分红型产品、保障型产品、短期险的分类经营，提升客户满意度。优化创新四级销售平台，稳定保费来源。创新开发运作项目，结合国家“健康中国”战略主题开发运作的“健康中国 为爱嘉保”项目使保障型产品销售业绩显著提升，促进保障型业务的发展。提升营销队伍自主销售能力，促进个险渠道转型升级。打造以星级工程为核心的荣誉体系，增强发展动力。

银保渠道　以“万众‘亿’心 飞跃2018”为主题，实施双轮驱动，促进网营和自营同步发展。推进项目化渠道拓展、常态化队伍建设、个险化自营销售和功能化基础管理，筑牢银保渠道发展根基。

团险渠道　做大优优项目平台，转变管理追踪模式，指定专人管理，每月定期、定时通报追踪，达成专职有效人力168人，以112%完成省公司下达的任务指标；组织招募15名大短险专员，配套专项考核办法与管理要求，派驻个、银职场推进大短险业务的跨渠道发展。

【赔款及给付】

2018年，中国人寿漳州分公司支出赔案金额1.042亿元，同比增长31.41%。其中，死亡重疾给付金额6860.57万元，同比增长26.25%；长期险赔案金额4949.28万元，同比增长24.63%；短期险赔案金额5471.87万元，同比增长38.21%。

【提高创费水平】

设立专项预算，有效支持市场竞争、转型升级、银保网营期交、长险保障型项目和短期险优质项目的发展。实行渠道赔付率与绩效工资挂钩的考核机制，促进短期险做大做优。2018年，短期险保费增长15.68%，保障型产品保费增长50.61%，网银期交占比提高6.71个百分点，年末人力对标比值提升20个百分点。

（朱建忠）

·中国太平洋人寿保险股份有限公司漳州中心支公司·

【概 况】

2018年，太平洋人寿保险股份有限公司漳州中心支公司（以下简称太平洋寿险漳州中支）实现总保费收入44467.39万元，位居漳州市寿险市场第三。其中：营销新保收入 10001.79万元；直销新保收入4669.04万元；直销短意收入3127.44万元；银邮短意278.42万元。

【客户服务】

关注客户权益保护，妥善处理客户投诉，提升客户信赖度和美誉度；积极开展客户服务节活动，落地应用新技术服务，扩大服务宣传，改善客户体验，努力提升公司服务能力。全年理赔2364件，赔款总额4456万元，赔款同比增长40%。

【经营情况】

金融渠道保持持续稳健，联合农信、邮储开展各种形式多样的渠道培训，开展人性化服务。和芗城区政府计生协会合作推动计生保险，2018年计生险赔付41.04万元。全面开展税延（即税延型养老保险）工作，稳定合作渠道，成功承保漳州农商行、云霄联社、诏安安然的客户。

（薛舒静）

·中国平安财产保险有限公司漳州中心支公司·

【概 况】

2018年，中国平安财产保险有限公司漳州中心支公司保费总收入56287万元，增速3.4%，市场份额约20.7%。全年纳税总支出3272.74万元。在保险总收入中，车险43745万元，占总保费的77.7%；财产险11162万元，占总保费的19.8%；意健险（人身意外伤害险和健康险的综合简称）1380万元，占总保费的2.5%。

【保险服务】

全年为超16万个团客户提供逾1084亿风险保障，全年平安产险赔款支出3亿元。

大力支持漳州中小企业发展建设，小微企业综合保险种数开办58个，全年保费1004万，承保件数3049件。积极与漳州市中小企业公共服务平台建立合作伙伴关系，解决小微企业融资难题，服务小微企业，向中小企业推广保费贷、安心贷等融资产品。

平安公众责任险承保件数86件，诉讼保全责任险承保件数202件。工程投标履约保证保险承保件数32件，担保金额0.19亿元。

积极推动环污、安全生产、食品安全、环卫工人责任险等保险产品参与社会管理，承保各类责任险保额46.37亿元，服务客户数461个。

（郑艺红）

责任编辑：林 绿

漳浦剪纸“百猫图” （蓝智伟 摄）

漳浦剪纸

剪纸是古代妇女创造的一门民俗艺术，唐宋时漳州的漳浦、云霄、长泰等地已盛行，以漳浦为最。

漳浦民间剪纸具有构图丰满匀称、线条连贯简练、韵味细腻雅致的艺术特色，表现手法以阳剪为主，阴剪为辅，阳剪阴剪互补，密切配合，使整个画面层次分明，错落有致，并运用“排剪”技法，对表现羽毛、花瓣尤显细腻纤巧，丝丝入扣，令人悦目。在色彩运用上以单色为主，于对比色中求协调，有丰富强烈的工艺装饰效果。2006年漳州剪纸被确定为省级非物质文化遗产，2008年入选第一批国家级非物质文化遗产扩展项目名录。（选自《漳州名产志》）

财政·税务

·财 政·

【概 况】

2018年，全市财政预算执行情况良好。一般公共预算总收入352.06亿元（含车购税），比上年增长8.1%，其中地方一般公共预算收入218.75亿元，比上年增长7.2%。一般公共预算支出429.8亿元，比上年增长0.1%。

【实施积极财政政策】

发展实体经济 继续落实税制改革和税收优惠政策，全年累计减免企业各项税收（含征前减免）72亿元；向市属重点国企划转8家市直行政事业单位经营性资产2.38万平方米，促进国有资产优化重组；继续降低失业、工伤、生育保险费率，全年减轻企业负担3.5亿元。

扩大内需与外贸 统筹安排1.92亿元，支持出口信保、境外参展和重点出口行业转型升级，加快电子商务与物流快递协同发展，完善全域旅游公共设施建设，扩大利用外资和对外贸易规模；下达2.29亿元，兑现社保和促进就业、创业等各类补贴，继续实施失业保险帮企稳岗政策，惠及174家企业。

鼓励社会投资 清理规范PPP项目，累计35个项目进入执行阶段，占入库总数的51%，总投资332.79亿元；对社会资本投资建设PPP工程包给予前期经费补助，吸引社会资本284.87亿元，其中8个入选财政部PPP示范项目全部落地，入选项目数居全省第2位。

推动产业转型升级 及时修订完善一批有利于实体经济健康发展的财税政策，统筹安排2.24亿元，支持和促进科技创新驱动发展，受益企事业单位171家、项目163个；统筹安排2.11亿元，稳定工业经济增长，加大技术改造奖励力度，培育扶持新增新上规模工业企业，加快数字漳州建设，促进大数据应用，加速工业跨越发展；统筹市本级人才专项资金6500万元，服务人才优先发展战略。

支持乡村振兴 建立健全农业农村优先保障机制、资金多元投入机制和涉农资金统筹整合长效机制，落实农村建设“双百”行动，支持乡村振兴“345”示范工程实施；全市农林水支出41.7亿元（含基金），支持九大特色优势农业产业现代化，推进农村综合改革和农业综合开发，支持办好第十届农博会·第二十届花博会；归集支援新疆、西藏、三峡库区项目资金4580万元，保障援建任务顺利完成。

资金保障 创新采用签订《建设项目支付协议》方式，有序拨付48个政府性投资项目工程建设资金35.35亿元；完善三项政府引导性基金市场化管理，成立规模2.5亿元的漳州市食品产业基金；累计发放过桥资金6.18亿元，受益企业37家次；兑现银行等金融机构和市属重点国企融资考核奖励1424万元；

引导金融加大服务实体经济力度，缓解中小企业融资难题。

【发展社会民生事业】

精准脱贫攻坚　加大扶贫资金整合力度，市县财政实际安排扶贫资金4.6亿元，为市定3‰筹集标准的7.6倍；支持实施精准扶贫“养鸡生蛋”工程、“三千”（招收1000名漳州市建档立卡贫困户学生和贫困地区学生到市属高职院校就学；征集重点企业、好企业1000个岗位引导学生与企业签订就业合同，实现招生即就业；筹集1000万元资金专项用于资助贫困学生入学职业院校和就业）工程，开展扶持村集体经济发展试点，落实医疗救助和精准扶贫医疗叠加保险政策；资助1091个贫困学生入读职业院校，13259个贫困人口获得精准扶贫医疗叠加保险补偿，3个贫困县、17个贫困村和2146个贫困人口如期脱贫摘帽。

补齐民生领域短板　通过财政补助贴息、PPP模式，支持“十大惠民特色工程包”、33个补短板投资工程包和25件为民办实事项目顺利实施；统筹15.24亿元，支持新建19所公办幼儿园，支持职教园区、漳州一中新高中部开工建设，将公办中职学校生均公用经费标准从每生每年3500元提高到4200元，促进教育优先发展、均衡发展，提升公共文化体育服务能力；市本级筹集62.89亿元，支持中心城区建设，改扩建城乡公共厕所246座、旅游厕所56座，新建、改建9个市中心城区农贸市场，进一步完善公共配套设施；统筹15.74亿元，支持国省干线公路和县道晋级建设、“四好农村路”创建；跟踪落实保障性安居工程建设资金、市本级棚改中期资金和市区棚改项目资金，全市统筹30.64亿元新建保障性安居工程10084套，市本级新增总投资194.3亿元推进长福片区和西湖生态园片区两个政府购买棚改服务项目建设，着力解决“四难一差”。

提高社会保障水平　城乡居民基本医保财政补助标准从每人每年450元提高到490元，基本公共卫生服务财政补助标准从每人每年50元提高到55元，将2018年城乡居民大病保险最高赔付金额30万元调整为不设封顶线。农村低保标准分别提高到7560元/年、6960元/年，实现城乡低保一体化。

支持污染防治攻坚　创新财政支持生态补偿的体制机制，保障环保机构监测监察执法垂直管理体制改革顺利进行；统筹16亿元，支持开展水环境综合整治、大气和土壤污染防治；市级财政安排9000万元，对全市1.17万公顷补足任务的高标准农田建设进行以奖代补。

深化社会综治　全市投入3421万元，确保扫黑除恶专项斗争顺利开展；市本级统筹3000万元，保障社会综治平安漳州建设所需经费，支持社会治安防控体系、道路交通管理优化工程、社区矫正监管指挥中心和反恐队伍装备等建设，深化维稳“六大专项行动”，维护公共安全。

【财政管理】

化解债务风险　严格实行债务限额管理和预算管理，加强全口径债务统计监测；落实降低债务风险工作方案和分年度隐性债务消化计划，按时完成非债券形式政府存量债务置换和债券还本付息工作；开展债务风险防控督导与考核，加大政府债务信息公开力度。截至2018年底，全市政府债务余额622.55亿元，基本掌控在省核定限额681.76亿元之内。

预算管理　在法定期限内通过统一平台集中公开财政和部门预决算，率先出台《市与县区财政事权和支出责任划分改革实施方案》，安排8000万元对促进经济社会发展和落实有关重点工作成效明显地区给予正向激励支持；制定《2018年度深化财税体制改革实施方案》《2018—2020年市本级中期财政规划》，编制2017年度全市政府综合财务报告和经济分类决算，调整市本级对漳州台商投资区和蓝田开发区新一轮财政管理体制。

绩效管理　采取政府购买服务方式引入第三方进行全市预算绩效管理考核和支出项目重点评价，对市本级部分新增社会事业专项支出进行绩效目标评审，节约1亿元用于保障急需项目建设；促进绩效管理提质扩面，把扶贫资金纳入绩效管理范围，对2017年18个扶贫项目进行绩效自评，对2018年24个扶贫项目实施绩效目标管理和绩效监控。

资金监管　规范市级财政专项资金管理，及时清理结余结转资金8968万元，盘活存量资金1.79亿元；进一步规范土地出让收支管理，简化市区土地成本的拨付手续，加快土地储备资金周转；严格贯彻执行中央八项规定精神实施细则和省、市实施办法，积极推行公务卡强制结算。2018年市直机关“三公经费”比上年下降7.9%，其中市本级下降11.1%。

医保基金统筹管理　不断完善医保政策，参保群众医保待遇稳步提升；常态化开展签约医药机构稽核检查，防范医保基金运行风险；开展县域紧密型医共体建设试点，实行药品货款阳光结算；推行按病种收费的医保支付制度和医联体医保打包支付方式，促进城乡居民基本医疗保险参保扩面。加强监督检查，不折不扣落实巡视、检查及审计反馈问题整改，夯实财政收入；深入开展部门预算执行情况检查、会计信息质量检查，进一步落实中央“八项规定”精神，推进“1＋X”财政专项督查；加快扶贫资金在线监管系统全面运行，将省级以上67项扶贫（惠民）资金纳入在线监管系统；组织开展财政收入质量专项检查、民生领域突出问题专项治理和扶贫领域联合检查，严肃财经纪律。

财政服务　持续深化财政“放管服”改革，把财政投资项目审核时限压缩到15个工作日；加快构建政府采购网上超市，提高采购单位的选择空间和采购效率；扎实推进非税收入电子化收缴管理改革，为执收单位和缴款人提供优质便利的票据服务；实行医保“一站式”服务，创新“互联网＋医保服务”，实现异地就医直接结算；改进财政服务人大代表、政协委员工作，承办建议提案44件，走访率、满意率均达100%。

（撰稿：吴崇炼　审核：张辉祥）

·税　务·

【概　况】

2018年，全市税务部门实现各项收入393.8亿元，比上年增收37.97亿元，增长10.67%。其中实现税收收入314.98亿元，比上年增收27.01亿元，增长9.38%，税收收入首次突破300亿大关。组织非税收入78.81亿元，比上年增收10.96亿元，增长16.16%。其中社会保险基金实现收入67.32亿元，比上年增收5.72亿元，增长17.79%。按照地方财政口径计算，全市税务部门组织一般公共预算总收入294.97亿元，比上年增收27.6亿元，增长10.32%，完成市政府年度收入预期目标294.6亿元的100.13%，超收0.37亿元。其中，组织市本级一般公共预算收入60.42亿元，比上年增收5.65亿元，增长7.03%，完成市政府下达的预期目标58.72亿元的102.9%，超收1.7亿元；组织市本级地方一般公共预算收入34.22亿元，比上年增收2.43亿元，增长7.65%，完成市政府

2018年7月5日，省税务局联合党委委员、副局长林茂椿（左）和漳州市副市长兰万安（右）为漳州市税务局揭牌　（杨硕毅　摄）

2018年7月5日，全市税务系统代表参加市局揭牌仪式（杨硕毅 摄）

下达的预期目标33.05亿元的103.55%，超收1.17亿元。

【体制改革】

2018年4—10月，按照国家税务总局和福建省税务局的部署，撤掉原漳州市国家税务局、漳州市地方税务局，组建国家税务总局漳州市税务局。2018年7月20日，完成市、县两级局挂牌工作；10月25日，市、县两级局"三定"（定编制、定岗位、定人员）方案顺利落实到位，并有序推进社保费和非税收入划转工作。改制后，市局内设机构、派出机构和事业单位较合并前减少7个，减少20.59%；县局内设机构、派出机构和事业单位较合并前减少122个，减少29.9%。全市系统定岗任职科级以上领导职务446人，科级以上非领导职务278人，一般干部1359人。其中，市局科室主要负责人"正转副"13人；县级局所属机构主要负责人"正转副"93人。整个体制改革，严格按照国家税务总局和省税务局的要求、时间节点，如期完成机构撤并、职责划转、人员到位，实现平稳、有序、高效推进，内部管理、业务服务衔接运转顺畅，达到"瘦身"和"健身"的改革目标。

【纳税服务】

提升办税功能 全市16个县（市、区）税务局的36个办税服务厅、259个办税窗口，全部实行"一窗一人一机"办税模式，并有143台自助办税终端机投入使用，有效弥补8小时以外及节假日的服务盲点。

网上税务局平台建设 拓展提升"一网通办"功能，纳税人一次登录即可办理6类122个涉税事项，全市有95.86%企业纳税人通过网上进行申报，累计受理纳税人网上申报税费144.68亿元。

新办企业套餐式服务 将首次申领增值税发票提速至1个工作日内办结，推动实现13个法定义务事项或急办涉税事项的最快办理时限压缩到1.5小时以内，大幅减少企业开办时间。

优化企业税务注销办理程序 纳税人可通过网上税务局在线办理税务注销预检，根据预检情况适用"免办、即办、空缺办理、一般"等流程进行税务注销，进一步缩短企业注销时间；推出外来建安企业服务套餐、高新技术企业优惠政策套餐等服务。

推行税邮"双代"（代征税费、代开发票）新系统 全市累计开票8.75万张，开票金额19.31亿元，征税9423万元，有效缓解机构合并后首个征期的办税压力，纳税人改革获得感和服务满意度明显增强，在全省纳税人满意度专项调查中，名列前茅。

【税收治理】

推进税制改革 落实降低增值税税率等改革措施，个人所得税分步改革平稳推进，环境保护税顺利开征。深化"放管服"改革，落实"最多跑一次"承诺，规范并减少税务检查。

"1＋X"专项督查 落实中央"八项规定"精神，推进"1＋X"专项督查。全年累计报送存疑线索2197条，涉及开票商家534户次，受票方957户次，开票金额3092.4万元。

涉税信息工作 经市政府同

意将涉税信息报送工作纳入政府年度绩效考评工作方案，全市25家单位报送113条涉税信息，报送率达到100%。

打击发票违法犯罪　全市查处违法企业户数132户，查处非法发票32765份，涉及金额22.14亿元，查补收入3925.68万元，打掉4个犯罪团伙；通过纳税辅导入库税款4051.94万元，开展纳税评估入库税款1.37亿元；通过对暴力虚开增值税专用发票行为等涉税重点领域深入摸排，及时移送涉黑涉恶线索，深化扫黑除恶专项斗争。

【营商环境】

在全省税务系统先行先试推进行政执法公示、执法全过程记录和重大执法决定法治审核等三项制度建设，提高依法治税水平。全年结案237起，查补收入3.8亿元，入库收入3.4亿元。积极落实党中央、国务院关于减税降费的一系列决策部署，以“真金白银”助推企业发展，当年办理各项税收减免（含征前减免）76.04亿元，比上年增加19.81亿元，增长35.23%。深化出口退（免）税帮扶，在省税务局帮助下提请国家有关部委解决马口铁易开盖出口退税率问题，惠及福建标新易开盖集团有限公司、福建祥达进出口有限公司等两家企业。全市累计办理出口退（免）税46.78亿元，比上年增长2.27%。

（撰稿：黄雅妮　审稿：陈振忠　蔡纪平）

责任编辑：简定安

漳州木偶雕刻　　（选自《漳州您好》）

漳州木偶雕刻

漳州木偶戏有提线、手掌、铁枝3种，提线木偶戏又名嘉礼戏，手掌木偶戏又名布袋戏，均有生、旦、净、末、丑不同角色，又有神仙鬼怪、动物等，种类繁多。木偶头像设计夸张，造型别致，精巧细腻，注重“五形五骨”（眼形、口形、鼻形、眉形、耳形和眉骨、顶骨、颧骨、额骨、颏骨）。眼睛可转，嘴耳可动，鼻孔能冒烟，“花旦”柳眉杏口，俏丽清秀；“老生”“老旦”皱纹如川，慈善祥和；“花脸”眉目生光，威风凛凛；“丑角”鼠目翘髫，滑稽可笑，神情各异，栩栩如生。

1995年后，漳州木偶雕刻个体户甚多，较著名的有徐竹初父子、兄弟徐聪亮等，继承家传并不断创新。漳州木偶雕刻作品销往厦门、上海、深圳等城市和中国香港、台湾地区，以及日本、韩国、新加坡、美国等国家，2006年漳州木偶头雕刻列入第一批国家级非物质文化遗产名录。（选自《漳州名产志》）

·发展与改革·

【概 况】

2018年，漳州市发改系统抓重点促投资，抓融资促投建、抓策划促支撑，抓改革促发展，抓政策促落实，抓作风促服务，保障全市经济社会平稳发展。漳州市完成地区生产总值3947.63亿元，比上年增长8.7%、居全省第二，第三产业增加值1621.83亿元，比上年增长9.7%、连续四年居全省第一，固定资产投资比上年增长11.4%。

【当好参谋】

2018年，围绕提升规划网和产业链、数据链、政策链、资金链，开展一系列规划编制、课题研究和政策起草工作，为市委、市政府决策提供有力保障。完成“十三五”规划《纲要》中期评估工作，编制《漳州市军民融合深度发展规划纲要（2018—2020年）》《漳州市人口发展规划（2016—2030年）》《漳州市乡村振兴战略规划》《漳州市海岸带保护与利用规划（2018—2025）》等战略性规划；牵头起草《关于坚持高质量发展落实赶超 当好新福建建设先锋的意见》《关于激发民间投资活力十二条措施》《关于进一步加快服务业发展提升十二条措施》等政策措施；开展《产业培育发展补短板》《健康产业发展实施计划》等18个课题研究；编印《1000个产业投资项目招商手册》《项目策划参考手册》等实用手册；形成《补齐短板铸链条 培育产业促发展》《关于鼓励外商投资企业再投资的工作建议》等一批高质量调研报告和工作建议；推出“发展改革大家谈”专题专栏9个，多次得到市委、市政府主要领导的批示肯定。

【项目建设】

2018年，创新重点项目管理“五大举措”（分片挂钩、动态管理、快速反馈、问题办理、督办通报），典型做法获省效能办通报表扬。53个省在建赶超重大项目、561个市级重点项目、132个省级重点项目、33个投资工程包、十大惠民特色工程包（厦漳同城化建设、“五湖四海”与惠民安居、小流域水环境综合整治、排水防涝、农村公路建设与改造、农网改造升级、生活垃圾与污水处理、幼儿园与职业教育、公共卫生设施建设、养老服务工程包）、34个特色小镇竞赛项目、32个现代服务业竞赛项目、22个海洋经济项目均超额完成年度投资计划，新增“五个一批”（谋划一批、签约一批、开工一批、投产一批、增资一批）项目2400个、总投资1.13万亿元，新开工亿元以上项目418个、建成或部分建成150个。

【策划对接】

2018年，“6·18”海峡项目成果交易会征集企业技术需求

159项，对接项目635个、总投资163.9亿元，签约生态环保项目3个、军民融合项目3个。“9•8”投资贸易洽谈会现代服务业专场对接项目28个、总投资222.2亿元。“11•18”海峡项目成果交易会签约央（国）企项目8个、总投资97.6亿元。突出做好企业融资服务和民生社会事业补短板项目资金支持，加强上级资金补助项目的事前事中事后管理，全年共有120个项目获中央和省级预算内补助资金5.67亿元；新增境外上市企业2家、海交中心挂牌企业2家，城投集团7.3亿元企业债券获国家发改委核准发行，培育省级重点上市后备企业58家、市级109家；推出PPP招商推介项目92个、总投资706亿元；推动16个民企项目列入军民融合发展产业基金直投项目储备库；10个项目获得省级服务业发展引导资金1660万元；新增省级现代服务业集聚区2个（总数达9个，全省第三）。

【改革创新】

经济体制改革　牵头制定提升营商环境行动方案，创新“双随机”抽取机制应用于招标投标专项行政监督检查。市级政府投资项目建议书、可行性研究报告、初步设计及概算和企业投资项目核准类办理时限压缩到1个工作日，梳理审批“网购”清单33个。

生态文明体制改革　5项年度改革任务进展顺利，协调推进实施生态环境损害赔偿、生活垃圾分类制度、河长制改革等创新成果，推进国家生态文明试验区建设的经验做法得到中国工程院院士调研组的充分肯定，“生态＋”发展模式得到上级部门和社会各界广泛认同。纳入全省碳市场管理的20家企业连续两年碳排放履约率达100%。

城乡统筹体制改革　长泰县国家新型城镇化综合试点完成监测评估自查，第二批4个省级特色小镇完成创建规划编制审查，龙海月港海丝小镇、漳浦茶荟小镇等4个小镇通过第三批省级特色小镇专家评审。

【服务保障】

2018年，围绕服务重点区域协同发展，积极推进闽西南协同发展区、厦漳同城化先行示范区建设，牵头推进深化与招商局集团新一轮合作前期工作，谋划设立产业合作区。19个闽西南重大协作项目、16个厦漳同城化项目均提前超额完成年度投资计划。主动服务腾龙翔鹭项目整改修复，协调推进古雷炼化一体化、中怡精细化工等重大项目建设；牵头起草《进一步支持古雷发展的若干意见》，编制《古雷石化基地投资指南》《古雷石化基地控制性详细规划》。靠前服务中心城区“五湖四海”等“生态＋”示范项目，成立“西湖项目审批服务协调小组”，推动项目加快落地建设。有效发挥“海丝”办协调职能，推动各地各有关部门积极参与“海丝”核心区建设。积极配合市扶贫办有效推进易地扶贫搬迁工作。

【统筹协调】

粮食保障　完成10个现代粮食储备库新建、2个粮库现代化改造任务，市粮食储备库在全省率先利用屋面光伏电站发电进行低温储粮，基本建成粮食质量全覆盖监管网络。市粮食与物资储备局被确定为全国首批“全国粮食流通执法督查创新示范单位”。

价格监管　降低电价减轻负担4.46亿元，查处价格违法案件23件、经济制裁总额207.48万元；受理各类涉案财物价格认定233起，完成涉税财物价格认定950件、涉及金额4.32亿元。市价格认证中心被国家发改委评为2017　2018年度全国价格认定工作先进机构。

大数据管理　电子证照系统已覆盖市、县475个部门，梳理并登记3988类电子证照目录，生成数据880多万条，应用情况居全省前列；漳州市数据汇聚共享服务平台汇聚30多个部门500多项信息目录近亿条的数据；完成基础网络和云平台服务平台15个，信息服务平台5个，应用系统服务平台9个。

（林满加）

·审计监督·

【概 况】

2018年，漳州市审计机关共审计单位342个，其中审计295个，专项审计调查47个。查出主要问题金额88.77亿元，其中违规金额4.92亿元、管理不规范金额83.84亿元；审计发现非金额计量问题1602个；损益（收支）不实金额9.52亿元；审计发现侵害人民群众利益474万元；出具审计报告和专项审计调查报告430篇。审计处理处罚金额9.43亿元，其中应上缴财政4.83亿元、应减少财政拨款或补贴1956万元、应归还原渠道资金1.94亿元、应调账处理金额2.47亿元；移送司法机关、纪检监察机关和有关部门处理事项27件，移送处理人员28人，移送处理金额2399万元。审计促进整改落实有关问题资金4.86亿元；审计促进拨付资金到位1427万元；审计后挽回（避免）损失4217万元；核减投资额4127万元；移送处理落实事项1件。审计提出建议982条，被采纳693条；推动被审计单位制定整改措施119项；提交审计信息322篇，被批示、采用228篇次。向社会公告审计结果1篇。市审计局实施的漳州市国土资源局漳州开发区分局原局长任期经济责任审计项目和龙文区审计局实施的漳州市龙文区城乡建设局原局长任期经济责任审计项目被全省通报表扬；漳州市审计局被福建省审计厅评为“2017年度计算机审计应用推进先进单位”。

【政策落实审计】

市价格认证中心被国家发改委评为2017—2018年度全国价格认定工作先进机构。围绕乡村振兴战略、供给侧结构性改革等重大决策部署，开展52个重点项目和15个专题政策落实情况跟踪审计，重点揭示“一革命四行动”（农村人居环境整治中实施农村“厕所革命”、农村垃圾治理行动、农村污水治理行动、农房整治行动、村容村貌提升行动）、减税降费、生态建设和环境保护、脱贫攻坚等政策落实遇到的体制障碍，助推各级党委、政府打通政策落实“最后一公里”，实现改革效应的最大化，共推进各类重点项目开工和完工9个，加快项目建设进度5个，促进项目单位规范管理和完善基建手续3个，其中，市审计局实施新能源公交车置换情况专项审计调查，漳州市村镇污水治理跟踪审计，漳州市市属高等职业学校2017年度国家助学金管理使用情况专项审计调查，漳州市乡镇敬老院管理、使用、运营情况专项审计调查，中小企业奖励性政策措施跟踪审计共5个专题；古雷区域引水及调配站工程跟踪审计、漳州市九龙江林业科技园跟踪审计，漳州高新区靖城园区武林棚户区改造项目跟踪审计、厦漳同城大道角美段（二期）跟踪审计、漳州市芝山南路跨江桥梁及连接线工程（瑞京路－琥珀路）跟踪审计，国省干线联十一线漳州龙文区过境公路工程跟踪审计、芗城区利民佳苑保障性住房项目跟踪审计、东山谷文昌干部学院跟踪审计等8个省重点项目跟踪审计。

【财政审计】

2018年，开展对97个预算单位审计。市审计局“同级审”

2018年6月21日，漳州市三湘江引水泵站竣工决算审计现场
（市审计局 供图）

重点关注预算编制细化程度、提前下达转移支付管理、结余结转资金和财政资金管理等情况，并充分运用大数据技术，分析374个一级预算单位国库支付数据、预算编制情况，梳理出财政预算指标管理不够规范、国库支付监管不到位、部门预算编制不准确等问题，提出加强预决算的编制管理、完善转移支付制度、规范国库集中支付管理等审计建议。“同级审”成果得到市人大、市政府的充分肯定。在市人大常委会提出《关于2017年度漳州市本级预算执行和其他财政收支的审计工作报告》审议意见后，制定清单，促进责任单位按时整改、建章立制，推动2017年度“同级审”整改率达96%。市审计局还分类梳理2015—2017年审计发现的预算单位普遍性、反复性存在的问题，提交《关于进一步规范预算单位财务管理行为的审计建议》，得到市长刘远的批示肯定。

【经济责任审计】

2018年，完成83个单位110名领导干部任期经济责任审计，查出主要问题金额24.93亿元。市审计局就2017年度党政领导干部经济责任审计工作情况向市委市政府主要领导作专题汇报，得到专门批示肯定。完成市委组织部委托的市公路局、市贸促会等6个单位主要领导经济责任审计，促进被审计单位建章立制，增强领导干部的责任意识和廉政意识。同时，完成省厅授权的永定区党政主要领导干部任期经济责任和自然资源资产任中审计工作。

【固定资产投资审计】

2018年，完成援疆项目和资金审计、国道324线角美段（K293＋300－K306＋500）道路改造工程竣工决算审计、漳州三湘江引水泵站工程竣工决算审计、漳州市龙江路（迎宾路至水仙大街）道路改造工程竣工决算审计、漳州碧湖生态园项目土地征迁补偿专项审计等55个投资审计项目，核减工程款0.41亿元。

【民生资金审计】

2018年，完成保障性安居工程跟踪审计、精准扶贫暨民生重点资金“最后一公里”专项审计等14个项目审计或专项审计调查。其中，结合乡村振兴战略政策落实，组织全市村镇污水治理情况跟踪审计，呈报《2018年村镇污水治理工作存在的问题及建议》；在云霄、平和、诏安等3个省级扶贫开发重点县精准扶贫暨民生重点资金“最后一公里”专项审计中，向有关部门移送“微腐败”问题线索2件。

【信息化建设】

研究制定《漳州市2018—2020大数据审计工作实施办法》，组建数据分析团队，开展市直各部门政务信息系统调查。多行业联网审计系统社保子系统通过验收并应用于全市城乡居民医保基金审计。计算机审计案例获省厅优秀奖1个、应用奖4个、鼓励奖8个。

2018年漳州市本级及所辖区、县（市）审计工作统计表

表16　　　　金额单位：万元

审计机关	完成审计项目（个）	审计查出主要问题金额	审计发现非金额计量问题（个）	审计期间整改金额	出具审计报告和审计调查报告（篇）	审计处理情况		审计促进整改落实有关问题资金	审计提出建议（条）	提交审计信息（篇）
						审计处理处罚金额	移送处理事项（件）			
漳州市 漳州市本级	61	504974	298	23556	68	47542	8	28869	177	221
芗城区审计局	20	48482	55	83	26	3497	—	3597	44	5

续表

审计机关	完成审计项目（个）	审计查出主要问题金额	审计发现非金额计量问题（个）	审计期间整改金额	出具审计报告和审计调查报告（篇）	审计处理情况		审计促进整改落实有关问题资金	审计提出建议（条）	提交审计信息（篇）
						审计处理处罚金额	移送处理事项（件）			
龙文区审计局	24	11149	174	—	28	595	3	—	67	—
龙海市审计局	30	53926	181	5259	42	17162	2	776	107	—
漳浦县审计局	40	41221	236	64	47	7856	4	3738	114	21
云霄县审计局	23	15424	45	15	32	359	—	—	38	—
诏安县审计局	27	72833	49	601	32	565	1	3464	80	—
东山县审计局	10	61517	5	—	12	3	—	1	—	8
平和县审计局	26	40556	60	1726	38	10075	—	6642	56	35
南靖县审计局	26	28085	74	1	32	344	—	289	71	—
长泰县审计局	20	4138	108	1	21	1532	4	1263	66	—
华安县审计局	35	5349	317	1	52	4815	5	8	162	32

（李伟光）

·统计工作·

【概 况】

2018 年，漳州市统计部门服务中心工作，开展第四次全国经济普查和第三次全国农业普查后续工作。被国务院第三次全国农业普查领导小组办公室授予“第三次全国农业普查先进集体”荣誉称号，被省委、省政府授予“省级文明单位”，连续五年获得全省统计业务综合考评第一名。

【经济普查】

2018 年，印发《关于认真做好第四次全国经济普查工作的通知》，调整充实市经济普查领导小组，由市长刘远担任组长，切实加强对普查工作的组织领导。市统计局联合市委宣传部制定宣传方案，开展多种形式的宣传活动，在中山公园、凯德广场等繁华地段的 LED 屏滚动播出经普标语口号和短视频，制定印发经普版“珍珍时时”序列宣传画等。全市普查机构共选聘普查指导员和普查员 6197 人。利用统一的普查用电子地图，全市共划分普查区 2063 个，普查小区 3002 个，11.5 万家法人及产业活动单位 100% 落实到普查区，30.43 万户个体工商户也推送到位。

【改革创新】

2018 年，漳州市在全省率先开展农产品产量联网直报，提升全市农业统计数据质量。根据《地方统计局与国家调查队部分业务分工调整优化方案》及全省统计工作会的要求，与调查队相关专业科室进行业务衔接。2 月 8 日，市统计局和漳州调查队联合召开业务分工衔接会议，在全省率先完成“四下”（“四下”相对于规模以上工业企业、资质等级建筑业企业、限额以上批零住餐企业、规模以上服务企业的“四上”而言，不具备“四上”条件的即为“四下”）调查单位的资料交接。发函国土局、环保局、林业局和财政局等部门，建立联络员制度，组织召开联席会议，确保全面推广编制自然资源资产负债表工作顺利实施。推行“季度点评法”，按照考评量化办法，每个季度对县级统计局工业统计工作完成情况进行监控考评。实施季度一小结，年度大总结。有力提升各县工业统计工作质量，消除报表迟报现象，报表验收率均达到100%，企业统计资料进一步规范。

【经济调查】

2018年，稳步推进第三次全国农业普查后续工作，印发《漳州市农林牧渔业常规年报相关数据核定修订方案》，确保数据核实和修订方法步骤科学准确，有效完成农普数据的核定和常规年报数据的核实修订工作。编制《农普春秋》，全程记录三农普工作。及时撰写发布《漳州市第三次全国农业普查公报》，为社会公众提供翔实的“三农”（农村农业农民）基础信息，共享普查成果。扎实开展工业投入产出调查工作；认真做好人口测试数据采集国家试点。保质保量完成人口抽样调查工作，提早谋划成本费用调查，主动对接及时完成“两纲”（妇女儿童两个发展纲要）监测，圆满完成营商环境评价调查。

【服务发展】

2018年，漳州市统计局共有16篇统计分析报告获得市领导批示， 2篇文章被省委办《八闽快讯》专报件采用， 4篇文章被市委办《漳州信息》专报件采用，7篇文章被市政府办《漳政要讯》（增刊）及《政讯专报》采用。市局的信息被市级以上刊物采用465条次，其中“两办”信息150条次，政务信息315条次。在市委、市政府信息报送考评均位居第二序列市直单位第一名。主动公开政府信息611条，及时受理政府信息公开的网上申请55条。以纪念改革开放40周年为契机，组织撰写《改革开放送春风 龙江两岸展辉煌》。组织撰写10篇重点课题文章，其中，《漳州实现跨越赶超的思路研究》获2018年度全省优秀统计分析报告一等奖，《漳州市城镇化与经济增长关系研究》《漳州科技创新能力研究》等2篇文章获三等奖；《漳州养老地产市场前景初探》被《福建统计》采用；《漳州乡村振兴战略典型案例及启示》被国家统计局内网采用。

【执法检查与宣传】

根据年度统计监督检查计划，2018年对华安县和平和县开展统计监督检查，各随机抽取规模工业、限上贸易业、固定资产投资、房地产等7个统计专业的近百家统计调查单位进行检查。全市共立案查处统计违法行为37件，罚款27件，罚款7.59万元。结合第四次全国经济普查、“9•20”中国统计开放日、“12•4”国家宪法日等时机，充分利用电视、报纸、政府网站、手机短信、标语横幅等媒介广泛宣传统计法律法规，采用谜语竞猜、有奖问答等方式，营造依法统计氛围。制作“我与宪法”微视频，全面展示统计系统学习宪法、贯彻宪法所取得的积极成效。积极推动全市各级党委政府通过常委会、政府常务会等形式，组织领导班子和相关部门主要负责人专题学习中办、国办印发的《防范和惩治统计造假、弄虚作假督察工作规定》和统计法律法规规章。局法制人员到华安、南靖等县为科级领导干部培训班作专题讲座，进一步增强各级党政领导干部的统计法治观念。

（黄雅雅）

·工商行政管理·

【商事制度改革】

2018年，全市新增市场主体76717户，比上年增长24.5%，市场主体突破40万元大关，达到424374户。牵头开展全市“深化商事制度改革，比开办企业环境”活动，全面推进“证照分离”改革，将企业开办时间压缩至5天内，提前完成国务院提出的2019年上半年实现压缩至8.5天内的目标。根据毕马威咨询有限公司10月的营商环境评估数据，漳州市“开办企业”指标得分94.46分，全球模拟排名16名，居全国前列。推进“多证合一”改革，推动实现21个部门“56证合一”，合并证数居全省前列。全面推行个体工商户全程智能化

2018年6月6日，市工商局联合市公安局举办进校园打击传销宣传活动（张瑛 摄）

登记，通过微信申请个体工商户开业，基本实现“自主申请、自动审核、自助打照”等网上智能化流程。着力推进注册便利化改革，与市建设银行、工商银行等7家银行分别签订《工商注册合作协议》，借助覆盖全市的银行网点代办企业注册登记服务，有效减少企业办事成本。

【服务创业】

加大商标分类指导、梯队培育、跟踪服务力度，促进商标增量提质。2018年，全市新增注册商标10575件，同比增长86%，有效注册商标总量达58837件。新增驰名商标1件，地标13件，拥有地理标志累计123件，居全国地级市第三位。加强规模以上广告业扶持政策的宣传和指导，做好广告企业的调研和回访，进一步夯实广告业发展基础。全市9家规模以上广告统计企业广告营业收入达8825万元，比上年增长55.4%。积极搭建融资交流平台，拓宽企业融资渠道，通过动产抵押等融资方式，帮助企业融资468亿元。其中，帮助市政府确定的重点项目腾龙芳烃（漳州）有限公司、翔鹭石化（漳州）有限公司、翔鹭码头投资管理（漳州）有限公司3家企业办理动产抵押登记，实现融资406亿元。深入开展非公党建工作，全市小微企业、个体工商户、专业市场已建立党组织970个，覆盖企业2252家。

【创新监管机制】

建立健全以信息归集共享为基础、信息公示为手段、信用监管为核心的新型监管机制。2018年，全市共归集涉企信息92667条，累计归集信息271897条，居全省前列。推行企业简易注销登记，重点开展清理长期停业未经营企业工作，共为2214户企业办理简易注销登记，并将3340户企业列入吊销清理范围。漳州市工商局在中国工商出版社组织的“构建‘政府＋商会协会＋企业’共建共治模式 同创守信营商环境”评选中荣获全国首届市场监管领域社会共治政府类优秀案例（提名奖）。

【维护市场秩序】

组织开展网络监管、农资打假、打击商标侵权、整治虚假违法广告、反不正当竞争、打击传销、查处无照经营等专项行动，配合做好旅游市场、成品油市场、扫黄打非、非洲猪瘟等监管工作，营造公平竞争的市场环境。2018年，共办结房地产虚假宣传案件9起，罚没223.06万元，得到省人大常委会副主任、市委书记檀云坤批示肯定。逐步建立地方政府负责、部门分工协作的无证无照综合治理工作机制，共查处无照案件84起，罚没100.96万元。共办结反不正当竞争案件100起，罚没255万元，结案数、罚没数居全省首位。初步建成市网监中心，上线市局网监服务平台和省局在线取证证据管理中心，为构建全市线上线下一体化网络监管格局打下坚实基础。查办的一起互联网虚假广告案被工商总局公布为典型案例。摸排扫黑除恶线索44条，其中“沙霸”线索得到市扫黑办、公安机关的重视，抓获犯罪嫌疑人8名。全市系统共办结各类经济违法案件777起，罚没904.9万元。

【消费者权益保护】

2018年，共受理消费者咨询投诉举报29820件，调解成功率97.19%，诉求办结率100%，为消费者挽回经济损失328.20万元；依托全国“12315”互联网平台受理消费者投诉举报4636件，转办12345诉求件65件，及时查阅率、办结率均为100%。市消委会将消费纠纷调解融入“大调解”体系，深化与司法机关的“诉调对接”工作机制，实现社会调解资源与消费纠纷专业调解资源有效整合和优势互补，提高维权能力。加强与行业协会的沟通联系，逐步建立协作机制，努力实现各行业协会之间的人民调解工作相互衔接，不断拓宽消费纠纷处理的渠道。市工商局消费投诉公示平台建设在漳州市机关效能建设工作领导小组办公室关于2018年度“机制创新”第二轮评审中获第六名；市工商局推荐的《捍卫消费权益：福建首发中国“315”维权热线》荣获省网信办、省文明办、福建日报共同主办的“改革开放40周年‘福建影响力’民生工程类优秀案例”。强化重点领域维权，针对成品油、电线电缆、儿童玩具等10类商品开展流通领域商品质量抽检。现已完成500个批次商品的抽检任务。

（许悦　王梅英）

2018年3月15日，漳州市消委会在市区延安路开展“3·15”国际消费者权益日活动　（张瑛 摄）

副市长吴卫红（左一）出席“3·15”活动日宣传现场（张瑛 摄）

·质量技术监督·

【引领“标准化+”】

实施标准化战略，提高标准和标准化的技术支撑能力。2018年，漳州科能电器有限公司、漳州市华威电源科技有限公司的DDZY832-Z单相费控智能电能表、DTZY832-Z三相费控智能电能表、阀控密封式铅酸蓄电池等3项产品获得采用国际标准产品标志证书；漳州科华技术有限责任公司申报的光伏发电并网逆变器项目获得2018年“福建省标准贡献奖”

二等奖。全市共有11家企事业单位主导或参与制修订国家标准16项、行业标准3项、省地方标准5项，提升企业产品的质量水平和市场竞争力；在建的第九批国家级双孢蘑菇栽培农标示范区，第八批省级龙海小盆栽栽培、南靖高山茶种植、南靖甲鱼养殖等3个农标示范区，第九批省级金萱茶种植、南坑咖啡种植等2个农标示范区建设进展顺利。福乐家省级家政服务标准化试点项目顺利通过省级中期评估。

【服务计量检定】

推进全市社会公用计量标准建设，建立满足辖区计量监督管理和强制检定需要的社会公用计量标准，提升计量检定机构业务能力和服务水平。2018年，市计量所新建社会公用计量标准9项，提交6项建标申请待考核，各县所新建社会公用计量标准12项、在建29项，社会公用计量标准建设得到有效加强。落实停征政策，统一调配强制检定工作业务，确保检定工作正常进行，全市免费检定的计量器具共132847台件，向企业免收费共计918.4万元，同比增长46%。

【监管产品质量】

开展全市电动卷帘门机的质量专项抽查，重点抽查2016—2017年省级抽检不合格企业，其他企业采取随机抽取的方式，共抽检30家企业30批次产品，其中合格26批次，产品合格率由76.47%提升到86.7%。先后3次组织召开全市电动卷帘门机相关企业代表会议，邀请省质检院机电所所长和电器室主任从标准和检验方面与企业代表面对面交流探讨，促进企业运用好标准提升产品质量，受到企业好评。

【保障古雷石化项目】

主动跟进古雷石化项目整改需要，实时寻找服务切入点，解决整改迟缓问题、检测技术难题和取证工学矛盾。把好全面检测关、关键节点关和顺利复产关，主动对接，了解需求，联系紧密，当好参谋。耐心细致地做好安全宣传、法律讲解和技能培训，为企业提供最大可能的智力支撑。实时回应企业在整改修复过程中碰到的困难，形成6份会议纪要并推进实施。坚持对古雷PX项目整改修复和审批事项进展情况实施每周一报，实时跟踪督查，推进整改落实。

【排查特种设备隐患】

制定漳州市特种设备安全大检查各阶段实施方案，开展为期3个月的特种设备安全大排查大整治、为期半个月的安全生产大检查，主要是电梯、大型游乐设施、旅游观光车、起重机械、锅炉、涉氨压力管道、车用移动气瓶等专项整治活动。共组织3个督查组开展督查活动，对全市各县（市、区）局的安全生产重点工作进行全面督查，突出重点，查缺补漏，加强隐患排查力度，推进各项工作落实。2018年，全市共出动检查人员9184人次，检查特种设备使用单位4283家，查出安全隐患1539条，签发特种设备安全监察指令书523份，已完成整改1382条，隐患整改率90%。

【电梯和管道安全整治】

召开全市电梯安全专项整治动员部署会，加大对电梯使用单位和维保单位的安全质量突击检查，全年共出动检查人员1539人次，检查使用单位641家，维保单位179家，现场检查发现问题电梯152台，已完成整改73台，已立案12起。对242台老旧电梯、126台“三无”（无运营使用单位、无维保单位、无维修单位）电梯逐一建档，督促88台老旧电梯完成安全评估，19台三无电梯完成整治。结合危化品相关特种设备整治工作，督促燃气公司认真做好压力管道的检验检测和注册登记工作。先后召开3次专题会议，部署全市燃气管道定期检验和风险评价工作，推动省安然公司和省特检院签订协议，各县级局与辖区安然公司一一对接，解决全市330多公里公用管道的检验和注册登记方面的历史遗留问题，已检验完成238公里。

【工业产品质量安全整治】

开展电器产品生产质量治理

行动、危险化学品获证企业专项检查行动、食品相关产品专项检查和电动自行车生产企业专项检查等四个专项整治行动，严格按照序时进度推进整改落实，提升区域产品质量。实施每年为漳州市辖区中小微食品生产企业提供一个产品批次免费型式检验，并被纳入漳州市政府出台的《关于支持食品产业做大做强八条措施的通知》举措之一。2018 年 9 月正式开展免费检测工作，可以服务漳州 8 个县 2 个区约 1000 家食品生产企业，预计每年完成约 1000 批次的检验报告，设计约 40 个食品生产单元，基本覆盖全市食品生产单元。

（梁勇鹏）

·食品药品监督·

【日常监管】

规范事中事后监管，2018 年全市共上报药品不良反应病例 3068 例，医疗器械不良事件 586 例，化妆品不良反应报告 113 例，药物滥用报表录入 338 例。市级食品安全抽检任务计划批次数共计 1453 批次，全部完成；完成药品（含药包材）监督抽样 1013 批次，超额完成年度药品（含药包材）、防风行动监督抽样和省委托药品监督抽样的年度工作任务。3 月 30 日举行过期失效药品集中销毁活动，销毁过期失效药品共计 600 多个品种，货值 136.8 万余元。先后圆满完成人大政协两会、海峡论坛等 11 次重大活动餐饮服务食品安全保障任务。

【专项整治】

坚持问题导向，采取联合执法、交叉执法、飞行检查、随机抽查等形式，扎实开展食品药品安全专项整治，重点治理农村市场、城乡接合部、学校周边地区销售假冒伪劣食品药品和“三无”（无生产日期、无质量合格证、无生产厂家）食品等违法违规行为，加大对“黑窝点”的打击力度。重点围绕使用非食用物质、超范围超限量使用食品添加剂、掺杂掺假等环节开展治理整顿，开展冷库食品、学校食品、婴幼儿辅助食品、旅游食品、农村食品、食用植物油、酒类产品、化妆品、医疗器械、重要饮片等重点产品专项检查，全面排查食品药品安全风险隐患，及时化解风险。组织开展食品整治，农村食品安全治理工程，春季开学学校食堂及周边食品安全专项整治，中高考期间食品安全检查，开展中药材中药饮片抽验结果处置专项督查、疫苗流通使用专项治理等，严厉打击违法违规行为及时。全年共查处食品药品案件 434 件，案件罚没 1149.27 万元，移送公安机关 30 起。

【示范创建】

推进龙海市、东山县第二批食品安全社会共治示范县创建；在大型食品连锁超市开展创建“放心肉菜示范超市”活动，抓好每县（市）区 1 个试点市场和 5 个以上品种的准入工作；继续推进食品生产加工小作坊示范点建设；把旅游餐饮单位作为创建省级餐饮单位“明厨亮灶”示范单位的重要载体，全市共创建和正在创建的旅游餐饮单位省级“明厨亮灶”示范单位 12 家，占全省创建单位的 1/3；联合漳州市医疗保障管理局在全市开展“百家示范药店”和“百名诚信药师”评选活动，最终确定 95 家药品零售企业和 95 名执业药师为漳州市“百家示范药店”和“百名诚信药师”。

【溯源建设】

运用“互联网＋监管”，巩固和提升信息化监管水平，打造“智慧监管”，提升监管效能。推进全市食品安全溯源系统建设，利用平台巡查药品批发企业数据上报情况 144 家次，利用全球眼巡查药械企业 168 家次，巡查食品企业视频监控 605 家次，全市食药监管部门通过智慧监管仪传输到监管平台的监管数据 739 条。

【营商环境】

扎实抓好行政服务中心窗口审批工作，探索使用网上办事大厅、“政证快”等平台，为办理对象提供“最多跑一趟”服务。全年市食品药品监督管理局行政服务中心窗口共受理734件，办结724件，参与组织现场审查442家次。

【社会共治】

在全市所属的医院、商超、药店、社区、餐饮服务及农村等人员聚集的地方和场所，建立食品药品公益宣传牌（联播网）305个，广泛开展食品药品公益宣传活动；集中销毁一批假冒伪劣的食品药品，涉及过期失效、假冒伪劣食品药品共600多个品种、700多件，货值达20多万元；加强舆情监测与应急处置工作，借助省局“舆情监测QQ群”的作用，快速、高效地做好22件舆情监测信息的直报与处置工作；认真做好人大建议和政协提案办理工作，完成2件人大代表建议和9件政协提案的办理，均在法定时限内答复。发挥“12331”、“12345”和政府网站平台作用，推动形成食品药品社会共治大格局。

（康荣辉）

·物价管理监督·

【概 况】

2018年，漳州市价格监督检查部门开展城市供水供气电信领域价格重点检查、节假日市场价格检查、明码标价专项检查行动、旅游市场价格监管专项行动、烟酒市场价格专项巡查、农资市场价格监管、商业银行收费行为检查、医疗服务价格行为检查、殡葬领域突出问题专项整治、厂房租金检查、专供电环节检查、进出口环节收费检查等各类物价检查，对商品房销售价格行为专项检查完成行政执法处罚。加强12358价格监管平台建设，及时办理价格投诉举报咨询事项，积极营造良好的市场价格秩序。全年市价监分局共查处违法案件数23件，经济制裁总金额207.49万元，其中没收违法所得金额40.41万元，罚款161.46万元，退还消费者5.62万元；上缴财政201.87万元。

【市场价格监管】

以节假日期间市场价格监管为主轴，紧密结合明码标价专项检查行动、旅游市场价格监管专项行动、烟酒市场价格专项巡查，制定监管方案，对生活必需品、生活服务业、交通运输、旅游行业等方面的市场价格行为进行巡查、重点抽查。分组、分片区负责做好市区市场监管，并结合落实网格化责任制，对挂钩县市的监管工作的指导、支持和重点抽查。在节日期间未发生重大价格突发事件。

开展农资市场价格监管。配合省价监分局对芗城区、长泰县的农资市场价格进行重点抽查。农资市场的价格行为较为规范，未发现在标价之外加价销售农资价格欺诈行为或相互串通涨价、捏造散布涨价信息、恶意囤积、哄抬农资价格的行为。

【价格专项检查】

商业银行收费行为检查

2018年3月29日组织20家商业银行和各县（市、区）物价检查所长，召开漳州市商业银行收费行为检查提醒动员会，进行政策提醒，对20家商业银行具体

2018年3月，市价格监管部门检查某民办学校（陈志军 摄）

2018年4月，市价格管理部门检查民办医院　（陈志军 摄）

布置自查自纠阶段的工作。完成对农商行、建行的自查自纠情况的复核检查。

医疗服务价格行为检查　布置市直13家医疗机构按规定的检查重点内容进行自查自纠，根据医疗机构自查自纠情况，结合价格举报投诉，开展复核检查工作；检查发现3家医疗机构存在变相提高收费标准、价格欺诈等价格违法行为，实施行政处罚金额41万元。

城市供水供气电信领域价格重点检查　共抽查2家燃气企业、2家自来水企业、3家电信企业。企业价格政策执行情况总体较好。

殡葬领域突出问题专项整治行动　进一步规范殡葬领域价格问题、殡葬服务、中介服务及丧葬用品销售中的价格行为，检查市殡葬管理所等8家相关单位。

商品房销售价格行为检查　检查发现立案查处16家商品房开发企业以及省局移交处理的2家企业，共计处罚18家，对违反明码标价规定和价格欺诈行为处罚金额155万元。

【落实公平竞争审查制度】

贯彻落实《国家发展和改革委员会等部门关于印发公平竞争审查制度实施细则（暂行）的通知》；制定《漳州市2018年清理现行排除限制竞争政策措施的工作方案》，要求各责任单位清理现行规范性文件和其他政策措施中含有的地方保护、指定交易、市场壁垒等内容。召开市公平竞争审查工作联席会第一次全体会议，通报全市公平竞争审查制度实施情况。

【处理价格投诉】

“12358”价格监管平台共受理“12358”、“12345”非紧急救助服务系统、局长信箱、省局转办、“放心游福建”（接入“12315”）的咨询及投诉举报案件1039件，办结1038件，办结率99.9%。

（林　智）

·安全生产监督管理·

【概　况】

2018年，漳州市安全生产监督管理系统推进安全生产各项工作，全市安全生产形势平稳向好。全市共发生各类生产安全事故202起，死亡139人，比上年下降13.1%；没有发生较大及以上生产安全事故。

【检查督促】

在全市范围内开展为期3个月的安全生产大检查，对各类生产经营和建设单位进行全面排查，重点对建筑施工、非煤矿山、危险化学品、烟花爆竹、金属冶炼、水上交通、民爆器材、特种设备、渔业船舶、油气管道、旅游、粉尘涉爆、涉氨制冷、有限空间作业等重要基础设施、“三合一”“多合一”企业及劳动密集型企业、人员密集场所等重点行业领域，以及水电工程、矿山建设、超高建筑等建设项目进行检查。全市共督查单位和场所4543家次，发现隐患10847项，

2018年6月6日，常务副市长张慧德（正面右二）调研市海洋与渔业局等单位安全生产工作（陈玉娟 摄）

整改隐患10685项，隐患整改率98.5%，执法检查限期整改1988家，罚款1367.23万元。开展乡镇船舶专项整治百日行动，先后查处违规船舶1512艘，政府组织拆解324艘、责令自行拆解取缔82艘，立案处罚6.7万元；关停取缔无证造船厂195家，查扣在建船舶62艘。

【专项治理】

抓好重点行业领域、重要环节的安全生产监管，狠抓现场督查巡查、狠抓隐患闭环整改、狠抓整改督查核验，全力促进PTA、PX项目试生产，其中，翔鹭石化已按省政府安委办要求完成整改，生产安全平稳；PX项目试生产各项准备工作稳步加快推进。持续推进危险化学品、烟花爆竹、非煤矿山、冶金等工业企业、涉氨制冷企业、职业健康领域专项整治，狠抓隐患排查整治，共排查整改各类安全隐患2294条。

【培训教育】

9月12日，市安办在龙文区举办2018年全市村级主干安全生产业务培训示范班，切实提高村级主干安全生产意识及业务水平。会后，县（市、区）、开发区（投资区、高新区）相继完成辖区村级主干安全生产业务培训。夏令时期间实行“每周一课”培训制度，每周二晚上由科室业务骨干进行专题授课，内容包含危险化学品、非煤矿山、职业健康等安全监管工作经验交流以及执法文书、新闻宣传报道和安全生产相关法律法规解读，共开展培训16期，全市参训安监干部约2000人次。组织执法资格考试，共组织144名乡镇安全生产监管人员及39名市直、县直安监部门安全生产监管人员（不含乡镇安监机构）参加福建省行政执法资格培训及考试，共113名乡镇安全生产监管人员及35名市直、县直安监部门安全生产监管人员通过考试。

【监管举措】

在全市范围内开展安全生产巡查，8个县（市、区）、开发区（投资区、高新区）已按要求全部完成巡查，并延伸巡查（含明察暗访）54个县直部门，41个乡镇、社区，86家重点行业企事业单位，共计发现问题和隐患1148个，其中移交重大隐患2个，已督促整改完毕。将监管、审批和行政处罚业务进行有机融合，每个监管科室对应2名执法人员，执法人员配合监管科室开展融合执法，融合执法已立案5起，其中危险化学品1起，烟花爆竹2起，工贸企业1起，职业卫生1起。在全市范围内开展市、县二级联合执法，对危险化学品、烟花爆竹、非煤矿山、工贸行业安全生产以及职业健康进行抽查执法，每个县（市、区）、开发区（投资区、高新区）随机抽查2-3家不同类型的企业，严格执法；8—9月，组织各县（市、区）、开发区（投资区、高新区）安监部门，就上半年执法工作开展情况、无证无照专项治理情况和重点行业领域企业安全生产情况进行交叉执法检查，共检查15个县（市、区）、开发区（投资区、高新区）的生产经营单位25家，发现问题40项，均交由属地执法机构依法查处。强化应急演练工作，各县（市、区）人民政府、开发区（投资区、高新区）管委会及市直部门结合本地区、本部门监管特点和所管辖企业危险特点、事故发生的种类，开展综合或专项应急演练。

【安全宣传】

依托漳州人民广播电台《聚焦安全生产》、闽南日报《安全生产之窗》专栏、微博、微信、今日头条等宣传平台，开展广泛深入的宣传，7月12日应急局新闻发言人参加漳州政务网政务访谈，深入解读《地方党政领导干部安全生产责任制规定》，引导广大干部群众进一步提高度对安全生产工作的思想认识。组织开展以“生命至上、安全发展”为主题的全国“安全生产月”系列活动，广泛开展主题宣讲、“6•16”安全生产宣传咨询日活动、安全文化精品网上博览会、新闻发布和专家访谈、事故警示教育、微信“我为安全生产代言”、网上安全文化精品博览、重点行业领域专项宣传、“身边隐患随手拍”等活动。6月16—22日，在市青少年宫展出116幅书法作品，创新宣传形式，切实提升广大民众安全生产意识。

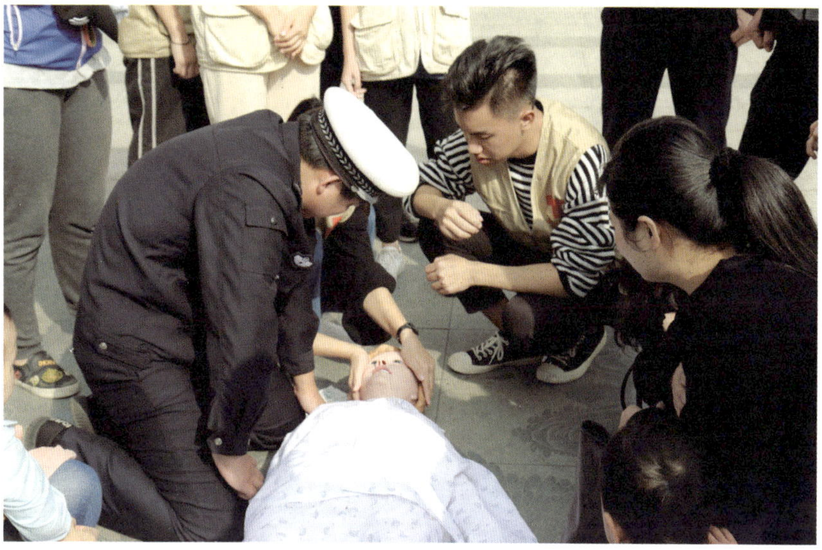

2018年12月2日，组织交通安全宣传日活动　（江帆 摄）

（林艺林）

责任编辑：许初鸣

科技 教育

·科学技术·

【概 况】

2018年，漳州市深入实施创新驱动发展战略，大力推进大众创业、万众创新，市科技局牵头制定了《漳州市人民政府关于进一步支持和促进科技创新发展的八条措施》（漳政综〔2018〕183号），从加大自主创新正向激励、鼓励建设高水平科技创新平台、促进科技成果转化、发展科技服务业等八个方面提出具体的激励措施，以进一步推动高质量发展落实赶超，加快创新型城市建设。贯彻落实《关于人才优先发展的若干措施》，制定“双创之星”、“首席科技官”评定细则。采用组织申报、审核推荐、专家评审、现场考察，严格评选出首届“双创之星”10位、“首席科技官”11名，在全市营造重视人才、注重科技创新的浓厚氛围。推荐19项优秀成果申报2018年度福建省科学技术奖，其中自然科学奖1项，技术发明奖2项，科技进步奖15项，首次推荐工人农民创新奖1项。15项优秀成果荣获2017年度福建省科学技术奖，其中一等奖1项，二等奖6项，三等奖8项。

【科技项目立项】

2018年，漳州市获省级及以上科技项目立项521项，共争取资金10997万元。其中，2018年中央引导地方发展专项资金1项资助经费100万元、省科技重大专项1项资助经费300万元；168家获得省企业研发投入分段补助，省财政配套补助为3111.87万元（补助总额为1.06亿元）。下达市级科技计划项目69项，安排经费820万元，其中市自然科学基金项目49项，资助经费120万元；市科技重大专项20项，资助金额700万元。

【高新技术产业】

2018年，漳州市深化实施“科技型企业—高新技术企业—创新型企业”成长路线图，健全政府资金引导、创业投资机构和社会资本融合的扶持机制，培育一批科技型企业。全市216家企业通过科技型中小企业评价，新增“科技小巨人领军企业培育发展库”33家，“科技小巨人领军企业培育发展库”企业总数达130家。新认定国家级高新技术企业86家，备案省级高新技术企业94家。截止2018年底全市国家级高新技术企业总数达202家，备案省级高新技术企业94家，其中产值上亿元的87家。全市高新技术产业产值突破1850亿元，高新技术产业增加值约为520亿元。

【科技企业孵化器】

2018年，漳州市科技开发服务中心引进5家企业入驻漳州市高新技术创业孵化基地，4家企业毕业，现在孵企业14家。漳州市金峰众创园获评省级科技企业孵化器，至2018年底，全市共有省级认定的科技企业孵化器

4家，省级备案企业孵化器15家，市级孵化器7家，省级互联网孵化器3家。至2018年底，全市已经建成并投入使用众创空间38家，其中国家备案众创空间2家，国家级星创天地4家，省级众创空间14家，市级（示范）众创空间18家，福建省示范创业创新中心1家。孵化面积达13万平方米，工位4000余个，入驻创业项目和企业600余个，创业人数4000余人，拥有创业导师300余人。

【漳州高新技术产业开发区】

2018年，漳州市引导科技资源向高新区聚集，漳州高新区采用合作共建模式，引入深圳物联网企业深圳德诺迈斯科技有限公司，建设漳州高新区物联网示范园，培育物联网产业。截至2018年，漳州高新区大力推进“大众创业、万众创新”，已建设高新区众创园、甲骨文人才双创基地、物联网示范园3个创新创业基地，建设面积近5万平方米，园区入驻企业百余家，福建昌达光电有限公司、博慧电子科技（漳州）有限公司、福建路达交通设施有限公司等9家企业在国家、省、市创新创业大赛上获奖，已培育漳州友商软件有限公司、福建四元影像科技有限公司、漳州市思源环保科技有限公司等8家企业通过国家高新技术企业、省级高新技术企业认定与备案。

【创新创业大赛】

2018年，以中国创新创业大赛福建漳州分赛区的方式举办漳州市创新创业大赛，评选出一等奖2名、二等奖10名、三等奖20名，并投入460万资金扶持获奖项目，实现国家、省、市三级赛事联动。2018年，漳州市共获评第六届福建省创新创业大赛成长企业组一等奖1项、三等奖2项、优胜奖8项。

2018年6月26日，举行“第六届福建创新创业大赛暨2018年漳州市创新创业大赛”，副市长兰万安（前排左一）出席颁奖仪式

（市科技局 供图）

【农业科技工作】

2018年，漳州市有省级科技创新平台1项、省区域发展项目3项、省级星火计划立项5项、设区市农科所专项6项，获省级科技经费1060万元资助，安排市级重大科技专项6项，资助科技经费180万元。

【国家农业科技园区】

2018年，漳州市重点产业建设项目取得新发展：闽台兰花产业园一期建设面积33.33公顷，已进驻3家兰花企业，累计投资978万元。海峡花卉集散中心一期已建成花木展示园、办公服务楼、交易中心综合大楼、检疫检验中心、物流中心等配套项目，入驻企业142家，年交易额35亿元。花卉大世界引进漳龙集团投资，规划面积120.06公顷，计划投资6.6亿元，2018年累计投资9996万元，分别建设花卉创客空间、花卉大超市、百亩台地花田、闽南特色水街、温室植物园等项目。禅莲养生基地由台资企业投资，2018年已累计投资1317万元，规划建设面积33.33公顷。以台湾九品莲花为主题，融合禅、莲文化元素，以生态健康饮食、禅修养生文化为特色的生态休闲农庄。同时，与台湾国民党青年部及青年交流协会等组织合作，在该基地中打造两岸青年农民创业孵化器。已建成一期园区，成功引进2家台农青年入驻创业。

参与6月在厦门举行的以“扩大民间交流、深化融合发展”为主题的第十届海峡论坛·两岸特色乡镇交流暨促进“双新双创”发展对接会，精心组织10名台商代表和7名台湾现代农业从业者参与闽台特色乡镇的对接和“双新双创”交流活动。2018年共举办4期两岸新型农民培训班，培训学员220名，其中台籍学员63名。

【科技扶贫】

2018年，漳州市实施市级科技扶贫计划项目，安排科技扶贫专项经费90万元，建立科技扶贫项目示范点。从漳州科研院所、高校、市直农业技术推广机构选派61名具有农业技术推广、植物保护、农产品加工、果蔬、园艺、食用菌、食品等领域专业素质的科技人员，服务于云霄县、诏安县和平和县等3个省级扶贫开发重点县。与市扶贫办联合在云霄县举办“17个欠发达乡镇挂职处级干部精准扶贫（科技）培训会”，同时与福建省农科院亚热带农业研究所和福建省热作所分别在平和县、诏安县举办青梅、蜜柚、百香果等实用栽培技术培训。

【科技特派员】

2018年，漳州市开展科技特派员选派和乡镇科技特派员工作站组建工作，已选派1399名到岗到位，挂钩服务1629个行政村（其中乡村振兴“345”示范工程的500个示范村和183个贫困村每村单独选派1名科技特派员），组建乡镇科技特派员工作站121个，选认省级科技特派员282名，在全省率先实现科技特派员行政村全覆盖、省级科技特派员乡镇全覆盖和乡镇科技特派员工作站全覆盖。2018年10月，全省科技特派员工作现场会在诏安县召开，漳州市作典型发言。

【技术市场交易】

2018年，漳州市选派1名工作人员参加全国技术合同认定登记员培训，组织16人参加省科技厅举办的技术经纪人培训班，为加强技术转移和成果转化储备业务人才。完成技术合同认定登记45项，其中，技术开发合同27项，技术转让合同2项，技术咨询合同2项，技术服务合同14项，合同成交总额4910.55万元，其中技术交易额4482.76万元。漳州市盛元企业管理有限公司确认为省级技术转移机构。漳州科华技术有限责任公司确认为2018年省级科技成果产业化基地，正兴车轮集团有限公司确认为2018年省级产学研合作示范基地。

【科技交流合作】

2018年，漳州市对外与对台港澳科技交流合作进一步拓展。台湾农渔协会会长许景云一行19名到市农科所交流指导，形成推广安全无毒有机栽培的共识。台湾大学教授陈右人率农业茶业专业师生一行30人来漳考察交流，深入漳浦台湾农业创业园及国家港澳台科技合作项目“闽台农产品安全生产系统技术联合研发平台”示范基地，开展考察交流和教学实践。组织企业参加2018年中国海峡项目成果交易会、第20届中国国际高新技术成果交易会。明鑫智能科技等6家企业技术成果参加展览展示，立达信集团“智能家居系统研发及其产业化”项目与厦门大学成功签约。参与联合承办中科院科技成果推介暨转化平台签约仪式，并组织有关县（市、区）科技主管部门、21家企业人员共30人参加，漳州市亚热带园艺技术有限公司承接的国家技术转移海峡中心澳大利亚分中心、3家福建省技术转移机构获得授牌。推荐3个项目申报2019年度省对外合作产业化项目，推荐漳州片仔癀药业股份有限公司申报2019年度省对外合作一般项目和2019年度省级科技成果购买补助项目，推荐大通互惠集团有限公司申报2019年度省引进重大研发机构资助项目；推荐5个项目申报2019年度福建省中科院STS计划配套项目。“欧中现代农业技术研发中心”通过省引进重大机构项目专家组现场评估，评估结果均为良好。

【漳州市“蓝火计划”】

2018年，全市共开展了29

场产学研对接活动，累计参加人员1000多人次，其中博士（专家）200余人次，签订或达成意向协议38项。来自中南大学、台湾大学、自然资源部第三海洋研究所、中国科学院海西研究院、中国科学院金属研究所、北京机电研究所等10多个高校科研院所10多批次近百位院士、博士、专家教授先后来漳现场调研指导。组织漳州市10多家企业30多人次赴清华大学、中国海洋大学、中南大学、哈尔滨工业大学、北京机电研究所、首钢研究院、哈尔滨焊接等高校科研院所洽谈对接，“高效低成本制造耐腐蚀铝合金太阳能支架挤压技术与产业化”等38个项目成功签订合作协议或达成合作意向。

【赴哈尔滨开展产学研对接】

2018年11月28—30日，漳州市科技局组织立达信等8家企业代表携带19项技术需求赴哈尔滨，与哈尔滨工业大学、哈尔滨焊接研究院、机械工业哈尔滨焊接技术培训中心开展产学研项目对接活动。通过洽谈对接现场签订1项合作协议，13个合作项目初步达成合作意向。

【知识产权】

2018年，漳州市申请专利12565件，比上年增长26.18%，其中发明专利申请1993件，比上年增长60.99%；实用新型专利申请8768件，外观设计专利申请1804件。授权专利8212件，比上年增长67.64%；其中，发明专利授权321件，实用新型专利授权6453件、外观设计专利授权1438件。有效发明专利拥有量1466件，比上年增长22.27%；每万人口发明专利拥有量2.875件。加强专利执法，采取“市带县”等形式，开展专利执法检查，共调处专利侵权案件2件，查处假冒专利违法行为133件次。重视知识产权试点示范工作，确定市级知识产权试点企业31家，6家企业列入福建省知识产权优势企业名单。

（刘英杰）

·教育·

【概　况】

2018年，漳州市教育系统紧紧围绕“立德树人”根本任务和“教育强市”这一目标，坚持一手抓质量提升，一手抓教育补短板项目建设，全市教育事业取得长足发展。

幼儿教育　幼儿园1862所（公办279所、民办1583所），并有237所学校附设园（班）439个班；入园幼儿7.48万人，在园幼儿21.53万人，入园率98.25%，比上年增加0.47个百分点。其中公办幼儿园在园幼儿6.6万人，比上年增加2731人。

小学教育　小学848所（公办841所、民办7所），另有教学点185个，招生7.1万人，比上年增加1.2万人，在校学生37.13万人，比上年增加1.3万人，入学率100%。特殊教育学校10所，招生478人，在校生3211人。

普通中学教育　普通中学207所（公办186所、民办21所），其中初中134所，招生5.84万人，比上年增加2792人；在校学生16.67万人，比上年增加8527人，毛入学率110.74%；初中学生三年巩固率99.75%。普通高中73所，招生2.73万人，比上年减少129人；在校学生8.37万人，比上年减少2472人。高中阶段毛入学率95.7%，比上年增加0.1个百分点。

职业教育　中等职业学校16所，另有高校附设中职班4所，完成招生8903人，在校学生2.55万人。市属高职院校5所，招生1.48万人，在校学生3.75万人，比上年增加3304人。

【基础教育】

学前教育　2018年，漳州市教育局出台《漳州市实施第三期学前教育行动计划（2017—2020年）》《漳州市普惠性民办幼儿园认定和管理办法（试行）》《政府购买学前教育服务实施办法（试行）》等一系列政策措施，全力打好学前教育翻身仗。多渠道扩充学前教育资源，推进公办幼儿园补短板项目建设，落实城镇小区配套幼儿园建设，在公办幼儿园就读幼儿占比提高至31%。全市新认定普惠性民办幼儿园571所，并引入社会资本投资建设21个普惠性幼儿园，在普惠性幼儿园就读幼儿占比提高至79.94%。漳州市幼儿园通过省级示范性幼儿园复评，漳州市实验幼儿园成为“福建省教育科研实验基地园”，创建第二批省级保教改革建设幼儿园27所。举办美育教学活动评选、第四届幼儿园教师技能大赛、片区教研和园长、骨干教师培训，组织参加全省学前教育科研论坛、优秀自制玩教具展评等活动。提高保教保育水平。

义务教育 2018年，漳州市教育局出台《关于统筹推进县域内城乡义务教育一体化改革发展的实施意见》，联合出台《关于城镇住宅小区配套义务教育学校建设管理的若干意见》，扩大优质教育资源覆盖面。推进实施初中“壮腰”工程，目前除南靖一中外，各县一中都已复办初中部或建立初中分校；先后举办初中九学科教研共同体研修等系列培训。着手实施优质小学教育资源“孵化”工程，安排60万元对第一期10个试点孵化基地共30所优质校进行补助，首期共有18名“种子校长”、38名“种子名师”参与孵化工程。创建义务教育管理标准化学校106所（小学61所、中学45所），超过福建省教育厅下达创建任务32.5%。创建第二批省级义务教育教改示范性建设学校69所。实施消除义务教育阶段大班额专项规划，着手推进在龙文区新建漳州三中、漳州实小龙文校区，全市小学、初中56—65人以上班额数占比从年底的1.9%下降至1.5%。出台《漳州市中小学生课后服务工作实施意见》，开展课后服务工作试点。推进特殊教育工作，6月，成立漳州市特殊教育资源中心，承办福建省特殊教育听障类教研活动和名校长论坛。加强科技教育，联合举办漳州市青少年高校科学营活动和科技创新大赛。全市中考成绩取得较大进步，位列全省第7名，全省排名晋升3位。

普通高中 2018年，漳州市教育局对普通高中实行“一年一评价、三年总评价”质量监控评价。实施优质高中建设工程，厦大附中、龙海一中、云霄一中顺利通过省级示范性高中建设学校评估，漳州一中等首批4所省级高中课程改革基地建设学校课程改革有序推进，创建漳州三中等5所第二批课改基地建设学校。组织对38所省三级以上达标高中进行复查。推动高中学校合作办学，漳州一中与厦门外国语学校、漳州实验中学与厦门一中、漳州正兴学校与河北衡水中学的合作交流，加强“三大校际教研联合体”建设，实现资源共享、信息互通。2018年，全市高考取得显著成绩，喜获全省理科第一名，高分考生人数位列全省第四名，达清北线以上26名；本一、本科录取率分别为21.37%和63.03%，分别比全省平均高出3.85个和0.56个百分点；公办高中全面崛起，漳州一中、厦大附中、龙海一中均有特尖生脱颖而出，进入清华、北大；漳州一中、厦大附中、漳州三中、漳浦一中、诏安一中等学校本科录取率接近100%；空军招飞有6名学生被录取，占全省近1/4，东部战区空军政治工作部专门向市政府发来《感谢信》。

【职业教育】

2018年，漳州市教育局支持高职院校扩容建设，漳州卫生职业学院新增26.24公顷用地；漳州职业技术学院1—6号实训楼获得2018年教育现代化推进工程中央基建投资4500万元，其中两幢楼已竣工验收。漳州职业技术学院、漳州一职校、漳州二职校、南靖一职校入选“福建省示范性现代职业院校建设工程”，获得省级专项资金1900万元；漳州职业技术学院等3所高职院校的8个专业入选省级“二元制”技术技能人才培养模式改革试点项目。漳州市社区大学成为省级社区教育特色品牌。健全专业随区域产业发展动态调整机制，在5所高职院校开设专业点168个，其中新增专业点11个；全市中等职业学校共开设加工制造、信息技术等10大类专业群，与全市主导产业吻合度达85%以上。积极组织优秀选手参加全省、全国职业院校技能大赛，共获得全国大赛二等奖3个、三等奖3个，全省一等奖9个、二等奖11个、三等奖49个。

【民办教育】

2018年，漳州市教育局进一步规范民办中小学校招生和收费行为，严禁全市民办中小学校招收插班生（寄读生）。稳妥推进校外培训机构专项治理工作，共排查校外培训机构895家，关停一批违法违规的培训机构，存在一般安全隐患的培训机构也已全部整改到位。出台《漳州市校外培训机构设置标准和管理办法（试行）》，建立校外培训机构黑白名单制度，促进校外培训机构规范发展。5月，漳州艺术实验学校成立。对无证幼儿园和校外学生寄托机构进行清理整顿。开展2017年度民办中小学、民办中职学校、民办幼儿园年度检查工作。

【教育综合改革】

教师队伍建设改革　制定《漳州市全面深化新时代教师队伍建设改革的实施意见》，结合实际，在人员编制、教师职称、岗位待遇等方面提出具体措施。在市属学校建立以“注重实绩、劳酬匹配”为原则的班主任补贴制度，按每人每月幼儿园300元、小学400元、中学500元给予班主任补贴。持续实施中小学名师工程，组建第四批5个名师工作室，评选15名漳州市首届优秀名师和600名市级骨干教师，选拔30名中小学校长参加“品牌学校卓越校长”培训；安排390万元，依托省内外优质师范院校，组织市级名师、骨干教师、学科带头人培训5000多人次，选派1500多名骨干教师参加省级以上调训。新招聘教师1240人，将小学公费师范男生招生扩大到150名。到东北三省举办教师专场招聘会，达成应聘意向师范生520人；参加第二届“福建人才周”“招聘百名博士”等活动，与华东师范大学签订引进优秀毕业生等相关协议。组织名师工作室750人次参与送教送培下乡活动，举办讲座（示范课）750场，受益师生4万多人次。建立健全师德建设长效机制，全面治理教师有偿补课，实行教师职业信用报告制度。试点开展市直、东山县中小学教师“县管校聘”工作。全市涌现一批优秀教师，其中土奇南老师获福建省杰出人民教师，20名教师被评为福建省特级教师，15名教师获2018年度实事助学基金杰出教师。

考试招生改革　开展应对新高考综合改革培训，安排专项资金44万元，先后组织了校长实地学习等3场针对性培训，并组织参观学习浙江、上海等地高考综合改革经验，邀请外地教改名家到漳讲课。建立全市普通高中招生录取统一管理平台，实行全市统一下达招生指标、网上统一填报志愿和网上统一录取。继续在市区公办幼儿园、漳州一中龙文校区、漳州市实小（空余学位）等招生中推行电脑摇号入学办法。推进实施新中考改革方案，调整中招录取学科权重分值比例。出台芗城市区随迁子女小升初积分入学办法。

【教育民生】

教育补短板工程　把教育民生工程纳入市委市政府“三抓三比、十项竞赛”活动内容，把公办幼儿园建设、城区中小学扩容工程、精准脱贫“三千工程”、校园直饮水工程列入为民办实事项目，坚持“每周一汇报、半月一会商，一月一现场”，加大项目建设协调推进力度。全市339个教育系统补短板项目完成投资41.7亿元，完成105.5%，其中新建、续建公办幼儿园83所、新建改扩建中小学项目231个，可新增幼儿园学位22410个、中小学学位30521个。漳州市职业教育园区和漳州一中新高中部两个省级重点项目已于2018年6月开工建设，分别完成投资4.88亿元、1.55亿元，部分校舍已经封顶。省对市绩效考评指标超额完成，“改善农村义务教育薄弱学校办学条件工作”五年任务开工率、竣工率均达到110.9%，采购完成率142.5%。校园直饮水工程共有1126所学校安装投用3591台，完成率148.26%。

责任保险工作　2017—2018

学年漳州全市校方责任保险共有2453所学校84.5万名学生参保，职业院校实习生责任保险共有18所学校3.1万名学生参保，核赔校方责任和实习生责任保险案件640起。

教育扶贫工程　探索扶贫新思路，实施精准脱贫“三千”（即千人上学、千人就业、千家脱贫）工程，创新“助学+助业”扶贫工作新模式，市属5所高职院校共招收全市“三千工程”贫困学生1091人（其中建档立卡贫困户学生71人，经济困难学生1020人），引导这些贫困学生根据双向选择原则与优质企业签订了就业意向协议书，第一学年已全部减免学费407.45万（3个学年将减免学费1222万元），实现智力扶贫的精准目标。为3个省级扶贫开发重点县（平和、诏安、云霄）下达90万元扶贫配套资金，选派10名骨干教师到3个重点县支教，遴选45名重点县教师校长到省市优质学校跟岗学习。落实闽宁对口教育扶贫协作任务，遴选6名优秀教师赴宁夏开展教育援助，组织漳州一职校与宁夏中卫市职校协作帮扶。推进“1+X”督查，先后选派领导干部参与全市扶贫领域联合监督检查、重点县退出审核等，开展农村义务教育学生营养改善计划等专项治理。持续开展机关党员干部精准帮扶贫困群众活动。

学生资助政策　坚持扶贫与扶智、扶志结合，发动学校教职员工和学生班干部与贫困学生、留守儿童结成“一对一”“多对一”帮扶对子。加强资助督查，确保资助资金安全。严格落实各项资助政策，及时发放高校国家助学金、中职助学金、普通高中助学金、学前教育助学金等，对中等职业学校和义务教育学校所有学生实行生均公用经费拨款（包含免学费资金），确保所有学生不因家庭经济原因而失学。据统计，全年共发放各类助学金3765万元、受益学生10556人（其中建档立卡学生2375人、低保家庭学生2334人）；免学费（不含义务教育阶段）8326万元、受益学生26930人（其中建档立卡学生1276人、低保家庭学生1381人）。在有农村义务教育公办寄宿制学校的13个县（市、区）全面实施义务教育营养改善计划，共发放营养膳食及生活费补助3188.87万元，受益学生29083人（其中建档立卡学生884人、低保家庭学生663人）。全市共有19945人参与大学生生源地助学贷款（其中2018年度新增贷款6799人），贷款总额达1.6亿元。

【学生全面健康发展】

德育工作　开展“牢记时代使命，书写人生华章”主题团日、“永远跟党走”师生主题社会实践等活动，建设学习贯彻中共十九大精神中小学优秀教师“示范课堂”。开展庆祝改革开放40周年、“扣好人生第一粒扣子”“时刻听党话、永远跟党走”“寻找最美孝心少年”等主题宣传教育，联合推动全市文明校园创建全覆盖。开展“少年传承中华传统美德”“小小百家讲坛”“墨香书法展示”“寻访红色足迹”和“校园读书节”、中华经典美文诵读比赛等系列活动。扎实开展“七五”普法、青少年毒品预防、心理健康等3项教育，6所学校入选省级第二批心理健康教育特色学校，漳州一中入选省级心理健康教育名师工作室，培训心理健康教育骨干教师1032名。创建国家级研学实践教育基地1个、首批省级中小学生研学实践营地1个、研学实践基地2个，全市共有7.8万多名中小学生参与各类实践活动。

体卫艺语教育　推进校园足球普及，举办首届全市青少年校园足球夏令营，抓好校园足球师资培养，争取1065万元省级资金完成15片校园足球学校场地新改扩建，创建全国青少年校园足球特色校5所。联合举办中小学生阳光体育联赛并组织参加全省比赛。组建漳州市学校美育专家库，举办第二届中小学生艺术节，开展“非遗进校园”、首届校园闽南语故事大赛等活动。选送一件学生作品荣获全国防治碘缺乏病日宣传画一等奖。创建第二批全国国防教育特色学校24所、示范学校9所。举办普通话水平测试员培训班，开展县域普通话普及情况调查。

综治安全工作 围绕学校突出安全问题，先后组织4次校园安全大检查，共检查学校2943所，排查一般安全隐患271处，已督促全部整改到位。开展学校及周边治安、危化品、校车、消防、食品等5项安全整治行动。深入开展应急疏散演练、防学生溺水、防食物中毒、防交通事故等安全教育，先后举办4期安全管理干部专题培训。提升安全保障能力，全市投入人防、物防、技防和联防建设资金共计3400多万元，其中市直学校投入325万元。开展平安校园等级创建活动，全市达到AAA以上的有827所，完成率32.19%（省定任务为20%）。认真开展扫黑除恶专项斗争，加强中小学生欺凌综合治理。全市未发生校园安全责任事故。完善重大决策社会稳定风险评估工作机制。加强全市学校国家安全教育。

（张文忠）

闽南师范大学

【概 况】

2018年，闽南师范大学设有18个学院，62个本科专业，建立了4个一级学科硕士授予点，30个二级学科硕士点，5个硕士专业学位授权点，4个博士人才培养方向，全日制在校本科生、研究生近20000人。有专任教师1193人，其中享受国务院政府特殊津贴9人，闽江学者11人，“教育部新世纪优秀人才支持计划”2人，“福建省自然科学基金杰出青年人才项目”4人，福建省“百人计划”2人，省百千万人才工程8人，“福建省高等学校新世纪优秀人才支持计划”29人，“福建省高校杰出青年科研人才培育计划”36人，另有省级以上优秀专家、教学名师、师德之星等40余人。拥有国家级特色专业1个、国家级专业综合改革试点项目1项、国家级创新教师培养模式示范项目1项、国家级校外实践教育基地1个；省级重大教育教学改革项目3项、省级特色专业5个、省级专业综合改革试点项目8项、省级服务产业特色专业9个、省级教学团队8个，省级人才培养模式改革创新实验区7个，省级应用型专业群项目5个，省级精品课程、在线课程共32门，省级实验教学示范中心16个。建有2个省部级人文社科基地，3个省级重点实验室，1个省级工程技术研究中心，1个省级侨乡研究中心，4个省高校重点实验室，2个省高校人文社科基地，1个省级行业技术开发基地，1个省高校工程技术研究中心，1个省高校特色智库，1个省大数

2018年1月26日，闽南师范大学圆山校区揭牌 （陈露明 摄）

据研究所，1个省教育示范基地，1个“2011协同创新”，1个省级产学研合作示范基地，2个省高校科研创新团队。

【人才培养】

2018年，探索建立有效的教学成果培育机制，获准省级教改项目立项16项（其中省级重大教改项目1项），获省级教学成果奖4项，国家级教学成果奖1项；获批省级本科教学团队3个，省级实验教学示范中心（项目）3个，省级精品在线开放立项课程5门，省级示范性应用型专业群2个，省级创新创业课程校本教材课题1项。组织学生参加各级各类竞赛，共获得国家级奖项143项，省部级奖项195项。加强教学管理信息化建设，投入使用新教务教学管理系统，建设第三批校级在线开放课程6门（其中4门获省级立项），引入并开放网络视频课程136门次，第一批智慧教室建设完成并投入使用。修订《闽南师范大学教学督导委员会工作条例》，举办审核评估整改“教学质量月”活动，强化教学质量管理。积极开展暑期社会实践活动，1支团队和2个作品荣获团中央表彰，校团委获“福建省大中专学生志愿者暑期‘三下乡’社会实践活动先进单位”。全面深化志愿服务，获2018年中国志愿服务项目大赛铜奖，第二届福建省志愿服务项目大赛金奖。积极开展大学生科技文化节活动，获“创青春”国赛铜奖，省赛本科组金银铜三项大奖。2018年，学校录取新生5060名，同年毕业生数4862名，应届毕业生初次就业率为92.73%。

【师资队伍建设】

2018年，出台《闽南师范大学人才引进暂行办法（修订）》，制定实施学科带头人（龙江学者）和学术骨干管理办法，新引进、聘用人员共181人，其中聘用台湾师资36人。加强高层次人才申报工作，1人入选享受国务院政府特殊津贴人员，1人入选福建省第一批引进台湾高层次人才“百人计划”，3人入选闽江学者讲座教授。出台《高级职称直接认定通知》，修订职称评审条件，探索职称评审新方法。切实提高人才服务水平，制定《闽南师范大学党委联系服务专家及优秀人才工作制度》，组织开展漳州市芗城区“安得广”人才公寓申请工作。加强师德师风建设，制定出台《闽南师范大学教职工师德师风考核暂行办法(修订)》。提升教师国际化水平，获各层次、各类别国内外访学进修项目9项，17人获得项目资助。

【学科专业建设】

树立学科专业一体化发展理念，主动对接国家和福建省“双一流”建设，获准列入省2018—2020年博士学位授予培育单位立项建设高校，福建省一流学科建设高校，4个学科（群）入选省高原学科。主动布局战略性新兴产业发展相关学科专业，优化调整学科专业设置，新增专业2个，撤销专业1个。高度重视专业认证工作，小学教育专业完成师范类专业第二级认证现场考查；电子信息工程等3个专业完成IEET工程教育专业认证团队实地访评。探索跨专业人才培养，推动38个专业开设173门第二专业主干课程，增设现代养老产业复合型卓越人才实验班。

【科研服务能力】

成功召开闽南师范大学第一次科研工作会议，总结经验、超前布局，明确科研创新工作目标和任务；制定学校《学术专著出版经费管理暂行办法》《高级别科研项目立项奖励暂行办法》等，进一步完善科研管理制度。鼓励加大课题培育和申报力度，纵向项目立项共226个，其中国家社科基金立项数居省内第5位；强化产学研合作，签订横向技术合同72项；重视成果验收，获得省社会科学优秀成果奖6个奖项。着力推进科研平台建设，新增与教育部语言所共建两岸语言文化交流研究中心、菌物产业福建省高校工程研究中心、光电材料与器件应用行业技术开发基地等平台；积极落实科技特派员制度，共选派25名科技特派员进驻相关县区乡镇乡村。

【闽南文化研究】

继续推进“优秀闽南文化人才培养计划”，加强两岸教师联合授课，示范班教学改革成效显著。参加省社科研究基地建设成果展会，相关成果获省领导现场肯定。强化研究平台建设，闽南文化研究中心以“优秀”的成绩等级顺利通过省社科联评估。弘扬传承闽南文化、增进两岸社会经济文化交流，承办“闽南文化学术研讨会”、2018“世界保生大帝信仰学术研讨会”、2018闽南文化青年论坛、2018中国海洋文化学术研讨会等大型学术会议。

【创新创业教育】

建有“互联网＋”创新创业学院、18个创新创业培育中心、大学生创新创业孵化基地等多个创新创业教育实践平台，先后被评为福建省高校毕业生创业培训基地、大学生KAB创业教育基地，校大学生创业孵化基地被评为福建省大学生创业孵化基地支持建设项目，学校被福建省教育厅授予福建省高校创新创业园区。积极开展青年红色筑梦之旅活动，发挥专业特色优势，深入漳州、龙岩等地十多个县市，推动15个项目成功落地对接，在福建省“青年红色筑梦之旅”活动中荣获“高校集体奖”。2018年，在福建省“创青春”大学生创新创业大赛中获得金奖一项；在第四届“互联网＋”创新创业大赛中获得省赛两银三铜和国赛一铜的佳绩。2017—2018学年，学校共立项建设国家级大学生创新创业训练计划项目36个（其中创新27个、创业9个），省部级大学生创新创业训练计划项目57个（其中创新50个、创业7个），共获得财政资助80多万元。

【开放办学】

2018年，组建校地企合作工作办公室，并相继设立基础教育合作办公室、闽南师范大学教育发展基金会，与16个县级以上地方政府、企业、高校、科研院所签订战略合作框架协议，达成合作项目100多项，推动校地企合作工作取得新突破。着力深化国际办学，成功与欧美及台湾地区11所高校签订合作协议或达成合作意向；深化与日本高校的学术交流、师生互派及合作项目；新增3个专业闽台高校联合培养本科人才项目；正式启动海外名校本硕连读与专硕连读预科项目及硕士预科项目。启动面向东南亚国家构建“闽南师范大学+东盟国家教育共同体”建设，推动建立“海上丝绸之路·闽南师范大学＋东盟国家高校教师教育联盟”。

【闽南师范大学圆山校区揭牌】

2018年，落实福建省人民政府将漳州农业学校并入闽南师范大学的决策部署，闽南师范大学圆山校区正式揭牌，初步形成“一江两岸，两个校区”的办学空间格局。

【中共闽南师范大学第一次代表大会】

2018年10月13—14日，中国共产党闽南师范大学第一次代表大会胜利召开。大会明确“建设特色鲜明、多学科融合发展的

12月8日，省委常委周联清在闽南师范大学建校60周年庆祝大会上发表讲话（康哲力 摄）

高水平师范大学”的远景目标和“两步走”的战略构想，提出建设“有活力、有质量、有担当、有视野、有底蕴、有保障”的新闽师，为新时代学校改革发展指明了方向。大会选举产生了中国共产党闽南师范大学第一届委员会和中国共产党闽南师范大学纪律检查委员会委员。

【闽南师范大学 60 周年校庆】

2018 年，学校成功举办 60 周年校庆活动，全面展示办学成就、总结办学经验，凝聚发展合力，周联清、檀云坤、杨贤金等省领导莅临调研指导并看望慰问师生。中国国民党前主席连战、马英九、洪秀柱分别为校庆题词祝贺，中央电视台《海峡两岸》作了专题报道。省市政府、社会各界、广大校友合力支持学校建设发展的氛围进一步浓厚。通过一系列重大活动，进一步统一思想，明确方向，形成共识，坚定信心。

（陈露明）

漳州职业技术学院

【概 况】

2018 年，漳州职业技术学院有专兼职教师 900 多名，其中高级职称教师近 200 名，“双师”素质教师近 500 名，省级名校长 1 名，省级教学名师 13 名，省级专业带头人 19 名，省级以上优秀教学团队 7 个；面向全国 13 个省市招生，全日制在校生 1.3 万多人，是福建省规模最大的公办高职院校。设有 10 个二级学院，开设了 45 个以工科为主，文、经、旅应用科类协调发展，紧密对接区域经济发展的高职专业。其中，国家级重点专业 9 个，教育部现代学徒制试点专业 1 个，省级产教融合示范专业点 2 个，省级示范专业 12 个，省级特色专业群 5 个；有 18 个专业在福建省高职院校专业建设质量评价位列第一。2018 年学院先后荣膺全国高职院校教学资源 50 强、教育部第三批现代学徒制试点单位；在 2018—2019 年中国高职高专院校竞争力排行榜中位列全国第 90 位（福建省第 2 位）。

【办学条件】

2018 年，学院投资 2300 万元用于做好各项基础设施改造工作，校内老旧楼房焕然一新，学生学习、实训、住宿环境得到提升，“校中厂”平台不断完善；投资 472 万元用于校园信息化建设，建设智慧校园信息综合服务平台和数字化教学平台，通过全国职业院校数字校园建设实验校中期验收。

【办学机制】

学院探索产教融合、校企合作办学机制，出台《关于加快推进成教办学和校企合作十条措施的通知》《校企合作资源型项目若干规定（试行）》，成立混合所有制产业学院，真建真做，发挥实效；在旅游管理、数控技术等专业开展“二元制”校企协同育人模式；与漳州旅投集团、福建三宝集团等企业，联合举办 10 个现代学徒制试点班，打造“漳州版”的现代学徒制试点；引企入校建立“校中厂”，推校进企建立“厂中校”；依托福建省“6•18”协同创新院食品产业（漳州）分院推动校企协同创新；入选教育部中德职业教育汽车机电合作（SGAVE）项目，开展国际化交流。

2018 年 6 月 21 日，漳州职业技术学院与漳州电视台联合举办“漳大工匠”评选暨颁奖活动

（胡志超 摄）

【专业建设】

学院对接全省、全市重点产业和新兴产业，明确专业发展方向和建设思路，跨系部统筹规划8个特色专业群，建设6个院级重点专业，优化调整专业至45个。其中，酒店管理专业获批教育部第三批现代学徒制试点专业，机电一体化技术等3个专业获批省级现代学徒制试点项目，汽车检测与维修等4个专业获批省级“二元制”改革试点专业，计算机网络技术专业获批省级产教融合示范专业点，智能制造等2个专业群获批省级服务产业发展特色专业群建设项目，创意设计专业群实训基地获批省级专业群实训基地A类培育项目，机械设计与制造专业人才培养方案获首批省中高职衔接专业指导性人才培养方案，机电一体化技术专业获批省中高职衔接专业指导性人才培养方案开发项目。

2018年，学院荣获国家级教学成果奖二等奖1项，省级特等奖、一等奖、二等奖各1项；荣获教师信息化教学国赛三等奖1项，省赛一等奖3项，二等奖1项，三等奖9项；荣获技能竞赛国赛二等奖5项，三等奖6项，省赛一等奖14项，二等奖15项，三等奖11项。

【教学改革】

2018年，学院以职业能力培养为主线，构建多元融合课程体系，大力推行“双证融通”制度；以课程群对接岗位群为出发点，以“基础共享、专业分流、拓展互选”为思路，重构“3＋1”课程体系；推进“混合课堂”，强化信息化资源共享课程建设；实施“第二课堂”学分制度，满足学生个性化学习需求；《单片机应用系统设计与制作》等14门课程获批省级精品在线开放课程建设项目；“校级—省级—国家级”三级教学资源库基本成型，共享型教学资源管理平台、网络教学平台持续发挥作用；修订学院《专业内部评估办法》《专业内部评估指标体系》《教学质量监控体系及实施办法》等一系列教学评价制度和教学评价标准，进一步建立健全人才培养质量标准体系和质量保障体系。

【师资队伍】

学院出台《关于加强专业主任建设的六条措施》《优秀专业主任评选办法》和《优秀教学团队评选办法》，推动专业主任和教学团体建设；完成2017年专业技术职务自主评聘工作，聘任正高职称4人，副高职称6人，中级职称15人；发挥教师发展中心作用，推荐36名教师参与省教育厅组织的多个培训，组织171名教师赴企业实践锻炼，48名带头人和骨干教师到杭州职业技术学院参加“品牌特色专业建设与信息化教学”培训，柔性引进11名产业教授，聘任“双向挂职”校企科研人员39人，实施青年教师、骨干教师、专业带头人、技能大师、管理人员等“七项工程”建设，全面提升“双师”素质和管理人员办学治校能力；组织管理干部、专业带头人和骨干教师参加各类专题培训、跟岗访学（包括国外访学）、双向挂职、实践锻炼，累计300人次以上。

【校企合作】

学院与华安县、诏安县、平和县、南靖县、漳州金峰开发区、漳州台商投资区管委会签订

2018年12月20日，漳州职业技术学院与福建泷澄建设集团共建“泷澄建筑产业学院”（胡志超 摄）

校地战略合作框架协议，派出21名科技特派员面向漳州区域中小型企业和乡村进行技术支持和服务，成立了49个专业对接项目；与福建省泷澄建设集团有限公司共建混合所有制建筑产业学院，与企业探索共建“华为信息与网络技术学院”和“新能源汽车学院”，与万利达集团联合建立“校中厂”——电子生产实训车间，与大通互惠集团有限公司共建“厂中校”，依托智能制造集团与10家合作企业联合举办10个现代学徒制试点班，获得国家省市各级各类纵向课题42项、发明专利6项，实现25项科研成果转化。同时，积极将工匠精神和企业文化融入校园建设，成立“工匠文化研究院”、漳大（企业家）书画院，与漳州电视台共同举办“漳大工匠”评选活动，举办企业家书法高级研修班、“标新杯”合作企业篮球邀请赛、企业智能制造知识竞赛，促进了校企紧密型合作。

【招生就业】

2018年学院新生录取5273人，招生计划数5700人，实际报到数5070人，毕业生就业率100%，专升本录取人数776人，均刷新学校发展记录。学院也加大对创新创业工作的支持力度，与金峰经济开发区、福建恒立电子股份有限公司分别合作共建大学生创新创业基地，举办“互联网＋”大学生创新创业大赛，选送优秀项目参加各级各类创新创业比赛，荣获国家级大赛二等奖1项，省级大赛一等奖1项、二等奖2项、三等奖12项，在全国高职高专类高校团学创业教育工作指数排名中位居第44位。

【社会服务】

2018年，学院以“一县区一协议、一学院一平台、一专业一项目”为抓手，建立新型技术服务培训体系，对接产业服务企业。福建省建设厅装配式建筑工人培训基地、漳州市应急管理局“漳州市特种作业实际操作考试中心”、漳州市测绘地理信息产业发展基地相继落户学院；区域技术技能培训中心和职业资格鉴定中心运行良好，为县域经济开展职业技能鉴定3000多人次，社会培训近28000人次，获技术服务及社会培训收入979.55万元；依托省级协同创新平台，成立漳州市食品产业技术研究院、漳州市工业互联网研究院，积极开展新产品、新工艺研发，重点解决区域食品、电子、机械等行业企业共性技术问题；对口支援漳州理工职业学院、漳州科技职业学院、漳州卫生职业学院，示范带动省内外同类职业院校发展；成为福建省机械行业指导委员会、食品行业指导委员会的秘书处单位、漳州市职业院校联盟牵头单位，在全国（省）职业教育学会和行业指导委员会发挥骨干作用。

【学生资助】

学院实施“以勤工助学为主导、贷款为主体，奖、助、贷、补、减免、绿”六位一体的联动助学体系，2018年，共发放奖学金406.48万元、资助金额616.1万元、勤工助学金24.57万元、贷款金额达998.69万元、退役士兵学费资助金额166.92万元、求职创业补贴93.2万元。贯彻落实漳州市精准脱贫“三千工程”，23名漳州籍建档立卡学生和273名漳州籍贫困学生获得“三千工程”专项助学金95.82万元，受资助学生全部签订就业意向协议书。

（洪惠云）

漳州城市职业学院

【概　况】

2018年，漳州城市职业学院有全日制在校生6670人，教职工393人，专任教师234人。现有省级教学团队2个、省级专业带头人2人、省级教学名师1人。建设有校内实训室177间、校外实践基地119个以及大学生创新创业园，合作办学学校4所。设有教师教育系、学前教育系、文化艺术创意系、经济管理系、园林园艺系、食品工程系、电子信息工程系等7个系，共33个专业。

【课程专业建设】

学院有序推进第五学期顶岗实习改革，引进优质课尔雅通识课程，探索开发优秀传统文化及“非遗”项目教材，通过校企合作和校校合作方式开发实践课程。共开设64门次通识课程，建设微课112个，涵盖35个专业、48门课程。举办70场“漳城院讲坛”专题讲座，参加学术报告（讲座）的学生达18200人次。积极推动体育教育改革，新开设健美操、花样跳绳、瑜伽、网球、武术等十余门体育选项课。

适时调整专业结构，组织申报“科学教育”“语文教育”“体育教育”三个国控专业；增设数学教育、艺术教育和智能产品开发三个新专业，停招文秘和移动通讯技术两个专业。小学教育专业群立项为2018年省级职业教育重点建设项目。《植物组织培养》立项为2018年福建省第三批精品在线开放课程建设项目。学院重视引导学生勤学苦练专业知识与技能提升综合素养。

积极构建“双创”教学体系，“大学生就业指导”“创业创新执行力”等13门课程列入公共必修课。开展省级创新创业教育改革试点工作，完成7个省级创新创业教育改革项目结项工作。新增4个学生创业项目成功入驻创业园。初步建成学院大学生创新创业导师库，现有导师41名。

【招生就业】

2018年，学院招生3038人，其中省内招生计划1963人，录取1963人，录取率100%。省内普通高考新生报到率97.31%。学院招生成效居全省前列。春季招生一次性招满，是全省本专科高校一次性招满的4所学校之一；在秋季招生中，是全省唯一一所一次性招满的高职院校。招生录取分数文史类专业平均分超专科线41.3分，理工类超78.4分，新增广东省招生计划，广东、四川等6个省份的录取率达100%。

学院开展就业创业讲座35场，举办大型校园供需见面会、各类毕业生专场招聘会和宣讲会等。2018届毕业生1762人，就业率98.64%。根据调查，2018届毕业生税前月均收入3243.04元，比2017年增长10.39%。学生就业专业对口率约75.83%。用人单位对毕业生满意度达100%。2018届小学教育专业109名学生教师资格考试笔试和面试通过率达100%，学前教育专业440名学生教师资格考试通过率为91%。2018届毕业生中高级职业资格证书获取率为62.27%。

【师训科研】

学院招聘硕士研究生14名，新聘任专业技术职务正高2名、副高9名、中级30名。组织教师参加青年教师教学能力提升、“双师型”骨干教师专业技能、优秀青年教师跟岗访学、研修、信息化教学能力提升、师资闽台联合培养、创新创业教育等省级培训。共选派专任教师外出学习考察、学术交流或参加学术、教研会议等83人次；派出专任教师赴行业、企业挂职锻炼或顶岗实践39人。教师科研成果获2018年度漳州市科技技术局自然科学基金项目立项2项，漳州市2018年度哲学社会科学研究规划课题立项8项；结项课题8项，其中，获二等奖5项，三等奖2项。2018年福建省中青年教师教育科

2018年11月，漳州城市职业学院接受第二轮人才培养工作评估回访

（漳州城市职业学院 供图）

研项目立项15项。新增实用新型专利12项。3人入选首批全省学校美育工作专家库名单，2人入选市教育学会第八届理事。

【对外对台交流合作】

承办漳州市2018年“职业教育活动周”启动仪式和2018年福建省高考专科咨询会（漳州专场）暨漳州城市职业学院“校园开放日”活动，全方位展示职业教育办学成果。与新加坡南洋理工学院、台湾弘光科技大学等进行交流合作、学研互访。拓展对台合作空间，建立林垂立音乐文创工作室，与台湾锋林传播有限公司、漳州电视台共同举办“两岸好声音”海选启动仪式。

【社会服务】

承办中小学生啦啦操运动师资、音乐教师、幼儿园园长和骨干教师、中小学专兼职心理健康教育教师、“十三五”第一期初中校校长任职资格等一系列关于幼儿园和中小学教师的培训，累计培训8584人。组织普通话水平测试与培训，共培训6817人，测试9044人。继续与闽南师范大学和福建工程学院合作专升本衔接教育，共有179名2018届毕业生考取本科。

学院成立“乡村振兴讲习所”。开办新型职业农民学历教育，首届（2018届）毕业生76名，承办2018年漳州市委统战部主办的“同心121”工程，乡村幼

2018年5月10日，漳州城市职业学院承办2018年漳州市职业教育活动周　（漳州城市职业学院　供图）

儿园教师培训113名，农民创业培训80名。选派省、市科技扶贫特派员共7人、漳州市挂职干部2人，参与省、市乡村振兴、精准扶贫工作。

学院坚持“城市+”发展定位，服务区域经济社会发展。协助漳州城投集团建设漳州古城文学三馆（林语堂、许地山、杨骚文学馆）；拍摄“五湖四海”，汇编《漳城院师生眼中的美丽漳州》；与漳州电视台合作，开展四川凉山彝族自治州公益行、精准扶贫家访、纪录片创作等；参与漳州市政府决策规划、专案研究，与相关机构合作承担漳州市发改委《2018—2022漳州乡村振兴规划》的研究和编写工作；参与教育部高等职业院校教育类专业教学标准研制工作等。

学院围绕暑期“三下乡”社会实践开展教育关爱公益夏令营、“保护母亲河，争当‘河小禹’”专项行动等，围绕敬老爱老助老服务开展“青春之光”志愿服务，围绕漳州市文明城市创建活动开展“交通文明劝导”志愿服务，到古城开展心理咨询志愿服务活动等。开展“小马甲相约星期六”社区志愿服务活动24场，组织志愿者813人，服务人次达到1624人。在华南社区开办“大手拉小手四点半公益学堂”，共78名志愿者为168名小学生提供国学、英语等课业辅导及手工、美术等素质拓展服务，组织无偿献血277人次。

【文化建设】

学院开展传统文化进校园活动，引入漳州本土优秀文化芗剧折子戏、布袋木偶戏、克拉克瓷、棉花画、版画、剪纸和漆画等省级非遗项目进课堂。

（倪岩娟　曾紫蓉）

漳州卫生职业学院

【概 况】

2018 年，漳州卫生职业学院全日制在校生 8182 人。学院占地面积 54.16 公顷，办学设有五系三部三中心，22 个专业，其中临床医学、口腔医学、针灸推拿、中医学为国控专业。拥有中央财政支持重点建设专业 2 个，省级精品专业 4 个，省级高职示范专业 5 个，首批全国职业院校健康服务类示范专业 1 个，省级特色专业群 1 个，中央财政支持实训基地 3 个，省级财政支持实训基地 4 个，省级生产性实训基地 3 个。学院教职工 437 人，其中，博士 6 人，高级职称 104 人，聘请行业企业兼职教师 175 人，特聘教授 2 人。省级教学团队 4 个，省级高校教学名师 4 人，省级专业带头人 5 名，“福建省新世纪优秀人才支持计划”1 人。学院是全国卫生职业教育教学指导委员会助产专业分委会主任委员单位。2018 年，招生计划 3645 人，实际招生 3408 人，报到 3275 人，录取率 93.50%，报到率 96.10%。

【专业建设】

2018 年，中药学专业获得福建省职业院校产教融合示范专业点 A 类培育项目。完成职业教育药学专业的教学资源库子项目“天然药物化学”建设，助产专业教学资源库获省教育厅 200 万元资助，精品在线开放课程“妇产科护理学”完成省级验收，“检体诊断学”省级立项，建成 5 门院级精品在线开放课程，校企合作开发专业核心课程 41 门、特色教材 10 部。新增国控专业中医学。

【师资队伍】

2018 年，学院招聘新教师 14 人，全职引进正高级职称 1 人，晋升副高级职称 10 人，在职攻读博士研究生 5 人、硕士研究生 11 人，弹性聘请学术顾问 1 人，聘请行业企业兼职教师 175 人。实施“青苗工程”，建立导师制，选拔产生 29 对师徒对子，选送 12 名青年教师参加国内进修访学、5 名青年教师参加师资闽台联合培养、各级各类业务培训和下企业实践 100 多人次。

【校企合作】

建立校企合作长效机制，牵头 22 家院校、医院、企业成立“漳州市医药卫生职业教育联盟”。形成二元制、现代学徒制、课程托管、班级托管、委托培养、冠名订单培养等 6 种合作办学模式，多元办学的学生总数 581 人，占学生总数的 7.1%。与聚芝林医药公司共建的“国医馆”“国药堂”开业运营。完善校企协同育人机制，中药学、眼视光技术两个专业携手 4 个医药企业开展二元制人才培养模式探索。医疗设备应用技术专业获批福建省第三批现代学徒制试点项目。临床医学专业加大委托培养、定向培养力度。《以医学技术专业群建设为基础，推进产教深度融合》获省级教学成果二等奖。

【科学研究】

2018 年，学院成立医学检测、药学科研、健康运动与保健、闽

2018 年 11 月 26 日漳州卫生职业学院学子勇摘第三季福建省大学生“一‘马’当先”知识竞赛桂冠　（漳州卫生职业学院 供图）

2018年11月24日，漳州卫生职业学院为2018年第五届南靖土楼国际马拉松松赛提供赛事服务　　（漳州卫生职业学院 供图）

南生育文化研究等4个科研中心。医学检测中心入选福建省高职院校应用技术协同创新中心第二批建设项目。药学科研中心与聚善堂（福建）医药集团有限公司联合组建现代中药技术研发团队并共建漳州市现代中药重点实验室，获漳州市科技重大专项支持。2018年学院与漳州市医院、解放军第九〇九医院、漳州市第三医院联合申报福建省胃肠道肿瘤防治重点实验室，与同溢堂药业有限公司签订科技合作协议，与呼伦贝尔宏康基因科技公司合作开发新产品2项。2018年申请国家发明专利3项，实用新型专利18项，获国家授权实用新型专利10项，国家计算机软件著作权2项，实现成果转化1项。全年完成技术咨询、技术服务共16项，2项成果参加第十六届中国海峡项目成果交易会。

【社会服务】

2018年，学院毕业生2802人，91.3%在闽就业，缓解基层卫生人才短缺问题。与云霄县人民政府、南靖县人民政府签订战略合作协议。以专业群为依托，组建12个专业服务机构与团队，完成各类社会化培训服务19819人次。成立漳州市医药卫生职业教育联盟，带动6所职业院校在人才培养、师资人才交流、科技社会服务等方面协同发展。召开全国卫生职业教育与产业对话（助产教育专场）暨第五届全国助产专业骨干教师师资培训会，牵头制定助产专业标准。成立健康运动防护团队，开展运动健康培训，提供康复治疗服务11259人次，被福建省社会体育指导中心、龙文区文化广电体育局授予“海峡两岸暨港澳地区定向越野公开赛指定运动康复理疗团队”，被国际马拉松组委会授予“优秀志愿者服务团队”“赛后指定保障团队”称号，得到媒体的广泛报道。全年志愿服务活动达36000多人次，连续三年获全国大中专学生志愿者“三下乡”社会实践“千校千项——最具影响好项目”。红十字关爱遗体捐献志愿者服务队获“福建省百家优秀志愿服务组织”。

（卢　婷）

福建广播电视大学漳州分校

【概　况】

福建广播电视大学漳州分校（简称漳州电大）现校园位于漳州市区新华南路40号，占地1.47公顷。学校运用现代网络技术开展远程开放教育、非学历培训和社区教育。在职教职工62人。在漳州辖区，除芗城区和龙文区外的八县一市，均设有县级电大工作站。2018年，全市电大系统有开放教育在校生近8000人，分校直属在校生2600人。

【招生办学】

学历教育　学校全力推进开放教育招生，积极拓展“一村一名大学生”、学前教育、退役士兵教育培训、农民工求学圆梦行动、奥鹏招生等项目。2018年，全市电大系统共招生3511人，分校直属招生958人，奥鹏网络教育招收报读大连理工大学和中国人民大学生员共64名。

2018 年 3 月 19 日，漳州社区大学“丹霞讲坛”举行首场专家讲座

（漳州电大 供图）

招生工作新亮点。成功复制华安县沙建镇上樟村“一村一名”办学模式，上半年与协助挂钩村平和县大溪镇下村村加大合作力度，招收一个班 60 多人，把大学办到农村，为乡村振兴提供智力支持。继续与长泰立达信公司、三实企业等合作，把大学办到企业。

非学历教育　继续做好社会化考试和专业技术人员远程继续教育培训。组织全国计算机一级考试 617 人次；会计初中级职称、经济师初级职称考试累计 3222 人次，组织开展专业技术人员远程继续教育公共课、专业课 37000 人次，累计 150 万学时，创历史新高。

顺利升级改造远程继续教育平台，其功能性和安全性处于全省前列。制作完成 2018 年度公共必修课、新教师入职培训课件。与龙文区进修学校的合作项目“新教师岗前培训课程”，拓展了服务对象，提升了服务能力。

【社区教育】

以优秀传统文化进社区为抓手，成立丹霞诗书画社，建设“丹霞讲堂”、文庙“国学堂”和社区移动课堂，弘扬优秀传统文化，提升市民素质；与漳州市图书馆、漳州非遗文化展示馆、漳州文庙等单位合作，挂牌成立 7 个“市民学习体验基地”；与漳州木偶剧团合作举办 18 场“非遗进社区”木偶表演活动；举办老年公益书画培训班；利用“4·23”世界读书日举办“书香校园”朗诵会；举办实体书店赠书、地方文化讲座、木偶剧团进社区等活动，组织社区教育规范化学习点成果展，召开全市社区教育工作推进会，力促各县社区学院打造“一县一品牌”亮点。

2018 年，邀请何池教授、林继中博士、高舒博士、郑镛教授等专家学者作客丹霞讲坛，扩大学校影响，提高学校形象。开展“百门优秀课程进社区”活动。深入芗城区、龙文区各社区开展实用讲座达 26 场。

学校组织参加福建省教育厅第二批继续教育网络课程评选，苏莉、韩艺珍、柯菁三位老师的网络课程“中国茶文化之古代名家茶诗欣赏”“轻松实现在家早教”“围棋文化与入门”入选并

福建省 2018 年“百姓学习之星”庄温英（中）带领孩子们诵读中华经典

（漳州电大 供图）

获得省教育厅专项资金资助。

（苏 莉）

漳州科技职业学院

【概 况】

漳州科技职业学院前身为创办于2007年的漳州天福茶职业技术学院，2012年2月，经福建省人民政府同意变更为漳州科技职业学院。学院位于漳州市漳浦县盘陀镇，占地面积100公顷，校舍面积23万平方米。2018年，开设茶学院、商学院、健康管理学院、艺术设计学院、建筑工程学院，在校生5667人，教职工347人（含专任教师258人），兼职教师64人。是台商天福集团董事局主席李瑞河先生创办的一所非营利性职业院校。全国第一所具备招收外国留学生和台湾学生资格的高职院校。

【专业教学建设】

2018年，学院设置茶树栽培与茶叶加工、市场营销等30个招生专业，停招审计、商务经济与代理2个专业，同时新增电子商务、高速铁路客运乘务等4个专业，并以互联网、大数据为核心对网络营销等传统专业进行转型升级。2018年作为试点单位在茶树栽培与茶叶加工、市场营销和食品加工技术3个专业中开展二元制人才培养模式改革，招收学生200人；作为福建省现代学徒制试点单位，在市场营销、连锁经营管理、食品加工技术3个专业中开展改革。

【师资队伍】

2018年暑期，选派专任教师69人赴50家企事业单位挂职锻炼，响应漳州市重点企业和高校科研人员“双向挂职”工作要求，选派6名教师参与挂职工作，目前学校参与“双向挂职”专业教师9人。

2018年，学院有高级职称教师53人，中级职称117人，硕士以上学历教师46人。教师1人入选漳州市2018年第一批引进高层次人才，教师2人获“985工程”高校全日制毕业生来漳就业创业补贴。

【校企合作】

学院对接天福集团“一县一店”发展战略，顺利举办“首届天福创业班”，首批学生90人在企业岗位实践；学校与慧科集团、漳州爱果冻信息科技有限公司等企业开展VR产业订单人才培养，定向培养人数达101人；与厦门苏宁易购销售有限公司、永辉超市股份有限公司等大型连锁企业对接，联合开展新零售形式下技术技能人才培养，2018年有35名学生在企业岗位专业实践，同时输送毕业生25人；与厦门创享味来有限公司、厦门天洽餐饮有限公司开展食品专业订单人才培养，定向招收学生49人，2018年输送毕业学生22人；与厦门翔锟飞航空教育服务有限公司开展订单人才培养，定向招收学生45人。

【科研开发】

学院通过“闽台食品加工及安全福建省高校应用技术工程中心”建设、成立文化创意产业研究室、创办《天福职教论坛》期刊，加大科研专项经费投入，推动教师积极投入教学、科研工作。2018年学校获得全国供销行业指导委会教学成果一等奖；省级科研立项12项；校级教科研立项35项，同时有20个项目通过结题验收，依托课题总共发表论文52篇；《天福职教论坛》首期收录35篇论文；开展首届思政课程论文评选工作，评选出7篇优秀作品；有38位教师入选科技特派员，其中省级26人，市级2人，县级10人。

【招生就业】

2018年，学院注册新生2220人，其中大专统招录取1888人，报到1631人，报到率为86.3%，依托集团，对台招生5人。2018届毕业生1050人，就业率96.2%。

【创新就业】

推进创新创业教育，创新创业基地建筑总面积近3033.69平方米，共成功入驻26个创业项目，带动校内外全（兼）职岗位近90个，年营业额达500万元，其中

2018 年 4 月，首期天福创业班在漳州科技职业学院举行

（漳州科技职业学院 供图）

2018 年新入驻项目均与学校开设专业紧密相关。学生在福建省“和职教杯”首届福建省黄炎培职业教育奖创新创业大赛中，先后获得三等奖和铜奖各 1 项；在福建第四届“互联网＋”创新创业大赛“青年红色逐梦之旅”赛道中获评为优秀项目；参加 2018 年“金峰杯”首届漳州市大中专院校学生创新创业大赛，获金奖 1 枚和铜奖 2 枚。2018 年，学院大学生创新创业基地获批为福建省第二批高校大学生创新创业园。

【社会服务】

学院继续主动承接“援外培训”项目，至 2018 年底，共已承办了 24 期援外培训项目，培训了 49 个国家学员 551 人，其中 2018 年承办 4 期，培训学员 80 人。此外，共有 330 学员经过学习考取茶艺师职业资格证书（由国家人力资源和社会保障部颁发）。学院与格鲁吉亚开展双边研修业务，与肯尼亚卡罗蒂娜大学签订战略合作协议。学校有国家级培训基地 3 个，省（市、县）级基地 7 个，面向社会举办培训、技能鉴定 200 余期，培训学员超过 20000 人次。其中，2018 年面向社会举办培训 45 期，培训学员达 2638 人次。

（林艺珊 李丽萍）

漳州理工职业学院

【概 况】

漳州理工职业学院前身为创办于 2007 年的漳州吉马印刷职业技术学院，2011 年 2 月，经福建省人民政府同意变更为漳州理工职业学院。是具有独立颁发国家大专文凭资格的全日制普通高等职业院校。

2018 年，学院占地 66 公顷。现有教师 388 名，高级职称 70 多名，在校生 5811 名。开设有传媒学院、机电与信息学院、商学院、建筑工程学院、交通学院、飞行学院、国际合作学院、成人教育学院、基础教学部以及现代教育技术中心。校内外 138 个实训基地为电子、机械、计算机、建筑工程、汽车、会计、市场营销、物流管理、财务管理、印刷包装等专业技能训练提供平台。

学院以全日制高等专科学历教育为主，兼办各种形式职业技能培训和技能鉴定的非学历教育。

【深化产教融合】

2018 年，学校先后与福建肯纳启能康复教育共同开展“二元制”合作，与漳州市测绘学会、广州南方测绘科技股份有限公司、福建犀牛科技有限公司、厦门翔鲲飞航空教育服务有限公司等 16 家企业签订校企合作协议。引入漳州江海数控有限公司和厦门富乘健康科技公司入驻校园，推进产教深度融合。同时，与企业共建 5 个产业学院（新媒体产业学院、印刷包装与智能制造产业学院、江海数控科技产业学院、吉马酒文化产业学院、富乘健康科技产业学院），搭建产教课程创新改革平台，提升产教育融合达成优质育才。

【提升综合实力】

2018 年，学院注重外引内培加强师资队伍建设，引进具有二级教授、高级工程师等高职称专业带头人 4 名，录用教师 26 名，从企业聘请具有博士学历，高级职称的工程技术专才和高管等 14 名到校任课，推行“双师型”队

漳州理工职业学院之林釪人文园　（漳州理工职业学院 供图）

伍建设，坚持教师到校企合作企业参与设计与管理。与北京印刷学院联办研究生班，邀请清华大学国家教育名师申永胜教授和企业高工到校开培训讲座20场，安排具有潜力的骨干专业教师30人赴德国、杭州、台湾等地高校培训。

继续推进各级各类科研项目申报工作。实用新型专利获批21项，科研立项省级14项、市级1项、校级39项。

学院参加全国大学生机械创新大赛、全国3D大赛、福建省黄炎培职业教育奖创新创业大赛等各级各类技能大赛获奖100多项。学院创意设计专业群被确定为2018年福建省职业院校服务产业特色专业群建设项目；市场营销专业被确定为2018年福建省职业院校产教融合示范专业点培育项目。

【招生就业】

2018年，学院共录取新生2416名，报到2039名，报到率84.4%，在校生5811名，比2017年增加299名。2018年，毕业生1308名，就业率99%，专业对口率91.29%，68.02%毕业生在漳州本地就业。

【创新创业】

学院发放困难毕业生求职创业补贴2.2万元，受益学生11名。组织学生参加福建省“互联网+”大学生创新创业大赛有265多个项目注册成功，其中镇海卫文化创意古镇青年红色筑梦之旅项目获得“优秀奖”，车洁式无水洗车项目获得黄元培职教杯获得省赛铜奖。学生创新创业园正式投入使用，建筑面积5000平方米，24个创新创业项目进驻基地。

【基础设施建设】

2018年，学校董事会斥资修建学校北区，完成机电与信息学院、交通学院、现代技术中心搬迁。新建高尔夫球馆、形体馆、影视馆，与原有的“五大馆”（图书馆、书画馆、奇石文化馆、闽南民俗文化馆、红色记忆馆）共同构成漳州理工图文信息与通识教育“八大馆”。

（叶晓敏）

漳州理工职业学院之45届世界技能大赛集训场地

（漳州理工职业学院 供图）

责任编辑：黄大林

·文化与出版·

【文化惠民】

2018年，中共漳州市委、市政府将460个基层乡镇（街道）和村（社区）综合性文化基层服务中心建设和11个实体书店建设列入2018年为民办实事“文化事业补短板”项目，累计完成投资4765.52万元，占年计划投资的184.71%。

举办地方文艺活动。9月29日至10月1日，由中共漳州市委宣传部主办、漳州市文化广电新闻出版局（简称市文广新局，下同）、九龙江集团协办的“南湖之声”音乐会在南山生态园区举行，活动旨在庆祝新中国成立69周年、改革开放40周年，11月18日、12月15日由福建省艺术馆指导，漳州市文广新局、市教育局、高新区主办，市艺术馆承办的“闽南文化（漳州非遗）圩日”系列活动举行，活动融合“非遗”“闽南文化”“传统民俗”等多种元素，吸引许多漳州民众。

举办群众文艺展演。12月30日，由中共漳州市委宣传部、漳州市文广新局、漳州市九龙江集团有限公司主办的漳州市“九龙江杯”群众文艺展演活动在人民剧场举行。来自14个县（市、区）和开发区的代表队选派的42个节目参加选拔活动，最终10个县（区）和开发区的17个节目入围优秀节目展演。

文艺剧团配合第七届福建艺术节，设立漳州分会场，组织优秀剧目展演，主动到校园开展“地方戏曲进校园”“向人民汇报”等公益演出。

【精品文艺】

2018年7月，大型芗剧现代戏《谷文昌》晋京参加由中宣部、文化和旅游部主办的2018年全

2018年7月11日，芗剧《谷文昌》亮相2018年全国基层院团戏曲会演

国基层院团戏曲会演，11日、12日连续在全国地方戏演出中心上演。该剧作为福建省唯一参演剧目，还入选2018年度国家舞台艺术重点创作剧目和精品创作重点扶持剧目。

11月8日至12月3日，由福建省人民政府主办，福建省文化与旅游厅、福建省广播电视局、福建省文学艺术界联合会、福建省广播影视集团、福州市人民政府承办的第七届福建艺术节隆重举行。漳州市的《丰碑》《辨官记》《救时宰相》分别获得戏剧会演剧本一、二、三等奖。芗剧《谷文昌》获得戏剧类一等奖，锦歌表演唱《思亲》获得曲艺类一等奖。

【书画展示】

2018年2月2日至3月11日，由福建省文化厅、漳州市人民政府主办，福建省美术馆、福建博物院、漳州市文化广电新闻出版局、东山县人民政府、漳浦县人民政府承办的闽籍书画名家抢救工程——黄道周书法艺术作品展在福州举行，展览汇集全国15家博物馆珍藏的黄道周书画精品文物45件（套）。

4月28日至5月7日，由中国美术家协会、福建省文学艺术界联合会、漳州市人民政府主办，中国文联美术艺术中心、中共漳州市委宣传部、漳州市文广新局、漳州市文联、诏安县人民政府承办的“文化漳州 墨香诏安”中国画作品展在漳州美术馆举行，共展出作品238件。

5月3日，由团市委、市文广新局、市文艺界联合会、市青年联合会主办，市青年书法家协会、市青年美术家协会承办的“翰墨青春新时代——漳州市青年书画家庆‘五四’作品联展”在漳州画院举办。活动现场共展出本市45位优秀青年书画家的120余幅力作。

7月27日，由福建省文学艺术界联合会、福建省书法家协会、中共漳州市委宣传部、漳州市文广新局主办，福建省书协青年书法家委员会、漳州画院（漳州市书法篆刻院）承办的“新时代·新青年”福建省首届青年书法家作品展暨全国20世纪70年代代表书法家邀请展在漳州画院开展。全国70后著名书法家佳作150件参展。

8月3—20日，由中国国家博物馆、中国美术家协会、中国国家画院、中央数字电视书画频道、漳州市文广新局等9家共同主办；由漳州市美术家协会、漳州市美术馆、北京、黑龙江、桂林、深圳、厦门等9家共同承办的“‘一带一路’人类文明——卢禹舜中国画作品展”在漳州市美术馆开展。共展出该画家150幅域外写生作品，生动描绘“一带一路”沿线国家异彩纷呈的自然风光和人文风貌。

8月31日至9月10日，“大写至道——庄毓聪大写意花鸟画全国巡回展（漳州汇报展）”在漳州市美术馆开展。共展出这位当代大写意花鸟画家近期精品110余幅。作品气势雄浑博大、高古奇拔、自成一格，全面反映画家大写意创作理念和心路历程。

9月9—25日，由福建省文化厅、漳州市人民政府主办，福建省美术馆、漳州市文广新局、诏安县人民政府承办的闽籍书画名家抢救工程——沈锡纯中国画作品展在福建省美术馆开展。该画展通过向社会征集的方式，收集到来自国内及马来西亚、新加坡、泰国等国家拍卖机构提供的收藏珍品80件。沈锡纯（1910—2008），福建诏安县人，花鸟、山水、人物全能的国画大师，福州画院创始人之一，他与齐白石、徐悲鸿、潘天寿、张大千一起被载入中国近现代美术史上的第一部编年史《中国美术年鉴》。

10月14日，“走进林语堂故里——福建省中青年书法家作品展”在漳州市美术馆开展。此次参展的青年书家有中书协“国学修养与书法——全国青年书法创作骨干高研班”首届至第四届的福建省成员，均在全国展、兰亭展等大展中屡屡折桂，是福建书坛的中坚力量。

12月29日，“东山当代工笔画七人巡回展”在漳州市美术馆举行。展出张贤明等东山7位工笔画家创作的工笔画作品88幅，题材涵盖花鸟、山水、人物，画家们用笔墨展示地域风貌，描绘多彩生活。

【非遗传承】

2018 年，市文广新局组织开展第七批漳州市非物质文化遗产代表性项目评审，确定闽南大鼓吹小八音、漳州布袋木偶戏、歌仔戏等 30 个项目为第七批市级非物质文化遗产代表性项目。

2018 年，漳州片仔癀集团有限公司获评全国非遗保护先进单位；漳州木偶头雕刻、漳浦剪纸技艺入选首批国家传统工艺振兴目录；颜仕国（漳州木版年画）、蔡志强（漳州蔡福美传统制鼓技艺）、杨锡伟（漳州八宝印泥）三人入选第五批国家级非物质文化遗产代表性项目代表性传承人名单。

2018 年，漳州市文广新局与市教育局联合开展非遗传承人进学校传学活动，深入漳州市实验小学等 10 所学校传习，内容涵盖棉花画、木版年画、剪纸、漳绣等。

2 月 6 日至 4 月 6 日，“匠心传承——徐竹初、徐强父子木偶艺术展”在国家博物馆举行，展出 300 余件（组）徐竹初、徐强创作的木偶艺术作品，全面系统地展现国家级非物质文化遗产“漳州木偶头雕刻”的艺术神韵与文化内涵。

9 月，由文化和旅游部、山东省人民政府共同主办的第五届中国非物质文化遗产博览会在山东济南成功举办。长泰竹编制作技艺喜获博览会传统工艺比赛第三名。

【文物保护】

2018 年 4 月，第五批中国传统村落名录公布，漳州市有 20 个村入选，分别是：云霄县火田镇溪口村、漳浦县官浔镇红霞村、漳浦县深土镇山尾村、漳浦县六鳌镇鳌西村、诏安县金星乡湖内村、长泰县枋洋镇林溪村、南靖县金山镇霞涌村、南靖县和溪镇林中村、南靖县和溪镇林坂村、南靖县奎洋镇罗坑村、南靖县梅林镇璞山村、南靖县梅林镇坎下村、南靖县梅林镇磜头村、南靖县梅林镇梅林村、南靖县船场镇坑头村、南靖县南坑镇葛竹村、南靖县南坑镇新罗村、平和县九峰镇黄田村、华安县仙都镇大地村、龙海市东泗乡渐山村。

2018 年 10 月 1 日，举办“南湖之声”音乐会（市文化和旅游局 供图）

2018 年，平和县投入 800 多万元，初步完成南胜窑窑址外围环境整治工作；南靖县东溪窑环境整治工程方案按国家文物局意见进行修改完善。南靖县投资 1200 万元兴建东溪窑博物馆，7 月 8 日已正式开馆。

推进全国重点文物保护单位林氏宗祠，以及中山桥、悬钟古城墙、海云家庙、姜公祠、汪春源故居等省保单位的修缮工程，其中林氏宗祠、汪春源故居已完成验收。

9 月，第九批福建省级文物保护单位公布，漳州市有 35 处文保点入列其中。分别是梅林翠玉轩、靖城文昌塔、南靖金山王氏宗祠追来堂、麟埜乡工农革命委员会旧址、南靖十字岭战斗遗址、山下萧氏宗祠、南靖东溪窑遗址、崇德堂、铜山城墙、东山抗战献机纪念碑、铜陵黄道周故居、铜陵天后宫、谷文昌墓、东山战斗烈士陵园、梧龙林氏家庙、中共平和县委旧址、黄田土楼群、福塘古建筑群、前山胡氏祠堂、埔坪林氏宗祠建筑群、九峰崇福堂、林畲中共闽粤边特委机关旧址、长田革命旧址、长田义士祖祠、中共云和诏县委旧址、中共闽南地委机关旧址（东埔乌山三角洞）、新圩渡建筑群、龙兴庵、缵德堂、中美合作所华安班旧址、戴时宗祠堂、珪后古建筑群、陈氏宗祠瞻依堂、中共漳浦县委机关旧址、过港王氏民居。截至2018年底，漳州市共有150处省级文保单位，居全省前列。

2018年，经省文物局鉴定，漳州市新增282件国家珍贵文物。至此，市博物馆共有馆藏国家珍贵文物1744件（其中一级文物83件，二级文物233件，三级文物1428件），位居全省博物馆前列。

【文化产业】

2018年漳州市144家文化规模工业企业完成增加值47.10亿元，比上年增长13.1%，比同期GDP增速8.9%高出4.2个百分点，亿元文化规模工业企业有39家。

4月18日，漳州市文广新局评选出漳州小水滴文化传播有限公司、漳州墨卡动漫有限公司、福建环艺演出公司、漳州顺圆盛佛具有限公司、漳州市三世花开文化艺术有限公司、漳州市芗城瑞祥乐器厂、漳州市昱恒乐器有限公司、漳州盛世水仙文化传播有限公司、福建省书画家频道文化产业投资公司、漳州市随身行商贸有限公司、福建省恒丽钟表文化传播有限公司、福建鹭凯生态农庄股份有限公司、福建六成楼旅游文化有限公司、福建省御宫玉石建材有限公司、云霄县昱儿文化艺术传播有限公司、福建聚贤文化发展有限公司、漳州市佳庆东美糕文化发展有限公司、漳州图腾文化传播有限公司、漳州市闽南侬文化传媒有限公司等19家企业和单位为第五批市级文化产业示范基地。漳州市桥南印刷有限公司获第十一批省级文化产业示范基地命名。11月2—5日，漳州市文广新局组织文创企业参加第十一届海峡两岸（厦门）文博会，漳州27家文创企业携漳州水仙花文创衍生品、华安玉、漳州木版年画、古琴、三角梅文创、漳州八宝印泥等90大类逾千余种展品参与展售。12月1—2日，漳州市文广新局组织吉他、尤克里里等10家企业参加第三届中国厦门国际乐器展览会，展出20余种自主品牌乐器。

【文化交流】

2018年3月至8月，漳州市芗剧团携“国家艺术基金2017年度传播交流推广资助项目芗剧《保婴记》”，赴江西、广东等地进行16场巡演。

6月10日，漳州市文广新局组织锦歌表演团队参加文化和旅游部举办的“中国曲艺周”活动。

8月25日，“2018福建文化宝岛行——闽台非遗文化交流活动”在台湾南投县草屯镇台湾工艺研究发展中心举行。此次展演由福建省闽台文化交流中心主办，漳州市文广新局承办，台湾工艺发展协会、台湾文化艺术发展促进会、台湾南投文化资产学会、中化海峡两岸企业交流协会合办。活动分静态展出和动态演出两个部分，静态展出有漳州木版年画、漳州木偶头雕刻、漳州棉花画等19个漳州非遗项目，动态演出芗剧、锦歌、木偶表演等12个节目。

9月9日，第二届中国—东盟艺术院长高峰论坛暨中国—东盟戏剧合作交流机制成员单位年会在南宁举行。会上，漳州市布袋木偶传承保护中心上台签署《中国—东盟戏剧合作交流机制谅解备忘录》，标志着该中心正式成为中国—东盟戏剧合作交流机制成员单位。

（朱　盛）

·旅游·

【旅游概况】

2018年，漳州市全年接待游客总人数3952.36万人次，比上年增长20.9%，旅游总收入521.23亿元，比上年增长233.7%。推荐的《“花样漳州”聚力同行：漳州市打造全域旅游目的地》成功入围改革开放40周年“福建影响力”生态文明优秀案例。

7月，漳州市旅游发展委员会（简称市旅发委，下同）组建漳州市全域旅游产业联盟，发挥行业协会服务、协调、监督、自律的作用，促进行业抱团发展，进一步提升漳州旅游业整体实力和竞争力。

【旅游产品】

2018年10月，龙海鹭凯生态庄园、漳浦天福石雕园、漳浦滨海火山地质公园分获省级体育旅游休闲基地、省级养生旅游休闲基地、省级露营公园品牌。

12月，龙海市鹭凯生态庄园和南靖县梅林镇科岭红色旅游景区成功创建国家AAA级旅游景区。鹭凯生态庄园依托田园风光，倡导以绿色健康为主题，以“体育＋旅游”为途径，力促多产业融合发展，充分结合绿色果蔬、地形地貌和森林负氧离子等，融合体育旅游推出系列度假发展模式。科岭红色旅游景区于2017年7月开始营业，突出建设“五个一”工程即一个纪念碑、一条红军路、一个纪念馆、一个红色党校和一条红军街。各级党组织、各大中小院校师生接踵而来，开展“科岭烽火”“党旗飘扬”等励志旅游、军事体验等红色之旅主题教育活动。

2018年，南靖县梅林镇、平和县蕉路村、华安县官畲村成功创建省四星级乡村旅游休闲集镇、旅游村，云霄东厦镇、东山前何村、漳浦轧内村、长泰后坊村成功创建省三星级乡村旅游休闲集镇、旅游村。平和大溪镇和华安坪水村、平和欧寮村等27个村分别成功创建省级乡村旅游休闲集镇和旅游村，推进平和县长乐乡乐北村等3个乡村旅游扶贫重点村完成乡村旅游扶贫规划。

【旅游营销】

2018年，市旅发委组织赴宁夏、内蒙古、河南、成都、台湾，远至欧洲开展旅游项目对接和旅游品牌形象宣传。在福州、厦门等省内重要客源市场地的地铁、机场投放宣传广告，在漳州高速站区和公交站亭、动车站投放旅游灯箱广告。开展“百”系列宣传活动，有全国百家媒体聚焦“花样漳州”全域旅游摄影采访活动、百集系列《莹莹带你走透透》看“花样漳州”新闻采风报道。与《闽南风》杂志社合作出版“红色旅游”专刊，与厦门晚报合作开展暑期亲子线路推广等，多方面全方位宣传花样漳州。与厦门、泉州、龙岩、三明四地在台湾设立闽西南旅游形象店，与国内旅游业界巨头春秋集团合作，在上海春秋旅行社80家精品门店开展漳州水仙花新春展示营销活动，推广漳州城市旅游品牌形象。开展“畅游花海·冬暖花开”线上互动活动，并组织旅游达人拍摄“面朝大海·冬暖花开”短视频；开展以“花样漳州　最美视界”为主题的首届旅游短视频大赛和文明旅游H5宣传，利用微博、微信、手机客户端等平台，扩大漳州旅游宣传覆盖面。

【完善旅游环境】

2018年，漳州市完成新建、改扩建旅游厕所56座，其中新建50座，改扩建6座，累计完成投资1563.42万元，完成年度

2018年12月1日，漳州旅游推介团赴成都开展花样漳州（成都）旅游推介活动（陈政虹 摄）

2018 年 6 月 20 日，全国百家媒体聚焦漳州古城保护区参与花样漳州（第二季）古韵芗城开镜仪式（陈政虹 摄）

投资计划的 156.34%。12 月完成南靖、平和县旅游集散中心建设。重点推进十里蓝山景区、翡翠湾滨海度假区、天福石雕园等 3 家新增 AAAA 级以上景区建设标识牌，确定新增设置指引标志牌 44 处，已全部建成并通过市公路局组织的验收。

【旅游市场监管】

2018 年，市旅发委会同市工商局先后开展打击不合理低价游、违法虚假旅游宣传广告，规范旅游市场秩序，打击违法违规旅游行为；配合市公安局打击旅游市场暴力抗法、破坏旅游市场秩序的“黑店、黑车、黑社、黑导”等违法犯罪行为；同市交通局开展旅游客运车辆检查排查，规范旅游道路交通秩序；同市食品药品监管局开展旅游景区食品卫生安全专项整治工作，对 A 级旅游景区周边食品药品生产经营单位、旅游相关场所开展专项检查；同市物价局对涉旅经营者不按规定明码标价、价格欺诈等行为进行协调处理。与此同时，市旅发委还组织专项督查检查 4 次，开展暑期旅游安全大检查，检查旅游企业 257 家次，发现排查隐患 92 项全部立即整改。组织各类旅游企业签订自查自改承诺书 74 份。

（朱 盛）

·电视台·

【概 况】

2018 年，漳州电视台被福建省广播影视集团评为 2017 年度全省电视新闻协作先进集体。漳州电视台新闻中心被中共福建省委宣传部评为“2018 年福建省新春走基层”活动先进集体。

2018 年，漳州电视台共组织 120 多件作品参评省、市级新闻奖、广播电视艺术奖等评奖活动（含各县市区广播电视文艺奖作品评审推送），获“2017 年度福建新闻奖”二等奖 1 件、三等奖 3 件，“福建省广播电视艺术奖”二等奖 1 件、三等奖 2 件。摄制纪录片《扶贫创客徐妈》入选国家广电总局 2018 年“弘扬社会主义核心价值观 共筑中国梦”主题活动优秀节目奖，并在福建省网络广播电视台和福建省重点视听节目网站展播。历史人文纪录片《水仙花开》获福建省新闻出版广电局 2018 年度“中国梦 福建故事”全省短纪录片大赛二等奖。

【对内宣传】

2018 年 1 月，漳州电视台丰富《看漳州》《花样漳州》栏目内容，为建设富美新漳州提供强有力的精神动力和舆论支持。

2 月起，漳州电视台开辟《新时代新作为新篇章》《深化‘三抓三比、十项竞赛’当好‘四个先锋’》专栏，7 月起，开辟《红黑榜》专栏；8 月起开辟《全面兴起“大学习”热潮》专栏。

5 月起，推出《跟着河长巡河去》系列报道，8 月起，推出《漳州快办》系列报道，10 月起，推出《莹莹带您走透透》系列报道；10 月 20 日起，联合厦门、泉州、龙岩、三明四地市电视台共同推出大型网络直播节目《直播闽西南》。

5 月起，围绕改革开放四十

2018 年 11 月 16 日，漳视新闻融媒体平台正式启用

（漳州电视台 摄）

周年，策划推出《壮阔东方潮 奋进新时代——庆祝改革开放 40 年》之《身边的变化》《俯瞰漳州谁最美》《我家这 40 年》3 个大型系列报道，推出“漳州 360°”系列摄影；9 月起承办“纪念改革开放四十周年·首届漳州微电影短视频大赛”，展示改革开放 40 年，尤其是在习近平新时代中国特色社会主义思想指引下，漳州在突出以人民为中心的发展过程中取得的巨大成就；密切配合市委组织部、规划局、文明办等多家单位，全年拍摄制作《榜样的力量》《水仙花开》等 20 多部专题纪录片和工作巡礼汇报片。

【对外宣传】

2018 年，漳州电视台围绕扩大外宣，继续密切与中央电视台、福建省电视台的联系与合作，主动策划宣传漳州，彰显漳州品牌形象。特邀中央电视台中文国际频道（四套）《海峡两岸》栏目记者赴漳采访，合作做好 6 月的海峡论坛活动、海峡（漳州）茶会以及 11 月的农博会·花博会在央视的宣传报道，通过“央视新闻移动网”平台和新华社“现场云”直播体系对盛况进行直播，并将相关信息及时上传“央视新闻移动网”，对外推介漳州重大建设成就，提升漳州知名度。

【媒体融合】

2018 年，漳州电视台在完成高清化改造基础上，集中人力、物力、财力加大对融媒体厨房等重点项目的支持力度，以新闻中心融媒体建设为试点，在厨房建设、通道打通、机制融合上下功夫，精准发力、重点突破。11 月，搭建起“漳视新闻融媒体厨房”，实现“一鱼多吃、三屏共享、纵横联动”的目标，建立媒体融合发展机制，在全省率先纵向发起成立“全漳州融媒体联盟”，横向与福建各地市共同构成八闽新闻协作网，初步形成融媒体发展格局。

（许培玲）

·新闻报社·

【概 况】

2018 年，闽南日报社履行党的新闻舆论工作职责，持续“多媒体运作、多渠道传播、多元化发展”，持续推出网络专题网页、报纸专栏和专版，以新闻评论、专访、系列报道、新闻理论文章、图片新闻、视频新闻等多方式，报网互动，全媒体传播，全方位宣传报道漳州市各地各部门开展经济、政治、文化、社会、生态文明建设等方面的经验和成效，为加快漳州各项事业发展营造良好的舆论环境，取得新闻宣传和报业发展双丰收。

【全力组织宣传报道】

落实中共十九大精神报道

2018 年来，继续办好“党报记者基层共学十九大”“县（市、区）委书记谈学习贯彻党的十九大精神”“新时代·新气象·新作为”等栏目。推出“新时代的奋斗者”专栏，以多视角讲述漳州市涌现出的一批批立足本职、爱岗敬业、锐意进取、改革争先的奋斗者的故事，鼓励广大干部群众以奋斗的姿态踏上新征程、展示新气象、实现新作为。

纪念改革开放40年专题报道　5月，闽南日报社推出“壮阔东方潮·奋进新时代——庆祝改革开放40年”栏目，回顾40年来漳州改革开放的成就，展望富美新漳州的美好蓝图，推出《涉台司法·漳州十载创新》《漳州逐步推进行政服务改革纪实》《生态文明建设的“漳州实践”》等一批稿件。下半年，又聚焦全市各领域变革，先后刊发旅游、精神文明建设、工业发展、外经贸、农业农村工作等方面的长篇通讯。精心策划，推出教育专刊，与教育主管部门、各主要公办中小学紧密对接，采编各类专题——涉及漳州市学前教育发展，厦大附中、厦门双十中学漳州校区宣传，漳州一中、漳州三中等名校中报省一级达标校专版，厦大嘉庚学院、闽南师大校庆等，受到普遍关注。

策划组织全国百家媒体聚焦“花样漳州”新闻摄影活动　6月，报社策划推出“庆祝改革开放40周年——2018形象中国·全国百家媒体聚焦‘花样漳州’（第二季）全域旅游新闻摄影活动”。活动由中华全国新闻工作者协会指导，中国新闻摄影学会、中共漳州市委宣传部主办，中国新闻摄影学会地市报分会、闽南日报社、漳州市旅游发展委员会和5个县（市、区）承办。活动为时一周。来自10多家中央媒体和20个省份媒体的120多位社长、总编和新闻摄影记者相聚漳州，用手中的镜头记录下“慢客长泰”“扬帆龙海”“大美漳浦”“海上山”“古韵芗城”的美景，“花样漳州”频频出镜，推出专题版面近百个。

大型主题摄影活动宣传报道　8月起，闽南日报社联袂漳州市国资委、漳州市住建局策划主办、漳州市九龙江集团有限公司、福建漳龙集团有限公司、漳州城投集团有限公司、漳州市交通发展集团有限公司协办的庆祝改革开放40年——“漳州记忆·影像见证40年”大型主题摄影活动。活动征集的新老照片、画册等，存入漳州市档案馆，作为“漳州记忆”永久保存。

全省县级融媒体中心建设现场会宣传报道　报社以现场会在漳州举行为契机，精心营造氛围。会前，协助漳浦、南靖、龙文做好融媒体中心建设的软硬件建设，以市带县，市县联动。报社凭借多年建设融媒体和“中央厨房”的经验，为县级媒体融合提供“保姆式”服务。8月，报社派出项目服务小组，全程参与南靖、漳浦、龙文等县级平台的建设以及人员培训、网站改版等工作；会中，派出两路记者进行全程报道，并在闽南日报、漳州新闻网和微信公众号、《闽南云报》App进行报道；会后，及时总结经验，进一步提高媒体融合发展水平。

【全媒体融合】

报社“新媒体中心”投用　2018年，建设多功能演播室，采购虚拟蓝箱、直播一体机、虚拟操作系统、视频媒体资源管理系统等设备，实现多渠道的导入与分发。在此模式下，微博、微信公众号、视音频等都能同步获取网络视频台所发送的视频信息资料，使网民能使用自己惯用方式获取视频新闻。设立“闽南之声”网络电台，采购专业音频调音台、云台摄像机、专业录音话筒等，让网络电台逐步壮大。建成“三级安全等保”，为新闻信息传播和系统稳定运行提供有力的安全保障。

融合宣传新变化　10月30日，报社正式举办融媒体沙龙。10月底至11月初，报社开展“逛五湖四海，抖花样漳州”抖音比赛。2018年，报社各采编部门实践探索融媒产品的多样性呈现，先后组织策划拍摄了闽南日报社记者节专题视频、农博会花博会宣传推介视频和号外版；策划拍摄《60秒带你认识中国钟表名城漳州》专题短视频；牵头组织拍摄“漳州时间小镇”专题短视频；策划拍摄《我自豪，与改革开放同生共长》专题视频、策划拍摄出品《漳州美漳州好》专题宣传视频、策划华文媒体漳州行5县区采访专题视频，策划《60秒带你认识漳州乡贤陈淳》的短视频等等。组织推出以二十四节气为主题的宣传页面和以“全国交通安全日”和“国家宪法日”为主题的宣传页面。

立体传播新格局 2018年，漳州新闻网与闽南日报社旗下各类媒介互相借力，又通过“外引内联”，打通跟中央媒体、县级媒体整合传播渠道。6月4日，《龙江夜读》栏目正式上线。栏目充分发挥《闽南日报》副刊版面的内容优势，根据微信公众号用户的浏览习惯，线上线下有机融合。广大读者、网友和听众可在《闽南日报》、漳州新闻网、漳州新闻网微信公众号同步阅读、聆听《龙江夜读》栏目推出的精彩文章，网、微融合互动。6月27日，闽南日报入驻人民号获得审核通过，再添传播新渠道。漳州新闻网与漳州档案局联合制作《漳州档案》系列直播节目正式开播，节目受到福建省档案局和新华社的高度肯定，首期节目半个小时突破10万人在线观看。每场直播节目几乎超过20万人观看。8月，漳州新闻网又承办漳州档案局官方人民号《漳州档案》，累计阅读数超73万。漳州新闻网“龙江夜读”栏目4件作品推介三角梅，图、文、音频并茂，并在漳州新闻网微信公众号和《闽南日报》人民号、百家号进行刊播，其中《三角梅的时光》在人民号的阅读量超过3.4万次。

【加强通联】

2018年，报社加强通联，助民情上达。抓住社会具有普遍意义的热点问题，有针对性地开展舆论监督。《读者之声》版《民声焦点》栏目先后刊登《精装房咋成烦心房》《马路市场阻碍交通脏乱环境谁来整治》《漳华东路改造留“尾巴”市民出行存安全隐患》《无人售票假币多·公交车成假残币“回收站”》《街头错别字该由谁来清理规范》《游泳馆更衣引尴尬·建议设“亲子更衣室”》等20多篇调查性文章，内容涉及城市建设和百姓衣食住行，客观反映存在的问题与群众愿望、诉求和呼声。同时，坚持让言论唱主角，每期《读者之声》版都刊发2条以上的评论。对群众来信来访线索进行核实筛选，报转有关部门处理，助力民情上达，纾民困解民忧。

（王斯锥）

·党史·

【党史研究成果】

撰写党史理论文章 2018年，市委党史研究室深化党史理论研究，全年10多篇论文入选省、市级党史理论期刊。其中，《党的十八大以来漳州市经济社会发展成就》等4篇论文刊登在《福建党史月刊》2018年第三期（改革开放40周年漳州专刊）。另有9篇论文刊登在《漳州党史通讯》。

编写出版《漳州红色旅游读本》 精选全市100多处革命遗址，内部编印出版《漳州红色旅游读本》，为推进红色旅游健康发展提供参考借鉴。

整理出版《漳州改革开放40年大事记》 采用条目式的编年体例，按事件发生的时间顺序排列，收录、记述漳州从1978年3月到2018年10月的大事要事，力求全面、客观地反映漳州在党的领导下进行政治建设、经济建设、文化建设、社会建设、生态文明建设和党的建设等方面的生动实践，勾勒出漳州改革开放的脉络和轮廓，为人们了解与研究漳州改革开放40年留下宝贵材料。

编纂出版《中共漳州市委执政纪要·2017卷》 2018年10月，完成年度市委执政纪要的编纂任务，及时收存、记录市委机构、各县（市、区）党委、开发区（投资区）党委（党工委）的执政概况，助益地方修志资政。

【开展党史资政】

2018年，市委党史研究室把研究阐释习近平新时代中国特色社会主义思想作为党史研究的重点，围绕新思想，聚焦中心工作，撰写调研文章《习近平关心指导漳州工作的历史回顾和启示》，得到省委党史研究室主任黄誌专门批示肯定。参与由市委宣传部

2018 年 3 月 7 日，纪念平和暴动 90 周年大会在平和县举行

（平和县委报道组 供图）

组织的爱国主义教育专题调研，撰写《漳州市党史部门关于开展爱国主义教育的调研报告》，为做好爱国主义教育工作，传播社会主义核心价值观建言献策。

【丰富党史宣教】

党史进学校、进社区、进机关 6 月，与市诚信促进会联合举办以“诚信教育进校园，深入贯彻中共十九大精神”为主题的联谊和公益捐助活动，向诏安霞葛中心小学的小学生们赠送文具、衣物和党史读本。向漳州农商银行党建公益书屋“三有书屋”、9 月芗城实验小学“红领巾芗城文史资料馆”、10 月角美镇党员书院赠送红色文化书籍和党建刊物，参加科普宣传周活动，向广大市民介绍漳州地方党史，赠阅党史书刊。向市直机关单位、各县（市、区）党委广泛赠阅《漳州红色旅游读本》《漳州改革开放 40 年大事记》《中共漳州市委执政纪要》《漳州党史通讯》等党史书籍（刊物）近千册。

开展党史纪念活动 2018 年 3 月，以纪念平和暴动 90 周年为契机，与漳州市老区建设促进会、中共平和县委、平和县人民政府联合举办纪念大会、祭奠革命烈士、纪念馆重新布展开馆、重走红军路主题教育、文艺晚会等多个活动。在漳州解放 69 周年之日（9 月 19 日），通过闽南日报微信公众号推送《横扫千军如卷席——漳州解放纪实》。

（林 绿）

·地方志·

【概 况】

2018 年，漳州市方志委贯彻落实省方志委和漳州市委、市政府工作部署，以推进“两全目标”为工作重点，做好志鉴编纂工作，获得漳州市 2017 年度绩效考评政府系列优秀单位、漳州市文明单位、“2017 年度漳州市平安单位”优秀等次等荣誉。

【志书编修】

2018 年，漳州市方志委以二轮志修纂为重点，持续加快推进《漳州市志（1991—2007）》编

2018 年 1 月 17 日，省方志委主任陈秋平（右三）莅漳调研

（林倩 摄）

2018 年 7 月 31 日，《漳州市志（1991—2007）》审查验收会在福州召开 （林倩 摄）

纂工作，经过漳州市政府审核，省方志委三次审编会议，8 月，《漳州市志（1991—2007）》志稿正式通过省方志委的审查验收，并得到市长刘远的批示肯定。该志稿共 42 编，分为 4 册，总字数达 420 万。长泰县、漳浦县、云霄县、诏安县二轮志书已正式出版，《龙海市志》《龙文区志》交付出版，《芗城区志》正进行送审后的修改，《南靖县志》即将进入终审，东山县、平和县、华安县召开评稿会。

【年鉴编纂出版】

2018 年，市方志委着力推进年鉴公开出版，年鉴 2017 卷市本级、芗城、龙海、云霄、漳浦、诏安、长泰、南靖、平和已公开出版，龙文、东山、华安即将公开出版。其中，《漳浦年鉴（2017）》获全国地方志优秀成果（年鉴类）一等奖。《长泰年鉴（2017）》《云霄年鉴（2017）》被评为全省优秀年鉴三等奖。

【地情资料编研】

2018 年编纂出版《漳州名产志》，配合开展“漳州味 • 世界行”活动。改版《漳州今古》，进一步服务志鉴主业。7 月，部署《漳州家训》《漳州乡规民约》资料搜集整理工作。龙海市方志委从日本内阁文库找到珍贵的康熙《海澄县志》的底本整理翻印，公开出版，完成《海丝月港资料汇编》的资料收集编写和出版。南靖县方志委印刷出版《福建土楼．故里南靖》画册，全面反映南靖土楼申遗十周年和改革开放四十周年的变化和成果。长泰县方志委编辑出版《长泰概览》《长泰名产志》。云霄县方志委完成《云霄名特产志》志稿总纂工作，完成地方志名志清《诸罗县志》（点校本）的点校定稿工作，点校出版《云霄县志》（民国校勘本、纸质本），电子书清嘉庆《云霄厅志》、民国《云霄县志》，出版地情书《梅月诗卷》《巨贾春秋》《地方志专题灯谜作品集》《张贞一生》《刘文英诗词选》等地情资料。诏安县方志委完成清康熙《诏安县志》（点校本）修订出版。

（蔡钰臻）

· 档 案 ·

【项目建设】

2018 年，市档案馆新馆建设项目投资 1.58 亿元，建筑面积 2.9 万平方米，采用全市首例装配式建筑方式。

【档案融媒体】

2018 年，市档案局（馆）抓住档案融媒体宣传品牌效应，在“6 • 9”国际档案日宣传期间，举行新华社现场云、闽南日报、漳州电视台、漳州新闻网《漳州档案》开播、开栏暨 3DVR 数字展馆上线仪式，漳州档案直播在新华社现场云直播 10 次进入浏览量周榜前 10 名，其中《“漳州档案”庆祝改革开放 40 周年暨迎新春快闪》周排名全国第一。

2018年4月25日，漳州市政府副市长兰万安（左三）在市档案馆新馆大楼工程项目建设现场办公　（市档案局 供图）

制作H5宣传页面＋档案知识问答＋流量派送活动，用喜闻乐见的形式普及档案知识。联合芗城、龙文区、闽南师大、市城建档案馆联合在中山公园举办“档案见证改革开放”“小红的兰台奇遇记”等展览。运用互联网＋新媒体提升档案宣传影响力，在闽南日报、漳州电视台、漳州新闻网开设“漳州档案直播”专栏，播放、刊出“漳州档案故事”，并同时传送至新华社现场云、中国移动八闽视频、腾讯、优酷、爱奇艺、乐视、虎牙等直播平台；以“漳州档案”、“海峡记忆”官方账号入驻人民号、百家号；以“漳州档案”官方账号入驻今日头条、抖音号、一点号、大鱼号、搜狐号、网易号、大风号、企鹅号、梨视频等24个融媒体平台，新媒体全部上线后，工作日日均浏览量5万人次以上；2018年3—4月7个常设展厅已全部完成3DVR数字化工作，并制作成网上展厅正式上线运行，将档案展览搬进互联网，广大市民通过手机、电脑可足不出户浏览档案馆7个展厅，打造“没有围墙的档案馆”和全天候、可移动、永不落幕的爱国主义教育基地。

2018年6月7日，《漳州档案》开播、开栏及3DVR数字展厅上线仪式现场　（市档案局 供图）

【档案资料征集】

2018年5月，市档案局（馆）在全市开展纪念改革开放40周年档案资料征集活动。征集到一批反映改革开放发展巨变的档案资料。开展红色档案、涉台档案征集普查活动，推进全市档案资源建设，指导东山县征集100多封台批档案资料。还通过网上招投标方式公开征集了一批民国时期的重要珍贵档案资料。这些资料包括《新中华》《南洋研究》《东方杂志》《世纪评论》《经济周报》《农村复兴委员会会报》《观察》《改进》《新运导报》《时与文》《群众》等民国时期重要书刊杂志79种共计816册，内容涉及国际政治、文化、外交，以及民生、经济、生活等各个方面，不仅有抗日战争时期革命先驱、文化名人，如鲁迅、许地山、林语堂、丰子恺等人文章、书稿，甚至《群众》刊物上还有时任西北局书记习仲勋同志的重要讲话（《群众》第

2018 年 12 月 27 日，《奔跑吧！漳州档案—纪念改革开放 40 周年暨迎接新年快闪》活动及“兰台漳州”各大新闻媒体品牌

（市档案局 供图）

2 卷 16 期，《习仲勋同志关于纠偏整党的指示》），堪称珍贵。

【档案编研】

2018 年，市档案局（馆）出版《我们这些年》《华侨抗日女英雄李林图传》《历史的缩影》，编写《抗日战争档案汇编》（福建卷漳州分卷一）《闽南日报“漳州档案”专栏文集汇编》《漳州市首批珍贵档案辑录》，编印画册《奔跑吧，漳州档案》。各县（市、区）档案局也相继出版了一些书籍：芗城区出版《芗城区重大自然灾害、抗灾救灾档案辑录（公元 999—2000 年）》，龙海市出版《历史的见证—龙海抗日战争史料辑录》，漳浦县出版《漳浦县历届政府工作汇编（1954—2018 年）》，南靖县出版《现行档案法律法规规章及规范性文件汇编》《档案违法案件选集》（1988—2015 年全国新闻媒体通报公布的典型案例）等。

【档案查询利用】

2018 年，市档案局（馆）做好现行文件利用中心的查询利用与档案查询平台的公开利用，为各类群众服务。全年接待查询利用 492 人次，查询档案资料 2066 卷次；全市提供查询利用 23079 人次，利用档案 39233 卷次。档案查询利用窗口荣获市级“青年文明号”荣誉称号，市档案局也获得年度绩效考评优秀等次。

（刘舜全）

责任编辑：黄大林

卫生·体育

·卫生健康·

【概 况】

2018年，全市新增床位1646张、卫技人员2235名，千人均床位数4.83张、执业医师数2.18人、注册护士数2.46人，全市国家基本公共卫生服务项目政府补助标准提高到每人每年55元。全市公办村卫生所标准化建设全面覆盖、医养结合、基层计生队伍转型发展等工作走在全省前列，基层计生队伍转型健康服务和健康扶贫“六个一”（一户一档、一户一册、一月一会、一月一访、一季一查、一年一评）工作机制在全省卫生健康系统得到推广。漳州市荣获“全国无偿献血先进市”称号，并被评为“2017年全国生育状况抽样调查”优秀单位、福建省2017年度设区市计划生育工作创新奖、全省全员人口信息质量核查第二名和综合评估第三名；市卫生计生系统控烟履约工作再次位居全省设区市系列第二名，市应急保健办荣获“福建省五一先锋号”；漳州市医院荣获（2015—2017年）全国文明单位，市卫计委、市中心血站荣获（2015—2017年）福建省文明单位。

【体制改革】

完善院长年薪制　在2016年起实行院长目标年薪制和绩效考核的基础上，根据国家对医改工作新要求和世行项目要求，对院长年薪制考核指标进行动态调整，制定《2018年漳州市级公立医院院长绩效考核指标》（漳医管委〔2018〕4号），将医疗费用增幅和医务性收入占比等控费指标纳入年度绩效考核指标体系，各县（市、区）也均对年度绩效考核指标作相应调整，进一步完善考核体系。

工资总额管理　建立适应行业特点的薪酬分配制度，全市二级以上公立医院均制定出台工资总额核定办法，实行工资总额与医务性收入挂钩，不再与药品耗材收入和检查化验收入挂钩，努力破除医院逐利机制，充分体现医护人员的劳务价值，促进公立医院持续健康发展。

城乡医院对口支援　全市有26家支援医院与72家受援医院签订对口支援协议书，其中漳州市医院、漳州市中医院、175医院3家市级医院与11家县级医院签订对口支援协议书。

医疗联合体建设　全市3家市级医院与18家县级医院和4家城区社区卫生服务中心建立了医疗联合体，20家二级医院与70家乡镇卫生院和社区卫生服务中心建立了医疗联合体；长泰县、平和县、诏安县、云霄县、东山县、华安县开展县总医院建设试点，并已完成县域医共体建设方案制定，总医院领导班子全部配备到位。

【项目建设】

实施医疗卫生补短板项目建设，全市安排建设项目98个，总投资151.31亿元，年度计划投资16.53亿元，累计完成投资16.98亿元，超额完成年度目标任务。

住院床位建设　全年纳入“三抓三比、十项竞赛”床位建设项目的医疗机构42家，总投资28.23亿元，年度计划投资4.79亿元，累计完成投资6.85亿元。

中心城区项目建设　全市纳入中心城区医疗项目40个，总投资42.92万元，年度计划投资7.05亿元，累计完成投资8.72亿元，超额完成年度目标任务。其中，漳州市医院总部建设项目于2018年10月29日开工建设；漳州市公共卫生服务中心项目于2018年12月12日建成投用；漳州市急救中心项目于当年底完成主体建设。

惠民项目建设　2018年，纳入全市十大惠民工程包项目11个，总投资68.18万元，年度计划投资6.82万元，实际完成年度投资8.35亿元，当年11个项目全部开工建设，并有4个项目建成投用。

信息化建设　建成全市统一健康门户，接入10家二级以上公立医院和12家基层医疗机构，提供就医指南、预约挂号、充值缴费、报告单查询、生育登记、便民查询等便民服务。

【医政管理】

医疗“创双高”（创建高水平医院、创建高水平临床医学中心及临床重点专科）工作　重点加强市医院血液内科、普外科、肾内科、神经外科、消化内科、儿科、超声医学科、泌尿外科和市中医院妇科、糖肾科、心病科、呼吸科、骨伤科、康复科等14个临床重点专科建设，提高市级医院医疗技术水平，其中市医院儿科、泌尿外科、普外科和市中医院康复科等4个重点专科成功列入省级临床重点专科建设；通过开展三级医院对口帮扶和医联体工作，扶持二级医院建设38个临床重点专科建设；全市首次评选出10名市级有突出贡献中青年专家，建立34个名医工作室，并与上海华山医院密切合作建立周良辅院士工作站；加强县级医院综合服务能力建设，重点加强10个县级综合医院内科、外科、儿科、妇产科、急诊医学科等五大临床核心专科和精神科、康复医学科、重症医学科、新生儿科、血液透析科等五人临床薄弱学科建设，提升县域急危重症的诊治能力。2018年，4个重点专科新增新技术16项、引进高层次人才1人、选派6名卫技人员到省外进修、新增科研项目3项、举办省级以上学术会议4次、发表论文4篇；县级综合医院消毒供应、心电诊断、临床检验、病理检验、医学影像等五大中心50个建设项目完成建设28个，漳州第三医院、漳浦县医院被省卫生健康委认定为三级综合医院，全市三级医院扩大到6家。

改善医疗服务　制定实施《漳州市进一步改善医疗服务行动计划实施方案（2018—2020年）》，进一步巩固深化改善医疗服务成效；加强医院自助系统建设，创新费用结算方式，为患者提供便捷服务，改善患者就医体验；以庆祝首届中国医师节为契机，调动医务人员主观能动性，开展“一病双处方”“微笑护务”和做“有温度的医者”等系列活动，进一步提升群众满意度；做好行风评议和群众满意度评价工作，全市30家二级以上医疗机构平均满意度为92.07%，漳州市人民医院在全省190家二级及以上医疗机构群众满意度测评中继续保持第一名。

医疗质量与安全管理　每季度公开医疗质量信息，持续提高医疗质量；举办全市医疗质量暨改善医疗服务工作研讨会，培训各级医疗机构医疗质量管理人员，提高各级医疗机构医疗质量管理水平；新成立健康体检管理、消化内镜等10家市级医疗质量控制中心，充分发挥中心对全市医疗机构的医疗质量的检查指导。

采供血体系建设　加大采供血基础设施投入，将市中心血站改扩建工程列入市级公共卫生补短板项目；进一步合理设置采血点，优化献血环境，完成万达广场移动献血房车的安置，方便全市公民就近献血；开展“热血送暖，为生命接力”无偿献血暖冬行动，2900人参加献血，捐献全血99.71万毫升、血小板23个治疗量，有效地缓解临床采供血紧张的局面。2018年，全市无偿献血35973人次，献血12.99吨，机采血小板2344人次共3966治疗量。

创建“平安医院”　全市设立应急报警装置21家，其中与公安机关联网的有15家。全市二级以上医院安全防范能力建设达标率达到100%，大大提高了涉医突发事件应急处置能力。

征兵体检工作　2018年，全市有5104名应征青年参加体检，合格率达33%。

【基层卫生】

乡村卫生服务一体化建设　市委、市政府连续两年将村公办卫生所标准化建设纳入“三抓三比、十项竞赛”，推进乡村卫生服务一体化建设。2018年，全市1628家村公办卫生所标准化建设全面完成，并开通医保终端，基层医疗机构综合服务能力得到有效提升，市、县、乡、村四级医疗服务网络更加完善，乡村医生更好地提供基本公共卫生和基本医疗服务，群众卫生健康获得感更强。

家庭医生签约服务　2018年，全市组建家庭医生签约服务团队1153个，家庭医生签约服务223.86万人，常住人口签约率为43.85%；重点人群已签约115.64万人，签约率为71.52%；建档立卡农村贫困人口已签约12.2万人。

【妇幼健康】

妇幼重大公共卫生服务项目　截至2018年12月底，农村妇女免费增补叶酸40185名，目标人群叶酸服用率达93.54%。农村孕妇和城市低保孕妇免费产前筛查诊断18296人，完成率110.88%。农村妇女和城市已婚低保妇女筛查宫颈癌42667人（延续宫颈癌25257人、HPV检测项目17410人），乳腺癌检查17037人，完成率分别为100.39%和100.22%。免费地中海贫血防控试点项目25979对，完成率144.33%；免费孕前优生健康检查项目，对符合条件的53208人提供免费孕前优生健康检查服务，覆盖率86.74%；优生健康教育人数54368人；评估为高风险人数8885人，有效降低出生缺陷发生风险。

妇幼卫生各项指标管理　2018年自然年度，全市孕产妇死亡率4.7/10万、5岁以下儿童死亡率4.27‰、婴儿死亡率2.99‰；早孕建册率93.48%、产后访视率92.83%、新生儿访视率92.4%；孕产妇系统管理率91.12%、住院分娩率100%；7岁以下儿童健康管理率94.49%，3岁以下儿童系统管理率92.93%。推进妇幼保健机构标准化建设。

改善妇幼保健服务硬件　龙文区妇幼保健院于2018年11月底搬迁新址并正式投用，建筑面积3200平方米；云霄县妇幼保健院于2018年6月搬迁新址并正式投用，占地面积0.86公顷，总建筑面积12420平方米，新增产科床位40张；芗城区妇幼保健院异地新建，计划投资1.8亿元，占地面积2.23公顷，建筑面积29485平方米，编制床位250张，已完成立项、可研、总评等前期工作。扩增县级医院产科床位，把县级医院产科床位扩增列入为民办实事项目，全市新增产科床位248张，并全部投入使用，累计投入资金7455.106万元，占年计划投资100.2%。

【疾病防控】

加强重大传染病疫情监测、预警，全年及时报告处置紧急疫情106起，传染病网络报告卡及时报告率为99.50%，全市法定传染病发病率继续保持低流行水平。认真组织开展预防接种门诊数字化规范化建设竞赛活动，完成38家数字化规范化预防接种门诊建设验收补助，建成11家免疫规划实践教学基地，全市适龄儿童免疫规划疫苗接种率均维持在95%以上。妥善应对吉林长春长生狂犬疫苗事件，切实做好续种补种和咨询、跟踪服务工作。抓好结核病、艾滋病防治工作，新建立龙海市第一院、平和县医院等2家艾滋病免费抗病毒治疗点。落实严重精神障碍“一历五单制度”（患者病历、家属通知单、卫生院或社区卫生服务中心对接单、派出所告知单、乡镇或街道提示单、重点对象管理清单），积极开展严重精神障碍救治管理，全市严重精神障碍患者规范管理率84.74%，服药率达78.94%。推进国家基本公共卫生服务，全市电子健康档案建档率89.92%，高血压患者规范管理率86.23%，糖尿病患者规范管理率86.23%。龙海市积极创建省级慢性病综合防控示范区，已通过省级专家初步考核。

【综合监督】

依法监督　在全市推广实施公共场所卫生许可告知承诺制，建立完善行政执法人员以案释法工作制度，在卫计委网上通过以案释法公示2例典型案件；开展无证行医黑名单公示制度，2018年委网站公示黑名单33件。

简政放权　继续深化“放管服”工作，将原承接省级委托的“县级职业健康检查机构资质认证”事项（含4个子项），调整不纳入市级行政审批和服务事项目录，由市卫生计生委在权责清单中设置有关职业健康检查机构质量考核备案事项；向市审改办申请撤销医疗机构设置审批行政许可事项，经市审改办批复取消二级医疗机构设置审批，在二级及以下医疗机构实行两证合一；编制减权放权事项监管责任清单事项10项，在网上刊登行政许可和行政处罚“双公示”信息47条；制定出台《建立失信市场主体联合惩戒工作机制实施意见》，推进诚信体系建设，2018年窗口行政审批和服务事项按时办结率达100%。

安全生产　出台《漳州市卫计委关于进一步加强安全生产工作的指导意见》《中共漳州市卫生计生委党组〈关于加强卫生计生安全生产领域改革发展的实施意见〉的通知》等一系列安全生产工作指导性文件，改革创新安全生产检查督导模式。首次在全市各县（市、区、开发区）卫计局及所属医疗卫生机构、市直各医疗卫生机构开展安全生产互查。2018年度，全市卫计系统无发生各类安全生产事故。

【卫生应急】

组织参加省、市卫生应急队伍拉动演练5场次，开展“卫生应急六进”（进企业、进机关、进社区、进农村、进学校、进家庭）活动，科学处置41起突发事件，完成46场重大活动医疗保障工作。2018年，漳州市卫生应急、干部保健工作均在各设区市中名列前茅。

【中医药业】

基层中医药服务能力提升工程成效明显，全市16个基层中医馆建设项目列入市委市政府为民办实事项目，累计完成投资867万元（中央资金补助每家16万元），占年计划投资的112.9%。截至2018年，全市100%社区卫生服务中心、90.47%乡镇卫生院、100%社区卫生服务站、71.87%卫生所室能提供中医药服务，基层医疗机构中医诊疗量占诊疗总量26.8%。全国“社会办中医”试点工作进展顺利，2018年1月16日，在龙文区举行漳州市首张中医诊所备案证发放仪式，在全省率先启动实施中医诊所备案管理工作；4月20日，在全省率先启动名中医工作室建设；在全省首创中医专科专病人才培训基地的基础上，举办2期基层中医骨干进修培训班，为基层培养中医专科专病人才；深入宣传贯彻《中华人民共和国中医药法》，大力宣传中医药文化云霄县马铺百草园农业开发有限公司、漳州卫生职业学院被省卫生健康委、省文化和旅游厅确定为省级中医药文化宣传教育基地建设单位，全省11家，漳州市占2家。

【社会办医】

2018年，新审批社会办医院（含血透中心）14家，设置床位（含血透床位）798张；为7家符合条件的社会资本办医院争取补助金额459.71万元。截至2018年底，全市有社会资本办医疗机构59家。其中，综合医院32家、专科医院24家、中医医院3家；营利性25家、非营利性34家。民营医疗机构总床位

5955张，占全市医疗机构总病床位的24%。

【人口计生】

据漳州市统计局2018年统计公报，全市人口出生率14.6‰，自然增长率为8.1‰；根据计划生育2018年（2017年10月1日至2018年9月30日）统计数据显示，全市出生人口政策符合率92.95%，出生人口总性别比111.38（以女性为100），人口信息准确率96.97%，群众满意率95.89%，全年无重大计划生育行政侵权案件发生，全面完成省委、省政府下达的年度计生责任指标。继续保持高压态势，严厉打击“两非”（非法鉴定胎儿性别、非法选择胎儿性别终止妊娠）行为，全市查处“两非”案件109件，其中重大案件2件。

【计生扶助】

2018年，全市农村计划生育家庭奖励扶助29847人（低保户2009人），兑现金额3822.72万元（市级补助金额382.27万元）；城镇计划生育家庭奖励扶助21654人，兑现金额2636.52万元（市级补助金额263.65万元）。计生家庭特别扶助（省级）1579人，兑现金额1067.64万元（市级补助金额106.76万元）；计划生育家庭特别扶助（市级）2275人，兑现金额1394.88万元（市级补助金额343.37万元）。手术并发症补助54人，兑现金额13.44万元（市级补助金额1.59万元）。独生子女法定奖励发放251人，兑现金额25.1万元（市级补助金额7.36万元）。2015年以前二女节育户奖励发放138918人，兑现金额5001.04万元（市级补助金额500.1万元）。农村计划生育家庭贡献奖10094人，兑现金额363.38万元（市级补助金额36.34万元）。计划生育家庭新农合补助482995人，市级兑现金额289.8万元。安居工程补助600户，市级补助资金72万元。

【计生管理】

完成2017年全国生育状况抽样调查，并作为全省二个设区市卫计委之一，获得表彰；完成2018年“全国流动人口动态监测”调查工作，全市1个单位、4个个人分别获得国家卫健委2018年“全国流动人口动态监测调查”优秀单位及先进个人表彰。落实全面两孩政策，开展母婴安全保障、预防出生缺陷等工作。推进母婴设施建设，全市建成符合标准母婴设施138家，覆盖中心卫生院以上医疗机构、AAAA级以上旅游景区、中心客运站、商场和机关企事业单位。开展“百家流动人口企业计生协会”评选和“把健康带回家”“关怀关爱留守儿童”等一系列关心关爱流动人口活动，推动流动人口服务均等化。推动基层计生队伍转型，平和南胜镇基层队伍转型经验被《中国人口报》《八闽快讯》等媒体刊登。

【计生协会】

生育关怀 全市幸福工程累计筹集项目资金达6244.7万元，举办纪念幸福工程在漳州20周年系列活动，持续开展计生特殊家庭帮扶、计生家庭意外伤害保险、金秋助学、安居工程、紧急救助等项目；拓展服务领域，打造儿童早期发展项目，组建专家团队，建立“科学育儿讲座＋‘亲子小屋’＋购买专业机构服务”的三轨模式，积极推进青春健康教育、计生家庭法律维权、流动人口服务等工作。

基础工作 6个县级计生协会被省协会确认为先进县级计生协会，长泰县为全省唯一被评为“全国首批计生基层群众自治示范县”，市计生协会女小组长培训基地获得2017年省人口计生工作创新奖，2018年举办培训班9期；探索计生协会队伍和工作转型，实行女小组长兼任村卫生健康助理员。

宣传教育 全市“红五月”开展宣传活动328场、服务活动246场、文艺演出56场、志愿者及义诊活动566场次、专题座谈会556场。市计生协在微信平台上组织开展百名“最美女小组长”和百名“最美幸福母亲”主题宣传微信投票活动，全市表彰优秀会长、优秀女组长、优秀会员1995人。

【爱国卫生】

创建卫生城镇　龙海市被全国爱卫会命名为国家卫生城市。全市已成功创建国家卫生城市2个（漳州市、龙海市），国家卫生县城2个（长泰县、东山县），国家卫生乡镇1个（铜陵镇）；省级卫生县城2个（南靖县、诏安县）、省级卫生乡镇17个、省级卫生村108个、省级卫生社区4个。长泰县被确认为省级慢性病综合防控示范区。

农村户厕改造　与市住建局联合下发《关于进一步推进农村户厕三格化粪池新建改造工作的通知》，建立相应工作机制，明确工作职责，做好“厕所革命”农村户厕新建改造工作。全市完成农户改厕投资3346万元，完成年度计划的148.71%，完成改厕2.5万户。

【职业健康】

督促1000家用人单位完成职业健康基础建设，开展汽车制造和铅蓄电池生产行业尘毒专项治理、水泥行业淘汰落后产能专项行动；开展两轮重点企业职业健康市县融合执法检查。2018年4月25日，市卫计委、市安监局、市人社局、市总工会联合在长泰县举办《职业病防治法》宣传周主题宣传日活动。

【医养结合】

全市老龄事业稳步发展，养老体系日益完善。“银龄安康工程”位居全省第二名，“漳州老龄事业迈大步”在《福建老龄报》专版介绍，芗城区在全省医养结合经验交流会上做典型经验介绍，国家卫健委医科所一行到漳州市开展医养结合创新课题调研，全国医养结合工作东部片区现场经验交流会在漳州市召开。

（郑丽琼）

·体育·

【竞技体育】

扶持竞技体育　市委、市政府出台《2017—2020年度漳州市竞技体育奖励办法》。第十六届福建省运动会比赛期间，漳州市筹措参赛保障经费700余万元，为运动队购置运动器材300多件、服装1200套，车辆服务100多台次。

竞技体育规范化建设　以参加省运会为契机，以市年度赛为载体，改进、完善竞赛规章制度、竞赛组织结构、竞赛办法，推动赛事组织规范化建设，培育良好的竞技状态和精神风貌；理顺中小学生联赛工作关系，加强市体育局和教育局两个部门配合，召开“2019年中小学生阳光体育联赛预备会议”，进一步规范阳光体育联赛组织领导；以承办省拳击锦标为契机，锻炼队伍，规范办赛，提高竞技体育影响力；严格按赛风赛纪要求和其他有关规定组织比赛，抓实反兴奋剂工作，当年组织2次考核没有出现违规问题；严格遵守各项纪律，代表团制定了《福建省第十六届运动会漳州代表团经费开支标准和财务管理办法》，按规定加强审批、采购、检查等各个环节，严格按有关规定执行，例行节约。

政府购买服务　根据购买服务办法，结合年度赛事及早组织省运会运动员选拔，并将社会

2018年5月14日，第十六届省运会漳州代表团成立（廖述丽 摄）

培训的运动员纳入省运会备战保障体系，加大赛前备战力度，使之成为省运会参赛队伍的重要力量，其参赛运动员取得18枚金牌，占省运会总金牌近1/5。新增政府购买“非编教练员任教”服务措施，市体育局公布施行《漳州市体育局实施政府购买服务“非编教练员任教”服务暂行办法》，全年投入政府购买服务资金343.2万元，其中2017年跨年度购买社会培训服务资金30.9万元，2018年购买非编教练员任教服务24.3万元，购买社会力量参与省运会服务288万元，提高了训练单位非编教练员队伍的积极性和稳定性，非编教练员在省运会上贡献的奖牌数近25%，有效促进社会培训机构积极参与本市青少年竞技体育工作。

足球教育改革 加强青少年足球特色教育，全市有国家级、省级特色足球学校达到103所，市级培训基地1个；推进社会标准足球场建设规划，新增校园足球场15个（其中11人足球3个、8人足球3个，5人足球场9个）；加大青少年足球竞技比赛力度，组织青少年足球锦标赛、中小学生阳光体育足球联赛、中小学生校园足球赛等，全年组织各种群众性足球赛4次100余场，还承办省运会群众体育部笼式足球比赛；加强足球裁判员队伍管理，组织1次全市足球裁判员资格考试和注册工作。

竞技体育赛事 7月5日至10月26日，组团参加福建省第十六届运动会青少年部田径、游泳、跳水、足球、篮球、排球、沙滩排球、举重、击剑、体操、蹦床、射击、羽毛球、乒乓球、网球、赛艇、皮划艇、帆船、摔跤、拳击、跆拳道、武术散打、武术套路、射箭、高尔夫等25个大项比赛，参赛人数888人。获得奖牌总数312.5枚，总得3606分。其中，金牌98.5枚、银牌120枚、铜牌94枚；全省综合排名奖牌总数、金牌总数均位列第六，总分位列第五；代表团青少年部获福建省第十六届运动会体育道德风尚奖，实现市政府预定目标。4月13日至8月30日，举办2018年漳州市少年儿童锦标赛暨中小学生体育联赛，组织田径、羽毛球、乒乓、游泳、篮球、足球、排球、啦啦操、武术套路、击剑、举重、拳击、跆拳道、武术散打、摔跤、轮滑等16个项目24场比赛，参加运动员人数15000人，比赛人数创历史新高，圆满完成年度市级比赛任务。

【群众体育】

全民健身硬件建设 2018年，投入1229万元新建32个全民健身场地设施。其中，15个多功能运动场、6个室内健身房、8个笼式足球场、3个门球场足球场；投入606万元提升改造漳州生态体育公园；投入45万元新建32个全民健身点。

全民健身活动 先后举办新时代全民健身动起来2018年福建省全民健身运动会漳州市广场舞比赛暨社会体育指导员教学成果展示活动、“8·8”全民健身日漳州市全民健身系列活动启动仪式、“花样漳州”2018年漳州市全民健康跑、2018年漳州市首届乒乓球排位赛、“清新福建·运动之旅”福建省全民健身欢乐行—东山站2018年东山岛徒步健身、2018年漳州市首届围棋公开赛等20多项全民健身活动。

壮大群体指导队伍 加大社会体育指导员培训，全市举办培训班20次，参加培训1054人次；选派参加省级以上体育部门举办的社会体育指导员培训8批85人次，全市有社会体育指导员9741人，为全民健身提供科学指导。

体育协会组织建设 2018年，新成立漳州市帆船帆板协会、漳州市围棋协会、漳州市田径运动协会、漳州市山地运动协会、漳州市保龄球协会、漳州市排球协会等6个市级单项协会，成立中共漳州市农民体育协会党支部。

参加各类群体赛事 组团参加福建省第十六届运动会群众比赛暨2018年福建省全民健身运动会全部10个项目（气排球、羽毛球、乒乓球、笼式足球、门球、柔力球、龙舟、健身气功、太极拳、桥牌）比赛，获得20个一等奖、17个二等奖、33个三等奖的好成绩，其中市气排球代表队参加的4个比赛项目（男、女青年组和男、女中年组）全部以第一名的成绩获得一等奖；与市民族宗教局联合组团参加福建省第九届少数民族传统体育运动会，获得竞赛项目1个第一名，3个第二名，5个第三名和表演项目1个金奖、1 个银奖；与市残联、市教育局组团参加福建省第八届残疾人运动会获得金牌21枚、银奖23枚、铜牌3枚。

【体育产业】

打造优势体育产业 加快体育旅游休闲基地、体育特色小镇和示范项目建设，龙海鹭凯生态庄园被评定为省级体育旅游示范基地，南靖龙山镇被评定为省级体育产业特色基地；漳州泰里斯体育用品有限公司可穿戴智能手套、龙海奥一体育用品有限公司的TPU运动地板、龙海国安玻璃钢龙舟等3个项目被评定为省级示范项目。

建设体育旅游精品线路 助力长泰漂流龙凤谷小黄山、南靖土楼景区、龙海鹭凯生态庄园参加全国“两博会”（中国体育文化博览会、中国体育旅游博览会），取得较好反响。

扶持体育产业项目 2018年有28个项目获省级专项资金补助650万元，19个项目获市级专项资金补助273万元。

提升体育品牌影响力 发挥漳州山海地域资源优势，成功举办漳州市第四届海峡两岸暨港澳地区气排球邀请赛、中国·东山岛企业家帆船赛、南靖土楼国际马拉松赛、中国山地马拉松系列赛（福建漳州港站）、华安县第三届中太九龙山国际山地马拉松赛、东山岛国际风筝板公开赛等品牌赛事，品牌赛事规模不断扩大；体育用品自主品牌培育成效显著，2018年漳州体育企业自主品牌研发取得13项专利。扩大体育彩票发行量。全年发行体育彩票9.74亿元，完成全年任务129%，比上年增加2.17亿元，增长28.67%。

（漳州市体育局）

责任编辑：简定安

漳州木版年画——财神(选自《漳台传统民俗》)

漳州民间木版年画

漳州民间木版年画始于宋，兴于明，盛于清。它是一种在木质平板上描稿镌刻成各种翻版画面，以色分版，分为线版和色块版，采用饾版套印于纸上的一种民间版画艺术。漳州民间木版年画是中国年画艺术宝库中珍贵的艺术品种之一。

漳州民间木版年画构图饱满，造型简朴，色彩鲜艳，风格独特，艺术价值高。它既有北方木版年画（如河南朱仙镇、天津杨柳青等）明快、粗犷、雄健的格调，又有南方木版年画（如苏州桃花坞、广东佛山等）秀丽、清新、隽永的格调，融合南北年画的特点形成自己独有的风格，2006年列入第一批国家级非物质文化遗产名录。（选自《漳州名产志》）

·民 政·

【脱贫攻坚和民生保障】

2018年，漳州市低保全面实现城乡一体化，其中，芗城、龙文、龙海、漳浦、长泰、东山县（市、区）的农村低保标准提高到每人每年7560元，南靖、华安、云霄、诏安、平和县的农村低保标准提高到每人每年6960元；城市低保标准每年按照上年度最低工资标准的42%计算提高。全市共有城乡低保对象8.25万人，发放低保资金3.52亿元。全市城乡低保对象占户籍人口比例由年初的1.44%提高到1.62%。

强化社会救助制度与扶贫政策的衔接，做好农村低保对象与建档立卡贫困人口比对统计工作。建立完善城乡低保标准、特困人员供养标准、低收入群众临时价格补贴、优抚对象抚恤和生活补助与物价上涨挂钩的联动调整机制。建立城乡一体的特困人员供养制度，城乡特困人员供养标准随城乡低保标准同步调整公布。加强和改进临时救助制度，2018年，全市共安排配套资金2285.6万元，实施临时救助2.02万人次。

【养老事业】

推进养老项目建设。2018年，全市共新建街（镇）级居家养老服务照料中心18所、居家养老服务站80个、农村幸福院278所，将乡镇敬老院37所改造为区域性养老服务中心，完成养老项目投资14.44亿元，全市养老床位数达到2.71万张，每千名老年人拥有床位数达到35.1张。2018年5月，漳州市被民政部、财政部确定为全国第三批中央财政支持开展居家和社区养老服务改革试点市，以此为契机，推动漳州市加快居家养老服务发展，提请市政府出台《漳州市居家和社区养老服务改革试点方案》，在全市建成居家养老服务平台13个，共发放带定位功能的手机终端5.45万部，开展实体服务18万单，覆盖城乡社区879个。

促进医养加快融合。通过鼓励养老机构中增设医疗机构、在医疗机构设立养老护理院、养老机构与医疗机构协议合作、社工介入、家庭医生签约、医保定点等“六种模式”实现医养结合，到2018年12月底，全市各种类型护理型床位数达到2.34万张。

加大养老市场开放力度。初步形成民营医院建设养老机构、改变用地规划建设养老机构、闲置厂房改建养老机构、民营企业投资旅居式养老计4种民营资本办养老模式，全市共引进民办养老机构20所，其中完工6所，已有6个县（市）的20家养老机构开展“公建民营”。

【社区治理】

2018年7月5日，漳州市委、市政府召开社区治理现场推进会，市委书记檀云坤出席并作重要讲话，对全市社区治理工作进行部署，并印发《漳州市加强和完善城乡社区治理实施意见》。贯彻落实中央、省、市扫黑除恶专项斗争系列部署，组织村级组织换届选举工作，主动配合有关部门对各候选人进行背景资格审查，严防黑恶势力操纵选举，全市1627个村民委员会、320个社区居民委员会全部完成换届选举，一次选举成功率达100%。抓好对农村“老人会”等民间自治组织的领导和管理，引导各县（市、区）做好符合条件的老年协会的登记和其他老年协会的备案工作。组织各村村民制定村民自治章程和村规民约。认真落实乡村振兴战略，出台《关于加强乡镇政府服务能力建设的实施方案》。2018年，全市共设立新社区17个，12个村委会改为社区居委会，6个国有农场改建为社区。继续实施大学生服务社区计划，共招募高校毕业生40人到社区工作。

【社会组织管理】

2018年，漳州市民政局对357家社会组织进行年检，对27家社会组织开展“双随机”检查。开展打击整治非法社会组织工作，公布2批共6家涉嫌非法社会组织名单，并依法取缔（制止、劝散）非法社会组织。培育社会组织健康发展，全市新成立登记社会组织247家。鼓励引导社会组织参与扶贫攻坚，开展“百会帮百村”“为爱做道菜”等公益活动，组织130多家社会组织挂钩帮扶贫困乡镇和贫困村。开展国际社工日主题宣传活动，开展漳州市首个省级“三社联动”试点项目——党建引领下社区困境老人服务项目。开展全市城乡社区“三社联动”试点工作，全市共确定市级试点2个，县级试点11个，云霄坎顶村被确定为省级农村社区“三社联动”试点。动员社会工作服务领域各类人员参与社会工作职业水平考试，出台社工机构聘用社工补贴发放政策。至2018年底，全市共有社会工作专业人才1500人，其中持证社工700人，民办社工服务机构20 家。推动政府购买社工服务，社会福利院安宁照顾项目、“街友关爱行动”流浪乞讨人员服务项目、“乐友家园” 精神健康社会工作服务项目等多个社会工作服务项目取得较好成效。

【福利慈善】

提高残疾人两项补贴标准，其中，困难残疾人牛活补贴标准从每人每月70元提高至120元，一级重度残疾人护理补贴标准从每人每月100元提高至150元，二级重度残疾人护理补贴标准从每人每月50元提高至100元，2018年，全市共发放补贴1.71亿元。及时足额发放孤儿、艾滋病儿童基本生活费，全市共认定孤儿464人、艾滋病儿童4人。协调配合有关部门做好农村留守儿童的关爱保护工作，全市共有留守儿童3123人、困境儿童3324人，开展农村留守儿童的关爱保护活动142场，关爱帮扶951人。2018年，漳州市福康医院共接收由公安部门送来的肇事肇祸精神病患者350人次，新收强制医疗精神病人12人，住院强制医疗精神病人37人。支持各类慈善组织开展慈善活动，全市社会募捐善款1.22亿元。全市销售福利彩票4.35亿元，筹集福彩公益金 8700万元。

【公共服务】

全面开展殡葬领域突出问题整治专项行动，整治殡葬领域十大类问题，按规定对全市经营性公墓已规划未销售的超面积坟墓1326座进行整改，对47处未经审批的政府征迁安置旧墓的安置墓地，进行登记造册，指导审批。完成国家级地名普查办验收工作；完成龙文区蓝田镇、朝阳镇撤镇设街工作；清理整治不规范地名15条。在全市救助管理机构开展“夏送清凉”“冬送温暖”活动，完成落户安置长期滞留救助管理机构人员48人，进一步加强未成年人流浪救助保护工作，全市共救助各类人员5131人次。推进老区水泥路建设，已完成206.41公里老区村水泥路验收和1200万元补助资金下达；引导老区村因地制宜发展特色产业，共筛选老区特色产业项目11个，补助资金200万元；投入200万元，对12个革命遗址进行维修保护；将革命“五老”人员定补标准提高至每人每月1170

元；元旦、春节期间，全市共走访慰问革命“五老”人员及遗偶2448人，发放慰问金（物）79万多元。

（何　铭）

·老龄工作·

【实施“银龄安康工程”】

2018年，漳州市老龄办、漳州市民政局、漳州市财政局《关于加快推进老年人意外伤害保险工作的实施办法》出台，实施以老年人意外伤害保险制度为内容的“银龄安康工程”，为享受城乡特困供养老人、优抚老人、计划生育特殊家庭的60周岁以上老年人以及年满80周岁以上（含80周岁）的老年人（不含离退休人员），购买意外伤害保险，保障生活困难老年人抵御意外风险能力，使其安享晚年。截至2018年底，银龄安康参保人数78000人，参保金额150万元，参保率占60岁以上老年人的10.22%，占80岁以上老年人的75.92%，位居全省第二名。

【基层老年协会规范化建设】

2018年，漳州市老龄委与漳州市民政局联合出台《关于进一步促进基层老年协会健康有序发展的意见》，要求各县区对本地城乡社区老年协会建设情况进行一次全面调查摸底，根据基层老年协会规范化建设要求建档造册，掌握老年协会基本情况。在调查摸底的基础上，并以较为规范的先进典型点，向市财政争取资金给予支持。联合市民政局，以建设农村幸福院为抓手，整合康乐家园、基层老年学校、农村幸福园等资源，加强基层老年协会的活动场地建设，2018年在建村级老年活动场278个。

【创建全国敬老文明号】

出台《漳州市争创第三届全国“敬老文明号”活动实施方案》，重点培育，指导漳州市龙文区人民法院、华安县设区居家养老服务中心等申报单位完善敬老服务内容、创新敬老活动形式，营造敬老爱老社会氛围。

【落实老年人刷卡免费乘车】

出台《漳州市人民政府办公室关于推行老年人刷卡免费乘坐公交车的通知》，在全市范围内对70周岁以上的老年人推行老年人智能IC卡管理（“敬老卡”），落实老年人持“敬老卡”免费乘车。

【老年节系列活动】

精心组织以“营造敬老爱老社会氛围，纪念改革开放40周年”为主题的敬老月活动。老年节期间，由福建省人大常委会副主任、漳州市委书记檀云坤、市长刘远带队，分别深入芗城区入户看望慰问百岁和高龄老人，各县区主要领导也在老年节期间慰问辖区的百岁老人和高龄老人，送上党和政府的关心和温暖。市老龄办联合市文明办、市委老干局等单位，在市中山公园举办“走进新时代　共筑中国梦”大型文艺演出活动；在正兴养护院举办“今又重阳　今又快乐”文艺活动；与市社会福利院联合举办“共筑孝道　共享安康”大型公益晚会。各县（市、区）老龄委也都开展形式多样、内容丰富的庆祝活动。敬老月期间，全市各级老龄部门共开展庆祝活动835次，文艺演出1000多场次，慰问老年人15.6万人，发放慰问金约500万元。发动爱心企业参与开展为老年人志愿活动，与中国人寿漳州分公司联合，在各县区开展关爱老人健康公益讲座13场，发放“健康卡”8000多张。与漳州市社工组织、漳州市老年医学会等联合组织开展为老年人志愿服务系列活动，义诊2场，发放保健手册2000多本。

【课题调研】

2018年，完成省老龄办下达的课题调研任务，组织市老龄办和有关县区人员撰写论文100多篇，从中挑选5篇上报省老龄办参加评选。编辑出版《漳州老年问题研究》一书，印制500本，参与全国各地交流，并为党和政府决策提供依据。市老龄办联合市老年学学会、闽南师范大学等研究团队开展课题调研工作，调研课题《政府购买乡村居家养老服务绩效评估研究—以漳州市为例》，被市社科联定为2018年漳州市重点调研课题。

（王雪军）

·“双拥”工作·

【优抚安置】

落实抚恤优待政策，及时下达优抚对象抚恤补助、医疗补助资金等经费，确保优抚对象的生活、医疗得到有效改善；组织开展走访慰问活动，春节、“八一”期间，全市走访慰问优抚对象24845人，发放慰问金701.7万元，发放年画4万张，召开座谈会183场次，把党和政府的温暖送到慰问对象的心坎上；组织做好退役军人和其他优抚对象信息采集和悬挂光荣牌，全市共采集信息13万余条，为烈属、军属和退役军人家庭悬挂光荣牌12万余块。

做好移交安置工作，接收安置军转干部、退役士兵，没有出现跨年度安置。团职及以下军转干部安置在机关和参公单位占88.6%。132名政府安排的退役士兵全部安置到机关事业单位和国有企业。全年妥善接收安置残疾退役士兵2名、复员干部7人。接收军队退休干部（士官）9名，超额完成中央下达的接收任务。

【配合终止驻漳部队有偿服务】

及时成立驻漳州部队全面停止有偿服务领导工作军地协调领导小组，开展各项相关工作。2018年，驻漳州部队全面终止有偿服务项目214个，关停项目200个，暂时维持运行项目14个，关停率93.5%。

【助推部队重点项目建设】

2018年，全市涉及部队营房土地、光缆设施、机场净空管控等重点项目近20项。为妥善处理重点项目建设中涉及部队军事设施迁移等问题，市分管副市长带领市支前“双拥”办人员深入部队和项目施工现场研究解决。市、县两级支前“双拥”部门通过施工现场勘察、深入走访部队、开展座谈协商等方式，保障各重点项目建设如期实施。漳浦县委、县政府及时成立由国土、建设、林业、发改、支前等部门组成的工作协调小组，县领导靠前指挥，多次召开协调会和推进会，推进某集团军项目用地征迁工作，完成113.4公顷建设用地的征迁任务。

【支前保障】

2018年3月上旬至8月，参训部队先后到诏安县开展演训活动，参训人数为近10年最多的1年。诏安县委、县政府高度重视，为部队官兵解决食、住、行等实际困难，配合部队转移群众2万多人次，确保演训顺利完成。2018年，多支部队先后进驻漳浦县进行演训，漳浦县委、县政府主动做好驻训部队的支前保障服务工作，确保部队各项任务圆满完成。漳浦县委召开常委议军会议，拨出专款30万元帮助完善海防某部火箭炮营生活设施；拨出专款15万元帮助赤湖某部阵地引接自来水；拨出专款5万元，帮助空某部建设一个军营网吧，丰富官兵们的业余文化生活。长泰县主动配合多支部队开展驻训演练，全方位提供支前保障工作，提供借用库房5000平方米，训练场地20000平方米，协调县防疫站为部队免费提供水质化验服务，解决训练基地饮水安全问题，并做好慰问、医疗、防火、警戒、转移群众等工作。

【推进科技强军】

市科技局与市“双拥”办、市财政局联合发文，资助解放军联勤保障部队第909医院“创伤介入救治快速平台研究”等5个科技拥军项目经费80万元。全市科技计划项目申报指南重点支持电子信息、新材料、新能源与环保节能、生物技术等高新技术产业，特别是支持具有高科技含量的涉及军工产品企业的发展，并协助相关企业争取国家和省科技系统的资金扶持。

【开展拥政爱民】

漳州军分区开展“一部挂一村”活动，所属11个人武部均定点挂钩帮扶一个村，通过出点子、引项目、办实事等方式方法，为结对帮扶村解决实际困难。驻漳某部队为做好与革命老区上杭县利源村的挂钩帮带工作，提供支持河道护坡修建资金25万元、古田会议纪念馆建设资金10万元。组织官兵100多人参加驻地鹤亭村、南坑村助民劳动，共清理打扫2个村庄10多条道路。解放军联勤保障部队第909医院开展对口支援活动，作为医疗救援的牵头医院，通过临床带教、临床进修、学科建设、整体托管等形式，帮助受援医院建设重点科室，培养技术骨干和学科带头人，提升基层服务能力。开拓基层道路、双向转诊的绿色通道，促进“小病在基层、大病到医院、康复回社区”的分级诊疗制度建设，造福当地群众。医院多次派出专家医疗队赶赴平和、华安、南靖等县开展义诊活动，接诊人数5000多人。先后免费送医送药价值10多万元，并为“五老”人员进行体检。该院还经常到敬老院、孤儿院巡诊、送医送药，以实际行动在群众中树起“部队医院好、人民军医亲”的良好口碑。武警漳州消防支队围绕清明、“五一”及“数字中国”建设峰会等重要结点，全面摸排重点场所，落实严管严控措施。组织全市983个消防安全重点单位签订火灾防控责任状，推动主体责任落实。引入数字化预案应用，修订编制类型预案9份、重点单位预案922份，预案辅助决策作用更加明显。加强与气象、水利、民政、交通等部门的沟通联系，及时掌握实情预警。武警漳州边防检查站通过开展“110守护新时代美好生活”主题宣传活动、“情系春节、暖心入屋”慰问活动、送“年味儿”上外籍船活动以及关爱补偿空巢老人送温暖等一系列活动，深化“警民鱼水情”，奏响拥政爱民主旋律。

（林开荣）

·民族宗教事务·

【少数民族脱贫工作】

助推脱贫摘帽 漳州市民族与宗教事务部门持续做好挂钩帮扶、造福工程、整村推进、特色产业等工作，2018年各级财政下达扶持资金和各挂钩帮扶单位投入民族乡村帮扶资金共3808.7万元，全市建档立卡的贫困少数民族人口676人全部脱贫；省级扶贫开发重点村平和县崎岭乡合溪村、市级扶贫开发重点村漳浦县赤岭乡土塔村、湖西乡后洞村、平和县山格镇土田村全部摘帽。

发展特色经济 华安县新圩镇官畲村入选福建省四星级乡村旅游休闲集镇与旅游村名单；龙海市隆教乡、漳浦县赤岭、湖西乡发展特色旅游产业；诏安县美营村不断发展果蔬、汀洋村八仙茶等现代农业、农副产品加工业等特色产业，促使少数民族群众稳定就业和增收。2018年，全市3个民族乡农村经济总收入16.41亿元，比上年增长7.5%，财政总收入1.64亿元，比上年增长116.9%，民族乡农村居民人均可支配收入15800元，比上年增长10.6%。全市民族村农民人均可支配收入14322元，比上年增长8.8%。全市少数民族建档立卡精准扶贫对象1051人，脱贫率100%。

补齐民生短板 市、县宗教团体、宗教人士与65户贫困户建立结对帮扶，投入帮扶资金及生活用品折价41万元。组织男女青年5人参加省民族与宗教事务厅举办的少数民族月嫂、贫困村村主要干部等培训；筹集5.6万多元帮扶民主与宗教事务局机关干部挂钩的红星乡新林村贫困户8户用于改善生活。投入42万元扶持4所民族中小学寄宿设施改扩建工作；向学生30人发放高考录取少数民族助学金12万元；投入38万元扶持4所卫生院所设施建设；组织2批医疗专家深入民族乡义诊送药800人次。

【民族团结进步事业】

以“团结奋斗铸牢中华民族共同体意识”为主题，开展第11个民族团结进步宣传月活动，共召开座谈会38场、举办文艺晚会或民族节庆活动8场，发放宣传材料和信息21万份（条），不断拓展宣传教育的覆盖面和感召力。主动对接协调在漳州务工少数民族子女就学等各项服务管理工作，芗城区南坑社区被列入全省少数民族流动人口服务管理工作联系点。选送节目参加第五届福建省少数民族文艺调演活动，其中高山族舞蹈《家园》获演出三等奖、创作三等奖，市民族与宗教事务局获优秀组织奖。组团参加省第九届少数民族传统体育运动会，共获得2枚金牌、4枚银牌、5枚铜牌，其中龙海市民族中学陀螺男子团体获得1枚金牌、2枚铜牌，陀螺女子团体获得1枚银牌、1枚铜牌；华安县高山族表演队获表演项目1枚金牌、1枚银牌。市少数民族体育代表团荣获全省第九届少数民族传统体育运动会体育道德风尚奖，市民族与宗教事务局、体育局共同荣获优秀组织奖，一批运动队及运动员荣获体育道德风尚奖。

【宗教管理】

整治宗教领域　针对新中国成立以来第一次中央宗教工作督查和省委开展全省宗教工作自查提出的问题，一一列出清单，明确方案，制定措施抓好整改，落实宗教工作主体责任，宗教领域突出问题基本得到解决。开展治理佛教道教商业化问题，落实《关于进一步治理佛教道教商业化问题的若干意见》。开展对全市违规建造大型露天宗教造像、承包经营寺观治理工作，排查大型露天宗教造像8尊（群），按照中央、省统一部署开展治理工作。查处整治宗教非法出版物，共查处涉宗教非法出版物200本。开展宗教界从事殡葬服务专项治理工作，摸底排查宗教活动场所从事殡葬服务26处，墓地一块3.34公顷，按照省委统战部等4部门要求抓好宗教活动场所骨灰存放服务治理和规范工作。开展宗教团体宗教活动场所针对未成年人举办的培训班、托管班、学习班专项治理工作，依法先后停止筹办、拟办的有8个班次500多人。开展全市性宗教团体财务检查审计工作，委托会计师事务所对全市性4个宗教团体财务开展检查审计，规范团体财务管理工作。

宗教场所和人员管理　指导各县（市、区）民宗部门落实完成300处宗教活动场所换证工作；年抽查25%以上重点宗教场所，打造宗教活动场所安全工程；指导漳浦县、云霄县基督教成立团体组织，诏安县基督教、漳浦县天主教完成团体换届；引导宗教团体、活动场所（民间信仰）落实国歌、国旗、社会主义核心价值观、中华优秀传统文化进寺观教堂（宫庙），加强宗教界自身建设。组织全市150多人重点宗教活动场所负责人参加省社会主义学院原巡视员郑立勇到漳州市作党的宗教理论专题讲座；举办全市性重点宗教活动场所财务、安全培训班培训110人；举办天主教神职人员及信徒骨干政策法规培训班培训22人；安排年度宗教工作经费48万元给市级爱国宗教团体开展培训，市县两级民族与宗教事务局、全市性协会共组织培训12个班次，发放《宗教事务条例》学习手册3000多本，培训宗教工作干部、宗教界人士820多人次。

【民间信仰管理】

持续开展普查补缺补漏工作，完成对24个省民间信仰联系点的备案管理工作。持续开展“优美民间信仰活动场所”创建活动，全市纳入登记管理的564座宫庙（堂）均按创建标准提升管理建设水平，已授牌63座，授牌率达12%，得到省民族与宗教事务厅的肯定并被列入全省民族宗教工作十件大事，创建活动的经验做法在《中国宗教》杂志刊登介绍。该创建活动列为全市助推移风易俗工作落实“六大行动”之一。持续支持对台交流节会品牌，2018年东山县举办第十届海峡论坛·第二十七届海峡两岸（福建东山）关帝文化旅游节，云霄县举办第七届海峡两岸（福建云霄）开漳圣王文化节，台商投资区举办保生大帝研讨会，市宫庙代表赴台参加省道协主办第十届海峡论坛·两岸宫庙叙缘交流会活动，推动对台湾交流交往交融。全市宫庙组织到台湾参访62批次、1492人次，接待台湾参访团404批次、34825人次。

（陈映卿）

责任编辑：杨　静

开发区

·开发区概况·

【开发区经济】 2018年，全市开发区规模以上工业增加值1040.08亿元，比上年增加5.7%；固定资产投资完成额1375.05亿元，比上年下降5.8%；税收收入131.3亿元，比上年增长3.9%。

2018年漳州市重点开发区情况表

表17　　单位：万元

开发区名称	地区生产总值	其中：工业增加值	其中：地方财政收入	固定资产投资完成额（不含农户）
福建漳州金峰经济开发区	2935707	2062399	117379	1694370
漳州台商投资区	3007300	1775500	239312	2548983
福建漳州蓝田经济开发区	865183	706462	35274	545821
漳州招商局经济技术开发区	438279	194043	117427	467985
福建长泰经济开发区	1685472	1526866	71649	1597656
漳州古雷港经济开发区（古雷港）	730196	300395	27486	880018
福建云霄常山经济开发区（云霄云陵）	605651	366522	22213	938780
漳州古雷港经济开发区（绥安）	2002276	784215	55672	1689557
漳州高新技术产业开发区	972664	544259	34276	1295000
福建云霄常山经济开发区（常山华侨）	385500	211215	15508	408248
东山经济技术开发区	1096957	658174	39165	221935
华安经济开发区	1070472	421827	24002	695638
福建诏安工业园区	417280	417280	4343	80361
福建平和工业园区	1762764	431702	41417	686120
总　计	17975701	10400859	845123	13750472

（叶丽云）

·漳州开发区·

【概 况】

2018年，漳州招商局经济技术开发区（以下简称“漳州开发区”）地区生产总值完成43.8亿元，比上年增长3.7%；一般公共预算收入完成16.84亿元，比上年下降19.85%；地方一般公共预算收入完成11.74亿元，比上年下降14.5%；规模工业总产值完成77.98亿元，比上年增长8.33%；规模工业增加值完成18.26亿元，比上年增长8.02%；固定资产投资完成46.79亿元，比上年下降17.54%；外贸出口完成28.14亿元，比上年增长8.06%；实际利用外资完成2亿元，完成全年任务数的200%，增长100%；社会消费品零售总额完成7.44亿元，比上年增长0.11%。

【重点项目】

14个省市重点项目累计完成投资24.2亿元，占年度计划的107.5%。其中，双鱼岛项目累计完成投资20.19亿元，完成整体开发方案编制并上报招商局集团审批，部分重点商娱项目达成合作意向。芯云谷项目一期累计完成投资5.33亿元，完成形象施工进度超过80%。海韵冷链项目一期工程竣工，累计完成投资3.3亿元，具备投入试运营条件。

【园区招商】

成功举办2018新一代人工智能高峰论坛等各类大型全国性活动，签约华智人工智能创新研究中心、历思检测、网易（福建）产业发展研究院、西安交大国家技术转移中心等多个项目。全年实际利用外资2亿元，完成年度计划的200%。

【产业发展】

临港产业　2018年，全港货物吞吐量2463万吨，比上年增长2.49%，创历史新高；交通设备制造业完成产值10.9亿元，比上年下降32.31%；粮油食品加工业完成产值27.9亿元，比上年增长44.18%；金属制品加工业完成产值22.6亿元，比上年增长15.55%；厦门湾最大散杂货泊位后石港区3号泊位投产试运营。泛信息技术产业方面，以平行威客、IDC、爱果冻等为代表的新型互联网企业，初步形成上下游联动的产业生态。

文化旅游产业　海峡两岸影视基地成为福建省内文化影视产业的聚集地，自开始运营至2018年，已有30多部电视剧在开发区拍摄。

智能汽车产业　无人驾驶汽车社会实验室落户双鱼岛，完成概念性规划编制等前期工作。

大健康产业　引进优质医疗资源，六维国际健康管理中心正式对外开放。此外，注册设立生态智慧基金和海月启航基金，助推产业发展。

【营商环境】

研究出台《促进智能制造产业扶持办法》等多项扶持政策；出台重点产业人才引进激励办法等，加大对高素质人才的引进力度。梳理简化行政审批流程，共梳理990项行政审批事项，做到实际办结时限比法定办结时限提前90%以上；加快实施“证照分离”改革试点工作。建成便捷化、智慧化的行政服务中心新办事大厅，真正实现“一窗受理，集成服务”。

【基础设施】

2018年9月8日起，厦漳大桥实现降费通行，促进厦门湾两岸互联互通；加快招银疏港公路拓宽改造，主线全面贯通；实施漳州港客运中心提升改造，建设公交充电站及风雨廊桥，形成立体交通体系；后石航道二期工程15万吨级航道正式开工建设。加快公共配套建设，实施城市基本建设项目76项，完成投资3.26亿元；实施城乡民生基础设施工程32项，完成投资10.8亿元。建成一批港湾式公交站台。大力推行绿色交通，纯电动公交车占公交车总数96%，提前两年完成“电动福建”建设要求。新建公厕6座，改造老旧公厕2座。

【融合发展】

深化与招商局集团新一轮战

略合作的重要契机，研究探索区域协作发展模式，与漳州、厦门共同谋划建立厦门湾协同发展产业合作区。经多方共同努力，已完成产业合作区规划选址、产业发展方向研究及合作框架协议起草等前期工作。

【供给侧结构性改革】

深入推进钢铁等重点产业的去产能工作，推进传统产业转型升级。做好企业帮扶，为企业争取各项奖补资金超1.15亿元，惠及企业近百家次；促进传统产业改造提升，帮助支持路易达孚、豪氏威马等企业实施技改。中纺粮油实施技术改造后，销售收入超20亿元，再创历史新高；首钢凯西完成生产线技术改造后，实现销售收入10亿元。

【环境建设】

推进生态项目建设。完成南滨大道、静湖公园环湖步道等景观提升改造，加快打造香山湿地及山地道路特色景观工程，全年完成绿化美化提升面积近20万平方米。开展扬尘整治及废气治理，全年环境空气优良率达97.17%。开展河长制、湖长制巡查整改工作，建立海漂垃圾治理长效机制。强化企业排污监管，确保达标排放。完成重点行业危险废物转移处置工作，全年危险废物规范化管理考核达标率100%。提升宜居环境水平，制定《漳州开发区2018—2022年宜居环境改造建设实施路线图》，完成大径后村宜居环境改造一、二期建设收尾工作。

【社会事业】

2018年，海滨学校中学部正式开学，增加学位1800个。改革幼儿园招生方案，累计增加幼儿园学位630个。厦大附中中考成绩稳居全市前列，高考一本达线率79.86%，二本达线率99.54%，获选福建省首批示范高中建设学校。成功争取设立开发区考区和厦大附中考点，完成开发区第一次高考、中考组织工作。2018年，与厦门大学附属第一医院合作创办厦门大学附属第一医院漳州招商局开发区分院，累计接诊4万多人次，门急诊量比上年增长36.17%，手术量比上年增长700%。实现社区卫生服务站全覆盖，加强居民健康档案建档工作，建档率达100%。成立疾控中心，强化重点场所监管，全年未发生重大医疗卫生事故。举办2018中国山地马拉松赛事及系列配套活动，荣获2018中国山地马拉松优秀组织奖。石坑社区保泉宫“闽台送王船”项目列入市级非物质文化遗产项目。

【社会管理】

加强社会保障　2018年累计发放被征地居民养老保障金645.54万元，发放被征地居民个人账户养老金625.41万元，发放城乡居民基础养老金299.2万元。4个社区年满60周岁居民月均可领取养老保障金818元，城乡居民基本养老保险发放水平稳居全市第一，城乡居民养老保险缴费率达99.9%，连续四年位居全省第一。

实施精准扶贫　为区内低保户每户每月提供补助金800元，提前完成无“国定和省定扶贫对象”的脱贫任务。福建省首家正式注册登记的社区基金会——招商局漳州开发区社区基金会正式注册成立，为企业履行社会责任提供政策和平台支持。

【获“首批国民休闲旅游胜地”称号】

6月24日，在新华网发起主办的“2018休闲旅游发展与品质峰会暨首批国民休闲旅游胜地发布仪式”上，漳州开发区获“首批国民休闲旅游胜地”称号。

【召开首次党代会】

11月27日，中国共产党漳州招商局经济技术开发区第一次代表大会在华商酒店召开。大会选举产生中国共产党漳州招商局经济技术开发区第一届委员会委员和中国共产党漳州招商局经济技术开发区第一届纪律检查委员会委员，审议通过了开发区党委工作报告的决议、纪委工作报告的决议。

（覃春生）

·常山开发区·

【概 况】

2018年，常山经济开发区（以下简称“常山开发区”）地区生产总值完成38.55亿元，比上年增长8%；固定资产投资完成40.82亿元，比上年增长12.5%；规模工业总产值完成79.39亿元，比上年增长9%；规模工业增加值完成21.12亿元，比上年增长8.7%；财政总收入完成2.59亿元，比上年增长16.2%；地方财政收入完成1.55亿元，比上年增长12%；外贸出口完成33.1亿元，比上年增长6.7%；实际到资7743万元；社会消费品零售总额完成8.27亿元；城镇居民人均可支配收入32447元，比上年增长8.5%；农村居民人均可支配收入16812元，比上年增长9.5%。

新建的乌山天池旅游路线道路　（常山开发区 供图）

【基础设施】

进一步完善市政设施，推进公共配套竞赛项目，2018年完成投资8.9亿元，新增天然气管道9.5公里、污水管网10.5公里，扩容自来水供水规模1.5万吨/日，完成乌山片区供电设施建设，进一步满足公共需求。开展农村人居环境整治、铁路沿线环境整治等，以市场运作的方式推进城乡生活垃圾保洁清运一体化，在建美丽乡村2个，新建、改造公厕5座，新增城市停车位102个，拆除违章建筑面积5936平方米。

垃圾焚烧发电厂　（郭永川 摄）

【产业特色】

持续增强工业创新动力　全区完成工业投资21.7亿元，新增规模工业企业2家，并扶持多家企业提升生产工艺和产品质量，进行智能制造改造，特别是东和食品、正霸新材料、欣亿达等企业全年产值比上年增长10%以上。

持续提升现代农业　全区实现农林牧渔总产值3.8亿元。加快梧园、柘林、白竹等示范村建设，柘林百爱释迦等一批农业项目建设，创建国家现代农业示范区。完成农村土地经营权确权颁证，持续增加农民财产性收入。

持续发展现代服务业　乌山

2018年1月1日，第五届常山东南亚风味美食展销活动现场

（周建军 摄）

天池旅游专线主要路段基本建成通车，天窗坪仙境山庄已基本建成开园，恒晟度假酒店开始运营，持续增大第三产业占比。

【招商引资】

持续推进招商引资，每个月都落实"一把手"带队外出招商，由常山开发区党政主要领导分别前往深圳、东莞、厦门等地招商22场次，走访企业60多家，接待来访客商100多人次，其中已签约6个项目，总投资37亿元，持续增强发展后劲。

【项目建设】

深化"五个一批"项目建设，新增入库项目49个，总投资76.1亿元。加快推动赶超任务重大项目漳州南部生活垃圾焚烧发电厂及配套建设，完成投资近4亿元。加快推进省市重点项目建设，14个省市重点项目全部开工建设，完成投资19.5亿元，完成年度计划的118.5%。抓好"十项竞赛"活动，实施项目53个，全部开工建设，完成投资28.3亿元，完成年度计划的127.3%。

【生态环保】

打好污染防治攻坚战，集中全区力量打赢畜禽养殖整治攻坚战，有序推进污染源普查工作，完成国土绿化和森林质量提升188公顷，大气优良天数比例为97.4%，危险废物规范化管理达标率达100%。全面推进河湖长制工作，杜塘水库上游的水环境治理成效明显，水库水质基本达到三类或优于三类水质标准，生态环境得到改善。不断改善城乡环境，坚持以"生态+"引领，实施生态项目10个，完成投资5.6亿元，生态环境得到进一步优化。

（骆耀坤 林厚恩）

·古雷开发区·

【概 况】

2018年，漳州古雷港经济开发区（以下简称"古雷开发区"）实现地区生产总值73.02亿元，固定资产投资88亿元，工业投资76.38亿元，规模工业总产值128.53亿元，规模工业增加值30.04亿元，进口总值6.22亿元，合同外资9.75亿元，实际利用外资额9.69亿元，财政总收入4.24亿元，地方级财政收入2.75亿元。

2018年底，PX项目完成整改修复 （古雷开发区 供图）

【项目建设】

实施重点项目建设78个，全年完成投资100亿元。稳步推进PTA、PX恢复生产，腾龙热电厂、翔鹭石化、厂外管廊、腾龙芳烃等项目全部完成整改修复及工程质量评估，腾龙热电厂“一炉一机”临时开车，厂外管廊及海腾码头投用，腾龙芳烃完成退料吹扫；PX项目进入试车阶段，12月底产出合格产品。PTA项目装置复产日产量约6000吨。加快腾龙化学资产重组，推进古雷炼化一体化一期百万吨乙烯项目建设，完成奇美化工45万吨ABS及AS项目备案及选址，春达化工、康普化工投产，福海创和春达化工实施技改。

2018年1月，安全检查站投入运行，石化园区实现封闭运行

（古雷开发区 供图）

【招商引资】

坚持“一把手”招商，锁定北京、上海、台湾等区域，制定产业项目评分标准，将招商项目得分与享受政策优惠相挂钩，组织、参与重大招商活动17场，新签约引进奇美国乔45万吨/年ABS及AS、奇美化工新材料、热电一期工程、公共管廊等5个项目，签约金额达148.95亿元，提前超额完成市里下达的百亿元签约金额任务。

【园区配套】

重点围绕PX开车复产和古雷炼化一体化一期项目投产目标节点要求，加快产业配套、码头配套、道路配套建设，全力提速配套项目。

产业配套 基本建成北部污水处理厂一期一段，开展南部污水处理厂勘察设计招标，固废场通过危废处理资质审查，杏仔应急池具备基本投用条件，罐区事故应急池完成勘察设计招标，码头后方罐区段公共管廊取得项目建设批复，区域引水工程年底投用，进一步完善产业配套。

港口建设 重点推进北1号、北2号泊位工程加快A区疏浚、南8号码头水工施工、南15—19号泊位主体工程完成招标，航道三期工程I标疏浚挖泥，加快北部港池低温码头、南13号、14号泊位改扩建工程前期工作，全面加快实施港口码头工程。

道路联通 开发区纵向主干线疏港公路全线贯通，横向主干线沿海大通道古雷段实现全境贯通，次五路II段完成总工程量77%，港口路一期完成83%，纬五路道路、中石北路、下堀路工程过半，西侧疏港路取得批复。

【服务保障】

紧盯项目建设用海、用林、用地、用电等要素，向上争取围填海计划指标，完成填海造地643公顷，保障古雷炼化一体化主装置区进场施工。采用土地收储形式申报一批项目用林，强化重点项目用林保障。推进石化基地规划环评和重点项目环评调整，腾龙芳烃和翔鹭石化项目取得新版排污许可证。加快推进增量配电业务改革试点规划方案设计，启动精细化工园前期工作。对标国际一流，压缩企业开办时间，成立新港城行政服务分中心，初步实现“一窗受理”，启动新港城安置房不动产登记备案超4万套。

【安全生产】

修订危险化学品安全生产事故应急救援预案，推进古雷石化基地安全检查站正式运行，实现石化园区封闭式管理，古雷成为国内首个封关运行的石化专业园区。开展扫黑除恶专项斗争，建立巡逻巡查机制，严厉打击各类违法犯罪活动，移送起诉案件35起，化解农民工劳资纠纷120件，涉及金额1300万元。与漳浦县区地联合举办就业“春风行动”，排查化解矛盾纠纷。开展交通秩序整治百日行动纠违5828起，交通秩序明显好转。

（邓家强）

·漳州台商投资区·

【概 况】

2018年，漳州台商投资区完成地区生产总值300.73亿元，比上年增长9.3%；规模以上工业总产值673.72亿元，比上年增长9.4%；规模以上工业增加值176亿元，比上年增长9.1%；固定资产投资254.9亿元，比上年增长13.5%；一般公共预算总收入36.25亿元，比上年增长9.3%；地方一般公共预算收入23.93亿元，比上年增长19.8%；外贸出口总值77亿元，比上年增长7.2%；社会消费品零售总额33.86亿元，比上年增长12.2%。城镇居民人均可支配收入37052元，比上年增长7.6%；农村居民人均可支配收入19006元，比上年增长8.8%。全面完成节能减排降碳任务。

【转型升级】

供给侧结构性改革 出台工业、服务业等扶持政策，鼓励和支持存量企业增资扩产、技改提升、智能升级。培育壮大省市龙头企业11家、高成长型企业22家，新增（新上）规模工业企业17家、市级工业设计中心9个、高新技术企业18家、省级高新技术企业备案10家；列入省级重点上市后备企业6家，嘉文丽间接在台湾正式挂牌上市。2018年五大主导产业实现产值562.1亿元，比上年增长10.5%，57个技改项目完成投资69.6亿元，比上年增长86.5%；全年合同外资增加额3.2亿美元，企业的综合竞争力得到提升。

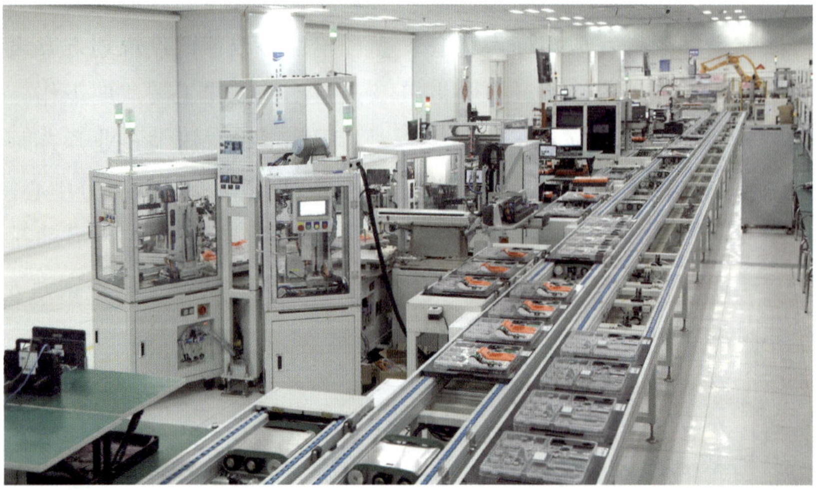

宏泰科技厂房 （台商投资区 供图）

加快发展第三产业 健康养老、文化旅游、总部经济、科创双创等新业态占比近45%，龙头企业中国智能骨干网正式运营，厦门银行台商区支行正式开业。第三产业比上年增长11.1%，增速居全市第二，占GDP比重提高0.8个百分点，三次产业结构由3.4∶69∶27.6优化为3.2∶68.4∶28.4。

【社会民生】

民生支出 将新增财力更多地投入到民生领域，2018年民生支出22.48亿元，占一般预算支出的88.8%。16件为民办实事项目建设超序时进度15.9个百分点；社会关注的“四难一差”（上学难、看病难、养老难、出行难、公共配套差）补短板等项目中，有13个项目进入封顶装修阶段，3所小学投入使用。

社会事业 首次实施政府购买学前教育服务专项资金，投入124万元购买学位115个，华夏高级技工学校开工建设，新增幼儿园学位69个、中小学学位2469个。加快建设泰禾国际医院，市五院病房综合楼主楼装修已进入收尾阶段，角美社区卫生服务

新建的东山小学　　（台商投资区 供图）

中心中医馆已竣工，31家公办村卫生所建设已全部完成，5个农村幸福院、4个居家养老服务站以及社区日间照料中心竣工投用，新增45名卫技人员。

社会保障　为东山村等5个村2178人发放被征地农民保障金1062.9万元，发放各类慰问、救助、补助资金共2468万元。加快安置房和棚户区改造提升工程，新建5526套，总套数1808套的桥头安置房已完成安置467户、968套，顺利让被征迁户住上“好房子”。

扶贫帮扶　2018年支付扶贫资金3827.2万元，其中对口援宁专项资金1500万元，对口帮扶诏安县三个乡镇1100万元；区内国有企业帮扶的闽宁双孢蘑菇工厂化栽培项目已建成投产并出菇；兜底帮扶468户贫困户，在每人每月400元的基础上每人每年再补1000元。

厦漳同城大道　　（台商投资区 供图）

“放管服”改革　缩短审批和服务办理时限，网上办事云平台共办结16336件，实现“让数据多跑路，让群众少跑腿”。推进“政证快”建设，打通为民办事“最后一公里”，共寄出146件。全面推行“多证合一”改革，将企业申请设立登记时间压缩至1个工作日，被漳州电视台和《闽南日报》作为典型事例宣传报道。

【环境保护】

深入开展污染防治攻坚战，突出臭氧污染、VOC和建材石材加工、建筑施工、道路扬尘等专项治理，共整治20家非法机砖厂、57家石材厂、17家非法洗沙洗土场，查封23家“散乱污”企业；PM2.5、PM10平均浓度分别比上半年下降17.1%、19.1%，AQI（空气质量指数）下降11%。全面落实河（湖）长制，新建、扩建污水管网68公里，角美污水厂出水水质达到一级B标准，中心城区污水收集处理率达90%。启动矿山生态修复，成为全国废弃矿山治理利用创新示范点。开展环境整治，新建改造城乡公厕5座，新（改）建农村公路约22公里，完成植树造林120.7公顷。

【发展后劲】

坚持“一把手”抓招商，全年共洽谈项目38个，共签约20

2018年11月5日，台商投资区乡村振兴服务站揭牌仪式
（台商投资区 供图）

个项目，总投资约720亿元，比上年增长206%，其中国贸智谷、新欧鹏教育、联盛纸业高端生活纸等龙头企业带头作用强。全区新增“五个一批”项目198个，继续保持全市前列，全市开发区第一， 其中，10亿元以上项目40个，50亿元以上项目8个，百亿元以上项目3个。厦门轨道交通6号线漳州（角美）延伸段前期工作取得实质性进展，厦漳两市已签订合作框架协议。

【乡村振兴】

实施乡村振兴战略　全年累计投资用于推进乡村振兴工作1.08亿元。制定下发《实施乡村振兴战略的实施意见》等指导性文件，确定鸿渐、杨厝、白礁等6个乡村振兴试点村，打造一批全市乡村振兴的角美样板。完成17村的规划，确保乡村振兴有“规”可依。

加快培育新型业态　先行试点福井等自然资源条件好、城市规划范围以外的村发展都市休闲体验农业。将蘑菇产业工厂化作为农业转型、农民增收和环境提升的重点，在吴宅、东美、玉江等8个蘑菇种植重点村规划建设工厂化生产试点，推动食用菌种植连点成片。建立首期1亿元的蘑菇产业基金，由国有企业农发公司和农业龙头企业同发公司合作成立漳州市新发生物科技有限公司，对蘑菇种植进行统一供料（已供料1.2万平方米），有效缓解传统蘑菇种植污染难题。

（李胜武 黄秋根）

·漳州高新区·

【概 况】

2018年，漳州技术产业开发区（以下简称“漳州高新区”）完成固定资产投资129.5亿元，比上年增长23.3%，增幅在全市开发区序列排名前列；一般公共预算总收入5.96亿元，地方一般公共预算收入3.43亿元。全年实施续建和新开工项目62个，其中省、市重点项目26个，完成投资57.35亿元，完成年度计划102.8%，建成或部分建成重点项目14个。在全国156个国家高新区众综合排名第87位，

11月8日，圆山大道一标段竣工（漳州高新区圆山新城公司 供图）

南江滨路三标段与新落成的南湖彩虹桥　　（漳州高新区 供图）

比上年晋升3名；在全省开发区中排名第11位；在全市“三抓三比、十项竞赛”中，总分位列全市开发区系列第一。

【基础设施】

加快建设金峰大桥、芝山大桥、马洲大桥等对外连接线，推进与城区的有机融合；圆山文化中心、图书馆、科技馆基本建成，逐步成为漳州城市新文化标志；厦漳同城大道、九龙岭隧道以及圆山大道　、二标段、南江滨路三、五段标等陆续建成通车，南区污水处理厂、储鑫固废等环保项目建成并进入试运营。全年完成安置房建设投资47.5亿元，在建“安得广”惠民安居工程380套，棚改项目和安居工程14000多套，总建筑面积约224万平方米。其中，龙江新苑、水仙花苑、南星小区等一批大体量安置房项目相继竣工，兰庭小区、苍溪、武林安置房全部封顶。市医院高新区院区正式开工建设，职教园区部分教学楼实现封顶。

中盟科技园　　（陈君妍 摄）

【生态建设】

南湖生态园引进洪树德陶艺馆、龙人古琴、天然石典、南山书院等项目，承办“南湖之声”“非遗圩日”“2018年中国漳州国际雕塑展”等大型文艺活动。水仙花海水稻丰收画面登上央视，国家、省、市权威媒体竞相报道高新区“生态+”建设的成功经验。持续提升全区生态配套，共新建雨污管道21.4公里，新增绿道10公里、公共绿地约21.73公顷，建成花海约13.33公顷、湿地公园10公顷。与此同时，全面开展扬尘、渣土车、环境卫生等专项整治行动，全面提升区内气质、水质、土质。

【招商引资】

强化“一把手”招商，升级完善“商务110”商机对接中心平台功能，共开展各类主题招商活动200多场次，签约项目20个，总投资74.1亿元。在全市率先出台扶持集成电路产业发展的相关政策，东方拓宇物联网智能终端项目成功签约落地，并实现当年度投产；半导体级别IC领域单晶硅项目签约落地并启动前期工作；中盟科技园（一期）基本建成，引进中小型企业30多家；众创园、甲骨文双创基地一期已投入使用，物联网示范园也于4月中旬正式开园，3个科技平台入驻企业100多家。

【科技创新】

组织企业参加高新技术企业认定申报培训，共有6家企业通过国家高新技术企业认定，比上年净增5家；新增福建省科技小巨人领军企业1家，新备案省级高新技术企业10家；5家企业获得创新创业大赛奖项6个，其中省赛三等奖1个。做好人才引进培育，漳州高科发展有限公司院士工作站获得省院士办授牌，引入南京大学陈洪渊院士及其团队多名专家。举办高校技术人才交流活动、大学生创新创业论坛、园区企业知识培训、行业交流会等活动20多场次，为科技创新发展人才提供强有力的平台依托。甲骨文（漳州）技术人才双创基地获得2018年漳州市示范众创空间认定，对接互联网软件行业企业100多家，引入企业21家，其中已入驻企业14家，固定办公人员达200多人。

【要素保障】

推进招商攻坚、报批攻坚、征迁攻坚、资金保障，全年共完成土地征收约338.93公顷，拆迁房屋面积103万平方米，并做好土地征收后的管理工作和用地报批工作。向上争取土地储备、棚改等各类专项债券，强化与央企、市属国企、银行等其他金融机构的沟通对接，共完成融资授信55亿元。

（沈　洁）

责任编辑：江细珍

东山金木雕（黄辉全 摄）

东山金木雕

东山金木雕生产始于明洪武二十年（1387年）建关帝庙时，由广东大埔县木雕匠人传入。据考，当时的金木雕不仅广泛用于装饰庙宇殿阁中的梁柱、斗拱、神龛、屏风及各种佛、神像等，还作为香案、窗门、檐、床、柜、桌、椅的雕花装饰，民间茶馆酒肆、豪屋富宅及婚嫁喜庆的妆奁家具、器物等也都有金木雕装饰。金木雕在东山有着悠久的历史，且明代已属鼎盛时期。

东山金木雕技艺于2009年5月31日被列入省级非物质文化遗产的保护项目。（选自《漳州名产志》）

县（市、区）概况

·芗城区·

【经济社会概况】

2018年，芗城区实现地区生产总值642.63亿元，比上年增长9.4%；农林牧渔业总产值16.56亿元，规模工业总产值922.06亿元，规模工业增加值226.46亿元，固定资产投资282.35亿元，比上年增长29.93%；一般公共预算总收入31.41亿元，比上年增长9.4%，其中，地方一般公共预算收入16.82亿元，比上年增长11.20%；实际利用外资2.81亿元；外贸出口56.23亿元，比上年增长8.97%；社会消费品零售总额223.66亿元，比上年增长11.4%；城镇居民人均可支配收入40184元，比上年增长8.7%，农村居民人均可支配收入18143元，比上年增长9.1%。

【产业发展】

加快发展先进制造业，培育供给侧改革先进企业，三宝集团成为全市唯一跻身中国民企制造业500强的企业，2家企业入选“福建省百强企业”，新增省级工业和信息化龙头企业9家；扶持中小企业“专精特新”发展，4家企业入选“福建省制造业单项冠军企业（产品）”，新增4家省级高成长企业。推进现代服务业提升工程，服务业增加值比上年增长9.8%，新增限额以上贸易企业180家，漳州古城文化旅游综合体入选省级现代服务业集聚示范区；网络零售额达40亿元，占全市比重35%以上；旅游人气持续高涨，年接待游客突破800万人次；新增市级以上文化产业示范基地10家。入选国家知识产权强县工程试点区，规模以上工业企业（年主营业务收入在2000万元及以上的工业企业）研究与试验发展经费投入比上年增长32.1%，新认定国家级高新技术企业19家、省级科技小巨人领军企业10家；3个项目成果分别获省科技进步奖、省技术发明奖、中国专利优秀奖。三宝集团获得由国家市场监督管理总局

傲农生物科技集团生产车间　　（林良益　摄）

颁发的全国第一本钢筋混凝土用耐蚀钢筋生产许可证。

【项目建设】

全年落实“五个一批”项目180个，214个市级竞赛项目完成投资235亿元，教育组团项目等17个重点项目开工建设，五洲城一期等8个项目建成投产。深入开展“西湖生态园项目建设年”，全年完成西湖生态园近千亩土地报批，总面积138万平方米的安居房工程、总长超20公里的道路工程等29个先行项目加快实施，年度完成投资50亿元。持续打好标准园区建设阵地战，完成14个产业性项目供地，建设提升园区道路20公里，金塘路综合管廊项目纳入全市样板工程；专业园区加快集聚成型，软件园完成前期规划，金湖云谷智造小镇一期加快施工，引进23家制造业企业进驻；开发区综合发展水平连续排名全省省级开发区第二位。加快老城区有机更新步伐，全面启动食品片区、金峰片区等15个片区改造；漳州古城完成漳州林氏宗祠（比干庙）及汪春源故居修缮工程，林语堂、许地山、杨骚文学馆及“三有书屋”建成投用，非遗展销中心、伴手礼超市等一批商户相继开业，古城人气持续兴旺。

【招商引资】

坚持“一把手”招商，举办9场签约活动，签约73个项目，其中投资超亿元项目36个。坚持“靶向招商”，突出实体经济和城市经济双轮驱动，跟踪洽谈中科科技园、博士达、新宜冷链物流、中关村高新之家等产业性项目。开展“零地招商”，建立空置厂房、楼宇数据库，零地引进11家企业、总投资超16亿元。

【城市建设】

全速推进西湖、西院湖二期、侨村会客厅、桥南美食家、“芗江水岸·龙江观竹”等“生态+”项目，实施15公里“五湖四海”达达通绿道建设，天宝蕉海完成蕉海驿站及10公里漫道系统建设，实施蕉海文化长廊、语堂影剧院等5个改造提升项目，南湖公园和南山水岸一期已基本完工并向游客开放。实施“一江两岸四桥”夜景提升工程（即从水仙花大桥至战备大桥段沿九龙江两岸的主要建筑物、桥梁、园林景观等为核心，建设江滨花园岸线2.3公里，及相应桥梁、主要建筑物、水闸、钟法路“飘带”工程、园林绿化等景观的夜景工程），灯光再造“枕三台、襟两河”的漳州独有老城格局，江滨路“彩虹飘带”成为群众点赞的“网红桥”。优化城市通勤圈，苍园路口等5条道路先后建成、打通，水仙大街、丹霞路北段等10公里城市道路加快改造提升，完成新浦路立体停车楼建设，新建5座天桥；完善市政配套设施，完成雨水污水等管网改造超100公里，提升3个农贸市场，完成7个无物业小区整治，新建改造11座城乡公厕。强化城市精细化管理，落实“街长制”，实施“门前三包”十项主题整治，加强“两违”综合治理，拆除“两违”面积60万平方米，实现省级文明城区“五连冠”。

建设中的金峰大桥　　（林良益 摄）

【乡村振兴】

设立新农村发展基金，实行三级挂钩责任制，集中优势力量、倾斜要素资源，全力振兴乡村。巩固脱贫成效，深入推进“同心121”工程（指全市统战系统挂钩帮扶1个省级贫困县、20个乡镇和128个行政村），实施基础设施建设、产业扶贫、小额信贷等27个项目，为贫困户提供公益性岗位105个，带动贫困户增收240万元；完成49户农村危房改造及全部512户住房安全性鉴定。增强产业支撑，培育新型经营主体，新增市级农业产业化龙头企业2家、农民专业合作社20家、家庭农场12家；成立全市首个“乡村振兴讲习所”，实现科技特派员全覆盖。增加公共服务供给，新建29所公办村卫生所，实现公办村卫生所全覆盖；建设农村公路8.8公里，完成农村生态示范路59公里、安全生命防护工程65公里；完成九龙江防洪工程漳州段（二期）芗城段等26个水利项目和24个防汛示范村建设。倡导移风易俗，新建天宝孝廉文化广场、天宝社会主义核心价值观主题公园、石亭党建文化公园等一批党建示范点，乡风文明建设成效明显。

【生态环境】

抓好中央和省环保督察、土地例行督察反馈问题整改工作；全面实行河湖长制，全力实施农业面源污染治理、工业区截污纳管、农村污水治理、城市内河治理等四场战役，关闭32家生猪规模养殖场，实现全域生猪禁养；投入4.2亿元，实施工业区11个污水管网配套项目，建成管网总长25公里；投入4亿元，全域实施农村污水处理PPP工程，28个村庄污水处理设施投入使用；大力治理城市黑臭水体，完成城市内河清淤13.56公里、住宅小区清淤181个、截污纳管15.6公里；成功消灭小流域劣V类水质，九龙江流域III类水质和饮用水源水质达标率均为100%。认真组织全国第二次污染源普查工作，开展“清水蓝天”环保专项执法行动，依法打击环境违法行为，立案查处59起，整治“散乱污”企业232家，加大重点行业挥发性有机物和重点区域扬尘等颗粒物综合整治力度，空气优良率比上年同期上升1.4个百分点。

【社会事业】

民生支出占一般公共预算支出的73%，总投资近37亿元的16个为民办实事项目全面完成。拓宽就业渠道，新增就业人数5900人，城镇登记失业率控制在2.5%。实现城乡低保标准一体化，提高退休人员养老金最低水平，全年发放养老、失业保险金、失地农民保障金和城乡低保金共5.7亿元。多渠道强化住房保障，交付使用安置房2082套，化解商品房、安置房不动产登记历史遗留问题6459套。漳州一中高中部、新华北小学等24个项目全面开工，天宝中心幼儿园等3所学校开园招生，新增公办幼儿园和中小学学位2250个；承办全市教育补短板项目建设现场推进会并作经验交流，被评为漳州市初中教育教学质量先进区、高中教育教学质量达标区。加快发展医疗卫生事业，新增床

华侨新村幼儿园 （林良益 摄）

位760张，新增医技人员245名。深化医药卫生体制改革，公立医院综合改革成效显现；建成消毒供应中心、病理检验中心、临床检验中心等“三大中心”；完善中医药服务体系建设，顺利通过全国基层中医药工作先进单位评审。繁荣公共文化事业，成立区融媒体中心，提升26个基层综合性文化服务中心，举办公共文化演出30场、全民健身赛事50场，新增市级非遗名录3个，出品传记电影《红色金融家——高捷成》。加快发展养老事业，建设2所老年人照料中心、27所农村幸福院，提升21所社区居家养老服务站，新增养老床位1200张，实现居家养老服务全覆盖。

【三宝集团跻身全国民企制造业500强】

2018年8月29日，全国工商联发布2018中国民营企业500强、2018中国民营企业制造业500强、2018中国民营企业服务业100强榜单；三宝集团股份有限公司以151.36亿元营业收入排在民企制造业500强第296位，也是12家入选的闽企中，唯一一家总部在漳州市的上榜企业。创办于1998年的三宝集团是一家集钢铁科研、生产、贸易一体化的综合性钢铁集团，年产350万吨钢的生产规模，行业综合实力居福建省第二位。其产品广泛应用于高铁、地铁、海底隧道、核电站等国家重大工程。

（林良益）

三宝集团钢铁生产车间 （林良益 摄）

·龙文区·

【经济社会概况】

2018年，龙文区完成地区生产总值246.27亿元，比上年增长9.3%；一般公共预算总收入17.03亿元，比上年增长8.2%；一般公共预算收入10.29亿元，比上年增长10.3%；固定资产投资280亿元，比上年增长23.2%；社会消费品零售总额154.2亿元，比上年增长15.1%；外贸出口34.86亿元，比上年增长8.22%；城镇居民人均可支配收入40978元，比上年增长8.1%；农村居民人均可支配收入19590元，比上年增长8.8%。

【项目推进】

全区新增“五个一批”（谋划一批、签约一批、开工一批、投产一批、增资一批）项目220个、计划投资779.6亿元。签约项目24个、总投资146亿元。65个项目开工、60个竣工，总投资16亿元的开发区首个商贸综合体当年签约、当年开工。完成征地230万平方米、拆迁110万平方米，长福片区等11个项目交地；一般建设项目审批时限由123天压缩到27天。

【产业发展】

帮扶民营企业，为企业减税5.6亿元，扶持资金5735万元，化解不良贷款7.7亿元，为16家企业补办不动产权证。发展现代服务业，出台系列服务业发展政策，金融总部、地产建筑、商贸物流初具规模，融信、九龙财富中心引入金融机构14家，新增存贷款余额超50亿元；明发商业广场等地汇聚建筑企业200多家，带动建筑业增加值比上年增长10.2%，全年销售商品房138万平方米；万达商圈繁荣发展，新落户国药、平安银行、一达通等企业总部；汽车销售、快递收派件居全市第一。推动工业转型升级，完成新项目和技改投资47亿元、比上年增长52%，规模工业增加值87.98亿元，大闽食品（漳州）有限公司获评农业产业化国家重点龙头企业，金霸龙轻型载货汽车整车生产线试投产，钟表业引入瑞士独立制表人工作室。支持创新创业，新注册企业2668家、比上年增长35.9%，新增国家高新技术企业8家，省级及以上科技型企业数量达规模工业企业总数71%。促进旅游+生态融合发展，全年旅游接待人数151万人次，旅游总收入20亿元，同比增长29.4%，湘桥村被评为省级乡村旅游特色村。

【城乡建设】

全年实施中心城区城建项目163个，完成城建投资170亿元。水仙大街全线绿化提升，共造林绿化152.67公顷。完善城乡路网，新建成联东大桥等11条城市道路（桥梁）和12条农村公路。强化城乡配套，新开工安置房3025套，公开配售“安得广”限价商品房1773套、配租公租房422套；化解“两证”办理遗留问题2133套，整治老旧小区3个；一批公共停车场、农贸市场投入使用。建设省级美丽乡村2个，开展村庄截污项目24个，建成城乡公厕26座。行政村全部完成土地确权登记和农村集体产权制度改革。

【城市管理】

开展“水、气、土”专项治理。投资8亿元，整治内河水环境，实施九十九湾水系连通工程。关停10蒸吨以下燃煤锅炉，加大渣土车、柴油货车、餐饮油烟治理，整治“散、乱、污”企业161家，空气优良率90%；拆违55万平方米，“禁养”“禁板”“禁采”成果巩固提升。中心城区全面实行市场化、机械化保洁，“门前三包”示范创建获省、市肯定。蓝田、朝阳撤镇设街正式获批，“村改居”29个；完成村级组织换届选举；开展扫黑除恶专项斗争，打击违法犯罪行为，有效化解信访积案；“雪亮工程”（以县、乡、村三级综治中心为指挥平台、以综治信息化为支撑、以网格化管理为基础、以公共安全视频监控联网应用为重点的“群众性治安防控工程”）在新项目中实现设计、施工、验收“三同步”的做法在全市推广。

【社会事业】

全年民生事业支出14.3亿元，为民办实事项目完成计划投资190%。新建成学校3所、新增学位2070个，新招聘教师220名。市第三医院二期、区妇幼保健院和步文社区卫生服务中心竣工，新招引卫计人员252名，实现公办村卫生所医保“村村通”。区文化馆、图书馆免费开放，湘桥村、承泽楼等古村古楼完成修缮，区融媒体中心挂牌成立，举办第四届海峡两岸朱熹陈淳学术研讨会、中华武术大家练、全国学生定向锦标赛、全国沙画赛等文体活动。城乡低保一体化，新建养老服务设施16个；粮食储备库完成智能化升级改造；食品安全“一品一码”追溯体系建设扎实推进。

【行政效能】

办理人大代表建议29件、政协提案74件，法定期限办复率100%。群众办事推行“秒批”服务，企业开办时间压缩为半天，实现网上政务服务五级联办，营商环境评估龙文区位列全市第一；机构改革基本落实到位；实行区属国有企业年薪制，实现开发区政企分开。健全法治建设责任制，组建法律专家库；完成政府网站统一平台建设，政府信息公开。推进国库集中支付电子化和代记账管理，把公务卡制度覆盖到社区，“三公”经费下降20%。

【第四届海峡两岸朱熹陈淳学术研讨会召开】

12月7日至8日，由中共漳州市委宣传部、龙文区人民政府、朱子学会、厦门大学国学院联合主办的“第四届海峡两岸朱熹陈淳学术研讨会”在龙区召开，共

2018年12月7日，龙文区召开“第四届海峡两岸朱熹陈淳学术研讨会”

（沈鹏淏 摄）

邀请来自韩国、马来西亚、新加坡等国家的专家近60人参会，收到论文30余篇。主会场设置“朱子学与家风家教、朱熹陈淳教育思想与当代基础教育、东亚朱子学的历史与未来、朱子学与闽南文化、朱子学与社会治理、陈淳研究”六个主题。分会场有朱子文化文艺汇演、朱子文化书法作品展等活动。

（林宝卿）

·龙海市·

【经济社会概况】

2018年，龙海市实现地区生产总值908.35亿元（含漳州开发区、台商投资区，下同），比上年增长8.3%；固定资产投资268.9亿元，比上年增长10.5%；规模工业总产值706.24亿元（不含漳州开发区、台商投资区）；规模工业增加值198.02亿元（不含漳州开发区、台商投资区），农林牧渔业总产值127.80亿元（不含漳州开发区、台商投资区），一般公共预算总收入（不含漳州开发区、台商投资区）42.92亿元，比上年增长7.1%；地方一般公共预算收入（不含高新区）21.40亿元，比上年下降5.2%；社会消费品零售总额157.18亿元，比上年增长11.3%；出口总值35.66亿元，比上年增长12.6%；实际利用外资2.15亿元；城镇居民人均可支配收入37052元，比上年增长7.6%；农村居民人均可支配收入19006元，比上年增长8.8%。再次入选全省县域经济实力“十强”县（市）。

【项目建设】

全年实施重点项目86个，完成投资147.2亿元，其中：省级重点项目7个，完成投资36.58亿元，完成年度计划105%；漳州市级重点项目38个，完成投资103.5亿元，完成年度计划103%。落实“五个一批”项目，谋划项目63个，总投资1049亿元；签约项目32个，总投资345.5亿元；开工项目26个，总投资177.2亿元；投产项目20个，总投资97.6亿元。坚持“一把手”抓招商，举办“6•18龙海汽车及智能科创产业专场对接会”，德国格拉默、杭州协能等国内外知名产业链配套项目签约落地。组织开展“征迁大突破”活动，完成征地720万平方米，拆迁112.6万平方米。

【产业发展】

坚持抓龙头、筑链条、建集群，推进“工业向沿海集中、项目向园区集中”，金龙客车一期项目建设全速推进，中海油LNG项目主体工程全面开工，正新橡胶二期全面投产、三期正式开工；食品产业呈现转型发展的良好态势，规划建设“中国休闲食品名城龙海博览园”，支持中小企业通过技术改造、兼并重组等方式做大做优，完成工业技改投资35.9亿元，新增新上规模工业企业12家。建筑产业工业化走在全省前列，完成建筑业总产值239亿元、比上年增长10.9%。房地产业健康发展，完成项目投资144.82亿元，比上年增长84.4%、销售面积200.38万平方米，比上年增长66.4%。旅游产业稳步发展，旅游接待人数281.74万人、旅游收入38.1亿元，分别比上年增长20%和30.9%。加快发展战略性新兴产业，高标准规划建设南太武科创小镇，与厦大嘉庚学院签订战略合作协议，加快建设省级“6•18”科技成果转化平台和生态文明科技创新成果转化平台，特尔福等11家企业通过国家高新技术企业认定，13家企业通过省高新技术企业认定。

龙海市“一江滨两新区” （郭高翔 摄）

【城乡建设】

把“一江滨两新区”（一江滨：锦江大道片区；两新区：紫云新区、月港新区）、“南太武南溪湾”（以南太武高新技术产业园和南溪湾创业园为核心，涵盖辐射浮宫镇、港尾镇、隆教乡等乡镇）两个重点区域作为主动融入闽西南协同发展区大平台、增创厦漳同城发展新优势的主战场。其中，“一江滨两新区”是城市中心和现代服务业中心，2018年实施项目86个，完成投资49.5亿元，重点实施老石码骑楼建筑街区的保育活化与有机更新，加快后港历史风貌区、“四馆一中心”（龙海市博物馆、龙海市图书馆、龙海市工人文化馆、龙海市档案馆，龙海市新闻中心）等项目建设，着力彰显“老石码、古月港，最闽南、古早味”，打造“厦漳同城中最有闽南特色的活力古镇”。“南太武南溪湾”，是对接厦门环湾发展的滨海新城组团，2018年实施项目27个，完成投资71.4亿元，南太武高新区“六路两河两桥”［六路：浮南大道（含青石路）、浮南路、工业路、花园路、梅石路、高新路；两河两桥：高厝溪、新圩溪及其桥梁］和滨海新城核心区“七路三河两景观”（七路：迎宾路、横一路、滨湖路、卓岐路、通湖路、滨湖纬四路、滨湖纬六路；三河：迎宾河、通湖河、太元圩溪；两景观：卓岐路景观绿化带、迎宾绿廊）两个基础设施PPP项目、卓岐和格林两个安置小区、南太武学校等城市功能配套项目全面启动，着力打造“产城一体、宜居宜业”的厦漳同城化先行示范区，培育龙海经济新增长极。坚持“城市抓创卫、农村抓宜居”，

龙海万亩红树林 （李储全 摄）

龙海市全景图　　（郭高翔 摄）

成为全省第一个成功创建“国家卫生城市”的县级市，首次荣获“省级文明城市”“省级森林城市”，打造田头村、埭美村、卓港村等富美乡村新样板。

【三大攻坚战】

打好三大攻坚战（防范化解重大风险、精准脱贫、污染防治）。防范化解重大风险方面，坚持每月召开信贷风险防范化解工作专题会，重点抓好鸿一粮油等重点企业不良资产处置化解，全市不良贷款率比上年下降5.09个百分点。精准脱贫方面，牢牢把握“两个确保”（确保现行标准下农村贫困人口全部脱贫，确保贫困县全部摘帽）目标和“两不愁三保障”（两不愁：不愁吃、不愁穿；三保障：保障贫困户义务教育、保障基本医疗、保障安全住房）脱贫标准，全面完成21个贫困村、351户贫困户、774个贫困人口脱贫任务。污染防治方面，突出“建筑工地抓降尘、特殊行业抓管理、重点流域抓断面、督察整改抓复核”，龙海市区空气质量稳步提升，PM2.5浓度同比下降，南溪、西溪流域及主要小流域水质达到考核标准，城市集中式饮用水源水质达标率100%，省级环保“三合一”反馈问题全面整改到位。

【民生事业】

入选“2018中国县级市全面小康指数”百强，实施为民办实事项目24个，完成投资5.11亿元。优质教育供给能力提升，龙海一中进入全省33所“福建省示范高中建设学校”名单，石码中心小学新校区、华侨幼儿园新园区等一批教育补短板项目建成投入使用，新增学位3355个，龙海职校一期工程全面竣工。加快完善养老服务体系，新建市社会福利中心（一期）和一批乡镇敬老院、农村幸福院。医改试点深入推进，市第二医院改造提升、院前医疗急救中心和卫生监督监测大楼和一批乡镇卫生院竣工投用，公办村卫生所标准化实现全覆盖。加快补齐城乡基础设施短板，围绕“东西南北有形象、互联互通更顺畅”目标，实施交通项目12个，完成投资21.5亿元，厦漳大桥实现降低收费，省道208复线、沿海大通道龙海段、龙江大道二标段、龙翔路、疏港公路改造全线通车，“城乡公交一体化”改革持续推进，新增公交线路7条、总计达26条，全面实行“135”票价（龙海市区线路1元、市域不超过3元，市际不超过5元），公交出行分担率逐步提升，区域互联互通更加便捷。

【荣膺国家卫生城市称号】

2007年3月正式启动创建国家卫生城市工作以来，龙海市委市政府始终把创卫创城工作摆在优先位置，作为坚持高质量发展落实赶超的重点工作来抓，坚持一任接着一任干，一年一年见成效。2018年2月10日，龙海市正式获得“国家卫生城市”荣誉称号，成为全省第一个获此殊荣的县级市。

（杨志斌　许英杰）

·漳浦县·

【经济社会概况】

2018年，漳浦县实现地区生产总值（含古雷开发区，下同，括注除外）438.13亿元，比上年增长8.4%；固定资产投资249亿元，比上年增长20.3%；规模工业总产值（不含古雷开发区）340.9亿元，规模工业增加值（不含古雷开发区）99.40亿元，一般公共预算总收入（不含古雷开发区）28.35亿元，比上年增长20.9%，地方一般公共预算收入（不含古雷开发区）18.54亿元，比上年增长19.6%；社会消费品零售总额130.34亿元，比上年增长14.3%；实际利用外资（不含古雷开发区）3亿元，出口总值（不含古雷开发区）49.21亿元，比上年增长14.55%；城镇居民人均可支配收入36058元，比上年增长7.4%，农村居民人均可支配收入19771元，比上年增长9.2%。

【工业经济】

全县新上规模企业30家，总数达246家。绥安工业区产业转型加快，产值、税收分别完成195亿元、5.3亿元，创历史新高。万安工业园道路框架拉长拓展，万安大道二期、万绥路、安义路竣工通车，污水处理厂和市政道路PPP项目开工投建。前亭工业园总投资15亿元的粤港家居7家企业奠基开工。赤湖工业园11家皮革企业生产平稳，实现产值30亿元、税收8060万元。彻底解决古雷石化基地征地遗留问题，使之成为全国第一个封闭式生产运行的石化产业园区。

【现代农业】

漳浦县被评为首批国家农村产业融合发展示范园，石榴田园综合体扬基生物、天意农业等7个特色项目态势喜人。举办首届全国三角梅产业南北合作论坛。完成258个建制村土地确权登记和5个国有农场社会职能改革。建成六鳌一级渔港、前湖二级渔港，漳浦渔港经济区纳入全国规划布局，成为全国平安渔业示范县。

【第三产业】

全年接待旅游总人数突破520万人次、实现收入57.2亿元，分别比上年增长16.8%、27.7%。红色旅游升温，石榴车本、县委马坪旧址、盘陀红军林、霞美虎崆岩、大南坂清泉岩等一批革命遗址装点一新、倍受青睐。六鳌抽象画廊重妆开放，前亭火山岛获评省级露营公园，天福石雕园获评省级养生旅游休闲基地，东南花都获评省级现代服务业集聚示范区。电子商务实现交易额33.7亿元，跻身“全国电商百强县”和“全国网络零售百强示范县”。

【项目建设】

举办北京、重庆、成都、深圳、苏州等专场推介会27次，项目集中签约4批，签约项目92个、总投资289亿元，新增三峡海上风电、中联海晟物流等亿元以上项目42个。总投资100亿元的“龙湖古镇”综合开发项目正式签约落地，将建成千年唐郡文化与现代旅游元素融合的大型综合体验景区，打造“闽南第一古镇”。欧科皮业、七星海文旅小镇等41个亿元以上项目相继开工，金马百虹、微水环保等15个项目先后建成，欧康实业、海风装备制造等27个项目加快建设。盘活批而未供和闲置土地328.27万平方米，获批231.67万平方米。帮助107家工业企业补办房产证，增加银行授信15亿元；兑现各类工业扶持资金1064万元。深化“放管服”改革，在全省率先推行“审核合一、一人通办”“一窗受理、全程代办”，群众和企业办事更加便捷。持续开展“追问题、解难题、促落地”活动，打通一兴服饰、泰柯实业等42个项目落地“最后一公里”，天福集团纳税再上亿元，盈丰公司实现产值创汇双增长，同溢堂、车城汽配、和进制罐等企业产值逆势上扬。

【三大攻坚战】

全力打好“三大攻坚战”（防范化解重大风险、精准脱贫、污染防治）。防范化解重大风险方面，全年信贷总量突破260亿元。加大金融服务实体经济力度，为56家企业对接融资意向35亿元，有效处置盈丰不良贷款。精准脱贫方面，完善贫困户“一户一档”，完成422户贫困户无房新建或危房改造。实行财政兜底，为建档立卡贫困人口、低保对象、特困人员缴交最低标准养老保险费。投入7300万元，实施产业扶贫项目20个，带动530户贫困户增收265万元。扩大扶贫小额信贷覆盖面，发放贷款4515万元，财政贴息225万元。污染防治方面，加大生猪和牛蛙养殖污染整治力度，拆除生猪养殖场1077家89.7万平方米，牛蛙养殖场543家92.2万平方米，长桥镇东升村、官浔镇台资企业“三本肥料”成为全国畜禽养殖废弃物资源化利用现场会观摩现场；整治矿山、机砖厂、搅拌站和木材加工企业，无证一律取缔、有证规范经营，改善鹿溪、南溪、盘陀溪等重点流域水质。

【城乡建设】

实施城建项目84个，完成投资28亿元。推进创建国家卫生县城和省级文明县城工作，小区物业管理改革迈出第一步，政府服务向社区延伸，实现社区主管小区、主导物业。绥东、黄仓等18个社区通过省级卫生村验收。投入2.6亿元，县城区治安监控、夜景亮化、交通标识更新完善，县污水处理厂扩容提标、生活垃圾焚烧发电厂二期工程投入使用。府前街、金鹿中路等断头路加快施工，中心城区更加畅通。新都、万新、永嘉天地、府前唐街四大商圈互通互补。金浦大桥竣工，滨江大道、金浦大道南段、盘古大道连接线等市政道路加快建设。佛昙联创三期、深土碧水丹山等城镇综合体有序推进，培育涌现沙西院前、杜浔林苍、赤岭大行等16个美丽乡村，官浔红霞、深土山尾、六鳌鳌西3个村入选第五批中国传统村落。红色旅游道路、九龙岭隧道、沿海大通道旧镇连接线建成通车，漳江湾特大桥主体完工，漳浦汽车客运站试运营，新建农村公路120千米。处置“两违”136万平方米，城乡更加整洁亮丽。

【民生事业】

实施PPP项目13个，总投资115亿元。全年民生投入38亿元，占财政总支出83%。科教文卫再上台阶，申报高新技术企业19家，望松集团、万辰生物成为省级院士专家工作站，科技特派员实现全覆盖。漳浦一中初中部复办招生，高考本科上线率连续17年居全市第一；投入1.2亿元，新建城关中心学校、第三实验小学及附属幼儿园等小学、幼儿园10所，新增学位4700个。时隔六年再次举办全县中小学生运动会，成功举办全国黄道周书法作品展，县文体中心加快主体施工，杜浔籍帆船运动员卢云秀多次获得国际大赛冠军，融媒体改革走在全省前头，《漳浦年鉴（2017）》获得全国年鉴一等奖，漳浦剪纸入选国家传统工艺振兴目录。全县286家公办村卫生所实现标准化建设和一体化管理，天福医院和养生文化村项目奠基动工，赤岭、六鳌等5个卫生院改扩建项目有序推进。全县城乡居民养老保险参保率超过97%，12200个低保对象应保尽保，发放被征地农民养老保障金、低保金、特困人员供养金7822万元。新增城镇就业6000人、农村劳动力转移就业1万人。

（姚鸣声）

·云霄县·

【经济社会概况】

2018年，云霄县实现地区生产总值230.10亿元，比上年增长8.0%（含常山开发区）。其中：第一产业增加值35.08亿元，比上年增长5.7%；第二产业增加值79.52亿元，比上年增长8.4%；工业增加值69.01亿元，比上年增长9.5%；第三产业增加值76.96亿元，比上年增长8.7%。人均地区生产总值54028元（含常山开发区）。规模以上工业总产值235.03亿元，农林牧渔业总产值55亿元（含常山开发区），固定资产投资182.65亿元，比上年下降13.6%。社会消费品零售总额81.26亿元（含常山开发区），比上年增长14.6%。外贸出口额16.31亿元，比上年增长25%；实际利用外资20340万元。一般公共预算总收入9.9066亿元，比上年增长8.0%；其中地方一般公共预算收入6.6418亿元，比上年增长7.5%。城镇居民人均可支配收入（含常山开发区）32447元，比上年增长8.5%；农村居民人均纯收入（含常山开发区）16812元，比上年增长9.5%。

【城乡建设】

推进新区开发，实施旧城改造，点面联动拓展县域经济发展空间。“一区一湖两园三线”（一区即滨北新区，一湖即南湖湿地生态园，两园即回乡创业园和涵盖十个农业精品园的“农业大观园”，三线即沿海大通道云霄段二期工程、国道改造提升工程、和田路）实施项目21个，完成投资22.62亿元。南湖生态园初具雏形，开通南湖路，建成如意灵芝湖；完成滨北新区二期规划，征收土地38万平方米，推进新县医院、兄弟高登温泉酒店等一批项目前期工作。复兴东片区实现回迁入住，开工建设威惠庙片区、旧实小片区和演武亭安置房，启动下港片区旧城改造，新开工房地产项目面积18.45万平方米。完成国道324线（非城关段）、城区云漳路“白改黑”工程，漳江湾特大桥成功合龙，国道324线（城关段）改造提升项目动工兴建，推进和田路、云平高速建设，山海城一体化交通路网渐趋完善。开发区污水处理厂及其配套管网开工建设，回乡创业园标准化建设进一步提升；农业大观园发展态势良好，新建设施农业33.33万平方米，新增地标产品11个，打造“云霄黄观音”等茶叶公共品牌；和平乡获评“中国旅游产业影响力美丽乡村”，棪树村获评“中国美丽休闲乡村”。

【项目建设】

全县252个重点项目完成投资249.64亿元，占年度计划的92.37%，新开工亿元以上项目33个，新增“五个一批”项目169个。电工设备产业园、食品工业园等93个项目开工建设，汉晶光电、中福新材料等91个项目实现竣工或投产，核电项目进入国务院常务会征集议题，抽水蓄能电站项目可研勘测工程进展顺利。坚持“一把手”招商，成立香港云霄联谊会，推进招商常态化，共签约三维项目60个、计划总投资115亿元，已落地项目27个；其中生产性项目48个、计划总投资66.8亿元。全年新增4家高新技术企业。深化“追问题、解难题、促发展、当先锋”活动，完成土地报批22.4万平方米，盘活闲置用地16.13万平方米，获批使用林地90.8万平方米。召开政银企座谈会，向30家企业意向授信17.18亿元。

【生态环境】

做好污染防治，全面落实“河长制”，投入12.3亿元实施农村生活污水处理设施项目、五板桥黑臭水体治理等七大治污工程，开工建设峰头水源工程和农村安全饮水项目，完成县城污水处理厂一级A提标改造，清理辖区牛蛙养殖面积94.33万平方米，全县饮用水源及地表水水质100%达标。做好湿地生态保护，推进红树林保护区“退养还湿”，完成勘界立标、完善监控系统等基础工作。加强大气污染治理，狠抓扬尘污染管控，完成16家加油站油气回收治理。完成水土流失综合治理250万平方米，完成林带修复53.33万平方米、封山育林200万平方米，全县森林覆盖率67%。累计拆除“两违”105.3万平方米。整治优化农村人居环境，新增农村公厕10座、垃圾转运站3座，实现农村陈年垃圾清理全覆盖，成功创建10个美丽乡村。

【脱贫攻坚】

全县所有贫困人口实现脱贫、贫困县实现摘帽。紧紧围绕“两不愁三保障”（不愁吃、不愁穿，义务教育、基本医疗、住房安全有保障）标准要求，完成306户贫困危房户、无房户修建工程；农村低保标准提高至6960元每人每年，实现城乡低保标准一体化；实施“特色农业＋扶贫”“旅游＋扶贫”，在全市首创“政校企”电商扶贫模式，新增扶贫小额信贷5360万元，扶持贫困户创业就业；累计帮助121名贫困学生就学就业。推进“养鸡生蛋”工程，落实“村财增收三年规划”，实施增收项目399个，扶持67个空壳村、薄弱村发展。强化扶贫领域监督执纪，全年查处违规案件31起55人。

【社会事业】

实施2018—2020年111个民生补短板项目，投入教育领域资金6.8亿元，后汤小学教学楼、莆美幼儿园等一批校安工程建成投用。初高中教育教学质量位于全市先进县行列。投入医疗领域资金2.17亿元，挂牌成立县总医院，完成县妇幼保健院整体搬迁，康济医院竣工投用，增加床位203张，新增77家公办村卫生所，创建名医工作室。完成46个基层综合文化服务中心建设，开展“中国书法之乡”创建工作。实施“公建民营、管办分离、养医结合”养老服务新模式，兴办6所乡镇敬老院和20所农村幸福院，全年发放城乡低保、供养金4834万元、医疗救助金665万元。启用颐圆殡仪服务中心，完成城区殡仪改革。落实安全生产责任制，通过省安全生产巡查。推进第三轮“三年卷烟打假综合治理行动”，全年保持制假烟机“零查获”。防范金融风险，不良贷款率控制在市下达指标范围内。

（汤智谋）

·诏安县·

【经济社会概况】

2018年，诏安县完成地区生产总值278.58亿元，比上年增长8.7%；第三产业增加值110.31亿元，比上年增长10.2%；农林牧渔业总产值86.12亿元，比上年增长5.2%；规模工业总产值337.82亿元，其中规模工业增加值99.64亿元，固定资产投资142.97亿元，比上年增长0.6%；公共财政总收入11.13亿元，比上年增长18.1%，其中地方公共财政收入7.12亿元，比上年增长15.7%；实际利用外资2.07亿元；出口总值31.01亿元，比上年增长8.96%；社会消费品零售总额122.75亿元，比上年增长12.3%；农村居民人均可支配收入16239元，比上年增长10.1%；城镇居民人均可支配收入29580元，比上年增长7.1%。连续三年荣获“全省县域经济发展十佳县”；通过省级森林县城考评验收，荣获“福建省森林县城”；扶贫模式和成效获得国家扶贫办的肯定和推广，12月15日，在中国扶贫开发协会、国家信息中心、求是《小康》杂志社联合主办的2018第十三届中国全面小康论坛，诏安县获评“2018年度中国十佳脱贫攻坚与精准扶贫示范县”。

【工业发展】

全县规模企业总数达到156家，实现工业税收3.25亿元，增长7.2%。工业投资42.83亿元，友友包装、东裕食品等57个工业项目开工，能裕实业、京丰婴童二期等41个工业项目投产。47个技改项目完成投资30亿元，增长20%。新能源、青梅制品、水产品加工、婴童用品、海洋生物医药五大主要产业实现产值165.9亿元，增长13.9%；猛狮新能源科技、四海食品、安邦水产、多伦婴童用品等11家企业产值达到5亿元以上。麦凯智造、润科生物被认定为国家级高新技术企业。落实各级扶持企业发展政策，兑现各项奖励资金679.8万元，惠及企业250多家（次）。为铭兴食品、海棠食品等34家企业补办不动产登记证。组织“政银企”对接会帮助中小企业融资，促成7家金融机构与63家企业达成融资意向8.3亿元。

【项目建设】

全县298个“三抓三比、十项竞赛”活动项目完成投资266.3亿元，占年度计划投资的136.5%。14个竞赛领域中，抓作风比营商环境、特色现代农业暨农业绿色发展项目、精准脱贫攻坚、生态水系项目、宣传报道等竞赛领域排名全市领先，整体竞赛水平进入全市前列。221个县级重点项目完成投资170.5亿元，占年度计划投资的103.1%，其中5个省级在建重点项目完成投资17.9亿元，50个市级重点项目完成投资97.6亿元，均超额完成年度投资任务。

【城乡建设】

加快新一轮《诏安县城乡总

体规划（2017—2030）》报批工作，完成所有乡镇总体规划、11个乡镇中心区控规和217个中心村村庄规划。大力实施路面改造工程，国道324线"白改黑"路面工程稳步实施，梅园路、玉峰路、玉良路等市政道路"白改黑"和立面改造工程基本完成。推进绿城建设，实施江滨公园、梅峰公园及9条市政主干道景观提升工程，推进丹诏大道、动车站站前片区绿化改造提升项目，城市宜居指数不断提高。古城建设步伐加快，实施明清牌坊街修复和文昌宫修缮工程，县前街—东门中街—中山东路历史文化街区入选第三批省级历史文化街区。

【"三农"工作】

开展50个富美乡村建设，实施项目340个，累计完成投资1.1亿元，涌现出四都镇西梧村、梅岭镇田厝村、腊洲村等一批可复制、可推广的典型。推进34个农村人居环境整治提升试点村建设，整治下宫线、诏平线两侧违章搭盖和环境卫生，新建城乡公厕51座，改造完成农村三格化粪池5191户，完成114个村庄污水治理设施和69个行政村农村垃圾治理任务。金星乡院前村大埔圩住宅小区等5个住宅小区入选省第二十批村镇住宅小区建设试点，金星乡湖内村被评为中国传统村落，建设乡建华作业区、桥东镇西浒村获评省级乡村旅游特色村。青梅、八仙茶、富硒蛋鸡等三大特色产业加快发展，青梅总产值38亿元，增长10%；八仙茶总产值10亿元，增长7.8%；富硒蛋鸡总产值1亿元，增长112.5%。太平镇入选全国农业产业强镇，红星乡、太平镇、官陂镇、霞葛镇等乡镇入选诏安青梅福建特色农产品优势区。《诏安八仙茶》供销合作行业标准获得中华全国供销合作总社批准发布。

【扶贫攻坚】

开展脱贫攻坚工作，2018年底实现全县全部贫困人口脱贫、贫困村出列、贫困县摘帽。农村居民人均可支配收入16239元，增长10.1%；选派204名科技特派员进驻217个行政村，实现科技特派员行政村全覆盖。结合"中国海峡硒都""中国青梅之乡"等名片，坚持以农民增收为核心，以产业为带动，以精准为导向，通过巧打"富硒"品牌，推动了青梅、荔枝、龙眼、芭乐、鸡蛋等为主的农产品上行，创新"互联网+精准扶贫"新模式，大力推进电子商务助力精准扶贫工作。累计发放扶贫小额信贷3699万元，支持贫困户发展"富硒+"特色产业；在企业开设扶贫就业专线，增加群众收入。实施"村企联姻"和"养鸡生蛋"工程，带动41个贫困村收益741万元。完成危房改造311户、危房修缮250户，实现贫困户住房安全性鉴定和修缮全覆盖。强化兜底保障，2448户4987个贫困人口纳入低保。

【社会事业】

组织实施20个为民办实事项目，完成投资6.4亿元。持续推进223个民生补短板项目，完成投资40.3亿元。教育方面，诏安职校新校区基本完工，桥东镇、霞葛镇、秀篆镇等9个乡镇中心公办幼儿园投入使用，新增幼儿园学位1920个、中小学学位1908个。蝉联"漳州市高中教育教学质量先进县"，荣获"漳州市初中教育教学质量达标县"。医疗卫生事业方面，整合优化县医院、县中医院及基层医疗机构成立县总医院，医疗服务县乡村一体化管理进入实质性运作。建成四都镇、西潭镇、太平镇等乡镇卫生院门诊综合楼，新建公办标准化村卫生所109家，实现行政村全覆盖，新增各类床位217张、卫计人员187人。文化事业方面，举办"墨香诏安·中国画作品展"等30多场书画作品展；62名书画类考生被本科院校录取，新增3名中国美协会员。体育事业方面，诏籍运动员在第十六届省运会上取得"一金七银四铜"的良好成绩，成功举办诏安县第六届运动会和20多场全民健身运动会。全面完成农村饮水安全工程，亚湖供水第二管线工程顺利通水。社会保障方面，农村低保标准每人每年从3930元提高到6960元。连续五届获评"全省双拥模范县"。

【举办"墨香诏安·中国画作品展"】

"墨香诏安·中国画作品展"由中国美术家协会、漳州市人民政府、福建省文学艺术界联合会共同主办，是中国画创作高水准的大型全国性专项展览。中国美术家协会在中国美协评委库中遴选专家组成评选委员会，对参评作品进行初评、复评。作品展分别于4月28日至5月7日、6月15日至7月3日在漳州和诏安举办。共展出238件精选作品，展现当代中国画的多元化发展。

（许渊彪）

·东山县·

【经济社会概况】

2018年，东山县完成地区生产总值230.7亿元，比上年增长8.4%；农林牧渔业总产值78.08亿元；规模工业总产值327.84亿元；规模工业增加值92.28亿元；固定资产投资100亿元，比上年增长23%；外贸出口总值84.38亿元，比上年下降11.89%；实际利用外资2.13亿元；社会消费品零售总额49.92亿元，比上年增长12.7%；一般公共预算总收入17.21亿元，比上年增长0.3%；地方一般公共预算收入11.08亿元，比上年下降2.8%；城镇居民人均可支配收入35977元，增长7.9%；农村居民人均可支配收入20787元，比上年增长7.5%。

【项目投资】

2018年，全县140个"三抓三比、十项竞赛"活动参赛项目投资129亿元，完成任务的156%，带动规模工业总产值、规模工业增加值、固定资产投资等指标增幅位居全市前列。重点项目扎实推进。推行"四步诊疗法"（探索推行重点项目"挂号、会诊、随访、销号"，推动重点项目早开工、早投产），获批用林69.2万平方米、用海130.75万平方米、农转用及土地征收52.28万平方米，供地92.12万平方米。新增130个"五个一批"项目，7个重大赶超项目和117个县级重点项目分别完成投资33亿元和70亿元，一中新校区等34个项目开工建设，岛外引水第二水源等项目加快推进，谷文昌干部学院教学综合楼等23个项目建成投用。各级领导外出招商101次，海洋世界等42个总投资超70亿元的项目签约，泰之味等33个项目落地。

【农业农村】

2018年，东山县完成乡村振兴战略规划编制，推进4个市级示范镇和24个市级示范村建设。修编养殖水域滩涂规划，全县水产品总产量42万吨。建设5个农业产业园，新增8家家庭农场示范场和3个农业智慧化项目，东沈村成立全市首家村级乡村旅游合作社。县财政奖补1550万元，实施冬古网具集中区等93个乡村振兴项目，打造14个富美乡村和10个美丽乡村示范村。建设高标准农田184万平方米；培育新型职业农民400名，选派科技特派员61人，实现61个行政村全覆盖。

【工业经济】

2018年，东山县产值上亿元企业51家，其中上5亿元企业21家；新增新上规模工业企业6家。两个园区承载能力增强，长山尾污水处理厂建成、城垵污水处理厂开工，水电路等配套加快推进，引进世界500强国电投集团智慧能源、国企中商盛世通用厂房等项目，海尚水产等5家企业投产。福建旗滨集团被确认为全县首家总部企业，中港（福建）水产食品有限公司、东山腾新食品有限公司等6家企业分别列入省级技术创新和"两化融合"项目，博嘉、辉永泰分别列入省级高新技术企业备案和科技小巨人领军企业。

【第三产业】

2018年旅游产业创收69.46亿元，接待游客680.7万人次。羊角山生态旅游公园、马銮湾旅游综合体等项目加快推进，华毅游艇等项目运营，景区亮化工程等配套进一步完善。全国海钓锦标赛、国际风筝板公开赛等活动成功举办，7部影视剧在东山取景拍摄，获评中国新闻摄影学会摄影基地，成为全市唯一、连续5届上榜全国百佳深呼吸小城，旅游知名度进一步提升。开通“京东东山特产馆”，电商交易额14亿元，比上年增长19%；网上零售额9.5亿元，比上年增长22%。恒大、中骏等项目相继开工，房地产市场保持稳定，销售36万平方米。

【生态建设】

2018年，东山县环境空气6项污染物指标达国家二级标准；新能源公交车总数97辆，居全市县级首位。河长制全面落实，推进畜禽、牛蛙养殖面源污染整治等工作，东赤港、石埔溪、铜砵埭沟水质及水环境提升，东英溪综合整治完成；双东污水处理厂提标改造，实现一级A达标排放；城乡污水收集系统项目投建。近岸海域水质优良面积比例91.9%。危险废物处置利用率、规范管理达标率均为100%，土壤环境质量保持稳定。生态保护持续加强。环保执法力度加大，处罚违法企业16家，查封违法企业11家。实施农村环境连片综合整治，完成11个村庄生活垃圾治理、15个村庄污水治理。矿山生态恢复治理3.39万平方米，新增水土流失治理13.33万平方米。国土绿化和森林经营496.4万平方米，新增生态公益林和一般林地储备库68.03万平方米。人居环境持续改善。完成西铜公路等主干道两侧建筑立面控制规划，城南路南段完工，文昌路探石段、疏港公路大产段等道路提升改造，冬古作业区疏港路一、二期全线绿化。新建改造低压线路28公里、供水管网15公里、雨污管网12公里、燃气管网9公里，新增公共停车位240个。“门前三包”工作全面推进，2条街道列入全市示范街。拆违超70万平方米，完成任务的140%，拆后土地利用率96.5%。

【深化改革】

2018年，东山县政府承接上级下放事项20项、取消16项、调整13项，审批流程精简为“受理－审查－决定”3个环节。106项审批事项推行“证照分离”，全市首推“扫码办件”，1105项审批、服务事项实现网办，审批承诺时限控制在法定时限50%以内，即办率超96%。公布“一趟不用跑”“最多跑一趟”办事清单954项，转化率80%以上。深化重点领域改革。全面完成机关企事业单位公务用车改革，累计精简公务车153部。组建县总医院。推进林权、农村集体产权制度改革省级试点，基本完成土地承包经营权确权登记颁证。实施国地税征管体制改革，完成机构合并，有序推动社会保险费和非税收入征管职责划转。其他领域改革工作全面推进。全力支持民营企业发展，落实各项税收优惠政策，全年减税降负近1亿元；及时发放应急周转金1.08亿元，政银企对接资金19亿元，履约率超85%。完善东山港铜陵码头海关监管场所，进出口通关时间累计分别压缩36%和25%，通关费用减少三成以上。

【加强合作】

举办第27届海峡两岸（福建东山）关帝文化旅游节；对台出口40亿元，对台小额贸易3207万美元。成立福州东山商会，“东商回归”签约项目7个，总投资18.4亿元。组织30家次企业参加“漳州味·世界行”等活动，拓展国内外市场。

【民生事业】

2018年，东山县民生支出22.9亿元，占财政总支出的76%；40个为民办实事项目完成投资14.5亿元。精准脱贫方面，投入扶贫资金1860万元，增长1倍以上，落实住房、医疗、教育三大保障，强化长效扶贫机制，建档立卡贫困户767户1755人稳固脱贫、人均可支配收入增长24.6%，8个贫困村稳固摘帽。社会保障方面，农村低保、残疾人“两项补贴”（困难残疾人生活补贴和重度残疾人护理补贴）、城乡特困人员救助供养等民生保障标准和机关企事业单位离退休人员基本养老金、城乡居民基础养老金、被征地农民养老保障等社保待遇水平全面提高。配租配售公租房、经济适用住房、限价商品房261套。城镇新增就业3293人，城镇失业人员再就业876人。完成23个养老补短板项目建设，铜陵日间照料中心及前何、埔头幸福院分别获评省五星级照料中心、五星级农村幸福院。教育事业方面，文昌学校招生办学，“城区挤、大班额”问题有效缓解；公办幼儿园3所投用、4所开工，新增学位900个。奖教奖学129万元，乡村教师生活补助标准提高到月人均400元。8所中小学被评为省义务教育教改示范性建设学校，教育“两项督导”（对县级人民政府教育工作督导评估、县级主要党政领导干部抓教育工作督导考核）顺利通过省级评估。基础卫生医疗方面，中医院迁建项目主楼开工，公办村卫生所规范化建设全面完成；新增产科、儿科床位35张，新增卫技人员100名。文体事业方面，举办黄道周文化学术研讨会、省全民健身运动会（东山赛区）等活动，群众精神文化生活更加丰富。蝉联省级文明县城荣誉称号。

【社会综合治理】

持续深化平安海岛建设，扫黑除恶专项斗争取得阶段性成效。升级立体治安防控体系，开展维稳“六大专项行动”（打击暴力犯罪、打击“黄赌毒、盗抢骗”、打击网络造谣传谣、化解信访积案、整治交通安全隐患、铲除消防安全隐患），做好矛盾纠纷排查化解工作，获评全国法治县创建活动先进单位、全国信访工作“三无”县（无进京越级上访、无大规模集体上访、无因信访问题引发的极端恶性事件）。打好防范化解重大风险攻坚战，健全金融风险化解预警机制，积极处置企业融资逾期问题，防止爆发大面积金融风险。落实安全生产责任制，通过省安全生产巡查，全面开展重点领域大排查大整治活动，全力消除各类安全隐患。

【依法行政】

深化政务公开和政府信息公开，认真执行人大决定决议，自觉接受人大、政协和社会监督，办理人大代表建议75件、政协委员提案82件，办复率均为100%。落实民主集中制，“三重一大”事项均提交县政府常务会议、县委常委会议研究决定。完成审计项目21个，增收节支2460万元；建设工程项目招投标119宗、政府采购112宗，资金节约率分别为9%和11.6%。

（陈春亮 谢惠英）

·南靖县·

【经济社会概况】

2018年，南靖县完成地区生产总值314.79亿元，比上年增长9%；固定资产投资209.4亿元；一般公共预算总收入13.14亿元，比上年增长10.6%；地方一般公共预算收入8.37亿元，比上年增长4.3%；规模工业总产值473.3亿元，比上年增长9.6%；外贸出口13.8亿元；实际利用外资2.05亿元；城镇居民人均可支配收入为32620元，比上年增长7.2%；农村居民人均可支配收入为17287元，比上年增长9.8%。人口自然增长率7.05‰。年度节能减排任务全面完成。三产结构优化为20.1∶48.5∶31.4；荣获“全省经济发展十佳县”称号。

【项目建设】

109个县级以上在建重点项目完成投资172亿元，完成市级“五个一批”项目324个，排名全市第一。漳武高速（南靖段）、马山线等重大交通项目开工建设，厦蓉高速（南靖段）改扩建工程建成通车。举办全域生态旅游暨首届靖商发展大会，全年共引进项目155个，总投资277.5亿元。推进项目审批“一趟不用跑”和“最多跑一趟”，审批时间压缩率96.6%，即办率94.2%。推进项目征迁，完成征地440.67万平方米，拆迁28.9万平方米，依法清理、盘活闲置土地187.2万平方米、厂房17.9万平方米；完成高标准农田改造2133.33万平方米，“旱改水”9.67万平方米，新增耕地51.07万平方米，补充林地225万平方米；

向上争取资金 11.8 亿元；实现土地运作收入 7.4 亿元；县属国有投融资平台完成融资 11.9 亿元。

【工业经济】

工业对经济发展的贡献率达 45%；新增新上规模工业企业 9 家，总数达 239 家；完成规模工业总产值 468.79 亿元；规模工业增加值 131.52 亿元，完成工业投资 120 亿元，增长 12.9%；新投产工业项目 35 个。全年完成工业税收 2.4 亿元。完成技改投资 98 亿元，增长 30%。12 家企业被列入重点上市后备企业名单；新增国家级高新技术企业 5 家、省科技小巨人领军企业 2 家、科技型中小企业 9 家、“专精特新”中小企业 1 家，5 家企业获得国家“两化融合”管理体系评定证书，焙之道食品团队入选省引才“百人计划”创业团队。扶持民营经济发展，拨付涉企扶持、奖励资金 1.4 亿元，累计减免各项企业税费 4.2 亿元，补办企业不动产权属登记 8 宗。

【现代农业】

完成农林牧渔业总产值 124.13 亿元。花、果、茶、菜、菌、药等“六大产业”年创产值超 60 亿元。投入 1.1 亿元，建设安全生态水系、节水灌溉等水利“十大工程”。实施乡村振兴“469”示范工程（重点抓好 4 个示范镇，60 个示范村，9 大县级示范项目建设），94 个项目累计完成投资 18.9 亿元。新引进农业企业 61 家，新建设施大棚 340 万平方米。成立南靖休闲农业和乡村旅游产业联盟。创立南靖土楼茶公共品牌，举办南靖首届农民丰收节、兰花节、南靖土楼茶王赛等活动；2 个农产品获评国家地理标志证明商标，源兴生态农业入选省级休闲农业示范点。

【第三产业】

完成第三产业增加值 104.7 亿元，比上年增长 10.4%。成立县旅游发展协会；编制完成《全域旅游发展总体规划》，全年共接待游客 560.3 万人次，比上年增长 18.7%；旅游收入 48.8 亿元，比上年增长 37.6%。收回土楼景区经营管理权，成功举办土楼申遗十周年系列活动，土楼马拉松、枳实花节、稻花香文化节等旅游节庆活动日益火爆。投资 35.2 亿元，加快乌托邦、青普二期等 48 个旅游项目建设。梅林镇入选中国旅游产业影响力文旅小镇、省四星级乡村旅游休闲集镇；科岭创建成为全市首个国家 AAA 级红色旅游景区。电子商务进农村实现全覆盖，获评“省级农村电子商务示范县”，全年交易额达 9.3 亿元。引进了 TMT 产业金融小镇、大博医疗、联胜物流等总部经济项目。

【城乡环境】

入选 2018 年中国最美县域榜单。完成县城总体规划局部修改，投资 14.4 亿元，实施城建项目 50 个。新建改建市政管网 65 公里，完成县城污水处理厂提 A 改造；打通育新路等 3 条断头路，中山桥、麒麟山兰桥建成投用；汽车中心站完成搬迁，县城微循环公交车和城市公共自行车投入使用；新增公共停车位 421 个；启动城东郊野公园等生态景观工程建设；严格落实“门前三包”制度，在全省率先实施城乡环卫一体化 PPP 项目，数字城管投入试运行，荣获“省级文明县城创建工作先进县”称号。靖城镇入选 2018 年全国综合实力千强镇。全年共编制完成 50 个村庄规划；投资 5542 万元，实施 11 个富美乡村创建村、8 个环境整治村以及 15 个美丽乡村建设。全年依法拆除“两违”建筑面积 92.1 万平方米。11 个村入选中国传统村落；梅林镇以及 3 个村入选中国历史文化名镇、名村；通美云水谣庄园和天景雨林入选国家森林康养基地试点建设单位。

【生态建设】

九龙江西溪流域（南靖段）水质达标率达 91.4%，靖城桥国控断面水质 20 年来首次提升至地表水Ⅱ类标准；县城空气优良率达 98.3%，获评国家级畜牧业绿色发展示范县，全国畜禽养殖废弃物资源化利用现场观摩活动走进南靖，资源化利用治理模式被国家农业农村部确定为全国十大模式之一，获评全省河长制工作示范县，并在全省河长制工作推进会上作典型发言，全面完成南一水库网箱整治，完成176座小水电站最小下泄流量生态改造，取缔36家不规范笋制品加工企业，淘汰燃煤小锅炉14台，县环境监察大队蝉联“全国环境执法大练兵表现突出集体”，并荣获集体三等功。

【民生保障】

全年财政用于民生支出达21.3亿元，占全年财政总支出的79.2%以上。拨付扶贫资金5806万元，落实产业扶贫项目36个，发放扶贫小额信贷资金3658.2万元，惠及贫困户1326户，教育扶智、医疗保险救助、政策兜底扶贫等措施持续深化，困难群众基本生活需求得到有效保障，低保率提高到1.28%。全面兑现强农惠农政策，发放补贴资金3200多万元。新增城镇就业人口3260人，城镇登记失业率控制在3%以内。实施移民创业园等42个移民项目建设。完成城乡低保标准一体化；城乡居民和被征地农民养老保障金月补助标准分别提高到128元、338元。全面做好优抚安置、残疾人补助和困难救助等工作，共发放补助金8046.6万元；完成残疾人康复中心主体工程建设。新配租公租房461套，办理保障房不动产权属登记1101套；商品房均价保持在全省较低水平。佰竹林、聚业长青等45个养老补短板项目完成投资5.8亿元；投入1000万元，建设3家居家养老服务中心，新建30所农村幸福院，改造5所乡镇敬老院，实施5所社区居家养老服务站提升工程。

【社会事业】

兰谷众创空间被评为省级众创空间，皓康生物科技荣获创新创业大赛（福建赛区）一等奖，泓净田园综合体项目荣获中国“互联网+大学生创新创业大赛”铜奖；科技特派员实现行政村全覆盖；全县专利申请652件，授权414件。投资1.9亿元，加快推进18个教育项目建设，第二实验幼儿园整体迁建等项目完成建设，县城高级中学、老年大学教学楼等项目加快推进，各类教育均衡协调发展，顺利通过教育两项督导省级评估，南靖一中通过省一级达标校复查，初中、高中教育再获全市教育质量先进县称号。完成土楼防雷和烟感报警点安装工程建设；东溪窑博物馆建成投用，南靖东溪窑成功注册国家地理标志证明商标；8处文物列入第九批省级文物保护单位；举办全县诗歌音乐会等12场大型文艺活动；全民健身活动深入开展，龙山镇入选省体育产业特色基地。投入2770万元，推进和溪卫生院等5个项目建设；建立5个名医工作室，公办村卫生所标准化建设基本实现全覆盖，基本医疗和公共卫生服务能力持续提升。

【社会管理】

丰田镇被列入全国“扫黄打非”先进基层示范点。推进餐桌污染治理，通过省级食品安全社会共治示范县验收。落实地方党政领导安全生产责任，抓好重点行业领域安全专项整治。成立县公共法律服务中心，深入开展矛盾纠纷排查调处和信访积案化解，推进“七五”普法，县司法局获评“全国人民调解工作先进集体”，龙山坪埔村入选第七批“全国民主法治示范村”。深入推进文明寺庙创建，召开全省民间信仰工作现场会。

【举办南靖县全域生态旅游暨首届靖商发展大会】

2018年7月6—8日，南靖县举办纪念福建土楼成功申报世界文化遗产十周年南靖县全域生态旅游暨首届靖商发展大会。大会围绕福建土楼成功申遗十周年、南靖土楼茶、靖商精神等主线，突出乡村振兴、全域旅游等经济社会发展元素，开展经济发展高峰论坛、特色名优产品展销，以及投资考察、观光体验活动等一系列活动，全面打响世遗土楼品牌，展示改革开放40周年以来南靖县经济社会发展取得的辉煌成就和南靖企业风采。活动期间，还举行了南靖土楼茶品鉴、招商推介等活动，现场共签约项目24个，总投资168亿元。6个亿元以上投资项目集中开工奠基，总投资17.1亿元。

（郑杰林）

·平和县·

【经济社会概况】

2018年，平和县实现地区生产总值226.46亿元，比上年增长8.2%。其中：第一产业增加值45.43亿元，比上年增长6%；第二产业增加值76.38亿元，比上年增长8.2%；规模以上工业增加值55.05亿元；第三产业增加值104.64亿元，比上年增长9.3%。人均地区生产总值43558元，比上年增长7.3%。规模以上工业总产值200.1亿元。农林牧渔业总产值85.09亿元。固定资产投资122.96亿元，比上年增长17.8%。社会消费品零售总额64.43亿元，比上年增长11.9%。外贸出口额2.76亿元，比上年下降49.3%；实际利用外资8080万元。一般公共预算总收入9.36亿元，比上年增长9.4%；其中地方一般公共预算收入6.16亿元，比上年增长4.1%。城镇居民人均可支配收入31785元，比上年增长7.3%；农村居民人均纯收入17649元，比上年增长9.3%。获得“全国电商示范百佳县”“全国茶业百强县”称号，入选“电子商务促进乡村振兴”全国十佳案例。

【工业经济】

持续开展“政策不睡觉、落地见成效”活动，37家企业补办不动产权证，55家企业获得工业稳定增长正向激励奖励和增产增效资金。鑫源祥木业、宝丽发石业、卓意包装等68个项目新开工，戎堃科技等26个项目续建，佳亿纸业、中成药生产等32个项目投产，新增规模工业企业8家。与闽南师范大学开展产学研战略合作，新建一批省市级技术中心和技改项目，完成技改投资16.5亿元。

【现代农业】

2018年，平和县现代农业产业园入选国家级现代农业产业园项目，是福建省唯一上榜产业园。抓好国家级农产品质量安全县建设，完善县农产品检测中心，将400多家经营主体纳入农产品质量安全可追溯监管信息平台，建设标准化农产品生产基地80多个、20000公顷。创建国家级有机肥替代化肥示范县，持续推广生物农药、绿色防控等技术，大力改良果园土壤，着力提升蜜柚品质，高寨村成为全国畜禽养殖废弃物资源化利用现场会参观点。举办第十四届蜜柚节，琯溪蜜柚、茶叶等农产品“三品一标”（无公害农产品、绿色食品、有机农产品和农产品地理标志）认证使用49个。

【商贸旅游】

平和蜜柚互联网产业园投入运营，建成电子商务公共服务中心，电商交易额达14.09亿元，比上年增长14.34%。九龙江高峰谷开园迎客，持续推进坂仔北斗七星土楼群、长乐红色文化旅游等项目建设，灵通山国家地质公园通过国家级验收，九峰镇黄田村入选第五批中国传统村落，芦溪镇蕉路村获评“四星级乡村旅游村”；全年接待旅游人数317万人次，旅游收入35亿元，比上年分别增长18%、28%。

【民生事业】

实施精准扶贫工程，228户641人全部脱贫、6个贫困村出列，完成三年扶贫攻坚任务。开展“五城同创”（创建省级文明城市、创建省级法治城市、创建省级园林城市、创建国家森林城市、创建国家卫生城市），实施64个宜居环境建设项目，完成县自来水厂取水口上移工程。县实验幼儿园高南校区、后时幼儿园、长乐幼儿园开园招生，新增学位800个；挂牌成立县总医院，优化整合基层卫生人才队伍，落实乡村医生养老保障，启动县医院整体搬迁项目。

（叶银辉）

·长泰县·

【经济社会概况】

2018年，长泰县实现地

区生产总值284.99亿元，比上年增长8.9%，三次产业比例5.2∶63.4∶31.4；固定资产投资221.7亿元，比上年下降8.1%；一般公共预算总收入23.2亿元，比上年增长15.2%；地方一般公共预算总收入13.7亿元，比上年增长7.5%；社会消费品零售总额40.5亿元，比上年增长15.5%；限额以上消费品零售额23.2亿元，比上年增长21.1%；出口总额67.8亿元，比上年增长8.2%；实际到资2.95亿元；城镇居民人均可支配收入37513元，比上年增长8.3%；农村居民人均可支配收入19152元，比上年增长8.2%。连续十二年获评“福建省县域经济发展十佳县”。

【工业经济】

全县规模工业总产值600.8亿元，规模工业增加值167.6亿元。完成工业投资101亿元、技改投资75亿元，新增省级高成长型企业12家、规模以上工业企业8家、外贸出口企业21家，全县产值超亿元企业130家。宏发电声等5家企业新认定为省级龙头企业，6家企业通过两化融合贯标体系认证，8个项目入选省级两化融合重点项目，12家企业入选2018年省高成长企业名单，立达信绿色照明获评全国制造业单项冠军企业，入选福建省智能制造样板工厂（车间）示范项目，大通互惠“LNG超低温阀门”入选省工业强基工程重点项目，安麟智能科技获评省级制造业单项冠军企业（产品）。

【第三产业】

全县第三产业增加值89.5亿元，比上年增长10%。生态旅游发展壮大，天柱山旅游度假区开园试营业，花坞里等旅游项目加快建设，十里蓝山AAAA级景区等景区景点改造提升，长泰文庙启动AAA景区创建工作，举办中国龙人古琴文化节、第六届海峡两岸将军连缘文化节、首届海西民宿沙龙、坂里红酒节、芦柑文化节、陈巷玉米节、丰收节等文体旅游节庆活动，全县全年累计接待游客284.24万人次，同比增长19.8%，旅游总收入32.89亿元，同比增长36.2%。鸿星尔克物流园二期等生产性服务业项目开工建设，推进曜阳养老等生活性服务业项目，古琴小镇龙人书院等项目加快建设，海峡金谷金融研究院建成投用，11家金融企业签约入驻金融小镇。

【现代农业】

全县农林牧渔业总产值27.23亿元。大力推进土地整治与高标准农田建设工作，补充耕地38.67万平方米，建设高标准农田1200万平方米，建立耕地质量监测点6个，推广测土配方施肥12000万平方米次，绿色防控面积6666.67万平方米次，完成土地确权颁证。创建现代农业产业园3个、标准示范区17个，新种植名优农产品380万平方米，新认证无公害农产品4个，新成立农民专业合作社37家，新增省级家庭农场示范场2家、市级农业产业化龙头企业3家，培育新型职业农民352人、栽培科技示范户245户。

国家地理标志、绿色食品A级产品——长泰县“石铭芋头”喜获丰收

（长泰县政府办 供图）

【项目建设】

推行“三个三”项目工作机制（建立领导责任、挂钩联系、问题协调“三个机制”，破解融资、用地用林指标、土地征迁“三个难题”，强化现场督察、效能督察、通报督察“三种监督”），新增“五个一批”项目134个，总投资363亿元。144个县级重点项目完成投资72亿元，完成年度计划117%。44个市级重点项目完成投资89.95亿元，完成年度计划122.47%。7个省级重点项目完成投资26.68亿元，完成年度计划105.88%。上特集团等30个项目签约落地，松霖智能家居等30个项目开工建设，推进金日集团等83个项目，伟宸展示设备等25个项目投产。开展“追问题、解难题、保重点、促发展”帮扶企业活动，协调解决企业问题192个，补充耕地有偿使用、新增林地有偿调剂等机制建立推行，报批土地56.73万平方米、林地238.13万平方米、征地520万平方米，105个项目实现完整交地。兑现各类扶持资金1.5亿元，向上争取项目资金6.2亿元，引进省内外员工7300多人。

【城乡发展】

开展乡村振兴示范县创建工作，安排1500万元专项资金，下派22名驻村第一书记、40名科技特派员，深化土地、集体产权和林权等重点领域改革，推进4个乡村振兴示范乡镇、30个乡村振兴示范村、16个美丽乡村示范点建设，完成67户危房改造，新建和改造农村污水处理设施62处，铺设乡镇污水管网28.5公里，拆旧4.5万平方米，绿化2万平方米，林溪村入选第五批国家级传统村落，高层村成为中国少数民族特色村寨试点村，后坊村获评福建省三星级乡村旅游特色村，珪后村入选省重点扶持历史文化名镇名村，美宫村、石格村、旺亭村获评福建省乡村旅游特色村。编制城乡总规、中心城区景观风貌等规划，推进工业大道、天柱山大桥连接线等一批路网建设，完善县城区背街小巷路灯、锦江西路停车楼等基础设施，建成国泰路人行天桥、角泰路人行天桥及古银220千伏变电站等一批公共服务配套，县城区新增公共停车位282个，联五线林墩段正式通车，新戴垅大桥建成使用。

【生态环保】

开展第二次全国污染源普查，深化污染防治攻坚战，重点实施蓝天保卫战、柴油货车污染治理、城市黑臭水体治理、水源地保护、九龙江和厦门湾综合治理、农业农村污染治理、全国县级文明城市创建、吴田山生态修复治理等八大领域攻坚，实施“抓生态”项目25个，累计投资44.88亿元，完成年度计划的220%。初步划定生态保护红线197.3平方公里，占国土面积21.89%。完成土地整治规划、河道岸线保护蓝线规划编制，深化吴田山、南坑矿区整治，全面施行河湖长制，提标改造西区污水处理厂，全面投用水污染物重点排污企业自动监控系统。全县饮用水源水质达标率100%，国控洛宾断面水质稳定保持地表水Ⅲ类标准，空气优良率98.8%。

【社会事业】

县财政用于民生支出16.21亿元，占公共财政支出的78.66%。实施11项县级为民办实事项目，完成投资5.86亿元，完成年度计划的117.9%。第四实验幼儿园等12个教育项目建成投用，第一实验小学完成校址搬迁，新增学位5130个，中考成绩综合比居全市县域第一。推进市级紧密型医疗联合体建设试点县创建工作，组建县总医院，县中医院、林墩卫生院等项目加快建设，公办村卫生所标准化建设全覆盖，获评全国计生基层群众自治示范县。政府购买居家养老服务逐步推广，县社会福利中心、3所敬老院建设扎实推进，9所农村幸福院建成投用，十里村获评全国农村幸福社区。17个基层综合文化服务中心完成建设，县科技馆开放使用，3个项目入选省“非遗”代表性项目名录，长泰队获首届中国气排球公开赛

省非遗长泰龙人古琴进校园　（长泰县政府办 供图）

冠军。新增城镇就业人口3000人，城乡居民社会养老保险基础养老金从每人每月120元提高到138元，农村居民最低生活保障制度实行城乡一体化，农村低保补助标准由每人每年3720元提高到4200元，困难残疾人生活补贴标准由每人每月90元提高到120元，金里棚户区改造工程加快建设，公租房配租1991套，地质灾害点群众搬迁30户，上存库区移民搬入鹤亭湾安置小区。

【天柱山旅游度假区开园试营业】

天柱山旅游度假区项目2012年落户长泰县，被列入省级重点项目，截至2018年底，该项目一期已累计投资近30亿元，并于2018年12月30日开园试营业。

（连炳晶）

长泰天柱山旅游度假区海底世界　（长泰县政府办 供图）

·华安县·

【经济社会概况】

2018年，华安县完成地区生产总值146.64亿元，比上年增长9.1%；一般公共预算总收入7.83亿元，比上年增长8%；地方一般公共预算收入4.9亿元，比上年增长6.7%；规模工业总产值218.06亿元；规模工业增加值61.64亿元；固定资产投资81.43亿元，比上年增长20.5%；外贸出口2.43亿元，比上年增长86.8%；实际利用外资2.57亿元；社会消费品零售总额34.24亿元，比上年增长15.9%；城镇居民人均可支配收入33526元，比上年增长7%；农民人均可支配收入17757元，比上年增长8.5%；新增债券资金4亿元。人口自然增长率6.87‰。城镇登记失业率控制在3.8%以内。全县23个贫困村、357户1228人全部脱贫摘帽；年度节能减排降碳任务完成，下樟溪、竹溪、银塘溪水质分别提升至Ⅲ类、Ⅳ类、Ⅴ类；不良贷款率2.17%，比年初下降0.5个百分点。

【工业经济】

全县110个市级竞赛项目完成投资43.8亿元，22个省、市重点项目完成投资31.7亿元，46个总投资22.3亿元城建项目完成投资12.2亿元，22个为民办实事项目完成投资7.26亿元；新增“五个一批”项目89个，总投资663.6亿元。全年新引进中城投装配式建筑、澳闽利康、国安达消防等25个项目总投资70.3亿元，实现央企“零”的突破；总投资15亿元的万兴隆城市综合体项目开工建设。完成工业投资43亿元，占固定资产投资的53.8%；6个省级重点技改项目完成投资8600万元。新增、新上规模工业企业10家、科技小巨人领军企业2家、高新技术企业4家；列入省龙头企业、新增长点项目11个，新增产值2.67亿元；开发区税收突破4亿元。开发区固定资产投资完成59亿元，征收土地300万平方米，处置闲置土地51万平方米，对接企业8家。新开工明劲家居、华美达交通等13个总投资16.4亿元项目，日上锻造、河峰机械等21个总投资24.8亿元的项目竣工投产。投入7445万元，完成九龙大道等3条道路绿化提升，开通龙兰大道、28路、康下路，建设康山至浦西、芹寨坂、长富排洪渠，开发区基础设施日趋完善。

【城乡建设】

县城中心区拆除危旧房3万平方米，发放补偿金1.1亿元。瀚海五凤城一期6栋、荣成四季城二期6栋建设全面展开；城关农贸市场、生猪定点屠宰场建成投用；全县商品房预售12.8万平方米，备案583套5.6万平方米，二手房交易207套；基本建成保障性住房180套；绕城公路二期、平湖路“白改黑”竣工通车，真武山公园和“一江两岸”夜景建成投用；平湖路一期沿街立面改造基本完成；省级森林县城通过考核验收；鹰厦铁路华安城区段外移工程完成可研批复。全县新建市政道路10公里，新建、改造供水、雨污管网35公里；新增停车位300个、绿道网15公里、城市公共绿地13.33万平方米。全面推行“路长制”，投入3760万元，完成农村公路建设25公里、群养1116公里、安防工程43公里。省级生态示范路芹官线竣工通车。漳州北部垃圾焚烧发电PPP项目开工建设。拆除“两违”57.5万平方米。投入2520万元，完成华丰、罗溪等56个村庄垃圾污水处理设施建设；投入3850万元，创建美丽乡村、富美乡村20个，石井村列入省级美丽乡村示范点。21个农村“双百”（百村富美乡村创建、百村环境整治）创建村完成投资8189万元。投入920万元，完成农村危房改造88户、新建农村公厕33座。制定并实施国家重点生态功能区产业准入负面清单，获国家转移支付、生态补偿、湖库项目等资金支持2亿元以上。“河湖长”制全面落实，集中开展重点小流域、黑臭水体、养殖污染整治，完成水土保持治理113.33万平方米，全县国省控断面水质达标率100%，县城集中式饮用水源水质达标率100%，7条小流域水质明显提升。扎实推进土壤污染防治，开展华龙矿业等33家重点行业企业土壤污染信息调查，完成全县1333.33万平方米，生态茶园土壤调查评估改良。

【生态旅游】

土楼国家AAAAA级景区创建完成规划方案评审，二宜楼灯光实景演绎工程获中国照明工程奖一等奖。投入4700万元，收购天福茶厂，租赁大地村20多栋五凤楼民居，征收旅游用地20万平方米；土楼景区经营权顺利交接，景区乱摆摊、乱搭盖、野导游等乱象有效遏制，日均游客量达2000多人，最多一天超5000人，游客数量比上年增长10倍以上，带动乡村土特产品直销，全年接待游客50万人，门票收入突破1000万元。总投资20亿元的华特古寨温泉开工建设；万世青森林旅游完成征地40万平方米；赛车文化小镇完成规划设计；中太九龙山旅游综合体项目正式签约。上坪土楼群至大地土楼群公路、城南至二宜楼公路“白改黑”等旅游道路开工建设；“智慧华安·智慧旅游”平台完成搭建。打造官畲、坪水、高石等7个乡村旅游示范村、精品村。成功举办首届海峡两岸龙舟邀请赛、丰收节、国际山地马拉松、山地自行车等活动。电影《乙未之台岛遗恨》《当我们海阔天空》在华安取景拍摄。漳州旅投新圩乡村旅游综合体加快推进，官畲新景区即将开园。开展旅游小微企业助保贷业务，取得授信额度1.5亿元，首期为4家企业发放融资贷款1580万元，逐步形成金融助推旅游发展的局面。

【兴农富民】

制定决战决胜脱贫攻坚战三年行动实施意见，向上争取壮大村级集体经济发展补助1150万元，23个贫困村入股水电项目和土楼旅游开发，每村年可增收4万元以上。全县兜底扶贫23户63人；发放小额信贷资金248户1595万元；引导238户贫困户种植百香果、葡萄、茂谷柑、沃柑等高优水果，每户年可增收万元以上。投入2.1亿元，推进仙都市级现代茶叶产业园及沙建、新圩、华丰等县级产业园建设，新建标准化生态茶园1333.33平方米。举办第十一届茶王赛，组织参加第五届海峡（漳州）茶王赛，基本包揽铁观音清香型、浓香型所有奖项；全县茶叶总产量1.2万吨，创产值9亿元，茶叶效益有所回升。完成造林绿化1966.67万平方米。鼓励扶持百香果、坪山柚、茂谷柑、沃柑等特色水果产业，全县水果种植5533.33万平方米，产值4亿元。乡村振兴稳步推进。确定沙建、仙都、湖林3个示范乡镇和大地、上樟、黄枣等27个示范村，实施96个示范项目，完成投资2.33亿元。大地村入选第五批中国传统村落名录。完成高标准农田建设800万平方米。农村集体产权制度改革有序推进，完成农村土地承包经营权确权登记颁证。34个行政村完成农村电商服务站建设，25家农村电子商务村级服务点获省商务厅授牌。

【民生事业】

全年民生事业支出13.8亿元，占公共财政总支出的80%。投入6373万元，新建、续建校舍工程2.9万平方米；大地、上坪等9所小学推行课后延时服务，4所基层中学采取封闭式管理，全县300多名学生从民办学校回流，为学生家庭减轻经济负担600多万元。县域紧密型医共体建设稳步推进，县总医院挂牌成立；县医院业务用房项目获中央预算内补助5000万元；投入1424万元，实施县域医疗卫生服务能力提升工程，新增儿科床位30张、卫技人员80名，新购置急救车5部；中医院办医效益提高，经营收入突破1000万元；投入843万元，完成47家标准化公办村卫生所建设。发放城乡居民养老保险、被征地农民生活保障金5140万元。长宝山陵园一期正式揭牌启用。高山族表演项目《抛陀螺》获省第九届少数民族传统体育运动会金奖。“五馆一中心”（图书馆、文化馆、博物馆、科技馆、档案馆、全民健身中心）主体工程加快建设。智慧华安云计算数据中心和城市运营管理中心建设基本完成。

（郑雪慧）

责任编辑：蔡钰臻

·逝世人物·

李惠民

李惠民，男，汉族，1927年1月生，河北大名县人，1946年6月参加工作，1947年1月入党。1946年6月至1947年3月在大名县一区担任郭鸭窝村小学教员、师范师资班学员、黄金堤中心小学校长。1947年3月至1949年1月任太行五分区漳南四区助理员、二区秘书。1949年1月至1949年9月为南下长江支队5大队5中队一小队队员。

漳州解放后，李惠民积极投身社会主义建设。1949年9月至1952年12月先后任福建省龙溪县人民政府民政科科员、龙溪县三区区长、九区区长、公安局治安股股长。1952年12月至1954年6月任漳州市人民政府秘书室秘书。1954年6月至1962年12月先后任龙溪地委秘书科副科长、公交部科长、经委办公室主任。1962年12月至1972年3月任福建省手工业联社龙溪办事处主任。1972年3月至1978年3月任华安水电工程指挥部副书记、龙溪地区轻工业局副局长。1978年3月至1985年9月任龙溪地区二轻局局长。1985年9月至1991年3月任漳州市七届政协专职常委。1991年5月离职休养，享受地专级政治、生活待遇。2018年2月去世，享年92岁。

（林为中）

王治国

王治国，男，汉族，1928年10月生于河南林县。1944年9月加入中国共产党并参加革命工作。原漳州市人大常委会委员、法制委员会主任。

1949年10月前，王治国积极投身于革命事业，先后任河南林县东岗区青救会主席、区委宣传委员，南下福建东山县任第三区区委宣委、区长、城关区委书记等职务，为解放漳州做出贡献。

新中国成立后，他积极参与社会主义建设，历任东山县海防部长、县委副书记、东山县政府县长，华安革委会副主任、县委副书记，龙溪地区公安处副处长、处长，龙溪地委政法委书记，漳州市人大常委会委员、法制委主任等职务。在工作中，他经常深入基层、深入群众，调查研究，与群众同生活、共劳动、促发展，为推动当地的建设尽职尽责。

1985年9月到1991年11月离休前，王治国担任市人大常委会委员、法制委主任期间，认真贯彻党的基本路线，拥护改革开放，积极作为，为推动漳州市地方人大制度的实施，加强民主法制建设，做了大量卓有成效的工作。1991年11月经组织批准离休，享受地专级政治、生活待遇。

2018年7月，王治国去世，享年91岁。

（林东鑫）

赵苏太

赵苏太，男，汉族，河北省涉县人。1928年5月出生，1944年6月参加工作，1945年7月加入中国共产党。1990年2月离休，经组织批准享受副厅级待遇。2018年1月去世，享年90岁。

1944年6月，赵苏太在老家河北涉县参加革命工作，历任涉县政府秘书科员、区委秘书、太行五地委秘书处干事、机关政治指导员。1948年底，他积极响应党中央“打过长江去，解放全中国”的号召，参加长江支队，南下解放福建。1949年2月，任中国人民解放军长江支队五大队（地委）政治部干事。

漳州解放后，赵苏太历任龙溪地委宣传部宣传科干事、副科长、科长兼任肃反办公室主任。他贯彻执行党对文化工作的领导，坚持文化战线为人民服务、为社会主义服务的方向，为解放初龙溪地区文教工作的接管，文化设施、组织机构和队伍建设做了应有的贡献。1956年6月至1961年10月先后任南靖县委第一副书记、书记兼武装部政委，积极领导南靖县广大党员干部和人民群众同严重的经济困难与自然灾害进行不屈不挠的斗争。1961年10月任龙溪地委宣传部副部长。1970年9月下放华安。1973年任云霄县革命委员会常委。1975年12月任龙溪地区教育局长。1977年11月任漳州糖厂党委第一书记。他亲自负责抓生产，放手发动群众，团结和大胆使用一批正派、实干的老党员、老干部、老职工及技术骨干，使漳州糖厂东山再起、重振雄风，被省委、省政府正式命名为“大庆式企业”。1980年9月，任龙溪地委宣传部部长，努力平反宣教系统冤假错案，解决历史遗留问题，促进了安定团结。1983年12月任龙溪地委党史资料征集研究委员会专职副主任，后任漳州市委党史研究室主任。1990年2月离休。离休后，任漳州市委党史顾问组副组长、漳州市老年体育协会常务副主席、漳州市计划生育协会顾问等职。

赵苏太为人正直谦逊、工作务实勤恳，对党和人民的事业高度负责，以实际行动诠释了一个共产党员的初心和使命，是一位深受大家称赞和爱戴的好党员、好领导。

（林　绿）

江丙坤

江丙坤，男，汉族，1932年12月生于台湾南投县，祖籍福建省平和县大溪镇江寨村，日本东京大学农业经济学博士学位。曾任台湾中国国民党第一副主席、海峡交流基金会（海基会）董事长。

少年时代，江丙坤成绩优异，1959年从台湾立法商学院地政学系毕业。1960年考取第一届台湾“中山学术奖学金”赴日本进修。1971年获日本东京大学农业经济学博士学位，日文、英文俱佳。1982至1988年间，江丙坤一直在台湾对外贸易相关部门任职。从1989年开始，江丙坤历任台湾经济部门常务副主管、政务副主管、主管等职。

2002年2月，江丙坤出任台湾“立法院”副院长，2003年3月出任台湾中国国民党副主席。在“两岸三通”问题上，他主张调整“戒急用忍”政策，促进两岸尽快实现通航。2005年3月，江丙坤以台湾中国国民党副主席身份率团赴大陆访问，成为56年来首个访问北京的台湾中国国民党代表团。2006年5月21日，江丙坤回到福建漳州平和县大溪镇江寨村寻根祭祖。在祭祖时，江丙坤感慨地说：“我终于找到自己的根了。”2008年，江丙坤再次当选台湾中国国民党副主席。

2008年5月，江丙坤首度获推选担任台湾海峡交流基金会董事长。2011年12月，江丙坤获推选连任董事长。2012年9月正式卸任海基会董事长一职。江丙坤就任海基会期间，在众多领域建立了两岸交往与合作机制，解决了两岸同胞关心的一系列经济、社会、民生等问题，推动了两岸直航、经济合作、民间往来，促进了两岸和平发展。2008年6月，江丙坤率海峡交流基金会协商代表团访问北京，并与时任海峡两岸关系协会会长陈云林举行会谈，这是两会领导人睽违十余年后的首次会谈，标志着中断9年的两会制度化协商正式恢复。在2008年至2012年担任台湾海峡交流基金会董事长期间，江丙坤和陈云林分别代表海基会和海协会，共举行了8轮磋商，达成了18项协议，涉及两岸直航、大陆游客赴台观光、共同打击犯罪、投资保护等。其中，2010年6月，海基会和海协会在重庆签署了《海峡两岸经济合作框架协议》（ECFA），开启了大陆与台湾经贸交流与合作的新篇章。两会交流互访日渐常态化，为两岸有关部门人员及各界人士的交往和沟通搭建了重要平台，增进了两岸同胞相互了解和感情融合。在江丙坤离任海基会董事长一职时，国台办也高度肯定江丙坤董事长任内为推动两会制度化协商、改善与发展两岸关系所做出的积极贡献。

2012年10月17日，江丙坤当选台湾工商团体“三三会”会长。

2012年11月29日，获南开大学名誉博士学位。2014年4月10日，成为山东大学名誉教授。2015年10月，受聘为武昌首义学院（原华中科技大学武昌分校）荣誉理事长。

2018年12月，江丙坤在台北去世，终年86岁。

（蔡钰臻）

·新闻人物·

洪炳根

洪炳根，福建漳州人，中共党员。1946年8月出生，1967年10月毕业于晋江卫校，1976年1月福建医科大学中医医疗系毕业，2008年8月被评为国家中医药专家学术经验继承工作的指导老师。

1993年以前，主要负责内科病房病人的诊治和教研工作，并参加南方高热协作组，开展外感发热的临床研究，总结了《外感发热600例临床观察研究》一文，获得福建省自然科学优秀论文三等奖。

1993年洪炳根晋升副主任医师，负责全院的急诊工作。通过统一思想，组织各类技术培训，钻研业务，不断提高应急能力和诊疗水平。中医院急诊科年年被市中医院评为先进科室，并被漳州市、福建省、国家卫生部、人事部评为“青年文明号”，洪炳根多次被评为先进工作者、优秀党员。2000年5月，被市委市政府评为“创文明行业、建满意窗口”竞赛活动先进个人。2002年8月被福建省人事厅、“110”社会联动工作办公室评为福建省“110”社会联动工作先进工作者。

2006年9月洪炳根退休后，被中医院返聘在内科门诊坐诊。

洪炳根擅长运用中医中药治疗外感发热、急慢性胃炎、各种咳嗽及内科疑难杂症，曾发表论文34篇。《自拟三参扩冠汤配合麝香保心丸治疗冠心病心绞痛疗效观察》发表在《中西医结合实用临床急救》杂志，《痞满证治之我见》《疑难杂症辨治四例》《内外兼施治疗疑难杂症4例》《中医防治流感、非典、人禽流感初探》等发表在《福建中医药》。曾参与《巫佰康临床经验集》的编写，任《痛证的中医治疗》副主编。撰写的《辨证论治外感发热600例临床研究》获福建省自然科学优秀学术论文三等奖。

（郑丽琼）

黄熙理

黄熙理，福建莆田人，中共党员。漳州市中医院中医妇科主任、主任医师、教授、硕士生导师。1957年8月生，1982年毕业于福建中医学院中医医疗专业，1982年10月开始从事中医药临床工作，中医主任医师任职资格13年，累计从事中医临床工作35年，退休后仍坚持临床工作。1982年8月福建中医学院中医医疗专业毕业。1992年被选拔为“漳州市首批市管中青年专业技术人员”。2014年被遴选为福建省基层老中医药专家师承带徒工作指导老师，2016年被授予“首届漳州市名中医”称号，2017年被评为国家老中医药专家学术经验继承工作的指导老师。现任福建中医药大学附属漳州市中医院妇科科主任，主任医师，福建中医药大学副教授，硕士生导师。兼任中华中医药学会妇科分会常务委员，中国民族医药学会妇科专业委员会常务理事，世界中医药学会联合会妇科专业委员会常务理事，世界中医药学会联合会生殖医学专业委员会理事，福建省中医药学会妇科分会副主任委员，福建省中西医结合学会妇产科分会常务委员，福建省中医药学会科普分会常务委员，漳州市中医药学会理事。

黄熙理在临床中突出中医特色，在防治常见病、多发病方面具有自己的心得，坚持能中不西、先中后西、西为中用、中西医结合，已形成中医药防治自然流产、多途径治疗慢性盆腔炎、综合治疗更年期综合征三个研究方向。1990年参与“康宁汤保留灌肠治疗盆腔炎”的临床研究，获漳州市科技进步三等奖（排名第三）。同时致力于不孕不育症的研究，2002年与福建中医学院合作开展“原发性不孕症中医舌诊与女性性激素的相关性研究”课题（国家中医药管理局项目），“原发性不孕症舌苔脱落细胞与性激素的相关性研究”（省科技三项），于2007年获福建省医学科技奖三等奖（排名第四）。2006年以来，承担卫生部课题1项，省教育厅课题2项，院级课题1项，参与国家中医药管理局课题1项，指导省教育厅课题1项，省卫生厅课题1项，福建中医药大学校管课题1项。30多年来共发表学术论文近30篇，参编2本书《妇科辨病专方治疗》《吴熙中医妇科名著研究》。2008年入选《漳州市名医录》。2012年成为吴熙全国名老中医专家传承工作室成员。

黄熙理致力于医学教学，1999年被福建中医学院聘为副教授，2017年聘为教授。2003年9月兼任妇科硕士生导师，承担科研型硕士研究生的临床带教1人，先后培养中西医结合妇科、中医妇科学硕士研究生12人。多次被福建中医药大学评为“先进带教老师”“先进实践教学管理者”。作为教研室主任，带领教研室老师完成各类院校的毕业生实习生工作，曾4次被福建中医药大学评为“先进带教科室”。

作为学科带头人，黄熙理注重科室的中医特色建设，注重优秀团队的人才培养。2008年以来，中医妇科成为国家中医药管理局十一五、十二五重点专科协作组成员单位，护理单元被授予“全国中医特色护理优秀科室”，2014年1月，成为福建省中医妇科重点专科。2016年成为首届“漳州市中医专科专病人才培训基地”。2010年7月，被国家中医药管理局抽调担任2009年中医医院管理年检查评估专家组成员，赴湖南检查。此后作为专家组成员多次参加省级、市级中医医院管理年检查。

2017年9月黄熙理退休，但仍然坚持临床一线工作，至2018年底仍带教2名第六批全国老中医药专家学术继承工作继承人，3名福建省基层老中医药专家师承徒弟。

（郑丽琼）

陈少华

陈少华，男，1968年12月出生，汉族，中共党员，现任福建省漳州市龙文区人民法院党组成员、审判委员会委员、执行局局长、一级法官。1989年毕业于福建广播电视大学法律专业。1989年任漳浦县长桥镇司法助理员、监察员。1991年至2005年，在龙海市人民法院工作，任书记员、助理审判员、审判员。2005—2018年进入漳州市龙文区人民法院工作，先后任审判员、朝阳法庭副庭长、龙文区人民法院执行庭庭长、执行局局长、龙文区人民法院党组成员、审判委员会委员、一级法官。

陈少华坚持服务群众、服务大局，面对执行工作压力，他不等不靠，坚持转变执行理念，创新执行机制，化解涉凯隆公司、农博汇、明发广场、桂溪房地产公司等单位系列案件300多件，成功执结、化解一大批涉民生难案。2016年至2018年12月间，共组织、参与执行案件3618件，执结3537件。其中，有财产可供执行案件法定审限内执结率99.22%，终本合格率99.12%，信访办结率100%，执结率97.76%，促进社会安定稳定。面对案多人少的压力，陈少华创新执行机制，首创“执行团队”运行新模式，整合法警与执行干警资源，在成立执行警务组的基础上，建立7个执行团队，形成执行合力。设立福建省首个公安派驻法院执行警务室，实现法院与公安无缝对接。陈少华充分利用互联网给执行工作提效提速，2014年龙文法院首例司法拍卖创下当时福建省司法拍卖历史最高关注度、最多次竞价、最高溢价率的3项记录。

2018年5月30日，国务院新闻办公室举行中外记者见面会，陈少华作为5位法官代表之一，与中外记者见面交流。2018年8月31日，漳州市委宣传部、政法委和漳州中院联合召开陈少华“用公心下硬功夫、能够执行的不放下；用善心下巧功夫，可能执行的不放过；用恒心下苦功夫，不能执行的不放弃”的“三心三不”执行工作法研讨会，得到社会各界一致好评。2018年12月10日，福建省政法委、漳州市委联合召开了学习陈少华同志先进事迹座谈会，并分别作出关于开展向陈少华同志学习的决定。陈少华先后被授予CCTV2018年度法治人物、“全国模范法官”、全国“我最喜爱的好法官”、第二届福建省“十大法治人物”等荣誉称号，荣立个人一等功1次、三等功2次。

（林宝卿）

林奕轩

林奕轩，女，2006年1月生，长泰县山重小学2018届学生，2018年就读福建省漳州市长泰县第五中学初一，曾获山重小学校级三好学生、校级优秀送报员，市级美德少年，省级美德少年，宋庆龄奖学金获得者。因她所居住的山重村地处偏僻深山，山路难行，村民居住分散，为保证邮件投递不中断，1987年山重小学成立“红领巾”送报站。2014年9月林奕轩成为送报站队员，2016年任“红领巾”送报站第29任站长，至2018年底，义务向村民送信、送报累计达千余件，行程累计达1200多公里。2018年12月26日，被中央文明办等部门授予“新时代好少年”。

（柯仲君）

·先进集体与个人·

先进集体

【2018年先进集体名单】

2018年获得省部级以上表彰先进集体情况表

表18

获奖单位	奖励名称	颁发单位
漳州市人力资源和社会保障局	2018年全国清理整顿人力资源市场秩序专项行动取得突出成绩单位	人力资源和社会保障部、国家市场监督管理总局
致公党漳州市委会	2013-2017年度参政议政先进集体	中国致公党中央委员会
漳州市总工会	2017年度市级工会财务先进单位	全国总工会
漳州市归国华侨联合会	全国侨联系统先进组织	中华全国归国华侨联合会
漳州市科学技术协会	2018年全国科普日活动优秀组织单位	中国科学技术协会
福建傲农生物科技集团股份有限公司	2018年度国家科学技术进步奖二等奖	国务院

续表

获奖单位	奖励名称	颁发单位
漳州市公安局芗城分局	第十五届全国职工职业道德建设标兵单位	中华全国总工会
漳州市公安局刑侦支队	第十五届全国职工职业道德建设标兵单位	中华全国总工会
漳州市公安局 龙文森林分局	集体二等功	国家林业和草原局 森林公安局
福建龙溪轴承（集团）股份有限公司	国防科学技术进步奖二等奖——航空低速重载自润滑衬垫和关节轴承成套关键技术	工业和信息化部
福建龙溪轴承（集团）股份有限公司	2017年度福建省技术发明奖三等奖——大型建筑金属结构关节轴承节点工作机理研究	福建省人民政府
漳州海关缉私分局 “5·25”走私枪支案专案组	集体一等功	海关总署
中国移动漳州分公司	全国“安康杯”竞赛优胜单位	中华全国总工会、 应急管理部
中国人民银行漳州市中心支行国库科	中国人民银行国库工作先进集体	中国人民银行
闽南师范大学	福建省第一届省级文明校园	中共福建省委、 福建省人民政府
漳州职业技术学院	国家级教学成果奖二等奖——“互联网＋供应链”校园创新创业生态圈的构筑与实践	教育部
漳州职业技术学院	职业院校数字校园建设实验校	中央电化教育馆
南靖土楼人民法庭	全国法院先进集体	最高人民法院
南靖县环境监察大队	2017年环境执法大练兵表现突出集体	生态环境部
南靖县司法局	2017年度全国人民调解工作先进集体	司法部
南靖县书洋镇供销社	2017年度全国基层社标杆社称号	全国供销总社
南靖县船场镇坑头村	第五批中国传统村落名录	住房和城乡建设部
南靖县人民检察院	全省先进基层检察院	最高人民检察院
漳浦县人民法院	第一届全国法院审判管理优秀业务单位	最高人民法院
市中级人民法院	全国模范职工之家	全国总工会
南靖土楼法庭	全国法院先进集体	最高人民法院
南靖土楼法庭	全国最佳志愿服务组织	中央宣传部、中央文明办等
芗城区人民法院	全国法院文化建设先进单位	最高人民法院
漳州市司法局	首次国家统一法律职业资格考试工作表现突出单位	司法部
漳州市司法局	市医患纠纷调委会“全国人民调解工作先进集体”	司法部

先进个人

【2018 年先进个人名单】

2018 年先进个人名单

表 19

姓名	任职单位	奖励名称	颁发单位
杨忠发	龙翔实业有限公司	全国五一劳动奖章	中华全国总工会
曾剑光	中国民族证券有限公司漳州新华北路证券营业部	全国五一劳动奖章	中华全国总工会
沈清龙	漳州大北农农牧科技有限公司	福建省劳动模范、先进工作者	福建省委、省政府
赖永春	漳州科华技术有限责任公司	福建省劳动模范、先进工作者	福建省委、省政府
陈　蓉	漳州市芗城区芝山镇人民政府	福建省劳动模范、先进工作者	福建省委、省政府
杨福阳	大闽食品（漳州）有限公司	福建省劳动模范、先进工作者	福建省委、省政府
陈静宇	漳州蓝田开发有限公司	福建省劳动模范、先进工作者	福建省委、省政府
顾克宏	华阳电业有限公司	福建省劳动模范、先进工作者	福建省委、省政府
曾思耀	龙海市状圆食品有限公司	福建省劳动模范、先进工作者	福建省委、省政府
苏海山	龙海市海澄镇下埭村	福建省劳动模范、先进工作者	福建省委、省政府
江展煌	龙海市榜山镇经济发展办公室	福建省劳动模范、先进工作者	福建省委、省政府
林志森	国网福建漳浦县供电有限公司	福建省劳动模范、先进工作者	福建省委、省政府
吴冬钦	漳浦县湖西乡自来水厂	福建省劳动模范、先进工作者	福建省委、省政府
胡耀河	漳浦县绥安镇绥东社区	福建省劳动模范、先进工作者	福建省委、省政府
卢忠良	漳浦县公安局	福建省劳动模范、先进工作者	福建省委、省政府
何银河	云霄县砚山果蔬专业合作社	福建省劳动模范、先进工作者	福建省委、省政府
林志宽	国网福建云霄县供电有限公司	福建省劳动模范、先进工作者	福建省委、省政府
汤毓贤	云霄县博物馆	福建省劳动模范、先进工作者	福建省委、省政府
商武乾	诏安县梅岭镇腊州村	福建省劳动模范、先进工作者	福建省委、省政府
李映琼	中国邮政储蓄银行股份有限公司诏安县支行	福建省劳动模范、先进工作者	福建省委、省政府
许文福	诏安县南诏镇东北社区	福建省劳动模范、先进工作者	福建省委、省政府
何甘勇	东山县西埔秀丽发型美容设计室	福建省劳动模范、先进工作者	福建省委、省政府
候英兰	漳州旗滨玻璃有限公司	福建省劳动模范、先进工作者	福建省委、省政府
何秀榕	漳州市程盛再生资源有限公司	福建省劳动模范、先进工作者	福建省委、省政府
张金文	福建省平和县安厚镇径内村	福建省劳动模范、先进工作者	福建省委、省政府
周建树	平和县医院	福建省劳动模范、先进工作者	福建省委、省政府
卢灯荣	焙之道食品（福建）有限公司	福建省劳动模范、先进工作者	福建省委、省政府

续表

姓名	任职单位	奖励名称	颁发单位
王镇海	漳州友利达纸业发展有限公司	福建省劳动模范、先进工作者	福建省委、省政府
黄志雄	南靖县人民法院	福建省劳动模范、先进工作者	福建省委、省政府
王细彬	长泰县农村信用合作联社	福建省劳动模范、先进工作者	福建省委、省政府
林进聪	长泰县林墩美宫村	福建省劳动模范、先进工作者	福建省委、省政府
曾瑞宏	大通互惠集团有限公司	福建省劳动模范、先进工作者	福建省委、省政府
李四州	华安县华丰镇下坂村	福建省劳动模范、先进工作者	福建省委、省政府
黄月春	福建省华安县第一中学	福建省劳动模范、先进工作者	福建省委、省政府
叶俊示	漳州开发区招商水务有限公司	福建省劳动模范、先进工作者	福建省委、省政府
叶月妹	漳州市古雷港建设开发有限公司	福建省劳动模范、先进工作者	福建省委、省政府
王新辉	福建多棱钢业集团有限公司	福建省劳动模范、先进工作者	福建省委、省政府
张耿汉	中国农业银行股份有限公司平和县支行	福建省劳动模范、先进工作者	福建省委、省政府
林俊发	漳州通正勘测设计院有限公司	福建省劳动模范、先进工作者	福建省委、省政府
陈议忠	福建龙溪轴承（集团）股份有限公司	福建省劳动模范、先进工作者	福建省委、省政府
刘建顺	漳州片仔癀药业股份有限公司	福建省劳动模范、先进工作者	福建省委、省政府
方龙俊	海峡生物科技股份有限公司	福建省劳动模范、先进工作者	福建省委、省政府
谢毅蓉	漳州宾馆有限公司	福建省劳动模范、先进工作者	福建省委、省政府
张文福	中国电信股份有限公司漳州分公司	福建省劳动模范、先进工作者	福建省委、省政府
孔祥尧	福建大舟建设集团有限公司	福建省劳动模范、先进工作者	福建省委、省政府
黄妍婷	闽南日报社	福建省劳动模范、先进工作者	福建省委、省政府
张小芬	漳州市人民检察院	福建省劳动模范、先进工作者	福建省委、省政府
叶国辉	漳州市海洋与渔业局	福建省劳动模范、先进工作者	福建省委、省政府
李瑞强	中共漳州市纪律检查委员会	福建省劳动模范、先进工作者	福建省委、省政府
黄选谦	漳州市发展和改革委员会改委	福建省劳动模范、先进工作者	福建省委、省政府
龚　明	漳州市财政局	福建省劳动模范、先进工作者	福建省委、省政府
蔡文娴	中国致公党漳州市委员会	2013-2017 年度参政议政先进个人	中国致公党中央委员会
张梅燕	中国致公党漳州市委员会	2013-2017 年度参政议政先进个人	中国致公党中央委员会
许敏芳	漳州市残疾人康复教育中心（漳州市福乐幼儿园）	2018 年度“交通银行特教园丁奖”	中国残疾人联合会办公厅、教育部办公厅
蔡余浦	漳州市侨联	全国侨联系统先进个人	中华全国归国华侨联合会
黄志丽	芗城区人民法院	全国三八红旗手标兵	全国妇联
陈少华	龙文区人民法院	全国模范法官	最高人民法院
陈少华	龙文区人民法院	CCTV2018 年度法治人物	司法部、全国普法办、中央电视台
李少辉	漳州市公安局	2014-2016 年度全国打击非法买卖外汇先进个人	国家外汇管理局、公安部

续表

姓名	任职单位	奖励名称	颁发单位
林吴焘	漳州市公安局	全国打击侵权假冒工作先进个人	全国打假办
孙建辉	漳州市公安局	金砖国家领导人第九次会晤期间信访工作先进	国家信访局
杨明兴	漳州市公安局龙文森林分局	个人二等功	国家林业和草原局森林公安局
林顺明	漳州市公安边防支队	个人二等功	公安部
刘如松	漳州市公安边防支队	公安边防部队优秀政治干部	公安部边防管理局
王　军	漳州市公安边防支队	公安边防部队优秀党务工作者	公安部边防管理局
兰建平	漳州市公安边防支队	个人二等功	公安部边防管理局
李锦明	海关缉私分局	二等功	海关总署
钟建华	闽南文化研究院	福建省第十二届社会科学优秀成果奖三等奖	福建省人民政府
刘　丽	闽南文化研究院	福建省第十二届社会科学优秀成果奖青年佳作奖	福建省人民政府
李毅婷	闽南文化研究院	福建省第十二届社会科学优秀成果奖青年佳作奖	福建省人民政府
陈伟琳	漳浦县湖西畲族乡后溪村卫生所	全国岗位学雷锋	中央宣传部
陈伟琳	漳浦县湖西畲族乡后溪村卫生所	中国青年五四奖章	共青团中央、全国青联
陈伟琳	漳浦县湖西畲族乡后溪村卫生所	全国五好文明家庭	全国妇联
陈伟琳	漳浦县湖西畲族乡后溪村卫生所	中国好医生好护士网上推荐评议活动 2018 年 12 月月度人物	中央文明办、国家卫健委
黄飞鸿	南靖县山城镇江滨社区	第四届全国 119 消防奖先进个人	应急管理部
洪亚勇	漳州城市职业学院	全国第五届大学生艺术展演活动校长风采奖	教育部
庄亮声	南靖县归国华侨联合会	全国侨联系统先进个人	中华全国归国华侨联合会
陈少平	南靖县人民法院	荣誉天平奖章	最高人民法院
陈联合	南靖县人民检察院	检察荣誉章	最高人民检察院
黄阿顺	南靖县人民检察院	检察荣誉章	最高人民检察院
韩木城	南靖县人民检察院	检察荣誉章	最高人民检察院
张智伟	南靖县人民检察院	检察荣誉章	最高人民检察院
韩良铭	南靖县人民检察院	检察荣誉章	最高人民检察院
张丽琴	南靖县人民检察院	检察荣誉章	最高人民检察院
郑添安	南靖县人民检察院	检察荣誉章	最高人民检察院
韩小敏	南靖县人民检察院	检察荣誉章	最高人民检察院
张亚泽	南靖县人民检察院	检察荣誉章	最高人民检察院
黄标准	南靖县人民检察院	检察荣誉章	最高人民检察院
钟铭答	南靖县人民检察院	检察荣誉章	最高人民检察院

续表

姓名	任职单位	奖励名称	颁发单位
吴宗正	南靖县人民检察院	检察荣誉章	最高人民检察院
吴家族	南靖县人民检察院	检察荣誉章	最高人民检察院
李钦龙	南靖县人民检察院	检察荣誉章	最高人民检察院
胡龙坤	南靖县人民检察院	检察荣誉章	最高人民检察院

（年鉴报送单位提供）

·技术人才·

【高级专业技术职务人员名单】

2018年评审确认的正高级专业技术职务人员名单

表20

姓名	工作单位	专业技术职务
张水银	诏安县中医院	主任医师
黄伟华	华安县医院	主任医师
魏美骅	漳州招商局经济技术开发区第一医院	主任医师
吴聪生	云霄县医院	中医主任医师
汤水泉	云霄县中医院	中医主任医师
张春红	云霄县妇幼保健院	中医主任医师
沈培军	云霄县陈岱中心卫生院	中医主任医师
罗荣彬	平和县医院	中医主任医师
杨温水	华安县医院	中医主任医师
林艺谋	华安县博物馆	研究馆员
林志平	漳州市英格尔农业科技有限公司	享受教授、研究员待遇高级农艺师
林桂花	漳州电视台	播音指导
陈惠贞	闽南日报社	高级编辑
蔡文原	闽南日报社	高级记者
何淑珠	漳州市第三中学	中小学 正高级教师
余胜利	漳州市第五中学	中小学 正高级教师
吴　云	福建省云霄第一中学	中小学 正高级教师

续表

姓名	工作单位	专业技术职务
李志源	厦门大学附属实验中学	中小学 正高级教师
陈稻惠	福建省漳州市玉兰学校	中小学 正高级教师
王阿桂	长泰县农业局经作站	享受教授、研究员待遇的高级农艺师
曾瑞金	福建省平和天马国有林场	享受教授、研究员待遇高级工程师
洪锦山	漳州市测绘设计研究院	享受教授、研究员待遇高级工程师
尤颖哲	漳州市水产技术推广站	享受教授、研究员待遇高级工程师
曾海洋	闽南师范大学商学院	教授
周豫苹	闽南师范大学计算机学院	教授
林耀进	闽南师范大学计算机学院	教授
赵　红	闽南师范大学计算机学院	教授
张燕兰	闽南师范大学计算机学院	教授
索　磊	闽南师范大学教育科学学院	教授
余益兵	闽南师范大学教育科学学院	教授
张华林	闽南师范大学物理与信息工程学院	教授
陈焕庭	闽南师范大学物理与信息工程学院	教授
熊传兵	闽南师范大学物理与信息工程学院	教授
李艳彩	闽南师范大学化学化工与环境学院	教授
黄明强	闽南师范大学化学化工与环境学院	教授
张丹凤	闽南师范大学生物科学与技术学院	教授
许弟群	闽南师范大学体育学院	教授
林国平	闽南师范大学数学与统计学院	教授
王照年	闽南师范大学文学院	教授
陈　超	党委组织部	研究员
何小青	漳州职业技术学院马克思主义学院	教授
黄聪亮	漳州职业技术学院食品工程学院	教授
张明建	漳州职业技术学院机械工程学院	教授
杨传民	漳州职业技术学院办公室	研究员

（市人社局提供）

责任编辑：蔡钰臻

索引

说明

一、本索引采用主题词分析法，按主题词首字汉语拼音字母顺序排列。
二、栏目、分目标题用黑体字。“特载”“大事记”内容不作索引。
三、索引主题词后的数字表示页码。

D

E

F

G

K

L

M

T

W

Y

Z